Die Entenvögel der Welt

Hartmut Kolbe

Die Entenvögel der Welt

5., völlig überarbeitete und neugestaltete Auflage

174 Farbfotos
9 Zeichnungen
120 Verbreitungskarten

VERLAG EUGEN ULMER

Titelfotos: Das große Foto zeigt die Östliche Graugans (Foto: H. Kolbe). Die beiden kleinen Fotos zeigen einen Kappensäger (links) sowie eine Phillipinenente (rechts) (beide Fotos: H. Roy).

Die Deutsche Bibliothek – CIP-Einheitsaufnahme

Kolbe, Hartmut:
Die Entenvögel der Welt / Hartmut Kolbe. – 5., völlig überarb. und neugestaltete Aufl. – Stuttgart (Hohenheim) : Ulmer, 1999
ISBN 3-8001-7442-1

Das Werk einschließlich aller seiner Teile ist urheberrechtlich geschützt. Jede Verwertung außerhalb der engen Grenzen des Urheberrechtsgesetzes ist ohne Zustimmung des Verlages unzulässig und strafbar. Das gilt insbesondere für Vervielfältigungen, Übersetzungen, Mikroverfilmungen und die Einspeicherung und Verarbeitung in elektronischen Systemen.

© 1999 Verlag Eugen Ulmer GmbH & Co.
Wollgrasweg 41, 70599 Stuttgart (Hohenheim)
email: info@ulmer.de
Internet: www.ulmer.de
Printed in Germany
Lektorat: Ulrich Commerell, Dr. Nadja Kneissler
Herstellung: Thomas Eisele
Satz und Repro: Typomedia Satztechnik GmbH, Ostfildern
Druck und Bindung: Friedrich Pustet, Regensburg

Vorwort

Meiner Weggefährtin
Elfriede Kolbe, 1939–1996,
gewidmet im ehrenden Andenken

Seit der 1. Auflage der **„Entenvögel der Welt"** sind über 25 Jahre, seit der 3. Auflage etwa 12 Jahre vergangen. So wie die alte Züchtergeneration in diesen Büchern weiterlebt, streben auch heute Tausende von Entenhaltern und darunter viele junge Züchter das schöne Ziel an, den von ihnen erworbenen Tieren einen artgerechten Lebensraum und solche Lebensbedingungen zu schaffen, daß ihre Pfleglinge mit den unterschiedlichsten ökologischen Ansprüchen nicht nur in gesunder Verfassung leben, sondern daß sie aus dem Wohlbefinden heraus auch eine gesunde Nachkommenschaft sicherstellen. In den letzten Jahren haben sich besonders bei schwierigen Ersthaltungen und Erstzuchten viele neue Erkenntnisse über verfeinerte Methoden der Haltung, Fütterung, Zucht und Hygiene, aber auch über Brutbiologie, Verhaltensweisen oder Mauserzyklen ergeben.

Die einführenden Kapitel stellen die Ordnung Anseriformes im wissenschaftlichen System der Vögel vor. Es wurde der taxonomische Erkenntnisstand der Amerikaner MONROE, SILBEY und LIVEZEY bis 1996 eingearbeitet, wenn auch an einigen besonders schwierigen Stellen nur als „Artengruppen". Es folgen Möglichkeiten und Bedingungen der Haltung und Zucht sowie Grundlegendes über Krankheiten und gesetzliche Grundlagen der Wasservogelhaltung. Sie möchten dem Züchter helfen, sich sachkundig zu machen. In der Verantwortung dem Wildtier gegenüber bildet dieses Wissen eine unerläßliche Voraussetzung für die artgerechte Haltung von Entenvögeln. Die Angaben zu den Unterarten, auch wenn diese durch die DNA-Forschung heute in Frage gestellt werden, sind nicht zu ihrer exakten Bestimmung gedacht; sie sollen dem Züchter vielmehr zeigen, welche Formen es bei bestimmten Arten gibt und mit welchen zu rechnen ist. Damit ist aber auch der Appell verbunden, vorhandene unvermischte Unterarten auch unvermischt zu belassen.

Die Farbfotos erübrigen lange Gefiederbeschreibungen. Hier sind die Angaben auf Variabilität, also natürlich auftretende Abweichungen, sowie Alters- und Geschlechtsunterschiede beschränkt. Maß- und Gewichtsangaben ermöglichen Vergleiche und das Bewerten der eigenen Tiere. Kükenbeschreibungen finden sich in einem reinen Anatiden-Buch letztmalig bei DELACOUR (1954–64); sie werden hier durch eigene Aufzeichnungen wesentlich ergänzt. Neu aufgenommen und wohl erstmalig in einem Buch dieses Charakters sind die Mauser- und Umfärbungszyklen. Sie sollen dem Züchter die Einschätzung jener Tiere ermöglichen, bei denen er das Alter genau kennt oder aus Färbungskriterien auf Alter und Geschlecht schließen möchte.

Die Vernichtung natürlicher Lebensräume und weltweit zunehmende anthropogene Bedrängungen gefährden heute auch viele Entenvogel-Arten. Nicht nur im Abschnitt „Status" wird deshalb eine klare Position zu Artenschutz und Erhaltung der natürlichen Populationen bezogen. Das Wissen über Freilandbestände, Ursachen der Rückgänge und Schutzbestimmungen bezieht den Züchter in den Gesamtprozeß der Arterhaltung mit ein. Ein Globalverbot der Wildtierhaltung, wie dieses sich emotional überzogene Tierschützer vorstellen, würde bei Entenvögeln nicht zum Erhalt bedrängter Freilandbestände beitragen, weil die hohen Reproduktionsraten der Gehegetiere kommerzielle Naturentnahmen erübrigen. Auch sollte man bedenken, daß die private Wildtier- und Zootierhaltung neben der von Heimtieren die einzige Haltungsform ist, die nicht das Töten des Tieres zum Endziel hat, sondern seine Hege und Pflege, woraus sich letztlich der Tierschutzgedanke überhaupt erst entwickelt hat.

Über die Lebensweise der Arten im natürlichen Lebensraum sind in den letzten Jahrzehnten vor allem Detaildaten gewonnen worden, die u.a. in den großen (englischsprachigen) Handbüchern zusammengefaßt sind. Dieser Teil ist in der vorliegenden Ausgabe daher knapp dargestellt und enthält nur die für den Züchter relevanten Angaben.

Auch die Haltung und Zucht der Arten galt es in knapper Form abzuhandeln. Während für die ersten zwei Auflagen die Recherchen DELACOURS bis 1960 und Einzelerfahrungen von Züchtern aus den 60er Jahren Verwertung fanden, enthalten die 3. und 4. Auflage das Haltungs- und Zuchtgeschehen bis zu Anfang der 80er Jahre. Dieses Buch möchte wenig wiederholen, es sieht sich als Fortschreibung bis 1997. So werden künftige Züchter nach der 3. oder 4. Auflage Ausschau halten wie die heutigen nach der ersten oder zweiten. Dennoch wurde versucht, neben heute möglichen Verallgemeinerungen das bisherige Prinzip individueller Mitteilungen der Züchter beizubehalten. Literaturverzeichnisse dienen als Quellennachweis, sind aber auch literarischer Spiegel zum abgehandelten Sachgebiet. Über die Haltung und Zucht von Anatiden wird hier eine vergleichsweise umfassende Zusammenstellung angeboten, die ein vertiefendes Studium ermöglicht.

Die Namen aller Arten und vieler Unterarten in den wichtigsten Landessprachen der EU sind als Anhänge und nicht mehr wie vordem bei den einzelnen Arten aufgeführt.

Bleibt noch allen jenen Dank zu sagen, die meine Arbeit in unterschiedlichster Weise unterstützt haben: für wissenschaftliche Beratung Dr. M. Dornbusch, Steckby, für Unterstützung bei der Beschaffung wertvoller Fotos u.a. Dr. W. Bartmann, Dortmund, D. Götze, Lippstadt, Dr. M. Kaiser und K. Kussmann, Berlin, Dr. L. Lücker, Dresden, H. Roy, Mèriel, und Dr. M. Williams, Wellington; für Anfertigung neuer Zeichnungsvorlagen R. Wegener, Wingst; für die ergänzenden Beiträge P. Dornbusch, Steckby, und Prof. Dr. Selbitz, Dessau-Tornau. Dank auch den zahlreichen Züchtern, u.a. M. Biehl, Tostedt, L. Bremehr, Verl, Familie Spitthöver, Enniger, wie auch B. Makins, England, H. van der Velden und G. Vos, Holland, in deren Anlagen ich fotografieren durfte, und all jenen, die mir ihre Erfahrungen übermittelten, von denen dieses Buch mit lebt. Letztlich danke ich H. Rund, Schwerin, für die vielen kleinen und doch so wertvollen Hinweise in der Endphase der Erstellung des Manuskriptes und A. und D. Schwarze, Roßlau, für Computerarbeiten an den Verbreitungskarten. Auch den Mitarbeitern im Ulmer Verlag Stuttgart gilt mein Dank für das Bemühen um diese neu gestaltete Auflage.

Roßlau-Meinsdorf, im August 1998
Hartmut Kolbe

Inhaltsverzeichnis

Vorwort 5

Familie der Entenvögel 10
Evolution und Taxonomie 10
Anatomie und Anpassungen 13
Morphologie 13
Variabilität 14

Aus der Biologie der Entenvögel 15
Jahreszyklus 15
Paarung 15
Balz 16
Fortpflanzung 16
Zugverhalten 17
Mauser 17

Die Veränderlichkeiten der Arten 18
Individuelle Variation 18
Mutationszüchtungen 18
Hybriden = Zwischenartliche Kreuzungen 18
Innerartliche Kreuzungen 19

Aufgaben und Ziele einer modernen Wasservogelhaltung 20
Anlagen für Arten mit hoher Anpassungstoleranz 21
Teichbau 21
Betonbecken 23
Folienteiche 23
Polyesterharzteiche 23
Landteil 23
Umzäunung 23
Uferbefestigung 24
Teichabläufe 24

Anlagen für Arten mit spezifischen Ansprüchen 24
Wärmeliebende Arten 24
Meeresenten und Säger 24
Kragen-, Sturzbach-, Saumschnabelenten 26
Ruderenten 26
Gänse auf Weideflächen 26

Einzelgehege 26

Volieren und Netzanlagen 27

Anlagen für tropische Arten 27

Anlagenbesetzung und Artenauswahl 28
Aggressionsverhalten 28
Ökologische Aspekte der Artenauswahl 28
Vermeidung von Kreuzungen 28
Paar- oder Gruppenhaltung 28

Wasservogelhaltung in öffentlichen Parkanlagen 29

Entenvögel im Freiflug 29

Überwinterung 30
Natürlicher Wärmebedarf 30
Überwinterung im Freiland 30
Überwinterungshäuser 30

Kupieren 31

Fütterung der Entenvögel . 32

Methoden der Altvogelfütterung . 32

Bestandteile moderner Futtermittel 32
Kohlenhydrate 32
Rohfette 32

Rohproteine 32
Rohfaser 33
Vitamine als Wirkstoffe 33
Rohasche als Wirkstoffe 33

Futtersorten im Überblick 33
Körnerfutter 33
Pelletfutter 34
Tierische Zusatznahrung 34
Pflanzliche Zusatznahrung 34

Zucht der Entenvögel 35

Zusammenstellung der Paare . . . 36

Brutplätze und Nisthöhlen 37

Lagerung und Desinfektion der Bruteier 37

Bebrütung der Eier 37
Naturbrut 38
Ammenbrut 38
Brut im Inkubator 38
Bruttemperatur 38
Luftfeuchte 39
Lüftung der Bruteier 39
Wenden der Bruteier 40

Kükenaufzucht 40
Prägung 40
Aufzucht durch die Eltern 40
Aufzucht durch Ammen 40
Aufzucht in Boxen 41

Fütterung der Küken und Jungtiere 41

Beringung der Entenvögel 42
Ringweitenverzeichnis 42

Kloakentest zur Geschlechtsbestimmung 43

Gesundheitsschutz für Tier und Mensch 44
Prophylaxe und Hygiene 44
Quarantäne 44
Untersuchungen durch Veterinärinstitute 44

Krankheiten der Entenvögel 45
(Prof. Dr. habil. Hans-Joachim SELBITZ, Impfstoffwerk Dessau-Tornau GmbH)

Krankheitsursachen 45

Erkennung von Krankheiten 46

Behandlung erkrankter Entenvögel 48
Sofortmaßnahmen der Züchter 48
Medikamente und ihre Verabreichung 49
Desinfektion 51

Infektionskrankheiten 52
Salmonellose / Salmonelleninfektion . 52
Geflügelcholera 52
Botulismus 52
Ornithose 53
Infektiöse Serositis / Pfeifferellose . . . 53
Derzysche Krankheit / Parvovirose /
Gänsepest / 53
Virushepatitis der Gänse 53
Entenpest / Virusenteritis der Enten . 53
Entenhepatitis 53
Newcastle Disease / atypische
Geflügelpest 53
Influenza-A-Infektion 53
Aspergillose 53

Parasitosen 54
Kokzidiose 54
Magenwurmbefall 54
Sonstige Faden- / Rundwürmer 54
Bandwurmbefall 54
Vogelmalaria 54

Organ- und Stoffwechselkrankheiten / Vergiftungen 54
Gicht 54
Amyloidose 55
Legenot 55
Vergiftungen (Intoxikationen) 55

Gesetze und Verordnungen zum Artenschutz
(Petra Dornbusch, CITES-Büro Sachsen-Anhalt) 56

Rote Listen	56

**Washingtoner Artenschutz-
konvention** 56

Regelungen innerhalb der EU . . . 56

**Artenschutzbestimmungen in
Deutschland** 57

**Morphologie, Verbreitung,
Status, Biologie sowie
Haltung und Zucht der
Entenvögel** 58

**Familie Anseranatidae: Spaltfuß-
gänse** 58

**Familie Dendrocygnidae: Pfeif-
gänse und Weißrückenenten** 59

**Familie Anatidae: Enten, Gänse,
Schwäne** 75
   Unterfamilie Oxyurinae: Ruderenten-
   artige 75
      Pünktchenente 89
   Unterfamilie Anserinae: Schwäne und
   Gänse 91
      Schwäne 91
      Feld- und Meeresgänse 102
   Unterfamilie Plectropterinae: Sporen-
   gänse 132
   Unterfamilie Tadorninae: Halbgänse,
   Dampfschiffenten und andere 133
      Höckerglanzgans 133
      Kasarkas 135
      Spatelschnabelente 145
      Nilgans/Orinokogans 147

      Spiegelgänse 150
      Blauflügelgans 159
      Saumschnabelente 160
      Sturzbachente 162
      Dampfschiffenten 164
   Unterfamilie Anatinae: Enten 170
      Glanzenten 170
      Schopfenten 180
      Zwergglanzenten 182
      Rotschulterente/Mähnengans/
      Amazonasente/Salvadoriente 187
      Schwimmenten 194
      Tauchenten 263
      Eiderenten 288
      Meeresenten 297
      Säger 312

**Verbreitung und
Verbreitungskarten** 325

Literatur 349

Bildquellen 356

**Verzeichnis deutscher, englischer,
französischer und holländischer
Namen** 357

**Namensverzeichnis englisch-
deutsch** 363

**Namensverzeichnis französisch-
deutsch** 366

**Namensverzeichnis holländisch-
deutsch** 369

Register 372

Familie der Entenvögel

Evolution und Taxonomie

Zumindest eine Theorie über die Evolution der Ordnung Anseriformes geht von der Herausbildung einer am und im Wasser lebenden fossilen Vogelgruppe vor mehr als 55 Millionen Jahren aus. Nach KLÖS (in GRZIMEK 1973) haben sich in jener Zeit die flachwasserbewohnenden „Urgänsevögelflamingos" von den stelzbeinigen und uferbewohnenden Urschreitvögeln gespalten. Später erfolgte eine weitere Gabelung zwischen den Urgänsevögeln und den Urflamingos, so daß die heutigen Verwandten der Anatiden in den 5 Flamingo-Arten einerseits und der Ordnung der Stelzvögel, der Reiher, Störche und Ibisse, andererseits zu sehen sind. Zu ganz anderen Ergebnissen führt die moderne DNA-Forschung, hiernach deutet sich eine gewisse Nähe der Anatiden zu den Hühnervögeln an. Die historisch grundlegende taxonomische Bearbeitung der Entenvögel erfolgte durch JEAN DELACOUR und ERNST MAYER 1945, es entstand das in seinen Grundaussagen heute noch gültige natürliche System der Ordnung Anseriformes (DELACOUR 1954–1964). Durch Einbezug ethologischer Erkenntnisse korrigierte JOHNSGARD (1965 und 1978) die Zuordnung einzelner Problemarten, u.a. von Weißrük-

Im Ergebnis der Evolution entstand auch eine Reihe von Inselformen. Sie sind gegenüber den Festlandrassen kleiner, schlichtfarbener, haben verkürzte Schwingen und relativ kleine Gelege. Zu ihnen gehört die Campbell-Aucklandente, *Anas aucklandica nesiotis*.

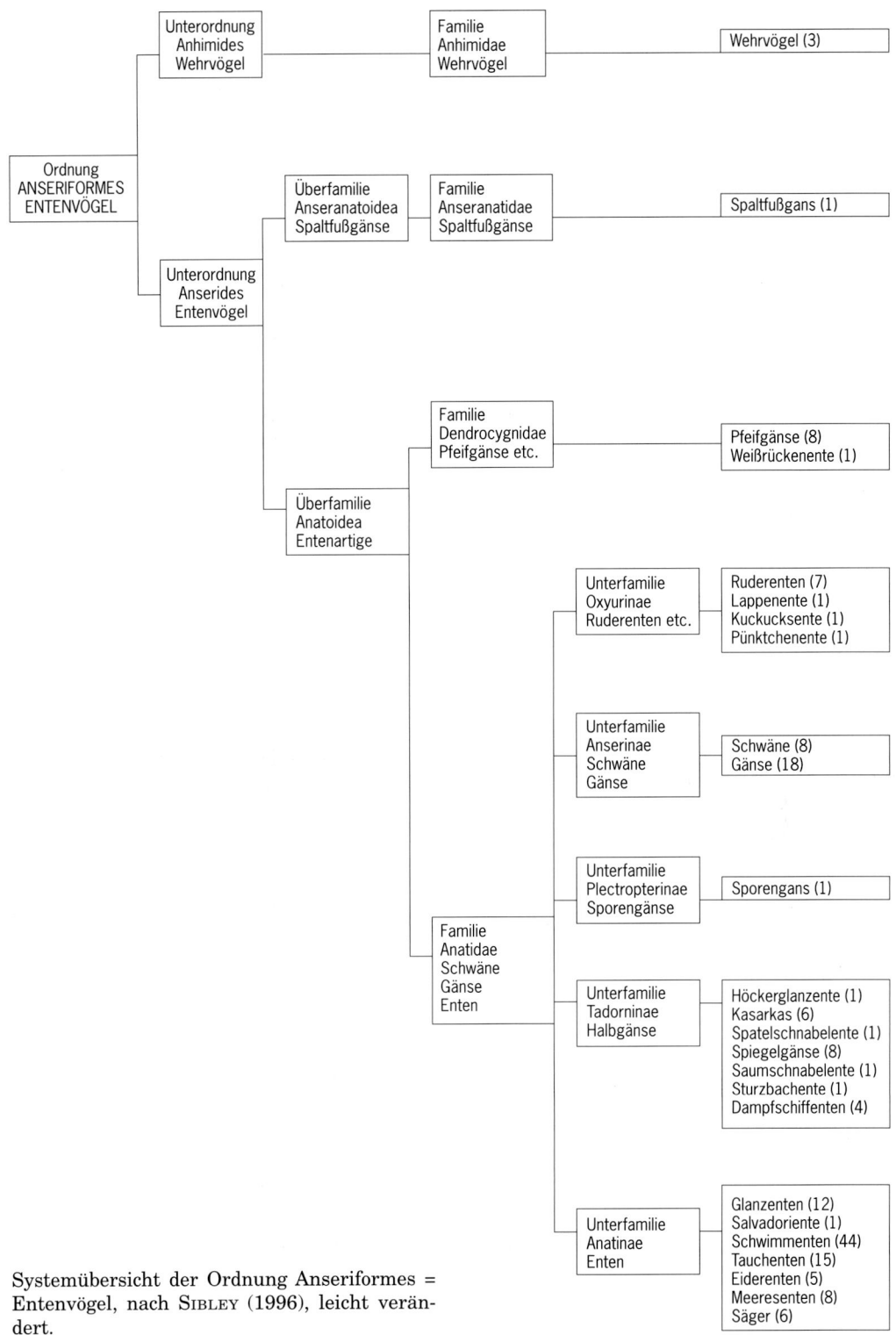

Systemübersicht der Ordnung Anseriformes = Entenvögel, nach Sibley (1996), leicht verändert.

12 Familie der Entenvögel

Unter der geografischen Isolation kam es allein auf der Dent-Insel weit südlich von Neuseeland zur Herausbildung der Campell-Aucklandente als typische Inselform.

Hornwehrvögel, *Chauna torquata*, sind die am häufigsten in Zoos gehaltenen und nachgezüchteten Wehrvögel.

kenente und Pünktchenente. Moderne Systematiker stellen eine Reihe altbekannter Unterarten heute als Arten nebeneinander, so Sing- und Trompeterschwan, Saat- und Kurzschnabelgans, entsprechend präsentiert in MADGE & BURN (1988), CRAMP et al. (1977) oder DEL HOYO et al. (1992). Mit der erst 1981 beschriebenen Weißkopf-Dampfschiffente ergeben sich 147 bis heute lebende Arten, die sich in ca. 240 Unterarten aufspalten. MONROE & SIBLEY (1993) und SIBLEY (1996) erkennen die Unterart als taxonomische Kategorie nicht mehr an. Ihr angedachtes Ziel ist, die Art als kleinste morphologisch erfaßbare Einheit anzusehen. Durch vergleichende Untersuchungen der Sequenzen der Mitochondrien-DNA stellen sie bisherige Unterarten als Arten nebeneinander oder ordnen sie der jeweiligen Art als variierende Regionalpopulation zu. Die DNA-Forschung leitet offenbar starke Umwälzungen in der Systematik ein. SIBLEY (1996) benennt etwa 160 Anatiden-Arten und vermutet in weiteren 25 Formen selbständige Arten, denen heute noch der Status von Unterarten zugeschrieben wird.

Die Wehrvögel, die nächsten Verwandten der Entenvögel, haben mit diesen viele anatomische Übereinstimmungen. In 3 Arten bewohnen sie Flachwasser- und Überschwemmungszonen im tropischen und subtropischen Südamerika und werden in Zoos, zunehmend auch in Privatanlagen gehalten und gezüchtet. Eine Übergangsstellung zu den Entenvögeln nimmt die Spaltfußgans ein, von der einzelne Systematiker glauben, sie stünde den Wehrvögeln näher als den Entenvögeln.

Anatomie und Anpassungen

Entsprechend der langen Evolution sind die heutigen Arten anatomisch und verhaltensbiologisch ihren spezifischen Lebensgewohnheiten gut angepaßt, ein Teil von ihnen auch hoch spezialisiert. Hawaii- und Spaltfußgänse haben rudimentäre, alle übrigen Arten voll ausgebildete Schwimmhäute. Die kurzen bis mittellangen Beine befinden sich bei den äsenden Formen unter Körpermitte, bei Gründel- und Glanzenten relativ und bei Tauch- und Ruderenten sehr weit hinten. Der Hals ist lang bis sehr lang. Der von einer weichen Haut überzogene Schnabel weist an der Spitze den hornverstärkten Nagel und an den Seiten Hornlamellen auf, die je nach Nahrungsbesonderheiten grob und wulstig (Schneegans zum Abbeißen harter Gräser) oder sehr fein (Löffelenten zum Ausfiltern feinster Partikel) ausgebildet sind. Zunge und Schnabelinneres weisen zahlreiche Sinneszellen auf, so daß der Nahrungserwerb auch nachts und unter den Bedingungen des Polarwinters erfolgen kann. Die Flügel werden in den taschenartigen Flankenfedern getragen, damit liegt der schwimmende Körper wie ein Boot im Wasser. Das Gefieder selbst erhält durch ständiges Putzen mit dem Wachs der Bürzeldrüse, das mit Schnabel und Kopf verteilt wird, eine geschmeidige und wasserabweisende Außenhülle. Bei den Meeresenten ist diese nur kurzzeitig wirksam, ihre ständige Erneuerung setzt bei Gehegetieren den Aufenthalt auf dem Wasser und einen normalen Ernährungszustand voraus.

Morphologie

Trotz sichtbarer Mannigfaltigkeit treten bei den Entenvögeln vorrangig Grau- und Brauntöne, ein Rotbraun sowie Schwarz-Weiß-Färbungen auf. Typisch sind die dunkelgrünen, dunkelblauen und violetten

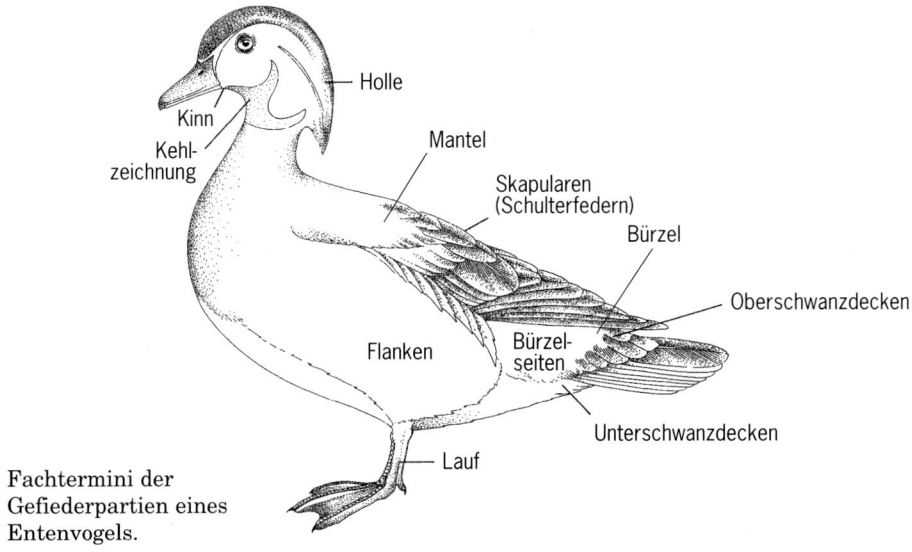

Fachtermini der Gefiederpartien eines Entenvogels.

14 Familie der Entenvögel

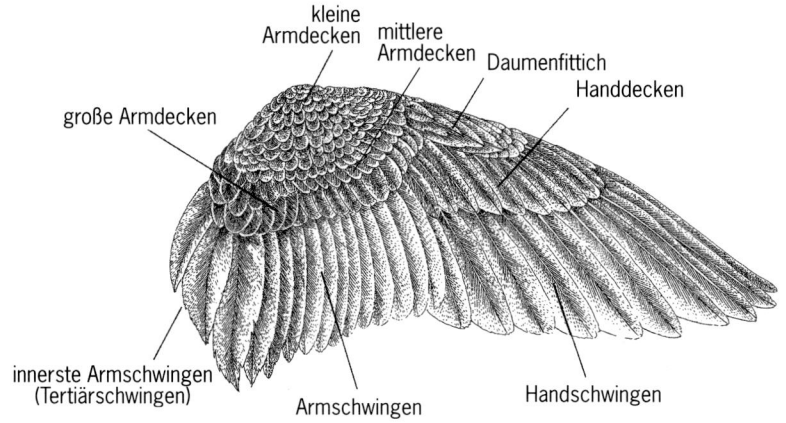

Fachtermini der Flügelpartien beim Entenvogel.

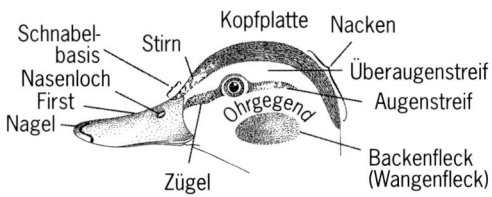

Fachtermini der Kopfpartien eines Entenvogels.

Glanzfarben der Flügelspiegel, des Kopfes und Rückens. Reine Grün- und Blautöne sind nur selten zu finden. Zwischen den Geschlechtern gibt es Artengruppen mit völliger Übereinstimmung in Färbung, Größe und Stimme sowie solche mit ausgeprägtem Geschlechtsdimorphismus. Weitgehend gleichfarbige Partner kennzeichnet die Unterfamilie der Gänseartigen, während Farb- und Stimmdimorphismus für die Entenartigen typisch sind. Bei den Enten nimmt die Farbigkeit von Nord nach Süd sowie von den Festland- zu den Inselformen deutlich ab.

Variabilität

Kennzeichnend für einzelne Arten ist eine deutliche individuelle Variationsbreite in Färbung, Zeichnung und Habitus. Sie erschwert das Erkennen der Geschlechter oder eine sichere Unterartzuordnung. Diese Varianten sind als eine normale Laune der Natur anzusehen, mindern oder erhöhen nicht den Wert des Tieres (vergl. „Die Veränderlichkeiten der Arten") und sollten auch nicht eines künstlichen Standards zuliebe gefördert oder verdrängt werden.

Aus der Biologie der Entenvögel

Jahreszyklus

Der Jahreszyklus läuft bei allen Anatiden etwa nach dem gleichen Grundprinzip ab. Nach beendeter Schwingenmauser und Flüggewerden der Jungtiere folgen Vergesellschaftungen, bei vielen der Wegzug in die Überwinterungsgebiete. Aus dieser anfänglichen Ruhephase baut sich sehr bald die neue Fortpflanzungsphase auf; Balz, Verlobung, Kopulation und Paarung kennzeichnen den Beginn dieser Zeit. Die eigentliche Brutperiode wird mit Inbesitznahme der Brutterritorien, mit Revierkämpfen und einem engen Paarverhalten eingeleitet; die Balz befindet sich bereits im Abklingen. Für den Naturbeobachter kaum sichtbar schließen sich Brut, Kükenaufzucht und die Vollmauser der Altvögel an.

Modifiziert wird dieser Grundzyklus durch Artengruppen u.a. in Abhängigkeit von der Brutheimat, dem Territorialverhalten und der ♂-Beteiligung an Brut und Aufzucht. So sind die nordischen Arten auf den extrem engen Biorhythmus des kurzen Tundrasommers eingestellt; Legebeginn und Wegzug aus der Brutheimat sind jeweils auf wenige Tage begrenzt. Selbst unsere Gehegevögel halten diese Zeit mit nur geringen Vorverschiebungen ein, und Nachgelege bleiben die Ausnahme. Bereits größer sind Zeittoleranz und Häufigkeit der Nachgelege bei den in den gemäßigten Breiten nistenden Entenvögeln.

Die Bewohner der Subtropen beziehen unmittelbar nach Einsetzen der regionalen Niederschlagsperiode die durch den Regen entstehenden günstigen Brutbiotope und beginnen mit dem Legen. Auch unter den Gehegevögeln reagieren diese Arten bei sommerlichen Regenperioden mit Eiablagen bzw. Inaktivitäten während längerer Schönwetterperioden; relativ hohe Eizahlen und mehrere Nachgelege sind die Regel. Bei Hühnergans und Australischer Kasarka wirken die abnehmenden Tageslängen als Brutauslöser, Gehegepaare halten weitgehend daran fest, Eiablagen erfolgen zwischen Dezember und Februar/März.

Paarung

Das Paarungsverhalten ist genetisch fixiert und innerhalb der einzelnen Gattungsgruppen weitgehend identisch. Die Gänsefamilien ziehen gemeinsam ins Winterquartier, in den Winterschwärmen finden sich die Partner der Erstehen, die dann die Sommerschwärme bilden und ab 3. Jahr als Brutpaare aktiv werden. Die so entstandene Dauerehe kann zeitlebens stabil sein, doch sind Neuverpaarungen unter Altgänsen häufiger als lange Zeit vermutet.

Nordische Enten suchen ihren Partner ebenfalls in den Winterschwärmen; etwa ab Jahreswechsel kommt es zur Hochbalz, bei den *Anas*-Arten zur „Verlobung" und zu ersten Kopulationen. Fest verpaart erreichen die Tiere die Brutheimat und wählen gemeinsam den Nistplatz aus. Während der Legeperiode hält der Erpel zur Ente. Mit Brutbeginn löst sich die Saisonehe, bei den ♂ setzt die Mauser in das Schlichtkleid ein, viele wandern zu gemeinsamen Mauserplätzen ab.

Bei den südlichen Entenarten, bei denen ♂ und ♀ weitgehend farbgleich sind, bleiben die Erpel im Brutrevier und beteiligen sich später an der Kükenführung, das gilt auch für Mähnengans, Rotschulter- und Amazonasente aus der Gruppe der Glanzenten. Die Pfeifgänse gehen offenbar Langzeitpaarungen ein, beide Partner brüten im Wechsel und führen die Küken gemeinsam. Ohne direkte Ehebeziehungen und Paarbildungen bleiben die Ruderenten. Die ♀ kommen zum Balzplatz der ♂ und werden hier begattet. Polygame Beziehungen gehen die größeren

Glanzenten-Arten wie Moschus- oder Höckerglanzenten ein; das wesentlich größere ♂ wird von 2 bis 3 Weibchen umworben, kümmert sich aber nicht um Brut oder Kükenaufzucht. Obgleich bei Gehegetieren die Partner ganzjährig das gemeinsame Terrain bewohnen und oftmals gar keine Partnerwahl möglich ist, weichen die Paarbildungen in ihrem Ablaufmodus kaum vom Gesagten ab. Typisch für die Gehegehaltung ist der hohe Anteil an Mischpaarungen, die der Züchter sehr früh erkennen muß, um eine räumliche Trennung vorzunehmen. Vorbeugend wirken eine durchdachte Gehegebesetzung und die Separierung von Einzeltieren.

Balz

Balzrituale sind genetisch festgelegt und werden nicht erst durch Vorbildwirkung erlernt. Sie sind zumeist arttypisch und dienen in der Natur auch der artlichen Abgrenzung und damit der Minimierung von Hybridbildungen. Die Balz der ♂ bewirkt in zeitlicher Abfolge Partnersuche, Paarbildung, Brutstimulierung und letztlich die Revierabgrenzung während der Lege- und Brutzeit. Nordische Enten und Säger beginnen die Balz mit beendeter Mauser ins Prachtkleid ab November, bei den Arten der Warmgebiete setzt sie unmittelbar vor Brutbeginn u. a. mit dem Einsetzen der Niederschläge ein und flacht mit Brutbeginn schnell wieder ab.

Bei Gehegetieren können nichtnatürliche Haltebedingungen Balzzeiten und -intensitäten stark reduzieren. Bei langjährigen Zuchtpaaren braucht kein ♀ gesucht oder gegen Rivalen verteidigt werden. Auch liegt die Vermutung nahe, daß bei Einzelpaarhaltungen ohne Artrivalen relativ schlichte Prachtkleider durchgemausert werden (u. a. bei Baikal- oder Neuseeland-Löffelerpeln). Eidererpel balzen erst im Anblick von Artpartnern, deshalb werden gern 2 bis 3 Paare auf einem Teich gehalten. Kappensäger oder Schellerpel balzen zwar ihre Weibchen an, intensivieren ihre Balz jedoch in der Gruppe. Arten mit gut ausgeprägtem Farb-Geschlechtsdimorphismus (nordische Säger und Enten) zeigen eine ausdrucksstarke, Arten mit gleichgefärbten Partnern oder Einzelgängerpaare (Schwarzente) nur eine schwach entwickelte Balz.

Fortpflanzung

Bereits CHARLES DARWIN erkannte, daß die Arten mehr Nachkommen produzieren, als scheinbar für die Arterhaltung erforderlich sind. In der Natur müssen damit Verluste an Gelegen, Küken und Altvögeln kompensiert werden. Die in den tropischen Sümpfen brütenden Pfeifgänse haben besonders hohe Einbußen an Nestern und Küken; Gelegestärken bis zu 15 Eiern und die schnelle Bereitschaft zu Nachgelegen gleichen die Verluste aus. Arktische Gänse bringen bei 4 bis 8 Eiern 1 bis 3 Junggänse groß, welche mit dem Erwachsensein kaum noch gefährdet sind. Doch hier kann ein verzögertes Frühjahr in riesigen Tundragebieten die Populationen gar nicht erst zur Brut schreiten lassen, so daß es Jahre völlig ohne Nachwuchs gibt, Ursache natürlicher Populationsschwankungen. Der Züchter ist nun stets bemüht, die Bedingungen für das Fortpflanzungsgeschehen seiner Tiere zu optimieren. So werden Gefahren ferngehalten, im Frühjahr eiweißreiche Futtersorten angeboten und die Küken hygienisch und witterungsunabhängig aufgezogen. Damit liegt die Reproduktionsrate der Gehegetiere weit über der im Freiland, die Gehegebestände wachsen ständig an.

Naturentnahmen sind für das Gros der Anatiden-Arten heute nicht erforderlich. Gezieltes Nachzüchten ermöglicht bei einer Reihe von Arten den Aufbau umfangreicher Gehegepopulationen und, falls erforderlich, ein erfolgreiches Auswildern mit nur wenigen Exemplaren als Ausgangsmaterial. Insofern ist es unverständlich, daß Tierschützer tatenlos zusehen, wie der Dunkelsäger durch Talsperrenbau in den nächsten Jahren aussterben wird, und bis heute keine Entnahme kleiner Gruppen oder Einzelgelege zur gezielten Erhaltung des Genpotentials durch Zucht erlauben.

Zugverhalten

Das Verhaltensmuster bei Anatiden reicht vom lebenslangen Bewohnen eines kleinen Bachabschnittes (Saumschnabelente Neuseelands) über Nonstop-Zugstrecken von weit über 1000 km (Ringelgans) bis zum Umherzigeunern entsprechend sporadisch aufkommender Niederschläge bei australischen Arten.

Zugvögel kehren zumeist zum alten Brutplatz oder gar zur alten Bruthöhle zurück, während sich savannenbewohnende Arten als unstet erweisen. In den gemäßigten Breiten kehren vor allem die Altvögel zu ihren Brutplätzen zurück, die immaturen Tiere paaren sich im Winterquartier und folgen dann einem Partner in ein fremdes Gebiet. Mittel- und Westeuropa sind die Winterquartiere der nordwestpaläarktischen Arten. Größte Bedeutung haben dabei die Küstengebiete, die großen Flußsysteme und für die Gänse die binnenländischen Ackerbauzonen.

Die großen Gänseschwärme halten sich etwa im Isothermenbereich von ±0 °C auf, d.h., sie verweilen bei uns bei Temperaturen um 0 °C, treten Schneefälle oder Fröste auf, ziehen die Scharen nach Holland und Frankreich weiter, ist der Winter unnormal warm, fliegen sie nach Polen zurück.

Mauser

Die Mauser dient der Gefiedererneuerung und bei zahlreichen Arten zusätzlich dem Wechsel in farbveränderte Ruhe-(Schlicht-) oder Brut-(Pracht-)kleider. Der Wechsel setzt bei den Küken etwa ab dritter Woche ein, wenn das Dunenkleid gegen die Konturbefiederung ausgetauscht wird und das 1. Jugendkleid entsteht. Während der Kükenkörper mit schaftlosen Dunen besonders wärmeisoliert ist und diese im Verlauf der Befiederung abstößt, wachsen die Kiele am Schwanz weiter und bilden die Steuerfedern aus, auf deren Spitze der Rest der kleinen Dune sitzt und später herausbricht; die besondere Schwanzfederform stellt ein typisches Jugendmerkmal vieler Anatiden dar. Die Mauser der Konturfedern verläuft zwischen den taxonomischen Gruppen recht unterschiedlich. Die Jungtiere der Pfeifgänse und vieler Entenarten wechseln nach dem Erwachsensein im Herbst direkt in das 1. Alterskleid, die Erpel nördlicher Enten in das 1. Prachtkleid. Da es sich um eine Teilmauser (nur Kleingefieder) handelt, bleibt der Jugendflügel noch bis zum nächsten Sommer erhalten. Bei Schwänen, Gänsen und Halbgänsen erstreckt sich dieser Gefiederwechsel bis zum Frühjahr; Meeresenten und Säger mausern gegen Ende der Jugendentwicklung die Steuerfedern und legen im Verlauf von Teilmausern ein 2. Jugendkleid, Eiderenten ein 3. Jugend- oder Immaturkleid an.

Im Sommer, in der Regel während oder gegen Ende der Fortpflanzungszeit, durchlaufen alle Anatiden die Vollmauser. Sie beginnt mit dem Kleingefiederwechsel, gefolgt von Schwingenabwurf und Schwanzmauser. Die nordischen Enten und Säger legen dabei das Schlichtkleid an; die die Brutzeit abschließende Mauser wird als Brutmauser bezeichnet. Zwischen September und November, bei einzelnen Arten bis Februar, folgt eine Teilmauser, eine zweite Kleingefiedermauser, in deren Verlauf das Prachtkleid entsteht; sie beendet die herbstliche Ruhezeit und wird als Ruhemauser bezeichnet. Baikalerpel z. B. unterbrechen ihre Ruhemauser zwischen November und Februar, man spricht von einer Hemmungsmauser. Pfeifgänse erneuern ihr Kleingefieder vermutlich im Spätsommer, mit Sicherheit jedoch um die Jahreswende. Ein kleiner Artenanteil mausert erst kurz vor der Brutsaison im Frühjahr.

Mauserabläufe sind genetisch fixiert, werden aber hormonell gesteuert und ausgelöst, so daß individuelle Unregelmäßigkeiten u. a. durch Stoffwechselstörungen auftreten können. Während eine leichte Kleingefiedermauser Beginn oder Ablauf des Brutgeschehens nicht beeinflußt, bedeutet ein Schwingenabwurf stets das Ende (oder gar keinen Beginn) der Fortpflanzungsaktivitäten.

Die Veränderlichkeiten der Arten

Bei vielen Arten sind bestenfalls zwischen den Geschlechtern die Einzelindividuen unterscheidbar. Treten dennoch Farb- oder Größenabweichungen auf, gibt es dafür eine Reihe von Ursachen.

Individuelle Variation

In natürlichen Populationen treten in unterschiedlich breiten Abgrenzungen feine (für den Menschen kaum erfaßbare) oder sehr deutliche Unterschiede (Weiße und Blaue Schneegans) auf. Die Vielgestaltigkeit der Art – das beste Beispiel geben wir Menschen selbst – ist u.a als individuelle Information bestimmter Gene (den Allelen) festgelegt wie bei den dunklen oder blaßfarbenen Chilepfeifenten. Solche Variationsbreiten sind arttypisch und dürfen als „Schönheitskorrektur" (um Ausstellungsstandards gerecht zu werden) keinesfalls weggezüchtet werden.

Mutationszüchtungen

Spontane Veränderungen einzelner Gene, verbunden mit erblichen Aussehensänderungen, werden als Mutationen bezeichnet, sie treten bei Züchtungen vermehrt auf und betreffen zumeist die Farbgene. Für Wellensittich und Zebrafink sind die Vererbungsgesetze weit besser erforscht als für die Anatiden. Relativ alte und recht stabile Mutationen sind die leuzistischen Höckerschwäne, die Silberbahamaente, die weiße Nilgans und aus jüngerer Zeit die fast weiße Mandarinente. Im dominant-rezessiven Erbgang sind ihre Nachkommen weiß oder wildfarben.

Problematischer sind die verschieden stark intermediär vererbenden Farbaufhellungen bei vielen der leicht züchtbaren kleinen Entenarten. Die Gehegebestände der im Freiland bestandsbedrohten Laysanente wurden durch das Herauszüchten von Farbschlägen und zusätzliches Einkreuzen von Zwergenten faktisch wertlos gemacht. Besonders negativ wirken jene Tiere, die phänotypisch (also äußerlich) dem Wildvogel entsprechen, aber dennoch Mutanten sind. Bei dem großen Anteil der Arten führten die Mutationszüchtungen zur allgemeinen Verblassung der Nachkommen. Im Interesse von Artenschutz und Arterhaltung sind bei Gehegepopulationen zumindest alle intermediär vererbenden Mutationsvermehrungen abzulehnen.

Hybriden = Zwischenartliche Kreuzungen

Verpaaren sich Partner verschiedener Arten, so werden deren Nachkommen als Mischlinge, Hybriden oder Bastarde bezeichnet, bei der leichten Züchtbarkeit der Entenvögel eine relativ häufige Erscheinung. GREY (1958) und SCHERER & HILSBERG (1982) erfaßten 418 solcher Mischlinge, die zwischen 126 Arten auftraten. Davon gehörten die Eltern zu 52% unterschiedlichen Gattungen und zu 21% einem fremden Tribus an. Bei 20% aller Mischlinge wurden fruchtbare Individuen bekannt. Seltener kommt es zu Paarungen von F_1-Hybriden mit einer 3. oder 4. Art. Im Zoo Moskau paarten sich Schneeganter × Graugans und danach der F_1-Hybride mit einer Kaisergans, ein Jungtier wuchs auf. Ferner Paradieskasarka-Erpel × Rostgans (1981 6,6 juv.), davon ein F_1-Hybrid-♀ × Australischer Kasarka-♂ (1983 3,1 juv.), dann das F_2-Hybrid-♀ erneut mit dem Australischen Kasarka-Erpel (KUDRYAVTSEW, mündl.).

In Verhalten, Größe und Färbung nehmen die Bastarde oft eine Mittelstellung zwischen den Eltern ein, wobei die Merkmale des einen oder anderen Partners dominieren können, die Eltern aber doch erkennbar sind. Bemerkenswert sind deshalb einzelne Freilandbeobachtungen, deren Zuordnung nicht zu klären war. SCHERER & HILSBERG (1982) führen 11 Hybriden an, die weitgehende Übereinstimmungen zu 3. Arten aufweisen, u. a. sind ♂ aus Reiher- × Tafelente kaum von den Erpeln der Veilchenente zu unterscheiden. In der Natur treten Hybriden nur selten auf, lediglich SCHÜTT (briefl.) beobachtete in Tauchentenschwärmen bei Bremen innerhalb von 10 Jahren über 100 Hybriden (vermutlich Reiher- × Tafelente). Unter Gehegebedingungen neigen relativ viele Tiere zu Bastardierungen, vor allem nordische Gänse, Kasarka-Arten und die Gruppe der Stock-, Fleckschnabel- und Augenbrauenenten. Fremdbegattungen ohne eigentliche Paarung führen bei Stock- und Kolbenerpeln relativ häufig zu unerwünschten Mischlingen, auch Brautenten-♀ sind vielseitig begattungsbereit. Dagegen liegen noch immer keine gesicherten Nachweise für Hybriden mit der Mandarinente vor.

Innerartliche Kreuzungen

Die einzelnen Unterarten (geographische Rassen oder Subspezies) einer Art kommen in ihren natürlichen Lebensräumen getrennt voneinander vor. Sie haben unterschiedliche Verbreitungsgebiete (Spießente nördliche, Kerguelenente südliche Erdhemisphäre), bewohnen unterschiedliche Höhenlagen (Chile-Krickente Pampasregion, Spitzschwingenente Punazone) oder ihr Vorkommen ist auf einzelne Inseln beschränkt (Laysan- und Hawaiiente). Durch jahrtausendelange Trennung haben sich Färbung, Größe, Brutbiologie oder Verhalten differenziert. Berührt sich das Vorkommen einzelner Unterarten, wie bei Saat- oder Kanadagans, so kommt es zur Bildung von Mischpopulations-Zonen.

Unterarten einzuordnen ist dem Züchter nur teilweise möglich, so bei Spitzschwingenenten oder bei den Ringelgänsen. Dagegen lassen sich einzelne Kanadagans-Formen oder Tiere aus natürlichen Mischpopulationen nur bedingt oder gar nicht zuordnen. Gern werden vom Tierhandel – leichtfertig oder profitorientiert – konkret benannte Unterarten angeboten. Aus den Vorbetrachtungen zu den einzelnen Arten ist zu ersehen, ob und woran es dem Züchter möglich ist, die angebotene Unterart zu erkennen. Besondere Vorsicht ist bei Größenunterschieden geboten. Bei den seit vielen Jahrzehnten in Europa gezüchteten Bahama- oder Versicolorenten sind Zuordnungen nicht mehr möglich, wogegen die in neuerer Zeit importierten Großen Amazonas- oder Nördlichen Zimtenten gut kenntlich sind.

Liegt die Zugehörigkeit einer Unterart auf Grund gesicherten Wissens fest, ist die Vermischung mit einer anderen Subspezies der gleichen Art unbedingt zu vermeiden. Kommt es zur Vermischung nahe verwandter Arten, wie Stock-, Augenbrauen- und Fleckschnabelente, so entstehen voll fortpflanzungsfähige Bastarde und können – wie im Falle der Marianenente – eine ganze Population bilden. Auf Parkgewässern mit natürlichem Stockenten-Bestand sollten wegen dieser Vermischungen keine Hausenten hinzugesetzt werden, Folgen sind Farbverflachungen und zunehmende Weißanteile bei den Nachkommen der Stockenten.

Angaben über Bastardierungsneigungen bei Gehegetieren in KOLBE (1977).

Aufgaben und Ziele einer modernen Wasservogelhaltung

Das Einwirken des Menschen auf den Ökohaushalt der Natur und damit auch auf die Entenvögel hat immense Ausmaße angenommen und mehr oder weniger alle Lebensregionen der Wasservögel erfaßt. Diese anthropogenen Einflüsse wirken sich sehr unterschiedlich aus. Schutzmaßnahmen und aktiv-positive Einstellungen der Menschen zum Tier in einzelnen Regionen ließen die Bestände weniger Arten stark anwachsen, in Europa jene der Stock-, Eider- und Schellente, der Brandgans oder des Höckerschwanes. Auch die Jagdausübung mit begrenzten Abschußmengen und -zeiten stehen gegenwärtigen Bestandserweiterungen bei unseren Wintergästen nicht entgegen. Während sich großräumige Waldrodungen für viele Tierarten nachteilig auswirken, führten sie in Neuseeland zur Ausbreitung der Paradieskasarka. Angelegte Stauseen und Tiertränken in den trockenen Savannen werden von Entenvögeln besiedelt und führen zu Arealerweiterungen. Weltweit überwiegen jedoch reduzierende Einflüsse, voran großflächige Entwässerungen zur Gewinnung landwirtschaftlicher Produktionsflächen. In Madagaskar, wo Jäger fast uneingeschränkt schießen können, werden in absehbarer Zeit die endemischen Bernier-, Madagaskarmoor- und etwas später auch die Madagaskarente ausgerottet sein. Im südlichsten Südamerika vernichteten Farmer in großem Stil die Magellangänse als Nahrungskonkurrenz ihrer Schafe und damit die heute schon ganz seltenen Rotkopfgänse. Die Lebensräume der letzten ca. 25 Paare Dunkelsäger werden durch Staudämme vernichtet.

Vielfältig sind andererseits die weltweiten Maßnahmen zum Schutze der Tierwelt und damit der Enten- und Gänsevögel. Habitatschutz, Naturschutz- und Jagdgesetze haben regional bewirkt, daß sich Teilpopulationen oder bestimmte Unterarten stabilisieren konnten und daß in diesem Jahrhundert keine Anatiden-Art mehr durch den Menschen ausgerottet wurde. Die modernen Rotbücher sollen u. a. Politiker ansprechen, administrativ für gefährdete Arten einzutreten. Das Washingtoner Artenschutzabkommen versucht, den Welthandel mit seltenen Tieren und Pflanzen in geordnete Bahnen zu lenken. Der Halter und Züchter von Wildtieren ist teilhabender Nutzer am Gesamtetat der Arten und trägt heute eine große Verantwortung nicht nur dem Einzeltier, sondern der Art gegenüber. Daraus ergeben sich für den Züchter zwingende Aufgaben:

1. **Größte Sorgfalt im Umgang mit allen Wildtieren**; Erwerb einer Art erst dann, wenn gute Haltebedingungen vorhanden oder geschaffen sind. Jegliche Massenhaltungen und Massenzuchten sind abzulehnen.
2. Die gegenwärtigen Gehegepopulationen lassen sich problemlos durch Nachzuchten erhalten und erweitern, so daß Naturentnahmen nur noch zur Genpool-Erweiterung erforderlich wären.
3. Zur Reinerhaltung der Arten und Unterarten werden Kreuzungen gezielt vermieden und aufgetretene Hybriden liquidiert.
4. Zurückdrängen der entstandenen Farbmutationen, um den Wildvogeltyp zu erhalten. Vereinsstandards sind für Wildvögel abzulehnen, weil mit dem Standard eine Zielvorstellung gegeben wird, die die natürliche Variabilität einschränkt.
5. Um die genetische Vielfalt der einzelnen Arten zu erhalten, sollten Zuchttiere weiträumig und länderübergreifend gemischt werden, auch um Gendriften zu vermeiden.

Von den 145 heute lebenden Arten werden 138–140 gehalten und bis Anfang der 90er Jahre mindestens 133 davon gezüchtet. Erfolgreiche Auswilderungsprogramme vom Aussterben bedrohter Arten wie der Hawaii-

Eine natürliche Wasserfläche mit geringem Tierbesatz, dazu im Sichtfeld der eigenen Wohnräume, sind die idealen Bedingungen einer privaten Wasservogelhaltung.

gans, der Aleuten-Kanadagans, den Auckland- oder Neuseelandtauchenten zeigen, welchen Beitrag zur Arterhaltung die Züchtung leisten kann. Künftig wird es auch unumgänglich werden, einzelne Arten oder Unterarten aus einem sehr kleinen Ausgangspotential heraus zu vermehren, was bei Anatiden offenbar gut möglich ist, aber gezielte Verpaarungsprogramme, weites Vorausdenken und den Einbezug der Wissenschaft erfordern.

Anlagen für Arten mit hoher Anpassungstoleranz

Teichbau

Der Einsteiger wird sich eine Anlage mit einem oder mehreren Teichen und einem grünen Umfeld schaffen. Dabei bietet die Wasserfläche den grundsätzlichen Schutz gegen Prädatoren (mit Ausnahme von Nerzen) und muß, sind keine anderwärtigen Sicherungen vorhanden, einen Mindestdurchmesser von 3 bis 4 m haben. Inseln mit entsprechendem Abstand vom Ufer erhöhen das Sicherheitsgefühl der Tiere und letztlich auch ihre Fortpflanzungsbereitschaft. Das

22   Aufgaben und Ziele einer modernen Wasservogelhaltung

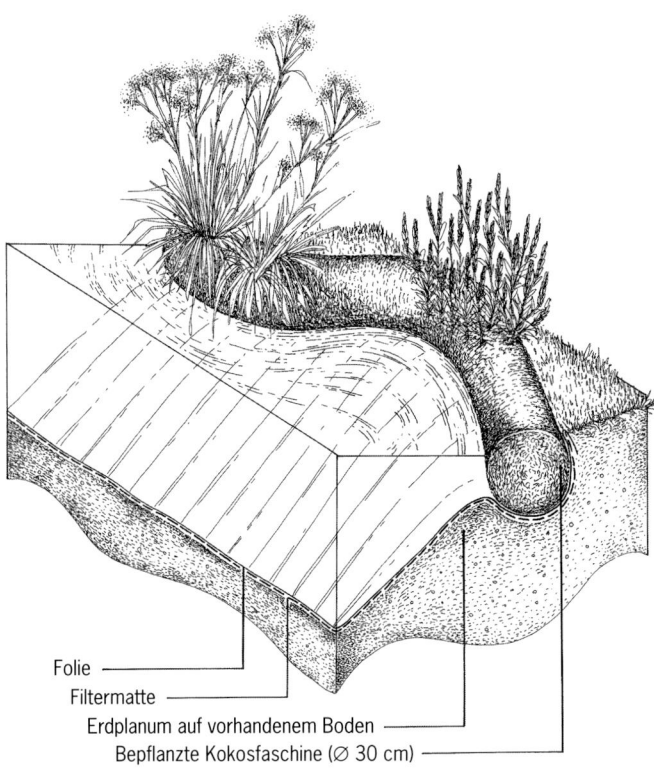

Folie
Filtermatte
Erdplanum auf vorhandenem Boden
Bepflanzte Kokosfaschine (Ø 30 cm)

Kokosfaschinen im Bereich der Wasserkante ermöglichen einen Sumpfpflanzenbewuchs auch an Folienteichen.

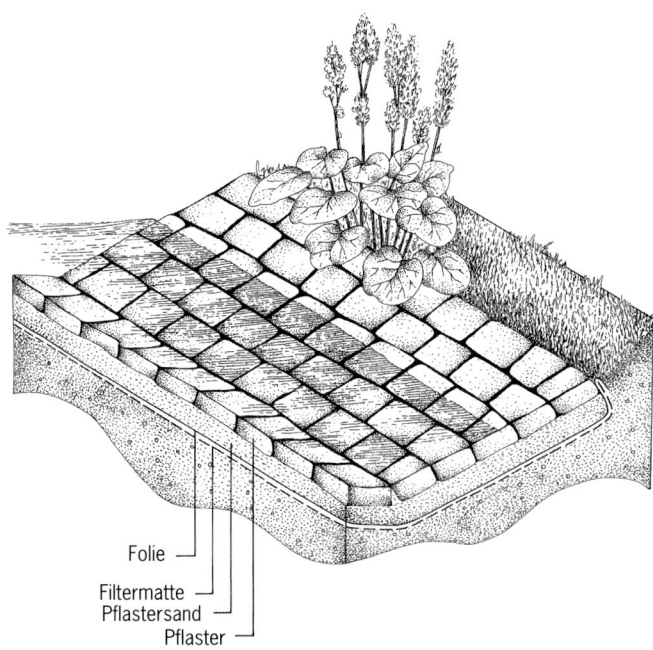

Folie
Filtermatte
Pflastersand
Pflaster

Folienteiche werden heute mit Natur- oder Formsteinen ausgekleidet. Damit wird die Folie dauerhaft geschützt und für die Tiere ist ein rutschfreier Ausstieg möglich.

Teichvolumen, also das Verhältnis Oberfläche zur Tiefe, richtet sich nach dem Wasserangebot und den Wasserablaufmöglichkeiten; 30 bis 40 cm reichen für viele Arten auch zum Tauchen aus, doch verschmutzen diese Becken relativ schnell und erfordern einen häufigen Wasserwechsel. Bei verschmutztem Wasser ruhen die Enten am Ufer statt auf dem Wasser und werden so leicht Beute des Raubwildes. Für den Bau kleinerer Becken eignen sich Beton, Folien, Polyesterharz, zur Verblendung Holz, Natur- und Formsteine oder Kokosfaschinen.

Betonbecken

Fachlich richtig angelegte Betonbecken zeigen zwar kaum Verschleiß, sind aber enorm bau- und materialaufwendig. Die Ausstiegskanten sind zweckmäßig mit Natursteinen zu gestalten.

Folienteiche

Folienauskleidungen ermöglichen das Abdichten beliebig großer Teichflächen und -formen, sind jedoch bei Reinigungsarbeiten verletzbar und für die Tiere zu glatt. Der mit Folie abgedichtete Teich könnte eine gepackte (nicht vermauerte) Auskleidung mit Formsteinen, am oberen Rand mit Natursteinen oder Kokosfaschinen, erhalten.

Polyesterharzteiche

Becken aus Polyesterharz sind zwar kostenaufwendig, dafür aber unbegrenzt haltbar und in jeder gewünschte Form baulich zu erstellen. Die Endform des Teiches wird ausgeschachtet, das Erdreich geglättet und als Abschlußrand genau in Waage ein Kranz von Holzleisten oder Brettern gefertigt. Dann wird die gesamte Mulde bis zu den Leisten mit in flüssigem Harz getränkten Säcken oder anderen stabilen Geweben belegt. Nach der Aushärtung der ersten Schicht folgen bis zu 3 weitere harzgetränkte Lagen; zumindest für die innersten Schichten finden Glasfasermatten und blaugrün eingefärbtes Harz Verwendung.

Landteil

Auch die Umfeldgestaltung will gut durchdacht sein. Grundsätzlich lieben Enten und Gänse den freien Blick über kurzgehaltenes Grasland, also die „offene Landschaft". Dagegen neigen die Züchter allgemein zu einer relativ dichten Bepflanzung ihrer Gehege mit Trauerweiden, Ziersträuchern oder Nadelbäumchen. Entstehender Lichtmangel schränkt den wichtigen Bodenbewuchs ein. Weiden belasten mit Blattmaterial, Zweigen und Wurzelwerk die Teiche enorm, dichtwüchsige Wacholderbüsche werden selbst als Nistplatz kaum genutzt und stellen eher einen Platzverlust dar. Ein höherer Bewuchs ist in kleineren Anlagen nur als Randbepflanzung zu empfehlen. Sind die Gehege nicht überbesetzt, wird sich auch eine Bodenvegetation entwickeln. Anzustreben sind unterschiedlichste Süß- und Sauergräser. Ein zu hoher Krautanteil (Brennessel) läßt sich durch häufiges Mähen zurückdrängen. Gänseblümchen oder Gänsefingerkraut wuchern als Folge von Überdüngung durch den Tierkot oder des Selektionsverbisses der Gänse. Empfehlenswerte robuste Teichpflanzen sind Kalmus, Rispenseggen, Taglilien, Riesenmiskantus oder flachwüchsige Weiden. Narzissen werden gar nicht verbissen und erzielen einen schönen Frühlingsaspekt.

Umzäunung

Höhe und Gestaltung der Umzäunung richtet sich nach den zu erwartenden Prädatoren. Eingewöhnte Enten oder Gänse überklettern selbst 60 bis 80 cm hohe Absperrungen nicht. Bewährt haben sich Zaunhöhen von 1 bis 2 m mit 4 cm Maschenweite (die 5-cm-Maschen bilden für Nerz, Iltis und Wanderratte kein Hindernis) und ein Elektrozaun, aus einem Weidegerät gespeist, als oberer Abschluß. Um ein Untergraben des Zaunes zu verhindern, wird ein korrosionsbeständiges Material etwa 30 bis 50 cm tief in den Boden eingelassen. Sichtblenden, je nach Größe der Arten 50 bis 80 cm hoch, verhindern, daß einzelne Tiere unentwegt am Zaun entlanglaufen oder in das Nachbargehege überwechseln wollen.

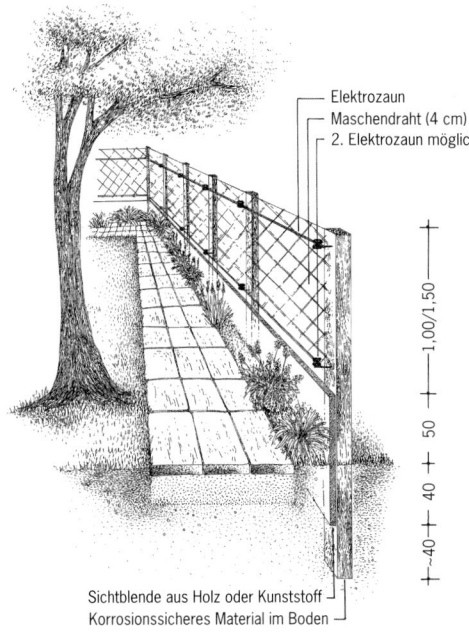

Elektro-Weidezaunsicherungen und Sichtblenden gehören heute zum Standard der Gehegezäune.

Uferbefestigung

Ist bereits ein Teich vorhanden oder kann als Durchlauf eine Wasserfläche geschaffen werden, entstehen vorrangig die Probleme der Uferbefestigung. In unterschiedlichen Tiefen schnattern Gründelenten, Gänse, Schwäne und ganz unten die Tauchenten in relativ kurzer Zeit alle nichtbefestigten Uferteile ab. Auf schwach besetzten Teichanlagen können die flach auslaufenden Ufer mit Natursteinen gepflastert werden, hindurchwachsende Seggen ergeben eine zusätzliche Befestigung. Betonierung oder Auslegen der Kante mit Lochbetonplatten haben sich nicht bewährt, zu häufig siedeln sich darunter Wanderratten an. Das Abdecken der Uferzone mit Maschendraht ist wegen zu hoher Unfallgefahr für die Tiere wenig empfehlenswert. Materialaufwendig, aber beständig erweisen sich in meiner Anlage senkrecht eingelassene Betonplatten (Betonstegdielen 200 × 33 × 8 cm). Der Wasserkantenbereich ist aus Feldsteinen, die von den Enten nicht unterhöhlt werden können, schräg angeschichtet. Zwischen den Platten sind 75 cm lange Doppel-T-Träger eingeschlagen.

Teichabläufe

In großen Teichanlagen wird der Wasserspiegel meist mit einem Mönch reguliert. Problemhaft ist dagegen die Wasserablaßmöglichkeit der Teichbecken. Das Öffnen des Verschlusses reißt Schweb- und Schmutzteile mit, so daß Abflußrohre unter 100 mm Durchmesser und Drehventile leicht verstopfen. Andererseits ist ein Verschlußprinzip erforderlich, das, 50 bis 100 cm unter Erd- und Wasserniveau liegend, sich noch problemlos bedienen lassen muß. WEGENER (briefl.) nutzt für seine Teiche Stahlschnellkupplungen, wie sie für flexibel verlegte Pumpenleitungen oder Bewässerungsanlagen Verwendung finden. Er bringt die Abdichtung nicht teichseits, sondern im Kontrollschacht unter. Die V-Kupplung ist blind verschweißt, ein ebenfalls angeschweißtes Rohrstück erleichtert im Hebelprinzip das Lösen des angesaugten Kopfteiles.

Anlagen für Arten mit spezifischen Ansprüchen

Wärmeliebende Arten

Als Teichanlagen für Arten wie Pfeifgänse, Löffel- oder Knäkenten werden sonnige und windgeschützte Gehege genutzt. Wasser und ein Teil der Landfläche bleiben von Bäumen unbeschattet, dadurch kommt es zu schnellen Aufwärmungen, auch des Wassers.

Meeresenten und Säger

Sie benötigen ein mindestens 70 cm tiefes, möglichst klares und kühles Wasser. Besteht in der Gesamtanlage ein Durchflußsystem, so sollten zunächst die Meeresenten das ein-

Anlagen für Arten mit spezifischen Ansprüchen 25

Die Haltung von Kragenenten setzt einen hohen technischen Aufwand voraus. Wasserfälle steigern Aktivität und Wohlbefinden der Tiere.

Gesundes Wasser und die Gestaltung des Landteiles als Felskulisse sorgen für hygienische Bedingungen für die Haltung von Saumschnabel- oder Sturzbachenten.

fließende, keimarme und später z.B. die wärmeliebenden Arten das durchgeflossene Wasser bekommen. Besonderer Wert ist auf Hygiene entlang der Teichufer und am Futterplatz zu legen. Bildet sich auf Futter- oder Kotresten Schimmel, führt das bei diesen Arten relativ schnell zu Aspergillose-Erkrankungen. Besonders empfindlich erweisen sich die Meeresenten gegenüber Endoparasiten, deren Zwischenwirte im Wasser oder im Uferschlamm leben. Die Teichränder können abschnittsweise vegetationslos gehalten, dick mit Schotter, Feld- oder Bruchsteinen abgedeckt und von Zeit zu Zeit abgespritzt werden. Wegen der hohen Sommertemperaturen ist für eine Beschattung der Ruheplätze und Teile der Wasserfläche durch Bäume zu sorgen.

Kragen-, Sturzbach-, Saumschnabelenten

Noch höhere Ansprüche stellen diese gebirgsbachbewohnenden Arten. Für deren Haltung entstanden in den letzten Jahren Anlagen aus künstlichen Felskulissen, Wasserfällen und Teichflächen. Das Wasser wird in einem Kreislaufsystem aus dem Teich über einen Grobfilter nach oben gepumpt und läuft über Wasserfälle in den Teich zurück. Besonders die Kragenenten zeigen erst im Bereich der Wasserfälle ihre volle Bewegungsaktivität. Anlagen für Meeresenten sind so zu konzipieren, daß auch bei strengem Frost Teile der Wasserfläche eisfrei bleiben; bewährt haben sich u.a. auf dem Wasser schwimmende Pumpfontänen, die auch bei strengem Frost Eisbildungen verhindern.

Ruderenten

Ihre Haltung setzt für die Sommermonate nicht zu beengte Teiche in sonniger Lage und mit flach auslaufenden Ufern voraus, auf denen die Eltern möglichst ihre Küken selbst aufziehen können, doch muß der Züchter dafür sorgen, daß unkupierte Jungtiere nicht entfliegen. Das Futter wird im Wasser angeboten, die Überwinterung gelingt nur auf dem Wasser, vorzugsweise im Freien.

Gänse auf Weideflächen

Hawaii-, Magellan- oder Hühnergänse benötigen lediglich eine ausreichend große Weidefläche, aber keinen Teich. Der Züchter hat seine Tiere, die nicht auf Inseln oder auf dem Wasser übernachten, vorsorglich gegen Raubwild zu schützen, gegebenenfalls nächtigen die Gänsepaare in einem verschlossenen Stall.

Einzelgehege

Unter den Gänsen und Enten gibt es aggressive Arten, die unter Naturbedingungen ein großes Revier beanspruchen und jeden Rivalen, selbst jeden anderen Wasservogel daraus vertreiben und auf engem Geheberaum sogar töten; dazu gehören die Spiegel- und Halbgänse, Kupferspiegel-, Schwarz- und Aucklandenten. Allein Separatgehege ermöglichen dem Züchter die Haltung der für Gesellschaftsteiche nicht geeigneten Arten. Die Gestaltung der Gehege ergibt sich aus den Gegebenheiten, doch sollte bereits die Teichgröße einen gewissen Raubwildschutz bieten (Mindestdurchmesser 3 m). Abgrenzungen zum Nachbargehege sind als Sichtblenden auszustatten, auch ein angrenzendes Übernachtungs- und Überwinterungshaus ist unumgänglich. In eigener Anlage haben sich Einzelgehege von 4 × 18 m mit anstehender Hütte von 3,60 × 1,20 m bewährt. Die darin paarweise gehaltenen Tiere erkennen das Terrain als ihr Brutrevier an, gute Zuchtergebnisse bleiben selten aus, den Eltern können Brut und Kükenaufzucht selbst überlassen werden. Auch einzelne Entenpaare wie Baikal-, Löffel- oder Krickenten finden hier absolute Ruhe während der Fortpflanzungszeit. Letztlich sollen Züchter über gut ausgestattete Einzelgehege verfügen, um Unterarten vor Bastardierungen zu bewahren oder Zwangsverpaarungen (z.B. aus genetischen Gründen) vornehmen zu können.

Volieren und Netzanlagen

Sie schaffen eine weitgehende Sicherheit der Altvögel und Küken vor Prädatoren und ermöglichen die Haltung flugfähiger Tiere. Zu einem solchen Bau werden sich Liebhaberzüchter mit geringem Platzangebot und in Siedlungsgebieten mit zahlreichen Katzen entschließen. Volieren mit einer Grundfläche von 25 bis 50 m^2 und 2 m Höhe lassen sich mit 2 bis 3 Paaren kleinerer Arten wie Rotschulter-, Amazonas- oder Krickenten besetzen. Vorteilhaft erweisen sich Volieren auch für die Haltung nachtaktiver Laysan- oder Aucklandenten. Diese Arten suchen nachts im Gras nach Tauwürmern und Schnecken und werden in Großanlagen dabei leicht zur Beute der Raubsäuger, speziell der Katzen. Volieren bieten sich auch für eine sichere Überwinterung der Altvögel und im Spätsommer für die Unterbringung der Jungenten an. Die Materialwahl entscheidet der Züchter. Zu beachten sind für die Deckenkonstruktion die zu erwartende Maximalschneelast, die Maschenweite (30-mm-Maschen bieten für Sperlinge noch kein Hindernis) und die Bodengründung gegen Wanderratten. Nistkästen werden für Rotschulterenten oder Kappensäger erhöht angebracht.

Die Produktion moderner, superleichter und wetterbeständiger Netzgewebe ermöglicht heute das Überspannen ganzer Zuchtanlagen. Die Vorteile liegen in der Sicherheit der Tiere, Verhinderung unerwünschten Stockenten-Einfluges und in der Möglichkeit, die Altvögel flugfähig zu halten. Problematisch erweist sich der Erhalt großer Bäume. Auch gleiten solche Anlagen leicht zu Produktionsstätten ab. Dennoch wird den Netzanlagen die Zukunft gehören, in denen die Tiere relativ ungehindert umherfliegen können. Bewährt haben sich 2 bis 3 m hohe Maschendrahtumzäunungen, die mit einem Netz flach oder zirkusdachartig überspannt werden.

Anlagen für tropische Arten

Seit Ende der 80er Jahre bemüht man sich in Westeuropa und den USA systematisch um Haltungs- und Zuchterfolge mit Zwergglanz-, Weißrücken- und Spatelschnabelenten. Diese Arten benötigen im Winter Temperaturen über 10 °C, eine relativ große Wasserfläche, sorgfältig ausgewähltes Futter und absolute Sicherheit vor Feinden. Entstanden sind Warmhäuser mit angrenzender Voliere, in denen die Arten (speziell Zwergglanzenten) flugfähig gehalten werden können. Die Häuser haben einen relativ großen umbauten Raum und enthalten neben der notwendigen Heizung einen nicht zu engen Bade- und einen gesonderten Futterteich. Nur hier werden im Wasser kleine Getreidearten, Wasserlinsen und feines Pelletfutter angeboten und das Wasser fast täglich gewechselt.

Um die Luftfeuchtigkeit auf ein erträgliches Maß abzusenken, sind wirksame Lüftungen erforderlich. Zur Außenvoliere führen Durchlässe; während der warmen Jahreszeit werden ganze Fensterpartien entfernt, so daß ein großer Flugraum entsteht. Als optimal gestaltet empfand ich den ca. 200 m^2 großen und 3 bis 4 m hohen Volierenraum im Pensthorpe Waterfowl Park von Mr. MAKINS bei Fakenham, GB. Dreiseitig von Mauerwerk umgeben und nur die Südseite und das Dach mit Draht bespannt, läßt einen völlig windstillen Raum entstehen, in dem bei Sonneneinstrahlung die Temperatur schnell ansteigt, ohne daß es zu einer Aufheizung wie in einem Glashaus kommt. Von einer kleinen Besucherplattform abgesehen, nimmt die Gesamtfläche ein Teichbecken ein, das reich strukturiert mit Seggen, Kalmus und Schilf bepflanzt wurde und mit im Wasser liegenden Baumstämmen den Tieren einen Landaufenthalt bietet. Hohle Bäume überragen das Schilf und werden als Nistmöglichkeiten gern angenommen. Gefüttert wird direkt am und im Wasser. Im Sommer 1990 war diese Anlage mit je 1 bis 2 Paaren Afrikanischer und Indischer Zwergglanzenten, Spatelschnabel-, Weißrückenenten und Zwergpfeifgänsen besetzt.

Anlagenbesetzung und Artenauswahl

Bei der Besetzung einer Anlage hat der Züchter zwischen seinen Möglichkeiten der Gehegegestaltung, seinen Interessen und Wünschen für diese oder jene Art und den Ansprüchen, die die jeweiligen Arten stellen, abzuwägen. Eine gründliche Vorinformation über Biologie, Haltungsbedingungen und Zuchtmöglichkeiten kann spätere Enttäuschungen verhindern helfen.

Aggressionsverhalten

Besonders für den Anfänger sind Friedfertigkeit oder Aggressivität einzelner Arten nicht leicht überschaubar. In Massengehegen bei Händlern oder auf dicht besetzten Schauteichen in Zoos stehen Tiere friedfertig beieinander, die in Zuchtgehegen meist zu Tyrannen werden. Ursache sind die hormonell gesteuerten Fortpflanzungs- und Ruhezyklen. In überbesetzten Gehegen werden die Tiere zu einem rangordnungslosen Schwarmverhalten gezwungen, das sich auflöst, wenn ein einzelnes Paar in einem Zuchtgehege ein Brutrevier behauptet und fortpflanzungsaktiv wird oder wenn auf einem Teich oder am Futterplatz eine Rangordnung erkämpft wird. „Friedfertige Paare" sind oft ein Zeichen für Brutinaktivität, dagegen deuten beginnende Zänkereien auf baldiges Legen hin. Nicht unbedeutend sind ferner individuelle und offenbar auch populationsumfassende Verhaltensweisen; innerhalb bestimmter Arten gibt es verträgliche wie auch bösartige Tiere. Unter Spatelenten gibt es offenbar Zuchtgruppen mit ausgesprochen friedlichen und solche mit aggressiven Erpeln. Bei vielen Arten wird das Aggressionsverhalten mit dem Beginn der Vollmauser im Sommer bis zur einsetzenden Paarungszeit reduziert oder eingestellt.

Ökologische Aspekte der Artenauswahl

Andere Überlegungen zur Artenauswahl betreffen die Ausnutzung der Gesamtgehegefläche unter ökologischen Aspekten. Nordische Gänse verweilen vorwiegend auf der Grünfläche und kommen nur zum Baden und des Nachts auf den Teich. Gründelenten nutzen die Uferzonen, errichten das Nest aber entfernt vom Wasser auf der Wiese oder unter einem Gebüsch. Tauch- und Ruderenten beleben die eigentliche Wasserfläche, ihre Nester und damit die Brutreviere befinden sich im Vegetationsgürtel des Ufersaumes oder auf Inselchen. Die höhlenbrütenden Säger oder Rotschulterenten beanspruchen offenbar gar kein Nestrevier und dulden weitere Paare in unmittelbarer Nestnähe. So ausgewählte Arten bedrängen sich relativ wenig, das Gehege kann optimal besetzt werden.

Vermeidung von Kreuzungen

Vorsorglich muß der Züchter Mischpaarungen, Kreuzungen und wenn möglich Geschwisterverpaarungen vermeiden. Besteht die Anlage aus mehreren Gehegen, ist eine räumliche Trennung leicht herzustellen, anderenfalls sollte auf einen Teil der Arten oder Unterarten verzichtet werden. Keinesfalls sind verwandte Formen wie Neuseeland- und Australische Löffelente oder Moor- und Schwarzkopfmoorente gemeinsam zu halten, es sind Kreuzungen zu erwarten, die erst mit der Umfärbung der Erpel in das Prachtkleid erkennbar werden.

Paar- oder Gruppenhaltung

Neben strikter Ablehnung von Massenhaltungen einiger weniger Arten mit produktionsartiger Erzeugung von Nachkommen hat der Züchter allein für die Anzahl der Paare und über das Geschlechtsverhältnis in den Zuchtgruppen zu befinden. In kleinen Anlagen wird man zwischen einem oder zwei Paaren zu entscheiden haben. In geräumigen Gehegen werden gern Zuchtgruppen von 3 bis 5 Paaren mit leichtem ♀-Überschuß gehalten. Das ist mit nordischen Gänsen, Tauchenten, Meeresenten, Sägern, Ruderenten und einigen Pfeifgans-Arten gut möglich. In solchen Gruppen wird die Balz voll ausgetragen, eine begrenzte Partnerwahl wird ermöglicht, und die Gruppe in sich wirkt stimulierend auf das Fortpflanzungsverhalten. Dagegen werden die *Anas*-Arten als Einzelpaare über die Gehege verteilt. Die Erpel polygam lebender Arten erhalten mehrere Weibchen; bei den Spaltfußgänsen haben sich Trios, bei den Höckerglanzenten bis zu 4 Weibchen mit 1 Erpel bewährt.

Wasservogelhaltung in öffentlichen Parkanlagen

Zahme Höckerschwäne und Stockenten gehören zum gewohnten Bild unserer Parkgewässer. Ihre Vertrautheit begeistert die Menschen in vielen Regionen der Erde. Allein der Höckerschwan wurde zu diesem Zweck in Westeuropa, Nordamerika, Neuseeland und Australien eingebürgert. Doch jede Ansiedlung einer fremden Art birgt biologische und ökologische Probleme in sich und muß unterbleiben. Hausentenrassen, speziell Zwergenten oder Fleckschnabelenten, bastardieren uneingeschränkt mit der ansässigen Stockente. Das Ergebnis sind weißfleckige, schwarzdurchsetzte, graue, fahlfarbene oder rötlichbraune Nachkommen; die gesamte Parkpopulation unterliegt einer allmählichen Farbverflachung.

Ausgehend von den Forschungen durch Prof. LORENZ entstand bei Seewiesen (Bayern) in den 80er Jahren eine umfangreiche Ansiedlung einer Vielzahl nordischer Gänsearten. Der überwiegende Anteil aller Gänsepaare bestand aus Mischehen zwischen Grau-, Streifen-, Bleß- und Kurzschnabelgänsen. Die alleinige Ansiedlung einer Graugans- oder Kanadagans-Gruppe kann das Parkbild attraktiv erweitern, beide Arten gemeinsam würden wiederum bastardieren. Gleiches träfe für Locken- oder Höckergänse zu. Möglich wäre eine Haltung von Trauerschwänen, sie mischen sich selten mit dem Höckerschwan und sind in Europa ohne menschliche Hilfe ohnehin kaum existent, geraten folglich auch nicht außer Kontrolle.

Auf städtischen Parkgewässern wurde vielfach versucht, Braut- oder Mandarinenten anzusiedeln. Abgesehen von der Frage, ob es nötig sei, sind ökologische Folgen nicht zu erwarten. Von den Ansiedlungsversuchen durch HEINROTH um die Jahrhundertwende in Dresden und später im Berliner Tiergarten sowie zahlreichen lokalen Aktivitäten der Gegenwart führte kein Programm zur Bildung einer vom Menschen unabhängigen und sich selbst reproduzierenden Freilandpopulation (KOLBE 1979).

Soll also ein Parkgewässer mit Anatiden besiedelt werden, ist eine strenge Artenauswahl zu treffen, und diese sollte weitgehend auf Höckerschwan und Stockente beschränkt bleiben. In jedem Falle sind gut organisierte Betreuungen erforderlich, dazu gehören eine ganzjährige Fütterung, Arbeiten zum Nistplatzschutz oder die Ausmerzung von Kreuzungstieren.

Entenvögel im Freiflug

Der Gedanke, Gruppen oder Einzeltiere nichtansässiger Arten auf Parkteichen fliegend zu halten, geht weit in die Jahrhunderte zurück und führte wie im Beispiel des Naturschriftstellers BENGT BERG in Südschweden zur Ansiedlung und späteren Populationsbildung von Grau- und Kanadagänsen. Aus moderner Sicht sind Ansiedlungs- oder Wiedereinbürgerungsversuche wissenschaftlich umstritten, bedürfen eines Programmes und dürfen nicht von einzelnen privaten Tierhaltern initiiert werden. Anders, wenn einzelne Zuchttiere die volle Flugfreiheit besitzen und sich ständig im Bereich der Anlage aufhalten und dort betreut werden. Der Züchter wählt Arten aus, die von Natur her wenig Wandertrieb besitzen, das sind zumeist tropische Formen.

Die Tiere müssen Anlage und Umfeld kennen und diese als ihr Revier akzeptieren; hierfür eignen sich in der Anlage aufgewachsene Rotschulterenten und Pfeifgänse, bedingt Mandarin- und Brautenten. Die Fortpflanzungsbereitschaft ist bei ihnen offenbar höher als bei den kupierten Individuen.

Größer als die erwartete Freude werden meist die unerwarteten Probleme. Abwanderungen bleiben nicht völlig aus, sei es zur Zugzeit oder bei Nebel, wenn ein aufgeflogener Vogel nicht zurückfindet. Ein weiteres Risiko tritt auf, wenn das Weibchen außerhalb der raubsäugergeschützten Anlage brütet. Letztlich will die Überwinterung bedacht sein, denn umherfliegende Rotschulterenten oder Pfeifgänse müssen bei Frosteinbruch allein das Schutzhaus aufsuchen.

Überwinterung

Die unterschiedlichen Wärmeansprüche der Artengruppen oder die geographisch-klimatische Lage der Zuchtgehege ergeben stark differenzierte Überwinterungsbedingungen für die Tiere. Während im milden englisch-westeuropäischen Seeklima das Gros aller Arten ohne Schutzhaus zu überwintern ist, erfordern Schnee, Kälte und Schneeregen im kontinental beeinflußten und zum Süden hin gebirgigen Mitteleuropa temperierbare Überwinterungshäuser.

Natürlicher Wärmebedarf

Die Wärmebedürfnisse der einzelnen Arten lassen sich aus deren Heimatregionen ableiten. Die subarktischen Gänse, Eider- und Eisenten, Anden- oder Blauflügelgänse aus den Hochgebirgen haben Probleme mit unserer Sommerhitze. Von den Arten der borealen und gemäßigten Zonen vertragen nur die Zugvögel unter ihnen (speziell die Knäkente) unsere Wintertemperaturen nicht. Die Steppen-, Savannen- und Kontinentalbewohner der Subtropen sind auf hohe Tag-Nacht-Temperaturschwankungen eingestellt und damit relativ kälteunempfindlich. Wärmebedürftig und anfällig bei naßkaltem Wetter sind allein die Bewohner der Tropenzonen, speziell der tropischen Regenwälder. Ihnen fehlt die wärmende Dunenschicht unter den Deckfedern. Jungtiere sind im ersten Winter stets anfälliger als Altvögel. Die Auffassung, den Löffelenten sollen bei Minusgraden die Schnäbel zufrieren, bezieht sich auf Ausnahmen; in eigener Anlage zeigten sich diese Symptome selbst bei −15 bis −20 °C nur einmal bei einem geschwächten Jungvogel. Problematischer erweist sich die Gefiedervereisung bei Tieren, die in derartigen Minusbereichen ihre Bewegungsaktivitäten reduzieren.

Überwinterung im Freiland

Die individuelle Methode, die Tiere über den Winter zu bekommen, muß sich der Züchter selbst entwickeln. Für Schwäne, nordische Gänse, Meeres-, Tauch- und Ruderenten ist eine begrenzte Wasserfläche eisfrei zu halten und gegen Raubwild abzusichern. Für andere Arten bieten sich die sicheren Volieren an, tagsüber erhalten die Tiere ein Wasserbecken, nachts werden sie in einen trockenen Schutzraum getrieben.

Überwinterungshäuser

Heizbare Winterquartiere sollen den empfindlichen Pfeifgänsen, Radjahgänsen, Hökkerglanzenten und anderen Tropenarten vorbehalten bleiben. Bewährt haben sich fest umbaute Räume mit guter Wand- und Deckenisolation und guten Lüftungsmöglichkeiten. Glashäuser müßten thermoverglast sein, um ein starkes Abkühlen bei Frostgraden oder Aufheizen bei Sonneneinstrahlung in Grenzen zu halten. Für die Bodenbedeckung kann eine Kiesschicht oder ein Gemisch aus Hobelspänen und Stroh geboten werden. Das generelle Problem aller Häuser ist die Luftfeuchtigkeit. Sie steigt mit dem Wasserangebot und dem Temperaturabfall. Ist eine relative Luftfeuchte von annähernd 100% erreicht, beginnen die Tiere zu durchnässen, weil das Wasser aus dem Gefieder nicht mehr verdampfen kann, Lüftungen und Temperaturerhöhungen werden erforderlich.

Solide Häuser sind Voraussetzung für die verlustarme Überwinterung zahlreicher Arten.

Eine Überwinterung ohne Badewasser führt bei Enten zur Vernachlässigung oder Einstellung der Gefiederfettung und zu entzündeten Unterzehen und Schwimmhäuten. Die auf Wasser eingestellte Haut wird rissig, mit dem Schmutz dringen Bakterien ein, und es kommt zu Entzündungen und zusätzlichen Hornbildungen. Bademöglichkeiten, relativ saubere Einstreu, Vermeidung scharfer Betonkanten und eine vorsichtige Zugabe von Vitamin A halten die Fußerkrankungen in Grenzen. Gegen Ende des Winters ist eine langsame Rückgewöhnung an die Außenluft und das Baden im Teich vorzunehmen.

Kupieren

In Zuchtanlagen und Zoos wird das Gros aller Wasservögel kupiert gehalten, nur ein kleiner Anteil lebt flugfähig in Volieren, im Freiflug oder in netzüberspannten Gehegen. Da die Hauptlebensräume der Anatiden Wasser und Boden sind, ergeben sich für die Tiere verkraftbare Lebensraumeinschränkungen. Tauch-, Meeres- und Ruderenten sowie große Gänse und Schwäne unternehmen nur selten oder gar keine Startversuche. Sichtbarer wird die Flugunfähigkeit bei den kleinen *Anas*-Arten, die bei nahender Gefahr nicht zum Teich laufen, sondern auffliegen wollen, ferner bei aufbaumenden und höhlenbrütenden Arten. Der einsetzende Trend der flugfähigen Haltung in Großvolieren bringt für die Tiere zwar den Vorteil des Fliegenkönnens, aber den größeren Nachteil, daß sie scheu bleiben und häufig Anflugverletzungen auftreten. Das Kupieren erfolgt bei Küken innerhalb der ersten Lebenstage. Mit einem Kupiergerät oder einer scharfen Schere wird einseitig der Mittelhandknochen vor dem Daumen durchtrennt. Während Eintagsküken dabei weder Schmerzempfindungen haben noch bluten, wird bei älteren Küken ein Wundverschluß erforderlich. Das Kupieren von Altvögeln sollte Tierärzten überlassen bleiben.

Fütterung der Entenvögel

Während das Gros der Arten mit Körnern und Pelletfutter problemlos und vollwertig zu ernähren ist, stellen andere spezifische oder jahreszyklisch differenzierte Ansprüche. Aus den Angaben zur Nahrung der jeweiligen Art in der Natur sind Möglichkeiten der eigenen Gehegefütterung abzuleiten.

Methoden der Altvogelfütterung

Bei der Fütterung ist zu beachten, daß die angebotene Menge nicht zur Verfettung einzelner Tiere führt und die rangunteren noch ausreichend Nahrung aufnehmen können. In Großanlagen und Zoos wird das Futter so reichlich angeboten, daß es den Tieren zu jeder Zeit zur Verfügung steht; Futterverluste und -verunreinigungen bleiben hierbei nicht aus. Futterautomaten verringern Verluste und Arbeitsaufwand, bergen aber die Gefahr, daß nicht alle Tiere den Automaten annehmen. In kleineren, individuell betreuten Anlagen wird morgens und abends eine solche Futtermenge gereicht, die die Tiere innerhalb 1 bis 2 Stunden weitgehend aufgenommen haben. Körnerweizen wird im Flachwasserbereich angeboten und ist so für Tauch- und Ruderenten gut erreichbar, jedoch nicht für Sperlinge oder Tauben. Für die Pelletfütterung bewährt sich eine kleine Überdachung des Napfbereiches, um Regenwasser fernzuhalten.

Bestandteile moderner Futtermittel

Verpackungsaufdrucke und Rezepturen konfrontieren den Züchter mit einer Reihe ernährungsphysiologischer Fachbegriffe. KRISCHE & ZWIRNER (in BERGER et al. 1987) geben einen Überblick zu den Grundlagen der Tierernährung, dem hier im wesentlichen gefolgt wird.

Jede vollwertige Nahrung enthält in unterschiedlichen Anteilen Nährstoffe (Kohlenhydrate, Fette, Eiweiße), Ballaststoffe als unverdauliche Füllmasse sowie Vitamine und Minerale.

Kohlenhydrate

Zu den verdaubaren Kohlenhydraten gehören vor allem Stärke und Zucker als Pflanzenprodukte und Energielieferanten. Zuviel aufgenommene Kohlenhydrate deponiert das Tier als Reservefett.

Rohfette

Rohfett ist ein Oberbegriff für tierische und pflanzliche Neutralfette (je nach Schmelzpunkt als Fett oder Öl) und Lipoide (fettähnliche Stoffe). Die Neutralfette regulieren und puffern als Depot- oder Organfett den Energie- und Wärmehaushalt der Tiere. Zu den Lipoiden gehören u.a. die Wachse der Bürzeldrüse und die Karotinoide für den Vitamin-A-Aufbau. Fette sind auch Träger fettlöslicher Vitamine A, D, E und K; ungesättigte Fettsäuren sind lebenswichtig (essentiell) beim Auf- und Abbau der Organfette beteiligt.

Rohproteine

Als Rohproteine faßt man die Reineiweiße (Proteine) und die eiweißähnlichen Verbindungen (Amide) zusammen. Eiweiße dienen vor allem dem Zellaufbau und bestehen aus aneinandergeketteten Aminosäuren, den Bausteinen der Eiweiße. Das Tier muß eine Vielzahl tierischer und pflanzlicher Eiweiße aufnehmen, um diese zu körpereigenen Eiweißen umzubauen. Daran sind 10 bis 12 verschiedene Aminosäuren beteiligt, die als essentielle (lebensnotwendige) Aminosäuren bezeichnet werden, wozu u. a. das Lysin gehört. Die Amide können einen hohen Anteil des Rohproteins im Futtermittel einnehmen und haben eine große Bedeutung beim körpereigenen Eiweißumbau.

Rohfaser

Rohfaseranteile sind die unverdaubaren Ballaststoffe des Futters und bestehen in wesentlichen aus Zellulose, den Zellwänden der Gräser und Kräuter.

Vitamine als Wirkstoffe

Zu den organischen Wirkstoffen gehören Vitamine, Hormone und Antibiotika. Vitamine werden dem Körper mit dem Futter oder ergänzend durch Vitaminpräparate zugeführt, nur einen kleinen Teil synthetisiert der Vogel selbst. Allein das Vitamin A ist vom Körper speicherbar, alle weiteren müssen ständig und in richtiger Menge zur Verfügung stehen. Vitaminmangel führt zu Avitaminosen (u. a. Rachitis), ein teilweiser Mangel zu Hypovitaminosen (u. a. schlechtes Wachstum) und eine Überdosierung zu Hypervitaminosen (u. a. mit den Vitaminen A und D; überschüssige B-Vitamine werden über den Harnweg ausgeschieden).

Der Vitamin-B-Komplex setzt sich aus B_1, B_2, B_6, B_{12} sowie aus Nikotin-, Pantophen- und Folsäuren zusammen.

Rohasche als Wirkstoffe

Rohasche wird als Sammelbegriff für die anorganischen Mengen- und Spurenelemente genutzt, handelsüblich als Mineralstoffgemisch bekannt. Die für den Körper erforderlichen Stoffe liegen als Salze gebunden vor; zu den Mengenelementen gehören Kalzium, Kalium, Natrium, Magnesium, Phosphor, Schwefel und Chlor, zu den Spurenelementen u. a. Eisen, Kupfer, Zink, Jod und Mangan.

Futtersorten im Überblick

Körnerfutter

Weizen: Grundfutter für die Mehrzahl der Arten, Mehlsaat mit hohem Stärke-, aber auch beträchtlichem Rohprotein- und Rohascheanteil. Weizen eignet sich sehr gut für die Herstellung von Keimfutter.

Hirse und **Glanz (Kanariensaat):** Ebenfalls Mehlsaaten mit hohem Protein- und Rohaschegehalt. Die kleinkörnigen Samen werden gern von Enten und Entenküken aufgenommen, finden Einsatz bei der Ruderenten-Aufzucht und als Grundfutter der Zwergglanzenten.

Hafer, Gerste und **Mais** erhalten gelegentlich größere Gänse und Schwäne. Die hohen Kohlenhydratanteile im Maiskorn ergeben in der kalten Jahreszeit eine günstige Energieausbeute für das Tier.

Hanf, seltener **Sonnenblumen** lassen sich als Ölsaaten und Energielieferanten, dazu mit hohem Eiweißanteil, gut in den Wintermonaten verfüttern. Die schwimmfähigen Samen werden auf das Wasser geworfen, treiben schnell zur Eiskante und werden dort von den Enten aufgenommen.

Vitamin	Physiologische Hauptfunktionen bzw. Mangelerscheinungen
A	Wachstumsförderung, Hautschutz, Gefiederbildung; bei Mangel können Augenentzündungen und rissige Schwimmhäute auftreten
B	B-Komplex fördert Appetit und Verdauungsvorgänge durch Belebung der Darmflora; Blutbildung, Wachstum
C	aktiviert die Bildung von Enzymen und Hormonen
D_3	Ausbildung und Erhaltung der Knochenfestigkeit, bei Jungtieren Verhinderung rachitischer Mißbildungen
E	begünstigt die Fortpflanzungsfunktionen; Negativfolgen können schlechte Eibefruchtung oder schlechter Schlupf sein
K	fördert Blutbildung

Pelletfutter

In schwer überblickbaren Varianten stehen heute pelletierte Futtersortimente zur Verfügung, so u. a.:
Zuchtentenfutter mit verstärkten Anteilen von Eiweißstoffen und Vitaminen
Erhaltungsfutter mit hohem Rohfaseranteil
Starterfutter
Mastentenfutter für Pekingenten
Meeresenten-Futter
Flamingo-Futter
ferner handelsübliche **Katzen-** oder **Hundepellets.**

Nach einer Eingewöhnungszeit werden fast alle Pelletsorten gern aufgenommen. Es können gleichzeitig mehrere Fabrikate verabreicht werden, doch sind Futterumstellungen möglichst selten und nicht abrupt vorzunehmen. Ein Teil der modernen Pelletsorten wird heute schwimmfähig (engl. floating food) durch einen Extruderprozeß hergestellt. Diese für Enten, Forellen, Karpfen, auch speziell für Meeresenten und Flamingos produzierten Pellets bilden gegenwärtig die Grundlage aller Meeresenten- und Säger-Fütterungen. Starterpellets haben einen Durchmesser von 2 bis 3 mm, Zuchtenten bevorzugen 3 bis 4 mm und Meeresenten und Säger 6 bis 12 mm dicke Preßlinge, die sie trocken und damit sehr hart verschlucken.

Tierische Zusatznahrung

Säger, Eiderenten und die eigentlichen Meeresenten nehmen sehr gern Frischfisch auf; in eigener Anlage erhielten speziell die Mittelsäger Stinte oder in Stücke geschnittenen Flußfisch (Rotfeder, Plötze, Barsch). Nur mit Vorsicht sind die fettreichen Seefische (Herings-Arten) zu verfüttern. Auch Garnelen ergänzen das Futter gehaltvoll. Nach BERGER et al. (1987) enthalten 1000 g trockener Garnelen 414 g Rohproteine und 288 g Rohasche. Unbedeutend, in Einzelfällen aber lebensrettend gestaltet sich die Verfütterung lebender wirbelloser Tiere (Regenwürmer, Schnecken, Wasserflöhe). Die Verabreichung von Mehlwürmern ist in der Kükenaufzucht gebräuchlich, ergänzt wird diese Futterart durch die kleineren Büffelwürmer, Riesenmehlwürmer oder Grillen.

Pflanzliche Zusatznahrung

Die einzelnen Artengruppen nehmen in ihrer Freilandnahrung sehr unterschiedliche Anteile an Grünmasse auf. Bei den äsenden Gänsen und Schwänen bilden junge Gräser und Wiesenkräuter den Hauptnahrungsanteil. Es ist ein ballaststoffreiches und schwer verwertbares Futter, das in sehr großen Mengen aufgenommen werden muß. Gründelnde Arten decken ihren Nahrungsbedarf weitgehend aus den stark wasserhaltigen Litoralpflanzen und müssen auch hiervon große Mengen aufnehmen. Im krassen Gegensatz dazu stehen unsere nährstoffintensiven Futtermittel, die in Purfütterung schnell zur Verfettung der Altvögel (besonders der Kaisergänse) führt und ein Grünangebot unumgänglich macht. Ein grasbewachsenes Gehege sollte deshalb Voraussetzung aller Gänsehaltungen sein. Schwänen kann abgemähtes kurzes Gras auf den Teich geworfen werden. Pfeifgänse und das Gros aller Enten nehmen gern Salat, Mangold, verschiedene Wintersalate (u. a. Chicorée) auf. Weniger Zuspruch finden Kopf- und Grünkohl.

Das Hauptgrünfutter früherer Jahrzehnte, die Wasserlinse *Lemna minor,* hat heute an Bedeutung verloren. Die Pflanze ist durch Gewässerverunreinigungen nicht mehr in großen Mengen verfügbar. In Gräben der Feld- und Wiesenfluren ist stets mit Spritz- und Düngemitteln zu rechnen, und letztlich besteht speziell für Küken ein relativ hohes Risiko der Parasiten- oder Erregeraufnahme.

Zucht der Entenvögel

Die Stabilisierung und Erweiterung der Gehegebestände durch Zucht unterliegen oftmals zwar kommerziellen Erwägungen, sind aber zunehmend als eine Methode der Arterhaltung zu werten, vorausgesetzt, der „Wildtyp" kann über Generationen möglichst unverändert erhalten bleiben. Verantwortlich dafür ist das genetische Potential der Ausgangstiere. Dieses unterliegt auch in der Natur ständiger Veränderungen durch unbedeutende Mutationen, die im riesigen Genpool großer Populationen untergehen und erst in Zeitdimensionen der Evolution zu Veränderungen führen. Der zur Verfügung stehende Genpool der Gehegetiere, also alle mitgebrachten und damit vorhandenen Erbanlagen einer Art, entscheidet über deren genetische Stabilität. Arten mit kleinen natürlichen Populationen verfügen offenbar über gering veränderliche Erbanlagen und sind weniger inzuchtgefährdet (u. a. Hawaiigans) als Gehege-Kleingruppen aus Riesenpopulationen (u. a. Baikalente), bei denen sich nach wenigen Generationen von Geschwisterverpaarungen Inzuchtmerkmale einstellen.

Bedeutsam für Gehegetiere ist auch die Gendrift, das heißt, anfänglich unbedeutende Variationen können sich schnell durchsetzen und den gesamten Gehegebestand abwandeln (u. a. Laysanente). Der Züchter kann dem durch gezielte Verpaarungen, Langstreckenaustausche der Zuchttiere innerhalb des gesamten EU-Bereiches und durch sofortige Selektion abartiger Individuen entgegenwirken. Abzulehnen sind

Küken der Mandarinente beim Verlassen ihrer Bruthöhle.

36   Zucht der Entenvögel

Die in England und Holland entwickelten Brutkästen für Enten bieten Schutz gegen eierräubernde Krähen.

Massenvermehrungen und Mutationszüchtungen. Das moderne Zuchtziel müssen genetisch stabile, arttypische und unterartreine Nachkommen bei voller Ausschöpfung des vorhandenen Genpools sein. Einkreuzungen fremder Arten oder Unterarten mit dem Ziel anschließender Rückkreuzung sollten Züchter grundsätzlich unterlassen.

Zusammenstellung der Paare

Der Fortpflanzungsmodus liegt genetisch fest, hat sich mit der Evolution der Arten entwickelt und ist zwischen den taxonomischen Gruppen sehr unterschiedlich. Die Bereitschaft zur Fortpflanzung wird dagegen hormonell gesteuert. Unterschieden wird zwischen Dauerehen bei Gänsen und Schwänen, Jahres- oder Saisonehen bei den meisten Entenarten und polygamen Bindungen eines Erpels mit mehreren Weibchen wie bei der Höckerglanzente. Die Saisonehen der Enten lösen sich nach Brutbeginn und bauen sich im Winterquartier erneut auf; die anfängliche Verlobung, bei der es bereits zu Kopulationen kommt, verfestigt sich im Frühjahr bei Nistplatzwahl und Revierverteidigung. Ausgesprochen lockere Paarbindungen gehen u. a. die Ruderenten ein, bereits das Vorhandensein beider Geschlechtspartner löst die Fortpflanzungsstimulanz aus. Oft kann der Züchter nur ein Männchen und ein Weibchen erwerben und erwartet nun die Paarbildung. In der Regel gelingt das problemlos bei zahlreichen Entenarten. Bei Schwänen oder Gänsen kann eine echte Paarung erst nach vielen Jahren eingegangen werden oder völlig ausbleiben. Am ehesten gehen aus immaturen Tieren echte Partnerbeziehungen hervor, deshalb sollte der Züchter im Herbst Jungtiere unterschiedlicher Elternpaare erwerben und die Paarbildung geduldig abwarten.

Brutplätze und Nisthöhlen

Unter natürlichen Bedingungen legen Entenvögel ihre Nester in der Bodenvegetation und nur wenige von ihnen in Baumhöhlen an. Die Gehegetiere neigen dagegen verstärkt zu Höhlenbruten, selbst die nordischen Gänse suchen zur Eiablage gern Hütten oder Häuschen auf. Andererseits wirkt für die wiesenbrütenden Löffel- oder Knäkenten ein guter Bodenbewuchs stimulierend auf ihre Fortpflanzungsaktivitäten. Schwäne errichten die umfangreichen Nester vom Sicherheitsgefühl her bevorzugt auf Inseln.

Im zeitigen Frühjahr wird vom Züchter eine Nestunterlage aus Reisig, Stroh, Grasbülten oder Schilf vorbereitet und in der Nestumgebung weiteres Nistmaterial verstreut, das die Schwäne später für die Vollendung ihres Nestes selbst heranziehen. Dem bereits ab Februar legenden Schwarzhalsschwan wird der Brutplatz gegebenenfalls überdacht. Für Gänse können Nistmulden (50–80 cm, 15–20 cm tief) in die Erde gegraben und mit Rasenstücken und trockenem Gras ausgelegt werden. Bezogen werden auch dreiseitig geschlossene Legehütten, flachliegende Fässer oder Nestecken in Innenräumen. Kasarka-Arten, Nil- und Orinokogans brüten in großen Nisthöhlen; als Richtmaße können für die Grundfläche 40 cm ⌀, für die Höhe 60–80 cm und als Lochweite um 17 cm angenommen werden. Schwer züchtbaren Arten oder Paaren werden verschiedenartige Nistmöglichkeiten angeboten, Rost- und Nilgänse begnügen sich oft mit einer Brutkiste im Innenraum. Weist die Anlage Böschungen auf, lassen sich u. a. für Brandgänse Erdröhrenbaue anlegen. Gründelenten wählen zumeist die am Ufer oder auf den Inseln montierten Nisthöhlen für ihre Eiablage; Grundfläche um 22–25 cm ⌀, Höhe um 40 cm, Lochweite um 12 cm. Die Kästen müssen für die Enten gut erreichbar sein, den Krähen jedoch den Zugang zu den Eiern verwehren. Bewährt haben sich aus 2 Kammern bestehende oder mit Vordach versehene Kästen. Ruderenten nutzen gern flache Halbhöhlen in unmittelbarer Wassernähe. Für Baumbrüter (wie Büffelkopf-, Schellente oder Zwergsäger) werden die Höhlen erhöht angebracht, die Weibchen beweisen großes Geschick beim Erklettern solcher Brutstätten.

Lagerung und Desinfektion der Bruteier

Optimal verläuft die Brut im Inkubator (Brutmaschine), wenn das Weibchen einige Tage oder bis kurz vor dem Kükenschlupf selbst gebrütet hat. In Ausnahmefällen (u. a. bei großem Feinddruck durch Krähen) ist ein sofortiges Absammeln der Eier und eine Lagerung bis zum Bebrütungsbeginn erforderlich. Die Eier werden in einem kühlen, sauberen Raum auf Sägespänen gelagert und täglich um 90° gedreht. Beschriftungen erfolgen mit Bleistift auf dem stumpfen Pol. Verschmutzte Eier lassen sich in 35 bis 40 °C warmem Wasser mit einer leicht chlorhaltigen Desinfektionslösung waschen. Sind von den Elterntieren her eiübertragbare Infektionen wie Hepatitis, Salmonellose oder Kükenruhr zu erwarten, werden mehrere Eibegasungen erforderlich.

1. Begasung wenige Stunden nach der Eiablage, noch bevor die Keime durch die Kalkschale in das Ei eingedrungen sind: 30 Minuten bei 35 ml Formaldehyd, 20 ml Wasser und 18 g Kaliumpermanganat je Raumkubikmeter.

2. Begasung unmittelbar vor dem Einlegen in den Inkubator: 15 Minuten bei etwa 30 °C und gleichen Chemikalienmengen.

3. Begasung (Schlupfdesinfektion), wenn 30 bis 40 % der Küken geschlüpft sind: 18 ml Formaldehyd, 10 ml Wasser, 9 g Kaliumpermanganat bei voll geöffneter Lüftung des Inkubators, bezogen auf 1 Raumkubikmeter.

Bebrütung der Eier

Die Bebrütung der Gelege kann durch das Weibchen, mit Ammen oder im Inkubator erfolgen und wird sich an den Gehegebedingungen sowie den persönlichen Erfahrungen und Möglichkeiten des Züchters ori-

Nisthilfen auf Inseln, am Ufer oder dicht am Zaun werden gern von nordischen Enten und Gänsen genutzt.

entieren. Jede Bebrütungsform hat Vor- und Nachteile, keine Methode ist absolut sicher oder hat einen prinzipiellen Vorrang. Für die Fortpflanzungs- und Brutbereitschaft künftiger Tiergenerationen ist es bedeutungslos, ob das Küken unter der Ente oder im Inkubator schlüpfte.

Naturbrut

Von Naturbrut sprechen die Züchter, wenn Eltern Brut und möglichst auch Aufzucht selbst überlassen bleiben. Diese sollte für Schwäne, Gänse, für die Höhlenbrüter und in Kleinstanlagen für einzelne Entenpaare genutzt werden. Sofern die Altvögel ungestört brüten können, sind relativ hohe Schlupfraten zu erwarten. Als nachteilig erweisen sich Gefährdung und Störanfälligkeit des Brutvogels sowie die Aggressivität einzelner Erpel in Nestnähe. Eiderenten und nordische Gänse legen extrem kurze Brutpausen ein, nehmen kaum Futter auf und sind nach Brutende geschwächt und anfällig. Führen Elterntiere selbst, muß ein späteres Abfliegen der Jungtiere durch rechtzeitiges Einfangen oder Kupieren verhindert werden.

Ammenbrut

Als Brutammen können zuverlässige Enten oder Gänse, aber auch Zwerghühner, Puten oder Warzenenten genutzt werden. Hinsichtlich der Bruttemperatur gibt es nur unbedeutende Differenzierungen. Schwierig wird die Erhaltung der für Wasservögel erforderlichen Feuchtigkeit und der Bruthygiene. In eigener Anlage infizierten sich Küken der Kupferspiegelente unter einer Henne bereits durch die Picköffnung mit Aspergillose-Sporen und starben binnen weniger Tage. Sicherer verläuft der Schlupf im Inkubator.

Brut im Inkubator

Diese Form wird mit zunehmender Größe des Tierbestandes immer unentbehrlicher und ist auch zeitökonomischer als Ammenbruten. BROWN (1988) gibt erschöpfende Informationen zu diesem Thema.

Bruttemperatur

Die Bruttemperatur gestattet nur minimale Schwankungstoleranzen und erfordert präzise arbeitende Maschinen und eine sorgfältige Einregulierung. Von der Technik der Wärmeversorgung und deren Umwälzung lassen sich Flächenbrüter, Brutschränke und Motorbrüter mit Ventilator unterscheiden. Die Bruttemperatur ist möglichst genau einzustellen, Tabellenwerte auf Eimitte bezogen. Besonders bei Flächenbrütern kann die Temperaturdifferenz zwischen Deckel und Boden bis zu 8 °C betragen; befindet sich das Thermometer am Eioberrand mit 38,8 °C, so herrschen in der Eimitte etwa 37,2 bis 37,7 °C. Besonders temperaturempfindlich reagiert der sich bildende Embryo in den ersten Tagen, weshalb das Anbrüten gern den Tieren selbst überlassen wird. Große Schäden bewirken zu hohe Bruttemperaturen. Der Embryo beginnt sich zu ent-

Grumbach-Brüter Compact S 84. Das von Züchtern stark bevorzugte Gerät aus dem Grumbach-Sortiment mit einer Kapazität bis zu 100 Eiern hat sich auch in eigener Anlage bestens bewährt. Das Kunststoffgehäuse ermöglicht die notwendige Bruthygiene. Die Luftfeuchte ist elektronisch regelbar und kann im Bedarfsfall kurzzeitig stark erhöht oder abgesenkt werden. Der ca. 5 Liter fassende Wassertank stellt ein Langzeitreservoir dar. Kühlungen und Eier-Wendungen sind programmierbar, die Temperaturregelung arbeitet mit einer Genauigkeit von $^1/_{10}$ °C.

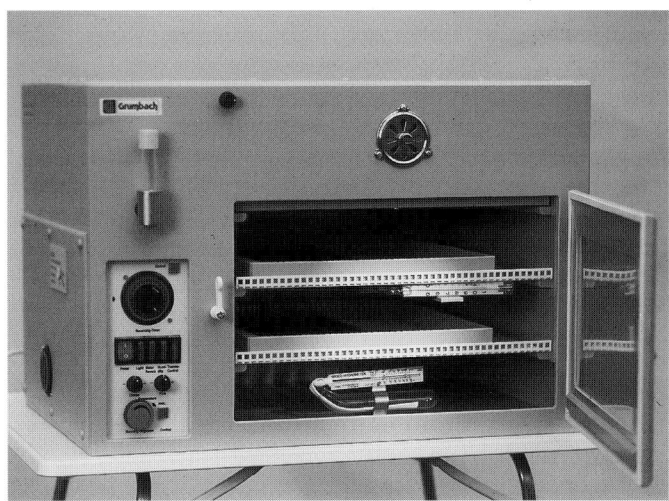

Brutparameter

Brutphasen bezogen auf 30 Tage	Anbrutphase 1.–14. Tag	Mittelphase 14.–28. Tag	Schlupfphase 28.–30. Tag
Bruttemperatur	37,2–37,3 °C	Gänse 36,9 °C Enten 37,2 °C	37,2–37,3 °C
Luftfeuchte	50–55 %	50–60 %	über 60 %
Lüftung	ab 7. Tag 2mal täglich 10 Minuten	2mal täglich 20 Minuten	Inkubator insgesamt gut lüften
Wenden	öfter als 3mal täglich	mindestens 3mal täglich	nicht mehr wenden

wickeln, und nach 4 bis 5 Tagen zeigt der als „Hexenring" bekannte rote Blutring seinen Tod an. In der Schlupfphase sind nach dem Picken abgestorbene Küken, nicht voll eingezogene Dottersäcke oder Mißbildungen (schiefe Wirbelsäule, verkrümmte Zehen) für zu hohe Bruttemperaturen typisch. Etwas zu niedere Temperaturen bewirken in der Regel nur verzögerte Schlupfraten.

Luftfeuchte

Die Luftfeuchtigkeit, also der Wassergehalt der Luft im Inkubator, kann kurzzeitig schwanken, sollte aber in den angegebenen Grenzen bleiben. Günstig wirkt sich das Besprühen der Eier mit kaltem Wasser aus und kann zweimal täglich erfolgen. Der Praktiker kontrolliert die angebotene Luftfeuchtigkeit an der Größe der Luftkammer im Ei während der Brutphasen. Eine zu kleine Luftkammer zeugt von zu feuchtem, eine zu große von zu trockenem Brüten.

Lüftung der Bruteier

Die Lüftung des Inkubatorraumes, verbunden mit einem kurzzeitigen Abkühlen der Eier, dient der besseren Sauerstoffversorgung des Embryos und wird allgemein praktiziert.

BROWN (1988) schreibt: „Eine Zeitlang war es üblich, die Eier täglich zu kühlen, wie es die Henne tut, wenn sie auf Nahrungssuche geht, aber heute sieht man in diesem Verfahren keinen Vorteil mehr."

Wenden der Bruteier

Das Wenden der Eier während der Bebrütung ist für den Embryo lebensnotwendig. Die spezifisch leichte Keimscheibe schwimmt stets auf dem Dotter und erhält durch die Drehung neue Nahrung aus dem Dottervorrat. Das Dotter wiederum ist leichter als das Eiklar, wird durch die Hagelschnüre in der Mitte gehalten und würde ohne Drehungen zur Eioberkante schwimmen. Erst in der zweiten Bruthälfte führt das werdende Küken Eigenbewegungen im Ei aus und erübrigt das Drehen. Der Brutvogel selbst wendet sein Gelege etwa alle 35 Minuten, Maschinen mit automatischer Wendevorrichtung drehen die Eier stündlich. Bei manueller Betätigung sollten sie möglichst oft, jedoch mindestens dreimal täglich gewendet werden.

Kükenaufzucht

Die Aufzucht der Küken kann durch die Eltern, Ammen oder unter technischen Wärmequellen in Boxen erfolgen. Schwänen sollte die Betreuung ihres Nachwuchses selbst überlassen bleiben. Auch Gänse bilden enge Familienverbände, bewachen und verteidigen ihre Gössel. Dagegen haben Arten (Enten, Pfeifgänse, Säger) mit hoher Ei- oder Gelegezahl auch hohe Verlustraten an Küken, sie werden nur in Ausnahmen selbst führen dürfen. Tauchenten-♀ entwickeln nur einen schwachen Führungstrieb. Die Küken akzeptieren neben der eigenen auch andere Mütter, sie schwimmen davon und schließen sich irgendeinem Weibchen vorübergehend etwas an. Die sehr schwierige Ruderenten-Aufzucht gelingt wiederum am besten mit den Altvögeln.

Prägung

Beachtung ist der Prägung bzw. Falschprägung künftiger Zuchttiere zu schenken. Der Partner, der während des Schlupfes und in den ersten Lebensstunden, in abgeschwächter Wirkung während der Kükenzeit, das Leittier oder den Kumpanen darstellt, kann über sehr lange Zeiträume bezugsprädestiniert bleiben. Das gilt zwar verstärkt für Gänse, die zeitlebens auf Menschen, Hühner oder auf eine andere Gänseart geprägt sein können, sollte jedoch auch bei den übrigen Arten möglichst wenig provoziert werden.

Aufzucht durch die Eltern

Die Aufzucht mit den Eltern oder durch die Mutter setzt eine risikoarme Unterbringung und ausreichende Fütterungsmöglichkeiten für den Nachwuchs voraus. Gänse und Schwäne können sich als Familien gut in Zuchtanlagen behaupten, wogegen Elternaufzuchten bei kleineren Arten nur unter besonderen Bedingungen wie in Kleinstgehegen verlustarm möglich sind. Von Vorteil erweisen sich die richtige Prägung, das Erlernen arttypischer Verhaltensweisen, das anfängliche Fetten der Küken durch die Mutter und das gesunde Heranwachsen der Jungtiere mit einer breiten Immunausbildung. Nachteilig wirken die relativ hohen Verluste durch Unfälle, Raubwild und Unwetter (wie starke Gewitterregen), die schwierige Futterversorgung der Küken z. B. mit Mehlwürmern und daß mit Eltern aufgewachsende Tiere u. U. lange Zeit übernormal scheu bleiben.

Aufzucht durch Ammen

Kükenaufzuchten mit verwandten Arten (wie die Betreuung von Ringelgans-Küken durch Zwerg- oder Streifengänse), Hausrassen (wie Zwerg- und Warzenenten) oder Hennen sind gut möglich. Die seltensten Erstzuchten in aller Welt gelangen mit Ammen. Den Küken wird ein ständig anwesender Bezugspartner geboten, von dem sie lebenswichtige Verhaltensweisen wie die Futteraufnahme erlernen und ihre Kontaktbedürfnisse zum Leittier befriedigen. Eine ruhige Amme ermöglicht auch eine ausreichende Betreuung der Küken. Als Nachteile sind einzukalkulieren: die Gefahr der Falschprägung, die Übertragung von Parasiten, viele Ammen fressen die wertvollsten Futteranteile selbst, bevor diese von den Küken wahrgenommen werden, und letztlich scharren und baden Hühnerglucken gern an trockenen und damit staubigen Sandstellen und provozieren damit die Aspergillose-Infektionen bei Wasservogelküken. In Anlagen, in denen regelmäßig Hühnerglucken für die Kükenaufzucht zum Einsatz kommen, wurden transportable Käfige mit einer Grundfläche von etwa 1 × 2 m entwickelt, das letzte Drittel regengeschützt abgedeckt. Durch eine Stabwand kann die Henne im überdachten Teil zurückgehalten werden, Futter und Grasnarbe bleibt allein den Küken zur Nutzung.

Aufzucht in Boxen

Für die Aufzucht mit technischen Wärmequellen entwickelt jeder Züchter entsprechend seinen Bedingungen eine eigene Aufzuchtmethode. In großer Vielfalt haben sich Aufzuchtboxen bewährt, bei Neukonzipierungen ist zu beachten:
- Weitreichende hygienische Möglichkeiten, um die Ansiedlung von Krankheitskeimen und Schimmelsporen von vornherein zu minimieren. Als Bodenmaterial eignen sich deshalb Kunststoffe (Plastik oder Polyesterharze) besser als Holz und Beton.
- Die Größe der Boxen liegt in der Regel unter einem Quadratmeter, so daß alle Arbeiten von außen ausführbar sind. Zu enge Boxen (unter 0,5 m^2) verschmutzen zu schnell.
- Das Wandmaterial muß glatt und mindestens 70 cm hoch sein. Mandarin-, Schellenten- und Sägerküken klettern und springen in den ersten Lebenstagen und dürfen den oberen Rand nicht erreichen können. Eine Abdeckung aus Draht ist möglich, doch keine geschlossene Decke, die Stauhitze entstehen läßt.
- Als Bodenbeläge eignen sich Teppichfliesen oder Plastikmatten, die regelmäßig zu waschen sind. In eigener Anlage wird der Boxenboden mit Zeitungen ausgelegt, die sich nach ihrer Verschmutzung leicht entsorgen lassen. Zunehmend setzten sich Fußroste aus beschichtetem, also völlig reizfreiem Maschendraht durch. Kot, abtropfendes Wasser und Futterreste fallen hindurch, die Kükenzone selbst bleibt sauber. Eine Sand-Kies-Einstreu oder Hobelspäne eignen sich erst für heranwachsende Küken in den größeren Bodenabteilen. Ein natürlich nachgestalteter Boden aus Rasenplatten verschmutzt binnen weniger Tage und müßte dann ausgewechselt werden.
- Der Wärmestrahler wird so angebracht, daß die Küken den wärmsten Bereich gern aufsuchen, ihn aber auch verlassen können.
- Die Wasserversorgung stellt ein relativ großes Problem dar. Entsprechend dem großen Badebedürfnis aller Enten- und Gänseküken wäre ein Trinknapf in kürzester Zeit leergeplanscht und die Küken total durchnäßt. Das Wasser wird deshalb aus automatischen Tränken oder flachen Schalen, in denen Steine liegen, angeboten, die ein Trinken, aber kein Baden ermöglichen. In eigener Anlage erhalten die Küken zwischen 2. und 5. Lebenstag ein 10-Liter-Becken, in dem sie bereits baden, schwimmen und tauchen können. Ein Teil der Züchter bietet seinen Tieren erst nach weitgehend abgeschlossener Befiederung eine Wasserfläche an. Der Betreuung in den kleinen Boxen schließt sich nach 2 bis 3 Wochen eine Unterbringung in größeren Aufzuchtboxen mit angrenzendem Auslauf in einem Freigehege an. Spätestens hier ist für Bademöglichkeit zu sorgen, gleichzeitig ist im Innenraum ein Wärmeplatz unter einem Strahler anzubieten. Wegen der Unverträglichkeit der einzelnen Kükengruppen untereinander empfiehlt sich die Konzipierung mehrerer Einzelboxen.

Fütterung der Küken und Jungtiere

Die Ernährung des Wasservogelnachwuchses ist trotz artspezifischer Ansprüche mit den modernen Futtermitteln annähernd problemlos. Für die meisten Arten ist das vom Handel angebotene Aufzucht- und Starterfutter in Pelletform völlig ausreichend. Es wird trocken oder angefeuchtet geboten und von den Tieren gern aufgenommen. Für die Küken muß ständig Futter erreichbar sein, ohne daß es durch Überangebot zu Verschmutzungen, Schimmelbildungen oder Gärungen kommt. In den ersten Tagen läßt sich auch Fasanenaufzuchtfutter einsetzen, das auf das Wasser oder trocken über die Lauffläche der Küken verstreut wird und so zur Aufnahme anregt. Küken der Säger und Meeresenten erhalten einen erhöhten Anteil tierischer Kost, wie Mehlwürmer, Insektenschrot, hartgekochtes Ei oder Schabefleisch. Milchprodukte sind weniger wertvoll weil Vögel nicht in der Lage sind, den Milchzucker (Laktose) über Resorption in ihren Körper aufzunehmen, sie nutzen jedoch deren hohe Mineralanteile. Gänseküken erhalten ballaststoffreiches Futter und stets Weidemöglichkeiten. Sand als Mahlsteine für den Muskelmagen ist den Tieren in allen Altersstufen anzubieten. Ab 2. bis 3. Woche nehmen Gänse- und Entenküken erste Körnernahrung auf. Wasserlinsen haben in der Aufzucht an Bedeutung verloren, regen jedoch besonders zur Erstnahrungsaufnahme an.

Beringung der Entenvögel

Die Kennzeichnung des Nachwuchses mit geschlossenen Fußringen wird zur individuellen Kennzeichnung oder zum Nachweis seiner Herkunft zunehmend notwendiger und wird künftig vom Gesetzgeber verlangt. Der Ring wird über Zehen und Fußgelenk des heranwachsenden Jungtieres geschoben und muß später auf dem Lauf frei beweglich sein, darf sich jedoch nicht über die angrenzenden Gelenke ziehen lassen. Stets wird der kleinstmögliche Ring gewählt, doch sind ab 9 mm Ringweite zum Größeren hin 1 mm, bei den großen Durchmessern bis 4 mm Weitentoleranz durchaus möglich. Die Zeitspanne der Beringung beträgt maximal 10 Tage und liegt zumeist um den 20. Lebenstag, wenn sich die ersten Flanken- und Schulterfedern zeigen. In dem Alter ist die Geschlechtsbestimmung durch den Kloakentest (das sog. Sexen) gut möglich, so daß der Züchter die ♂ **rechts** und die ♀ **links** beringen kann. Diese Methode erleichtert später das Erkennen der Partner und die Neuzusammenstellung der Paare. Buchstaben oder Zahlen gekennzeichnen die Ringgröße. Daneben sind die Innendurchmesser bekannt oder lassen sich ermitteln.

Ringweitenverzeichnis
nach AVIORNIS INTERNATIONAL (1997)

Angegeben sind die kleinstmöglichen Ringweiten.

Ringweite (mm)	zu verwenden für folgende Arten:
6,5	Hottentotten-, Krickente
7	Knäkente, alle Zwergglanzenten-Arten
8	Kleine Amazonas-, Baikal-, Bernier-, Blauflügel-, Büffelkopf-, Marmel-, Rotschulter-, Spatelschnabel-, Spitzschwingen-, Versicolor-, Zimtente
9	Auckland-, Amerikanische Pfeif-, Argentinische Ruder-, Australische Ruder-, Bahama-, Braut-, Chile-Krick-, Eis-, Halsring-, Hawaii-, Kap-, Kerguelen-, Kragen-, Laysan-, Mandarin-, Moor-, Neuseeland-Tauch-, Pfeif-, Puna-, Reiher-, Rotschnabel-, Salvadori-, Schwarzkopfruder-, Spitzschwanz-, Veilchen-, Weißkehlente; Kappen-, Zwergsäger
10	Zwergpfeifgans; Afrikanische Ruder-, Große Amazonas-, Andamanen-, Blauflügel-, Chilepfeif-, Kastanien-, Kuckucks-, Löffel-, Madagaskar-, Pfeif-, Rotkopf-, Scheck-, Schell-, Sichel-, Schnatter-, Spieß-, Tafel-, Weißkopfruder-, Weißrückenente
11	Sichel-, Tüpfel-, Wander-, Witwenpfeifgans; Augenbrauen-, Australische Moor-, Berg-, Florida-, Hartlaub-, Kolben-, Philippinen-, Riesentafel-, Rotaugen-, Schwarz-, Schwarzkopfmoor-, Spatel-, Trauerente; Mittelsäger
12	Gelbe, Herbstpfeifgans; Brand-, Höckerglanz-, Mähnen-, Ringel-, Radjah-, Rothals-, Zwergkanada-

Kloakentest zur Geschlechtsbestimmung

13	gans; Dunkel-, Fleckschnabel-, Gelbschnabel-, Kupferspiegel-, Peposaka-, Plüschkopf-, Prachteider-, Samt-, Schopf-, Stockente Kubapfeifgans; Lappenente; Aleuten-Kanadagans; Kasarka-Arten; Eiderente; Gänsesäger
14	Blauflügel-, Graukopf-, Kleine Schnee-, Kurzschnabel-, Nil-, Orinoko-, Rotkopf-, Weißwangen-, Zwerg-, Zwergschneegans; Malaien-, Moschus-, Pazifik-Eiderente
15/16	Dunkle Kanada-, Hawaii-, Kaiser-, Magellan-, Saat-, Große Schnee-, Streifen-, Tanggans
18	Anden-, Bleßgans; Dampfschiffenten
20	Koskoroba-, Schwarzhals-, Trauerschwan; Grau-, Hühner-, Atlantische Kanada-, Schwanen-, Sporengans
24	Höcker-, Pfeif-, Zwergschwan; Riesenkanadagans
26/27	Sing-, Trompeterschwan

Kloakentest zur Geschlechtsbestimmung

Bei vielen Wasservogelarten tragen ♂ und ♀ gleichfarbige Jahres- oder Schlichtkleider. Jungvögel unterscheiden sich farblich oder stimmlich nur bei wenigen Arten, die Dunenkleider der Küken weisen keinen Geschlechtsdimorphismus auf. Dagegen gehören die Entenvögel zu den wenigen Vogelordnungen, bei denen das männliche Tier für die Samenübertragung einen Penis ausbildet. Der vorhandene oder fehlende Penis innerhalb des Kloakenbereiches wird heute weltweit zur Geschlechtsbestimmung in jeder Altersklasse genutzt; diese Methode wird umgangssprachlich „sexen" genannt.

Zum Sexen wird der Vogel auf den Rücken und mit dem Kopf zum Untersuchenden gelegt, das Schwanzgefieder etwas abwärts gebogen und mit beiden Daumen unter leichter Druckanwendung der Ringmuskel aufgezogen. Dabei öffnet sich der Kloakenbereich bis zum Darmansatz und – sofern vorhanden – wird der Penis sichtbar. Bei Küken, deren Bauchhöhle mit Restdotter angefüllt ist und deren Kloakenorgane entsprechend klein sind, sollte man die Geschlechtsbestimmung unterlassen. Im Alter von etwa drei Wochen (zur Zeit der Beringung) lassen sich die Tiere leicht sexen, sie setzen kaum Kraft entgegen, den Ringmuskel geschlossen zu halten. Altvögel pressen den Muskel unter Umständen so fest zusammen, oder der relativ große Penis läßt sich nicht ausstülpen, so daß der Untersuchungsvorgang erfolglos bleibt oder ein ♀ vorgetäuscht wird. Feinheiten, die den Abbildungen zu entnehmen sind, ermöglichen neben der Geschlechts- auch eine Altersbestimmung.

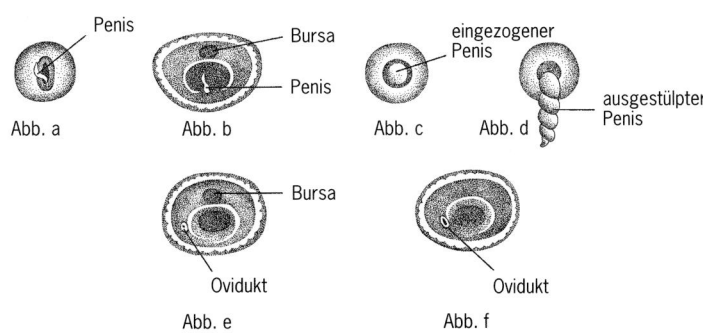

Alters- und Geschlechtsbestimmung durch Kloakentest (Sexen). Abb. a und b immat. ♂, aus dem Inneren der Kloake läßt sich der kleine Penis ausstülpen, b Richtung Körper auf oberem Kloakenrand sitzt die Bursa als weiteres Jugendmerkmal. Abb. c und d ad. ♂, c der große Penis füllt die gesamte Kloakenöffnung aus, d nur in seltenen Fällen läßt er sich ausstülpen; Bursa nicht vorhanden. Abb. e immat. ♀ mit Bursa an gleicher Stelle wie immat. ♂, Oviduct kaum erkennbar. Abb. f ad. ♀ Bursa nicht mehr vorhanden, Oviduct als Öffnung sichtbar.

Gesundheitsschutz für Tier und Mensch

Prophylaxe und Hygiene

Die Praxis hat gezeigt, daß bei der Haltung von Entenvögeln weit weniger mit gefährlichen oder infektiösen Krankheiten für Tierbestand und Pfleger zu rechnen ist als bei vielen anderen Tiergruppen. Dennoch ist Vorsicht geboten und bei Verdacht der Tierarzt zu konsultieren. Der relativ sicherste vorbeugende Schutz der Tiere vor Keimen von Infektionskrankheiten und Parasiten sind Sauberkeit und schwache Gehegebesetzungen. Nach dem Prinzip der Ausdünnung von Erregern oder Parasitenstadien durch natürlichen Exitus und kontinuierliche hygienische Maßnahmen haben die Tiere echte Chancen, nur geringfügig oder gar nicht infiziert zu werden. Klassische Bekämpfungsmaßnahmen wie Desinfektionen oder Abtragen des Erdreiches einschließlich der Grasnarbe sind in den großen Freigehegen nur begrenzt möglich. Dagegen lassen sich einzelne Infektionsherde gut unter Kontrolle bringen. So ist der Futterplatz frei von Futterresten und von unten her möglichst trocken zu halten; eine schwach geneigte Betonplatte oder eine Kiesaufschüttung bringen bereits gute Effekte. Durch Abtragen und Neuauftrag von Bodenmaterial sind verkotete Naßstellen zu beseitigen. Letztlich kann ein verschmutzter Teich als Infektionsquelle durch gründliches Reinigen ausgeschaltet werden. Desinfizierende Chemikalien sind schwer anwendbar, begrenzt läßt sich Brandkalk einsetzen. Dagegen können Überwinterungs- und Aufzuchthäuser, Aufzuchtboxen und Bruteinrichtungen erfolgreich keimarm gehalten werden; Vorbedingung ist jedoch eine solide Bauausführung wie glatt verputzte Wände und fliesenbelegte Fußböden. Ein jährliches Tünchen der Wände und gründliches Scheuern des Fußbodens sollten die Regel sein. In Abwesenheit der Tiere lassen sich hier auch wirksame Desinfektionsmittel einsetzen. Die Infektionsgefahr für den Menschen, speziell für den Pfleger, ist nicht sonderlich hoch, sollte aber auch nicht provoziert werden. Gründliches Händewaschen und strikte Trennung von Näpfen, Eimern und anderen Gefäßen zwischen Haushalt und Tierhaltung reichen im allgemeinen aus.

Quarantäne

Der Eintrag von Parasiten und Infektionskrankheiten erfolgt vorrangig mit dem Neuerwerb von Tieren, weniger durch Wildvögel oder den Menschen selbst. Im internationalen Tierhandel werden die Quarantänemaßnahmen von den Amtstierärzten vorgeschrieben und beinhalten als Minimum räumliche und personelle Trennung vom übrigen Tierbestand sowie Tierkotuntersuchungen. Beim EU- und Inland-Neuerwerb sollte sich der Züchter Anlage und Tierbestand des Anbieters genau ansehen und daraus Schlüsse für seine Tierbehandlung oder den Tierkauf ziehen; in den meisten Fällen wird er seinen Tieren die Quarantäneprozedur ersparen können.

Untersuchungen durch Veterinärinstitute

Sollen verendete Tiere oder Tierkot durch eine Fachkraft untersucht werden, ist große Eile geboten, vorübergehendes Tiefkühlen des Untersuchungsmaterials ist zu vermeiden. Beim Postversand wird der tote Vogel luftig in Zeitungspapier und nicht in Folienbeuteln, Kotproben mit eindeutiger Beschriftung in weitlumigen Plastikbechern verpackt. Die Einsendung von Kotproben sollte prophylaktisch alljährlich, nach akuten Erkrankungen in Abständen von 8 bis 10 Tagen bis dreimal wiederholt werden.

Krankheiten der Entenvögel

Prof. Dr. med. vet. habil. Hans-Joachim Selbitz, Impfstoffwerk Dessau-Tornau GmbH

Krankheitsursachen

Um sich einen Überblick über die vielfältigen Krankheitsursachen zu verschaffen, ist es günstig, zunächst einmal zwischen infektiösen und nicht infektiösen Krankheiten zu unterscheiden. Infektiöse, d.h. durch lebende, vermehrungsfähige Erreger ausgelöste Erkrankungen erfordern allein schon durch die von infizierten Tieren ausgehenden Ansteckungsgefahren besondere Aufmerksamkeit.

Ausgangspunkt des Infektionsprozesses ist der Ansteckungsvorgang. Die Erreger müssen dazu in einen Tierbestand eingeschleppt werden, was beispielsweise durch Zukauf, über Wildvögel und Nagetiere, aber auch über Futter, Wasser, Gerätschaften und letztlich auch den Menschen geschehen kann. Nach der Ansteckung folgt eine wie auch immer geartete Vermehrung, durch die der Erreger schließlich eine solche Konzentration erreicht, daß er Krankheitserscheinungen auslöst. Der Erregervermehrung wirken die Abwehrmechanismen der Vögel entgegen, in der Auseinandersetzung zwischen Erreger und Wirt entscheidet es sich, ob es zu Erkrankungen kommt und wie schwer sie ausfallen. Auf diese Erreger-Wirt-(Vogel)-Auseinandersetzung wirken Umweltfaktoren ein, die die Abwehrkraft der Vögel positiv oder negativ beeinflussen. Alles, was der Entenzüchter für eine optimale Fütterung und Haltung seiner Tiere tut, stärkt deren Abwehrbereitschaft und dient somit der Gesunderhaltung. Ein sehr wichtiger Aspekt ist die Anreicherung von Krankheitserregern in der Umgebung der Tiere, der man durch ordnungsgemäße Beseitigung von Kot und Futterresten, Reinigung und gegebenenfalls Desinfektion begegnen muß.

Zur Reduzierung des Risikos einer Einschleppung von Krankheitserregern gehört es, Tiere und Futter nur von Züchtern und Händlern zu erwerben, die als ausreichend qualifiziert und vertrauenswürdig bekannt sind. Bei Zukauf von Tieren ist eine **Quarantäne** unerläßlich. Diese Tiere sollten unbedingt für einige Zeit vom übrigen Bestand getrennt gehalten und besonders sorgfältig auf Gesundheitsstörungen beobachtet werden. Günstig ist es ferner, während dieser Zeit bakteriologische und parasitologische Untersuchungen durchführen zu lassen. Quarantänetiere werden immer nach den anderen Enten versorgt, niemals umgekehrt. 4 Wochen sind als Richtwert für die Quarantänezeit zu empfehlen. Sollten die neuen Tiere infiziert sein, minimiert man auf diese Art und Weise das Risiko einer Ansteckung seines gesamten Bestandes.

Als **Krankheitserreger** sind Viren, Bakterien, Pilze und Parasiten bedeutsam. **Viren** sind sehr kleine, nur im Elektronenmikroskop erkennbare Erreger, die sich nur in lebenden Zellen vermehren können, wodurch ihre Anzüchtung im Labor viel schwieriger ist als bei den Bakterien. Da sie als obligate Zellparasiten keinen eigenen Stoffwechsel besitzen, kann man sie im Gegensatz zu den Bakterien mit Antiinfektiva (Antibiotika, Chemotherapeutika) nicht abtöten. Zur Vorbeuge von Virusinfektionen spielen daher Impfungen eine besondere Rolle.

Bakterien sind einzellige Lebewesen ohne echte Zellkerne, die im Lichtmikroskop dargestellt werden können. Mit Ausnahme der Chlamydien und Rickettsien, die wie die Viren obligate Zellparasiten sind, lassen sie sich auf/in zellfreien Nährmedien (Nährböden, Nährbouillon) im Labor anzüchten. Gegen Bakterieninfektionen können Antiinfektiva eingesetzt werden (s. unten). Bakterien schädigen den Organismus z.B. durch die Bildung von Giftstoffen (Toxinen), sie können Eiterungsprozesse verursachen oder durch ihre Vermehrung Entzündungserscheinungen und Gewebszerstörungen auslösen.

Pilze sind ein- und mehrzellige Lebewesen mit echten Zellkernen, die in einigen Merkmalen Pflanzen ähneln. Schimmelpilze befallen bevorzugt die Luftsäcke, besondere Gefahren gehen von ihnen ferner durch die Bildung von Toxinen in Futtermitteln aus. Bei Enten sind Hautpilzerkrankungen dagegen von geringerer Bedeutung. Pilzinfektionen werden mit Antimykotika behandelt, die allerdings nicht gegen die im Futter enthaltenen Toxine wirken.

Obwohl natürlich auch Viren, Bakterien und Pilze parasitär, d. h. als Schmarotzer, leben, ist der Begriff **Parasiten** im engeren Sinne in der Tiermedizin den Protozoen, Würmern (Helminthen) und Gliederfüßern (Arthropoden) vorbehalten. Protozoen sind Einzeller, die in ihrem Aufbau der tierischen Zelle näherstehen als der pflanzlichen, von den Würmern sind als Krankheitserreger Rund- und Bandwürmer bedeutsam. Parasitär lebende Arthropoden (Milben, Zecken usw.) sind für Entenvögel als Krankheitserreger nicht von besonders großem Interesse.

Treten Infektionskrankheiten auf, muß generell nach einer möglichen Ansteckungsgefahr auch für andere Vogelarten, Säugetiere und sogar den Menschen gefragt werden. Einige Infektionen der Entenvögel sind **Zoonosen**, d. h. wechselseitig zwischen Tieren und Menschen übertragbare Krankheiten.

Unter den nicht infektiösen Entenkrankheiten müssen Vergiftungen (Intoxikationen), Verletzungen, Stoffwechselstörungen/Fehlernährungen und Fortpflanzungsstörungen/Legenot berücksichtigt werden.

Erkennung von Krankheiten

Die Diagnose von Erkrankungen der Entenvögel wird in ganz erheblichem Umfang dadurch erschwert, daß deutlich sichtbare Anzeichen, klinische Symptome, erst in relativ fortgeschrittenem Stadium auftreten und dann auch noch weitgehend unspezifisch sind. Häufig werden plötzlich verendete Tiere aufgefunden, die vorher nicht als krank aufgefallen waren. Werden Sektionen vorgenommen, treten dann oft ausgeprägte Veränderungen an den Organen zutage. Aus diesen Gründen ist es besonders wichtig, die Entenvögel regelmäßig und sorgfältig zu beobachten. Grundvoraussetzung ist dafür natürlich die Kenntnis der normalen Verhaltens- und Ausdrucksweisen der Tiere und ihrer Veränderungen während der Balz, Paarbildung, Revierverteidigung usw.

An erkrankten Vögeln fällt zumeist als erstes ein gedämpftes Verhalten auf, die Bewegungsaktivitäten sind verlangsamt, die Tiere sitzen teilnahmslos herum, machen einen schläfrigen Eindruck und reagieren weniger auf Umgebungsreize. Kranke Entenvögel gehen seltener ins Wasser. Durch Aufplustern des Federkleides bei gleichzeitiger Hockstellung vergrößert sich die den Wärmeverlust verringernde Lufthülle um den Körper. Durchfälle oder Störungen der Atmung, wie erhöhte Atemfrequenz oder Atemnot, geben zwar Hinweise auf die erkrankten Organsysteme, trotzdem können ihnen jeweils ganz verschiedene Krankheiten zugrunde liegen.

Gerade weil die äußerlich erkennbaren Krankheitssymptome bei Entenvögeln so schwach und noch dazu meist unspezifisch ausgeprägt werden, ist für den Züchter eine ständige systematische Beobachtung der Tiere wichtig, wenn die Chancen für rechtzeitige Behandlungen gewahrt werden sollen. Liegt der Verdacht vor, daß ein oder mehrere Tiere erkrankt sind, kann man sich bei der näheren Untersuchung an der Tabelle orientieren. Nachdem man die Vögel erst aus einiger Entfernung beobachtet hat, muß das betreffende Tier schließlich für eine genauere Untersuchung gefangen werden.

Wenn der Züchter durch Beobachtung und Untersuchung seiner Vögel krankhafte Veränderungen feststellt oder es gar schon zu Verendungen gekommen ist, sollte ein Tierarzt zu Rate gezogen werden. Beim Umfang des heutigen Wissens über Tierkrankheiten ist es nur natürlich, daß sich auch Tierärzte spezialisieren müssen. Es ist daher wichtig, einen vertrauensvollen Kontakt zu einem Tierarzt aufzubauen, der sich näher mit Ge-

Hinweise zur Untersuchung von Entenvögeln

Merkmal	Beurteilungskriterien
Verhalten bei Beobachtung aus einiger Entfernung	arttypisches Verhalten, Reaktionen auf Umgebungsreize, Futter- und Wasseraufnahme, Beschaffenheit des Kotes im Gehege usw., aggressive Reaktionen anderer Vögel
Ernährungszustand	Betasten der Brust- und Beinmuskulatur
Schnabel/unbefiederte Hautstellen	Färbung, im Krankheitsfall häufig blasser, Haut ggf. verfärbt (z. B. gerötet)
Nase/Atmung	Ausfluß, Zustand der Nasenöffnungen, angestrengte Atmung, Atemrhythmus
Auge	Glanz, Feuchtigkeit, Lage in der Augenhöhle (bei kranken Tieren z. B. eingesunken)
Befiederung	Zustand, Mauser, Sauberkeit usw. Ektoparasiten, Verklebungen, z. B. in der Kloakenumgebung
Kloake	Hinweise auf Durchfallerkrankungen, Verschmutzungen, Verklebungen in der Umgebung
Bewegungsapparat	Verletzungen, Veränderungen an Flügeln, Ständern und Füßen, Brüche (Frakturen), Lähmungserscheinungen
Kopf, Leib	Abtasten nach auffälligen Veränderungen, Verletzungen

flügel-, besonders Entenkrankheiten beschäftigt und für dieses Gebiet Interesse zeigt. Ein guter Tierarzt wird im Gegenzug die Beobachtungen und Hinweise eines erfahrenen Züchters, der seine Tiere täglich beobachtet und ihre Verhaltensweisen genau kennt, zu würdigen wissen.

Bei weitem nicht in allen Fällen ist es allerdings möglich, durch eine klinische Untersuchung eine sichere Diagnose zu stellen. Dazu sind verschiedene Laboruntersuchungen und bei Tierverlusten vor allem Sektionen erforderlich. Während bestimmte Untersuchungen je nach Spezialisierungsgrad von den praktizierenden Tierärzten direkt durchgeführt werden, stehen für alle übrigen Fälle die in allen Bundesländern existierenden Tierärztlichen Untersuchungsämter (genaue Bezeichnungen können sich landesweise unterscheiden) und die Institute für Geflügelkrankheiten, Mikrobiologie, Virologie, Parasitologie und Pathologie der veterinärmedizinischen Fachbereiche der Universitäten Berlin, Gießen, München, Leipzig und der Tierärztlichen Hochschule Hannover zur Verfügung. Adressen und Telefonnummern kennen jeder Tierarzt und die Veterinärämter der Kreise.

Auch bei der Einsendung von Untersuchungsmaterial und gestorbenen Vögeln empfiehlt sich von vornherein die Zusammenarbeit mit einem Tierarzt, der ggf. in der Untersuchungseinrichtung Rückfragen tätigen und mit dem man vor allem die Befunde besprechen kann. Am häufigsten werden bakteriologische und parasitologische Kotuntersuchungen und Sektionen für die Krankheitserkennung genutzt. Untersuchungen auf Viren und Toxine (sowohl im Tierkörper als auch in Futtermittel) sind demgegenüber wesentlich aufwendiger und auch teurer.

Will man aussagekräftige Laborbefunde erhalten, muß man der Untersuchungsstelle einen möglichst genauen Vorbericht übermitteln, der nicht nur Tiergut, Alter und Haltungsbedingungen, sondern auch die beobachteten krankhaften Veränderungen enthält. Eine tierärztliche Verdachtsdiagnose kann die Untersuchung von vornherein in die entsprechende Richtung lenken und sie damit nicht nur beschleunigen, sondern auch sicherer machen.

Bei Versand und Transport jeglichen Untersuchungsmaterials ist auf zweifelsfreie Kennzeichnung zu achten und darauf, daß es im Umfeld nicht zu Verunreinigung (Infektionsgefahr) kommt. Wann immer es möglich ist, sollte einer persönlichen Überbringung oder der Zustellung durch einen Kurier der Vorzug gegeben werden.

Gestorbene Vögel sollte man vor dem Verpacken unbedingt auskühlen lassen, dadurch verlangsamt sich der Fäulnisprozeß während des Transportes. Müssen Tierkörper zwischengelagert werden, sollte dies bei Kühlschranktemperaturen geschehen, Tiefgefrieren kann verschiedene Untersuchungen später erschweren. Mit dem telefonischen Erfragen der Annahmezeiten des Untersuchungsinstitutes läßt sich sicherstellen, daß Tierkörper oder Proben nicht vor der Bearbeitung längere Zeit liegen (Wochenende!) und die Untersuchung dadurch erschwert wird.

An besondere technische Voraussetzungen sind Röntgenaufnahmen und Endoskopien gebunden. Röntgenuntersuchungen werden heute in jeder gut ausgestatteten Kleintierpraxis durchgeführt. Sie ermöglichen die Diagnose von Verletzungen des Skeletts, von Fremdkörpern und auch der Legenot. Endoskopische Untersuchungen werden nur von Spezialisten ausgeführt. Dazu wird durch eine operativ geschaffene oder natürliche Körperöffnung ein röhren- oder schlauchförmiges Instrument mit einem optischen Gerät und einer Beleuchtungseinrichtung ins Körperinnere eingeführt.

Wenn durch die klinische Untersuchung und ggf. ergänzende Sektionen und Laboruntersuchungen eine Diagnose gestellt werden konnte, wird unter Berücksichtigung der bereits eingeleiteten Sofortmaßnahmen ein Behandlungsplan festgelegt. Dabei sind natürlich alle erkrankten Vögel zu berücksichtigen, je nach Art der Krankheit aber auch die übrigen Tiere des Bestandes.

Beim Nachweis von Infektionskrankheiten und Tierseuchen sind die gesetzlich vorgeschriebenen **Anzeige-** und **Meldepflichten** sowie die Möglichkeit einer Ansteckungsgefahr für Menschen zu beachten.

Behandlung erkrankter Entenvögel

Sofortmaßnahmen der Züchter

Die vorangegangenen Darstellungen sollten vor allem deutlich machen, daß die exakte Feststellung einer bestimmten Krankheit nicht selten ein längerer Prozeß ist, der Sektionen und Laboruntersuchungen einschließen kann. Es ist aus diesem Grund natürlich meist nicht möglich, mit der Behandlung erst dann zu beginnen, wenn eine endgültige Diagnose vorliegt.

Als erstes sollte man erkrankte Entenvögel vom übrigen Bestand isolieren. Man schränkt dadurch mögliche Ansteckungsgefahren ein, erleichtert die Beobachtung des Tieres und schützt es auch vor Aggressionen durch andere Vögel. Wesentlichste Kriterien für die gesonderte Unterbringung sind Ruhe, Schutz gegen Witterungseinflüsse und andere Tiere, Möglichkeiten zur Temperierung und Beobachtung. Wärme, z. B. durch Infrarotstrahler erzeugt, wirkt in vielen Fällen förderlich. Das kranke Tier muß dabei aber die Möglichkeit behalten, erhöhter Wärmestrahlung ausweichen zu können. Nimmt ein Vogel nicht mehr von selbst Futter auf, müssen ihm evtl. Futterbrocken eingegeben werden. Sie sind dazu möglichst weit über den Zungengrund hinaus zu stopfen, damit sie dort unwillkürliche Schluckwellen auslösen, die zum Abschlucken führen. Dabei muß natürlich vorsichtig vorgegangen werden, um Verletzungen zu vermeiden. Futterteile dürfen auch nicht in den Kehlkopf oder in die Luftröhre gelangen.

Nach der Isolierung des kranken Vogels ist über Entnahme und Versand von Proben für Laboruntersuchungen zu entscheiden. Liegt der Verdacht auf Infektionen vor, sind diese Proben, z. B. Kot, unbedingt vor Beginn einer Behandlung zu entnehmen. Bei gleichzeitiger Erkrankung mehrerer Tiere ist es empfehlenswert, ein besonders schwer krankes Tier ohne Behandlung zur Sektion einzuschicken. Dadurch erhöht sich beispielsweise die Nachweissicherheit von bakteriellen Erregern deutlich.

Als nächstes ist es in der Regel erforderlich, noch ehe eine endgültige Diagnose vorliegt, durch den Tierarzt oder in Absprache mit ihm mit Sofortbehandlungen zu beginnen. In erster Linie werden dazu Antiinfektiva mit breitem Wirkungsspektrum und Vitaminpräparate eingesetzt.

Medikamente und ihre Verabreichung

Die wichtigsten Medikamentengruppen die in der Behandlung von Entenvögeln eingesetzt werden, sind folgende:

- **Antiinfektiva:** Antibiotika, Chemotherapeutika, Wirksamkeit gegen Bakterien

Die Auswahl des Präparates hängt von der Erregerart ab, im Anschluß an die Anzüchtung von Bakterienstämmen kann im Labor deren Resistenz bzw. Empfindlichkeit gegen bestimmte Präparate geprüft werden. Bis zum Vorliegen der Laborergebnisse muß man für die Behandlung der Tiere auf Präparate mit möglichst breitem Wirkungsspektrum zurückgreifen.

- **Antiparasitäre Mittel/Antiparasitika:** Gegen Protozoen und mehrzellige Parasiten gerichtete Arzneimittel, z.B. Anthelmintika (Wurmmittel)
- **Antimykotika:** Arzneimittel zur Behandlung von Pilzinfektionen
- **Vitamine**
- **Präparate zur Unterstützung von Kreislauf und Stoffwechsel**
- **Anästhetika:** Betäubungs-, Narkosemittel

Bezugsbasis für die Dosierung aller Tierarzneimittel ist das Körpergewicht der Patienten.

In den einschlägigen wissenschaftlichen Informationen und auch der gesetzlich vorgeschriebenen Gebrauchsinformation jedes Präparates ist genau angegeben, wieviel Wirkstoff (in der Regel in mg oder IE – internationalen Einheiten) pro Kilogramm Lebendgewicht des Patienten zu verabreichen ist. Berechnungsbasis ist dabei immer der Wirkstoff, d.h. die eigentlich wirksame Substanz, nicht Gesamtmasse oder Volumen des Tierarzneimittels. Das ist deshalb von grundsätzlicher Bedeutung, weil der gleiche Wirkstoff, z.B. das Antibiotikum Oxytetracyclin oder das Anthelmintikum Mebendazol, in Tierarzneimitteln verschiedener Hersteller mit unterschiedlichen Handelsnamen enthalten sein kann. In diesen Präparaten kann der gleiche Wirkstoff nicht nur in unterschiedlicher Konzentration, sondern auch unter Beimengung verschiedener anderer Stoffe vorliegen. Die einzige verläßliche Basis für Vergleiche ist daher der tatsächliche Wirkstoffgehalt, aus dem dann die Menge des zu verabreichenden Medikaments im Einzelfall zu bestimmen ist.

Als Beispiel sei der gegen Nematoden (Fadenwürmer) häufig verwendete Wirkstoff **Mebendazol** erwähnt. Die erforderliche Dosierung beträgt bei oraler Verabreichung 4–5 mg pro Kilogramm Körpergewicht, das Medikament muß über 7 Tage verabreicht werden. Dazu wird ein Zusatz von 60 mg Mebendazol zu 1 kg Futter vorgenommen. 1 kg präpariertes Futter genügt demnach zur Versorgung von 12 kg Vogel-Lebendgewicht, oder anders, ein 3 kg schweres Tier muß täglich etwa 250 g von diesem Futter aufnehmen, um die erforderliche Dosis zu erhalten:

3 kg Lebendgewicht × 5 mg Mebendazol
= 15 mg Mebendazol/Tag
1 kg Futter = 60 mg Mebendazol
0,25 kg Futter = 15 mg Mebendazol
= Tagesdosis für einen Vogel von 3 kg.

Im Handelspräparat **Mebenvet 5%** sind 50 mg Mebendazol pro Gramm enthalten. Demnach können mit 6 g Mebenvet 5% (= 300 mg Mebendazol) 5 kg Futter medikiert werden. Würde ein Handelspräparat mit einer anderen Mebendazolkonzentration eingesetzt, müßte die Rechnung neu durchgeführt werden, wobei der Wirkstoffbedarf (Mebendazol) pro Kilogramm Lebendgewicht unverändert bliebe.

Da Arzneimittel im Körper einem Abbau unterliegen bzw. wieder ausgeschieden werden, ist in gewissen Abständen eine Nachdosierung vorzunehmen. Einzelheiten sind den jeweiligen Gebrauchsinformationen zu entnehmen.

Tierarzneimittel können auf verschiedene Weise verabreicht werden. Für den Züchter ist die orale Applikation über Futter oder Wasser am einfachsten. Voraussetzung ist dafür aber, daß die Vögel freiwillig Futter und Wasser aufnehmen und die Dosierungsgenauigkeit gewährleistet werden kann (abhängig z.B. von der Menge des aufgenommenen Futters). Mittels einer Spritze und einer Knopfkanüle ist es möglich, flüssige Medikamente in den Kropf einzugeben. Diese Methode erfordert neben anatomischen Kenntnissen auch Übung, man sollte sich daher vom Tierarzt in der Durchführung anleiten lassen oder ihm die Verabreichung anderenfalls ganz überlassen. Unter parenteraler Verabreichung ist eine Injektion in den Körper zu verstehen. Intramuskuläre Injektionen werden in die Brustmuskulatur vorgenommen, subkutane Verabreichungen erfolgen unter die Haut, in die lockere Unterhaut, am Hals oder der Flügelunterseite. Derartige Einspritzungen von Medikamenten sollte der Züchter nur nach gründlicher Einweisung selbst vornehmen.

Viele hochwirksame Medikamente unterliegen der **Verschreibungspflicht** und sind daher über den Tierarzt zu beziehen. Im Arzneimittelrecht wird streng zwischen Tieren, die der Gewinnung von Lebensmitteln dienen („Lebensmitteltieren") und allen übrigen Tieren unterschieden. Auch wenn viele seltene und wertvolle Enten- und Gänsearten in der Regel nicht für die menschliche Ernährung genutzt werden, ist es unbestreitbar, daß diese Vögel vom Grundsatz her verzehrt werden können (siehe Wild!). Bei „Lebensmitteltieren" dürfen nur solche Medikamente angewendet werden, die ausdrücklich für die betreffenden Tierarten, also Enten und Gänse, zugelassen sind. Eine Umwidmung anderer Tierarzneimittel ist nur unter sehr engen Voraussetzungen durch den Tierarzt möglich. Für nicht lebensmittelliefernde Tiere gibt es diese Einschränkungen nicht, bei ihnen kann jedes für Tiere oder auch Menschen zugelassene Arzneimittel eingesetzt werden. Verschreibungspflichtige Medikamente dürfen ferner bei „Lebensmitteltieren" durch die Tierhalter nur nach einer tierärztlichen Behandlungsanweisung eingesetzt werden. Vor einer wirtschaftlichen Verwertung sind nach dem Arzneimitteleinsatz die vorgeschriebenen **Wartezeiten** einzuhalten, durch die gesundheitsrelevante Rückstände in Lebensmitteln vermieden werden sollen.

Eine Auswahl der wichtigsten für Entenvögel nutzbaren Arzneiwirkstoffe ist in der Tabelle aufgeführt. Diese Tabelle ist keine Anleitung zur Selbstbehandlung. Sie soll zur Orientierung dienen, im konkreten Fall sind

Wichtige Wirkstoffgruppen für die Behandlung von Infektionskrankheiten und Parasitosen
(In Klammern Beispiele für Handelsnamen von Tierarzneimitteln nach PETRAUSCH, R.: Lila Liste. 11. Aufl. Delta Verl. Berlin 1996)

Antiinfektiva	Antiparasitika	Antimykotika
Amoxicillin *(Clamoxyl, Synulox)* Enrofloxacin *(Baytril)* Gentamicin *(Gentacur, Gentaject)* Tetracycline: Oxy-, Chlortetracyclin, Doxycyclin *(Terramycin-Hen, Terramycin-Injektionslösung, Aureomycin)* Erythromycin *(Erythromycin)* Neomycin *(Enteritis-Tabletten, Neo-Terramycin)* Sulfonamide	gegen Rund-/Fadenwürmer: Mebendazol *(Mebenvet)* Fenbendazol *(Panacur)* Levamisol *(Citarin, Concurat)* gegen Band- und Saugwürmer: Praziquantel *(Droncit)*	Miconazol *(Surolan)* Enilconazol *(Imaverol)* Amphotericin *(Neoamfo)*

In Deutschland für die Anwendung bei Enten und Gänsen zugelassene Impfstoffe

Impfung gegen	Handelsname
Parvovirose der Gänse und Moschusenten	Parduvak Palmivax
Entenhepatitis	Nobilis Duck Plaque

einzusetzende Medikamente und Dosierungen durch den Tierarzt festzulegen und die Gebrauchsinformationen der Hersteller zu beachten.

Mit **Impfstoffen** soll der Körper in die Lage versetzt werden, selbständig Abwehrstoffe gegen Infektionserreger zu bilden. In Deutschland sind nur wenige Impfstoffe zur Anwendung bei Entenvögeln zugelassen (siehe oben).

Desinfektion

Desinfektion ist eine Maßnahme, mit der die Abtötung von Krankheitserregern bezweckt wird, um einen Gegenstand oder eine Fläche, ggf. auch einen Körperteil (Hand), in einen Zustand zu versetzen, in dem von ihm keine Infektionsgefahr mehr ausgehen kann. Es werden physikalische und chemische Verfahren angewendet. Zu den physikalischen Verfahren gehören z. B. das Verbrennen von infektiösem Material oder das Auskochen sowie auch die Behandlung mit Dampf und die Bestrahlung von Oberflächen mit UV-Licht. Für den Tierhalter ist besonders die chemische Desinfektion wichtig, mit der er die Keimbelastung von Stallböden und -wänden, Futtertrögen, Gerätschaften und Transportbehältnissen usw. zumindest reduzieren kann. Desinfektionen sind unbedingt anzuraten, wenn im Tierbestand Infektionskrankheiten nachgewiesen wurden. Unabhängig davon empfehlen sie sich von Zeit zu Zeit zur generellen Verringerung der in der Umgebung von Tieren immer vorhandenen Keime. Wenn bestimmte Stallungen ohnehin geräumt werden, ist es sehr sinnvoll, vor einer Wiederbelegung eine Desinfektion durchzuführen.

Als **vorbeugende Desinfektion** wird eine Behandlung zur Reduzierung des Keimgehaltes verstanden, die sich nicht gegen spezielle Erreger richtet. Demgegenüber ist unter einer **speziellen Desinfektion** eine gezielte Maßnahme gegen bestimmte Erreger zu verstehen.

Für eine optimale Wirksamkeit müssen folgende Regeln beachtet werden:
– ordnungsgemäße Reinigung der zu desinfizierenden Fläche, bei Nachweis oder Verdacht auf gefährliche Erreger ist vor der Reinigung Desinfektionsmittel aufzubringen;
– Aufbringung eines geeigneten Desinfektionsmittels in der vorgeschriebenen Konzentration;
– Einhaltung der vorgeschriebenen Einwirkungszeit, bei der Flächendesinfektion können 2 Stunden als Richtwert dienen. Niedrige Temperaturen erfordern eine Verlängerung der Einwirkungszeit.

Für die Tierhaltung geeignete Desinfektionsmittel werden von der Deutschen Veterinärmedizinischen Gesellschaft geprüft und in Desinfektionsmittellisten zusammengestellt. Zur Zeit gilt die 9. Liste von 1997.

Bei Desinfektionsmitteln ist zwischen bakterizider (gegen Bakterien gerichteter), fungizider (gegen Pilze gerichteter), viruzider (gegen Viren gerichteter) und antiparasitärer Wirkung zu unterscheiden. Am häufigsten werden Aldehyde als Desinfektionsmittel verwendet, daneben kommen auch Alkohole, Tenside, quarternäre Ammoniumverbindungen, organische Säuren, Phenole und Kresole zum Einsatz.

Die **hygienische Händedesinfektion** sollte stets vorgenommen werden, wenn Tiere oder Materialien berührt wurden, die möglicherweise infektiös waren. Die Hände sind dann vor dem Waschen mit einem Desinfektionsmittel in der vorgeschriebenen Konzentration vollständig zu befeuchten, es ist eine Einwirkungszeit von mindestens 30 Sekunden bis zu 1 Minute einzuhalten, wenn im Einzelfall für das Präparat nicht längere Zeiten angegeben sind. Erst nach dieser Einwirkungszeit werden die Hände normal gewaschen.

Infektionskrankheiten

Salmonellose/Salmonelleninfektion

Salmonellen sind Darmbakterien, die bei sehr vielen Tierarten vorkommen und Allgemeininfektionen und Durchfallerkrankungen auslösen. Ihre besondere Bedeutung liegt in der Gefährlichkeit für den Menschen, direkte Ansteckungen an infizierten Tieren sind möglich, die meisten Salmonellosen des Menschen werden aber durch Lebensmittelinfektionen ausgelöst. Entenvögel sind relativ häufig mit Salmonellen infiziert, insbesondere kommen die Serovaren (Serotypen) *Salmonella enteritidis* und *Salmonella typhimurium* vor. Die Bakterien überleben in der Außenwelt, z. B. im kontaminierten Wasser, über lange Zeit, als Infektionsquellen wirken Wildvögel, Nagetiere, Oberflächenwasser und auch Futter, daneben werden Salmonellen auch mit Zukaufstieren eingeschleppt. Sichtbare Erkrankungen mit Todesfällen treten in der Regel nur bei Küken auf, ältere Tiere scheiden die Salmonellen unerkannt aus. Salmonellen können durch bakteriologische Untersuchungen ohne größere Schwierigkeiten nachgewiesen werden. Antibiotische Behandlungen sind bei Erkrankungen wirksam, die Tiere können durch sie aber nicht mit Sicherheit erregerfrei gemacht werden.

Geflügelcholera

Erreger ist das Bakterium *Pasteurella multocida*. Es kommt zu einer Allgemeininfektion mit struppigem Gefieder, Augen- und Nasenausfluß, Durchfall sowie Seiten- und Rückenlage mit Ruderbewegungen. Der Erregernachweis ist durch bakteriologische Untersuchungen zu erbringen, eine Behandlung kann mit Antiinfektiva erfolgen.

Botulismus

Es handelt sich im strengen Sinn nicht um eine Infektionskrankheit, sondern um die Vergiftung mit einem bakteriellen Toxin. Das Stäbchenbakterium *Clostridium botulinum* kommt im Darm von Tieren und in der Umwelt vor und vermehrt sich bei ausreichenden Temperaturen unter Luftabschluß. Während der Vermehrung wird außerhalb des Tierkörpers das Toxin gebildet, das die Vögel dann mit dem Futter aufnehmen. Es treten verschiedene Toxintypen auf, für Entenvögel ist der Typ C bedeutsam.

In warmen Sommern kommt es vorwiegend in stehenden Gewässern zur starken Vermehrung der Clostridien, in deren Folge bei Enten, Gänsen und Schwänen sogar schon Massenerkrankungen aufgetreten sind. Das Toxin wirkt als Nervengift, erkrankte Vögel lassen gestörte Bewegungsabläufe, später Lähmungen erkennen. Die Halsmuskulatur ist beispielsweise schlaff gelähmt, der Kopf liegt auf dem Boden. Der Tod tritt infolge Atemlähmung ein.

Behandlungsversuche sind aussichtslos, mit Antiinfektiva können zwar die Bakterien abgetötet werden, sie neutralisieren aber nicht das Gift und beseitigen daher die eigentliche Krankheitsursache nicht. Alle noch nicht erkrankten Tiere müssen sofort von der betreffenden Wasserfläche entfernt und in einen Bereich mit frischem Wasser umgesetzt werden. Wenn möglich, wird die Wasserzirkulation erhöht bzw. Frischwasser eingeleitet. Verschlammte Tümpel müssen trockengelegt und gesäubert werden.

Botulismus kann mit Impfungen vorgebeugt werden, in Deutschland ist aber derzeit nur eine Vakzine gegen den Botulismus der Nerze verfügbar, die verschiedentlich bereits mit Erfolg auch bei Wasservögeln eingesetzt wurde. Botulismus kommt auch bei Menschen als Lebensmittelvergiftung vor, allerdings handelt es sich dabei um andere Toxintypen (A, B, E). Von erkrankten oder toten Wasservögeln geht keine direkte Ansteckungsgefahr für Menschen aus.

Ornithose

Diese Infektionskrankheit wird bei Enten durch den gleichen Erreger wie die gefürchtete Papageienkrankheit (Psittakose) ausgelöst. Es handelt sich um *Chlamydia psittaci*, ein sehr kleines Bakterium, das auf den gebräuchlichen bakteriologischen Nährböden nicht kultivierbar ist. Die Krankheitserscheinungen sind nicht sehr spezifisch, häufig sind Tiere infiziert, ohne sichtbar zu erkranken. Der Erreger kann im Untersuchungsinstitut mikroskopisch oder durch Blutuntersuchung nachgewiesen sowie auch in bebrüteten Hühnereiern oder Zellkulturen angezüchtet werden. Zur Behandlung eignen sich besonders Tetracycline. Ornithose ist eine **meldepflichtige Tierkrankheit** und **Zoonose,** Infektionsgefahr besteht für Menschen beim direkten Kontakt mit infizierten Tieren.

Infektiöse Serositis, Pfeifferellose

Der bakterielle Erreger ist zwar schon seit Jahrzehnten bekannt, seine systematische Zuordnung hat sich aber mehrfach geändert, derzeit wird er als *Riemerella anatipestifer* (früher *Pasteurella anatipestifer, Moraxella anatipestifer*) bezeichnet. Erkrankungen äußern sich vor allem bei Jungtieren bis zu 10 Wochen in Apathie, Lahmheit, grünlichem Durchfall, Entzündungen der Nasenschleimhäute und Bindehäute und zentralnervöse Störungen. Eine antibiotische Behandlung ist möglich, in größeren Beständen lohnt sich die Herstellung stallspezifischer Impfstoffe.

Derzsysche Krankheit, Parvovirose, Gänsepest, Virushepatitis der Gänse

Bei Gänsen und Moschusenten tritt diese Infektion mit Parvoviren auf. Sie löst bei Jungtieren in den ersten 4 Lebenswochen schwere Allgemeinerkrankungen mit hohen Verlusten aus. Besonders auffällig sind die Ansammlung von Flüssigkeit in der Bauchhöhle (Bauchwassersucht) und Leberschwellungen. Behandlungsversuche sind aussichtslos. Zur Vorbeuge sollten Elterntiere geimpft werden, Küken können in den ersten Lebenstagen auch durch die Gabe von Immunserum geschützt werden.

Entenpest, Virusenteritis der Enten

Erreger ist ein Herpesvirus, das Infektionen bei allen Altersgruppen auslösen kann. Neben Durchfällen treten Störungen des Allgemeinbefindens auf, die Tiere wirken gelähmt. Für die Krankheitsfeststellung ist die Sektion wichtig, Veränderungen treten u. a. an der Leber auf. Hygienische Maßnahmen müssen sich auf die Verhinderung der Erregereinschleppung, z. B. durch freilebende Wasservögel, richten. Es ist ein Impfstoff verfügbar, der bereits ab dem 1. Lebenstag eingesetzt werden kann.

Entenhepatitis

Erreger ist ein Virus aus der Familie der Picornaviren. Es erkranken Hausentenküken in den ersten 4 Lebenswochen, bei der Sektion fallen besonders Leberveränderungen auf. Im Ausland sind Impfstoffe verfügbar, in Deutschland derzeit noch nicht.

Newcastle Disease, atypische Geflügelpest

Diese **anzeigepflichtige Tierseuche** wird durch Paramyxoviren verursacht und tritt vorwiegend bei Hühnervögeln auf. Der Erreger infiziert aber auch Entenvögel, bei denen es gelegentlich zu Erkrankungen kommen kann.

Influenza-A-Infektionen

Influenza-A-Viren aus der Familie der Orthomyxoviren verursachen beim Menschen die echte Virusgrippe und bei Hühnervögeln die Klassische Geflügelpest (**Anzeigepflicht**). Wasservögel gelten als wichtiges Reservoir, das für die Entstehung neuer Grippevirusstämme Bedeutung hat.

Aspergillose

Die Infektion mit Schimmelpilzen aus der Gattung *Aspergillus* gefährdet besonders Arten, die normalerweise in kalten, staubfreien Regionen leben. Erkrankte Tiere zeigen Atemnot, Verendungen treten auf. Zur Therapie können Amphotericin sowie Miconazol und Ketoconazol eingesetzt werden.

Parasitosen

Kokzidiose

Kokzidien gehören zu den Protozoen, im Gegensatz zu den Hühnervögeln spielen sie bei Enten eine untergeordnete Rolle. Am wichtigsten ist die Nierenkokzidiose der Gänse, die durch *Eimeria truncata* verursacht wird. Die Nieren sind vergrößert und mit gelbweißen Herden übersät. Da bei Hühnern bewährte Kokzidiostatika bei Gänsen oft unverträglich sind, werden Sulfonamide zur Behandlung eingesetzt.

Magenwurmbefall

Amidostomum anseris parasitiert unter der Hornschicht im Muskelmagen von Gänsen und Enten und bei Enten auch in der Schlunderweiterung. Nach der Entfernung der Hornhaut des Muskelmagens kann man die Würmer mit bloßem Auge sehen. Die Larven überleben in der Außenwelt und werden von Jungtieren aufgenommen. Krankheitserscheinungen treten vor allem im Sommer auf, die Tiere würgen, haben dünnflüssigen Kot, Blutarmut und zeigen allgemeine Schwäche. Die Behandlung erfolgt mit Antiparasitika, beispielsweise Fenbendazol.

Sonstige Faden-/Rundwürmer

Es treten verschiedene weitere Nematodenarten bei Entenvögeln auf, die mit parasitologischen Kotuntersuchungen bzw. auch durch Sektionen nachgewiesen werden. Zur Behandlung werden die üblichen Antiparasitika eingesetzt, wobei die Entwicklungszyklen der Parasiten sowie ihre Zwischenwirte zu beachten sind.

Bandwurmbefall

Bandwürmer (Cestoden) bestehen aus einem Kopfteil, mit dem sie sich an der Darmschleimhaut festhaken, und einer unterschiedlichen Anzahl von Gliedern mit zwittrigen Geschlechtsorganen. Sie schädigen den Organismus durch Verletzung der Darmschleimhaut, Entzug von Nährstoffen und giftige Stoffwechselprodukte. Bandwurmglieder mit Eiern werden ausgeschieden, in der Außenwelt entwickelt sich das Finnenstadium in Zwischenwirten. Für die Bandwürmer der Wasservögel sind das meistens Kleinkrebse, in Schnecken, die diese Krebse aufnehmen, kommen die ansteckungsfähigen Finnen dann ebenfalls vor. Die Vögel infizieren sich mit Bandwürmern durch Aufnahme der Zwischenwirte. Eier und Bandwurmglieder werden bei parasitologischen Untersuchungen im Kot festgestellt. Für die Behandlung eignet sich beispielsweise Praziquantel.

Vogelmalaria

Erreger sind Protozoen der Gattung *Plasmodium*, die von blutsaugenden Mücken übertragen werden. Befallene Tiere zeigen Apathie und Blutarmut, die Erreger lassen sich in Blutausstrichen nachweisen. Unter den Entenvögeln wurde Malaria bei Eiderenten diagnostiziert.

Organ- und Stoffwechselkrankheiten, Vergiftungen

Gicht

Gicht entsteht infolge einer Störung der Ausscheidung von in der Leber gebildeter Harnsäure über die Nieren. Als Ursachen dafür kommen zu hoher Eiweißgehalt des Futters, Vitamin-A-Mangel, Störungen der Nierenfunktion durch Vergiftungen oder Entzündungen in Frage. Bei der Sektion erkennt man die Ablagerung von Harnsäurekristallen auf den serösen Häuten der Organe (z. B. Herzbeutel, Leber, Milz) und auch der Gelenke. In betroffenen Beständen sollten die Vitamin-A-Zufuhr erhöht und der Eiweißanteil im Futter gesenkt werden.

Amyloidose

Amyloid besteht überwiegend aus Eiweiß, es wird in Milz, Leber, Nieren und auch Darm abgelagert. Die Leber ist geschwollen und sieht speckig aus. Amyloidose wird als Zufallsbefund bei Sektionen festgestellt, spezifische Behandlungs- und Vorbeugemöglichkeiten gibt es nicht.

Legenot

Ursachen der Legenot sind besonders große oder abnorm geformte Eier, krankhafte Veränderungen am Eileiter oder Schwächen der Eileitermuskulatur. Tiere mit Legenot nehmen die sogenannte Pinguinstellung ein. Man muß versuchen, das Ei durch Massage, das Einträufeln von Öl oder auch durch Einführen eines Fingers in die Kloake zu entwickeln. Gelingt das nicht, kann versucht werden, die Eischale zu zerdrücken und die Bruchstücke vorsichtig zu entfernen. Es muß unbedingt darauf geachtet werden, daß sich die Kloake wieder richtig einstülpt. Nach diesen Manipulationen empfiehlt sich in jedem Fall eine lokale antibiotische Behandlung.

Vergiftungen (Intoxikationen)

Enten und Gänse sind infolge ihrer Haltungsbedingungen, die normalerweise eine Auslaufmöglichkeit und freie Wasserflächen beinhalten, stärker von Vergiftungen bedroht als Tiere, die nur in geschlossenen Ställen gehalten werden. Als Gefahren sind einmal **pflanzliche Gifte** zu nennen. In Betracht kommen Eibe (Nadeln und Samen), Spitzahorn (junge Triebe), Tollkirschen (Früchte), Goldregen (Schoten), Gefleckter Schierling (unreife Früchte). Gefährlich sind auch von Algen gebildete Gifte, die besonders in heißen Sommern auftreten. Sie verursachen Lähmungserscheinungen, die denen beim Botulismus ähnlich sind. Da die Vergiftungserscheinungen nicht so typisch sind, daß aus ihnen ohne weiteres die Art des Giftes zu erkennen wäre, ist es ratsam, vorbeugend auf die genannten Pflanzen in der Umgebung der Tiere zu achten bzw. sie zu entfernen.

Chemische Gifte sind beispielsweise in Saatgutbeizmitteln, Holzschutzmitteln, Pflanzenschutz- und Schädlingsbekämpfungsmitteln enthalten, vor deren Aufnahme die Vögel geschützt werden müssen.

Gesetze und Verordnungen zum Artenschutz

Petra Dornbusch, CITES-Büro Sachsen-Anhalt

Rote Listen

Als eine Grundlage des praktischen Naturschutzes sind Rote Listen von großer Bedeutung. Ihre Aufgabe ist es, die Öffentlichkeit zu informieren, sie für den Schutz in Bedrängnis geratener Arten zu gewinnen und auf Möglichkeiten ihres Schutzes hinzuweisen. Sie sind Handlungsverpflichtung für Behörden, Einrichtungen des Naturschutzes, Wirtschaftsbereiche und Bürger sowie Grundlage für artenschutzrechtliche Festlegungen. Die Roten Listen enthalten Angaben zur Populationsgröße und zu Schutznotwendigkeiten der Arten sowie ihre Zuordnung zu Gefährdungskategorien. Die ihnen zu Grunde liegenden Gefährdungskriterien wurden seit dem ersten IUCN Red Data Book 1966 laufend aktualisiert.

Weltweit gelten folgende Kategorien: Ausgestorben (Extinct, EX), Vom Aussterben bedroht (Critical, CR), Stark gefährdet (Endangered, EN), Gefährdet (Vulnerable, VU) sowie Potentiell bedroht (Near Threatened, NT) (COLLAR et al. 1994). Für europäische Länder gelten: Vom Aussterben bedroht/ Sehr stark gefährdet (Endangered, E), Gefährdet (Vulnerable, V) und Selten (Rare, R) (TUCKER et al. 1994). In der Roten Liste der Brutvögel Deutschlands (WITT et al. 1996) und den Roten Listen der deutschen Länder werden zugrunde gelegt: Ausgestorben bzw. Bestand erloschen (0), Vom Aussterben bedroht (1), Stark gefährdet (2), Gefährdet (3), Selten (R).

Washingtoner Artenschutzkonvention

Mit der Washingtoner Artenschutzkonvention (WA) wurde 1973 erstmalig ein internationales Übereinkommen getroffen, das zum Schutz bestimmter Tiere und Pflanzen deren Handel kontrolliert und zum Teil einschränkt. Für Deutschland erlangte es am 20. 6. 1976 Gesetzeskraft. In dieser „Convention on International Trade in Endangered Species of Wild Fauna and Flora" (CITES), sind die Arten entsprechend dem Grad ihrer Schutzbedürftigkeit in drei Anhängen aufgeführt: Der Anhang I enthält Arten, die von der Ausrottung bedroht sind und deshalb für kommerzielle Zwecke nicht gehandelt werden dürfen, wie Auckland- und Malaienente. Im Anhang II sind Arten aufgeführt, deren Erhaltungssituation zumeist noch eine vorsichtige Nutzung unter wissenschaftlicher Kontrolle zuläßt, z.B. Baikalente und Rothalsgans. Im Anhang III sind von einzelnen Ländern Handelseinschränkungen festgelegt, wie für die Spießente aus Ghana oder die Moschusente aus Honduras.

Regelungen innerhalb der EU

In der Europäischen Union (EU) wird das WA durch die direkt geltenden EG-Verordnungen Nr. 338/97 und Nr. 939/97 (Durchführungsverordnung) umgesetzt. Hauptanliegen ist der verbesserte Schutz der wildlebenden Tiere und Pflanzen, die durch den Handel gefährdet werden. Durch die zunehmende Anwendung des Vorsorgeprinzips wird bereits eine mögliche Gefährdung berücksichtigt. Dabei sind die Arten der WA-Anhänge sowie zusätzliche Arten in Anhängen A, B, C und D teilweise noch strengeren Regelungen unterworfen als im WA selbst.

Neben den in abgestufter Weise getroffenen Festlegungen zur Einfuhr in die, Ausfuhr aus der und Durchfuhr durch die Europäische Gemeinschaft sind die umfassenden Kauf- und Verkaufsverbote für Tiere und Pflanzen der Anhänge A und B ein weiterer Schwerpunkt.

Nur für Zwecke der Ein- und Ausfuhr (Anhang A, B und C), der Vermarktung einschließlich der kommerziellen Zurschaustellung (nur Anhang A, außer Arten von Anhang VIII der DVO) sowie für den Transport lebender, aus der Natur stammender Tiere des Anhangs A sind Bescheinigungen, früher sogenannte CITES-Bescheinigungen, erforderlich. Die Mehrzahl der Entenvögel des Anhangs A sind jedoch durch den Anhang VIII der DVO von der Verwendung von Vermarktungsbescheinigungen ausgenommen, wie Knäk- und Moorente. Des weiteren sind EU-Festlegungen zur Kennzeichnung und Nachweispflicht zu beachten. Für die Ein- und Ausfuhrregelungen ist das Bundesamt für Naturschutz zuständig.

Mit der EU-Vogelschutzrichtlinie (79/409/EWG) werden alle wildlebenden europäisch verbreiteten Vogelarten geschützt. Diese Richtlinie beinhaltet besondere Schutzmaßnahmen für bedrohte Arten, ein grundsätzliches Vermarktungsverbot und spezielle Ausnahmelisten für die Bejagung und Vermarktung von Vögeln bestimmter Arten. Durch die Beschränkung der Jagd außerhalb von Brut- und Aufzuchtzeit und des Rückzugs zu den Nistplätzen sowie durch die sehr eng ausgelegten Ausnahmevorschriften führt diese Richtlinie zu umfassenden und ausgewogenen Regelungen zum Schutz und zur Nutzung der Vögel.

Einerseits wird ein System besonderer Schutzgebiete im Rahmen des zusammenhängenden ökologischen Schutzgebietsnetzes „NATURA 2000" der Europäischen Union für bedrohte Arten und für Rast- und Überwinterungsgebiete von ziehenden Vogelarten insbesondere für Wat- und Wasservögel eingerichtet. Andererseits wird überwacht, daß es bei einer ausgewogenen Nutzung auch von Entenvögeln nicht zu schädigenden Einflüssen auf die Populationen kommen kann.

Artenschutzbestimmungen in Deutschland

Das **Bundesnaturschutzgesetz** von 1998 (BNatSchG) regelt in Umsetzung der EU-Vogelschutzrichtlinie und anderer Verordnungen u. a. den besonderen Schutz von Tier- und Pflanzenarten, deren Besitz- und Vermarktungsverbote, die Nachweispflicht sowie das Erfordernis von Tiergehegegenehmigungen.

Die **Bundesartenschutzverordnung** von 1997 (BArtSchV) stellt weitere heimische und einige nicht heimische Arten unter besonderen Schutz, die das WA und die EU nicht bzw. nicht ausreichend sichern. Für Halter und Züchter besonders geschützter Arten sind bestimmte Festlegungen zur Buchführung, zur Kennzeichnung und Anmeldung sowie zu Ausnahmegenehmigungen vom Vermarktungsverbot u. a. für Zwergschwan und Marmelente von Bedeutung.

Für die der **Bundeswildschutzverordnung** von 1985 (BWildSchV) unterliegenden Entenvogelarten sind weitere Besitz-, Vermarktungs- und Transportverbote zu berücksichtigen. Diesbezüglich sind jagdbehördliche Ausnahmegenehmigungen erforderlich.

Mit wachsenden globalen Naturschutzinteressen werden auch zukünftig neue Anpassungen von Artenschutzbestimmungen an weitere Schutznotwendigkeiten erfolgen.

Morphologie, Verbreitung, Status, Biologie sowie Haltung und Zucht

Familie Anseranatidae: Spaltfußgänse

Spaltfußgans
Anseranas semipalmata (Latham, 1798)

Körper kleiner als der der Saatgans, durch lange Beine und langen Hals insgesamt größer wirkend.
Flügel: ♂ 368–450, ⌀ 419; ♀ 356–418, ⌀ 389 mm
Gewicht: ♂ 1838–3195, ⌀ 2766; ♀ 1405–2770, ⌀ 2071 g
Gelege: 3–12, meist 6–10 cremeweiße Eier, 64–80 × 46–63, ⌀ 72 × 53 mm
Brutdauer: 28 Tage
Schlupfgewicht: um 77 g (KEAR 1973), 54 und 62 g (Zoo Wuppertal)

Spaltfußgans.

Ad. Jahreskleid: ♂ und ♀ farbgleich. ♂ deutlich größer, mit ausgebildetem Stirnhöcker und fühlbarer Luftröhrenschleife. **Dunenkleid:** Kopf und Hals zimtrot; Rumpf oberseits einfarbig dunkelbraun, Bauch fast weiß. Schnabel und Beine anfangs weinrot, nach 3 bis 5 Tagen Umfärbung in Bleigrau bzw. Gelb. **Jugendkleid:** Stumpf schwarzgrau, Bauchseite weiß; Schnabel schwarz, Beine blaß rot.
Mauser und Umfärbung: Altvögel wechseln Schwingen nacheinander und sind somit ganzjährig flugfähig. Immat. beginnen im Alter von 3 bis 4 Monaten mit der Umfärbung in das Alterskleid und beenden diese im Frühjahr. Bei knapp einjährigen Tieren färben die unbefiederten Schnabel-Kopf-Partien über Gelbgrün in ein blasses Rot.
Verbreitung: Karte 1, Seite 325.
Status: Spaltfußgänse traten früher in sehr großen Schwärmen im tropischen Nordaustralien auf, Ansammlungen bis zu 80 000 waren keine Seltenheit. In SO-Australien führten großräumige Entwässerungen zur Aufgabe zahlreicher Brutareale. In Australien ist die Art weitgehend geschützt, unzureichend dagegen in den Küstenebenen der Trans-Fly-Region Neuguineas, wo neben Jagddruck und Habitatverlusten viele Spaltfußgänse für Tierhaltungen gefangen werden. Gesamtpopulation in den 90er Jahren 350 000 Tiere.
Lebensweise: Spaltfußgänse bewohnen weite versumpfte Niederungen und Mündungsgebiete großer Flüsse. In diesem Sumpfland wächst der Wildreis, die Hauptfutterpflanze der Gänse. Spaltfußgänse waten mit Vorliebe im Flachwasser umher oder grasen auf angrenzenden Riedwiesen, sie schwimmen selten und meiden Wassertiefen von über 1 m. Der Beginn der Regenzeit löst ihren Brutzyklus aus. Die neue Vegetationsperiode regt sofort zum Nestbau an. Heraus-

gerissene und umgetretene Pflanzen lassen eine Plattform entstehen, die über Wochen hin zum Nest heranwächst. Erst gegen Ende der Regenzeit, meist zwischen Dez. und Feb., beginnt die Eiablage. Die Nester stehen locker kolonieweise im 40 bis 50 cm tiefen Wasser. Spaltfußgänse leben in Dauerehen, häufig kommt es zur Triobildung; die zwei ♀ bauen ein Nest, brüten und führen gemeinsam. Wenn die Jungen schlüpfen, ist der Wasserspiegel in den Sümpfen beträchtlich gefallen, Simsen und besonders der Wildreis tragen Blüten und frische Samen. Im Alter von 4 bis 5 Wochen beginnt die Befiederung der Junggänse, mit 11 Wochen erlangen sie ihre Flugfähigkeit.

Nahrung: Zu über 50% Wurzelansätze von Simsen, die mit dem kräftigen Schnabel herausgerissen werden, ferner Grünteile und Samen der Gräser.

Haltung und Zucht: Seit weit über 100 Jahren werden Spaltfußgänse in europäischen Zoos mit gutem Erfolg gehalten (Zoo Berlin erstmals 1871). Als Folge der Ausfuhrsperre für australische Tiere war die Art für Jahrzehnte hier weitgehend verschwunden. Ab 1985 gelangen Importe aus Neuguinea nach Westeuropa und Nordamerika, so daß die Art heute vereinzelt in Zoo- und Privatanlagen anzutreffen ist und ab Mitte der 90er Jahre vermehrt Zuchten bekannt werden. Unterbringung auf Flachteichen mit angrenzenden Wiesen und Gebüschgruppen oder flugfähig in geräumigen Volieren. Importtiere bleiben relativ scheu und sind offenbar wenig lern- und anpassungsfähig. Welterstzucht 1931 in Kalifornien. Weitere Zuchterfolge 1945 und 1946 im Zoo San Diego, zwischen 1956 und 1971 sowie ab 1979 im Wildfowl Trust. Bis in die jüngste Zeit blieben Nachzuchten Seltenheiten. Über die erste Zuchtperiode in Slimbridge, in der 44 Jungtiere aufwuchsen, berichten JOHNSGARD (1961) und KEAR (1973): In den geräumigen Anlagen des Trusts bildeten sich Elterntrios, Legebeginn zwischen 6. Apr. und 15. Aug., meist um den 20. Juni. Die Nester wurden von den flugfähig gehaltenen Tieren auf Büschen errichtet, beide Partner trugen Nistmaterial ein. Kopulationen erfolgten auf dem Nest. Das zweite ♀ begann meist einen Tag nach dem ersten mit dem Legen; Legeintervalle etwa 36stündig. Alle Partner brüteten im Wechsel, der Ganter meist nachts. Küken erhalten in den ersten Lebenstagen die Nahrung von den Eltern vorgehalten, wobei der blaßrote Schnabel der ad. und das zimtrote Gesicht der Küken Signalfunktionen haben. Die Jungtiere waren mit 6 Wochen befiedert und mit 7 bis 8 Wochen flugfähig. Eines der Zucht-♀ starb mit 25 Jahren und unterbrach damit die erste Zuchtserie. Im Zoo Berlin erfolgte 1989, unmittelbar nach dem Bezug einer nur 10 m^2 großen Wintervoliere, eine Eiablage, 2 Jungtiere wuchsen als deutsche Erstzucht bei den Eltern heran; zwischen 1995 und 1998 erfolgte die Eiablage im Freigehege jeweils im Juli, insgesamt wuchsen 8 Spaltfußgänse, 5 davon unter Führung der Eltern, heran. Die Küken fingen geschickt Fliegen, worauf ein mit Insekten angereichertes Futter geboten wurde (REINHARD, mündl.). Im Zoo Wuppertal erbrachte ein Trio seit 1995 zwischen März und Aug. alljährlich bis zu 3 Gelege, 14 Jungtiere wurden flügge (OLBRICHT, briefl.). Belgische Erstzucht ebenfalls 1995, ein Paar zog in diesem und in den Folgejahren aus jeweils 2 Gelegen Jungtiere auf; 2 Paare davon, die für die eigene Anlage im Okt. 1998 erworben wurden, hatten derzeit mit der Umfärbung in das Alterskleid begonnen. Als Winterzusatznahrung dienten Kopfsalat, Kohlrabi und rohe Kartoffeln.

Familie Dendrocygnidae: Pfeifgänse und Weißrückenenten

Tüpfelpfeifgans
Dendrocygna guttata Schlegel, 1866

Mittelgroße Pfeifgans mit relativ gedrungener Körperhaltung
Flügel: ♂ und ♀ 212–223 mm
Gewicht: um 800 g
Gelege: 6–12 grauweiße Eier, 52–55 × 39,5–42, ⌀ 53,5 × 40,8 mm
Brutdauer: 28–30 Tage
Geschlechtsreife: ab 2. Lebensjahr

Tüpfelpfeifgans.

Ad. Jahreskleid: ♂ und ♀ im wesentlichen farbgleich. **Dunenkleid:** Obere Körperpartien dunkel graubraun; das breite Nakkenband, Brust, Bauch und je ein breiter Längsstreif entlang des Rückens grauweiß; Schnabel und Beine dunkel bleigrau. **Jugendkleid:** Die typische Tüpfelung des Alterskleides ist speziell auf den Flanken als lehmgelbe Längsstreifung ausgebildet.
Mauser und Umfärbung: Die hiesigen Gehegevögel wechseln im ersten Winter vom Jugend- in das Alterskleid. Die Altvögel mausern im Sommer (in Abhängigkeit vom Brutgeschehen) das Gesamt- und im Winter nochmals das Kleingefieder.
Verbreitung: Karte 2, Seite 325.
Status: Einschätzungen über den Gesamtbestand sind bis heute recht vage, man vermutet unter 25 000, auch der Grad der Gefährdung ist nicht einschätzbar. Arttypisch ist eine allgemeine Verbreitung ohne Bildung von Massenansammlungen. Auf Neuguinea tritt die Tüpfelpfeifgans als häufigster Entenvogel auf, von dort erfolgten auch die Importe der letzten Jahrzehnte.
Lebensweise: Von allen Pfeifgänsen ist über Leben und Brutbiologie der Tüpfelpfeifgans am wenigsten bekannt. Als Jahresbiotope gelten Flachgewässer der Niederungen und Küstenmangroven, Bevorzugung finden offenbar von Bäumen durchsetzte Grassümpfe der offenen Landschaft. Als Ruheplätze dienen aus dem Wasser ragende Äste oder die Kronen abgestorbener Bäume, auf denen sich in der Dämmerung Hunderte von Tüpfelpfeifgänsen einfinden können. Danach werden Rund- und Nahrungsflüge unternommen. Nachtaktivitäten sind auch von den Gehegetieren bekannt und erklären die großen, dunklen Augen dieser Art. Die Brutzeit erstreckt sich über viele Monate des Jahres, auf Neuguinea vor allem Aug./Sept. nach dem Einsetzen der Regenzeit. Nester wurden in der Bodenvegetation und in Baumhöhlen gefunden. Beide Eltern betreuen die heranwachsenden Jungen.

Nahrung: Grünteile der Wasserpflanzen und die Samen der Riedgräser bilden die Hauptnahrung, über den tierischen Nahrungsanteil liegen offenbar keine Untersuchungen vor.

Haltung und Zucht: Während die ersten Tüpfelpfeifgänse bereits 1888 für den Zoo London erwähnt wurden, folgte ein weiterer Import offenbar erst 1935 für den Zoopark Clères, Frankreich; dort lebten 6 Tiere bis 1940 in geräumigen Volieren. Der Wildfowl Trust hält die Art seit 1953 und brachte sie 1959 erstmalig zur Brut; USA-Erstzucht 1962. Etwa ab 1985 erfolgte der Import zahlreicher Tüpfelpfeifgänse aus Neuguinea. Mit diesen Tieren gelangen FISCHER, Varel und ALRAUN, Evensen-Neustadt, 1989 die deutschen Erstzuchten. ALRAUN erwarb 1987 2 Wildfangpaare, eines der ♀ legte ab 30.6. und 12.8. jeweils 12 Eier, aus denen zahlreiche Jungtiere aufwuchsen. Die Art wird heute verbreitet gehalten und nur wenig spärlicher als andere Pfeifgans-Arten gezüchtet. In Ernährung und Empfindlichkeit bestehen zu diesen keine Unterschiede. Tüpfelpfeifgänse werden gern flugfähig in großen Volieren gehalten, Tiere im Freiflug sind meist standortstreu. Wird ein Paar fortpflanzungsaktiv, sind bis zu 3 Nachgelege zu erwarten. Eiablage bevorzugt in Nistkästen ab Mai und dann bis in den Herbst hinein. Die Küken nehmen anfangs nur zögernd Nahrung auf, wachsen dann aber problemlos heran. Etwa mit 7 Wochen ist die Befiederung der Jungtiere abgeschlossen.

Sichelpfeifgans
Dendrocygna eytoni (Eyton, 1838)

Mittelgroße Pfeifgans
Flügel: ♂ 222–242, ⌀ 232; ♀ 215–245, ⌀ 228 mm
Gewicht: ♂ 600–930, ⌀ 788; ♀ 580–1400, ⌀ 792 g
Gelege: 10–12 cremefarbene Eier, 44–51 × 33–38, ⌀ 48 × 36 mm
Brutdauer: 28–30 Tage
Schlupfgewicht: 17–28, ⌀ 22,5 g (44 Küken, eig. Wäg.)
Geschlechtsreife: wohl mit 1 Jahr, fortpflanzungsaktiv ab 2. Jahr

Ad. Jahreskleid: ♂ und ♀ im wesentlichen gleich; mehrjährige ♂ besonders kontrastreich gezeichnet, Sichelfedern überragen deutlich den Rücken, Iris leuchtend orange (beim ♀ gelblich), meist größer als ♀. **Dunenkleid:** Oberseits sepiabraun, sandfarben übertönt; Unterseite zimtbraun bis grau. Helles Nackenband breit und durchgehend, auf Rücken von den Flügelansätzen zu den Schwanzseiten je ein sandfarbener Längsstreif. Schnabel, Iris und Beine grau.
Jugendkleid: Weitgehend einfarbig lehmgrau, die rotbraune vordere Flankenzeichnung fehlt, Sichelfedern nicht verlängert und blaß lehmgelb; Schnabel aufgehellt, aber ungefleckt.
Mauser und Umfärbung: Vollmauser der Altvögel nach Brutsaison, beginnend mit den Schwingen, daran schließt sich das Kleingefieder an. In einer winterlichen Teilmauser wird nochmals das Kleingefieder erneuert, sie setzt im Jan. an Brust, Schultern und kleinen Flankenfedern ein und klingt im Feb. mit dem Wechsel der Sichelfedern aus. Umfärbung der juv. beginnt im Alter von 10 bis 11 Wochen mit dem Vermausern

Sichelpfeifgans.

der rotbraunen Vorderflanken und wird in der zweiten Winterhälfte abgeschlossen. Zeitgleich erscheint die schwarze Schnabelfleckung.
Verbreitung: Karte 2, Seite 325.
Status: Nach wie vor treten Sichelpfeifgänse außerhalb der Brutsaison regional in großen Scharen auf. Obgleich die Gesamtpopulation nur etwa 30 000 Individuen umfassen soll, wird der Bestandstrend als stabil und die Art als nicht gefährdet angesehen.
Lebensweise: Sichelpfeifgänse sind Bewohner des tropischen Graslandes entlang der Sumpfniederungen. Während der Trockenzeit kommt es zu Wanderungen und an den Restgewässern zu erheblichen Konzentrationen. Auf Sandbänken entlang der Ufer ruhen sie dann tagsüber zu Tausenden dicht bei dicht. Nahrungsaufnahme vorwiegend nachts auf angrenzenden Wiesen. Beginn der Brutsaison in Abhängigkeit von den Niederschlägen, hauptsächlich Feb./März. Mit dem Einsetzen der Regengüsse lösen sich die Verbände, die Paare verteilen sich über die höher liegenden (nicht überfluteten) Wiesenflächen und errichten dort, relativ weit vom Wasser entfernt, ihre Nester. Keine Dunenauspolsterung, beide Partner brüten im Wechsel. Später werden die Küken von beiden Eltern in der Seichtwasserzone aufgezogen, der Erpel entfaltet dabei die Hauptaktivität.
Nahrung: Rein pflanzlich, nach der Regenzeit zu über 90 % aus Gräsern bestehend. Von den Großschwärmen außerhalb der Brutzeit werden ergiebige Futterplätze allabendlich aufgesucht, erst gegen Morgen kehren die Gruppen wieder zu den Uferbänken zurück.
Haltung und Zucht: Zwar seit dem vorigen Jahrhundert importiert, gehörte die Sichelpfeifgans als australische Art Jahrzehnte zu den Seltenheiten in Zoos und Privatanlagen. Welterstzucht 1938 in den USA, wo einmal 2 Küken aufwuchsen (DELACOUR 1954). Vermutliche europäische Erstzucht 1957 und 1958 im Zoo München-Hellabrunn. Eine kurze Nachzuchtserie gelang KOOY, Holland, ab 1961. Deutsche Erstzucht BIEHL, Tostedt, 1971. Ergiebige und kontinuierliche Zuchterfolge setzten bei der Sichelpfeifgans erst in den 80er Jahren ein (in eigener Anlage 1984), nachdem eine Reihe in den USA gezüchteter Tiere nach Westeuropa gebracht wurde. Die heutigen Gehegetiere sind robust und problemlos zu halten, sie zeigen sich weniger kälteanfällig als Herbst- oder Witwenpfeifgänse. Ihre Zucht gelingt besser mit Einzelpaaren als in Gemeinschaft mehrerer Paare. Eiablage zwischen Mai und Aug. im Gras oder unter Büschen; Nachgelege sind die Regel. Jungtiere entwickeln sich wie folgt: Mit 18 Tagen zeigen sich erste Schulter- und 2 Tage später die Flankenfedern. Danach befiedert die Unterseite, ab dem 25. bzw. 30. Tag entfalten sich die Arm- bzw. Handschwingen. Ab 6. Woche hellen sich Schnabel und Iris auf, und mit 10 Wochen setzt die Umfärbung in das Alterskleid ein.

Gelbe Pfeifgans
Dendrocygna bicolor (Vieillot, 1816)

Reichlich mittelgroße Pfeifgans
Flügel: ♂ 202–242, ⌀ 216; ♀ 203–235, ⌀ 217 mm
Gewicht: ♂ 621–756, ⌀ 675,5; ♀ 632–739, ⌀ 690 g
Gelege: 10–15 blaß gelbliche Eier, 47–60 × 37–44, ⌀ 53,7 × 41 mm
Brutdauer: 28 Tage
Schlupfgewicht: 24–36, ⌀ 29,8 g (40 Küken, eig. Wäg.)
Geschlechtsreife: selten gegen Ende des 1., meist des 2. Jahres

Ad. Jahreskleid: ♂ und ♀ gleich, ♂ meist etwas größer. Hellere oder dunkel lehmbraune Färbungen besagen nichts über Geschlecht oder Herkunft. **Dunenkleid:** Kopf und Oberseite dunkelgrau, Bauchseite, breites durchgehendes Nackenband und Gesichtszeichnung grauweiß. Rücken außer hintere Flügelsäume ohne helle Zeichnung. Schnabel und Iris grau, Beine olivgrün. **Jugendkleid:** Mehr lehmgelb und farbflacher als Alterskleid, obere Flankenfederreihe nicht als Schmuckfedern ausgebildet.
Mauser und Umfärbung: Altvögel beginnen nach der Brutsaison, bei uns ab Aug., mit der Gesamtmauser und wechseln zu-

Familie Dendrocygnidae – Pfeifgänse

Gelbe Pfeifgans mit wenige Tage alten Küken.

mindest Partien des Kleingefieders erneut im Jan./Feb. Die juv. mausern zwischen Herbst und Feb. (nur Kleingefiederwechsel) in das Alterskleid.

Verbreitung: Karte 3, Seite 325.

Status: Die Gelben Pfeifgänse bewohnen drei Kontinente und sind großräumig nirgends akut gefährdet. Der starke Wandertrieb führte einerseits nicht zur Herausbildung geographisch unterscheidbarer Formen, andererseits kommt es periodisch zur Aufgabe oder Ausdünnung traditioneller Areale oder zu Neubesiedlungen von Regionen. Besonders häufig tritt die Art heute in den Flußmündungsgebieten des Niger und Senegal in Westafrika sowie in der Tschad-Senke auf. **CITES** Anh. III/C, **Vermarktungsbescheinigung** nicht erforderlich.

Lebensweise: Gelbe Pfeifgänse bewohnen unterschiedliche tropische und subtropische Gewässer. Wo vorhanden, bevorzugen sie Reisfelder und angrenzende Marschlandschaften, in Südamerika wegen der Piranha-Gefahr mit Ruhebäumen durchsetzte Gewässer, in Afrika speziell die weiten Savannenseen. Gelbe Pfeifgänse bilden gern große und enge Schwärme, sind stimmfreudig und entfalten ihre höchste Aktivität in den Abendstunden. Die Brutzeiten stehen weitgehend in Abhängigkeit zu den Niederschlagsperioden, nur in den nördlichsten und südlichsten Regionen unterliegen sie den Jahreszeiten. In den Prärien Louisianas mit ihren weitflächigen Reisfeldern treffen die Gelben Pfeifgänse erst spät im Frühjahr, wenn andere Wasservögel bereits ihre Brutreviere bezogen haben, in kleinen Gruppen ein und sind dann noch eifrig mit der Paarbildung beschäftigt. Wenn im Mai die herangewachsenen Reispflanzen den nötigen Schutz bieten, werden die Nester in den Reiskulturen oder entlang der Dämme errichtet. Hauptlegezeiten hier Juni/Juli. Nicht selten legen zwei oder drei ♀ in ein Nest. Keine Dunenauspolsterung, doch sind die Nester laubenartig überdacht und kompakt unterbaut. Beide Partner brüten im Wechsel und führen gemeinsam die Küken.

Die Familienverbände halten selbst in den sich bildenden Herbstschwärmen noch zusammen.
Nahrung: Samen und Grünteile von Wasser- und Sumpfpflanzen, zeitweilig können Reiskörner den Hauptnahrungsanteil bilden.
Haltung und Zucht: Gelbe Pfeifgänse werden seit langem auf den europäischen Tiermärkten angeboten. Zoos zeigten kleine Gruppen in ihren Schaugehegen, in Privatanlagen waren sie vor 1960 kaum anzutreffen; deutsche Erstzucht BIEHL, Tostedt, 1975. Pfeifgänse galten derzeit als hinfällig, temperaturanfällig und kaum züchtbar. Die heute seit Generationen nachgezüchteten Gehegetiere sind regional aklimatisiert und wenig hinfällig. Während die Zoos gern kleine Gruppen der Gelben Pfeifgans auf ihren weiten Freianlagen zeigen, hält sie der Züchter paarweise in nicht zu engen Gesellschaftsgehegen. Überwinterung in Deutschland in schwach temperierten Schutzhäusern, in den wärmeren westlichen Ländern zumeist im Freien. Junge und unzureichend eingewöhnte Tiere sind empfindlicher. Die Art ist friedfertig, stellt keine besonderen Wasseransprüche, würde jedoch Teiche mit Ufervegetation und angrenzendem Grasland bevorzugen. Die Zucht gelingt heute mit der Mehrzahl der Paare. Eiablage in Nistkästen oder in der Bodenvegetation. Der Nestbau wird mit Herabtreten von Uferpflanzen zu Plattformen eingeleitet, Kopulationen erfolgen spontan auf der freien Wasserfläche, Balzverhalten wird nicht sichtbar. Eiablage in Westeuropa im März, in eigener Anlage stets Ende Apr., drei Gelege im Jahr sind die Regel, so daß bis zu 30 Jungtiere von einem Paar aufwachsen können. Brut und Aufzucht kann den Eltern überlassen bleiben, verlustärmer verläuft die Kükenbetreuung in Boxen. Die Küken sind anfangs stark wärmebedürftig und möchten das feine Futter direkt aus dem Wasser herausseihen. Später nehmen sie krümelfeuchtes Futter in den Schnabel und laufen damit zum Wasser, bevor sie es verschlucken. Kükenentwicklung: Etwa ab 2. Woche setzt ein deutliches Streckungswachstum ein, das Dunenkleid wird zunehmend stumpf grau. Zwischen 20. und 22. Tag beginnt die Befiederung der Flanken, am 23. bis 24. Tag der Schultern und danach befiedert die Unterseite. Mit 30 bis 33 Tagen verliert sich das Nackenband, Schwingen und Schwanzfedern entfalten sich; mit 6 bis 7 Wochen sind die Junggänse befiedert. Eine zu geringe Futteraufnahme kann die Entwicklung um Wochen verzögern. Gelbe Pfeifgänse bastardieren relativ stark mit anderen *Dendrocygna*-Arten.

Wanderpfeifgans
Dendrocygna arcuata (Horsfield, 1824)

Drei Unterarten, die sich in der Größe, weniger im Farbtypus unterscheiden: *D. a. arcuata* (Horsfield) die **Indonesische**, *D. a. australis* (Reichenbach) die **Australische** und *D. a. pygmaea* (Mayer) die **Kleine Wanderpfeifgans** von Neubritannien und den Fidschi-Inseln. Die heutigen Gehegetiere, vermutlich von der Südküste Neuguineas, entstammen natürlichen Mischpopulationen *arcuata / australis,* weniger der reinen Nominatform.

Kleinere Pfeifgans-Art
Flügel: *australis* ♂ 196–230, ⌀ 214; ♀ 201–231, ⌀ 214 mm
Gewicht: *australis* ♂ 741–948, ⌀ 866; ♀ 453–976, ⌀ 732 g
Gelege: 6–10 weiße Eier, 47–53 × 35–39, ⌀ 51 × 37 mm
Brutdauer: 28–30 Tage
Schlupfgewicht: 21–28, ⌀ 23,7 g (23 Küken, eig. Wäg.)
Geschlechtsreife: knapp einjährig, fortpflanzungsaktiv meist ab 2. Jahr

Ad. Jahreskleid: ♂ kann etwas intensiver als ♀ gefärbt sein. **Dunenkleid:** Oberseite schwarzgrau, braun übertönt, Unterseite grauweiß. Nackenband schmal und am Hinterhals unterbrochen; Rücken ohne helle Fleckung. Schnabel, Iris und Beine dunkelgrau. **Jugendkleid:** Nur geringfügige Unterschiede zum Alterskleid, u. a. Körperseiten verwaschener rotbraun, die Brustfleckung gröber und letzte Flankenfederreihe kürzer und farbunreiner als bei ad.

Familie Dendrocygnidae – Pfeifgänse

Wanderpfeifgans.

Mauser und Umfärbung: Wie andere *Dendrocygna*-Arten. Nach der Jahreswende sind Alt- und Jungvögel nicht mehr zu unterscheiden.
Verbreitung: Karte 4, Seite 325.
Status: Vorkommen und Häufigkeit der Nominatform nur lückenhaft bekannt, zahlreich ist sie u. a. auf einigen Philippinen-Inseln und in den Niederungsgebieten Neuguineas. Die australische Unterart tritt in den Nordterritorien sehr häufig auf, wird in Ostaustralien aber zunehmend seltener (BLAKERS et al. 1984). Von der Kleinen Wanderpfeifgans existieren, wenn überhaupt noch, stark bedrängte Restpopulationen.
Lebensweise: Umfassendes biologisches Wissen liegt nur über die Australische Wanderpfeifgans vor. Sie bevorzugt ganzjährig große Flachgewässer mit reicher Unterwasser- und Schwimmflora. Ökologisch ist sie stärker auf das Wasser orientiert als die Sichelpfeifgans. Während der Trockenzeiten bilden sich dicht gedrängte Scharen auf Uferbänken und Sandinseln der Restgewässer. Die ersten Niederschläge lösen die Brutstimmung aus, binnen weniger Tage verteilen sich Paare über die zahllos neu entstandenen Tümpel und Creeks. Als erste Wasservögel der jeweiligen Region beginnen die Wanderpfeifgänse mit der Eiablage. Die Nester stehen gut verborgen im etwas erhöht liegenden und damit nicht überflutungsgefährdeten Grasland. Nest ohne Dunenauspolsterung. Brut und Kükenführung durch beide Eltern. Lange zusammenhaltende Familiengruppen sowie Jungvogelansammlungen mit wenigen Altvögeln sind bekannt.
Nahrung: Jahreszeitlich wechselnd Grünteile, Samen und Knospen der Wasser- und Sumpfpflanzen, besonders von Seerosen, Wildreis und Hirse-Arten. Sie wird tauchend, gründelnd und seihend aufgenommen.
Haltung und Zucht: Wanderpfeifgänse wurden nur in den 80er Jahren in größerer Zahl aus Indonesien importiert, so daß die Art lange Zeit als Seltenheit in Zoos und Zuchtanlagen galt. Die heutigen Nachzucht-

Zwergpfeifgans.

generationen bereiten kaum Haltungsprobleme, neigen aber offenbar zu Inzuchtdepressionen. Ihre Unterbringung empfiehlt sich zu 2 bis 3 Paaren auf grasbewachsenen Anlagen und im Winter in leicht temperierten Schutzräumen. Empfindlich sind sie wie die anderen Pfeifgänse gegenüber anhaltend naßkaltem Wetter, Schnee und Frostboden, letzteres Ursache für rissige und entzündete Unterzehgelenke. Wanderpfeifgänse sind friedfertig und gut für die Gemeinschaftshaltung mit kleinen Arten geeignet. Erfolgreiche Zuchten blieben lange Zeit nennenswerte Ausnahmen und dürften sich anfangs auf die Nominatform beschränkt haben. Vermutliche Welterstzucht 1936 in Kalifornien (STURGEON 1988), europäische Erstzucht 1939 in Leckford GB, Wildfowl Trust nach 1960. Die Periode ergiebiger und regelmäßiger Nachzuchten leitete BIEHL, Tostedt, ein. Er erwarb 1975 zwei Wildfangpaare, die bereits 5 Jahre in hiesigen Gehegen lebten. Im Sommer 1977 legte eines der ♀ 9 Eier, problemlos wuchsen dann bis 1983 über 150 Junggänse heran. Erstzucht in eigener Anlage 1983. Hier erfolgte die Eiablage durchweg im hohen Grasbestand, unter Binsen oder zwischen Hochstauden. Legebeginn für das 1. Gelege ab 24. Apr., für das 2. Ende Juni und das 3. im Aug. Der Nestbau entsteht während der Legeperiode, etwa ab 5. Ei bewacht tagsüber das ♀ und nachts der Ganter das Gelege. Die Küken werden zweckmäßig in Boxen aufgezogen, denn sie benötigen anfangs viel Wärme und ein sorgfältig ausgewähltes feines Futter. Nach etwas zögernder Nahrungsaufnahme während der ersten Woche setzt dann eine problemlose Entwicklung der Junggänse ein. Bastardierungen innerhalb der *Dendrocygna*-Gruppe halten sich in Grenzen, sollten aber nicht unbeachtet bleiben.

Zwergpfeifgans
Dendrocygna javanica
(Horsfield, 1821)

Kleinste Pfeifgans-Art mit schlankem Körper
Flügel: ♂ und ♀ 170–204 mm
Gewicht: 450–680 g

Gelege: 7–12 rundliche, weiße Eier, 44–54 × 35–41, ⌀ 47 × 36,9 mm
Brutdauer: 27–28 Tage
Schlupfgewicht: 20–26, ⌀ 22,6 g (35 Küken, eig. Wäg.)
Geschlechtsreife: gegen Ende des 1. Lebensjahres

Ad. Jahreskleid: ♂ und ♀ annähernd farbgleich, ♂ meist etwas größer. **Dunenkleid:** Dunkle Partien fast schwarz. Durchgehend breites Nackenband, ein kräftiger Überaugenstreif, große Flecke auf Rücken, Bürzelseiten, Schenkel und Flügel sowie gesamte Unterseite hellgrau. Schnabel, Iris, Füße dunkelgrau. **Jugendkleid:** Ähnlich ad., aber Bauch und Bürzel lehmfarben, nicht rotbraun, Rückenfedern graubraun mit heller Endsäumung, gelber Augenring anfangs nur angedeutet.
Mauser und Umfärbung: Ad. Gehegevögel durchlaufen im Frühherbst die Vollmauser und bis Feb./März eine Kleingefieder-Teilmauser. Viele Jungvögel sind wegen des späten Legebeginns erst im Sept. voll erwachsen und mausern bis Jan./Feb. in das 1. Alterskleid. In dieser Zeit wird der Augenring leuchtend gelb.
Verbreitung: Karte 4, Seite 325.
Status: Im Gesamtbestand nicht bedrängt, in einzelnen Regionen häufigster Entenvogel wie z. B. in Thailand. In den Randgebieten der Verbreitung sind dagegen deutliche Rückgänge spürbar. Starke Bejagungen in Reisanbaugebieten, wo die Art als „Schädling" bekämpft wird.
Lebensweise: Zwergpfeifgänse bewohnen vegetationsreiche Flachgewässer in den Dschungel-, Acker- und besonders in den Reisanbaugebieten. Die ganzjährig verteilten Niederschläge in ihren Brutarealen führten nur zu unbedeutenden Wanderbewegungen, dennoch kommt es nach beendeter Brut regional zu riesigen Schwarmbildungen und zu Vergesellschaftungen mit Gelben und Wanderpfeifgänsen. Zwergpfeifgänse sind stark dämmerungsaktiv, im gewandten Flug wechseln die Gruppen von den Ruhe- zu den Nahrungsplätzen (u.a. Reisfelder). Die eingekerbte Innenfahne der 1. Handschwinge verursacht beim Fliegen ein gut hörbares Pfeifen als akustische Kontaktbrücke während der nächtlichen Flüge. Die Brutperiode leiten Paarungsflüge ein, wobei bis zu 5 Erpel einer Ente nachjagen. Auslöser sind die einsetzenden Monsunregen. Eiablage in Indien Juni bis Okt., auf Sri Lanka Dez./Jan. und Juli/Aug. Nester wurden in der Bodenvegetation, in Baumhöhlen und in Vogelhorsten gefunden. Beide Eltern brüten im Wechsel und führen gemeinsam die Küken.
Nahrung: Samen und Grünteile der Sumpf- und Wasserpflanzen, in geringer Menge Kleinlebewesen, in Reisanbaugebieten hauptsächlich Reiskörner. Nahrungserwerb aus bis zu 2,5 m Tiefe.
Haltung und Zucht: Zwergpfeifgänse sind seit über 100 Jahren in Europa importiert, blieben jedoch in Zoos wie in Privatanlagen bis in die 90er Jahre selten. Gut eingewöhnte Altvögel sind weniger kälteanfällig als andere Pfeifgänse. In Kleingruppen gehaltene Tiere zeigen ihre einfachen Sozialbeziehungen, verbunden mit einer gewissen Ruffreudigkeit. Einzelpaare verhalten sich weitaus ruhiger, sind jedoch fortpflanzungsbereiter. Als relativ kleine Art wird diese Pfeifgans gern gemeinsam mit Zwergglanzenten in Großvolieren gehalten. Der heute hohe Anteil nachgezüchteter Tiere in der Gehegepopulation – um 1993 dürften das erst knapp 50% gewesen sein – verbessert die Zuchtchancen und läßt den Bestand weiter ansteigen. Vermutliche Welterstzucht 1931 in Kalifornien. Im Wildfowl Trust kam es 1965 und 1966 zu Eiablagen, 1975 dann zur britischen Erstzucht. BIEHL, Tostedt, erwarb 1976 in der BRD gezüchtete Jungerpel und brachte 1978 zwei Wildfang-♀ zur Eiablage; aus 24 Eiern schlüpften 7 Küken, die jedoch wenige Tage alt starben, 1979 gelang dann die Aufzucht von 9 Küken. In eigener Anlage begann 1990 eine ergiebige Nachzuchtperiode. Auffällig ist der späte Legebeginn im Juli, Nachgelege sind noch im Aug./Sept. möglich. Die Kükenaufzucht bereitet keine Probleme.

Links: Witwenpfeifgans.
Unten: Ein typisches Witwenpfeifgans-Gelege; alle Pfeifgänse verwenden keine Dunen zur Nestauspolsterung.

Witwenpfeifgans
Dendrocygna viduata (Linné, 1766)

Mittelgroße Pfeifgans-Art
Flügel: ♂ 216–222, ⌀ 219; ♀ 221–225, ⌀223,5 mm
Gewicht: ♂ 637–735, ⌀ 686; ♀ 502–820, ⌀ 662 g
Gelege: 8–12 weiße Eier, 42–57,6 × 34–41, ⌀ 48,8 × 37,3 mm
Brutdauer: 28 Tage
Schlupfgewicht: 18–31, ⌀ 25 g
(153 Küken, eig. Wäg.)
Geschlechtsreife: knapp einjährig, fortpflanzungsaktiv ab 2. Jahr

Ad. Jahreskleid: ♂ und ♀ farbgleich. Gesichts- und Kehlzeichnung sowie Breite des schwarzen Bauchstreifs variieren und sind keine Geschlechts- oder Unterartmerkmale.

Dunenkleid: Oberseite olivbraun, helle Unterseite gelboliv, schmal durchgehendes Nackenband gelb. Schnabel bleigrau mit hornfarbenem Nagel, Iris dunkelbraun, Beine olivgrün. **Jugendkleid:** Vordere Kopfpartien rahmfarben, zum Hinterkopf in Schwarzbraun übergehend. Mantelgefieder verwaschen rotbraun, dunkler Bauchstreif fehlend oder nur angedeutet. Schnabel durchweg bleigrau.

Mauser und Umfärbung: Ad. Gehegevögel mausern nach beendeter Brutperiode im Sept. die Schwingen und bis Jan./Feb. Schwanz- und Kleingefieder. Mitte Juni geschlüpfte Jungtiere beginnen Anfang Sept. von der Schnabelbasis her mit der Kleingefiedermauser und tragen mit etwa 5 Monaten ab Nov. das erste Alterskleid. Bei später geschlüpften kann sich die Mauser winterbedingt bis zum Feb. hinausziehen. Da-

nach sind ad. und immat. Witwenpfeifgänse nicht mehr unterscheidbar.
Verbreitung: Karte 5, Seite 325.
Status: Witwenpfeifgänse bewohnen in umfangreichen Populationen Südamerika und Afrika und in geringer Zahl Madagaskar und Mittelamerika, Hauptvorkommen an den ostafrikanischen Savannengewässern und in den Deltas von Senegal und Niger, wo sich weit über 100 000 Nichtbrüter aufhalten. CITES Anh. III/C, **Vermarktungsbescheinigung** nicht erforderlich.
Lebensweise: Witwenpfeifgänse bewohnen zur Brutzeit Flachgewässer der Niederungen, bevorzugen die eutrophen Savannenseen und profitieren von den zahllos angelegten Staugewässern in den Agrarregionen der südlichen Passatzonen. Außerhalb der Brutzeit konzentrieren sie sich zu lockeren Großscharen. Tagsüber ruhen die Witwenpfeifgänse an den Flachwässern, in den Abend- und Nachtstunden werden Nahrungsflüge unternommen. Die Brutsaison ist den lokalen Witterungsverhältnissen angepaßt und kann zu allen Monaten des Jahres ausgelöst werden. Legebeginn gegen Ende der Regenperiode. Nester vorwiegend in der Bodenvegetation, seltener in Baumhöhlen. Keine Dunenauspolsterung, beide Partner brüten im Wechsel. Der Erpel ist maßgeblich, vielleicht sogar überwiegend, an Brut und Kükenführung beteiligt.
Nahrung: Fast ausschließlich, auch zur Legezeit, Samen und Grünteile der Sumpfpflanzen. In Acker- und Reisanbaugebieten werden nachts die Felder beflogen und große Mengen Körner aufgenommen. An der afrikanischen Westküste bilden während der Ebbe auf den Flußwatten Kleinlebewesen den Hauptnahrungsanteil.
Haltung und Zucht: Witwenpfeifgänse gelangten 1835 in den Zoo London und 1846 in den Zoo Berlin, wo 1885 erstmals 5 Küken zum Schlupf kamen (DELACOUR 1954, SCHLAWE 1969). Bis vor wenigen Jahrzehnten wurde die Art in großer Zahl importiert und von Zoos in ansehnlichen Gruppen gehalten. Das Interesse für Privatanlagen stieg mit Zunahme ihrer Züchtbarkeit ab 1970. Die heutigen Gehegebestände werden von Nachzuchttieren vieler Generationen gebildet. Witwenpfeifgänse sollten in Gruppen von 2 bis 4 Paaren in nicht zu engen Gehegen mit Teich und angrenzendem Grasland gehalten werden. Für die Überwinterung ist in Deutschland ein schwach temperierter Schutzraum erforderlich, in Westeuropa ist sie im Freien möglich. Die Art ist friedfertig und stellt keine besonderen Nahrungsansprüche. BIEHL, Tostedt, gehört wohl zu den erfolgreichsten Züchtern von Witwenpfeifgänsen; mit etwa 4 Paaren brachte er seit 1973 weit über 1000 Jungtiere groß. Ähnlich aktiv ist auch die kleine Zuchtgruppe in eigener Anlage. Legebereite Paare sondern sich aus der Gruppe heraus und beziehen ein enges Brutrevier. Die Nester werden im Gras oder unter Stauden angelegt; Legeperiode von Ende Apr. bis Aug./Sept.; 3 Gelege pro ♀ sind die Regel. Beide Eltern brüten und verteidigen das Nest bei Kontrollen so stark, daß die Eier weit umherrollen. Bei stabilen Wetterlagen ist die Kükenaufzucht mit den Eltern gut möglich, problemloser verläuft sie jedoch in Boxen. Küken bilden in den ersten 2 bis 3 Lebenstagen eine festgefügte Gruppe und dulden danach keine hinzugesetzten Tiere. Diese Aggressivität löst sich erst nach dem Flüggewerden, wenn die natürliche Schwarmbildung einsetzt. Jugendentwicklung: Mit 22 Tagen beginnt die Flanken-, mit 23 Tagen die Schulter- und mit etwa 27 Tagen die Unterseitenbefiederung. Die Steuerfedern entfalten sich mit 25 Tagen und die Schwingen etwa ab 30. Tag. Befiederung (bei noch nicht ausgewachsenen Schwingen) mit 45 Tagen, die volle Entwicklung wird mit rund 2 Monaten erreicht.

Kubapfeifgans
Dendrocygna arborea (Linné, 1758)

Größte Pfeifgans-Art
Flügel: ♂ und ♀ 230–270 mm
Gewicht: um 1200 g
Gelege: 10–14 stumpfpolig weiße Eier, 52–57,5 × 40,5–44,4, ⌀ 54,3 × 42 mm
Brutdauer: 30 Tage
Schlupfgewicht: 35,2–43,5, ⌀ 40,3 g (22 Küken, eig. Wäg.)

Kubapfeifgans.

Geschlechtreife: gegen Ende des 2. Lebensjahres

Ad. Jahreskleid: ♂ und ♀ weitgehend farbgleich; ältere ♂ farbintensiver und mit klarer schwarzweißer Flankenzeichnung, ♀ insgesamt grauer und dadurch heller wirkend.
Dunenkleid: Oberseite schwarzgrau; Unterseite sowie helle Gesichtspartien, Nakkenband und je zwei größere Flecken auf Rücken und Bürzelseiten hellgrau, gelblich übertönt. Schnabel grau, Iris graubraun, Beine olivgrau mit gelblichen Schwimmhäuten. **Jugendkleid:** Dem Alterskleid ähnlich, insgesamt farbflacher. Große Flankenfedern graubraun mit rahmfarbener Längszeichnung (bei ad. klare Schwarzweiß-Färbung).
Mauser und Umfärbung: Ad. mausern nach beendeter Brutzeit die Schwingen und Flügeldecken, der sich anschließende Wechsel des Kleingefieders erstreckt sich bis Jan./Feb.. Die juv. beginnen wenige Wochen nach dem Flüggewerden mit der Kleingefiedermauser und sind im Verlauf des Winters nicht mehr von den Altvögeln zu unterscheiden.
Verbreitung: Karibischer Raum; bewohnt ganzjährig zahlreiche Inseln der Bahamas, der Großen und kleine Antillen.
Status: Waldrodungen, Jagd und eingeführte Mungos haben den Kubapfeifgans-Bestand bereits um die Jahrhundertwende stark dezimiert. Heute sind Restpopulationen auf der Mehrzahl der Inseln ansässig. Schutzmaßnahmen stabilisierten die Bestände auf Kuba, den Kayman- und einigen Bahama-Inseln; neuere Beobachtungen liegen ferner aus Jamaika und Puerto Rico vor (u. a. KEAR & WILLIAMS 1978). Die Gesamtpopulation schätzt die IUCN 1992 auf 2500, ROSE & SCOTT (1994) auf 10000–20000 Tiere. **CITES** Anh. II/B, **Vermarktungsbescheinigung** nicht erforderlich.
Lebensweise: Die Biologie der Kubapfeifgans ist nur lückenhaft bekannt. Als Lebensräume werden Waldsümpfe und die Mangrovenwälder der Küstenregionen angegeben, wo die Tiere tagsüber auf wassernahen

Ästen ruhen. Abends und morgens werden Nahrungsflüge zu Feldern und in die Palmenhaine im Buschland unternommen. GRUMMT (mündl.) fand diese Pfeifgänse auf Kuba in Gesellschaft nordamerikanischer Wasservogelarten auf ausgedehnten vegetationsfreien Küstenlagunen, STAUS (mündl.) auf den Bahamas auch in Siedlungsnähe auf Rasenflächen und Tennisplätzen. Brutzeiten allgemein Feb. bis Okt., auf Puerto Rico Okt. bis Dez. und den Bahamas einzelne ab März, das Gros im Juli. Nester fand man in der Sumpfvegetation, unter Palmengebüsch, nach alten Angaben zwischen epiphytisch wachsenden Bromelien und in Baumhöhlen. Das Nest wird nicht mit Dunen ausgepolstert, beide Partner brüten im Wechsel und führen gemeinsam die Küken.

Nahrung: Freilanduntersuchungen liegen kaum vor, die Aufnahme von Samen der Königspalme als Hauptnahrung ist in der Literatur offenbar überbewertet worden.

Haltung und Zucht: Kubapfeifgänse gelangten bereits 1750 in eine englische Privatsammlung, 1831 wurden sie erstmals für den Zoo London und 1872 für den Zoo Berlin genannt (DELACOUR 1954, SCHLAWE 1969). Auch in der Folgezeit war diese Pfeifgans stets in europäischen Zoos, weniger in Privatsammlungen vertreten. Kubapfeifgänse können Teichmitbewohnern gegenüber bösartig werden, ihre Haltung empfiehlt sich deshalb als Einzelpaare in großen Anlagen oder während der Fortpflanzungszeit in Einzelgehegen. Wegen der Bevorzugung von Nistkästen für die Eiablage erscheint die Bodenvegetation von untergeordneter Bedeutung. Naßkalte Winterwitterung und längere Perioden ohne Badewasser überstehen sie besser als andere Pfeifgans-Arten. Den westeuropäischen Gehegebestand bilden heute allein Nachzuchttiere zahlreicher Generationen. Bereits 1869 gelang im Zoo Köln die Zucht der Kubapfeifgans; Erstzucht in England 1932, in den USA 1936, in der ehem. DDR 1964 durch FRANKE, Leipzig. Legebeginn ausnahmsweise ab März, meist ab Mitte Mai, stark bevorzugt in Nisthöhlen, einzelne Nester im Riedgras; 2 bis 3 Gelege im Jahr sind die Regel. Offenbar ist eine relativ geringe Befruchtungsrate arttypisch, die durch die hohe Eiproduktion kompensiert wird. Als mögliche Ursache wird gesehen, daß der Ganter ab 5. bis 7. Ei das Nest bewacht und dadurch Kopulationen ausbleiben. Die Aufzucht der Küken verläuft in Boxen, bei günstiger Witterung auch mit den Eltern, annähernd verlustlos. Kükenentwicklung: Ein sichtbares Wachstum setzt nach dem 10. Lebenstag ein und verläuft dann zügig. Die Befiederung beginnt um den 20. Tag, nach weiteren 10 Tagen verliert sich das helle Nackenband, und im Alter von 8 bis 9 Wochen sind die Jungtiere voll befiedert.

Herbstpfeifgans
Dendrocygna autumnalis (Linné, 1758)

Zwei Unterarten: Die **Nördliche Herbstpfeifgans**, *D. a. autumnalis* (L.), ist deutlich größer und zeichnet sich durch eine rotbraune statt graue Brustfärbung gegenüber der etwas zierlicheren **Südlichen Herbstpfeifgans**, *D. a. fulgens* Friedemann aus. Beide sind in europäischen Anlagen eta-

Südliche Herbstpfeifgans.

Nördliche Herbstpfeifgans.

bliert, anfangs die Südform, seit den 90er Jahren verstärkt die Nordform.

Mittelgroße Pfeifgans-Art
Flügel: *autumnalis* ♂ 233–248, ⌀ 239; ♀ 229–247, ⌀ 236,3 mm; *discolor* ♂ und ♀ 227–259, ⌀ 241,6 mm
Gewicht: *autumnalis* ♂ 680–907, ⌀ 816,5; ♀ 652–1020, ⌀ 839 g
Gelege: 12–16 weiße Eier, *autumnalis* 44–58 × 29–42, ⌀ 52,3 × 38,3 mm; *discolor* 50,9–55 × 37–40,7, ⌀ 53,2 × 38,8 mm
Brutdauer: um 28 Tage
Schlupfgewicht: *discolor* 23–31, ⌀ 27,6 g (33 Küken, eig. Wäg.)
Geschlechtsreife: gegen Ende des 1. oder 2. Lebensjahres

Ad. Jahreskleid: ♂ und ♀ farbgleich, innerhalb der Gesamtart nur unwesentlich farbvariierend. Schnabel bei fortpflanzungsaktiven Tieren karminrot, danach blaß rotbraun. **Dunenkleid:** Kopfplatte, Nackensaum, Rücken und Schenkelseiten schwarz, oliv übertönt. Stirn bis in Augenhöhe, Nakkenband, Brust und 4 gleich große Rückenflecke leuchtend gelb, Bauch blaßgelb. Schnabel graugrün, Iris schwarz, Beine hell oliv. **Jugendkleid:** Fast durchweg dunkel graubraun einschließlich Beine und Schnabel.
Mauser und Umfärbung: Vollmauser der ad. zwischen Ende der Brutperiode und Jan./Feb.. Ab Feb./ März färben sich die Schnäbel wieder karminrot. Die juv. beginnen kaum merklich ab Sept. mit dem Kleingefiederwechsel und tragen um die Jahreswende das Alterskleid, Schnabel und Beine dann blaß fleischfarben.
Verbreitung: Karte 6, Seite 326.
Status: Gesamtpopulation der Südlichen Herbstpfeifgans nicht gefährdet, in einzelnen Regionen des nördlichen Südamerikas recht häufig. Die Nördliche Herbstpfeifgans dehnte nach 1950 ihr Brutareal von Mexiko her in die USA-Südstaaten aus, wo heute stabile Brutpopulationen ansässig sind. Nach Hoyo et al. (1992) ist die Art als Jagdwild unbedeutend, wird jedoch regional als „Landwirtschaftsschädling" stark verfolgt.
CITES Anh. III/C, **Vermarktungsbescheinigung** nicht erforderlich.

Lebensweise: Herbstpfeifgänse bewohnen eutrophe Flachseen, Lagunensümpfe, Flußniederungen der Waldregionen, ferner Reisfelder und Staugewässer innerhalb der Agrarzonen. Die nördlichsten und südlichsten Populationen sind Zugvögel, in Regionen mit periodischen Niederschlägen kommt es zu großen Schwarmbildungen wie in Costa Rica, Venezuela und Kolumbien, Regenwaldpopulationen sind ganzjährig ortstreu. In Texas kehren die Herbstpfeifgänse im Apr. zu ihren Brutgewässern – von alten, möglichst abgestorbenen Bäumen umgebene Flachseen – zurück. Eiablage in Baumhöhlen oder in Nistkästen; bei entsprechendem Höhlenangebot auch kolonieweise. Bei Höhlenmangel nutzen mehrere ♀ ein Nest, bis zu 40 Eier fand man in solchen Großgelegen. Beide Partner inspizieren die Höhle, ehe die tägliche Eiablage beginnt. Legeperiode Mai bis Juni/Juli. Beide Eltern brüten im Wechsel und führen gemeinsam die Küken. Nach dem Flüggewerden der Jungtiere kommt es zu lockeren Schwarmbildungen. Tagsüber ruhen die Gruppen am Ufersaum, abends und nachts streichen sie dann laut pfeifend umher und unternehmen Futterflüge zu Feldern und Weiden. Die Brutbiologie der Südform ist weniger gut bekannt. Ihre Nester wurden häufiger in der Bodenvegetation gefunden, Legebeginn abhängig von den Niederschlägen.

Nahrung: Nach BOLEN & FORSYTH (1967) in Südtexas zu 92% aus Vegetabilien, hauptsächlich aus Getreide, Gräsern, Wildhirse, und zu etwa 8% im Wasser aufgenommene Kleintiere.

Haltung und Zucht: Regelmäßig und in großer Zahl wurden ab Mitte des letzten Jahrhunderts vorwiegend Südliche Herbstpfeifgänse importiert und in zoologischen Gärten gehalten. In den heutigen Gehegebeständen überwiegt die nördliche Unterart. Neben klar zuzuordnenden Tieren existieren Hybriden beider Formen. Herbstpfeifgänse sind relativ kälteempfindlich und etwas streitsüchtig, ihre Pflege empfiehlt sich für größere Anlagen. Nachzuchten blieben viele Jahrzehnte nur wenig beachtete Zufälle in Zoos. Erstzuchten für die USA 1915 für die nördliche und 1960 für die südliche Unterart, in England 1930 die nördliche und 1950 die südliche. Mit der Geschlechtsbestimmung durch den Kloakentest setzten in den 60er Jahren regelmäßige Zuchterfolge der Südlichen und seit den 70er Jahren mit der Nördlichen Herbstpfeifgans ein. Eiablage ab Mitte Mai, wohl stets in Nistkästen, große Gelege und Nachgelege sind die Regel. In eigener Anlage waren Jungtiere mit 50 bis 56 Tagen weitgehend befiedert und mit 60 Tagen flugfähig.

Weißrückenente
Thalassornis leuconotus Eyton, 1838

Zwei Unterarten: Afrikanische Weißrückenente, *T. l. leuconotus* Eyton und die etwas kleinere und dunklere **Madagaskar-Weißrückenente**, *T. l. insularis* Richmond. Die alte Zuordnung zu den Ruderenten erwies sich als nicht zutreffend, es handelt sich um eine frühe Separatentwicklung aus der Pfeifgansgruppe heraus.

Weißrückenenten wirken kurz und gedrungen, haben einen großen Kopf mit kräftigem Schnabel und schwimmen tief eingetaucht. Der Schwanz liegt flach auf dem Wasser und wird nicht aufgestellt. Stimme: leises melodisches Pfeifen, selten laute Pfiffe wie Pfeifgänse.
Flügel: ♂ und ♀ 163–171, ⌀ 170 mm
Gewicht: ♂ 650–790; ♀ 625–765 g
Gelege: 3–8 glattschalig braune Eier, 55–66 × 44,9–51, ⌀ 61,6 × 48,5 mm
Brutdauer: 31 Tage
Schlupfgewicht: 45,3–53,6; ⌀ 50,8 g
(9 Küken, BREMEHR, mündl.)

Ad. Jahreskleid: ♂ und ♀ farb- und stimmgleich; Fleckung am Schnabel individuell variierend. **Dunenkleid:** Kopfplatte, Nacken, hintere Halslinie sowie Augen- und Ohrgegend fast schwarz; oberer Rumpfteil dunkelbraun, Gesicht, Brust und Bauchteil heller rostbraun; Schnabel und übergroße Füße schwarzgrau. **Jugendkleid:** Insgesamt dunkler, weniger klar gebändert und Zügelfleck kleiner und verwaschener als bei ad., Hals dicht gefleckt (bei ad. einfarbig). Gelbe Schnabelseiten-Fleckung fehlt.

Weißrückenente.

Mauser und Umfärbung sind nicht beschrieben.
Verbreitung: Karte 9, Seite 326.
Status: Die Afrikanische Weißrückenente ist mit Ausnahme der Regenwaldregionen allgemein verbreitet und angemessen häufig. Aus Kenia und Sambia sind Ansammlungen bis zu 500 Tieren bekannt. Lückenhaftes Auftreten in neuerer Zeit auch in Westafrika (BROWN et al. 1982). Kleiner, aber nicht akut gefährdet, ist die Madagaskar-Population. Wegen ihrer schweren Erreichbarkeit und eines wenig guten Fleischgeschmackes werden sie kaum gejagt (SCOTT & LUBBOCK 1974).
Lebensweise: Weißrückenenten bewohnen Seen, Lagunen und ruhige Flußabschnitte mit breiten Verlandungszonen, meiden aber solche mit zu üppiger Unterwasser- und Schwimmflora. Sie halten sich entlang der Schilfzonen auf, tauchen sehr gut, gehen nicht an Land und flüchten bei Gefahr schwimmend mit tief eingetauchtem Körper. Ihr Flug ist schwerfällig, doch weisen Schwarmbildungen während der Trockenzeiten auf begrenzte Zugaktivitäten hin. Die Brutsaison erstreckt sich im Gesamtverbreitungsgebiet über viele Monate des Jahres, Brutauslöser sind Niederschläge und Wasserstandshöhen. Ähnlich denen unserer Taucher werden die Nester schwimmend zwischen Papyrus- und Schilfbüscheln errichtet, einige von ihnen laubenartig überdeckt, keine Dunenauspolsterung. Die Erpel übernehmen offenbar den Hauptanteil der Brut und die Nestverteidigung. Kükenführung durch beide Eltern.
Nahrung: Fast ausschließlich pflanzlich, bestehend aus Grünteilen und feinen Samen u. a. der Seerosen und des Knöterichs, ferner Kleinstlebewesen. Nahrung wird tauchend und seihend aufgenommen.
Haltung und Zucht: Wegen ihrer Hinfälligkeit wurden relativ wenige Weißrückenenten importiert. DELACOUR (1959) berichtet von 2 Einfuhren aus Madagaskar um 1930. Der Wildfowl Trust erhielt 1959 die afrikanische und 1973 die madagassische Unterart.

Seit Ende der 80er Jahre erreichen Kleinimporte speziell England und Holland, es dürfte sich um in Südafrika aufgezogene, z. T. dort auch gezüchtete Tiere handeln. Heute wird die Art bei uns verbreitet, wenn auch spärlich gehalten. Gut eingewöhnte und nachgezüchtete Tiere sind relativ robust. Sie werden wie Ruderenten auf geschützten, eisfreien Teichen, notfalls wie Pfeifgänse in temperierten Häusern überwintert. Fütterung mit kleineren Körnern (Taubenmischungen) und Garnelen, die von der Wasseroberfläche oder aus dem Flachwasser geseiht werden möchten. Weißrückenenten haben ein ausgesprochen „nettes Wesen" und verarbeiten neue, ungewohnte Situationen weit besser als ihre Verwandten, die Pfeifgänse. Sommerunterbringung paarweise auf Teichen mit dichter Ufervegetation, Eiablagen sind selbst auf kleinen Volierenteichen zu erwarten. Erstzuchten: Madagaskar-Weißrückenente 1933 im Foxwarren Park, England, Afrikanische 1974 Wildfowl Trust, 1994 USA und durch BREMEHR, Verl (dt. Erstzucht); Erwerb für eigene Anlage 1996. Im Foxwarren Park schlüpften seinerzeit 4 Küken, Nester befanden sich in der Ufervegetation, das ♀ brütete allein, später führten beide Partner die Küken. Im Wildfowl Trust kam es ab 1965 wiederholt zu Eiablagen, 1966 legten 3 ♀ 21 Eier, 8 Küken schlüpften. Die Aufzuchten verliefen verlustreich und gelangen am ehesten durch die Eltern. BREMEHR (mündl.) erwarb 1992 ein Paar, ab 8.8.1994 legte das ♀ 6 Eier und erbrütete 4 Küken, von denen 3 in einer Boxe aufwuchsen. Die ad. balzten nicht und verteidigten nur die unmittelbare Nestumgebung, das ringsum geschlossene Nest war zwischen Graskaupen errichtet. Eiablage 1996 Ende Juni 6 Eier und im 4wöchigen Abstand ein Nachgelege von 5 Eiern. In eigener Anlage 1998 Erstgelege 4 Eier Mitte Juni, Nachgelege 5 Eier ab 1. Aug., Eiablage täglich, keine Dunenauspolsterung, das ♀ legte nur sehr kurze Brutpausen ein. Im gleichen Jahr wuchsen im Zoo Wuppertal 2 (OLBERICHT, briefl.) und bei einem bayrischen Züchter 10 Küken heran.

Familie Anatidae: Enten, Gänse, Schwäne
Unterfamilie Oxyurinae: Ruderentenartige

Maskenruderente
Oxyura dominica (Linné, 1766)
Lat.Syn: *Nomonyx dominica* Ridway, 1880

Kleinste Ruderente und einzige *Oxyura*-Art mit weißem Flügelfeld
Flügel: ♂ 142–148, ⌀ 145; ♀ 136–148, ⌀ 142,5 mm
Gewicht: ♂ 369–449, ⌀ 406; ♀ 298–393, ⌀ 339 g
Gelege: 4–6 hellbraune Eier, 59–63 × 44–47,4, ⌀ 60,6 × 45,8 mm (SCHÖNWETTER 1961); nach BOND (1956) nur 53,7–55,6 × 40–41 mm
Brutdauer: um 28 Tage

Ad. Brutkleid: ♂ mit schwarzer Gesichtsmaske, kräftigem blauem Schnabel und rötlichem Rumpfgefieder. ♀ an besonders starker Gesichtsstreifung und weißem Flügelfeld von anderen Ruderenten zu unterscheiden. Schnabel dunkelgrau, zur Wurzel hin bläulich. **Ad. Ruhekleid:** ♂ mit kräftiger Gesichtsstreifung und dunkel blaugrauem Schnabel wie ♀ ad., doch weißes Flügelfeld größer und Körperfleckung auf rahmbraunem Grund klarer abgehoben. **Dunenkleid:** Oberkopf schwarzbraun, Über- und Unteraugenstreif rahmweiß, der schmale Augenstreif dunkelbraun. Rücken und Körperseiten lehmbraun mit 2 großen hellen Flecken auf dem seitlichen Rücken. Schnabel schwarzgrau, Firstlinie rötlich. **Jugendkleid:** Gesamtfärbung wie ♀ ad., Grundton insgesamt heller, blaß lehmfarben, Bauch wie übriges Mantelgefieder braunfleckig. Weißes Flügelfeld wie ad. Juv. ♂ mit dunklerem Kopf als gleich alte ♀. Steuerfedern schmal oder weitgehend abgerieben. Nach REISER (1926) sind juv. an gelblichen Tupfen auf den Flügeldecken und olivgrünem Schnabel kenntlich.
Mauser und Umfärbung: Bei den ad. liegen 2 Mauserperioden annähernd ein halbes

Jahr auseinander; Kopf, Körper- und Steuerfedern werden zweimal gewechselt, auch eine doppelte Schwingenmauser wird vermutet. Die Erpel tragen in Texas das Prachtkleid vom Frühsommer bis zum Spätherbst, in den einzelnen tropischen Gebieten Mittel- und Südamerikas zu unterschiedlichen Zeiten. Die juv. färben innerhalb des 1. Lebensjahres in das Alterskleid um.

Verbreitung: Karte 7, Seite 326.

Status: Die Maskenruderente verfügt über ein sehr großes Verbreitungsareal in Süd- und Mittelamerika und erweiterte dieses um die Jahrhundertwende nordwärts bis Texas. Dennoch ist über sie wenig bekannt. Ursache ist weniger die Seltenheit als die versteckte Lebensweise in den schwer durchforschbaren tropischen Sümpfen. Gesamtbestand offenbar nicht bedroht, relativ häufig wird die Maskenruderente auf Kuba, in NO-Argentinien und El Salvador vermutet.

Lebensweise: Maskenruderenten unterscheiden sich relativ stark von den übrigen *Oxyura*-Arten. Sie sind deutlich kleiner, fliegen nach Art der Schwimmenten direkt vom Wasser auf, ihr Schnabel ist relativ klobig. Ihre Biologie nur sehr lückenhaft bekannt. Den eigentlichen Bruthabitat bilden flache, ausgedehnte tropische und subtropische Sumpfniederungen mit ausgedehnten Schwimmpflanzen- (Seerosen, Wasserhyazinthen) und Riedzonen. Brütend wurden sie ferner in Reisfeldern, rastend entlang der Küstenmangroven und auf größeren Seen angetroffen. Die Art lebt paarweise oder bildet Trupps von selten mehr als 20 Tieren, in denen die ad. Erpel fast immer in der Überzahl sind (TODD 1979). Brutperiode in Texas ab Nov./Dez., in Gebieten mit periodischen Niederschlägen setzt sie mit Regenbeginn ein. Nester werden im Röhricht, auf Bülten oder dichten Reisbüscheln als ein kompakter Bau so errichtet, daß die Brutente bei Gefahr direkt in das Wasser abtauchen kann. In Ruhe verlassene Gelege werden vom ♀ abgedeckt. Eier sind als glattschalig beschrieben. Beobachtete Küken waren stets in Begleitung schlichtfarbener Tiere, vermutlich werden sie allein vom ♀ betreut.

Nahrung: Überwiegend pflanzlich, sie wird tauchend, gründelnd und von der Oberfläche seihend aufgenommen, Beobachtungen liegen auch vor, daß Samen von Wildhirse an Land abgestreift wurde. Eine nahrungsökologische Erklärung für den dicken, kräftigen Schnabel liegt offenbar nicht vor.

Haltung und Zucht: Maskenruderenten gehören zu den wenigen Enten-Arten, die bisher als Gehegevögel nicht etabliert sind. Nach TODD (1979, 1996) wurden einige Tiere für kurze Zeit zu Studienzwecken in Amerika (vermutl. USA) gehalten und ein Trio 1992 nördlich von Buenos Aires gefangen, das für kurze Zeit bei einem Züchter in Chile lebte. Details über Haltung und deren Probleme sind nicht bekannt.

Artengruppe: Schwarzköpfige Ruderenten

Schwarzkopfruderente,
Oxyura jamaicensis (Gmelin, 1789)
Andenruderente,
Oxyura ferruginea (Eyton, 1838)

Die **drei Unterarten, Nordamerikanische Schwarzkopfruderente,** *O. j. jamaicensis* (Gmelin), ♂ mit rein weißem Wangenfeld, **Kolumbianische Schwarzkopfruderente**, *O. j. andina* Lehmann, weißes Wangenfeld von schwarzen Federn durchsetzt, und **Peruanische Schwarzkopfruderente,** *O. j. ferruginea* (Eyton), als größte und dunkelste Form mit durchweg schwarzem Wangenfeld werden heute als **2 Arten** angesehen. Neben der **Schwarzkopfruderente** werden die **Peruanische Ruderente** und die **Kolumbianische Ruderente** als **Andenruderenten** zusammengefaßt. In Europa wird die Peruanische Ruderente vereinzelt, die Schwarzkopfruderente häufig gehalten, aus der auch die westeuropäischen Freilandpopulationen hervorgingen.

Flügel: *jamaicensis* ♂ 146–153, ⌀ 150; ♀ 139–150, ⌀ 146 mm
ferruginea ♂ und ♀ 145–163 mm
Gewicht: *jamaicensis* ♂ 540–795, ⌀ 610; ♀ 310–650, ⌀ 510 g
ferruginea ♂ und ♀ 817–848 g
Gelege: 8–10 dickschalige, grobporige

weiße Eier, *jamaicensis* 60–67,6 × 42,5–48,4; ⌀ 62,3 × 45,7 mm
Brutdauer: 23–26 Tage
Schlupfgewicht: *jamaicensis* 38–47, ⌀ 42,4 g (35 Küken, eig. Wäg.)
Geschlechtsreife: knapp einjährig

Peruanische Ruderente
Ad. Brutkleid: ♂ breiter blauer Schnabel mit deutlicher Aufwülstung (vergl. *O. vittata*), Kopf durchweg schwarz, Rumpfgefieder dunkel rotbraun. ♀ Schnabel wie Gesamtgefieder kräftig graubraun. ♂ **im Ruhekleid** wie ♀, oft mit einzelnen rotbraunen Brutkleidfedern.

Schwarzkopfruderente
Ad. Brutkleid: ♂ schwarzer Kopf mit weißem Wangenfeld und hellblauem Schnabel. ♀ in Grau- und Brauntönen sowie hell/dunkel variierend, aber stets mit feiner hellgrauer oder bräunlicher Überkritzelung (bei *vittata* als feine Bänderung). Schnabel dunkelgrau, flach und mit konkaver Firstlinie.
Ad. Ruhekleid: ♂ Oberkopf schwarzgrau, Wangenfeld und Unterschwanzdecken bleiben weiß, Körpergefieder ♀-farben, Schnabel dunkelgrau. ♀ helle Gesichtsstreifung eingedunkelt und damit wenig auffällig.
Dunenkleid: Oberkopf, Hals und Rückenpartien dunkelgrau, bräunlich übertönt. Kopfseiten mit geradlinig verlaufendem hellem Unteraugen- und dunklem Backenstreif; unteres Kopfdrittel, Kehle, Bauch und 2 kleine Fleckchen auf dem Mittelrücken grauweiß, rahmfarben übertönt. Schnabel im Nageldrittel auffällig breit und flach, schwarzgrau wie Iris und Füße. **Jugendkleid:** ♀-farben; ♂ Kopfplatte meist dunkler als Körper, beim ♀ gleichfarbig. Wegen der Variabilitäten auch bei juv. sind Geschlechter nicht mit Sicherheit zu unterscheiden.
Mauser und Umfärbung: Erpel der Schwarzkopfruderente tragen von Feb./März bis September das Prachtkleid und über Winter das Schlichtkleid. Vollmauser in das Ruhekleid beginnt mit Schwingenabwurf, danach Wechsel von Klein- und Schwanzgefieder, Schnabel wird dunkelgrau. Erneute Mauser des Kleingefieders ab Jan.; zeitgleich wird der Schnabel hellblau.

Schwarzkopfruderente.

Die ♀ ad. mausern analog, doch unauffälliger und damit weniger erfaßbar. Juv. durchlaufen zwischen Aug. und Okt. die Jugend- und von Feb. bis Mai die Ruhemauser (Kleingefieder und Steuerfedern) in das Alterskleid. Immat. Erpel bekommen zunächst einzelne weiße Wangen- und schwarze Kopffedern und bis April das rotbraune Körpergefieder, erst danach wird der Schnabel leuchtend blau. Bei Gehegetieren sind relativ große Zeitschiebungen bekannt.
Vorkommen in Europa: Nach 1960 bildeten, von Südengland ausgehend, entflogene Gehegevögel Freilandpopulationen, die 1993 etwa 3500 Tiere umfaßten. Ab den 80er Jahren kam es zu Bruten außerhalb Englands in Island, Irland, Holland, Belgien, Frankreich und zu Abwanderungen über Spanien bis Nordafrika, wo sie sich mit den ansässigen Weißkopfruderenten vermischten. In weiteren 10 europäischen Ländern treten heute ohne jahreszeitliche oder räumliche Massierungen Einzelexemplare auf. Populationsbildungen bleiben hier wegen der zu langen kalten Jahreszeit vermutlich aus.

Andenruderente.

Dennoch hat der Züchter eventuelles Entfliegen flügger Jungtiere durch Kupieren des gesamten Ruderenten-Nachwuchses zu verhindern (vergl. Status Weißkopfruderente).
Verbreitung: Karte 8, Seite 326.
Status: Von der Schwarzkopfruderente existieren umfangreiche und stabile Populationen, die auf über 600 000 Individuen geschätzt werden. Der Gesamtbestand der *andina* wird mit unter 10 000 angenommen und ist abnehmend, der der *ferruginea* auf das Zehnfache geschätzt, allein auf dem Junin-See um 3 000 Brutvögel, doch auch diese Bestände sind rückläufig.
Lebensweise: Schwarzkopfruderenten bewohnen reich strukturierte eutrophe Flachgewässer mit breiten Riedzonen, eingesprengten Inseln und kleinen offenen Wasserflächen. Hauptvorkommen bilden in Nordamerika die sommerwarmen Prärieseen, im gebirgigen Norden Südamerikas Lagunen der Hochsavannen, zum Süden hin die Gewässer der Punaregion bis in 4000 m Höhe mit umfangreichen Brutvorkommen am Junin- und Titicaca-See bis zu den riedgesäumten Flachseen der Andenvorberge und der angrenzenden Ebenen. Hier gemeinsam mit der Argentinischen Ruderente. Diese Populationen sind ganzjährig seßhaft, während die Schwarzkopfruderente in riesigen Scharen in den USA-Südstaaten und Mittelamerika überwintert und als letzter Wasservogel ab Mitte April zu den Prärieseen zurückkehrt. Hochbalz zur Brutrevierverteidigung und während der Legezeit. Nester stehen im Ried der Flachwasserzone als kompakte, laubenartig überdachte Bauten ohne Dunenauspolsterung. Legeperiode im Norden ab Mitte Mai, in Kalifornien werden 2 Jahresbruten nicht ausgeschlossen, in Südamerika im dortigen Frühling. Der relativ hohe Anteil verlegter Eier wird als ein sich herausbildender Legeparasitismus gedeutet. Entsprechend der Größe der Eier sind die Küken robust, schwimmen und tauchen geschickt und werden kaum gehudert. Anfangsbetreuung durch beide Eltern, mit Beginn der Befiederung allein vom ♀. Ab Mitte Sept. wandern die Ruderenten den großen Flußläufen folgend in die Küstenregionen ab, wo sie auf großen Strandseen, brackigen Lagunen und in Flußmündungen überwintern.
Nahrung: Relativ feine Pflanzenteile und Kleinlebewesen, die sie bis aus 3 m Tiefe hochtauchen, hauptsächlich aber an der Oberfläche seihend aufnehmen. Bei den Küken kann der tierische Anteil 50 % der Nahrung übersteigen.
Haltung und Zucht: Als Erstzuchten der Schwarzkopfruderente wurden bekannt: 1922 USA (STURGEON 1988), 1935 in Clères, Frankreich, und 1937 in England (DELACOUR 1959). Eine rasche Verbreitung fand sie nach 1950 von Südengland her in die Zoos und Zuchtanlagen des Festlandes. Erstzucht der Peruanischen Ruderente 1962 in Salt Lake City, USA, im Wildfowl Trust wuchsen Ende der 80er Jahre einige Jungvögel heran, 1995 lebte im Trust noch 1 Paar. Die kolumbianische Form ist offenbar nicht importiert, TODD (1979) weist auf die schwere Unterscheidbarkeit von Hybriden der *ferruginea* × *jamaicensis* hin. Die Haltung der Schwarzkopfruderente ist heute annähernd problemlos. Kritisch ist ihre Eingewöhnung etwa bis nach der nächsten Mauser. Ruderenten sind auf eisfreiem Wasser zu überwintern. Relativ kleine Wasserstellen sind ausreichend, müssen aber gegen Raubwild geschützt sein, zweckmäßig als Volierenteich. Als Eingewöhnungsfutter erhalten sie Weizen, Hirse und Schwimmfutter, es muß vom Wasser aus erreichbar sein oder hochgetaucht werden können. Altvögel

ernähren sich später weitgehend von dem durch andere Enten in das Wasser eingetragene Futter. Die Art ist ganzjährig friedfertig, auch begrenzte Gruppenhaltung ist möglich. Eiablage in der Ufervegetation oder in flachen Hütten, Erstgelege ab Ende April, Nachgelege bis Juli möglich. Die Aufzucht der Ruderenten-Küken bereitet relativ große Mühe. Sie gelingt am sichersten mit den Eltern, doch sind Küken oder Jungenten schwer einzufangen und entfliegen später, was unbedingt zu vermeiden ist (siehe Weißkopfruderente). In Boxen kommt es häufig zu unzureichender Futteraufnahme, auch fallen die Küken auf ebener Unterlage wegen der weit hinten ansitzenden Füße leicht auf den Rücken und können sich nur schwer wieder umdrehen. Wenn mit Befiederungsbeginn ein Teich im Freien geboten werden kann, entwickeln sich die Jungenten problemlos weiter. Wegen der leichten Hybridisierung ist stets nur eine Ruderenten-Art auf einem Teich zu halten.

Weißkopfruderente.

Weißkopfruderente
Oxyura leucocephala (Scopoli, 1769)

Flügel: ♂ 157–172, ⌀ 162; ♀ 148–167, ⌀ 159 mm
Gewicht: ♂ 553–865, ⌀ um 730; ♀ 510–900, ⌀ 690 g
Gelege: 6–13 rauhschalig hellgrüne bis schmutzigweiße Eier, 63–72,5 × 48–53,5; ⌀ 66,7 × 50,7 mm
Brutdauer: 23–25 Tage
Schlupfgewicht: 57–65,5, ⌀ 60 g (Wildfowl Trust)
Geschlechtsreife: ab 2. Lebensjahr

Ad. Brutkleid: ♂ gesamte Kopfseiten weiß, Schwarzausdehnung auf Kopfplatte und Nacken variabel; Rumpfgefieder rotbraun, fein schwarz überkritzelt. Schnabel leuchtend hellblau. Beim ♀ verläuft der weiße Unteraugenstreif leicht bogenförmig (bei *jamaicensis* geradlinig), Rumpfgefieder dunkler als beim ♂, Schnabel nur wenig aufgeworfen, dunkelgrau. **Ad. Ruhekleid:** ♂ Kopfseiten bleiben weiß, Schwarz auf Kopfplatte und Nacken ausgedehnter, Rumpfgefieder blaß hellbraun mit feiner Bekritzelung, Schnabel wie beim ♀ dunkelgrau. **Dunenkleid:** Oberseite und breiter Backenstreif dunkel sepiabraun, Unteraugen- und Bartstreif hell rahmfarben, Brust und Bauch rahmweiß. Oberschnabel anfangs kaum, noch vor Befiederungsbeginn deutlich aufgeworfen. Schnabel, Iris und Füße schwarzbraun. **Jugendkleid:** Beide Geschlechter ♀-farben mit annähernd gleichmäßig aufgeworfenen Schnäbeln. Steuerfedern stark abgerieben.
Mauser und Umfärbung: Bei ad. und juv. erst lückenhaft bekannt und offenbar mit starken individuellen Abweichungen. Ad. tragen von Feb./März bis Sept. das Pracht- bzw. Brut- und während des Winters das Schlichtkleid. Alle Steuerfedern werden gleichzeitig, nach CRAMP et al. (1977) im Aug./Sept., in eigener Anlage außerdem im Feb. gewechselt. In der Jugendmauser im 1. Herbst (etwa Okt./Nov.) erhalten die immat. Erpel einen fast schwarzen, von weißen Federn durchsetzten Kopf und den hellblauen Schnabel; im Frühjahr wird dann das 1. Prachtkleid voll durchgemausert.

Verbreitung: Karte 10, Seite 327.
Status: Die Weißkopfruderente verfügt nur über ein zerrissenes, reliktartiges Verbreitungsgebiet mit einer Gesamtpopulation von ca. 19 000 Tieren nach 1990. Davon brüteten 80 % in Kasachstan und Rußland und überwinterten 75 % in der Türkei (ANSTEY 1989). In der Westpaläarktis (Südspanien, Algerien, Tunesien) existiert eine stabile Population von über 1 000 Tieren um 1992. Diese Ruderenten werden heute durch die aus England einwandernden, im Süden brütenden und sich einkreuzenden Schwarzkopfruderenten erneut bedroht. Ein 1993 in Arudel, GB, beschlossenes Aktionsprogramm, das u. a. eine strenge Kontrolle der Gehegevögel vorsieht (der Wildfowl Trust hat zwischenzeitlich alle Schwarzkopfruderenten aus den Beständen entfernt), und der Abschuß aller Hybriden in Spanien soll diesen Prozeß eindämmen. Wiederansiedlungsprogramme der Weißkopfruderente durch Zuchtstationen laufen seit den 80er Jahren in Ungarn, Italien und Frankreich. **CITES** Anh. II/A, **Vermarktungsbescheinigung** nicht erforderlich.
Lebensweise: Weißkopfruderenten bewohnen ganzjährig ausgedehnte flache Steppenseen mit breiten Riedzonen und eingesprengten Wasserflächen. Schwach salzhaltiges Wasser wird reinem Süßwasser offenbar vorgezogen. Alle Brutareale liegen im Bereich hoher Sommertemperaturen und intensiver Sonneneinstrahlung. Rückkehr in die Brutgebiete ab April. In lockeren Trupps rasten die Ruderenten auf dem freien Wasser oder an der Seeseite der bis zu 3 m hohen Schilfwälder. Bei ruhigem Wetter schwimmen sie flach eingetaucht und mit schräg aufgerichtetem Schwanz, bei Gefahr und Wellengang liegen sie so tief im Wasser, daß nur der Kopf sichtbar bleibt. In der Balz- und Präsentationshaltung wird der Schwanz aufrecht gestellt. Die Nester befinden sich im Röhricht, seltener auf Inselchen, gern werden alte Rallen- und Taucherntennester genutzt. Legebeginn ab Ende Mai, meist im Juni. Die Ente brütet allein. Bei nahender Gefahr gleitet sie unbemerkt ins Wasser und verläßt tauchend das Nestrevier. Tauchdauer bis zu 2 Minuten, ausreichend, um unter Wasser zum Erpel zu schwimmen. Dieses Verhalten führte zu der alten Annahme, daß die Eier nur wenige Tage angebrütet worden und die Embryonen sich dann durch Eigenenergie weiterentwickeln. Gegen Ende der Bruttage verlassen die Erpel die Reviere und bilden lockere Mausergruppen. Kükenaufzucht allein durch die Ente im äußeren Bereich der Röhrichtzone, in den Abendstunden auch auf der freien Wasserfläche. Ab Sept. erfolgt der Abzug in die Winterquartiere, die sich auf wenige Seen Anatoliens und Pakistans konzentrieren. Hier verlaufen wesentliche Anteile der Mauser.
Nahrung: Bei den ad. weit überwiegend aus Samen und Teilen von Wasserpflanzen, nur begrenzt Kleinlebewesen. Mägen untersuchter Jungenten enthielten fast ausschließlich Wasserinsekten, Kleinkrebse und Kleinmollusken.
Haltung und Zucht: Die von DURÁN (1961) beschriebene Aufzucht von zwei Küken in einem spanischen Zoo (KOLBE 1972) kann als Beginn der Gehegehaltung der Weißkopfruderente gesehen werden.

In den Wildfowl Trust gelangte die Art erstmals im Dez. 1964, dann 1968 und 1969, es waren jeweils während der Schwingenmauser in Pakistan eingefangene Altvögel. Welterstzucht damit 1973 in Slimbridge (MATTHEWS & EVANS, 1974). Der reichliche Nachwuchs aus dem Trust etablierte sich rasch in Europa und Nordamerika, deutsche Erstzucht 1979 Tierpark Berlin, USA-Erstzucht 1980, größte Zuchterfolge im Zoo Wuppertal ab 1984, wo allein 1986 über 30 juv. aufwuchsen (SCHÜRER, mündl.). Heute birgt die Haltung der Weißkopfruderente keine grundsätzlichen Probleme, die Tiere sind kälteunempfindlich (Überwinterung auf freier Wasserfläche bei −15 °C gut möglich) und anspruchslos in der Ernährung. Paare können aggressiv werden. Ursache für die relative Seltenheit in Gehegen ist die geringe Reproduktionsrate durch die schwierige Kükenaufzucht. Zur Brutzeit bietet man Einzelpaaren oder Kleinstgruppen einen warmen, sonnigen Flachteich mit gutem Uferbewuchs. Eiablage in der Ufervegetation gern auf vorbereiteten Unterlagen, seltener in flachen Hütten dicht am Ufer. Die Eiproduktion ist in der Regel hoch, Nachgelege sind zu erwarten. Die Kükenaufzucht gelingt vorzugsweise mit der Altente. Im Zoo Rostock wachsen seit 1990 Weißkopfruderenten in einer Seevogel-Großvoliere heran. Die Ente brütet in einer dichten Strandhafer-Bülte unmittelbar neben dem Besucherweg und betreut dann die 4–5 Küken. Zu einer echten Schachtelbrut kam es 1992, die am 13. Mai geschlüpften Küken wurden nach knapp zwei Wochen allein gelassen, das ♀ begann ein Nachgelege, das am 1. Juni mit 5 Eiern komplett war; aus der 1. Brut wuchsen 2, aus dem Nachlege 4 Jungenten auf (NEHLS 1992). Die zahlreichen Jungtiere im Zoo Wuppertal wachsen in Boxen heran.

Afrikanische Ruderente
Oxyura maccoa (Eyton, 1838)

Relativ groß und mit kräftigem, klobig wirkenden Schnabel

Flügel: ♂ 165–175, ⌀ 170,5; ♀ 156–165, ⌀ 161 mm
Gewicht: ♂ 820, ♀ 516–580, ⌀ 554 g
Gelege: 3–10, meist 5 blaß grünliche Eier, 63,7–72,8 × 45,8–52,7; ⌀ 67,7 × 50,3 mm
Brutdauer: 25–27 Tage
Geschlechtsreife: gegen Ende des 1. Lebensjahres

Ad. Brutkleid: ♂ von anderen schwarzköpfigen Ruderenten an Größe und dem klobigen Schnabel mit kräftigem hellem Nagel zu unterscheiden. ♀ ähnelt dem der Weißkopfruderente, doch ist der Schnabel klobig, aber nicht aufgewülstet, Mantelfärbung dunkel wie bei *jamaicensis*. Artzuordnung reiner Tiere gut möglich, Hybriden nur bedingt identifizierbar. **Ad. Ruhekleid:** ♂ und ♀ annähernd farbgleich, unteres Kopfdrittel mit Kinn und Kehle fast weiß, die Kopfplatte beim ♂ etwas dunkler als beim ♀; Schnabel dunkelgrau. **Dunenkleid:** Im Gesamttypus dem anderer Ruderenten gleich. Färbung

Afrikanische Ruderente, Erpel mit hellblauen Augenringen während der Fortplanzungszeit.

Weibliche Afrikanische Ruderenten sind nur schwer von jenen der Schwarzkopfruderente zu unterscheiden.

der Oberseite wird als relativ hell wie auch als rußbraun mit dunklerem Oberkopf beschrieben. Kehle und Bauch grauweiß. Schnabel olivgrün, Iris braun, Füße olivgrau mit schwarzen Schwimmhäuten. **Jugendkleid:** Nicht mit Sicherheit vom ad. ♀ zu unterscheiden, lediglich unvermauserte Steuerfedern stark abgerieben.
Mauser und Umfärbung: Die afrikanischen Wildpopulationen mausern regional zu unterschiedlichen Zeiten, letztlich über das ganze Jahr verteilt. Europäische Gehegevögel stellen sich auf den nördlichen Jahreszyklus ein, die Erpel tragen während des Sommers das Prachtkleid. Nach SIEGFRIED (1970) wechselten in Südafrika juv. Gehegetiere ab 6. Lebensmonat Kleingefieder und Schwingen und erneuerten bis zum 16. Monat nochmals das Gesamtgefieder. Ad. ♂ und ♀ werfen im Jan. und Juni alle Schwingen ab und legen das Prachtkleid erst 2–3 Monate nach dem Schwingenwechsel an. Gleicher Autor (1985) führt auf, daß durch andere Erpel stark bedrängte Tiere nur in ein dunkles Hemmungskleid mausern.
Verbreitung: Karte 11, Seite 327.
Status: Nach BROWN et al.(1982) bestehen eine äthiopische Population mit dem Hauptvorkommen in Kenia und Uganda und eine südafrikanische mit größter Dichte in den Halbtrockenzonen des SW-Kaplandes und Natals. Die Art tritt in ansehnlicher Häufigkeit auf, ist global nicht gefährdet und erhält durch die Anlage von Staugewässern zusätzliche Areale. Jagddruck aufgrund der Lebensweise unbedeutend.
Lebensweise: Afrikanische Ruderenten bewohnen schilfumstandene Süßwasserseen und Staugewässer in den Savannen und Agrarzonen. Nichtbrüter verweilen in lockeren Gruppen auf dem freien Wasser, Gefahr wird durch Tauchen, nicht durch Auffliegen ausgewichen. Die Brutzeit wird durch die regionalen Regenperioden ausgelöst. In Brutstimmung kommende Erpel entfalten anfangs in den Trupps, später im Nestrevier eine intensive Balz, letztlich um fremde Erpel mit großer Heftigkeit zu vertreiben. Nistplatzwahl und Nestbau allein durch das ♀. Nester stehen im Röhricht im Bereich der Flachwasserzone, seltener auf Inselchen oder Bülten. Aus einer anfänglichen Plattform aus niedergetretenem Schilf entsteht später ein kompaktes Nest mit laubenartiger Überdachung, aber ohne Dunenauspolsterung. Küken werden allein von der Mutter geführt, sie sind geschickte Schwimmer und Taucher und werden ab 2., meist zwischen 3. und 4. Woche vom Altvogel verlassen. Jungengruppen halten dagegen bis zu 2 Monaten zusammen. Die Flugfähigkeit wird mit 8 Wochen erlangt.
Nahrung: Sie wird vorwiegend tauchend im Bereich der Schwimm- und Wasserpflanzen-Zone aufgenommen und besteht aus relativ feinen Samen und Grünteilen der Pflanzen, weniger aus Kleinlebewesen.
Haltung und Zucht: Nach DELACOUR (1959) erreichten von der Afrikanischen Ruderente nur ein Tier 1937 eine englische Zuchtanlage und ein Paar 1957 den Wildfowl Trust in Slimbridge. Hier gelang 1974 mit 1973 neu importierten Tieren die Erstzucht. Der Tierpark Berlin erwarb die Art 1978 aus Slimbridge und erzielte ab 1979 mehrere Gelege. USA-Erstzucht 1983 durch LUBBOCK, Florida. Bis in die 90er Jahre wurden vom Trust zahlreiche Afrikanische Ruderenten gehalten und nachgezüchtet, darüber hinaus blieb die Art allerorts selten. Nach TODD (1996) erreichten im Sommer 1996 erneut Afrika-Importe England und die USA. Die Art ist offenbar kälteempfindlicher als ihre Verwandten und sollte nur im kli-

matisch günstigen Westeuropa im Freien überwintert werden. Ein von BREMEHR, Verl, um 1995 gehaltenes Paar mauserte unregelmäßig und blieb brutinaktiv, wogegen die Art in Holland und Belgien nachgezüchtet wird. Kommt es zur Eiablage, erfolgt die Kükenaufzucht wie bei anderen Ruderentenarten. Küken nehmen offenbar eine recht langsame Entwicklung, mit zwei Wochen wird das Dunenkleid merklich heller grau, erste Federchen an Flanken und Schultern entfalten sich im Alter von 3–4 Wochen.

Argentinische Ruderente
Oxyura vittata (Philippi, 1860)

Schlanker und langschwänziger als die Schwarzkopfruderente
Flügel: ♂ 137–155, ♀ 132–140 mm
Gewicht: ♂ 487, 507, ♀ 473, 540, 580 g (eig. Wäg.)
Gelege: 3–5 cremeweiße, grobporige Eier, 60,2–72,2 × 45,8–52,5; ⌀ 65,5 × 48,5 mm
Brutdauer: 22–25 Tage
Schlupfgewicht: 53,6–58,5, ⌀ 55,6 g (5 Küken, eig. Wäg.)
Geschlechtsreife: knapp einjährig

Ad. Brutkleid: ♂ Kopf und Hals durchweg schwarz, Mantelgefieder leuchtend rotbraun; Steuerfedern schmal und schwarz, Schnabel ultramarinblau, vorn weniger abgeflacht und verbreitert als bei Schwarzkopfruderenten. ♀ gesamtes Rumpfgefieder grob, wellenartig hell lehmbraun überkritzelt und gebändert. Schnabel dunkelgrau. **Ad. Ruhekleid:** ♂ und ♀ nicht mit Sicherheit unterscheidbar, ♂ mehr rostbraun, ♀ graubraun. Schnabel bei ♂ und ♀ grau. **Dunenkleid:** Kopf bis unter Augenhöhe, Hals und Körperoberseite dunkel sepiabraun, ein breiter Unteraugenstreif sowie Kinn und Kehle hell graubraun, dazwischen ein vom Schnabel bis zum Hinterkopf reichender dunkler Backenstreif. Bauch und 2 kleine Rückenfleckchen hellgrau. Schnabel und Füße schwarzgrau, Iris dunkelbraun. Küken

Erpel der Argentinischen Ruderente.

der Schwarzkopfruderente heller grau. **Jugendkleid:** ♂ und ♀ gleich und nicht mit Sicherheit vom ad. ♀ zu unterscheiden. Steuerfedern der juv. allgemein stärker zerschlissen, abgerieben oder abgebrochen.
Mauser und Umfärbung: Von Freilandpopulationen liegen offenbar keine Mauserstudien vor. Bei uns färben die Erpel im Okt. in das Ruhekleid, wechseln dabei vermutlich auch das Großgefieder und Jan./Feb. zurück in das Prachtkleid. Ende Feb. wechseln ♂ und ♀ in 3 Stufen alle Steuerfedern, wobei etwa jede 3. zeitgleich ausfällt. Die juv. durchlaufen im Herbst eine kaum erfaßbare Jugendmauser und färben im späten Frühjahr das 1. Alterskleid durch. Eingeleitet wird diese Mauser bei ♂ und ♀ im Feb. mit dem 3stufigen Wechsel der Steuerfedern, im März/April zeigen sich beim Erpel erste braune Körperfedern, der Schnabel färbt sich von der Wurzel her grünlich, der Kopf wird dunkler. Erst Mai/Juni ist der immat. Erpel ausgefärbt, und der Schnabel leuchtend blau. Kleingefiedermauser der ♀ vermutlich zeitparallel.
Verbreitung: Karte 11, Seite 327.
Status: Argentinische Ruderenten sind nicht akut gefährdet, doch schätzen ROSE & SCOTT (1994) den Gesamtbestand auf weit unter 100 000 Tiere. Die Ruderente ist auf großräumige, ganzjährig wasserführende Niederungen angewiesen und damit im trockenen Südamerika nur lückenhaft verbreitet. Regionale Habitatverluste durch Entwässerungen, die Nutzung neu geschaffener Stauseen kann als Ausgleich vermutet werden.
Lebensweise: Argentinische Ruderenten zeigen in Biologie und Verhalten zahlreiche Übereinstimmungen mit den übrigen *Oxyura*-Arten. Engere verwandtschaftliche Beziehungen bestehen offenbar zur Australischen, weniger zur Peruanischen Ruderente. Argentinische Ruderenten bewohnen Lagunen und Niederungsgewässer mit reichen Ried-, Großsimsen- und Schwimmpflanzen-Gesellschaften. Eines der Hauptvorkommen liegt in den Pampasebenen Ost-Argentiniens, Gewässer der Anden-Hochplateaus werden gemieden. Die Art führt am Rande der Röhrichtzone paarweise, in Kleingruppen und oftmals abseits rastender Entenschwärme, eine verborgene, unscheinbare Lebensweise. Etwa von Jan. bis April tragen die Erpel das Ruhekleid, um die Mai-Juni-Wende kommt es zu Schwarmbildungen (vermutlich Mausertrupps), ab Aug. werden die Brutgebiete aufgesucht. Brutperiode auf südlichen Hochsommer zwischen Okt. und Jan. beschränkt. Die Nester befinden sich im Ried der Flachwasserzone und werden als kleine lockere Plattformen (im Gegensatz zu den Kompaktbauten der Peruanischen Ruderente und eigenen Gehegebeobachtungen) beschrieben. Das ♀ brütet allein, eine Beteiligung des Erpels an der Kükenführung wird vermutet.
Nahrung: Ähnlich anderer *Oxyura*-Arten.
Haltung und Zucht: Die Argentinische Ruderente gelangte erstmals 1962 in den Zoo Philadelphia und einigen weiteren USA-Zuchtanlagen (DELACOUR 1964), Erstzucht 1968 im Zoo New York, und als eine der letzten *Oxyura*-Arten nach 1970 in den Wildfowl Trust, wo 1975 ein erstes Jungtier heranwuchs. Die problemlose Haltung der Altvögel und eine relativ gute Züchtbarkeit führten zu einer Verbreitung der Art in westeuropäischen Zoos und Zuchtanlagen; u. a. 1977 Tierpark Berlin, 1983 Erwerb für eigene Anlage. Argentinische Ruderenten werden bevorzugt auf Teichanlagen mit naturnahem Uferbewuchs gehalten, kommen aber auch auf stark besetzten Schaugehegen in Zoos regelmäßig zur Eiablage; Überwinterung auf eisfreiem Wasser, Frostgrade werden problemlos ertragen. Als Grundnahrung erhalten sie in das Wasser geworfenen Weizen, doch werden hauptsächlich jene Futterreste aufgenommen, die andere Arten in den Teich eingetragen haben. An warmen Frühlingsabenden beginnt die Balz der Erpel, sie werden begrenzt aggressiv und vertreiben andere Enten aus dem künftigen Nestbereich oder greifen tauchend an, so daß die überraschten Tiere schnell in Panik geraten. Für die Eiablage ab Ende April dienen flache Hütten oder Kästen entlang der Wasserkante. Ist eine Schilfzone vorhanden, wird das Nest bevorzugt dort errichtet. Das ♀ baut eine Plattform und beginnt wenig später mit der täglichen Eiablage seiner sehr

großen Eier. Bis zum Brutbeginn entsteht nun ein ringsum geschlossenes Kugelnest, dessen Eingang später der brütende Vogel von innen her zuzieht. Keine Dunenauspolsterung. Nachgelege sind zu erwarten, zumal andere Enten gern die Eier von den anfänglichen Plattformen rollen. Kükenaufzucht mit Eltern – von Unfallverlusten abgesehen – problemlos. Für die Betreuung in Boxen sind zahllose Strategien entwickelt worden, die erwartungsgemäß zu sehr unterschiedlichen Aufzuchterfolgen führten.

Australische Ruderente
Oxyura australis Gould, 1836

Erpel der Australischen Ruderente.

Schwer von Argentinischer Ruderente zu unterscheiden
Flügel: ♂ 150–173, ⌀ 160; ♂ 142–163, ⌀ 153 mm
Gewicht: ♂ 610–965, ⌀ 812; ♀ 476–1300, ⌀ 852 g
Gelege: 3–12, meist 5–6 grünlichweiße Eier, 64–72 × 46–52,7; ⌀ 66 × 48,2 mm
Brutdauer: 24–26 Tage
Schlupfgewicht: 47–50, ⌀ 48 g (4 Küken, MARCHANT & HIGGINS 1990)
Geschlechtsreife: knapp einjährig (ebenda)

Ad. Brutkleid: ♂ Kopf und Hals schwarz, rußbraun übertönt, Körper sehr dunkel rotbraun, Schnabel leuchtend blau. ♀ Kleingefieder gebändert wie bei *vittata*, Kopfseiten durchweg dunkel (typische Ruderenten-Zeichnung fehlt). Schnabel und Füße dunkelgrau. **Ad. Ruhekleid:** ♂ etwa wie ♀, aber Kopf dunkler und Flanken stärker braun durchsetzt. Schnabel schiefergrau. **Dunenkleid:** Kopf, Brust und Körperoberseite dunkel graubraun, hintere Flügelränder und je zwei Flecke am Schenkel hellbraun; Kehle und Bauch grauweiß, Gesicht ohne Backenstreif, Ohrgegend leicht aufgehellt. Schnabel und Füße dunkel. **Jugendkleid:** Heller, weniger klar gezeichnet und damit farbflacher als ad. ♀ und mit abgeriebenen Steuerfedern.
Mauser und Umfärbung: In Australien beginnen die ♂ im Dez. mit der Brutmauser und tragen ab März, ältere ab Mai, das volle Ruhekleid; gewechselt werden Groß- und Kleingefieder. Das Gros der Erpel mausert im Winterquartier, wenige auf den Brutgewässern. Im Juli Wechsel in das Prachtkleid, dabei werden Schwingen und Steuerfedern ein 2. Mal erneuert. Bei den ♀ sind die Sequenzen weniger gut bekannt, sie mausern im Jan./Feb. und im Juni/Juli. Die immat. mausern bis Mitte Juli des folgenden Jahres in das Alterskleid um.
Verbreitung: Karte 12, Seite 327.
Status: Gesamtpopulation weit unter 100 000 Individuen, deren Vorkommen auf wenige küstennahe Niederungen SW-Australiens und auf den SO-Teil des Kontinents konzentriert ist. Winterschwärme von über 1 000 Tieren sind aus Neusüdwales, von über 300 aus SW-Australien bekannt. Lebensraumzerstörungen durch Entwässerungen und Ausweitung landwirtschaftlicher Nutzflächen sowie ein gewisser Jagddruck werden bisher durch andere Schutzmaßnahmen kompensiert. Die Art ist nicht global bedroht.
Lebensweise: Während die Australischen Ruderenten auf den freien Wasserflächen der Flüsse und großen Seen gesellig überwintern, führen sie zur Brutzeit ein verstecktes und daher kaum erfaßbares Dasein. Bruthabitate bilden permanent wasserführende und mit üppiger Sumpf- und Buschvegetation durchsetzte Niederungsgewässer sowie tiefere Sumpfniederungen und Seen. Am Rande der Riedzone beziehen die einzel-

Lappenente, Erpel in einer englischen Zuchtanlage.

nen ♀ die Nestreviere und suchen zur Begattung die Balzreviere der Erpel auf; keine echte Paarbildung. Die ♂ balzen mit steil aufgestelltem und über den Rücken gezogenem Schwanz; mit abgesenktem Kopf und unter Flügelschlagen umwerben sie die Ente. Nester stehen im Röhricht des Flachwassers, als Unterlage dienen alte Rallen- oder Entennester, die später laubenartig überdacht werden; keine Dunenauspolsterung. Legeperiode wenig einheitlich, zumeist Sept. bis Nov. Die Küken sind geschickte Taucher und wachsen unter der Führung der Mutter heran. Etwa im Alter von 6–8 Wochen haben sie die Größe der Altente erreicht, dann lösen sich die Familienverbände auf, Abwanderungen zu den Mauser- und Winterplätzen setzen ein.
Nahrung: Nach FRITH (1967) zu 53% pflanzlich aus Algenfarn *(Azolla)* und Tausendblatt *(Myriophyllum)* als Hauptfutterpflanzen sowie 43% tierischer Anteile, vor allem Insektenlarven. Die Nahrung wird tauchend am Teichgrund erfaßt.
Haltung und Zucht: Ruderenten werden in Australien vielerorts in Zoos (u. a. 12 juv. Zoo Melbourne 1990) und durch Farmer gehalten und gezüchtet (u. a. Zucht mit einem vor 16 Jahren aufgezogenen Erpel). Nach MARCHANT & HIGGINS (1990) basiert das biologische Wissen über diese Art fast ausschließlich auf Erkenntnissen an Gehegevögeln. Nach Europa gelangte die Art nur zweimal. Im Herbst 1979 wurden für den Wildfowl Trust 20 Eier von Wildvögeln in Westaustralien gesammelt, aus denen in Slimbridge nur 4 Küken schlüpften und 1 Tier aufwuchs. Der ARTIS-Zoo Amsterdam erhielt Mitte der 90er Jahre 5 Jungvögel aus Australien, von denen 1998 nur noch 1 ♂ am Leben war (AEDEN, mündl.).

Lappenente
Biziura lobata (Shaw, 1796)

Flügel: ♂ 205–240, ⌀ 223; ♀ 165–202, ⌀ 185 mm
Gewicht: ♂ 1811–3120, ⌀ 2398; ♀ 993–1844, ⌀ 1551 g
Gelege: bis zu 7, meist 2–3 blaßgrüne Eier, 71–88 × 48–58; ⌀ 79 × 54 mm
Brutdauer: 24 bis 26 Tage
Schlupfgewicht: 140 g
Geschlechtsreife: offenbar erst nach dem 3. Lebensjahr

Ad. Jahreskleid: ♂ annähernd gleich gefärbt wie ♀, aber fast doppelt so groß. Erpel mit aufblähbarem schwarzem Kehllappen unter dem kräftigen Schnabel, der mit zunehmendem Alter des Tieres und während der Brutzeit besonders groß ist und sich in den Ruhe- und Mauserzeiten etwas zurückbildet. Schwanzfedern und Schwanzwurzel (beide werden bei der Balz nach vorn eingebogen) unproportional lang. Beim ♀ Kehlsack nur angedeutet, Mantelgefieder spärlicher hell bekritzelt und dadurch insgesamt dunkler wirkend. Schwanzteil wie beim ♂ lang und kräftig ausgebildet. **Dunenkleid:** Kopf, Brust und gesamte Oberseite dunkel graubraun und ohne helle Fleckung, Bauch hellbraun; klobiger Schnabel und Füße schwarzgrau. **Jugendkleid:** Gesamtgefieder relativ dunkel etwa wie ♀ ad., ♂ zu Anfang nur wenig größer als ♀; immat. Erpel nehmen mehrere Jahre an Größe zu, zeitparallel bildet sich die Kehlsackgröße aus.
Mauser und Umfärbung: Jährlich 2 Mauserperioden mit zweimaligem Wechsel auch von Schwingen und Steuerfedern. Brutmauser zwischen April und Juni, Ruhemauser für die ♀ im Okt., für die Erpel im Dez. Relativ früh in der Brutsaison geschlüpfte

juv. mausern im Feb. und Juli; der Mauserablauf selbst ist nur ungenau bekannt (FRITH 1982).
Verbreitung: Karte 13, Seite 327.
Status: Gesamtbestand der Lappenente nicht bedroht, obgleich er mit unter 1% aller Anatiden Westaustraliens bemerkenswert klein ist. Die Art zeichnet sich durch eine geringe Siedlungsdichte aus, in ihrem engen Gesamtareal behauptet sie sehr große Brutreviere, oft nur ein ♂ pro Gewässer. Jagdlich ist sie uninteressant, Verluste treten in Fischnetzen und Reusen auf.
Lebensweise: Lappenenten bewohnen Süß- und Brackgewässer, die von üppigen Baum-Ried-Zonen umgeben sind. Reich strukturierte Schilf- und Knöterichbestände mit eingesprengten kleinen Wasserflächen sind bevorzugte Brutbiotope. Außerhalb der Brutzeit bilden Lappenenten Gruppen und lockere Schwärme auf Seen, Flußläufen und in ruhigen Meeresbuchten. Sie tauchen geschickt und ausdauernd, beim Schwimmen liegt der Körper tief eingetaucht, der Schwanz gleitet flach auf dem Wasser. Brutzeit Sept. bis Jan. Erpel beanspruchen in dieser Zeit streng abgegrenzte Reviere und vertreiben daraus Rivalen mit großer Heftigkeit. Das auffällige Balzverhalten lockt die ♀ des Gewässers an; zur Paarbildung kommt es nicht, es erfolgen vergewaltigungsartige Begattungen der ♀. Nester gut verborgen inmitten kleiner Schilfdickichte oder im Gewirr auf dem Wasser liegender Zweige entlang der Reviergrenzen des Erpels. Die Nestunterlage ist oft so dünn und flach, daß die Eier im Feuchtbereich liegen, viele Nester laubenartig überdacht und mit hellgrauen Dunen ausgekleidet. ♀ brütet und führt allein. Die Küken erklettern oft den Rücken der Mutter; es wird vermutet, das sie beim Abtauchen des Altvogels auf dem Rücken verbleiben und mit ihm wieder hochkommen.
Nahrung: Kleinlebewesen; Wasserinsekten und deren Larven, ferner Schnecken, Muscheln, Fischchen und im kleineren Anteil Grünteile und Samen von Wasserpflanzen. Nahrungserwerb ausschließlich tauchend, Tauchdauer 25–30, max. 60 Sek. (FRITH 1982).

Haltung und Zucht: Zufällig eingefangene Einzeltiere gelangten in früheren Jahrzehnten wiederholt nach Europa, so 1882 in den Zoo London und nach der Jahrhundertwende in den Zoo Berlin. Hier „hauste" (HEINROTH 1910) ein Erpel über 6 Jahre und wurde mit Fleisch- und Fischstücken ernährt. Nach Art der Schellenten griff er andere Teichmitbewohner tauchend von unten her an; sein Erscheinen löste stets eine allgemeine Flucht zu den Ufern hin aus. Ein in Clères, Frankreich, lebendes Paar tötete wiederholt kleinere Enten und verzehrte sogar Entenküken.

Eine Aufzucht in Canberra ergab, daß die Küken erst ab 7. Tag zu tauchen begannen und Mehlwürmer aus dem Wasser aufnahmen, solange mußten sie wie junge Sperlingsvögel gefüttert werden. FRITH (1982) schließt nicht aus, daß auch freilebende Küken in ähnlicher Weise von der Mutter betreut werden. In australischen Zoos und Stationen wird die Art erfolgreich gehalten und gezüchtet. Eiablage dort Aug. bis Okt. und Mai bis Jan., Gelege 2–4, meist 3 Eier, Küken erreichen in 3–4 Monaten die Flugfähigkeit.

Ein Paar lebt seit 23 Jahren in einem Gehege, regelmäßig wuchsen bis 1989 juv. heran (MARCHANT & HIGGINS 1990). Der Wildfowl Trust hielt die Art erstmals von 1970 bis 1979. Wegen der Aggressivität das Erpels wurde ein Wassergraben mit Stäben so getrennt, daß das kleinere ♀ hindurchflüchten konnte; bis zur Eiablage kam es nicht. LUBBOCK (1981) sammelte für den Trust 1979 in Westaustralien Wildvogeleier, aus denen 5 Jungenten aufwuchsen; das letzte Tier davon starb 1989, zu Nachzuchten kam es nicht. Die Küken schlüpften explosionsartig, haben pelzartige Dunen und einen sehr großen Schnabel. Der orangerote Unter- und Innenschnabel hat offenbar Signalfunktion, wenn das Küken mit geöffnetem Schnabel nach Futter bettelt. Fütterung und Futteraufnahme bereiteten keine Probleme, doch waren die Küken untereinander extrem aggressiv und töteten eines. Als untypisch für Entenküken ist eine große Stimmpalette, die eher an kleine Hunde oder Katzen, weniger an Vogelküken erinnert.

Kuckucksente
Heteronetta atricapilla (Merrem, 1841)

Wenig größer als Knäkente, schlank; Habitus stärker *anas*- als *oxyura*-typisch.
Flügel: ♂ 157,5–178, ⌀ 168,4; ♀ 154–182, ⌀ 172 mm
Gewicht: ♂ 434–580, ⌀ 512,6; ♀ 470–630, ⌀ 565 g
Gelege: ca. 5–7 weiße oder hellgrüne Eier: 55,2–63,5 × 41,9–45,8; ⌀ 59,5 × 44 mm (Lege- und Brutparasit)
Brutdauer: 24–25 Tage
Geschlechtsreife: gegen Ende des 1. Lebensjahres

Ad. Brutkleid: ♂ ganzjährig Kopf und Hals schwarz, Kinn und Kehle können weißfleckig sein, Rücken schwarzbraun. Schnabel Nagel- und Firstbereich schwarz, Seiten hellblau, während der Brutzeit Basis rot. ♀ Oberkopf dunkelgrau, Kopfseiten, Kinn und Kehle grauweiß aufgehellt; Rumpfgefieder, besonders Rücken heller als beim ♂. Schnabel mit schwarzem Nagel und Firststreif, graublauen Seiten, aber stets ohne roten Basisfleck. **Ad. Ruhekleid:** ♂ durch Mauser geringfügig farbverändert, Schnabel ohne roten Basisfleck. **Dunenkleid:** Oberkopf, Unteraugenstreif und Rücken sepia- bis schwarzbraun, Brust hellbraun; Stirn- und Kopfseiten, Bauch sowie große Flecke an Flügelrändern und Rückenseiten hell orangebraun bis gelblich. Schnabel, Iris und Füße dunkel graubraun. **Jugendkleid:** Im wesentlichen wie ♀ ad.; Kleingefiederpartien der Oberseite, besonders Schulter-, Ellenbogenfedern und Armdecken breiter hell quergewellt als bei ad.; Spitzen der Steuerfedern mit verbreiterten Kielen, doch ohne Äste, die die Federfahnen ergeben.

Ausführliche Beschreibung aller Kleider in WELLER (1967).

Mauser und Umfärbung: Bei Wildvögeln Kleingefiederwechsel der Brutmauser zwischen Ende Dez. und Anfang Feb. und der Ruhemauser im Juli/Aug.; Großgefiederwechsel Dez./Jan. Die im Okt./Nov. schlüpfenden Küken befiedern im Dez., aus dem Jugendkleid mausern sie zwischen Jan. und März in ein 1. Ruhe- und im Juli/Aug. in das Alterskleid. Schwingenwechsel gemeinsam mit den ad. im Dez./Jan. des 2. Jahres (WELLER 1967). Mauser und Umfärbung hiesiger Gehegetiere wenig untersucht. Fortpflanzung und Gefiederwechsel sind auf den nördlichen Jahreszyklus eingestellt. Die Erpel tragen vom zeitigen Frühjahr bis zum Spätherbst die rote Schnabelbasis.
Verbreitung: Karte 9, Seite 326.
Status: Kuckucksenten werden wegen ihrer verborgenen Lebensweise leicht übersehen, so daß ihre Häufigkeit schwer einschätzbar ist. Bedrohungen gehen von Lebensraumverlusten durch Entwässerungen, insbesondere von kleinen Tümpeln und Sumpfstel-

Erpel der Kuckucksente.

Weibliche Kuckucksente.

len, aus, dennoch scheint die Art global nicht gefährdet zu sein.

Lebensweise: In Färbung und Verhalten sind Kuckucksenten recht unscheinbar, sie leben paarweise oder in Kleingruppen am Rande der Röhrichtzone, gern in Schwimmenten- oder Bleßrallenschwärmen. Bevorzugte Fortpflanzungshabitate bilden flache, eutrophierte Gewässer mit breitem Sumpfpflanzengürtel und dichten Wasserpflanzenbeständen waldarmer Ebenen; größte Dichte in den Landwirtschaftszonen der Provinzen Buenos Aires und Cordoba, Argentinien. Während der Trockenzeit kommt es zu regionalen Wanderungen. Kuckucksenten sind die einzigen echten Brutschmarotzer unter den Anatiden. Dieses Verhalten beschrieb erstmals DAGUERRE (1920), vorher ordnete man verlegte Eier und mutterlose Küken denen der Peposakaente zu. WELLER (1968) fand in Argentinien jeweils 1–3 Eier der Kuckucksente in Nestern vieler Entenarten, speziell der Peposakaente sowie bei zahlreichen Nicht-Entenvögeln, häufig bei Bleßrallen, Ibissen, Möwen und dem Chimango, einem bodenbrütenden Greifvogel. Die Paarung der Kuckucksente wird durch die Brutvorbereitungen der Wirtsvögel ausgelöst und entspricht deren regionalen Brutzeiten. Ob das Paar mehrere Gelege in der Saison produziert, ist unbekannt. Wenn die Küken geschlüpft sind, verlassen sie das Brutnest und schließen sich einer beliebigen kükenführenden Entenmutter an.

Nahrung: Überwiegend pflanzlich, sie wird seihend, weniger gründelnd oder tauchend aufgenommen.

Haltung und Zucht: Kuckucksenten gelangten erstmals in den 50er Jahren nach Europa, die 1957 durch HAGENBECK erworbenen Tiere könnten der Erstimport gewesen sein. Für den britischen Wildfowl Trust wurden 1973 in Argentinien Eier dieser Ente gesammelt und die Küken in Slimbridge aufgezogen. Mit diesen Tieren gelang dort 1977 die Welterstzucht. Bereits 1978 erhielt der Tierpark Berlin ein nachgezüchtetes Paar und erzielte 1986 wie der Zoo Wuppertal die deutschen Erstzuchten. Danach wuchsen in beiden Zoos wiederholt Jungtiere auf. Doch bis heute blieb der Gehegebestand der Kuckucksente in Europa (in USA bis 1988 nicht gezüchtet) sehr klein und leidet offenbar an Inzuchterscheinungen. Während 1989 im Wildfowl Trust 27 juv. aufwuchsen, erzielte man dort 1991 mit 22 Altvögeln insgesamt nur 3 Jungenten. Die Haltung bietet keine Probleme, viele Verhaltensschemen lassen mehr an Gründel- als an Ruderenten erinnern, die Tiere sind robust und langlebig, weitgehend winterhart und können mit Weizen oder Mischfutter ernährt werden. Wegen der parasitären Legeweise sind große Gesellschaftsteiche zusammen mit legefreudigen Arten erforderlich, so daß die Kuckucksenten durch die anderen Arten zur Eiablage stimuliert werden. Erstzucht in Slimbridge auf einer Teichanlage mit 6 Paaren sowie je 3 Paaren Peposaka- und Argentinischen Ruderenten und freibrütenden Teichrallen. HENNING, Belzig, zog 1988 2 Jungtiere auf, die Eier waren in Teichrallen-Nestern abgelegt. Eiablage auch in flachen Nisthöhlen, in der Anlage BREMEHR, Verl, u. a. in Nestern der Rothalsgänse. Die Legeperiode konzentriert sich auf Mai/Juni. Legeverhalten: Der Erpel schwimmt mit großem Ungestüm auf die Wirtsente zu, so daß sie panikartig das Nest verläßt. Innerhalb weniger Minuten legt dann die Kuckucksente ihr Ei hinzu und verläßt das Nest. Eine Eiablage erfolgt also nur, wenn Wirtsvögel am Teich nisten. Je Nest werden 1 bis 3 Eier hinzugelegt. Während der Bebrütung ist die Zahl absterbender Eier nach BREMEHR sehr hoch, Kükenaufzucht dagegen in Boxen in Gesellschaft anderer Jungtiere relativ problemlos und verlustarm möglich.

Tribus Stictonettini: Pünktchenenten

Nach JOHNSGARD (1965, 1968) hat sich die Art seit dem Oligozän als isoliertes Seitenglied der Gänse-Gruppe entwickelt und zeigt nur wenige verwandtschaftliche Beziehungen zu den Enten. SIBLEY (1996) u. a. stellen sie mit eigenem Tribus gegenwärtig zu den Ruderenten.

Pünktchenente
Stictonetta naevosa (Gould, 1841)

Größe und Habitus, besonders der konkav gebogene Schnabel, sind brandgansartig, offenbar Analogien zur gleichen Ernährungsweise.
Flügel: ♂ 186–258, ⌀ 232; ♀ 205–236, ⌀ 225 mm
Gewicht: ♂ 747–1130, ⌀ 969; ♀ 691–985, ⌀ 842 g
Gelege: 5–10, meist 7 cremefarbene, sehr glattschalige Eier, 60–65 × 45–48, ⌀ 63 × 47 mm
Brutdauer: 24–26 Tage
Schlupfgewicht: 43 g; fünftägig 39–60, ⌀ 49,8 g (FRITH 1964)

Ad. Brutkleid: ♂ und ♀ mit gleichem Farbmuster, ♀ insgesamt heller; ♂ vordere Kopfhälfte dunkler als übriges Kleingefieder, Schnabelbasis leuchtend karminrot. ♀ Schnabel durchweg schiefergrau. **Ruhekleid** ♂ wie ♀ ad. **Dunenkleid:** Einfarbig grau, Bauchseite und unter den Flügeln aufgehellt, fast weiß. Schnabel graublau, zur Basis hin blau, Nagel rosa, Unterschnabel blaßrot. Füße blaugrau, Schwimmhäute bräunlich, Iris dunkelbraun. **Jugendkleid:** Ähnlich ad., aber deutlich heller, Fleckung lehmgelb (bei ad. hellbraun oder weiß).
Mauser und Umfärbung: Ad. Vollmauser nach beendeter Brut, Kleingefieder (Teil-)

Unten: Pünktchenente, Erpel während der Fortpflanzungszeit mit karminroter Schnabelbasis.
Rechts: Weibliche Pünktchenente mit wenige Tage alten Küken.

mauser gegen Ende der Ruheperiode, regional zu unterschiedlichen Zeiten. Juv. beginnen mit 6 Monaten eine Vollmauser (ungewöhnlich für juvenile Anatiden), ein Teil wechselt nur das Kleingefieder (MARCHANT & HIGGINS 1990)
Verbreitung: Karte 14, Seite 327.
Status: Gesamtbestand Anfang der 90er Jahre unter 20 000, davon etwa 1 000 in Westaustralien. Obgleich die Art voll geschützt ist, liegen die Abschußzahlen durch Verwechslungen mit Augenbrauen- und Weißkehlenten sehr hoch. Weitere Gefahren gehen von Austrocknungen und Trockenlegungen flacher Sümpfe sowie vom zunehmenden Wassersport auf den Brutgewässern aus. Art gilt als „global bedroht".
Lebensweise: Zur Brutzeit bewohnen Pünktchenenten von Knöterich-Büschen durchsetzte, vegetationsreiche Sumpfniederungen, überschwemmtes Buschland und Küstenlagunen. In den Trockenzeiten wandern sie in kleinen Gruppen unstet umher und finden sich letztlich auf größeren Seen ein, wo es zu Schwarmbildungen von mehreren hundert Tieren kommen kann. Pünktchenenten sind dämmerungsaktiv und dem Menschen gegenüber wenig scheu. Der Brutzyklus wird von den periodischen Niederschlägen bestimmt, das Gros brütet zwischen Sept. und Dez.; Nester befinden sich im Flachwasserbereich in der Sumpfvegetation, zwischen angeschwemmtem Pflanzenmaterial oder in alten Nestern von Bleßhühnern, nie in Baumhöhlen. Nestbau offenbar durch beide Partner, die verwaschen hellgrauen Dunen haften wenig aneinander, so daß das ♀ stets neue hinzufügen muß. Brut allein durch ♀. Die Küken werden im Seichtwasser entlang schlammiger Ufersäume aufgezogen, wo sie mit ihren Eltern wie unsere Brandgänse schwimmend und watend, aber auch im Seichtwasser gründelnd feinste Nahrungspartikel aufnehmen.
Nahrung: Algen, Wasserlinsen, Grünteile von Wasserpflanzen, in geringem Anteil Kleinlebewesen und in Reisanbaugebieten auch Reiskörner.
Haltung und Zucht: Die Pünktchenente gehört zu den wenigen bis zu den 90er Jahren in Zuchtgehegen außerhalb Australiens nicht etablierten Anatiden-Arten. In Canberra, Australien, wurden 1983 zu wissenschaftlichen Untersuchungen aus 26 Wildvogeleiern 24 Jungenten aufgezogen; mit ihnen gelang 1985 die Welterstzucht, 5 Küken wuchsen auf. Heute wird die Art in Australien erfolgreich gehalten und gezüchtet. Der Wildfowl Trust erhielt 1985 als erste Einrichtung außerhalb des Kontinents 2,1 Pünktchenenten, konnte sie erfolgreich in einem Tropenhaus mit angrenzender geräumiger Freivoliere eingewöhnen und 1992 erstmals züchten. 5 weitere Paare erhielt der Trust im Juni 1992 aus Canberra, bereits 1993 wuchsen im Trust 23 Junge auf. Heute züchtet die Art auch außerhalb von Slimbridge in England, 1996 wurden erstmals 5 Paare in die USA gegeben (TODD 1996), alle Pünktchenenten verbleiben vorerst Eigentum des Trusts. Grundsätzliche Haltungs- und Ernährungsprobleme gibt es bei der Art offenbar nicht. Die Voliere in Slimbridge enthält eine große Wasserfläche (ohne Landteil), bewachsen mit Schilf und Seggengruppen und im Wasser liegenden Baumstämmen, den Ruheplätzen der Tiere. Über die Erstzucht wird berichtet: Zu Jahresbeginn färbten sich die Schnabelbasen der Ganter karminrot, die Gruppe begann zu balzen. Ab Mitte Feb. ♀ mit deutlichem Legebauch. Erstes Gelege ab 2. März, 2. ab 4. April und 3. im Mai. Nester waren im Schilfried errichtet und enthielten jeweils 3 bis 6 Eier, gelegt wurde jeden 2. Tag. Das 1.Küken schlüpfte am 15. Mai und wuchs mit anderen Entenküken problemlos heran.

Unterfamilie Anserinae: Schwäne und Gänse
Schwäne

Höckerschwan
Cygnus olor (Gmelin, 1789)

Flügel: (mit Bandmaß) ♂ 580–623, ⌀ 606; ♀ 533–589, ⌀ 562 mm
Gewicht: ♂ 8100–14 000, ⌀ 10 480; ♀ 5500–10 800, ⌀ 8750 g

Gelege: 5–9, seltener bis 12 graugrüne Eier, 100–122 × 70–80, ⌀ 112,5 × 73,3 mm
Brutdauer: 35–37 Tage
Schlupfgewicht: 180–248, ⌀ 220 g
Geschlechtsreife: ab 3. oder 4., Paarbildung ab 2. Lebensjahr

Ad. Jahreskleid: Geschlechtsreife ♂ wenig größer und dickhalsiger als ♀, ferner an starker Schnabelaufwülstung und häufigem Imponierverhalten kenntlich. **Dunenkleid:** Durchweg silbergrau; Schnabel und Beine schwarz. **Jugendkleid:** Graubraun, Oberkörper von weißen Federn durchsetzt. Schnabel und Beine bleigrau, Höcker angedeutet. Bis zum **2. Jahreskleid** zunehmend weiß werdend, letztlich nur vereinzelte graubraune Federn an Kopf, Hals und auf Flügeldecken.

Unter den normalfarbenen Schwänen verbreitet sich eine erbliche Farbabweichung, die man gelegentlich als *Cygnus olor* forma *immutabilis* einstufte. Bei ihnen sind die Kükendunen und das Gefieder aller Altersstufen weiß, die Schnäbel blaßrot, die Beine hell fleischfarben oder rötlichgrau.
Mauser und Umfärbung: Gefiederwechsel setzt bei ad. mit dem Abwurf der Schwingen und Flügeldecken ein, es folgen die Steuerfedern, dann das Kleingefieder. Das ♀ wirft die Schwingen ab, wenn ihre Küken geschlüpft sind, das ♂ etwa 6 Wochen später; damit ist während der Kükenaufzucht stets ein Elternteil flugfähig. Bei den juv. setzt nach beendeter Befiederung ab Sept. ein langsamer Kleingefiederwechsel ein, im Sommer des 2. Jahres erfolgt dann die erste Vollmauser.
Verbreitung: Karte 15, Seite 327.
Status: Häufigkeit und Verbreitungsmuster sind heute das Ergebnis menschlichen Einflusses während der letzten Jahrhunderte. Ausrottungen durch Bejagung und Eierraub stehen Schwanenhaltung aus der Zeit der Klöster und des Absolutismus sowie die heutige Zuneigung der Bevölkerung gegenüber. Fütterungen und verlustarmes Heranwachsen der Jungschwäne läßt regional Populationen bis zur Ausschöpfung zur Verfügung stehendener Habitate ansteigen. Paläarktischer Gesamtbestand um 1995 etwa 2 Mill. Einbürgerungen erfolgten 1866 auf Neuseeland, in West-Australien zu nicht bekannter Zeit, 1918 in Südafrika (Kapprovinz) und 1919 in Michigan/USA.
Lebensweise: Die westeuropäischen Höckerschwäne besiedeln heute jeden Gewässertyp, der ihnen und ihren Jungtieren ausreichend Nahrung bietet, die ostwärts heimischen „Wildschwäne" dagegen Großseen mit breiten Röhrichtbeständen, Altwässer der Flüsse und die Steppenseen Innerasiens. Im Feb./März, wenn die Eisdecke aufbricht, kehren die alten Paare zu ihrem Brutgewässer zurück, Wochen später folgen die jüngeren Tiere. Brutpaare beanspruchen ein großes Brutrevier, das mit Imponierschwimmen vom ♂ abgegrenzt wird. Die Koloniebrüter beziehen nur ein enges Nestrevier, dafür verteidigen einzelne Ganter auf dem Wasser bestimmte Flächen vielleicht als Nahrungsgründe (NEHLS, biefl.). Das umfangreiche Nest wird im Röhricht, auf Inseln oder entlang der Wasserkante errichtet. Eiablage in der zweiten Aprilhälfte; Brut allein durch ♀, gelegentlich bewacht der Ganter auf dem Nest sitzend die Eier. Die Küken schlüpfen in relativ großen Zeitabständen und werden von beiden Eltern betreut. Jungschwäne nehmen im ersten Monat zunächst an Größe zu, danach setzt die Befiederung ein. Die Schwingen wachsen ab 7. bis 8. Woche und ermöglichen dem Jungschwan zwischen 20. und 25. Woche im Sept. die Flugfähigkeit.
Nahrung: Grünteile, Samen und Rhizome der Sumpf- und Wasserpflanzen, die durch Eintauchen des Vorderkörpers abgerissen werden. Heute verstärkte Nahrungsaufnahme auf Wiesen und Äckern.
Haltung und Zucht: Bereits im antiken Griechenland und von den Römern betrieben, blieb die Schwanenhaltung bis in das 19. Jh. ein Privileg des Hochadels und der Klöster. Erst im 20 Jh. begann die Haltung und Zucht in Zoos und auf Kleingewässern der Parks und Städte. Größe und Schwere der Schwäne nutzen speziell Zoos, um Teile ihrer Teiche für andere Wasservögel eisfrei zu halten. Doch belasten die großen Tiere Teich und Uferzone durch Kot und Äsungen sehr stark, so daß Mindestwasserflächen

von 200 m² empfohlen werden. Nachzuchten durch Eltern problemlos, doch wird der Ganter während dieser Zeit sehr aggressiv und kann mit seinen Flügelschlägen Kinder oder Hunde arg verletzen. Tägliche Futtermenge eines Tieres wird mit 500 bis 1000 g angegeben.

Trauerschwan
Cygnus atratus (Latham, 1790)

Wenig kleiner als Höckerschwan
Flügel: ♂ 434–543, ⌀ 489; ♀ 416–499, ⌀ 461 mm
Gewicht: ♂ 4600–8750, ⌀ 6270; ♀ 3700–7200, ⌀ 5100 g
Gelege: bis 12, meist 5–6 gestreckte, graugrüne Eier, 36-stündige Legeintervalle; 96–115 × 60–73, ⌀ 104 × 67 mm
Brutdauer: 35–38 Tage
Schlupfgewicht: 125–227, ⌀ um 165 g
Geschlechtsreife: ♂ ab 1. Jahr (Spermientest)
Fortpflanzungsaktivitäten ab 2. bis 3. Lebensjahr

Ad. Jahreskleid: ♂ und ♀ äußerlich nicht in jedem Falle unterscheidbar; alte ♂ kräftiger und mit längerem und durch Federkräuselung dickerem Hals sowie intensiver gefärbter Iris als ♀. **Dunenkleid:** Dunkel silbergrau; Schnabel, Iris, Beine dunkelgrau. **Jugendkleid:** Mit Ausnahme der weißen Schwingen Gesamtgefieder dunkel graubraun mit breiten hellen Säumen. Schnabel blaßrot, helles Querband nur angedeutet. Iris braun, Beine grau. Im **1. Jahreskleid** Hals durch fehlende Federkräuselung besonders dünn wirkend.
Mauser und Umfärbung: Entsprechend der annähernd 12monatigen Verteilung der Legebereitschaft erfolgt in Europa wie in Australien die Schwingenmauser fast über das ganze Jahr verteilt, jeweils daran schließt sich der Kleingefiederwechsel an. Umfärbung der juv. in das Alterskleid zwischen dem 8. und 26., zumeist zwischen 8. und 17. Lebensmonat. Im Mittel sind die ♂ nach 13, die ♀ nach 12 Monaten umgefärbt; die Mauser beansprucht 3 bis 4 Monate.
Verbreitung: Karte 16, Seite 328.

Trauerschwan.

Status: Der Trauerschwan genießt in Australien wie bei uns der Höckerschwan einen hohen Schutzstatus durch die Bevölkerung und konnte so umfangreiche Populationen aufbauen. Schwärme mit 50000 Tieren und große Brutkolonien sind bekannt. Zum Landesinneren und nach Norden bestehen Ausbreitungstendenzen. Auf Neuseeland wurde die Art 1864 eingebürgert, die gegenwärtige Population umfaßt etwa 60000 Tiere, der Bestand wird hier durch Jagd und Einsammeln der Eier reguliert.
Lebensweise: Brutbiotope bilden große Binnenseen mit flachen Uferregionen, Küstengewässer und Überschwemmungsgebiete, Nichtbrüter rasten auf vegetationsarmen Brack- und Salzwasserlagunen. Die Nistplätze befinden sich entlang der Schilfsäume oder kolonieweise auf Grasinseln. Brutsaison in Australien in Abhängigkeit einsetzender Niederschlagsperioden, auf Tasmanien und Neuseeland zwischen Aug./Sept. bzw. Aug. und Nov. Beide Partner brüten im Wechsel, die Paare ziehen im Mittel 3 bis 4 Junge groß. Bei den Küken zeigen sich mit 55 Tagen die ersten Schulterfedern, und

Gruppe männlicher Schwarzhalsschwäne.

mit 75 bis 95 Tagen ist das Kleingefieder im wesentlichen entwickelt, die Schwingen erhalten erst nach 5 bis 6 Monaten die volle Länge.

Nahrung: Fast ausschließlich pflanzlich.

Haltung und Zucht: Nach DELACOUR (1954) wurden Trauerschwäne 1791 in England und wenig später in Frankreich eingeführt; ihre Zucht gelang 1837 im Zoo London und ab 1850 in Frankreich und Deutschland, USA-Erstzucht 1909. Seit dieser Zeit regelmäßig in Zoos, später auf Parkteichen und von Züchtern gehalten. Mehrere Auswilderungsversuche (u. a. in England) führten nicht zu Populationsbildungen. Die Fortpflanzungsraten bleiben hinter jenen der Höckerschwäne zurück, von denen sie letztlich verdrängt werden. Für die Haltung der Trauerschwäne ist ein angemessen großer Teich möglichst mit angrenzender Grünfläche erforderlich. Überwinterung auf eisfreiem Wasser, bei tiefen Frostgraden und wenn mit Raubwild zu rechnen ist, empfiehlt sich die Unterbringung in einem Schutzhaus. Gegenüber Gänsen und Enten zeigen sich Trauerschwäne selbst in Nestnähe friedfertig. Als Nahrung bietet man ihnen Mischfutter, Getreide und viel Grün an. Trauerschwäne sind leicht züchtbar; in Europa sind die Hauptlegeperioden das zeitige Frühjahr bis Mai und der Aug. auslaufend bis zum Winter. Der Neststandort kann durch Errichten einer dicken Nestunterlage aus Stroh, Reisig oder Grassoden vom Züchter bestimmt werden. Brut und Kükenaufzucht zweckmäßig durch Eltern. Nachgelege sind zu erwarten.

Schwarzhalsschwan
Cygnus melanocorypha (Molina, 1782)

Kleiner und schlanker als Höckerschwan
Flügel: ♂ 435–450; ♀ 400–415 mm
Gewicht: ♂ 4500–6700, ⌀ 5400;
♀ 3500–4400, ⌀ 4000 g
Gelege: 3–7 schwach rahmfarbene Eier, 93–109 × 63–69,5, ⌀ 101 × 66,5 mm
Brutdauer: 34–36 Tage
Schlupfgewicht: 125–187, ⌀ 148 g (22 Küken, u. a. eig. Wäg.)
Geschlechtsreife: gegen Ende des 2. bis 3. Lebensjahres

Ad. Jahreskleid: ♂ und ♀ nicht eindeutig unterscheidbar; bei alten Zuchtpaaren bildet das ♂ besonders starke Schnabelwülste, ist dann größer, lang- und dickhalsiger als das ♀. **Dunenkleid:** Silberweiß, Schnabel, Iris und Beine schwarzgrau. **Jugendkleid:** Kopf- und Halsfedern schwarzbraun, rostrot gesäumt, übrige Partien hell graubraun und von weißen Federn durchsetzt. Schnabel grau, Zügelregion blaß rötlich ohne Aufwülstungen. Im **1. Jahreskleid** Kleingefieder weiß, aber unvermauserte Schwingen graubraun; kleine Schnabelaufwülstung. **2. Jahreskleid** wie ad., Schnabelaufwülstung weiter, aber noch nicht voll entwickelt.
Mauser und Umfärbung: Vollmauser der ad. wird nach dem Schlupf der Küken offenbar mit dem Kleingefiederwechsel eingeleitet, es folgen der Schwingenabwurf beim ♀ und 1 bis 2 Wochen später beim ♂ sowie die weitere Kleingefieder- und die Schwanzmauser. Nach KNOTH (mündl.) mausern die juv. erst im Frühjahr in das 1. Alterskleid und sind nach der Vollmauser im Sommer, bei der die letzten grauen Schwingen durch weiße ersetzt werden, nur noch an den schwach ausgebildeten Schnabelwülsten kenntlich. Jahreszeitlich früh geschlüpfte Tiere färben bereits im 1. Herbst weitgehend durch.
Verbreitung: Karte 17, Seite 328.
Status: Nicht akut bestandsbedroht, obgleich durch Jagddruck und Geländetrockenlegungen regional Rückgänge sichtbar werden. CASARES schlug bereits 1933 Schutzmaßnahmen in Argentinien wegen zu starker Bejagung vor. Nach SCHLATTER (mündl. 1997) steigen die chilenischen Bestände in jüngerer Zeit an, allein um Valdivia überwintern bis zu 15 000, viele brüten und übersommern dort. Gesamtpopulation etwa 100 000 Tiere auf dem Festland und 2 500 auf den Falkland-Inseln. **CITES** Anh. II/B, **Vermarktungsbescheinigung** nicht erforderlich.
Lebensweise: Die Hauptbrutgebiete der Schwarzhalsschwäne befinden sich auf den Seen der niederschlagsarmen Pamparegionen am Fuße der Andenkette. Es sind großflächige Flachseen mit kaltem, klarem Wasser, reicher Unterwasserflora und breiten Riedgürteln. Nach beendeter Fortpflanzung bilden sich auf küstennahen Lagunen und in ruhigen Meeresbuchten große lockere Mauserschwärme. Später erfolgt hieraus, gemeinsam mit den Südpopulationen, die eigentliche Nordwärtswanderung in die Winterquartiere. Legebeginn entsprechend der jeweiligen Klimazone zwischen Sept. und Dez., auf Feuerland und den Falkland-Inseln Okt. bis Jan. bei Temperaturmittelwerten um 8 °C (WELLER 1972). Bedeutende Brutvorkommen u. a. in der Provinz Buenos Aires und um Valdivia im Bereich gemäßigter Klimate. Die Paare beanspruchen nur kleine Brutreviere und brüten auch in lockeren Kolonien. Die Nester befinden sich in der Riedzone und auf Inselchen. Brut allein durch ♀. Auf den großen Lagunenseen ist das Land für die Familien kaum erreichbar, die Küken werden deshalb nicht gehudert, sondern wärmen sich im Rückengefieder der Eltern. Das Flüggewerden der Jungschwäne fällt mit dem Sinken der Wasserstände in den Flachseen wegen der jahreszeitlichen Trockenzeit zusammen; die Familien wandern dann zu den niederschlagsreicheren Küstenregionen ab.
Nahrung: Fast auschließlich Wasserpflanzen, die von den Stürmen abgerissen an der Oberfläche treiben oder ergründelt werden.
Haltung und Zucht: Schwarzhalsschwäne werden seit über 100 Jahren in europäischen Zoos gehalten, doch lange Zeit nur spärlich vermehrt. Erstzuchten: 1857 Zoo London, 1882 Zoo Berlin, 1946 Zoo Chicago. Hervorzuheben die guten Ergebnisse des Holländers BLAAUW um 1910 und durch DELACOUR in Cléres, Frankreich um 1930. Die gegenwärtigen Gehegepopulationen werden von nachgezüchteten Tieren gebildet, doch wegen der relativen Empfindlichkeit und der begrenzten Nachzuchtraten gehört der Schwarzhalsschwan bis heute zu den selteneren Gehegearten. Entschließt sich ein Züchter für die Haltung dieser Schwäne, dann sollte er über gute Teichanlagen, die auch im Winter z. T. eisfrei zu halten sind, verfügen. Der angrenzende Landteil ist von geringerer Bedeutung. Gegenüber Gänsen und Enten als Teichmitbewohner sind Schwarzhalsschwäne auch

während der Fortpflanzung duldsam. Für die Eiablage bereitet der Züchter das Nest raubtiersicher auf einer kleinen Insel vor. Mit Erstgelegen ist ab Anfang Feb. zu rechnen. Daraus ergeben sich ein schlechter Befruchtungsgrad, witterungsbedingte Gelegeverluste oder bei erfolgreichem Schlupf Probleme für die Küken, die dennoch bei ihren Eltern bleiben sollten. Den Küken wird schwimmfähiges Futter und möglichst oft Grünfutter auf das Wasser geworfen. Bei abgebrochenen Bruten ist mit Nachgelegen zu rechnen.

Singschwan
Cygnus cygnus (Linné, 1758)

Deutlich größer als Höckerschwan
Flügel: (mit Bandmaß) ♂ 577–660; ♀ 562–635 mm
Gewicht: ♂ 8500–12 700, ⌀ 10 800; ♀ 7500–8700, ⌀ 8100 g
Gelege: 4–6 cremeweiße Eier, 104,5–126 × 68–77, ⌀ 112,3 × 72,6 mm
Brutdauer: 33–37 Tage
Schlupfgewicht: 200, 224 und 227 g
Geschlechtsreife: etwa ab 3. Lebensjahr

Ad. Jahreskleid: ♂ und ♀ gleich, bei Paaren sind Unterschiede in Größe und Verhalten sichtbar. Das Gelb auf dem Oberschnabel variiert, erstreckt sich aber immer bis vor das Nasenloch (vergl. Zwergschwan). **Dunenkleid:** Oberseite hell perlgrau, Bauchseite weiß. Oberschnabel blaß fleischrot, Beine blaß rosa. **Jugendkleid:** Schiefergrau, nicht braun wie beim Höckerschwan und heller als beim Zwergschwan. Schnabel vor dem Nasenloch fleischfarben, das spätere gelbe Feld samtartig graugrün. Beine grau. Im **1. und 2. Jahreskleid** wird graues Körpergefieder schrittweise durch weiße Federn ersetzt. Das gelbe Schnabelfeld setzt sich fleckartig durch.
Mauser und Umfärbung: Vollmauser der ad. wird Juni/Juli mit Abwurf der Schwingen eingeleitet, Flugunfähigkeit 5 bis 6 Wochen; bis Dez. ist der Kleingefiederwechsel abgeschlossen. Bei juv. zeigen sich im 1. Winter auf Rücken, Schultern und Körperseiten weiße Federn, die letzten grauen werden während der 1. Vollmauser bis Ende des 2. Winters ersetzt.
Verbreitung: Karte 18, Seite 328.
Status: Singschwäne verfügen in ihrem großflächigen Verbreitungsgebiet über stabile Bestände; allein für die Westpaläarktis schätzt man etwa 100 000 Individuen mit leicht steigender Tendenz. **BArtSchV Anl. 1, Ausnahmegenehmigung vom Vermarktungsverbot** erforderlich.
Lebensweise: Die Brutgebiete der Singschwäne liegen bevorzugt an Waldgewässern der osteuropäischen und sibirischen Taiga, reichen nordwärts bis in die Strauchtundra und im Süden in die Steppen Zentralasiens, in neuer Zeit wiederholtes Brüten an polnischen Fischteichen. Waldseen mit breiten Schilfgürteln und Inselchen bilden ebenso wie vegetationsarme Steppenseen in den Grasfluren die Nistareale. Mit der Eisschmelze treffen die seit dem Winter unaufhörlich balzenden und nun fest verpaarten Tiere als erste Rückwanderer an ihren Brutplätzen ein und beziehen wenig später die Nestreviere. Um die April-Mai-Wende beginnen der umfangreiche Nestbau und ab Mitte Mai die Eiablage. Das ♀ brütet allein und übernimmt den Hauptanteil der Kükenführung. Die Familien äsen bevorzugt auf angrenzenden Wiesen. Im Okt. erfolgt der Abzug in die Wintergebiete.
Nahrung: Rein pflanzlich, sie wird äsend auf den Moorwiesen oder im Winterquartier auf Raps- und Saatäckern sowie im Weideland aufgenommen.
Haltung und Zucht: Singschwäne werden gern in zoologischen Gärten, selten in Privatanlagen gehalten. Ihre Unterbringung erfordert große Anlagen. Kommen Paare in Brutstimmung, richtet sich die Aggressivität des Ganters gegen jeden Teichmitbewohner, oft auch gegen Zoobesucher oder Tierpfleger. Singschwäne sind robust, langlebig und einfach mit einem groben Futter zu ernähren. Ihre Brutbereitschaft steht jener der Höckerschwäne weit nach, dennoch gelangen Erstzuchten bereits 1839 im Zoo London, 1882 im Zoo Berlin, 1905 BLAAUW, Holland, und 1909 in den USA. Gezielt können Singschwäne zur Zucht gebracht werden, wenn man gepaarten Tieren allein ein geräumiges

Grasgehege mit Teich bieten kann, das sie mehrere Jahre ungestört bewohnen können. PREUSS (1973) berichtet von einem Paar aus dem Zoo Rostock, von dem in den 60er Jahren aus 52 Eiern 39 Jungschwäne aufwuchsen: Balz und Kopulationen ab 2. Feb.-Hälfte, Nestbau ab Ende März. Das ♂ legte Nistmaterial bereit, welches das ♀ verbaute, Legebeginn nach dem 1. Apr. Kükenaufzucht durch die Eltern stets problemlos; sobald die Äsungsfläche erschöpft war, bot man der Familie reichlich gemähtes Gras, Gemüse oder Wasserpflanzen. Jungschwäne werden mit 12 bis 14 Wochen flugfähig; Angaben zur Jugendentwicklung BOWLER (1992).

Trompeterschwan
Cygnus buccinator Richardson, 1832

Größter Schwan und einer der größten rezenten flugfähigen Vögel
Flügel: ♂ 545–680, ⌀ 618,6; ♀ 604–636, ⌀ 623,3 mm
Gewicht: ♂ 9100–12500, ⌀ 11900; ♀ 7300–10200, ⌀ 9400 g
Gelege: 2–9, meist um 6 gelblich weiße Eier, 101–121,5 × 62,8–81, ⌀ 111 × 71,8 mm
Brutdauer: 32–35, auch bis 38 Tage
Schlupfgewicht: 190–231,5, ⌀ 206 g
Geschlechtsreife: zwischen 3. und 5. Lebensjahr

Ad. Jahreskleid: ♂ insgesamt größer und kräftiger als ♀. **Dunenkleid:** Oberseite grau, Bauchseite fast weiß; Schnabel, Iris und Beine schwarzgrau. **Jugendkleid:** Grau, Kopf und Hals besonders dunkel; Oberschnabel in unterschiedlicher Ausdehnung blaßrot. Im **1. und 2. Jahreskleid** Gefieder zunehmend weiß, Schnabel und Beine schwarz. Als Unterscheidung von gleich alten, nur wenig kleineren Singschwänen nennt BELLROSE (1976) einen tiefen trompetenartigen Ruf, gefolgt von drei höheren Tönen.
Mauser und Umfärbung: Jungeführende Eltern mausern die Schwingen zeitlich verschoben (erst ♂, dann ♀), Zeit der Flugunfähigkeit etwa 30 Tage, daran schließt sich die Kleingefiedermauser an (BELLROSE 1976). Jugendmauser etwa wie Singschwan.

Der Trompeterschwan ist heute bereits in relativ kleinen Gehegen züchtbar.

Verbreitung: Karte 18, Seite 328.
Status: Trompeterschwäne bewohnten ursprünglich die Prärieseen Kanadas und der USA-Nordstaaten. Abschuß zur Feder- und Fleischgewinnung ließen den Bestand 1932 auf 69 Tiere schrumpfen. Schutzmaßnahmen und die Errichtung großer Reservate hoben den Bestand bis 1954 auf 642 Schwäne an. Verstärkt ab 1960 begannen Revierbesiedlungen außerhalb der Schutzgebiete. Mitte der 70er Jahre umfaßte die Gesamtpopulation 6000, nach 1990 über 15000 Tiere. Die Art ist nicht mehr bedroht, jedoch voll geschützt.
Lebensweise: Der Trompeterschwan nimmt in Nordamerika die Stellung unseres altweltlichen Singschwanes ein; Verhalten und Brutbiologie weitgehend übereinstimmend. Die südlichen Populationen beziehen ab Feb. ihre Territorien, die Vögel Alaskas kehren im März/Apr. mit der Eisschmelze zu den Brutplätzen zurück. Die Paare beanspruchen große Reviere, die sie heftig verteidigen. Die Nester befinden sich im Ried

der Flachwasserzone. Nestbau und Brut allein durch das ♀, Küken werden von beiden Eltern geführt. Ab 3. Woche setzt bei ihnen ein Streckungswachstum ein, mit Beginn der Befiederung ab 5. Woche nehmen Kopf und Schnabel die arttypische Form an, mit 12–14 Wochen fertige Entwicklung, danach Einsatz der Jugendmauser (BOWLER 1992).
Nahrung: Rein pflanzlich, Nahrungsaufnahme überwiegend im Wasser, weniger auf dem Grasland.
Haltung und Zucht: Die geringe Zahl freilebender Trompeterschwäne erklärt für lange Zeit ihre Seltenheit in Zoos und Privatanlagen. Der Berliner Zoo besaß die Art erstmals 1874, während sie der Londoner Zoo 1870–1876 bereits züchtete. Der Holländer BLAAUW zog um 1905 mehrfach Junge auf und lieferte Tiere zur Stabilisierung der Freilandpopulationen nach Nordamerika. Im Herbst 1951 erhielt der Wildfowl Trust aus Kanada 3 Paare und brachte sie ab 1964 zur Fortpflanzung; über 100 Jungschwäne wuchsen in den Folgejahren heran, Grundstock der heutigen Gehegepopulation in Europa; Legebeginn meist um den 25. April. Heute werden Trompeterschwäne in Großgehegen von Zoos, Vogelparks und Privatanlagen, gelegentlich auch in Kleingehegen erfolgreich gezüchtet, wo dann jeglicher Pflanzenwuchs ausbleibt und viel Gras oder Gemüse zugefüttert werden muß. AERDKER, Wadendorf (mündl.), hält seit 4 Jahren ein Paar Trompeterschwäne in einem etwa 5 × 5 m großen Gehege mit Wasserbecken. Untereinander friedfertig, begrüßen sie den Pfleger gemeinsam mit ausdrucksstarkem Imponierverhalten. Ihre lauten Trompetenrufe sind bis zu 1 km hörbar, sie rufen ganzjährig, besonders in der Balz- und Paarungszeit ab Nov., im Frühjahr auch nachts. Erste Brutaktivitäten im 7. Lebensjahr. Eine Nestvorlage aus Baumstämmen wurde von den Schwänen zu einem großen Erdhaufen aufgetürmt, mit wenigen Federn bedeckt und ab Ende März 1996 6 Eier gelegt, aus denen mit den Eltern 5 Jungschwäne aufwuchsen. Nahrung in den ersten Tagen Gras einer frisch eingegrenzten Wiese, später neben Körnern und Pellets Vogelmiere und sehr viel gemähtes Gras.

Artengruppe: Tundraschwäne

Zwergschwan, *Cygnus bewickii*
Yarrell, 1830
Pfeifschwan, *Cygnus columbianus*
(Ord, 1815)

Bislang **zwei Unterarten: Pfeifschwan,** *C. c. columbianus* (Ord), Brutvogel im Norden Amerikas und **Zwergschwan,** *C. c. bewickii* Yarrell im hohen Norden Eurasiens. Der zeitweilig separierte **Jankowski-Schwan,** *C. c. jankowskii* Alphéraky aus NO-Asien läßt sich nicht eindeutig vom Zwergschwan trennen und ist diesem wieder zugeordnet. Heute werden dem **Pfeif-** und **Zwergschwan** jeweils **Artstatus** zuerkannt. In der europäischen Gehegehaltung gibt es gegenwärtig wenig mehr Zwerg- als Pfeifschwäne, aus der ‚Jankowski'-Population gelangten nur Einzelexemplare in europäische Zoos.

Pfeifschwan

Wenig kleiner als Singschwan, mit schlankem Hals
Flügel: ♂ 501–569, ⌀ 538; ♀ 505–561, ⌀ 531 mm
Gewicht: ♂ 4700–9600, ⌀ 7100; ♀ 4300–8200, ⌀ 6200 g
Wintergewicht im ⌀: ♂ ad. 7100, ♂ immat. 6000; ♀ ad. 6300, ♀ immat. 5500 g
Gelege: 4–5 cremefarbene Eier, 90–116 × 58,7–68,5, ⌀ 107 × 68 mm
Brutdauer: 31–33 Tage
Schlupfgewicht: 170–190, ⌀ 179 g

Zwergschwan

Wenig kleiner und kurzhalsiger als Singschwan
Flügel: ♂ 485–573, ⌀ 531; ♀ 478–543, ⌀ 510 mm
Gewicht: ♂ 4900–7800, ⌀ 6400; ♀ 3400–7200, ⌀ 5700 g
Gelege: 2–5 cremefarbene Eier, 89–117,4 × 61,3–71,5 ; ⌀ 101,5 × 66,5 mm

Brutdauer: 29–31 Tage
Schlupfgewicht: 175–192, ⌀ 184,5 g

Ad. Jahreskleid: Geschlechter äußerlich nicht unterscheidbar; variabel sind die Gelbverteilung am Schnabel des Zwergschwanes und das Fehlen oder Vorhandensein des gelben Fleckes im Zügelbereich des Pfeifschwanes. Schnabel beim Pfeifschwan durchweg schwarz, Trompeterschwan mit rötlichem Unterschnabel. **Dunenkleid:** Bei beiden Arten durchweg grauweiß, Schnabel auf Oberseite matt fleischrot, Nagel und Ränder grau, Beine fleischfarben. **Jugendkleid** (beide Arten): Hell graubraun, Kopf dunkler, Rücken blaugrau. Schnabel an Nagel und Rändern schwarz, mittlerer Oberschnabel blaßrot, beim Zwergschwan zwischen Basis und Nasenloch rahmgelb. Beine bräunlichgrau. **1. Jahreskleid:** Kleingefieder von weißen Federpartien durchsetzt. Schnabelumfärbungen analog Singschwan.

Der Pfeifschwan ist von anderen weißen Schwänen an Schnabelform und -farbe zu unterscheiden.

Vom Zwergschwan wuchsen 1997 erstmals in einer deutschen Anlage 3 Jungtiere heran.

Mauser und Umfärbung: Entsprechend dem kurzen arktischen Sommer liegen die Mauserzeiten der Altschwäne sehr gedrängt. Schwingenabwurf bei ♂ und ♀ gleichzeitig, Flugunfähigkeit 30 bis 40 Tage. Mauserbeginn Ende Juli, nach der Schwingenmauser wird etwa bis Dez. das Kleingefieder gewechselt. Jugendmauser bis März, ab Juni setzt 1.Vollmauser ein, in deren Verlauf das 1. Alterskleid einschließlich Schnabel- und Beinumfärbungen entsteht.
Verbreitung: Karte 19, Seite 328.
Status: Wegen der dünnen und lückenhaften Besiedlung des Brutareals ist der Gesamtbestand des Zwergschwanes trotz des großen Verbreitungsgebietes relativ klein. Winterzählungen in England und Holland ergaben um 1980 ein Mittel von 12 200 Individuen (RÜGER et al. 1987). SCHADILOV (mündl.) schätzt den Gesamtbestand Ende der 80er Jahre auf 40 000–45 000; DEL HOYO et al. (1992) geben für den ehemaligen Jankowski-Schwan 20 000 und etwa 150 000 für den Pfeifschwan an. Zwergschwan **BArtSchV Anl. 1, Ausnahmegenehmigung vom Vermarktungsverbot** erforderlich.
Lebensweise: Bei Pfeif- und Zwergschwan weitgehend identisch. Ihre Brutgebiete liegen ausnahmslos in den Sumpf- und Flußniederungen sowie an den Binnenseen der subarktischen Tundra und damit nördlicher als jene des Sing- und Trompeterschwanes. Erst ab 2. Maihälfte kehren die Paare zu ihren Brutplätzen zurück und beginnen mit dem Rückgang von Eis und Schnee den Nestbau auf Inselchen oder schon abgetrockneten Erhebungen großflächiger Sümpfe, stets so, daß der brütende Vogel seine Nestumgebung gut übersehen kann. Die Nester sind umfangreiche Bauten aus Moos, Flechten und Graspflanzen, die schon während der Legeperiode im Juni mit Dunen und Konturfedern ausgekleidet werden. Beide Partner brüten im Wechsel und führen auch die Küken gemeinsam. Die Jungschwäne wachsen in den Flachwasserzonen heran und werden von den Eltern zur Grasäsung auf angrenzende Wiesen geführt. Ende Aug. sind die Jungtiere flugfähig und verlassen Anfang Sept. mit ihren Eltern die Tundren.

Während der Wintermonate lösen sich die Familienverbände allmählich auf. Der Frühjahrszug des Zwergschwanes vollzieht sich in Sprüngen von Westeuropa über die Ostsee mit Zwischenrast in Estland, am Weißen Meer und in den Tundren nördlich des Urals.
Nahrung: Fast ausschließlich pflanzlich, jahreszeitlich können Wasserpflanzen, Gräser und Kräuter oder Rhizome dominieren.
Haltung und Zucht: Beide Arten werden nur gelegentlich in Zoos und Vogelparks und erst in der letzter Zeit auch in Zuchtanlagen gehalten. Sie sind robust, langlebig und, da nur selten in Brutstimmung, auch verträglich. Die ersten Pfeifschwäne gelangten nach 1900 in den Londoner und Berliner Zoo, weitere Importe erfolgten nach 1950 u. a. für den Wildfowl Trust in Slimbridge. Der Jankowski-Schwan wurde in ostasiatischen Zoos, ferner nach 1951 in Slimbridge, 1963 im Tierpark Berlin und wiederholt im Zoo Moskau gehalten. Von beiden Arten gibt es bisher nur wenige sporadische Zuchtergebnisse. Vom Pfeifschwan gelang 1967 die USA-Erstzucht, 1974 kam es zur Ablage von 2 unbefruchteten Eiern im Tierpark Berlin und 1976 zur europäischen Erstzucht in Slimbridge. Erstzucht mit dem Zwergschwan 1914 im Woburn Park, England, ferner wiederholt im Zoo Moskau und in Askania Nova (Ukraine). In Deutschland um 1996 2 Nachzuchten in Privatanlagen, wo jeweils 3 Küken aufwuchsen, eine davon in einem aufgegebenen und mit Büschen verwachsenen Zucht-, die andere in einem nur wenige Quadratmeter großen Einzelgehege. Der Jankowski-Schwan wurde zumindest im Zoo Takamatsu, Japan, in den 80er Jahren gezüchtet. In den letzten Jahren wuchsen im Wildfowl Trust wiederholt Pfeif-, doch nur wenige Zwergschwäne heran. Über brutbiologische Beobachtungen am Zwergschwan berichten EVANS (1975) und SECRETT (1972): Die brutaktiven Tiere bewohnten jeweils weiträumige und wenig besetzte Teichanlagen. Beide Partner errichteten die Nester. Eiablagen zwischen 30. Apr. und 6. Juni, meist Anfang Mai. Das ♂ besetzte das Nest während der Legeperiode und beteiligte sich etwa zu einem Drittel am Brü-

Koskorobaschwan mit wenigen Tage alten Küken.

ten. Die Kükenführung übernahm das ♀, während der Ganter die Familie bewachte. Die Jungschwäne entwickelten sich wesentlich langsamer als herkömmlich beschrieben. Fünf Wochen alte Küken waren noch voll in Dunen gehüllt, mit 9 Wochen bedeckte das Kleingefieder dann den Körper, und mit 13 Wochen waren sie im wesentlichen befiedert. Über die Erstzucht vom Pfeifschwan im Wildfowl Trust berichtet EVANS (1977): Ab 8. Mai wurden in zweitägigen Intervallen 6 Eier gelegt. Das ♂ übernahm mehr als 50% des Nestbaues und einen kleinen Anteil der Brut. Bereits nach 27 Bruttagen schlüpfte eines der Küken, 2 Jungschwäne wuchsen auf.

Koskorobaschwan
Coscoroba coscoroba (Molina, 1782)

Kleinste Schwanenart, durch relativ kurzen Hals und lange Beine gänseähnlicher Habitus

Flügel: ♂ und ♀ 430–450 mm (DELACOUR 1954); ♀ 427–458, ⌀ 444 mm (SCOTT 1972)
Gewicht: ♂ 3800–5400; ♀ 3170–4500 g
Gelege: 6–9 schmutzigweiße Eier, 82–94,5 × 56–62, ⌀ 89,1 × 60,2 mm
Brutdauer: 34–36 Tage
Schlupfgewicht: 99 und 119 g
Geschlechtsreife: gegen Ende des 3. Lebensjahres

Ad. Jahreskleid: ♂ und ♀ im wesentlichen gleich, ♀ wenig kleiner; Iris beim ♂ orangegelb bis hell rahmfarben, beim ♀ bräunlich.
Dunenkleid: Stirnmaske, mittlerer Rücken, Flügel, Schenkel und der Oberschwanz graubraun, übriger Körper silberweiß. Schnabel und Beine grau. **Jugendkleid:** Kleingefieder überwiegend weiß, nur Kopfpartien bis unter die Augen, Rücken und Flügel graubraun, Handschwingenspitzen schwarzgrau. Schnabel und Beine dunkelgrau, später rötlich aufgehellt. Im **1. Jahreskleid** Kleingefieder, Schnabel, Iris und Beine wie ad., Handschwingen und Flügeldecken grau, bei ad. schwarz.
Mauser und Umfärbung: Von ad. und immat. nicht im Detail beschrieben. Das 1. Jahreskleid wird von den Jungschwänen bereits im Spätherbst angelegt, nach der Vollmauser im nächsten Sommer nicht mehr von ad. Tieren zu unterscheiden.
Verbreitung: Karte 20, Seite 329.
Status: Populationsstärken für zahlreiche Großregionen nur ungenau bekannt. Im Süden Chiles, eines der Hauptbrutvorkommen, Ende der 70er Jahre offenbar unter 1000 Tiere (MADEGE & BURN 1988). Teilgebietszählungen im Winter 1990 ergaben für Uruguay 350 und für Argentinien über 12000 Individuen. Handelseinschränkungen begrenzen heute die Ausfuhr von Wildvögeln, die derzeit für die Erhaltung der Gehegebe-

stände auch nicht erforderlich sind. **CITES Anh. II/B**, **Vermarktungsbescheinigung** nicht erforderlich.
Lebensweise: Koskorobaschwäne bewohnen während der Brutzeit große, kalte, aber nahrungsreiche Flachseen und Flußniederungen der Pamparegion, in kleinerer Zahl die Binnengewässer Feuerlands, die Falkland-Inseln und die Trockenzonen nördlich 35° südl. Breite. Während des Südwinters wandern die Koskorobaschwäne nordwärts bis Südbrasilien und Bolivien. Zur Brutzeit besetzen die einzelnen Paare sehr große Gewässerabschnitte und errichten im Flachwasser der Uferzone, selten direkt auf dem Land, ihre großen Kegelnester aus Pflanzenteilen und Teichschlamm. Die um 40 cm hohen Aufschichtungen weisen tiefe Nestmulden auf, die während der Brut reichlich mit hellgrauen Dunen ausgelegt sind. Brutperioden in Patagonien Sept. bis Dez., in Paraguay März/Apr. und in der Provinz Buenos Aires Juni bis Aug. Das ♀ brütet allein, beide Eltern führen später die Küken und suchen bevorzugt wassernahe Wiesen für die Äsung auf.
Nahrung: Überwiegend pflanzlich; der Anteil der Gräser und Wiesenkräuter ist besonders hoch.
Haltung und Zucht: Koskorobaschwäne wurden um 1870 erstmals nach Europa gebracht und werden seitdem regelmäßig, aber stets in geringer Zahl in Zoos und vereinzelt in Privatanlagen gehalten. Während die früheren Wildfänge hinfällig gewesen sein sollen, sind die heutigen Gehegenachzuchttiere robust, langlebig und problemlos zu ernähren. Brutaktive Paare zeigen sich Gänsen und weiteren Schwänen gegenüber aggressiv, Enten werden u. U. selbst in direkter Nestnähe geduldet. Gute Zuchtergebnisse lassen sich in Einzelgehegen erzielen. Wegen der starken Weidebedürfnisse sind diese Schwäne auf Teichen mit angrenzendem Grasland zu halten. Bis nach 1990 galten erfolgreiche Zuchten noch als Besonderheit. Welterstzucht 1913 im Woburn Park, England, USA-Erstzucht 1950 im Zoo Philadelphia, im Wildfowl Trust Zuchten ab 1952. Die heutige Gehegepopulation besteht weitgehend aus nachgezüchteten Tieren. Arttypisch sind zumindest für einzelne Paare hohe Nachzuchtraten, zumal die Küken annähernd verlustlos aufwachsen. REHME, Lemgo, hielt zeitweilig Mutter und Tochter mit einem Ganter auf einem Teich, die ♀ bauten Doppelnester, legten jedes um 8 Eier und brüteten nebeneinander. Während die Jungschwäne in der Boxe aufwuchsen, erbrachten beide Tiere ein oder zwei Nachgelege; insgesamt zog REHME mit dieser Zuchtgruppe über 150 Jungschwäne auf. Im Zoo Philadelphia brachte ein 1950 gezüchtetes Geschwisterpaar bis 1972 in einem nur 10 × 17 m großen Gehege 83 Junge groß. Die massigen Kegelnester wurden vom Ganter errichtet und erst kurz vor Legebeginn vom ♀ vollendet. Eiablage stets zeitig im Frühjahr (in Slimbirdge ab 24. Feb., meist um den 10. März). Brut allein durch ♀ oder im Inkubator bei 37,5 °C und 85 % Luftfeuchte (GRISWOLD 1973). Bei diesen Schwänen sind Aufzuchten ohne Eltern gut möglich; andererseits führen diese zuverlässig. Gehudert wird auf dem Nesthügel, die Küken erklettern nicht den Rücken der Mutter (vergl. Schwarzhalsschwäne). Die Familien erhalten viel frisches Grün, u. a. Wasserlinsen, Salat oder Wiesengras.

Feld- und Meeresgänse

Schwanengans
Anser cygnoides (Linné, 1758)

Größte Feldgans-Art
Flügel: ♂ 450–460; ♀ 375–440 mm
Gewicht: ♂ um 3500, ♀ 2850–3340 g
Gelege: 5–8 cremeweiße Eier, 76–90 × 53–58, ⌀ 83,8 × 56,4 mm
Brutdauer: 28–30 Tage
Schlupfgewicht: ♂ 82 und 85, ♀ 62 g (eig. Wäg.)
Geschlechtsreife: gegen Ende des 2. Lebensjahres

Ad. Jahreskleid: ♂ deutlich größer als ♀. Arttypisch der lange, kräftige Schnabel, der geradlinig von der Firstlinie zur Stirn verläuft, bei ad. ♂ andeutungsweise mit leichter Aufwülstung. Höckerbildungen, helle

Unterfamilie Anserinae – Feldgänse

Schwanengans, die Wildform ist an der geradlinigen Schnabelfirstlinie kenntlich.

Schnäbel oder Übergrößen sind Merkmale der Höckergans. **Dunenkleid:** Oberseite hell olivgrün; Nacken, Gesicht, Hals und Bauchseite gelb. Schnabel dunkelgrau, leicht abwärts gebogen; Iris und Beine dunkel bleigrau. **Jugendkleid:** Hell/dunkle Kopf- und Halsfärbung unrein und ineinander übergehend, weißer Schnabelsaum fehlt. Rumpfgefieder breit grau gesäumt; äußerer Flankensaum graubraun, bei ad. weiß.
1. Jahreskleid: Klein- und Schulterfedern wie ad., unvermausertes Großgefieder aus dem Jugendkleid.
Mauser und Umfärbung: Ad. werfen Schwingen ab, wenn Küken etwa 2 Wochen alt sind, und erlangen mit ihnen erneut die Flugfähigkeit; bis Sept. werden Steuer- und Kleingefieder gewechselt. Im Mai geschlüpfte Junggänse beginnen im Aug. auf Rücken, später an Kopf und Hals ihre Jugendmauser, ab Okt. tragen sie die kontrastreiche Kopf-Hals-Färbung, ab Wintermitte zeigt sich der weiße Schnabelring. Die Beine hellen während der Befiederung auf, sind bis zum Winter gelboliv und nach der Jugendmauser orangegelb.
Verbreitung: Karte 21, Seite 329.
Status: Die Schwanengans ist innerhalb ihrer Verbreitung auf inselartige Brutareale zurückgedrängt. Das Rotbuch der UdSSR weist 1985 nur noch zwei Vorkommen mit 300 bis 400 Paaren für das Land aus. Stabilere Brutvorkommen liegen in der Westmongolei sowie im nördl. und östl. Zentralchina (Innere Mongolei). Um 1988 insgesamt über 100 000 Individuen; die chinesischen Winterpopulationen umfassen etwa 50 000 Tiere, die jedoch Lebensraumverlusten und starken Überbejagungen ausgesetzt sind (GREEN 1992), Art gilt als gefährdet.
Lebensweise: Schwanengänse gehören dem zentralasiatischen Faunentyp an. Ihre Brutplätze befinden sich an brackigen Steppenseen, entlang versumpfter Flüsse, aber auch auf sumpfigen Hochplateaus bis in 2 400 m. Auf Sachalin fand man ihre Nester an bewaldeten Hängen entlang der Flußläufe. Überwinterung in Steppen- und Agrarzonen, oft fern jeglichen offenen Wassers. Im Apr. kehren die Schwanengänse zu den Brutplätzen zurück, beginnen aber nicht so überstürzt mit dem Brutgeschäft wie die arktischen Gänse. Die Vegetationsperiode ist mit 6 Monaten hier fast doppelt so lang wie im Norden. Die Nester stehen einzeln oder kolonieweise auf Grasinseln, im Ried oder am trockenen Waldboden. Eiablage ab Mai. Der Ganter wacht in Nestnähe und übernimmt später wesentliche Anteile der Kükenführung. Ab Sept. ziehen die Familien gemeinsam in die südöstlicheren Wintergebiete ab und weichen damit dem strengen Kontinentalwinter aus.

Kurzschnabelgans.

Nahrung: Grünteile von Gräsern und Kräutern, im Herbst Moos- und Heidelbeeren, im Frühjahr junge Lärchennadeln. Stets bevorzugt werden Wurzeln und Rhizome, die mit dem langen Schnabel aus dem weichen Litoralboden gegraben werden.

Haltung und Zucht: Offenbar gelangten Schwanengänse erst in den 30er Jahren nach Europa. DELACOUR (1954) sieht die Aufzucht von 3 Jungvögeln 1937 in England als Welterstzucht an, im gleichen Jahr wuchsen im Zoo Berlin Bastarde mit der Graugans auf. Auch nach 1950 kamen nur wenige Tiere aus der ehemaligen UdSSR und aus China nach Europa, u.a. in den Tierpark Berlin und in russische Zoos, wo sehr bald zahlreiche Jungtiere aufwuchsen. In Westeuropa blieb die Art bis nach 1970 rar oder war mit Höckergänsen vermischt. Heute existieren stabile und leicht züchtende Gehegepopulationen, doch ist ein Teil davon erneut mit der Höckergans vermischt worden. Haltung und Zucht sind unproblematisch und in Kleinanlagen wie auf großen Zoogehegeflächen gut möglich, doch graben die Gänse mit ihren langen Schnäbeln auf der Suche nach Rhizomen bis zu 30 cm tiefe Löcher in die Uferzone und verbeißen jeglichen Bodenwuchs. In eigener Anlage züchtete ein knapp zweijähriges Paar. Ab März nahm ihre Ruffreudigkeit zu, das ♂ balzte nach Art der Grauganter und begann das Nestrevier durch Beißen und Flügelschlagen zu verteidigen. Ende März errichtete das ♀ das Nest, legte zwischen 11. und 19. April 5 Eier und erbrütete 3 Kücken. Die Befiederung setzte zwischen 21. und 23. Tag an Flanken, Schultern und Schwanz ein, am 32. Tag war die Unterseite befiedert, und die Schwingen entfalteten sich, volle Befiederung (jedoch nicht volle Größe) um den 60. Tag.

Höckergans: Vermutlich wurden Schwanengänse bereits vor über 3000 Jahren in China als Hausgeflügel gehalten und zur Höckergans domestiziert. Von dort gelangten sie über Indien nach Afrika, besonders nach Madagaskar und erst spät nach Europa und Amerika. In den Tropen werden mit ihnen bessere Halteerfolge erzielt als mit den Graugans-Abkömmlingen.

Kurzschnabelgans
Anser brachyrhynchus Baillon, 1834

Kleiner und kurzhalsiger als Saatgans

Flügel: ♂ 430–460, ⌀ 443, ♀ 405–435, ⌀ 420 mm

Gewicht: (Mauserzeit) ♂ 1900–3350, ⌀ 2600; ♀ 1810–3150, ⌀ 2340 g;

Gelege: 3–5, selten bis 8 gelblichweiße Eier, 70–90 × 48–58, ⌀ 78,3 × 52,4 mm

Brutdauer: 26–27 Tage

Geschlechtsreife: gegen Ende des 3. Lebensjahres

Ad. Jahreskleid: ♂ und ♀ gegenüber Saatgans an Kopf und Hals dunkler, Schultern, Rücken und Flügeldecken blaugrau (nicht graubraun); Schnabel im Mittelteil rosenrot (nicht orange oder gelblich), Füße dunkel fleischrot. **Dunenkleid:** Oberseite oliv-graugrün, Gesicht, Unterseite und Rückenflekkung lehmgelb, ab 2. Woche rundum graugrün, Schnabel hornbraun, Füße schwarzgrau. **Jugendkleid:** Alle Federn schmal, vorn gerundet und verwaschen lehmgelb (nicht rahmweiß) gesäumt; Rücken und Flügeldecken braun. Schnabelmittelteil und Füße blaß fleischrot. **1. Jahreskleid:** Kleingefieder, ein Teil der Flügeldecken, Schnabel und Füße wie ad.; kenntlich an unvermauserten Flügeldecken und Steuerfedern.
Mauser und Umfärbung: Wildvögel werfen um Mitte Juli, 2–3 Wochen nach dem Schlupf der Gössel, ihre Schwingen ab und sind dann etwa 25 Tage flugunfähig. Danach Mauser des Kleingefieders und der Steuerfedern. Juv. wechseln in einer Teilmauser zwischen Sept. und Dez. das Kleingefieder und im Jan./Feb. einen Teil der Flügeldecken, erste Vollmauser ab Sommer.
Verbreitung: Karte 22, Seite 329.
Status: Zählungen in den Brutkolonien und auf den Winterplätzen zeigen deutliche Zunahmen. Anfang der 90er Jahre umfaßte die Grönland-Island-Population 190 000 und die Spitzbergen-Gruppe um 30 000 Tiere. Bestandserweiterungen führt RUTSCHKE (1987) u. a. auf ein verändertes Äsungsverhalten zurück, statt Gräser werden heute Jungsaaten, Kartoffeln und Getreidekörner als Winternahrung aufgenommen, damit wird eine günstigere Energiebilanz erreicht.
Lebensweise: Kurzschnabelgänse brüten kolonieweise, auf Grönland und Spitzbergen relativ sicher vor dem Polarfuchs auf schmalen Felsterassen der Cañontäler und Randberge oberhalb 400 m. Auf Island befindet sich die große Kolonie am Fuße des Hofs-Jökull-Gletschers auf einer Fläche von 80 km². Die Schmelzwasser bilden hier weiträumige Sumpfflächen, Moore, Seen, Gräben und reißende Flüsse. Die üppige arktische Vegetation bilden flachwüchsige Weiden, Polarbirken, Wollgräser und großblütige Kräuter. Die Nester werden auf Moränenwällen, den höchsten und relativ trockenen Stellen, errichtet. Ankunft der Brutvögel Anfang Mai, auf Grönland und Spitzbergen im Juni, wenige Tage danach beginnen Nestbau und Eiablage. Das Gros der Küken schlüpft auf Island um den 20. Juni, Anfang Juli beginnen die Nichtbrüter, um den 10. Juli die Brutvögel mit dem Schwingenabwurf. Während der Flugunfähigkeit bilden die Familien riesige „Fußgängerherden". Anfang Aug. erlangen alte und junge Gänse die Flugfähigkeit und ziehen wenig später in die Winterquartiere ab.
Nahrung: Ganzjährig rein pflanzlich; während des Sommers Knospen und Blätter, später Samenstände und im Winter Feldfrüchte, Quecken und Schachtelhalme.
Haltung und Zucht: Kurzschnabelgänse unterscheiden sich in ihren Haltungsansprüchen nicht von denen anderer Feldgänse. In größeren Zuchtgehegen sind Paare nachgezüchteter Tiere öfter als solche der Saatgans anzutreffen. Die Fortpflanzungsbereitschaft der Wildvögel dürfte etwas höher liegen als bei der Saatgans, zum anderen hat man sich in England gezielt um die Zucht der Kurzschnabelgans bemüht. Damit ist heute der Anteil wiederum brutbereiter Tiere relativ hoch. Erstzucht in England 1872, in den USA 1935, in Deutschland 1954. Beginn der Eiablage um den 20. April, Brut und Kükenaufzucht bleiben vorzugsweise den Eltern überlassen. Die Bastardierungsneigungen sind stark ausgeprägt; im Institut für Verhaltensforschung in Seewiesen erfolgten über 50 % aller Bruten mit artfremden Partnern.

Artengruppe: Saatgänse

Waldsaatgans, *Anser fabalis* (Latham, 1787)
Tundrasaatgans, *Anser serrirostris* Swinhoe, 1871

Bisher **fünf Unterarten: Tundrasaatgänse,** *A. f. rossicus* Buturlin und *A. f. serrirostris* Swinhoe, sind gedrungen, kurzhalsig und haben kurze, dicke Schnäbel mit oran-

Waldsaatgans, *A. f. fabalis*, hinten im Bild, die etwas kleinere Tundrasaatgans, *A.s.rossicus*, im Vordergrund.

genen Farbanteilen. **Waldsaatgänse,** *A.f. fabalis* (LATHAM), *A.f. johanseni* Delacour und *A.f. middendorffii* Severtzov, sind etwas größer und langhalsiger, ihre Schnäbel sind länger, schlanker und partiell orange oder gelb. MONROE & SILBEY (1993) sehen darin **Tundra- und Waldsaatgans** als **zwei eigenständige Arten** ohne Unterarten. Europäische Gehegevögel fast ausschließlich die vormaligen *A.f. fabalis* und *A.f. rossicus*.

Flügel: *A.f. fabalis* ♂ 452–520, ⌀ 481; ♀ 434–488, ⌀ 460 mm
A.f.rossicus ♂ 430–478, ⌀ 454; ♀ 405–458, ⌀ 433 mm
Schnabel: *A.f.fabalis* ♂ 57–70, ⌀ 63,6; ♀ 55–66, ⌀ 60,0 mm
A.f. rossicus ♂ 52–63, ⌀ 57,7; ♀ 49–60, ⌀ 54,6 mm
Gewicht: *A.f. fabalis* ♂ 2690–4060, ⌀ 3198; ♀ 2220–3470, ⌀ 2843 g
A.f. rossicus ♂ 1970–3390, ⌀ 2668; ♀ 2000–2800, ⌀ 2374 g
Gelege: 5–7 blaßgelbliche Eier, 73,6–93 × 42–62, ⌀ 84 × 56,2 mm
Brutdauer: 27–29 Tage
Geschlechtsreife: gegen Ende des 2. oder 3. Lebensjahres

Ad. Jahreskleid: ♂ und ♀ gleich, ein schmaler weißer Federsaum um den Schnabel kann ausgebildet sein. **Dunenkleid:** Stirn, Kopfplatte und gesamte Oberseite olivbraun; Gesicht, Nacken, Flügelränder gelbgrün; Unterseite gelblichweiß. Schnabel und Füße grau. **Jugendkleid:** Insgesamt dunkler als ad., Rücken- und Schwanzfedern schmal zugespitzt und breit hell gesäumt; ohne weiße Federn am Schnabelsaum. Füße graugelb. **1. Jahreskleid** am unvermauserten Großgefieder bedingt erkennbar.
Mauser und Umfärbung: Ad. Vollmauser nach beendeter Brut; Flugunfähigkeit ca. 1 Monat im Juli/Aug. Während Schwingen heranwachsen, setzt die Kleingefiedermauser an Kopf und Hals ein, die zwischen Nov. und Feb. beendet wird. Jugendmauser Okt. bis Feb., sie ersetzt das gesamte Kleingefieder, die Steuerfedern und einige Flügeldecken.
Verbreitung: Karte 22, Seite 329.
Status: Die westpaläarktischen Saatgänse haben in den letzten Jahren ihre Bestände vergrößert; als Ursache sieht RUTSCHKE (1987) Einschränkungen der Jagd, Vermeidung von Störungen an den Schlafgewässern (wichtig für Energiebilanz der Tiere), die reichlich vorhandenen Ernteereste auf den Feldern und die frühzeitige Bestockung der Saaten im Winterquartier. Gut ernährt können die Gänse den energieaufwendigen Heimzug antreten. Auch die fernöstlichen Tundrasaatgänse verfügen über umfangreiche Bestände, die Waldsaatgänse dagegen nur über lokale Kleinpopulationen.
Lebensweise: Das Gros aller Saatgänse bilden die Tundraformen, deren Brutplätze in der Flechten-, Moos- und Strauchtundra liegen. Sie nisten auf erhöhten Stellen der unendlich weiten Sümpfe, entlang der Flußniederungen oder an Felsufern. Die Waldsaatgänse besiedeln Moore, Sümpfe oder breite Flußniederungen der Waldtundra und

Taiga. Die südlich beheimateten Populationen sind vorwiegend Gebirgsbrüter. Ankunft an den Brutplätzen in der Taiga Ende April, in den Tundren ab Mitte Mai, wenn diese Gebiete noch von Frost und Schnee beherrscht werden. Offenbar beginnen die Saatgänse nicht in jener Eile anderer arktischer Vögel mit der Eiablage, sondern wandern in kleinen Gruppen, in denen die Ganter intensiv balzen, umher. Ab Mitte Mai Bezug der Brutreviere, wenig später beginnt die Eiablage. Die Nester befinden sich verstreut auf trockenen Tundraabschnitten, an Sträuchern oder Steinen und im Röhricht. Bei nahender Gefahr drücken sich beide Partner zunächst mit ausgestrecktem Hals flach auf den Boden, um im letzten Moment abzufliegen. Nach dem Schlupf der Gössel bilden die Familien lockere Trupps, mit Mauserbeginn der Altvögel Juli/Aug. größere Verbände. Der Herbstzug setzt im Norden Ende Aug., in der Taiga im Sept. ein. Die Familienverbände bestehen noch bei Ankunft im Winterquartier, sie lösen sich mit der Verpaarung der Jungtiere in der zweiten Winterhälfte auf.

Nahrung: Im Sommer Gräser und Kräuter, im Herbst zusätzlich Beeren (u. a. Moosbeeren). Winternahrung entsprechend dem jeweiligen Rastplatzangebot bestehend aus Gräsern, Getreide von Stoppelfeldern, Kartoffeln, frisch ausgetriebener Wintersaat, ferner aus Quecken-Rhizomen und Schachtelhalm.

Haltung und Zucht: Regelmäßig gelangen überwinternde Saatgänse in die Hände des Menschen und werden dann in Zoos, weniger in Privatanlagen gepflegt. Eingewöhnung, Haltung und Ernährung verlaufen problemlos, auch ohne Weidemöglichkeit oder bei zu kleiner Wasserfläche bleiben die Tiere in guter Kondition. Die europäischen Gehegetiere entstammen den westpaläarktischen Populationen der Tundra- und Waldsaatgänse. Aus ostasiatischen und russischen Zoos gelangt in geringer Zahl *serrirostris* nach Westeuropa (u. a. in den Wildfowl Trust), die östlich brütenden Waldsaatgänse sind offenbar nicht importiert. Erfolgreiche Saatgans-Zuchten sind wegen des hohen Anteils an Wildtieren eher zufällig, zumal eine Vernachlässigung zugunsten kleinerer Gänsearten nicht zu übersehen ist. Trotz geringerer Haltungsanteile der Waldsaatgans gelang ihre Erstzucht in England, den USA und im Tierpark Berlin Jahre vor der der Tundrasaatgans, Erstzucht der *serrirostris* 1975 im britischen Wildfowl Trust. Saatgänse verpaaren sich ebenso häufig mit artfremden wie mit artgleichen Partnern.

Bläßgans
Anser albifrons (Scopoli, 1769)

Bisher vier Unterarten: Europäische Bläßgans, *A. a. albifrons* (Scopoli). Davon abweichend ist die **Grönland-Bläßgans**, *A. a. flavirostris* Dalgety & Scott, dunkler, der Bauch fast schwarz, der Schnabel orangegelb, die **Tule-Bläßgans,** *A. a. elgasi* Delacour & Ripley, ist dunkelbraun, besonders groß, langschnäblig und hat nicht selten gelbe Augenringe, das weiße Stirnfeld reicht bis über Augenhöhe. Die **Pazifik-Bläßgans**, *A. a. frontalis* Baird, gleicht farblich wiederum der *A. a. albifrons*, ist jedoch lang-

Eurasische Bläßgans.

Bei der Tule-Bläßgans reicht das Weiß der Stirn bis über Augenhöhe.

schnäbliger. Es deutet sich an, daß aus obigen Unterarten die Tule-Bläßgans *Anser elgasi*, einen eigenen Artstatus erhält. Europäische Gehegetiere gehören mit wenigen Ausnahmen der Nominatform an.

Mittelgroße Feldgans
Flügel: *albifrons* ♂ 399–444, ⌀ 428;
♀ 393–415, ⌀ 404 mm
Schnabel: *albifrons* ♂ ⌀ 46,4, ♀ ⌀ 43,3;
frontalis ♂ ⌀ 52,5, ♀ ⌀ 49,8;
flavirostris ♂ ⌀ 52,7, ♀ ⌀ 52,0 mm
Gewicht: *albifrons* ♂ 1790–3340, ⌀ 2450;
♀ 1720–3120, ⌀ 2180 g
Gelege: *albifrons* 5–7 gelblichweiße Eier,
72–89 × 47–59, ⌀ 79 × 53,3 mm
Brutdauer: 26–28 Tage
Geschlechtsreife: gegen Ende des 2., zumeist des 3. Lebensjahres

Ad. Jahreskleid: ♂ und ♀ gleich; Blesse reicht nur bis zur Stirn (vergl. Zwerggans), schmale gelbe Augenringe können auftreten.
Dunenkleid: Oberseite dunkeloliv, braun übertönt, Gesicht und Unterseite gelblichbraun, Bauch grauweiß, Schnabel und Füße dunkelgrau. **Jugendkleid:** Weiße Stirnblesse fehlt, Schnabel von schwarzbraunen Basisfedern eingefaßt; Bauch braunflockig, nicht schwarzfleckig; Schnabel hell fleischfarben, Nagel graubraun oder weiß; Füße gelb. **1. Jahreskleid:** Keine oder nur einzelne schwarze Bauchfedern, im weiteren wie ad.

Mauser und Umfärbung: Vollmauser beginnt mit dem Schwingenabwurf im Juli/Aug., Flugunfähigkeit etwa 25 Tage; während dieser Zeit setzt die Kleingefiedermauser ein, sie endet im Okt./Nov. Eine weitere Teilmauser offenbar im Frühjahr. Jugendmauser zwischen Nov. und März. Jungtiere meiner Anlage waren im Blessenbereich anfangs braun und färbten bis Ende Sept. schwarzbraune Federn durch (Zwischenmauser), wenig später zeigten erste weiße Federn den Beginn der eigentlichen Mauser an.
Verbreitung: Karte 24, Seite 329.
Status: Während die Nominatform gemeinsam mit der Pazifik-Bläßgans heute die umfangreichste Gesamtpopulation aller Gänse bildet (etwa 1 Mill.) und die Grönlandbläßgans mit einem Bestand von knapp 20 000 gesichert erscheint, verfügt die Tule-Bläßgans nur über einen Bestand von etwa 5 000 Tieren (GREEN 1992) und wird im Red Data Book der IUCN als verletzlich, aber nicht akut gefährdet eingestuft.
Lebensweise: Die Brutgebiete der Bläßgans erstecken sich zwischen der fast vegetationslosen arktischen Tundra mit Durchschnitts-Juni-Temperaturen von nur 4 °C südwärts bis in die Strauchtundra. Die Art brütet einzeln oder in lockeren Kolonien, bevorzugt auf trockenen erhöhten Tundraabschnitten und an seichten Flußhängen.

Die Nester bilden eine locker zusammengefügte Unterlage aus Gräsern und Stengeln und werden vor Brutbeginn reichlich mit Dunen ausgekleidet. Legebeginn Anfang Juni, 10 bis 12 Tage nach Ankunft im Brutgebiet. Das ♀ legt nur kurze Brutpausen ein, so daß in den letzten Tagen kaum noch Nahrung aufgenommen wird. Die Eltern führen die Jungen in feuchte, windgeschützte Senken mit üppiger Vegetation. Mit Mauserbeginn der Altvögel bilden sich große Herden, die bei Gefahren auf freien Wasserflächen der Seen ausweichen. Mitte Aug. erlangen ad. und juv. die Flugfähigkeit, kurze Zeit später beginnt der Abzug in die Wintergebiete.
Nahrung: Im Sommer vor allem Seggen, Süßgräser (u. a. Wollgräser) und Schachtelhalme, in den Winterquartieren Erntereste

und Wintersaaten, ferner Wildgräser, Klee und Raps.
Haltung und Zucht: Bläßgänse werden seit langem in Zoos und Tierparks gehalten, in Zuchtanlagen ist die Art wegen ihrer Größe und Einfachheit seltener anzutreffen. Das Gros bilden Wildfänge, die während der Überwinterung angeschossen oder entkräftet in Gewahrsam genommen wurden. Ihre Eingewöhnung gelingt problemlos, selbst die anfängliche Scheu wird nach kurzer Zeit abgelegt. Im Zoo Basel lebte ein solches Tier über 22 Jahre. Die Grönland-Bläßgans wird speziell in England gehalten, die sehr seltene Tule-Bläßgans besaßen in Deutschland FISCHER, Varel, und LEHMANN, Fallingbostel. Bläßgans-Zuchten stellen heute keine Seltenheit mehr dar, doch gelingt diese vorrangig in weiträumigen und wenig besetzten Anlagen und mit nachgezüchteten Tieren. Alle Unterarten sind gezüchtet, die Nominatform bereits im letzten Jahrhundert; Erstzuchten der Tule-Bläßgans 1965 in den USA, 1975 in England, 1989 LEHMANN. Bläßgänse neigen stark zu Bastardierungen, speziell mit Saatgänsen.

Zwerggans
Anser erythropus (Linné, 1758)

Kleinere Feldgans-Art
Flügel: ♂ 370–388, ⌀ 378; ♀ 361–387, ⌀ 373 mm
Gewicht: ♂ 1970–3340; ♀ 1570–3000 g
Gelege: 3–8 (meist 4–6) weiße Eier, 69–84,5 × 43–52, ⌀ 76 × 49 mm
Brutdauer: 25–28 Tage
Schlupfgewicht: 69–88, ⌀ 79,7 g (32 Küken, eig. Wäg.)
Geschlechtsreife: gegen Ende des 2. oder 3. Lebensjahres

Ad. Jahreskleid: ♂ und ♀ gegenüber Bläßgans kurzhalsiger, Kopf mit steiler Stirn, Blesse bis über den Augen; leuchtend gelber Augenring, Schnabel durchweg hell rosa.
Dunenkleid: Stirn, Augenpartien und Rücken dunkel olivgrün, braun übertönt; Gesicht, Hals, Unterseite und hintere Flügelränder hell olivgrün. Schnabel schwarzbraun, Füße schwarzgrau. **Jugendkleid:** Gefieder um Schnabel schwarzbraun, Bauch wolkig graubraun. Schnabel blaß rosa, Füße gelblichgrau. **1. Jahreskleid:** Weitgehend wie ad., doch noch keine oder nur wenige schwarze Bauchflecken.
Mauser und Umfärbung: Mauser der ad. siehe Bläß- oder Saatgans; Schwingenabwurf in eigener Anlage Anfang Juli, wenn juv. erste Flugübungen unternehmen. Junggänse sind nach 35–40 Tagen befiedert, nach weiteren 15 Tagen im Juli weitgehend ausgewachsen; zu der Zeit färben sich die Schnabelbasisfedern schwarzbraun (Zwischenmauser). Mitte Aug. setzt Kleingefiedermauser ein, die im Okt./Nov. weitgehend abgeschlossen sein kann (bei Wildvögeln vermutlich später). Die Blesse färbt im Sept./Okt. durch. Schnabel hellt sich zu Beginn der Befiederung auf. Der Augenring entsteht schmal und grünlich mit der Kopfbefiederung, färbt sich danach gelbgrün (Jugendkleid) und ist nach der Jugendmauser ab Nov. leuchtend gelb. Parallel dazu Umfärbung der Füße.
Verbreitung: Karte 23, Seite 329.
Status: Ohne klar erkennbare Ursachen gingen die Bestände in der Westpaläarktis drastisch zurück, die Lappland-Population um 95 % auf 60–90 Paare, die ungarischen Überwinterer von über 100 000 vor 1950 auf 3 600 nach 1980 (RUTSCHKE 1987). Die russischen Bestände werden von MOROZOW (1994, mündl.) auf 50 000 geschätzt. **BArtSchV Anl. 1, Ausnahmegenehmigung vom Vermarktungsverbot** erforderlich.
Lebensweise: Zwerggänse brüten in der bergigen Waldtundra, nordwärts vereinzelt bis in die Strauchtundra, wo die Areale der Bläßgans beginnen. Bevorzugte Brutbiotope bilden von Polarbirken und Zwergweiden durchsetzte Grasmatten entlang der Bergseen und versumpfte Hochebenen. Mit der einsetzenden Schneeschmelze kehren die Zwerggänse ab Ende Mai dorthin zurück und beginnen wenig später auf den Heideflächen, Inselchen oder steinigen Uferhängen mit der Eiablage. Nester gut verborgen zwischen Zwergsträuchern und unter Wacholderbüschen. Legebeginn in Lappland Ende Mai, in Sibirien im Juni. Einzelne Familien führen eine recht versteckte Lebensweise.

Zwerggans.

Abzug Anfang Sept. Im Winterquartier äsen Zwerggänse zusammen mit Bläß- und Rothalsgänsen auf Grassteppen, Äckern und Sumpfwiesen.
Nahrung: Wie die von Bläß- und Saatgans.
Haltung und Zucht: Zwerggänse werden in Zoos und von Züchtern gern gehalten. Es sind ruhige, vertraute und ganzjährig verträgliche Gänse, die bei guter Unterbringung, zu der eine parasitenarme Weidemöglichkeit gehört, ein Lebensalter bis 20 Jahren erreichen. Erstzucht 1918 in England, in den 20er und 30er Jahren wuchsen in Westeuropa und den USA (Erstzucht hier 1930) regelmäßig Zwerggänse heran. Als letzte größere Wildfangimporte gelangten nach 1960 Tiere aus der damaligen UdSSR nach England (gemeinsam mit Rothalsgänsen). Heute werden Gehegepopulationen ausschließlich aus Nachzuchttieren gebildet, entsprechend leicht gelingt ihre Zucht. Seit den 80er Jahren wird die Art jedoch zugunsten der Rothals- und Ringelganszuchten etwas vernachlässigt. Für den Aufbau einer Zuchtgruppe eignen sich bevorzugt Jungtiere, die sich im 1. Winter paaren, aber meist erst im 3. Jahr brutaktiv werden. Eiablage ab Mitte April, Nachgelege sind relativ selten. Brut und Kükenführung erfolgen zweckmäßig durch die Eltern. Während der ersten 3 Tage laufen die Gössel sehr ungeschickt, danach wachsen sie schnell heran. Zwischen 10. und 13. Tag beginnt die Schulter- und Flankenbefiederung, um den 18. Tag entfalten sich Schwingen und Schwanzfedern. Sechs Wochen alte Junggänse unternehmen erste Flugübungen, nach weiteren 2 Wochen haben sie knapp die Größe der Eltern.

Graugans
Anser anser (Linné, 1758)

Zwei Unterarten: Westliche Graugans, *A. a. anser* (L.), mit gelblich orangefarbenem und **Östliche Graugans**, *A. a. rubrirostris* Swinhoe, mit rosarotem oder fleischfarbigem Schnabel und besonders hellem Mantelgefieder.

Flügel: ♂ 448–480, ⌀ 465; ♀ 412–465, ⌀ 442 mm
Gewicht: ♂ 2740–4250, ⌀ 3793; ♀ 2070–3960, ⌀ 3170 g
Gelege: 4–9, selten bis 12 glanzlos weiße Eier, 76–99 × 52–62, ⌀ 86 × 58 mm
Brutdauer: 28–29 Tage
Schlupfgewicht: 114,5–122 g
Geschlechtsreife: gegen Ende des 2. Lebensjahres

Ad. Jahreskleid: ♂ und ♀ farbgleich, Ganter etwas größer und langhalsiger. **Dunenkleid:** Oberseite olivbraun, später schmutzig graubraun, Kopf, Hals, Körperseiten grünlichgelb, Bauchseite gelblichweiß. **Jugendkleid:** Gegenüber ad. brauner, die Federsäume breiter und verwaschener; Halsgefieder nicht gerillt, Bauch ohne schwarze Fleckung, Schnabel grau, später gelblich, Füße olivgrau. **1. Jahreskleid:** Wenige oder keine schwarze Bauchfedern.
Mauser und Umfärbung: Vollmauser beginnt in Mitteleuropa mit dem Schwingenabwurf im letzten Maidrittel (bei Nichtbrütern etwas früher), Kleingefiedermauser dann von Juli bis Jan. Jungtiere beginnen Ende Juli mit der Teilmauser in das 1. Jahreskleid, die im Dez. abgeschlossen wird.
Verbreitung: Karte 25, Seite 330.
Status: Beide Unterarten verfügen über umfangreiche Populationen, die regional in Abhängigkeit zu Jagddruck, Schutzmaßnahmen und Landwirtschaft stehen. Während die europäischen Bestände noch ansteigen, sind in asiatischen Regionen Abnahmen und die Aufgabe traditioneller Brutplätze erkennbar.
Lebensweise: Graugänse brüten bevorzugt an Seen mit breiten Riedgürteln für die Nestanlage und angrenzenden Wiesen zur Äsung. Für ihre Kleinkolonien nutzen sie ferner Moore, bewaldete Inseln, in Flußauen Kopfweiden und in Skandinavien die Schären. Ab Feb. treffen die Paare an den Brutplätzen ein, die Balz dient jetzt der Revieraufteilung und der Nistplatzverteidigung. Nester werden vom ♀ errichtet, Legebeginn zwischen Mitte März und Ende April. Brutbeginn mit dem vorletzten Ei. Die Gössel verbleiben etwa 24 Stunden im Nest und werden dann von beiden Eltern im Flachwasser, später auf wassernahen Wiesen aufgezogen. Mitte Aug. erlangen die Junggänse mit 50 bis 60 Tagen und ihre Eltern die Flugfähigkeit, vereinen sich mit den Nichtbrütern und wandern südwestwärts ab.
Nahrung: Rein pflanzlich; im Sommer Wasserpflanzen, Blätter und Jungtriebe, später Samenstände, Getreidekörner der Stoppelfelder, Kartoffeln, Wildgräser und Schachtelhalme.

Die Östliche Graugans zeichnet sich durch einen fleischfarbenen Schnabel aus.

Haltung und Zucht: Die Graugans ist die Stammform der Hausgans, Mitteleuropa wird als Domestikationsraum angesehen. In vielen Zoos, Parks und auf städtischen Anlagen werden heute Graugänse (vornehmlich die westliche Nominatform) gehalten. Flugfähige Gruppen wandern im Herbst ab und kehren im Frühjahr zu den Parkgewässern zurück. Zuchterfolge stellen mit der Graugans keine Besonderheit dar. Sind die Tiere gut verpaart, kommt es mit Regelmäßigkeit und Pünktlichkeit zur alljährlichen Eiablage. Die ♀ brüten zuverlässig, die Eltern ziehen ihre Gössel meist verlustlos auf. Wachsen die Küken mit Ammen oder unter technischer Wärmequelle heran, kommt es oft zu Fehlprägungen und überzogener Zahmheit. Bei den Gösseln setzt mit drei Wochen die Befiederung ein und ist nach 5 Wochen weitgehend abgeschlossen, mit 8 Wochen erfolgen erste Flugversuche, doch erst mit 11 Wochen sind die Handschwingen voll ausgewachsen.

Streifengans
Anser indicus (Latham, 1790)

Flügel: ♂ 450–482, ♀ 406–460 mm
Gewicht: ♂ 2430–3710, ⌀ 3099; ♀ 2100–3060, ⌀ 2618 g
Gelege: 4–6, auch bis 10 weiße Eier, 75–91 × 51–59, ⌀ 84 × 55 mm
Brutdauer: 27–30 Tage
Geschlechtsreife: gegen Ende des 2. Lebensjahres

Ad. Jahreskleid: ♂ und ♀ gleich; Mantelgefieder tendiert mit zunehmendem Alter vom Bräunlichen ins Hellgraue. **Dunenkleid:** Kopfplatte, Augengegend, Rücken sowie Flügel und Schenkel hell olivgrün, übrige Partien blaß gelb bis silberweiß. Schnabel bleigrau, Füße graugrün. **Jugendkleid:** Mantelgefieder verwaschen bräunlichgrau; die braune Hinterhalszeichnung zieht sich bis zur Stirn, Nackenstreifen fehlen. Schnabel und Füße gelblichgrün. **1. Jahreskleid:** Weitgehend wie ad. gefärbt.
Mauser und Umfärbung: Ad. mausern analog anderer *Anser*-Arten. Flugunfähigkeit nach dem Schwingenabwurf etwa 50 Tage. Bei juv. setzt die Kleingefiedermauser ein, noch bevor die Handschwingen voll ausgewachsen sind, sie beginnt annähernd zeitgleich an Kopf, Hals und Schultern und ist bis zu Nov./Dez., bei Spätbruten im nächsten Frühjahr, beendet. Schnabel und Füße dann wie ad.
Verbreitung: Karte 26, Seite 330.
Status: Gesamtbestand gefährdet. Zählergebnisse aus China um 1990 und im südindischen Winterquartier ergaben jeweils 20 000 Tiere; GREEN (1992) geht von einer Gesamtpopulation mit über 25 000 aus. Die Streifengans wird im Rotbuch der UdSSR (1985) und der IUCN der Kategorie V „verletzlich" geführt. Der Wildfowl Trust sandte 1986 Eier nach Kaschmir; 27 Gössel wurden dort erbrütet und in einem Reservat ausgewildert.
Lebensweise: Streifengänse bewohnen in ihrer kontinentalen Brutheimat Flußläufe, Seen und Sumpfniederungen bis in annähernd 5 000 m Höhe. Kleinkolonien von 10, seltener bis zu 30 Nestern fand man auf Inseln oder angeschwemmtem Treibmaterial sehr nahe dem Wasser angelegt; hohe Geleverluste u. a. durch Wellenschlag sind die Regel, so daß es häufig zu kleineren Nachgelegen kommt. Als Neststandorte sind ferner schmale Felsbänder entlang der Klippen hoch über den Flüssen in Gemeinschaft mit Greifvögeln und flache Schotterbänke in Flußsystemen bekannt. Eiablage ab 1. Maihälfte, in den höchsten Regionen im Juni bei Tagestemperaturen von nur 4 bis 8 °C. Die Ganter ruhen während der Bruttage in Nestnähe oder in kleinen Gruppen am Brut-

Streifengans.

gewässer, wo später die Kükenaufzucht erfolgt. Je Familie werden 1 bis 3, selten bis 5 Junge groß. Ab Sept. streifen die Gruppen im umliegenden Steppenland umher und wandern mit dem Einsetzen strenger Fröste im Okt./Nov. ab; bei der Himalaja-Überquerung wurden Flughöhen von 9000 m ermittelt.

Nahrung: Blätter, Samen und Rhizome der Steppen- und Sumpfpflanzen, in geringeren Mengen Kleinkrebse und Mollusken. Als Winternahrung anfangs Reiskörner und Blätter, ab Dez./Jan. fast ausschließlich Gräser.

Haltung und Zucht: Streifengänse werden u.a. seit 1845 im Zoo London und 1872 im Zoo Berlin gehalten; Erstzuchten 1880 Zoo Berlin und 1888 Zoo Paris, 1921 England, 1935 USA (DELACOUR 1954, SCHLAWE 1969, STURGEON 1988). Frühere Importe gelangten aus dem indischen Winterquartier nach Europa, daher früher „Indische" Streifengans. Wegen der hohen Zuchtchancen und der Einfachheit der Haltung ist die Streifengans für Anfänger und für kleinere Tierparks besonders geeignet, doch ist die hohe Neigung zu Bastardierungen zu beachten. Eine Vernachlässigung der Art zugunsten der Rothals- oder Ringelgans führte in den 80er Jahren zur Verringerung der Gehegebestände. Junggänse paaren sich im 1. oder 2. Jahr, Brutaktivitäten meist ab 3. Lebensjahr. Nester werden auf Inselchen oder in Hütten errichtet. Erstgelege im April, Nachgelege sind zu erwarten, den Eltern sollen Brut und Aufzucht überlassen bleiben. WÜRDINGER (1975) konnte nachweisen, daß sich Gössel unter den optimalen Bedingungen der Handaufzucht besonders schnell entwickeln, sie waren mit 49–53 Tagen, von Eltern geführt ab 58 und im Tienschan aufgewachsene ab 62 Tagen flugfähig. Ab 50. Tag wurde die untere Grenze des Adultgewichtes erreicht. Die Befiederung beginnt am 16. Tag an den Schultern, am 18. an den Flanken, am 19. an den Oberschwanzdecken und ab 22. auf der Bauchseite; ab 20. Tag entfalten sich die Handschwingen. Während der Befiederung werden die Füße gelb, mit 6–7 Wochen ist der Schnabel umgefärbt.

Schneegans
Anser caerulescens (Linné, 1758)

Zwei Unterarten: Die **Kleine Schneegans**, *A. c. caerulescens* (L.), mit ihrer blauen Mutante wird auf den Inseln um die Baffin-Bay durch die **Große Schneegans**, *A. c. atlanticus* (Kennard), vertreten. Das dunkle Gefieder vererbt bei Mischpaarungen dominant. Die offensichtliche Vorliebe für farbgleiche Verpaarungen erhielt die rezessive weiße Form.

Kleiner als Graugans
Flügel: *caerulescens* ♂ 395–460, ⌀ 430; ♀ 380–440, ⌀ 420 mm
atlanticus ♂ 430–485, ⌀ 450; ♀ 425–475, ⌀ 445 mm
Gewicht: *caerulescens* ♂ 2155–3402, ⌀ 2744; ♀ 1814–3175, ⌀ 2517 g
Gelege: *caerulescens* 4–6 weiße Eier, 63,2–88 × 41,8–57,2, ⌀ 78,6 × 52,3 mm
Brutdauer: um 23 Tage
Schlupfgewicht: 61,4–96,7, ⌀ 83,4 g
Geschlechtsreife: gegen Ende des 2., Brutaktivitäten meist ab 3. Jahr

Ad. Jahreskleid: ♂ und ♀ gleich, bei älteren Paaren ♂ größer als ♀. Bei der Blauen Schneegans variiert die Weißausdehnung am Hals, Bürzel stets weiß und die inneren Flügeldecken sichelförmig verlängert. Hy-

Die Blaue Schneegans ist eine natürliche Farbmutante der Kleinen Schneegans.

briden zwischen Weißer Schneegans und Kaisergans können zu Verwechselungen führen. **Dunenkleid:** Kopfplatte, Rückenpartien und ein kräftiger Augenstreif gelblichbraun; Gesicht, Unterseite sowie Fleckchen auf Flügel und Rücken gelbgrün. Farbintensität variabel, bei der blauen Form bis dunkel olivgrün oder schwarzbraun. Schnabel und Füße graugrün bis fast schwarz. **Jugendkleid:** Weiße Form: Kopf- und Rückenpartien hell graubraun, Bauch fast weiß, Schulter- und Flügelfedern dunkel graubraun und im Armteil breit weiß gesäumt. Blaue Form: dunkel schiefergrau, bräunlich übertönt, Federn schmal hell gesäumt, Flügeldecken nicht verlängert. Schnabel und Füße dunkler als bei ad.. **1. Jahreskleid:** Kleingefieder wie ad., Jugendflügel unverändert.

Mauser und Umfärbung: Vollmauser der ad. setzt Ende Juli während der Jungenführung mit dem Schwingenabwurf ein, Nichtbrüter mausern etwa 2 Wochen früher. Die Flugunfähigkeit nur etwa 3, der einsetzende Kleingefiederwechsel um 6 Wochen. Gössel erneuern nach ihrem Flüggewerden bis zur Jahreswende das Kleingefieder, im nächsten Frühsommer wird mit der Vollmauser das 1. Alterskleid angelegt. Schnabel und Füße hellen sich während der Befiederung auf, das Grau wird mehr und mehr durch Rot ersetzt, bis mit etwa einem Jahr die Altersfärbung erreicht ist.

Verbreitung: Karte 27, Seite 330.

Status: Geschätzte Gesamtpopulation 1969 um 1,6, 1995 ca. 5 Mill. in Nordamerika und etwa 70 000 in Sibirien, die in 14 großen und etlichen kleineren Kolonien brüten. Während die amerikanischen Bestände noch anwachsen und im Bereich der Brutkolonien die arktische Vegetation geschädigt oder vernichtet ist, nehmen die Brutpaare auf den Wrangelinseln bedrohlich ab. Der Anteil der atlantischen Unterart wird auf knapp 200 000 Tiere geschätzt.

Lebensweise: Der Fortpflanzungszyklus der Schneegänse ist auf den extrem kurzen arktischen Sommer eingestellt. Auf ihren Brutinseln bricht die Schneedecke Mitte bis Ende Mai auf; verzögert sich der Frühlingseinbruch, wird gar nicht gelegt. Selbst das Sommerklima ist kalt und rauh, Schnee- und Eisregen sind nicht selten. Dennoch entwickeln sich in windgeschützten Tälern und im zweimonatigen Polartag üppig wachsende Gräser, Seggen, Blütenpflanzen und Zwergweiden. Wenn die Schneegänse Ende Mai ihre Brutplätze erreichen, sind Balz und Paarung abgeschlossen, es wird sofort mit der Eiablage begonnen. Die Nester stehen in kleinen gescharrten Mulden, ausgelegt mit Halmen und später ausgepolstert mit einem dicken Dunenwall. Eiablage ab 1. Juni-Dekade. Die Familien äsen anfangs innerhalb der Brutkolonien, bis sie sich zu großen Trupps zusammenscharen und zu feuchteren Senken mit freien Wasserflächen übersiedeln. Hier erfolgt auch der Schwingenwechsel der ad.. Ende Aug. Abwanderungen in die Überwinterungsgebiete nach Kalifornien und Louisiana, wo die Scharen ab Okt. eintreffen und ab Ende Feb. wieder nordwärts wandern.

Nahrung: Arktische Gräser und Kräuter, u. a. die Segge *Carex stans,* im Winterquartier streifen die Gänse die Samenstände der Gräser ab, reißen Wurzelstücke und Rhizome aus der Erde oder äsen auf Ackerflächen.

Haltung und Zucht: Bereits vor der Jahrhundertwende gelangten die ersten Schneegänse nach Europa, vermutlich die Norminatform mit ihrer blauen Morphe. Import der auch heute noch spärlich anzutreffenden atlantischen Unterart ab 1914. Zuordnung der beiden Unterarten nur begrenzt möglich. Schneegänse sind robust, langlebig, verträglich und anspruchslos. Haltevoraussetzungen bilden eine Grasnarbe und eine Teichfläche für die nächtliche Sicherheit. Sie gehören zu den leicht züchtbaren Gänsen, selbst Wildfangimporte begannen im Folgejahr mit dem Legen (GRUMMT in KOLBE 1989). Für die Nestanlage werden Hütten oder vorbereitete Mulden genutzt. Eiablage ab Mitte April. Brut und Kükenführung zweckmäßig durch Eltern. Bei den anfangs unbeholfenen Gösseln kräftigen sich zunächst die Beine, dann setzt ein schnelles Wachstum und mit der 3. Woche die Befiederung ein. Zwischen 42. und 50. Tag erlangen Junggänse die Flugfähigkeit. Starke Neigung zur Hybridisierung mit *Anser-* und *Branta*-Arten.

Zwergschneegans
Anser rossii Cassin, 1861

Nur unwesentlich kleiner als Schneegans
Flügel: ♂ 370–400, ⌀ 385; ♀ 360–395, ⌀ 370 mm
Gewicht: ♂ 965–1585, ⌀ 1350; ♀ 910–1445, ⌀ 1200 g (Palmer 1976).
♂ ⌀ 1400–1700, ♀ ⌀ 1300–1650 g (Ryder 1967)
Gelege: 2–7, meist 3–5 cremeweiße Eier, 73–76,8 × 47,2–49,9, ⌀ 73,7 × 48,8 mm, 24stündige Legeintervalle
Schlupfgewicht: 55–62, ⌀ 58,3 g (12 Küken, eig. Wäg.)
Geschlechtsreife: ab 2. Lebensjahr

Ad. Jahreskleid: ♂ und ♀ farbgleich; Schnabelbasis bei Gantern, seltener bei alten ♀ mit warzigen, blaugrauen Hautfalten. Blaue Mutanten sind bekannt, treten aber selten auf. **Dunenkleid:** Mehrere Farbvarianten, auch innerhalb von Geschwistergruppen, als strohgelb, hell olivgrün, hellgrau, grau mit gelbem Gesicht; das Dunenkleid ist annähernd zeichnungsfrei. Schnabel und Füße dunkelgrau. **Jugendkleid:** Weiß mit hellgrauen Partien auf Oberkopf, Nacken und Rücken. Schnabel und Füße blaß fleischrot. **1. Jahreskleid:** Gefieder wie ad., Schnabel und Füße etwas blasser, nur wenige blaugraue Schnabelfalten.
Mauser und Umfärbung: Vollmauser der ad. beginnt mit Schwingenabwurf der Nichtbrüter Mitte Juli, eine Woche später gefolgt von den Brutpaaren, deren Küken dann 15–20 Tage alt sind (Ryder 1967). Flugunfähigkeit 3 bis 4 Wochen, gegen Ende dieser Zeit setzt die Kleingefiedermauser ein. Jugendmauser beginnt mit endender Jugendentwicklung, bei Gehegevögeln ist im Spätherbst das gesamte Kleingefieder weiß. Wülstige Schnabelpartien der ♂ außerhalb der Brutzeit, bei Nichtbrütern und immat. rötlichgrau.
Verbreitung: Karte 28, Seite 330.
Status: Die Brutkolonien der Zwergschneegans wurden erst 1940 in der Perry-River-Region entdeckt und ab 1949 wissenschaftlich bearbeitet. Seinerzeit waren knapp 2 000 Altvögel bekannt; bis 1976 wuchs die Gesamtpopulation auf 77 300 und bis 1993 auf über 200 000 Individuen an.
Lebensweise: Ryder durchforschte in den 60er Jahren alle derzeit bekannten 35 Brutplätze, in der größten Kolonie brüteten 12 000 Zwerg- und 5 000 Schneegänse. Die Brutplätze befanden sich auf kleinen Inseln von Binnenseen im Bereich der Moostundra.

Die Zwergschneegans wird auch als Ross-Schneegans genannt.

Die nur wenige Zentimeter hohe Vegetation im schwach welligen, trockenen Gelände wird von arktischen Birken und Weiden sowie von großen eiszeitlichen Gesteinsbrocken durchsetzt. Während des Sommers weht ein permanenter Südwind, die Temperaturen schwanken zwischen −7 °C und 28 °C. Wenn die Zwergschneegänse Anfang Juni hier eintreffen, sind sie fest verpaart, die ♀ besetzen die Nistplätze, die von den Gantern heftig verteidigt werden. Die Nester stehen im Windschutz der Steine, hinter Büschen oder auf der Lee-Seite der Inseln. Als Unterlage dienen Moos und Zweige, später kommen reichlich Dunen hinzu. Nur wenige Tage nach dem Eintreffen beginnt die Eiablage. Die ♀ legen zahlreiche Brutpausen für eine hastige Nahrungsaufnahme ein, längste erfaßte Brutzeit 46 Minuten. Nach dem Schlupf der Gössel Anfang Juli vereinen sich die Familien zu immer größer werdenden Trupps und wechseln zu feuchteren Senken über, wo die Altvögel dann auch mausern.
Nahrung: Rein pflanzlich analog anderer *Anser*-Arten.
Haltung und Zucht: Zwergschneegänse gelangten erstmals um die Jahrhundertwende aus Kalifornien nach Europa, blieben hier aber bis zum 2. Weltkrieg äußerst selten. An der Forschungsreise 1949 an den Perry-River nahm Peter Scott teil und führte die ersten Ross-Gänse für den englischen Wildfowl Trust ein. Mit diesen und weiteren 6 Paaren, die als Küken aus der gleichen Region 1970 in den Trust kamen, wurde bis Ende der 80er Jahre das Gros aller in Europa lebenden Zwergschneegänse gezüchtet; danach erfolgten einige Kleinimporte gezüchteter Tiere aus den USA. Dennoch wurden in den 80er Jahren Inzuchtdepressionen spürbar, die u. a. auf eine Vernachlässigung der Art während der großen Bemühungen um die Zucht der Rothals- und Ringelgans auftraten. Ob die erheblichen Größenunterschiede von Zwergschneegänsen auf Einkreuzungen mit Schneegänsen zurückzuführen sind, ist unklar. Die Welterstzucht gelang dem Holländer Blaauw 1903 mit einem erst 1902 zusammengestellten Paar, USA-Erstzucht 1929 (Sturgeon 1988). Nach dem Kriege leitete 1954 der Wildfowl Trust in Slimbridge die bis heute anhaltende Nachzuchtperiode ein. In meiner Anlage lebte ein Paar von 1978 bis 1987; Legebeginn jeweils zwischen 6. und 17. Mai, meist um den 10. Mai. Alle Nester waren unter Sträuchern oder in hohen Stauden errichtet. Das Paar verteidigte das Gelege so heftig, daß Nestkontrollen kaum möglich waren. Dem ♀ wurde die Brut gewährt, Schlupf und Betreuung der anfangs unbeholfenen Küken erfolgten unter technischer Wärmequelle, dann erhielten die Eltern die etwa 8tägigen Küken zurück.

Kaisergans
Anser canagica (Sevastianov, 1802)

Mittelgroß; wegen des guten Futterangebotes neigen Gehegevögel stark zur Depotfettbildung und wirken dann besonders massig.
Flügel: ♂ 380–420; ♀ 350–390 mm
Gewicht: ♂ ⌀ 2812, ♀ 2766 g
Gelege: 4–9 matt weiße Eier, 70–89 × 48,3–56,2, ⌀ 79,1 × 52,2 mm
Brutdauer: um 25 Tage
Schlupfgewicht: 83–95, ⌀ 87,8 g (17 Küken, eig. Wäg.)
Geschlechtsreife: gegen Ende des 2., Brutaktivitäten meist ab 3. Lebensjahr

Ad. Jahreskleid: ♂ meist größer als ♀. Keine Farbvarianten. **Dunenkleid:** Hell perlgrau, Rückenpartien etwas dunkler als Bauchseite; Schnabel und Füße schwarz. **Jugendkleid:** Mantelgefieder grau, braun übertönt; Rückenfedern schmaler und stärker gerundet als bei ad., die Endbinden weniger klar gefärbt und verwaschener gezeichnet. Kopf und Hals durchweg schwarzgrau; Schnabel schwarz, Füße olivgrau. **1. Jahreskleid:** Ähnlich ad., weiße Kopf-Hals-Partien von einzelnen dunklen, Flügel von unvermauserten bräunlichen Federn durchsetzt. Schnabel und Füße wie ad. **Mauser und Umfärbung:** Vollmauser der ad. wie bei anderen *Anser*-Arten. Flugunfähigkeit zwischen Mitte Juni (Nichtbrüter) und Anfang Aug., im letzten Drittel setzt die Kleingefiedermauser ein. Juv. Wildvögel beginnen Ende Okt. mit der Umfärbung an Kopf und Hals (Bellrose 1976). In eigener

Von der Kaisergans sind nicht wenige Gehegetiere übergewichtig.

Anlage setzte ab 10. Woche (Anfang Aug.) die Kleingefiedermauser an Kopf, Hals und Schultern ein, mit 17 Wochen (Anfang Okt.) waren die weißen Partien und mit reichlich 5 Monaten (Nov./Dez.) das Rumpfgefieder erneuert. Bereits während der Befiederung hellten die Füße auf, waren mit 15 Wochen gelboliv und mit 20 Wochen (Ende Okt.) gelb wie bei ad.. Schnabel färbte nach 16–18 Wochen fleischfarben und hatte mit Ende der Teilmauser die Altersfärbung angenommen.

Verbreitung: Karte 29, Seite 330.

Status: Gesamtpopulation Anfang der 90er Jahre um 160 000. Der Hauptanteil brütet in Alaska (Yukon-Distrikt), nur etwa 12 000 in NO-Sibirien. Beide Populationen verzeichnen Bestandsrückgänge. Heute stellen Erdölförderungen an den Hauptbrutplätzen Alaskas eine neue, noch nicht absehbare Gefahr für diese Gänse dar.

Lebensweise: Die Brutgebiete der Kaisergans konzentrieren sich auf die Deltaregionen der Flußsysteme, die Küstenlinien des Festlandes und auf die vorgelagerten Inseln im Bering- und Eismeer. Als Neststandorte waren früher jene entlang der Küstenflutlinien zwischen Treibholz und aufgeschwemmtem Seetang bekannt, heute sind ebenso viele Brutplätze an küstennahen Binnenseen und inmitten der Grastundra beschrieben. Kaisergänse bilden keine Brutkolonien, sondern behaupten große Reviere, die von den Gantern heftig verteidigt werden. Legebeginn entlang der Beringsee Ende Mai, am Eismeer im Juni. Nach KITCHINSKI (1972) werden im Verhältnis zur hohen Eizahl nur relativ wenige Jungtiere flügge, als Ursache sieht er eine unzureichende Nestauspolsterung und eine Kälteanfälligkeit der Küken in den ersten Lebenstagen. Die Familien halten sich an Küsten- oder Ufersäumen auf, wo die Gössel neben Pflanzenteilen viele Kleinlebewesen aufnehmen. Gegen Ende Aug. erlangen Alt- und Jungvögel die Flugfähigkeit, verlassen die Tundra und wandern ab Ende Sept. den Küstenlinien folgend südwärts. Überwinterung in eisfreien Litoralbereichen der Beringsee speziell im Bereich großer Flußdeltas.

Nahrung: Brutvögel der Moortundren äsen Pflanzenteile, bevorzugt die arktische Segge *Carex stans,* die Küstenpopulationen und die Überwinterungsschwärme nehmen mehr als andere nordischen Gänse Mollusken, Kleinkrebse und andere Kleinlebewesen im Spülsaum auf.

Haltung und Zucht: Kaisergänse gehörten stets zu den wenig importierten Gänsearten; 1908 wurden sie erstmals für den Zoo London, wenig später für den Zoo Berlin erwähnt. Die europäische Erstzucht gelang BLAAUW, Holland, 1915, die amerikanische 1935. Gute Zuchterfolge erzielten DELACOUR zwischen 1932 und 1940 in Clères, Frankreich, und ab 1952 englische Züchter mit aus Alaska frisch importierten Tieren. In den 80er Jahren traten Inzuchterscheinungen (u. a. hoher Anteil unbefruchteter Eier) bei dieser Art auf, die heute aber offenbar überwunden sind. Die Haltung von Kaisergänsen erfolgt in Gehegen mit guter Grasnarbe und ansprechender Teichfläche, Gehegetiere haben eine hohe Lebenserwartung und sind absolut friedfertig, verfetten aber leicht, wenn ein zu gehaltvolles Futter verabreicht wird. Für die Nestanlage wählt das ♀ Hütten, sichtgeschützte Plätze auf Inseln oder eine freie Wiesenfläche. Das erste und zweite Ei wird bis zu 7 cm tief in der Erde vergraben, ehe ab drittem Ei der eigentliche Nestbau mit Pflanzenmaterialien beginnt. Legebeginn ab letzter Aprildekade, meist Anfang Mai in zweitägigen Abständen. Die ♀ brüten sehr fest und ruhig, werden die Eier entfernt, ist ein Nachgelege zu erwarten. Die Küken sind mit ihren kurzen Beinen und im Verhältnis zu den schweren Eltern stark unfallgefährdet sowie empfindlich gegenüber Hitze und Abkühlungen. Die Kaisergänse meiner Anlage haben deshalb ihre Küken erst im Alter von 8 Tagen zur Führung bekommen. Entwicklungsverlauf: Ab 16. bis 18. Tag Beginn der Flanken- und Schulterbefiederung, um den 25. Tag entfalten sich Bauch-, Schwung- und Schwanzfedern; volle Befiederung mit 45–50 Tagen, die Größe ihrer Eltern wird mit reichlich 2 Monaten erreicht.

Hawaiigans
Branta sandvicensis (Vigors, 1833)

Flügel: ♂ 351–404, ⌀ 378; ♀ 347–368, ⌀ 361 mm
Gewicht: ♂ 1695–3050, ⌀ 2165; ♀ 1525–2560, ⌀ 1930 g
Gelege: 5–7 rahmfarbene Eier, 74–89 × 52–58, ⌀ 78,2 × 55 mm
Brutdauer: 29 Tage
Schlupfgewicht: 63,5–115,5 ⌀ 93,6 g (KEAR & BERGER 1980)
Geschlechtsreife: ein Teil knapp einjährig, das Gros im 2. Jahr

Ad. Jahreskleid: ♂ und ♀ farbgleich, ♂ kann größer und am Hals stärker gerillt sein als ♀. **Dunenkleid:** Oberseite dunkel graubraun, Kopfplatte, Augen- und Ohrgegend fast schwarz; Stirnseiten, Gesicht, Hals und Bauch hell schiefergrau (Küken der Kanadagänse gelblich grün). Schnabel und Füße schwarzgrau, Schwimmhäute tief gebuchtet. **Jugendkleid:** Farbtypus wie ad., doch helle Halsfärbung mit Rillung grau statt lehmgelb; Rumpfgefieder und Flügeldecken matter und breiter gesäumt als bei ad., daher schuppig wirkend. **1. Jahreskleid:** Klein-

Familie der Hawaiigans.

gefieder einschließlich Hals wie ad., Flügel noch mit breiten Säumen.

Mauser und Umfärbung: Vollmauser der ad. beginnt bei uns im April mit dem Abwurf der Flügel- und mittleren Steuerfedern (Gössel sind dann um 3 Wochen alt), Nichtbrüter etwas früher. Flugunfähigkeit 4 bis 6 Wochen, gegen Ende setzt Kleingefiedermauser ein. Während des Gefiederwechsels Gewichtsverluste bis annähernd 50 % (KEAR & BERGER 1980). Die Jugendmauser im 1. Sommer dauert über 6 Wochen, danach Mantelgefieder und Stimme wie ad., Jugendflügel bis zur Vollmauser im 2. Sommer unverändert.

Verbreitung: Hänge des Mauna Loa und Hualalai auf Hawaii und Nationalpark Haleakala auf Maui.

Status: Der Gesamtbestand an Hawaiigänsen umfaßte bis zum ersten Erscheinen der Europäer auf Hawaii 1778 ca. 25 000. Jagd, eingeführte Schweine, Schafe, Ziegen, Mungos, Hunde und Katzen führten 1951 zu einem Tiefststand von 30 Gänsen in freier Wildbahn und 13 Gehegevögeln, 11 davon als Gruppe in Privatbesitz auf Hawaii. Schutzmaßnahmen, eine Zuchtstation auf Hawaii und die großen Zuchterfolge im Wildfowl Trust bewahrten die Art vor dem Aussterben. Ab 1960 Auswilderung von weit über 2 000 gezüchteten Junggänsen, die bis 1980 eine relativ stabile Freilandpopulation von ca. 2 000 Individuen entstehen ließen (KEAR & BERGER 1980). Erneuter Rückgang durch Landwirtschaft, Autotourismus, Raubsäger und Verluste weiterer Primärbiotope im Hochland; 1995 umfaßte der Bestand noch 800–900 Tiere, darunter nur 73 voll verwilderte Altvögel. Die Schutzbemühungen konzentrieren sich heute auf ökologische Studien, Habitatschutz und Prädatorenkontrolle (GREEN 1992, TODD 1996). **CITES** Anh. I/A, **Vermarktungsbescheinigung** nicht erforderlich.

Lebensweise: Die ursprünglichen Brutgebiete der Hawaiigans lagen auf steppenartig bewachsenen Lavafeldern der riesigen Vulkankegel des Mauna Kea und Mauna Loa in Höhen zwischen 1500 und 2400 m. Bei hohen Niederschlägen und starker Taubildung gedeihen auf den schnell austrocknenden Lavafeldern Gräser, Beerensträucher und andere flachwüchsige Pflanzen. Wasserflächen oder Bäche gibt es dort nicht. Ursprüngliche Vegetation durch Freizeitsport und Landwirtschaft heute weitgehend vernichtet. Brutzeit Nov. bis Feb. Die Nester werden zwischen Lavagestein und Sträuchern errichtet, Nachgelege sind nicht bekannt. Die langen Nächte des Hawaii-Winters haben eine langsame Entwicklung der Jungen zur Folge. Im Alter von 5 Wochen zeigen sich die 1. Konturfedern, 8 bis 12 Wochen benötigen sie zur Erlangung der Flugfähigkeit. Zum Mai hin scharten sich früher die Familien zusammen und zogen bis Aug. in tiefere Regionen ab, die heute dem Zukkerrohranbau dienen. Die ausgewilderten Gänse verbringen den Sommer auf den Vulkankegeln, erhalten dort Trinkwasser und werden zugefüttert. Vertrautheit gegenüber dem Menschen und zahlreiche Kollisionen mit Autos sind die Folgen.

Nahrung: Je nach Jahreszeit Blätter, frische Triebe, Samen und Früchte (darunter Wilderdbeeren). Der Trinkwasserbedarf wird aus Niederschlägen und Tau abgedeckt.

Haltung und Zucht: Hawaiigänse gelangten 1823 nach England und wurden 1824 erstmals gezüchtet. Der Berliner Zoo erhielt die Art 1849 und brachte sie bis zur Jahrhundertwende zur Fortpflanzung, Erstzucht durch BLAAUW, Holland, ebenfalls 1900. Offenbar infolge von Inzucht und ausbleibender Neuimporte verschwand die Art aus Europa bis 1950, als der Wildfowl Trust einen Ganter und zwei Gänse aus der Hawaii-Zuchtstation erhielt und damit eine der umfangreichsten Vermehrungszuchten aufbaute (u. a. KOLBE 1972). USA-Erstzucht durch RIPLEY 1961. Hawaiigänse lassen sich gut auf Rasenflächen halten, ein Badeteich ist nicht erforderlich, doch ist für den nötigen Schutz vor Raubwild zu sorgen. Gegenüber kleineren Arten oft bösartig, auch neigen Nenes zu Dauerprägungen auf den Menschen. Paarungsaktivitäten setzen im Dez. ein, Eiablage ab Jan., verstärkt im Feb., kleinere Nachgelege bis Mai. Junggänse sollten wegen der Gefahr der Falschprägung grundsätzlich mit den Eltern heranwachsen.

Ihre Entwicklung verläuft wegen des guten Futterangebotes schneller als auf Hawaii, sie sind etwa ab 9 Wochen erwachsen und ein Teil von ihnen mit knapp einem Jahr geschlechtsreif (Detailangaben HUNTER 1995). Mischpaarungen mit anderen *Branta-* und *Anser-*Arten sind zu vermeiden.

Artengruppe: Kanadagänse

Kanadagans, *Branta canadensis* (Linné, 1758)

Zwergkanadagans, *Branta hutchinsii* (Richardson, 1832)

Bisher **11 Unterarten:** 6 große, langhalsige Formen bewohnen die Prärie- und Nadelwaldregionen, während 5 kleine, relativ helle, kurzhalsige Unterarten in den Tundren brüten und in den USA-Küstenstaaten überwintern. Abstufungen innerhalb der zwei Gruppen gering, z. T. durch Mischpopulationen und Variationen verwischt. Die ausgestorbene **Bering-Zwergkanadagans,** *B.c. asiatica* Aldrich, wird heute der Aleuten-Form zugeordnet. Die moderne Systematik geht von mindestens **2 separaten Arten** aus: **Kanadagans,** *B. canadensis* und **Zwergkanadagans,** *B. hutchinsii* (Unterartzuordnung siehe Tabelle). Einbürgerungen erfolgten ab 17. Jh. in England, im 19./20. Jh. in Skandinavien und nach 1900 in Neuseeland. In den einzelnen Gebieten bestehen heute feste Brut-, Durchzugs- und Überwinterungsplätze. Auf Parkteichen fanden die Nachkommen der eingebürgerten großen Kanadagänse (eine Mischung aus *canadensis, interior* und *maxima* bzw. *moffitti*), in Zoos und Zuchtanlagen die Dunkle Zwergkanadagans allgemeine Verbreitung. Alle weiteren Formen sind seltener anzutreffen.

Maße und **Gewichte:** Mittelwerte nach BELLROSE (1976) und JOHNSGARD (1975)
Gelege: 5–6 cremeweiße Eier; Meßreihen nach der heutigen Zuordnung der Unterarten fehlen
Brutdauer: Große Unterarten 28, Tundraformen 24–26 Tage

Schlupfgewichte: engl. Wildvögel: 93,5–133, ⌀ 115,4 g;
Riesenkanadagans: 80.5–134, ⌀ 103,3 g;
Dunkle Zwergkanadagans: 54,5–73,5, ⌀ 67,6 g
Geschlechtsreife: gegen Ende des 2. Lebensjahres

Ad. Jahreskleid: ♂ und ♀ farbgleich, ♂ langhalsiger und größer als ♀ und mit aufrechterer Körperhaltung. Große Formen neigen zur Ausbildung eines feinen weißen Federsaumes um die Schnabelwurzel, kleine zur Halsringbildung. Besonders Dunkle Zwergkanadagänse können schmale weiße Halsringe haben, die zur Verwechslung mit der Aleuten-Zwergkanadagans führten. Hier wiederum gibt es Wildpopulationen ohne Halsring, alle Gehegetiere haben jedoch markant breite weiße Halsringe. **Dunenkleid:** Auf strohgelbem Grund Kopfplatte, Augengegend und Rücken olivgrün. Schnabel und Füße schwarz. Farbgrundton je nach Unterart heller oder dunkler. **Jugendkleid:**

Riesenkanadagans, nicht alle Individuen dieser Unterart haben eine weiße Stirn.

Übersicht der Unterarten von Kanada- und Zwergkanadagans

		Flügel mm	Schnabel mm	Gewicht g
Atlantische Kanadagans, *B.c. canadensis* groß, Brust- und Bauchseiten hell	♂	⌀ 466	⌀ 56	⌀ 3990
	♀	⌀ 465	⌀ 54	⌀ 3440
Todds Kanadagans, *B.c. interior* groß; eingedunkelte Brust und Bauchseiten	♂	⌀ 510	⌀ 55	⌀ 4170
	♀	⌀ 479	⌀ 50	⌀ 3490
Moffitts Kanadagans *B.c. moffitti* sehr groß; gesamter Rumpf relativ hell	♂	⌀ 518	⌀ 56	⌀ 4500
	♀	⌀ 478	⌀ 52	⌀ 3720
Riesenkanadagans *B.c. maxima* sehr groß; relativ hell	♂	⌀ 526	⌀ 61	⌀ 5900
	♀	⌀ 495	⌀ 57	⌀ 5000
Dunkle Kanadagans *B.c. occidentalis* schlanker Körper, dünnhalsig; Rumpf dunkel	♂	⌀ 478	⌀ 46	⌀ 4500
	♀	⌀ 450	⌀ 44	⌀ 3730
Vancouver Kanadagans *B.c. fulva* groß; Rumpf dunkel, durch schmale Federsäume fast einfarbig wirkend	♂	⌀ 480	⌀ 52	⌀ 4625
	♀		⌀ 49	⌀ 3537
Hutchins Zwergkanadagans *B.h. hutchinsii* Rumpf sehr hell, ohne weißen Halsring	♂	⌀ 378	⌀ 34	⌀ 2040
	♀	⌀ 365	⌀ 31	⌀ 1850
Kleine Zwergkanadagans *B.h. parvipes* mittelgroß; heller Rumpf	♂	⌀ 445	⌀ 44	⌀ 2770
	♀	⌀ 422	⌀ 42	⌀ 2450
Taverners Zwergkanadagans *B.h. taverneri* mittelgroß; etwas dunkler als *parvipes*	♂	⌀ 400	⌀ 38	⌀ 2250
	♀		⌀ 37	⌀ 2130
Aleuten-Zwergkanadagans *B.h. leucopareia* Rumpf heller als *minima*, breiter weißer Halsring	♂	⌀ 385	⌀ 35	⌀ 2241
	♀	⌀ 369	⌀ 32	⌀ 2050
Dunkle Zwergkanadagans *B.h. minima* insgesamt dunkel, einzelne mit weißem Halsring	♂	⌀ 364	⌀ 27	⌀ 1500
	♀	⌀ 353	⌀ 28	⌀ 1280

Im Färbungstypus der ad., Rücken- und Schulterfedern stärker gerundet und breiter braun gesäumt. Bauchseite verwaschen bräunlichgrau. **1. Jahreskleid:** Kleingefieder wie das der ad., unvermauserte Flügeldecken mit breiten runden Säumen.
Mauser und Umfärbung: Mauserbeginn während der Kükenaufzucht, bei den Tundraformen zeitlich gedrängter als bei den Kontinentalrassen. Vollmauser beginnt mit dem Schwingenabwurf, wenn die Gössel 3 bis 5 Tage alt sind, es folgen der Wechsel des Kleingefieders und der Steuerfedern. Eine weitere Teilmauser an Kopf und Hals wird

Dunkle Kanadagans am Nest.

im Frühjahr vermutet. Verlauf der Jugendmauser ist trotz der Häufigkeit der Art nur unzureichend beschrieben.

Vorkommen in Europa: Ansiedlungen von Kanadagänsen erfolgten im 17. Jh. in England und um 1930 durch BENGT BERG am Kalmarsund (SO-Schweden). Auf dem Kontinent nach zögerlicher Bestandsentwicklung ab 1960 starke Vermehrungen und Arealerweiterungen in Schweden, um 1970 bis Norwegen, später bis Finnland und Dänemark, nach 1990 400–600 brütende Paare entlang der deutschen Küsten. Europäischer Gesamtbestand ca. 100 000 Tiere, davon überwintern in Deutschland etwa 15 000, Verweildauer Aug. bis Feb., einzelne übersommern.

Verbreitung: Karte 33, Seite 331.

Status: Kanadagänse verfügen über zahlreiche individuenstarke Einzelpopulationen und unterliegen regionaler Jagdnutzungen. Durch Ansiedlungen des Eisfuchses zur Pelzgewinnung bei gleichzeitig hohem Jagddruck wurde die Bering-Zwergkanadagans ausgerottet, die Aleuten-Zwergkanadagans stark bedroht. Von ihr fand man 1962 auf der fuchsfreien Buldir-Insel noch 56 Tiere. Ein Schutz- und Zuchtprogramm mit Auswilderungen halbflügger Gänse ab 1971 ließ die Freilandpopulation bis 1994 auf etwa 7 800 Tiere ansteigen. Im SO-Kamschatka wurden 1992 19 Altvögel aus den USA ausgewildert, bereits im Folgejahr wuchsen dort 7 Jungvögel heran. Während es sich bei den nach 1980 in der BRD und Holland gezüchteten ‚Aleuten-Zwergkanadagänsen' offenbar um *B. c. minima* mit weißen Halsringen handelte, existieren heute davon ein-

Hutchins Zwergkanadagans.

zelne Paare in Privatbesitz. **CITES** Anh. I/A für *B. c. leucopareia*, **Vermarktungsbescheinigung** erforderlich.
Lebensweise: Die großen Formen sind Charaktervögel der Binnenseen und Niederungen besonders der Prärie- und Ackerbaugebiete, sie nehmen dort die Stellung unserer Graugans ein. Die mittelgroßen Unterarten brüten in Moorniederungen der Nadelwaldregion und die Zwergformen als echte Tundrabewohner und Koloniebrüter auf dem nördlichsten Festland sowie zahlreichen arktischen Inseln. Die großen Kanadagänse kehren im März/Apr. verpaart zu ihren Brutseen zurück. Die Nester werden nach Art der Graugans im Ried, auf Inseln oder Dämmen angelegt und später mit gelbbraunen Dunen ausgekleidet. Legebeginn hier ab Ende März, in der Nadelwaldzone Ende April und in der Arktis zur Mai-Juni-Wende. Während die großen Formen ihre Küken im Famlienverband aufziehen, bilden die Tundravögel Gruppen, in denen die Altvögel mausern. Abzug in die Wintergebiete läuft im Überrollungsprinzip ab, d.h., die nordischen Schwärme überfliegen die darunter ansässigen Populationen und ziehen sie südwärts mit.
Nahrung: Im Sommer Gräser, Sumpf- und Wasserpflanzen; die Winterscharen äsen bevorzugt auf Äckern und Weiden.
Haltung und Zucht: Bereits 1678 werden

Aleuten-Zwergkanadagans.

Kanadagänse auf englischen Parkgewässern beschrieben, um 1785 werden sie u. a. für Frankreich erwähnt. Die heutigen Park-Kanadagänse sind Nachkommen britischer und schwedischer Vögel. Auch die Dunkle Zwergkanadagans wird bei uns seit dem 19. Jh.

Dunkle Zwergkanadagans.

gehalten. Die übrigen Unterarten importierte vor allem der Wildfowl Trust nach 1960. Der Trust besaß um 1975 alle, der Tierpark Berlin 1978 7 Unterarten. In Zuchtanlagen sind heute zu erwarten: die Nachkommen der Ansiedlungstiere, die aus mehr als nur aus der Nominatform entstanden, eine deutlich größere Form (Riesen- oder Moffitts-Kanadagans), die Dunkle Zwergkanadagans, die mittelgroße Dunkle Kanadagans und in jüngerer Zeit die auffällig helle Hutchins Zwergkanadagans. Von der Aleuten-Zwergkanadagans gelangten in den 80er Jahren amerikanische Nachzuchttiere in den englischen Wildfowl Trust, wo jedoch 1995 nur noch 4 Erpel und 2 ♀ lebten. Fischer (mündl.) importierte 1989 zwei Paare aus Kanada und zog mit ihnen im Folgejahr 5 Jungtiere auf (deutsche Erstzucht); 1998 dürften in deutschen und belgischen Privatanlagen, ausgehend von obigen vier Tieren, etwa 10 Paare existieren. Die Haltung von Kanadagänsen ist problemlos. Die großen Unterarten sind besonders anspruchslos, benötigen jedoch weiträumige Gehege und sind Teichmitbewohnern gegenüber aggressiver als die Tundraformen. Die Ruffreudigkeit der Tiere als mögliche Lärmbelästigung von Nachbarn wäre ebenso einzukalkulieren wie die starke Neigung zu Bastardierungen. Eiablage in Hütten oder auf Inseln. Nachgelege sind zu erwarten, doch sollten dem Paar Brut und Jungenaufzucht überlassen bleiben.

Weißwangengans
Branta leucopsis (Bechstein, 1803)

Flügel: ♂ 388–429, ⌀ 410; ♀ 376–410, ⌀ 392 mm
Gewicht: ♂ im ⌀ 1830, ♀ im ⌀ 1620 g
Gelege: 4–6 grauweiße Eier, 68,7–82,7 × 46,4–53,6, ⌀ 76,2 × 50,7 mm
Brutdauer: 24–25 Tage
Schlupfgewicht: 48,4–71,5, ⌀ 63,4 g
Geschlechtsreife: gegen Ende des 2., meist im 3. Lebensjahr

Weißwangengans.

Ad. Jahreskleid: ♂ und ♀ farbgleich, ♂ etwas größer als ♀. Die weiße oder bräunliche Kopfzeichnung stellt kein Alters-, Geschlechts- oder geographisches Merkmal dar. **Dunenkleid:** Kopfplatte, Zügel-Augen-Partie und Rücken dunkel olivgrau; Nacken und Kopfseiten gelblich; Bauchseiten grauweiß, zu den Körperseiten hin oliv, Gelb- und Brauntöne können auch fehlen. Schnabel und Füße schwarzgrau. **Jugendkleid:** Farb- und Zeichnungsmuster wie bei ad., insgesamt brauner. Schulterfedern und Flügeldecken gerundet und mit breiten braunen Endbinden. Helle Gesichtszeichnung spärlich von schwarzen Federn durchsetzt. Im **1. Jahreskleid** bereits wie ad., unvermauserter Jugendflügel mit breiten braunen Endsäumen auf den Decken.
Mauser und Umfärbung: Vollmauser der ad. setzt mit Schwingenabwurf während der Kükenaufzucht im Juli, bei Nichtbrütern etwas früher ein, Flugunfähigkeit etwa 4 Wochen. Gegen Ende dieser Zeit bis Okt./Nov. Kleingefieder- und Steuerfederwechsel. Eine Teilmauser, bei der nochmals Kopf- und Halsfedern erneuert werden, wird im Frühjahr vermutet. Die juv. vermausern zwischen Okt. und Jan. viele Kleingefiederpartien, Flanken-, Schultern- und mittlere Steuerfedern, im Frühjahr das restliche Kleingefieder, die äußeren Steuerfedern und einen Teil der Flügeldecken. Im Frühsommer setzt mit dem Schwingenabwurf die erste Vollmauser ein.
Verbreitung: Karte 30, Seite 331.
Status: Weißwangengänse bilden während Brut, Zug und Überwinterung drei getrennte Populationen, die bis etwa 1950 durch Jagd in den Winterquartieren, Fang mausernder Altvögel und Absammeln der Eier stark rückläufig waren. Schutzmaßnahmen hoben den Bestand bis Ende der 70er Jahre auf das Doppelte an, nach ROSE & SCOTT (1994) umfassen die Populationen Nordrußlands 120 000, Spitzbergens 12 000 und Ost-Grönlands 32 000. Weit südwärts von Novaja Semlja gibt es heute etwa 10 Ansiedlungen, u. a. 2 000 Paare auf der Kanin-Halbinsel und 200 in Estland, bis zu 10 Paare in Deutschland und viele in Holland.
Lebensweise: Weißwangengänse halten sich ganzjährig in Meeresnähe auf. Die Brutplätze befinden sich auf schmalen Felsbändern und an Steilhängen entlang der Küsten und Fjorde, ferner in Seevogelkolonien oder im küstennahen Dünengelände. Bevorzugt bilden sich Kolonien von 8 bis 30 Paaren und in der Nähe von Großfalkennestern. Nahrungsaufnahme in karg bewachsenen Tälern und entlang der Küsten. Ankunft an Brutplätzen ab Mitte Mai, wenig später beginnt die Eiablage. Das Nest wird mit hellgrauen Dunen und weißen Konturfedern ausgekleidet. Das brütende ♀ setzt den Kot wallartig rings um das Nest ab. Anfang Juni, wenn die arktische Vegetation voll entfaltet ist, schlüpfen die Küken. Sie verweilen den ersten Tag im Nest und werden dann von den Eltern zu den wassernahen Äsungsplätzen geführt. Die an den Steilhängen erbrüteten Küken springen bis zu 30 m in die Tiefe. Während der 7wöchigen Aufzuchtperiode vergesellschaften sich die Familien zu lockeren Scharen. Alt- und Jungvögel werden Ende Aug. flugfähig und wandern ab Anfang Sept. südwärts.
Nahrung: Fast ausschließlich pflanzlich, im Sommer junge Triebe und Blätter zahlreicher arktischer Gräser, Seggen, Kräuter und Moose, im Winter Weidegräser, Wintersaaten und in kleiner Menge Seegras und Algen.
Haltung und Zucht: Obgleich Weißwangengänse unter den *Branta*-Arten die am stärksten auf das Leben am Meer eingestellte Art ist, bietet ihre Haltung in Zuchtanlagen, Klein- und Zoogehegen keine Probleme. Sie sind verträglich, Weideflächen sollten angeboten werden, sind jedoch keine Bedingung; zahlreiche Tiere werden älter als 20 Jahre. Van d. VELDEN hält in Holland eine flugfähige Gruppe von 22 Tieren, die zwischen Nov. und März mit anderen Weißwangengänsen in Küstennähe überwintern und dann in die Anlage zum Brüten zurückkommen. Die hohe Fortpflanzungsbereitschaft der Art über viele Generationen ergab einen Gehegebestand, der heute allein aus Nachzuchttieren besteht. Bedauerlich, daß die Weißwangengans zugunsten von Rothals- und Ringelganszuchten etwas vernachlässigt wurde und daß als mögliche Zeichen

von Inzucht Ende der 80er Jahre vermehrt fahlfarbene bis weiße Mutanten auftraten, die im intermediären Erbgang zur allgemeinen Farbverflachung der Gehegetiere beitragen und damit abzulehnen sind. Bereitschaft zur Fortpflanzung zeigen Einzelpaare, Paargruppen oder Paare in großen gemischten Kollektionen. Der Wildfowl Trust hielt in Slimbridge zeitweilig über 100 Altvögel, viele davon flugfähig, die am Hang einer Teichhalbinsel eine Brutkolonie bildeten. Eiablage dort zwischen 14. und 18., meist um den 25. April, anderswo in der 1. Maihälfte. Brut und Kükenführung vorzugsweise durch Eltern. Jugendentwicklung nach Würdinger (1975): Befiederungsbeginn an Schultern und Flanken am 13., der Oberschwanzdecken am 14., der Unterseite am 17. Tag; ab 14. Tag Enfaltung der Handschwingen. Mit 6 Wochen sind die Junggänse flugfähig, noch bevor die Schwingen voll ausgewachsen sind. Höchste Gewichtzunahme zwischen 14. und 18. Tag.

Ringelgans
Branta bernicla (Linné, 1758)

Drei Unterarten: Die **Dunkelbäuchige Ringelgans**, *B. b. bernicla* (Linné), ist düster schiefergrau und hat kleine weiße Bänder auf den Halsseiten. Die **Hellbäuchige Ringelgans**, *B. b. hrota* (Müller), hat ein aufgehelltes, bräunliches Körpergefieder und ebenfalls schmale weiße Halsbänder. Die **Pazifische Ringelgans**, *B. b. nigricans*

Dunkelbäuchige oder Russische Ringelgans.

(Lawrence), kennzeichnen klare Schwarztöne und ein breiter, fast geschlossener weißer Halsring. *B. b. orientalis* Tugarinov (Flanken besonders hell) wird gegenwärtig der *nigricans* zugeordnet. Die moderne Systematik geht von 2 bis 4 eigenständigen Arten aus. In Gehegen wird die Pazifische, vereinzelt die Dunkelbäuchige und zunehmend die Hellbäuchige Ringelgans gehalten.

Flügel: *nigricans* ♂ 325–344, ⌀ 335; ♀ 319–361, ⌀ 332 mm; *hrota* etwa gleichgroß, *bernicla* etwas langflügliger.
Gewicht: *nigricans* ♂ 1244–2020, ⌀ 1443; ♀ 1180–1900, ⌀ 1293 g
Gelege: 3–6 olivgrüne oder gelblichweiße Eier, *bernicla* 64–80 × 42–52, ⌀ 71 × 47,2 mm
Brutdauer: 22–24, verzögert bis 26 Tage
Schlupfgewicht: *B. b. nigricans* 45,1–65,6, ⌀ 54,7 g (Smart 1965)
Geschlechtsreife: ab 3. Jahr

Ad. Jahreskleid: ♂ und ♀ farbgleich, die Ganter meist etwas kräftiger und langhalsiger. **Dunenkleid:** Oberseite graubraun, Kopf und Halsseiten sowie Bauch hellgrau, Zügel- und Augengegend schwarzgrau. Schnabel und Füße schwarz. **Jugendkleid:** Kleingefieder mit schmalen hellen Säumen und bräunlicher Tönung, Flanken nur unwesentlich aufgehellt, weißer Halsring fehlt. Flügeldecken mit breiten hellgrauen Endsäumen.
Mauser und Umfärbung: Vollmauser der ad. beginnt um Mitte Juli mit dem Schwingenabwurf, Flugunfähigkeit etwa 3 Wochen; in dieser Zeit setzen Kleingefieder- und Steuerfederwechsel ein, Mauserhöhepunkt Aug./Sept., auslaufend im Spätherbst. Jugendmauser ab Okt./Nov., zunächst werden Kopf-, Hals- und Flankenpartien gewechselt, dabei erscheinen die weiße Hals- und die helle Flankenzeichnung. In der zweiten Winterhälfte mausern Brust, Schultern und Bauch, bei einem Teil die inneren Flügeldecken und Steuerfedern. Unmittelbar daran schließt sich die 1. Vollmauser an. Bei Gehegetieren kann sich die Herbstmauserperiode bis zu zwei Monaten verfrühen.

Unterfamilie Anserinae – Meeresgänse **127**

Pazifische Ringelgans mit Küken.

Verbreitung: Karte 32, Seite 331.
Status: Seit der Jahrhundertwende Rückgang des europäischen Winterbestandes bis 1932 auf etwa 10–25 % als Folge der Vernichtung großer Seegrasbestände, der damaligen Hauptfutterpflanze der Gänse, durch eine Pilzepedemie. Schutzmaßnahmen (u. a. Jagdverbote) und die Umstellung auf Pflanzen der Salzhaffwiesen ließen die Population kontinuierlich ansteigen. Zählungen ergaben 1963 um 25 000, 1973 etwa 70 000 und nach 1990 über 200 000 Dunkelbäuchige, ca. 130 000 Hellbäuchige und im Mittel 200 000 Pazifische Ringelgänse. In Westeuropa werden heute die Rastplätze geschützt, um Störungen abzuhalten und so den Energiehaushalt der Tiere zu optimieren.
Lebensweise: Die Brutplätze der Ringelgänse befinden sich in den arktischen Moos- und Flechtentundren bei Juli-Mitteltemperaturen von 1 °C. Bewohnt werden küstennahe sumpfige Abschnitte, bevorzugt die trichterförmigen, inselreichen Flußmündungen (Ästuaren) und Flußniederungen. Der Heimzug erfolgt mit wenigen kurzen Zwischenstops und unter Verbrauch der Fettreserven aus dem Winterquartier. Ankunft Spitzbergen Ende Mai, Taimyr Mitte Juni, Legebeginn nach etwa 10 Tagen. Nester in Kleinkolonien (5 bis 12) auf Inselchen oder an Tümpeln, stets auf erhöhten Plätzen in der kurzen Vegetation, gern in Möwenkolonien. Zwei Tage vor Legebeginn wird Nestrevier bezogen, Nestbau ab 1. Ei, Dunenauspolsterung vor Brutbeginn. Eiablage täglich, beide Partner verteidigen das kleine Nestrevier und führen später die Küken ins Flachwasser, wo sie Insektenlarven und Krebse aufnehmen können. Ende Aug., nach

Hellbäuchige Ringelgans.

45 Tagen der Jungenentwicklung, werden Jung- und Altvögel etwa gleichzeitig flugfähig und wandern zu den Überwinterungsplätzen ab. (Ausführlich in BERGMANN et al. 1994)

Nahrung: In den Brutgebieten Tundrapflanzen, Moose, Flechten, im Spätsommer Beeren und im Winterquartier Seegras, Grünalgen sowie Gräser der Salzhaffwiesen; 3–5% animalische Nahrungsanteile, wie Kleinkrebse, Muscheln oder Fischlaich, (PALMER 1976). Anfangsnahrung der Küken fast ausschließlich Kleinlebewesen.

Haltung und Zucht: Ringelgänse sind in der Haltung nicht gänzlich unproblematisch, ihre Lebenserwartung ist geringer als bei ähnlichen Arten. Unterbringung nur in relativ großen Anlagen mit guter Grasnarbe, sauberem Wasser und solider Hygiene. Das Futter kann relativ eiweißreich sein. In europäischen Zuchtanlagen gehaltene Ringelgänse sind im Gros nachgezüchtete Tiere der pazifischen Unterart; Erstzuchten in England 1958, USA 1959, ehem. DDR 1968. Während von den Hellbäuchigen Ringelgänsen in früheren Jahrzehnten vereinzelt Wildfänge gehalten wurden, gelangen seit den 80er Jahren in Nordamerika aufgezogene Tiere nach Europa (KOLBE 1984); Erstzuchten 1962 in England, 1983 FISCHER, Varel, ferner 1984 und 1988 Zoo Wuppertal, 1993 BREMEHR, Verl, und SPITTHÖVER, Enninger, doch bis heute ist der eigentliche züchterische Durchbruch nur bedingt erreicht. Die Dunkelbäuchige Ringelgans, von der in eigener Anlage ein Paar bei bester Kondition von 1978 bis 1996 lebte, wurde 1953 in England und 1995 von WESSJOHANN, Cloppenburg, gezüchtet. Wohl einmalig waren die Erfolge dieses Züchters mit der pazifischen Unterart seit 1985. Sechs Paare lebten auf einer Weidefläche mit kleinem Wasserbecken. Zur Eiablage bezogen sie einen ehemaligen Schweinestall; während die ♀ in den Futtertrögen brüteten, wachten die Ganter dicht dabei im Stall. Einheitlicher Legebeginn aller ♀ in der 2. Maidekade und die abgeklärten Beziehungen der Paare untereinander deuten echtes Kolonieverhalten an; bis zu 20 Jungtiere wuchsen alljährlich auf.

Rothalsgans
Branta ruficollis (Pallas, 1769)

Flügel: ♂ 355–379, ⌀ 367; ♀ 332–352, ⌀ 343 mm
Gewicht: ♂ 1200–1625, ⌀ 1375; ♀ 1058, 1130 g
Gelege: 3–6, selten bis 9 hellgrüne Eier, 61–72 × 44–49, ⌀ 70,6 × 48,7 mm
Brutdauer: 24–26 Tage
Schlupfgewicht: 42–53, ⌀ 48,3 g
(26 Küken, eig. Wäg., SMART 1965)
Geschlechtsreife: gegen Ende des 2. oder 3. Jahres

Ad. Jahreskleid: ♂ und ♀ farbgleich und oftmals gleich groß. Alte ♂ mit deutlicher Halsmähne, relativ großem braunem Bakkenfleck und stattlicher Figur. **Dunenkleid:** Kopf, Hals und Rückenpartien dunkel olivsepiabraun, Augengegend fast schwarz; Fleckchen an Flügeln und Bürzelseiten sowie Bauch gelblichgrün. Schnabel und Füße schwarz. **Jugendkleid:** Farbverteilung wie ad.; Backenfleck und Brust stumpf zimt-

Rothalsgans.

braun, dunkle Partien schwarzgrau, Federränder der Flanken hellbraun, Schultern und Flügeldecken breit hell gesäumt.
1. Jahreskleid: Kleingefieder wie ad., Flügeldecken noch breit hell gesäumt (Jugendflügel), immat. ♂ ohne Mähne.
Mauser und Umfärbung: Ad. Schwingenabwurf zwischen Mitte Juli und Ende Aug., Flugunfähigkeit nur 15–20 Tage, danach Kleingefieder- und Steuerfederwechsel. Nichtbrüter beginnen um 2 Wochen früher, Gehegetiere können bereits Mitte Sept. fertig vermausert sein. Die Jugendmauser setzt nach beendeter Befiederung an Kopf, Hals und Flanken ein, kann im Okt. weitgehend beendet sein oder sich bis zum Frühjahr hinziehen.
Verbreitung: Karte 30, Seite 331.

Nest und Gelege der Rothalsgans.

Status: Die Gesamtzahl der Rothalsgänse wurde Anfang der 90er Jahre auf ca. 70 000 Tiere geschätzt, das sind etwa die Hälfte der noch nach 1950 in Aserbaidshan überwinternden Tiere. Der Rückgang zeichnete sich um 1960 ab und hielt bis Mitte der 70er Jahre an, danach führten eingeleitete Schutzmaßnahmen in den Brut- und Überwinterungsgebieten zu langsamen Bestandszunahmen. **CITES** Anh. II/A, **Vermarktungsbescheinigung** nicht erforderlich.
Lebensweise: Die Brutgebiete der Rothalsgänse liegen auf Taimyr nordwärts bis zur strauchlosen Tundra. Die 25 bekannten Brutplätze befinden sich an Wasserläufen, wo die Landschaft durch Erosionen zerklüftet ist, von vielen Wasserarmen durchzogen wird und Hänge aus Lehm-, Sand- und Geröllschichten die Flußufer säumen. In der angrenzende Tundra liegen Wollgras-Moore und Seen eingebettet. Die üppige Sommervegetation an den windgeschützten, sonnenzugewandten Seiten bilden Gräser, Zwergbüsche und arktische Blütenpflanzen. Ankunft der gepaarten Gänse in kleinen Gruppen Anfang Juni während der Eisschmelze. Die Nester stehen in kleinen lokkeren Kolonien an den Uferhängen, gern in Nachbarschaft von Wanderfalken und Rauhfußbussarden, deren Terzel Gefahren früher erkennen als der wachende Rothalsganter. Auch die Schutzwirkung der Möwenkolonien wird genutzt. Brutbeginn um den 20. Juni. Küken wachsen auf Uferbänken heran, die eine gute Vegetation tragen und wo bei Gefahren das nahe Wasser aufgesucht werden kann. Durch Zusammenschluß von Familien gegen Ende der Mauser- und Aufzuchtzeit bilden sich erste Schwärme. Um den 20. Aug. sind Alt- und Jungvögel flugfähig, es kommt zu größeren Schwarmbildungen und Anfang Sept. zum Abzug in die Winterquartiere. Auf schmalen Zugwegen entlang des Urals erreichen die Rothalsgänse die Steppen- und Ackerbaugebiete am Kaspischen Meere und durch die Ukraine die Dobrudscha und Nord-Griechenland.
Nahrung: In den Brutgebieten Jungtriebe zahlreicher Pflanzen, vor allem der Wollgräser, in den Steppen Gräser und Queller, weniger Wasser- und Sumpfpflanzen, in den Ackerbaugebieten Jungsaaten und und Pflanzenreste abgeernteter Felder.
Haltung und Zucht: Rothalsgänse gelangten seit Ende des 19. Jh aus den russischen Winterquartieren nach Westeuropa; die letzten umfangreichen Sendungen erreichten England nach 1960. Daraus entstand die heutige Gehegepopulation, deren Basis so breit ist, daß bisher keine nennenswerten Inzuchterscheinungen auftraten. Haltung in Anlagen mit guter Grasnarbe als Einzelpaar wie in kleinen Zuchtgruppen unproblematisch, sieht man vom nächtlichen Geschrei

im Frühsommer ab, das Anlaß zu Ärger mit Nachbarn geben könnte. Welterstzucht 1926 im Fox Warrenpark von Woburn, England, USA-Erstzucht 1950 durch RIPLEY, in der BRD vermutlich um 1965 und in der ehem. DDR 1969 durch MÜLLER, Zwickau. Heute übersteigt die Rate der Nachkommen weit die der Verluste, obgleich ein Teil der Paare brutinaktiv bleibt. Zu problemlosen Paarbildungen kommt es bei Jungtieren innerhalb der ersten 2–3 Jahre und in Gruppen bei eigener Partnerwahl. Es ist nicht außergewöhnlich, daß sich langjährig gut züchtende Paare im Winterhalbjahr umpaaren und im Folgejahr erneut brutaktiv werden. Legebeginn bei BIEHL, Tostedt, 4mal letzte Mai-, 10mal erste und 7mal zweite Junidekade. Die Küken sind in den ersten 4–6 Tagen sichtbar unbeholfen auf den Beinen; ab 16. bis 17. Tag Entfaltung der Schulter- und Flankenfedern, ab 18. Tag der Schwingen und Steuerfedern. Mit 3 Wochen ist die Unterseite und mit 6 Wochen der gesamte Vogel befiedert; einen weiteren Monat später sind die Junggänse weitgehend erwachsen und beginnen Anfang Sept. mit der Umfärbung.

Hühnergans
Cereopsis novaehollandiae Latham, 1801

Durch STORR wurde 1980 eine etwas kleinere Form mit ausgedehnterer weißer Kopfplatte von der Südküste Westaustraliens als Recherche-Hühnergans, *C. n. grisea*, von der Nominatform abgetrennt. Sie wird heute nicht mehr als eigenständige Unterart anerkannt (u. a. MARCHANT & HIGGINS 1990).

Flügel: Wildvögel ♂ 450–490 mm
Zoo Prag ♂ 490–512, ♀ 448–464 mm (VESELOVSKY 1973)
Gewicht: Wildvögel 3700–5100 g
Zoo Prag ♂ ⌀ 5210, ♀ ⌀ 3570 g
Gelege: 3–6 rauhkörnige weiße Eier, 73–92 × 44–59, ⌀ 83 × 56 mm
Brutdauer: um 35 Tage
Schlupfgewicht: 70–95; ⌀ 81,2 g
Geschlechtsreife: unbekannt; Zucht selten vor dem 4. Lebensjahr

Ad. Jahreskleid: ♂ und ♀ farbgleich; frisch vermausert hellgrau, später schmutzigbraun übertönt. Stimme: ♂ lautes abgehacktes Quaken, ♀ langgezogene Grunztöne. **Dunenkleid:** Auf grauweißem Grund zieht ein schwarzbrauner Streif von Stirn über Oberkopf und Nacken zum Rücken, von gleicher Färbung sind ein Augenstreif, die Körperseiten und Flügel. Schnabel und Füße schwarz. **Jugendkleid:** Dunkler als ad. und braun übertönt, Fleckung auf Rücken und Flanken verwaschen. Stirn und Kopfmitte rahmfarben bis hellgrau, Schnabelwachshaut dunkelfleckig. Füße blaß fleischrot, Zehen und Schwimmhäute schwarzgrau. Stimmunterschiede ab 4. bis 5. Lebensmonat.
Mauser und Umfärbung: Ad. nur Vollmauser nach der Brutperiode (FRITH 1982), eingeleitet vom Schwingenabwurf, danach Steuerfeder- und Kleingefiederwechsel. Juv. beginnen nach dem Flüggewerden mit der Kleingefiedermauser und tragen mit etwa 6 Monaten das 1. Alterskleid.
Verbreitung: Karte 31, Seite 331.
Status: Die Brutvorkommen der Hühnergans sind heute auf die Inseln vor der australischen Südküste beschränkt und damit räumlich eng begrenzt. Als Nahrungskonkurrent des Weideviehes wurde sie bis 1960 stark gejagt, dann setzten Schutzmaßnahmen ein. Tiefststand um 1965 mit knapp 6000 Individuen; um 1990 wurden in der Region der Bass-Straße wieder 19000 und auf den Recherche-Inseln 1995 650 Tiere geschätzt. In neuer Zeit sind durch begrenzten Abschuß bestandsregulierende Maßnahmen eingeleitet, um den Grasverbiß im Rahmen zu halten.
Lebensweise: Hühnergänse bewohnen zur Brutzeit kurzgrasige, mit Horstgräsern und schütterem Gestrüpp bewachsene Eilande, viele davon zwar nicht vom Menschen besiedelt, doch alle für intensive Weidewirtschaft genutzt. Hühnergänse gehören mit zu den konsequentesten Weidevögeln, die Wasserflächen nur bei Gefahr, während der Flügelmauser und mit ihren heranwachsenden Jungen aufsuchen. Ad. Paare leben in Dauerehen, brüten in lockeren Kolonien und bilden nach der Brutzeit kleine Schwärme,

Hühnergans.

sind jedoch stets aggressiv und nur locker vergesellschaftet. Brut während der australischen Wintermonate, der Wachstumsperiode der Weidegräser. Ab Feb. treffen die Gänse auf den Inseln ein, aber erst während der kürzesten Tage zwischen Mai und Juli beginnt die Eiablage. Nester stehen im Grasland bevorzugt im Deckungsbereich der Horstgräser und Büsche, seltener im offenen Gelände oder auf den Strauchkronen; Einzelpaare nutzen den Neststandort über viele Jahre. Das Revier wird heftig gegen Eindringlinge verteidigt. Als Nistmaterial dienen ausgerissene Grasbüschel, später graue Dunen. Die Familien verbleiben etwa 6 Wochen im engeren Gebiet, dann vergesellschaften sich die halbflüggen Gössel. Flugfähigkeit wird mit 70–76 Tagen erreicht. Jungvogelschwärme halten etwa ein Jahr zusammen und ziehen im Nov., zeitgleich mit den Altvögeln, zu größeren Inseln und küstennahen Niederungen des Festlandes ab, um der Sommertrockenzeit auf den Brutinseln auszuweichen.

Nahrung: Rein pflanzlich, bestehend aus den Grünteilen, weniger aus den Samen der Weidegräser (Futterkonkurrenz der Rinder und Schafe), gelegentliche Futteraufnahme entlang des Küstensaumes.

Haltung und Zucht: Hühnergänse werden auf weiträumigen Grünflächen gehalten, ein Teich ist nicht erforderlich und würde auch nachts nicht aufgesucht werden; bei möglichem Fuchs-Vorkommen ist für Sicherheit u. a. durch einen Elektrozaun zu sorgen. Wegen der ausgeprägten Aggressivität werden Hühnergänse paarweise separat oder in Zoos in Huftieranlagen untergebracht. Als Winterbrüter ist ihnen ein angemessener Schutzraum (um 7 bis 10 m^2) anzubieten, in dem auch der Nistplatz vorbereitet wird. Wegen der Aspergillose-Anfälligkeit ist stets auf Sauberkeit und relative Staubfreiheit zu achten. Als Nahrung erhalten Hühnergänse neben Weizen und Pelletfutter ganzjährig frische Pflanzenkost, im Winter u. a. Kohl, Möhren oder Rüben.

Erstimport in England 1830/31, wenig später gelang die Zucht im Zoo London und in Windsor. Der Zoo Berlin hält die Art seit 1845, Erstzucht USA 1916 im Zoo New York, erfolgreich bemühte sich der Zoo Prag ab 1960 um Haltung, Zucht und biologische Datensammlung. Heute ist die Art in Zoos und Privatanlagen allgemein, wegen ihrer Aggressivität jedoch nur in geringer Zahl vertreten. Mehrzahl der Paare wird brutaktiv. Fortpflanzungsaktivitäten setzen im Okt. bei Tageslängen unter 10 Stunden mit ersten Begattungen ein. Zu dieser Zeit muß der Brut- und Überwinterungsraum zur Verfügung stehen. Legebeginn zwischen Nov. und Jan., Nachgelege bis März möglich. Gelegestärke und Legeintervalle wenig einheitlich, wohl als Folge unserer relativ kalten Wintermonate. Kann dem ♀ die Brut überlassen werden, betreuen die Eltern im angehenden Vorfrühling die Gössel zuverlässig. Küken benötigen vom ersten Tage an frisches Grün als kurzes Gras oder ausgekeimtes Getreide. Fehlt die Möglichkeit des Weidens und Zupfens, beginnen sie die Dunen der Geschwister oder Federn der Eltern auszureißen (JACOB 1976). Befiederung setzt mit 26 Tagen an Flanken, Schultern und Schwanz ein, mit 40 Tagen folgt die Bauchseite, ab 6. Woche entfaltet sich das Großgefieder, und mit 10 bis 11 Wochen sind die Junggänse erwachsen.

Unterfamilie Plectropterinae: Sporengänse

Sporengans
Plectropterus gambensis (Linné, 1766)
Seltener **Sporngans**, weil je Flügelbug ein Sporn ausgebildet wird.

Helle Sporengans, kenntlich am weißen Bauchgefieder.

Zwei Unterarten: Die **Helle Sporengans**, *P.g. gambensis* (Linné), mit weißer Bauchseite wird südlich des Sambesi von der **Schwarzen Sporengans**, *P.g. niger* Sclater, vertreten. Weißausdehnungen im Gesicht und auf der Bauchseite stark variierend, Tiere einer breiten Mischzone verwischen das Subspeziesbild zusätzlich. Beide Unterarten sind importiert.

Flügel: ♂ 472–562, ⌀ 517; ♀ 416–482, ⌀ 449 mm
Flügelsporen: ♂ 22–36, ⌀ 29: ♀ 16–28, ⌀ 22 mm
Gewicht: ♂ 4251–6801, ⌀ 5526; ♀ 2303–4401, ⌀ 3352 g
Gelege: 6–10, auch bis 17 glattschalig, cremefarbene Eier, 68–86,2 × 51–58,8, ⌀ 74,5 × 55,3 mm
Brutdauer: 30–32 Tage
Geschlechtsreife: vermutlich ab 2. oder 3. Jahr

Ad. Jahreskleid: ♂ deutlich größer als ♀ und mit stärker ausgebildetem rotem Schnabel-Stirn-Höcker. Bei alten ♂ bilden sich nackte rote Hautstellen an den Halsseiten. Gesichtspartien der ♀ weitgehend befiedert, keine oder nur angedeutete Höckerbildung. *P.g. niger* insgesamt kleiner, Weiß beim ♂ auf Zügel, Bauchmitte und Unterschwanz, beim ♀ auf Unterseite begrenzt. **Dunenkleid:** Oberseite gelbbraun; Gesicht, ausgenommen ein brauner Augenstreif, Unterseite und Achselgegend hell lehmgelb. Schnabel und Füße blaugrau, Iris dunkelbraun. **Jugendkleid:** Schwarz-Weiß-Verteilung etwa wie ad., doch Federn braun übertönt, schmal hell gesäumt und wenig glänzend. Gesicht voll befiedert. Schnabel dunkelgrau, Füße blaßrot.
Mauser und Umfärbung: Vollmauser der ad. auf regionale Fortpflanzungsperioden, in Südafrika auf die Jahreszeiten abgestimmt. Schwingenabwurf der ♂ in Transvaal Mitte Juni, der der ♀ Anfang Juli, 6 bis 8 Wochen nach beendeter Jungenaufzucht innerhalb großer Mausergesellschaften; Flugunfähigkeit 37–46 Tage. Nichtbrüter mausern jahreszeitlich unzyklisch. Die Umfärbung in

das 1. Alterskleid erfolgt innerhalb des 1. Lebensjahres.
Verbreitung: Karte 34, Seite 331.
Status: Beide Unterarten sind in Afrika weit verbreitet, mit größter Häufigkeit in den wasserreichen Deltaregionen von Senegal und Niger in Westafrika und an den ostafrikanischen Seen. Bestandsrückgänge als Folge von Austrocknungen in der südlichen Sahelzone. Zusätzliche Lebensräume bieten heute Staugewässer in den Agrarzonen Südafrikas. CITES Anh. III/C, **Vermarktungsbescheinigung** nicht erforderlich.
Lebensweise: Bevorzugte Lebensräume der Sporengänse bilden die weiten Niederungen und Deltaregionen von Flußläufen sowie vegetationsreiche Binnenseen der Savannen und Agrarzonen. Die Art lebt gesellig, Nichtbrüter bilden kleine lockere Gruppen, Mauservögel riesige Schwärme. Sie ruhen entlang der Ufer oder auf Bäumen, äsen in der Flachwasserzone und auf angrenzenden Wiesen, vergesellschaften sich gern mit anderen Wasservögeln oder halten sich in der Nähe von Großsäugern auf. Eiablagen während oder am Ende der regionalen Regenzeiten, in Südafrika zwischen Dez. und Feb. Zur Brutzeit werden einzelne Nestreviere verteidigt, dazu kommt der Flügelsporn zum Einsatz. Umfangreiche Nestbauten aus Pflanzenmaterial entstehen im Röhricht, auch werden große Baumnester des Schattenvogels, Baumhöhlen oder Felsnischen bezogen. Das ♀ dreht eine tiefe Nestmulde, verwendet jedoch nur wenige Nestdunen. Kükenbetreuung offenbar nur durch das ♀, die Junggänse erreichen erst mit über 2 Monaten ihre Flugfähigkeit.
Nahrung: Grünteile und Samen zahlreicher Sumpfpflanzen, weniger aus Kleinlebewesen oder Heuschrecken. Auf Feldern werden Getreide, Mais und Erdnüsse aufgenommen; nach HALSE (1985) 53 % Getreide, 11 % Kräuter, 34 % Wasserpflanzen und 2 % Insekten.
Haltung und Zucht: Beide Unterarten werden seit über 100 Jahren in europäischen Zoos, im Berliner Zoo erstmals 1874, problemlos gepflegt. Größe, wenig ansprechendes Aussehen und Aggressivität mögen Gründe sein, daß die Art in Privatanlagen weitgehend fehlt und damit systematische Zuchtbemühungen ausbleiben. In Zoos werden einzelne Paare der Sporengans auf Stelz- oder Huftieranlagen gehalten und in temperierten Räumen überwintert. BREMEHR, Verl, hält seit 1994 ein Paar der dunklen Unterart. Die Tiere zeigen sich vorerst friedfertig. Kommt es zu Fortpflanzungsaktivitäten, gehen diese mit Bösartigkeiten einher; mit Hilfe des Flügelsporns vermögen sie selbst Schwäne zu bedrängen. Von erfolgreichen Zuchten wird selten berichtet. DELACOUR (1959) nennt Mischehen mit Moschusenten, Nil- und Magellangänsen und führt eine erfolgreiche Zucht aus England (Zoo Whipsnade 1933) an. ECKARDT (1925) berichtet von wiederholten Zuchten im Zoo Düsseldorf um 1918, wohl die bisher einzige deutsche Zucht. Der Wildfowl Trust hält beide Unterarten seit Anfang der 50er Jahre, brachte sie jedoch bis 1967 nur zur Eiablage, ab 1979 wuchsen gelegentlich Jungtiere auf. Als USA-Erstzuchten nennt STURGEON (1988) für die Schwarze Sporengans 1930 und für die Nominatform 1960.

Unterfamilie Tadorninae: Halbgänse, Dampfschiffenten und andere

Höckerglanzgans
Sarkidiornis melanotos (Pennant, 1769)

Zwei Unterarten, die künftig als getrennte Arten angesehen werden: Die etwas größere **Altwelt-Höckerglanzgans**, *S. m. melanotos* (Pennant), ♂ mit hellgrauen Flanken und die **Neuwelt-Höckerglanzgans**, *S. m. sylvicola* (Ihering et Ihering), mit ihren tiefschwarzen Flanken; Zuordnung der ♀ nur bedingt möglich. Beide Formen sind importiert und z. T. vermischt.

Flügel: *melanotos* ♂ 349–370, ⌀ 359; ♀ 263–293, ⌀ 286 mm
Gewicht: ♂ 1300–2610, ♀ 1230–2335 g
Gelege: 8–12 glänzend cremeweiße Eier, 56–67 × 42–45; ⌀ 61,6 × 43,5 mm
Brutdauer: 30 Tage

Neuwelt-Höckerglanzgans, Ganter mit tiefschwarzen Flanken.

Schlupfgewicht: *sylvicola* 26–37, ⌀ 30,9 g (102 Küken, eig. Wäg.)
Geschlechtsreife: gegen Ende des 2. Lebensjahres

Ad. Jahreskleid: ♂ erheblich größer als ♀. Schnabelhöcker und gelbliche Tönung der Kopfseiten bei fortpflanzungsinaktiven Tieren zurückgebildet. Neben der klaren farblichen Trennung der ♂ beider Unterarten existieren Fotos von Wildgantern aus Afrika mit fast schwarzen und aus Südamerika mit schiefergrauen Flanken. Rückengefieder der ♀ auf schwarzem Grund blaugrün glänzend (vergl. juv.). Flanken beim ♀ der *melanotos* von der oberen Federreihe her hellgrau, bei *sylvicola* durchweg wolkig graubraun; Variabilität und Vermischungen ergeben nicht einzuordnende Individuen. **Dunenkleid:** Oberseite olivgrün, Gesicht, Brust und Unterseite gelb. Arttypisch sind ein kräftiger, dunkel olivgrüner Augenstreif und zwei parallel verlaufende gelbe Längsstreifen über den gesamten Rücken. Schnabel bleigrau, Iris dunkelgrau, Füße blaß oliv, Schwimmhäute gelblich, Zehen schwarz. **Jugendkleid:** Kopf, Hals und Oberseite graubrau, Rückenfedern schmal hell gesäumt. Gesicht mit weißem Überaugen- und breitem dunklen Augenstreif; Brust und Bauch rahmweiß, Armschwingen und große Flügeldecken mit schwachem Grünglanz, letztere manchmal mit weißer Endbinde. Flanken beim ♂ durchweg dunkel, beim ♀ flockig aufgehellt.

Ab 4. Woche Ganter deutlich größer als ♀.
1. Jahreskleid: ♂ und ♀ weitgehend wie ad., doch mit schwächerem Grünglanz auf Rücken und Flügeln; beim ♂ Höcker schwächer ausgebildet, Gelb an Kopfseiten und Unterschwanz fehlt, Füße blaß grau.
Mauser und Umfärbung: Gehegevögel wechseln nach der Brutsaison im Spätsommer das Gesamtgefieder und gegen Ende des Winters erneut einige Kleingefiederpartien (u. a. Rückenfedern). Im Juli geschlüpfte juv. mausern ab Ende Aug. und sind Ende Sept. weitgehend durchgefärbt; bei Küken, die im Aug. schlüpfen, verzögert sich die Umfärbung, sie beginnt Okt./Nov. und kann bis Dez. abgeschlossen sein. Mauser setzt von der Schnabelbasis her an Gesicht und Hals ein, etwa eine Woche später dann gleichzeitig an Rücken (erste schwarzblaue Federn), Brust (wird weiß) und Flanken.
Verbreitung: Karte 35, Seite 332.
Status: Die Altwelt-Höckglanzgans verfügt in Afrika und SO-Asien über nicht gefährdete Bestände; größte Häufigkeit in Westafrika (Deltagebiete von Senegal und Niger mit Konzentrationen bis zu 40 000 Tieren), in Südasien lückenhaft, aber regional häufig vorkommend. Die Neuwelt-Höckerglanzgans ist insgesamt weniger zahlreich als die Nominatform und nur in wenigen Regionen (u. a. Venezuela) häufig, in anderen durch Jagddruck und Jagdtourismus (u. a. Argentinien) selten, global aber nicht bestandsbedroht. Die Gesamtpopulation wird zwischen 20 000 und 200 000 Ex. geschätzt (Green 1992). Reed Data Book der IUCN als V (in naher Zukunft Bedrohung möglich) **CITES** Anh. II/B, **Vermarktungsbescheinigung** nicht erforderlich.
Lebensweise: In Afrika bewohnt die Höckerglanzgans von Wald durchsetzte Sumpfniederungen, Flußauen und angrenzende Reisfelder, zur Regenzeit bevorzugt Überschwemmungsflächen. Tiefe, offene Gewässer und Stauseen werden nur selten beflogen. Während regionaler Trockenzeiten erfolgen Langstreckenwanderungen. Außerhalb der Brutzeit Schwarmbildungen größeren Umfanges. Mit dem Einsetzen der Regenzeit beginnt die Fortpflanzungszeit, so in Sambia zwischen Nov. und März oder in

Tranvaal im Mai und Juni. Die Ganter leben polygam und begatten 3 bis 4 ♀. Die Nester werden in Baumhöhlen, in Ufergebüsch oder in der Sumpfvegetation errichtet, relativ häufig legen bis zu drei ♀ in ein Nest. Brut und Kükenführung allein durch ♀. Nach dem Flüggewerden kommt es bald zu Vergesellschaftungen mit Sporen-, Pfeif- oder Nilgänsen.
Nahrung: Überwiegend pflanzlich, wie Gräser und Wildreis, Sumpf- und Wasserpflanzen. Auf Reisfeldern kann die Art beträchtlichen Schaden anrichten und wird dort intensiv bejagt.
Haltung und Zucht: Höckerglanzgänse galten lange als unverträglich und temperaturempfindlich. Entsprechend selten blieb die Art in Zoos, in Zuchtanlagen fehlte sie bis in die 80er Jahre fast völlig. Von den wenigen gehaltenen Tieren gelangen folgende Erstzuchten: mit der Nominatform 1931 in England, 1970 in den USA, mit der Neuwelt-Form 1939 in Clerès, Frankreich, und 1956 im Wildfowl Trust Slimbridge; 1989 in eigener Anlage. Heute wird vorwiegend die südamerikanische Unterart gehalten und gezüchtet. Höckerglanzgänse sollten als Gruppen (1 Ganter, 2–3 ♀) in nicht zu engen, grasbewachsenen Gehegen gehalten werden. Sie sind ganzjährig friedfertig, stellen keine besonderen Futteransprüche, benötigen jedoch im Winter einen annähernd frostfreien Schutzraum. Für die eigene Anlage erwarb ich 1987 einen alten Ganter und 4 immat. ♀. Gemeinsam mit Pfeifgänsen überwintert, zeigten die Glanzgänse auch bei schwachen Frostgraden kein Unbehagen und badeten tagsüber zwischen Eisschollen oder hielten sich im Schnee auf. Ab Feb. begannen die ♀ mit ihrer Tanzreigen-Balz. In Sommer bewohnte die Gruppe ein größeres Gesellschaftsgehege. Zum Mai hin verstärkten sich die Balzrituale. Die ♀ hetzen nicht, sie stimulieren sich durch Tanzreigen. Auf Zehenspitzen und mit hochgerecktem Hals umlaufen sie sich auf der Wiese kreisförmig oder nehmen den Ganter in die Mitte. Er reagiert mit tiefen Verbeugungen von Kopf und Hals oder gar nicht. Auch auf dem Wasser werden diese Reigen geschwommen. Mit Legen beginnende ♀ halten sich vermehrt in Ganternähe auf und werden somit bevorzugt begattet. Eiablage in Nistkästen, angebracht in Büschen direkt über dem Wasser um Mitte Juni, seltener im Mai oder bis Aug. Die ♀ beginnen gleichzeitig und gern in der gleichen Höhle zu legen. So 1991, innerhalb einer kurzen Regenperiode nach ausgedehntem Hochdruckwetter begannen 3 ♀ in einer Höhle mit dem Legen, binnen weniger Tage waren es 24 Eier, aus denen 20 Küken schlüpften; 1993 brütete ein Tier ca. eine Woche auf 23 Eiern, von denen in dieser Zeit keines abstarb. Reichliche Nestauspolsterung mit einfarbig hellgrauen Dunen und fast weißen Konturfedern. Die Küken sehen anfangs aus wie die der Mandarinenten, können ebensogut klettern, sind aber nicht scheu und nehmen in der Boxe problemlos Futter auf. In der 2. Woche erfolgt ein deutliches Streckungswachstum. Befiederung: Mit 18–20 Tagen zeigen sich erste Schulter- und Flankenfedern, zwischen 26 und 28 Tagen befiedern Unterseite und Schwanz, ab 35. Tag entfalten sich die Arm-, wenig später die Handschwingen, mit etwa 8 Wochen sind die Tiere voll befiedert. Ab 4. Woche deuten sich erste Größenunterschiede zwischen den Geschlechtern an; ♀ erreichen mit 8, Ganter mit 9 Wochen die Flugfähigkeit.

Kasarkas

Die Kasarka-Gruppe innerhalb der Gattung *Tadorna* zeichnet sich durch große Einheitlichkeit in Morphologie, Verhalten und Ökologie aus. Es sind Arten der Gewässerrandzonen mit Merkmalen gründelnder Enten der Seichtwasserzone und äsender Gänse angrenzender Weideflächen.

Rostgans
Tadorna ferruginea (Pallas, 1764)

Flügel: ♂ 354–383, ⌀ 366; ♀ 321–369, ⌀ 339 mm
Gewicht: ♂ 1200–1600, ⌀ 1385; ♀ 925–1500, ⌀ 1165 g
Gelege: 8–11 glattschalig weiße Eier, 61,5–72 × 45–49,5, ⌀ 68 × 47 mm
Brutdauer: 28–30 Tage

Schlupfgewicht: 42,5–55, ⌀ 48 g
(36 Küken Wildfowl Trust)
Geschlechtsreife: gegen Ende des
2. Lebensjahres

Ad. Brutkleid: (Okt. bis Juni) ♂ mit schwarzem Halsring; ♀ mit weißer Augengegend. Stimme: ♂ relativ leise Knurr- und Wispeltöne, ♀ laute, durchdringende Einzelrufe. **Ad. Ruhekleid:** Ähnlich Brutkleid, Mantelgefieder mit schmalen hellen Säumen, beim ♂ fehlt Halsring oder ist nur angedeutet. **Dunenkleid:** Obere Kopfhälfte, Hinterhals und Rücken grauschwarz, von helleren Grannendunen durchsetzt. Untere Körperpartien grauweiß, hintere Flügelränder sowie je zwei Felder auf den Rückenseiten fast weiß. Schnabel und Füße dunkel olivgrau. **Jugendkleid:** Mantelgefieder dunkler als bei ad., große Flügeldecken überwiegend grau (nicht weiß). Farbunterschiede zwischen den Geschlechtern werden erst während des Kleingefiederwechsels sichtbar.
Mauser und Umfärbung: Brutmauser (Vollmauser) Juli/Aug. Kleingefiederwechsel und Schwingenabwurf mit ca. 4wöchiger Flugunfähigkeit; Erneuerung der Steuerfedern zwischen Juli und Nov. Die Ruhemauser setzt im Spätherbst ein, wird ab Dez. unterbrochen und im März/Apr. beendet. Gehegevögel mausern früher und zeitlich enger. Die Jugendmauser setzt bald nach beendeter Befiederung Juli/Aug. ein, ab dieser Zeit erhält das ♀ die weißen Gesichtsfelder, ab Okt./Nov. die ♂ den schwarzen Halsring.
Vorkommen in Mitteleuropa: Ältere Nachweise gehen bis auf das Jahr 1601 zurück und belegen den gelegentlichen Einflug von Rostgänsen nördlich der Alpen. Neuere Beobachtungen werden entflogenen Gehegevögeln zugeordnet, die einzeln, brütend und als Sommertrupps angetroffen werden. Daß bis heute echte Wildvogeleinflüge erfolgen, zeigte ein Tier im Okt. 1978 in Westpolen, das 1973 als Küken in Kirgistan, in Zentralasien, beringt wurde. Entflogene Rostgänse brüten bei gewisser Ortstreue in freier Wildbahn, ohne daß es bisher zur Bildung sich selbst reproduzierender Populationen kam.
Verbreitung: Karte 36, Seite 332.

Status: Während die südeuropäischen Brutvögel nur verstreut ansässig sind, man rechnet mit max. 11 000 Brutpaaren, existieren umfangreiche Vorkommen von der Türkei bis China. **BArtSchV Anl. 1, Vermarktungsbescheinigung** nicht erforderlich.
Lebensweise: Die eigentliche Heimat der Rostgänse sind die innerasiatischen Steppen und Halbwüsten mit ihren flachen, salzhaltigen Seen und Lagunen auf ringsum trockenen Hochplateaus sowie stark meandernden Flußsystemen mit breiten Schotterbänken. In Tibet nisten sie bis in 5000 m Höhe. Nichtbrüter verweilen auf den Fluß-Geröllbänken und flußbegleitenden Vegetationsstreifen, aber auch in den Wüstenbergen weit entfernt vom Wasser. Mit der Eisschmelze kehren die Paare zu ihren Brutplätzen zurück und beginnen große Reviere zu verteidigen. Nester in Felsspalten und Erdhöhlen großer Steppensäuger, auf schmalen Terrassen steiler Hänge (hier gern in Nachbarschaft von Adlern oder Geiern) oder in aufgegebenen Steinbauten der Menschen. Eiablage zwischen März und Mai. Das ♀ brütet allein, der Ganter bewacht die Nestnähe. Die Gössel werden bald nach dem Schlupf von den Eltern zum Wasser geführt und dort aufgezogen. Die Wintermonate verbringen die zentralasiatischen Populationen in Süd- und Südostasien, andere in der Osttürkei und entlang der Kaspi-Südküste, wo es zu sehr großen Schwarmbildungen kommen kann.
Nahrung: Grünteile und Samen von Kultur-, Steppen- und Litoralpflanzen, die Gössel bevorzugen Kleinlebewesen (u. a. Salinekrebse).
Haltung und Zucht: Rostgänse waren bereits im alten Ägypten und Griechenland als Parkgeflügel bekannt, dennoch gelangte die Art erst 1850 in den Zoo London und 1861 in den Zoo Berlin, Erstzuchten hier 1860 bzw. 1881. Heute gehören Rostgänse in ihrer Robustheit und Anspruchslosigkeit zum alltäglichen Besatz von Zoos und Tierparks, auf Parkgewässern werden sie wegen häufiger Abwanderungen weniger gehalten. Während Paarungs- und Fortpflanzungszeit sehr aggressiv, Nichtbrüter weitgehend friedfertig. Ihre Unterbringung zu Zuchtzwecken erfolgt

Unterfamilie Tadorninae – Kasarkas **137**

Ganter der Graukopfkasarka.

deshalb in Einzelgehegen, in Zoos auf großen Teichen oder als Nebenbesatz auf Huftieranlagen. Für den innerhalb von Siedlungsräumen wohnenden Züchter kann das laute und unmelodische nächtliche Schreien der ♀ zur Ruhestörung der Nachbarn führen. Die Zucht gelingt mit den meisten Paaren. Ab März/Apr. legt das ♀ in zweitägigen Abständen bis zu 10 Eier in Hütten oder Nistkästen ab. Brut und Aufzucht sollte dem Paar überlassen bleiben, ohne Brut sind Nachgelege zu erwarten. Die Befiederung der Küken beginnt mit 3 Wochen an Schultern und Flanken, mit 7 bis 8 Wochen sind sie flugfähig und mit 8 bis 9 Wochen erwachsen. Bastardierungsneigung ist relativ hoch und geht über die *Tadorna*-Arten hinaus.

Graukopfkasarka
Tadorna cana (Gmelin, 1789)

Flügel: ♂ 345–365, ⌀ 355.8, ♀ 315–335, ⌀ 326,2 mm
Gewicht: ♂ 1232–2032, ⌀ 1527; ♀ 872–1835, ⌀ 1230 g
Gelege: 10–14 gelblichweiße Eier, 65–71 × 46–49,5, ⌀ 68,6 × 47 mm
Brutdauer: 30 Tage
Schlupfgewicht: 45,2–61, ⌀ 54,7 g (18 Küken, u. a. eig. Wäg.)
Geschlechtsreife: ab 2. Lebensjahr

Ad. Brutkleid: ♂ Kopfseiten durchweg grau, beim ♀ unterschiedlich ausgedehnt weiß. Stimme vergl. Rostgans. **Ad. Ruhekleid:** Nur geringfügig verändert, insgesamt dunkler; Mantelgefieder mit feiner schwarzgrauer Kritzelung, Brust fahl lehmgelb. **Dunenkleid:** Nur feine Differenzierungen gegenüber Rostgans-Küken, z. B. Kopfplatte bis zur Schnabelwurzel, bei *ferruginea* nur bis zu den Augen schwarzbraun. **Jugendkleid:** Mantelgefieder stumpf lehmgelb bis dunkel lehmbraun, Kopf graubraun, um Schnabelbasis aufgehellt, große Flügeldecken grau (bei ad. weiß). Geschlechtsunterschiede ab Jugendmauser: beim ♀ zeigt sich ein weißer Augenring, beim ♂ wird Schnabelbasis dunkelgrau.
Mauser und Umfärbung: Brutmauser (Vollmauser) beginnt bei uns mit dem Schwingenabwurf der Nichtbrüter im Juni, der Brutvögel Anfang Aug., wenn juv. die Flugfähigkeit erlangt haben; ♀ jeweils einige Tage vor den Gantern. Während des Schwingenwechsels setzt die Kleingefieder-, dann die Mauser der Steuerfedern ein. Ab Mitte Okt. wird das Ruhekleid getragen. Die wenigen Abweichungen zum Brutkleid sind als Mauserperiode kaum erfaßbar, zumal ab Okt. Begattungen das neue Paarungsverhalten ankündigen. Die Jugend-(Teil)Mauser beginnt mit 10 Wochen und ist mit 18–20 Wochen im Okt. abgeschlossen. Nach der

Vollmauser im nächsten Sommer wird das Alterskleid mit durchweg weißen Flügeldekken getragen.
Verbreitung: Karte 37, Seite 332.
Status: Die Graukopfkasarka verfügt nur über ein relativ kleines Verbreitungsgebiet und ist selbst dort nur in wenigen Regionen (u. a. in der Kapprovinz) wirklich häufig. Der Gesamtbestand wird auf über 40 000 geschätzt und gilt nicht als gefährdet. GELDENHUYS (1981) verweist auf die Tatsache, daß 75 % aller Graukopfkasarkas auf wenigen Gewässern im Oranjefreistaat mausern, und sieht darin ein potentielles Risiko. In neuerer Zeit erweitert die Anlage von Speicherbecken das Bruthabitatangebot.
Lebensweise: Graukopfkasarkas bewohnen flach auslaufende Großseen und Flußsysteme, in neuer Zeit zunehmend die Staugewässer in den Ackerbau- und Weideregionen. Während die einzelnen Paare weite Brutreviere beanspruchen und diese heftig verteidigen, kommt es gegen Ende der Jungenaufzucht zu lockeren Schwarmbildungen und zur Hauptmauserzeit zu großen Ansammlungen. Beginn der regionalen Brutzeit in Abhängigkeit von Regen und Nahrungsangebot in den einzelnen Gebieten. Nach intensiver Balz und Revierbesetzung am Wasser bemüht sich das Paar um eine geeignete Bruthöhle, bevorzugt Baue des Erdferkels (*Orycteropus afer*) in den Bergen, oft weit entfernt vom Wasser. Legezeiten können sich über 2 bis 3 Monate erstrecken. Die Kükenaufzucht im Seichtwasser und auf Schlammbänken, bei drohender Gefahr wird das tiefe Wasser aufgesucht.
Nahrung: Zarte Blätter, Blütenköpfe (besonders von Löwenzahn) und Samen, zeitweilig größere Anteile Algen.
Haltung und Zucht: Bemerkenswert selten gelangten Graukopfkasarkas bis 1940 nach Westeuropa. Erstmals 1850 für den Zoo London erworben, wird von erfolgreichen Zuchten in England, dem Zoo Berlin und den USA erst ab 1930 berichtet. Erneute Importe erfolgten um 1960, die gemeinsam mit ihren Nachzuchttieren den Grundstock der heutigen Gehegepopulation bildeten. Heute ist die Graukopfkasarka allgemein, wenn auch spärlich in Zoos und Zuchtanlagen anzutreffen. Innerhalb der *Tadorna*-Gruppe ist diese Kasarka die robusteste, aggressivste und auch ruffreudigste Art. Ihre Unterbringung empfiehlt sich nur in Einzelgehegen. Die Zucht gelingt mit vielen Paaren, doch weit weniger ergiebig als mit Rostgänsen. Eiablage in Erdhöhlen oder Hütten ab Mitte März, Legeintervalle zwischen 30 und 48 Stunden; Nestdunen hellgrau, im Zentrum weiß, Konturfedern rostbraun. Gössel werden in der 1. Woche wenig, ab 2. nur noch selten gehudert. Befiederung ab 22. Tag an Schultern, am 28. an Flanken, wenig später befiedert die gesamte Unterseite. Ab 6. Woche, wenn nur noch Mittelrücken und Bürzelseiten Dunen tragen, entfalten sich Flügel- und Steuerfedern; 11–12 Wochen alt haben sie etwa die Größe der ad., unternehmen Flugübungen und beginnen mit der Jugendmauser. Zeitgleich differenziert sich die Stimme.

Australische Kasarka
Tadorna tadornoides (Jardine & Selby, 1828)

Flügel: ♂ 318–392, ⌀ 358; ♀ 304–355, ⌀ 331 mm
Gewicht: ♂ 990–1980, ⌀ 1559; ♀ 878–1850, ⌀ 1291 g
Gelege: 10–14 glattschalige, cremefarbene Eier, 62–74 × 45–51, ⌀ 68 × 49 mm
Brutdauer: 30–33 Tage
Geschlechtsreife: ab 2., Brutaktivitäten selten vor dem 3. Lebensjahr

Ad. Brutkleid: Farbvariationen innerhalb der Art unbedeutend, Zeichnungs- oder Färbungsabweichungen deuten auf Hybriden hin. **Ad. Ruhekleid:** Nur geringfügige farbliche Veränderungen: ♂ Brustschild fahl lehmbraun (statt lebhaft gelbbraun), weißer Halsring schmal und unscharf zum dunklen Gefieder abgegrenzt. ♀ insgesamt etwas heller bzw. blasser gefärbt. **Dunenkleid:** Zeichnungsmuster wie andere *Tadorna*-Küken; dunkle Partien braun, Farbübergänge hell rotbraun, Bauchseite weiß. Schnabel und Füße dunkel blaugrau, Iris braun. **Jugendkleid:** ♂ und ♀ dunkler und farbflacher als ad. ♀. Große Flügeldecken durchweg grau,

Paar der Australischen Kasarka.

die kleinen und mittleren grau und von weißen Federn durchsetzt, der weiße Halsring fehlt. Weiße Gefiederpartien des Kopfes leicht variabel und weniger ausgedehnt als beim ad. ♀; juv. ♂ ohne hellen Augenring.
1. Jahreskleid: Mit einiger Sicherheit an den grauen (nicht weißen) großen Decken kenntlich.
Mauser und Umfärbung. Die europäischen Gehegetiere haben im wesentlichen den Mauserrhythmus der australischen Wildvögel beibehalten. Vollmauser am Ende des Winters wird März/Apr. mit der Kleingefiedermauser eingeleitet, wenige Tage später erfolgt der Schwingenabwurf. Danach ist das Ruhekleid durchgemausert. Im Sept. erneuter Kleingefiederwechsel, aus dem bis Nov. das Brutkleid hervorgeht. Bei den juv. nach beendeter Befiederung die Jugend-(Kleingefieder)Mauser; im Feb. geschlüpfte Tiere tragen im Sept., also nach 7 Monaten, das 1. Jahreskleid, das mit Ausnahme der grauen Decken voll dem Alterskleid entspricht.
Verbreitung: Karte 38, Seite 332.
Status: In SW- und SO-Australien bis heute allgemein verbreitet und regional häufig; Gesamtbestand mehrere Hunderttausend. Allein in einem Niederungsgebiet in Victoria hielten sich im Feb. 1982 23 200 Gänse auf (BLAKERS et al. 1984). Neue Lebensräume entstehen durch Erweiterungen der Weideflächen und den Bau von Wasserspeicherbecken. Als Futterkonkurrent der Schafe wird die Art von Farmern z. T. stark verfolgt, ohne daß gravierende Bestandsrückgänge eintraten.
Lebensweise: Ursprünglich bewohnten diese Kasarkas zur Brutzeit die Randzonen großer Flachseen, brackwasserführende Strandseen, Meereslagunen sowie küstennahe Fels- und Grasinseln. Heute brüten sie zunehmend an den künstlich angelegten Wasserstellen in den Acker- und Weideregionen. Die Fortpflanzungszeit der Kasarkas setzt im März/Apr. gegen Ende des südlichen Sommers ein, wenn die Winterregenperiode die dortige Vegetationszeit ausgelöst hat. In kleinen Gruppen kehren die Gänse zu ihren Brutplätzen zurück. Die Ganter werden zunehmend streitsüchtiger, bis die einzelnen Reviere an von alten Bäumen umgebenen kleinen Teichen, Viehtränken oder entlang der Stauseen aufgeteilt sind. Eiablage in Baumhöhlen, in niedergebrannten Baumstümpfen, in Felsspalten und Kaninchenröhren mitten im Winter zwischen Juni und Sept. Nestdunen grau, im Zentrum weiß, zu den Rändern hin dunkel. Das ♀ brütet allein, die Küken springen aus der Höhle herab und werden von beiden Eltern am Bruttümpel aufgezogen. Wo sich die Möglichkeit bietet, wechseln die Eltern mit ihren halbflüggen Küken zu größeren Gewässern

über, vereinen sich mit anderen Familien und verlassen bald den Nachwuchs. Die Altvögel ziehen nun zur bevorstehenden Vollmauser zum Albert- oder Alexandrina-See und später bis zur südaustralischen Küste. Innerhalb der großen Mauserscharen halten die Paare eng zusammen, so daß auf Dauerehen zu schließen ist.
Nahrung: Grünteile und Samen von Weide-, Ufer- und Wasserpflanzen, ferner Algen und im Meeresbereich Salzkrebschen *(Artemia salina)*.
Haltung und Zucht: Australische Kasarkas gelangten in früheren Jahrzehnten regelmäßig nach Westeuropa. Der Zoo London erwarb sie erstmalig 1860, der Zoo Berlin 1872. Ihre Haltung bot von jeher kaum Probleme, doch zu Nachzuchten kam es erst 1939 in England und im Zoopark Clères, Frankreich, 1962 zur USA-Erstzucht in Oklahoma. Als Folge der Ausfuhrsperre für australische Tiere blieb sie viele Jahre die seltenste Kasarka-Art in Europa. Nach 1970 verbesserten sich die Zuchtchancen mit den hiesigen Tieren beträchtlich, so daß die Australische Kasarka heute den Gehegebestand allein durch Nachzuchten erhalten kann. Die Art ist nicht sonderlich aggressiv, sie wird in Zoos gern in großen Gemeinschaftsanlagen gehalten. Hier erweisen sich Altvögel als wenig kälteempfindlich, doch zeigt ein beträchtlicher Teil Mauserprobleme. Brutaktivitäten bleiben Ausnahmen. Zuchttiere werden paarweise in Einzelgehegen mit kleinerem Teich und einem Schutzraum untergebracht. Wie bei der Hühnergans wurde das Winterbrüten beibehalten. Ab Feb./März ist mit der Eiablage zu rechnen, dafür werden frostsicher im Schutzhaus Kästen oder Nisthöhlen vorbereitet. Hat man ein Paar bis zur Ablage befruchteter Eier gebracht, bieten Brut und Kükenaufzucht kaum noch Probleme. Im allgemeinen sind die Gänse weniger fortpflanzungsbereit als die Ganter, offenbar eine Ursache für häufige Mischpaarungen mit artfremden Kasarka-♀.

Paradieskasarka
Tadorna variegata (Gmelin, 1789)
Flügel: ♂ 365–380, ♀ 325–355 mm
Gewicht: ♂ und ♀ 1050–2000, ♀ 1260 und 1340 g
Gelege: 6–11 glattschalige, cremefarbene Eier, 63–72,4 × 46–51,6, ⌀ 67,4 × 48,4 mm
Brutdauer: 30 Tage
Schlupfgewicht: 43–53,3, ⌀ 49,7 g
(14 Küken, u. a. eig. Wäg.)
Geschlechtsreife: gegen Ende des 2. Lebensjahres, mit Nachzuchten ist ab 3. Jahr zu rechnen

Ad. Brutkleid: Individuelle Farb- und Zeichnungsvariationen unbedeutend. **Ad. Ruhekleid:** ♂ nur unwesentlich verändert, u. a. weniger farbbrillant. ♀ nach MADGE & BURN (1988) Mantelgefieder dunkelbraun, schwarz meliert (im Brutkleid rehbraun), nach eigenen Aufzeichnungen werden im schwarz melierten Brutkleid Einzelfedern dunkelbraun ersetzt. **Dunenkleid:** Zeichnung und Färbung wie alle Kasarka-Küken; Kopfplatte bis zur Schnabelwurzel dunkel sepiabraun. **Jugendkleid:** Mantelgefieder dunkelbraun, schwarzgrau übertönt. Flügel wie ad., doch große Decken grau, nicht weiß. Kopf schwarzgrau, Schnabelwurzel und Augengegend aufgehellt. ♂ Rücken und Flanken vorwiegend schwarzgrau meliert, beim ♀ insgesamt brauner. **1. Alterskleid:** Wie ad., große Flügeldecken unverändert grau.
Mauser und Umfärbung: In Neuseeland mausern ad. ♀ zwischen Jan. und März; der Kleingefiederwechsel setzt ein, wenn juv. etwa 40 Tage alt sind, wenig später folgt der Schwingenabwurf, Flugunfähigkeit 28 bis 42 Tage. Nichtbrüter bilden während dieser Zeit gemeinsam mit den Brutgantern Mausergesellschaften auf Seen und Staubecken. Bei uns setzt Vollmauser ab Ende Mai (♂ kurze Zeit vor dem ♀) mit dem Kleingefiederwechsel ein, etwa 3–4 Wochen später folgt der Schwingenabwurf und danach die Erneuerung der Steuerfedern. Ruhemauser zum Wechsel des Mantelgefieders zwischen Sept. und Nov. Die Jugendmauser beginnt im Alter von 2 Monaten, unmittelbar nach beendeter Befiederung, ♀ wird am Kopf aus-

Unterfamilie Tadorninae – Kasarkas **141**

Paradieskasarka Weibchen mit wenige Tage alten Küken.

gedehnter weiß, das ♂ durchweg schwarzgrau; nach weiteren 2 Monaten, etwa ab Mitte Sept., ist das 1. Alterskleid weitgehend durchgemausert.
Verbreitung: Neuseeland einschließlich benachbarter Inseln.
Status: Die Paradieskasarka gehört zu den wenigen Arten Neuseelands, die von der Zerstörung der Primärwälder profitieren und nun als Kulturfolger auf den entstandenen Weideflächen und Wasserrückhaltebecken leben. Trotz zeitweilig starker Bejagung konnten sich die Bestände lokal vergrößern. Gesamtbestand etwa 130 000 (ROBERTSON 1985).
Lebensweise: Den eigentlichen Lebensraum bildeten von Altbäumen gesäumte Bergströme, stark mäandernde Flußläufe sowie Seen und Küstenlagunen; auf der Südinsel auch Senken der hochgelegenen Horstgrasplateaus. Heute bewohnen die Gänse fast ausschließlich durch Wald- und Brandrodungen entstandene Weideflächen. Kleine Teiche, Tümpel und Staubecken auf den Viehkoppeln bilden die Brutterritorien. Waren früher Altbaumgruppen mit entsprechend großen Bruthöhlen Besiedlungsvoraussetzung, brütet das Gros heute in hohlen Stümpfen der niedergebrannten Baumriesen und nur noch wenige in Baumhöhlen in 3–8 m, seltener bis in 10 m Höhe, zwischen Felsgestein, in Erdbauten oder in der Bodenvegetation. Die Küken werden von beiden Eltern betreut und wachsen auf den Wiesenflächen heran, bei Gefahr sucht die Familie Zuflucht auf dem Wasser. Die Kükenverluste sind relativ gering, so daß im Mittel 6 Jungtiere die Flugfähigkeit erreichen. Außerhalb der Brutzeit leben Paradieskasarkas gesellig auf Schotterbänken und wassernahen Wiesen, nach beendeter Vollmauser erfolgen Wanderungen bis in die Küstengebiete.
Nahrung: Gräser, Kräuter und Samen der Wiesenpflanzen, zu einem kleinen Teil Wasser-Kleintiere. Während des Küstenaufenthaltes erhöhte Kleintieraufnahme. Küken

ernähren sich anfangs im Litoral von Kleinlebewesen und Pflanzenteilen, später auf den Wiesen von Gräsern und Kräutern.
Haltung und Zucht: Paradieskasarkas gelangten u. a. 1863 in den Zoo London und 1869 in den Zoo Berlin, von Nachzuchten wurde bereits 1865 bzw. 1871, jeweils nur 2 Jahre nach dem Erstimport, berichtet. Seither stets in Zoos und Zuchtanlagen vorhanden; 1926 Erstzucht in den USA. Gruppen dieser Gänse werden in großen Freianlagen gehalten, Einzelpaare tolerieren in der Regel kleinere Entenarten, bedrängen dagegen Gänse und Schwäne. Werden Nachzuchten erwartet, sollte dem Paar ein Separatgehege geboten werden. Paradieskasarkas sind wenig kälteempfindlich, eine Schutzhütte ist aus Sicherheit gegen Fuchs und Marder wie für das Aufstellen der Nestboxe angebracht. Eiablage ab Mitte März, meist in der 1. Aprilhälfte, selten bis Mitte Mai in großen Nistkästen, weniger in vorbereiteten Erdhöhlen; gelegt wird in 48stündigen Intervallen. Die Küken sind anfangs wärmebedürftig, sie wachsen unter der Wärmelampe problemlos heran, während bei Regenperioden unter Führung der Eltern mit Verlusten zu rechnen ist. Befiederung der Gössel ab 27 Tagen an Schultern, ab 29–30 an Flanken und Bauchseite. Mit 7 Wochen wird die volle Befiederung, mit 9 Wochen die Flugfähigkeit erreicht. Unmittelbar danach setzt die Umfärbung ein, so daß nur 3 Monate alte Ganter schwarze und Gänse weitgehend weiße Köpfe haben. Zeitparallel die Herausbildung der geschlechtsdimorphen Stimme.

Brandgans
Tadorna tadorna (Linné, 1758)

Flügel: ♂ 312–359, ⌀ 334; ♀ 284–316, ⌀ 303 mm
Gewicht: ♂ 1100–1450, ⌀ 1261; ♀ 926–1250, ⌀ 1043 g
Gelege: 7–12 glattschalige, rahmweiße Eier, 61–71 × 43–50, ⌀ 65,5 × 47,3 mm
Brutdauer: 28–30 Tage
Schlupfgewicht: 42.7–52, ⌀ 47,8 g (15 Küken, eig. Wäg.)
Geschlechtsreife: gegen Ende des 2. Lebensjahres

Ad. Brutkleid: ♂ größer als ♀ und mit ausgebildetem Schnabel-Stirn-Höcker; ♀ Schnabelbasis mitunter schwärzlich und Basisgefieder von weißen Federn durchsetzt, Brustband und Bauchstreif schmaler als beim ♂.
Ad. Ruhekleid: Stirnhöcker des ♂ zurückgebildet, Kopf und Hals ohne Grünglanz, Brustschild lehmbraun, Bauchstreif nur angedeutet oder fehlend. **Dunenkleid:** Kopfplatte (nicht Stirn), ein Streif über Hals und Rücken bis zum Bürzel, ein kleiner Ohrfleck sowie Schultern und Schenkelseiten schwarzbraun, übrige Partien scharf weiß abgesetzt. Schnabel und Füße dunkel bleigrau. **Jugendkleid:** Kopf und Hals dunkelgrau, vom Schnabel her rahmfarben aufgehellt. Von Ellenbogenfedern sind Außenfahnen schwarzgrau, beim ♀ schwach, beim ♂ stärker rotbraun übertönt. ♂ ferner mehr Grünglanz auf den Armschwingen als juv. ♀. Schnabel und Füße rötlich grau. **1. Alterskleid:** Wie ad., Flügel von grauen Decken durchsetzt, Stirnhöcker beim ♂ nur schwach ausgebildet.
Mauser und Umfärbung: Bereits während das ♀ brütet, bildet der Ganter den Stirnhöcker zurück, sein Schnabel wird dunkel rotbraun. Im Juli (bei Nichtbrütern im Juni) Beginn der Kleingefiedermauser, wenig später Schwingenabwurf, mit 25–31tägiger Flugunfähigkeit im Aug. Ruhemauser als Teilmauser des Kleingefieders bis Dez. Aufschwellen des Stirnhöckers bei Gehegetieren ab Jan./Feb., im Freiland im März. Jugendmauser setzt mit 10 Wochen ein und erfaßt neben Kleingefieder auch das Gros der Flügeldecken. Bis Dez. (in Gehegen 1 bis 2 Monate früher) ist 1. Alterskleid angelegt. Schnabel und Füße dann leuchtend rot, der Stirnhöcker noch relativ klein.
Verbreitung: Karte 39, Seite 332.
Status: Die Brandgans verfügt über stabile Populationen mit insgesamt knapp 500 000 Individuen. Ausbreitungstendenzen zeigt sie im westlichen Mittelmeerraum, in Kleinasien, im Nordosten bis Finnland; hinzu kommen Binnenlandneubesiedlungen in Schweden, Mittel- und Westeuropa (in Deutschland u. a. Elbe aufwärts bis Dessau). In den europäischen Ländern ist die Art jagdlich voll geschützt.

Lebensweise: Bevorzugte Lebensräume der Brandgans bilden Salz- und Brackgewässer mit reichem Nahrungsangebot an Kleinorganismen im Schlickbereich, dünige Inseln entlang der Nord- und Ostseeküste mit ihren seichten Stränden und Watten sowie die weiten, flachen Steppenseen Innerasiens. Nichtbrüter verweilen fast ausnahmslos im Wattenmeer oder auf großen Salz- und Brackwasserlagunen. Hiesige Brutvögel kehren ab Feb., meist im März fest verpaart zurück. Nach intensiver Balz werden im April die Nistplätze in den Dünen, Dämmen und Uferböschungen bezogen. Eiablage bevorzugt in 1 bis 2 m langen Erdröhren aufgegebener Fuchs- und Kaninchenbauten sowie in dafür angelegten Gruben, seltener im Dünengras, zwischen Küstenbefestigunganlagen und in Baumhöhlen; in Innerasien oft weit entfernt vom Wasser. Legebeginn Ende April, in Asien im Mai. Nach Brutbeginn erfolgt eine reichliche Auspolsterung mit hell silbergrauen Dunen und weißen, vorn braun gesäumten Konturfedern. Während das ♀ brütet, wacht der Ganter in Nestnähe, oft direkt vor dem Höhleneingang. Die Küken werden von beiden Eltern in das Seichtwasser der Uferzone oder des Wattenmeeres geführt. Die heranwachsenden Junggänse scharen sich zu „Kindergärten" bis zu 100 Gösseln zusammen, sie werden in dieser Zeit von den Eltern verlassen, die zur Schwingenmauser abwandern.

Nahrung: Kleinlebewesen, wie Krebstierchen, Würmer, Wasserinsekten und kleine Schneckenarten, werden seihend aus dem Flachwasser gefiltert. Anteil von Land- und Wasserpflanzen gering.

Haltung und Zucht: Brandgänse werden in Zoos, auf Parkgewässern und in zahlreichen Privatanlagen gehalten und gezüchtet. Das ganzjährig farbenfreudige Gefieder, die allgemeine Verträglichkeit und die einfachen Futter- und Halteanforderungen mögen dazu beigetragen haben. Unterbringung in großen gemischten Kollektionen wie in kleineren Anlagen, als Einzelpaar oder Gruppe gut möglich. Werden Zuchtergebnisse angestrebt, empfiehlt sich eine paarweise Haltung im Kleingehege. Ein Teil der Ganter bedrängt vor und während der Legeperiode die Teichmitbewohner, auch verläuft die Jungenaufzucht durch die Eltern in Gemeinschaftsgehegen nicht ohne Komplikationen. Überwinterung in Mitteleuropa im Schutzraum, der nachts und bei Frostgraden aufgesucht werden kann. Als Futter erhalten Brandgänse ein nicht zu grobes Körner- und Pelletfutter, zusätzlich Wasserlinsen oder Garnelen. Die Zucht bietet kaum Probleme und gelingt in der Regel verlustarm. Ganter vergrößern ab Dez. den Stirnhöcker und beginnen zu balzen, Ende Feb. folgen Nistplatzsuche und Revierbesetzungen. Eiablage ab Ende März, meist in der 1. Aprilhälfte; bei Gelegeverlust sind Nachgelege zu erwarten. Gut verpaarten Tieren sollten Brut und Kükenaufzucht überlassen bleiben. Die ♀ brüten zuverlässig, auch wenn die Pausen gegen Brutende übermäßig lang erscheinen. Küken und Altvögel sind wenig scheu und lernen, ihren kleinen Lebensraum gut zu nutzen, z.B. aus Sicherheitsgründen nachts den Schutzraum aufzusuchen. Küken nehmen problemlos im Napf angebotene Pellets auf. Mit 45–50 Tagen sind die Junggänse voll befiedert und unternehmen Flugübungen, ab 10. Woche zeigen erste schwarze Federn im Gesicht den Beginn der Jugendmauser an.

Radjahgans
Tadorna radjah (Lesson, 1828)

Zwei Unterarten: Schwarzrücken-Radjahgans, *T. r. radjah* (Lesson) aus dem indonesischen Raum und **Rotrücken-Radjahgans**, *T. r. rufitergum* HARTERT aus Nordaustralien. Beide sind in Europa und Nordamerika importiert, nach 1950 vornehmlich die schwarzrückige Radjahgans.

Flügel: ♂ 260–276, ⌀ 268; ♀ 246–298, ⌀ 268 mm
Gewicht: ♂ 750–1101, ⌀ 935; ♀ 600–1130, ⌀ 839 g
Gelege: 6–12 glattschalige, cremefarbene Eier, 55–61,5 × 39–45, ⌀ 58,3 × 42,2 mm
Brutdauer: bis 30 Tage
Geschlechtsreife: gegen Ende des 2. Lebensjahres

Radjahgans.

Ad. Jahreskleid: ♂ wenig größer als ♀; beide farbgleich, jedoch mit differenzierter Stimme: ♀ läßt ein lautes, tiefes „Karrr", ♂ ein leises, hohes „Kirrr Kirrr Kirrr" hören. **Dunenkleid:** Kopfplatte kastanienbraun, eingefaßt von einem breiten schwarzbraunen Augenstreif, der sich von der Schnabelbasis bis zum hinteren Halssaum zieht. Rückenpartien dunkelbraun, Bauchseite und Rückenfleckung weiß. Schnabel und Füße blaß fleischfarben. **Jugendkleid:** Farbmuster wie ad., weiße Partien, besonders Kopfplatte, Flankenränder und Unterschwanzdecken, verwaschen graubraun. Flügelspiegel und Ellenbogenfedern weniger rotbraun als bei ad.; Flügeldecken weiß, hellgrau oder hellgrau gerandet. Schnabel, Iris und Füße wie ad.; keine Stimmunterschiede. Im **1. Alterskleid** nicht mehr mit Sicherheit von ad. zu unterscheiden, da bereits alle Flügeldecken weiß vermausert sind.
Mauser und Umfärbung: Brutmauser (Vollmauser) hiesiger Gehegevögel während Jungenaufzucht Juni/Juli, erneuter Kleingefiederwechsel ab Sept. Diese Teilmauser der ad. liegt zeitgleich mit der Umfärbung der immat. und zieht sich etwa bis Nov. (bei Spätbruten bis Jan.) hin. Während dieser Zeit Herausbildung der Stimmunterschiede bei juv. ♂ und ♀.
Verbreitung: Karte 38, Seite 332.
Status: Beide Unterarten bewohnen relativ begrenzte Areale in küstennahen Regionen. Das australische Vorkommen verkleinerte sich im letzten Jahrhundert und beschränkt sich heute weitgehend auf das Nordterritorium. Starke Populationsrückgänge auch in Neu Guinea. Bedrängt wird die Art durch Habitatverluste und hohen Jagddruck. Radjahgänse sind zwar noch nicht global gefährdet, doch besonders die nichtaustralischen Populationen benötigen Schutzmaßnahmen, u. a. gegen den Tierhandel.
Lebensweise: Radjahgänse bewohnen die Mangroven tropischer Küsten, Brackwasserlagunen, Strandseen sowie küstennahe Waldsümpfe und bewaldete Flußmeander in deren Mündungsgebieten; zur Trockenzeit auch offene Süßwasserseen und Grassümpfe. Sie sind typische Waldbewohner, die paar- oder familienweise leben, die Ruhezeiten auf großen Ästen verbringen und offene Wasserflächen nur selten aufsuchen. Nahrungsgründe bilden schlammige Uferbänke und Seichtwasserzonen sowie angrenzende Wiesen. Neu hinzukommende Tiere werden mit lautem Geschrei begrüßt oder vertrieben. Radjahgänse leben offenbar in Dauerehe. Bereits vor Beginn der Regenzeit setzt bei ihnen die Brutstimmung ein und mit den ersten großen Regenfällen befinden sich die Paare in Hochbalz. Wenig später, in Nordaustralien ab Jan./Feb., werden die Nestreviere an kleinen Waldtümpeln, Mäander-

schleifen oder direkt im Sumpfwald bezogen. Eiablage Mai/Juni, wenn die Wasserstände am Ende der Regenzeit zu sinken beginnen. Nestanlage in Baumhöhlen, nahe oder direkt über dem Wasser. Die Erpel bewachen das brütende ♀ von einem benachbarten Baum her. Die geschlüpften Küken werden von beiden Eltern zu den Schlammflächen geführt. Der fortschreitende Wasserstandsrückgang während der nun eingesetzten Trockenzeit läßt große Seichtwasserzonen mit einem Überangebot an Kleinlebewesen entstehen. Erst bei deren Austrocknung werden die Familien zur Abwanderung in Richtung Küste veranlaßt.
Nahrung: Ganzjährig Kleinlebewesen, hauptsächlich Mollusken, weniger kleine Wasserpflanzen, die aus dem Flachwasser geseiht werden. Während der Regenzeit Nahrungsaufnahme auf den nassen Wiesen.
Haltung und Zucht: Radjahgänse wurden zu allen Zeiten nur selten und in kleiner Individuenzahl importiert. Die Sterblichkeit wenig gut eingewöhnter Tiere und begrenzte Nachzuchten ließen den Gehegebestand bis heute klein bleiben. Nach DELACOUR (1954) gelangten 1886 die ersten Radjahgänse nach Frankreich, weitere Importe erreichten Europa zwischen 1900 und 1904 aus Australien, die ersten und derzeit einzigen Schwarzrücken-Radjahgänse lebten zwischen 1928 und 1940 im Zoopark Clères. Zu Erstzuchten kam es mit der australischen Form 1940 in Leckford, GB, und 1962 in den USA und mit der schwarzrückigen hier 1963. Die Basis des heutigen Gehegebestandes bilden Schwarzrücken-Radjahs aus Papua-Neuguinea, doch erscheint eine Unterart-Zuordnung bei den Nachzuchttieren wegen der möglichen Einmischung der Rotrücken-Radjah nicht mehr gerechtfertigt. Unter den *Tadorna*-Arten ist die Radjahgans die am schwierigsten zu züchtende Art. Ihre Unterbringung empfiehlt sich nur auf größeren, sonnigen Anlagen mit durch Bäumen oder Gesträuch bewachsenen Uferpartien. Überwinterung in Mitteleuropa in temperierbaren Schutzhäusern. Grunderährung mit kleinen Pelletsorten und Getreide, gern wird Garnelenschrot vom Wasser geseiht. Nichtbrüter sind voll verträglich, die Aggressivität brutaktiver Paare hält sich in Grenzen. Die Zucht gelingt heute regelmäßig, aber selten, vor allem nicht mit jedem Paar ergiebig. Als Nistplatz werden große Baumhöhlen oder Hütten angeboten. Eiablage zwischen Mitte April und Juni, Nachgelege sind wahrscheinlich. Küken stark wärmeliebend, ihre Aufzucht verläuft in Boxen problem- und annähernd verlustlos. Verabreicht wird ein feines Futter mit hohen tierischen Anteilen und Wasserlinsen.

Spatelschnabelente
Malacorhynchus membranaceus
(Latham, 1801)

Flügel: ♂ 172–213, ⌀ 197; ♀ 152–200, ⌀ 188 mm
Gewicht: ♂ 290–480, ⌀ 404; ♀ 272–423, ⌀ 344 g
Gelege: 5–8 cremeweiße Eier, 46–53 × 34–38; ⌀ 49 × 36 mm
Brutdauer: 26 Tage

Ad. Jahreskleid: ♂ etwas größer und kontrastreicher gezeichnet als ♀, im wesentlichen farbgleich; das ♂ läßt hohe Einzeltöne, das ♀ kurzlautige, tiefe Rufreihen hören.
Dunenkleid: Oberseite hellbraun, ein kräftiger Augenstreif schwarzbraun; Gesicht, Brust und Unterseite, hintere Flügelränder sowie kleine Fleckchen an Schenkeln und Bürzelseiten hellgrau bis weiß. Der hell blaugraue Schnabel ist bereits beim Schlupf spatelartig verbreitet. **Jugendkleid:** Dem Alterskleid sehr ähnlich, doch weniger rein gebändert und im Gesamtton fahler und bräunlicher; der rötliche Ohrfleck undeutlich oder fehlend.
Mauser und Umfärbung: Ad. in Australien nach beendeter Brut zwischen Okt. und Feb. Vollmauser; juv. erneuern innerhalb des 1. Lebensjahres Kleingefieder und Steuerfedern, danach Vollmauser in das Alterskleid.
Verbreitung: Karte 40, Seite 333.
Status: Spatelschnabelenten sind die extremsten Invasions-Anatiden Australiens, die in vorübergehend ökologisch günstigen Gebieten Massenansammlungen bilden und ebenso schnell große Gebiete wieder räu-

Spatelschnabelente.

men. So brüteten 1956 in einem einzigen Niederungsgebiet etwa 90 000 Paare, und 1983 fand man in einer Ansammlung 23 000 Tiere (Hobbs 1957, Blakers 1984). Gesamtpopulation nach del Hoyo et al. (1992) für 1988 etwa 55 000 Individuen, Rose & Scott (1994) gehen von weit über 100 000 aus.

Lebensweise: Spatelschnabelenten durchwandern auf der Suche nach geeigneten Lebensräumen große Teile des Kontinents. In kleinen Gruppen verweilen sie auf flachen Binnen- und Brackwasserseen, mit Vorliebe auf überschwemmtem Grasland. Setzen lokal Niederschläge ein, in deren Folge riesige Überschwemmungsgebiete entstehen, finden sich „über Nacht" von weit her Tausende Tiere ein und beginnen sofort mit Balz und Paarung. Die Mechanismen des Auffindens dieser Gebiete ist noch unbekannt. Mit dem Sinken der Wasserstände beginnt die Eiablage in alten Vogelnestern, Baumhöhlen, auf Treibgut und anderen aus dem Wasser ragenden Plätzen. Brutplatzmangel führt zur Eiablage mehrerer ♀ in ein Nest, das dann 40–60 Eier aufweisen kann. Nach Hobbs (1957) deckt die Ente das Gelege mit besonders klebrigen Dunen ab. Wenn die Küken schlüpfen, existieren nur noch Resttümpel mit enormen Mengen Zoo- und Phytoplankton als Hauptnahrung. Dort werden die Küken von beiden Eltern aufgezogen. Mit dem Flüggewerden versiegt meist auch das letzte Wasser, und die gesamte Population wandert ab.

Nahrung: Fast ausschließlich Kleinstlebewesen sowie ein geringer Anteil feiner Pflanzenteile. Nahrung wird seihend dem Flachwasser entnommen, dabei schwimmen die Enten halbkreisförmig in Ketten, wobei die nachfolgende jeweils die vom Vortier aufgestrudelte Nahrung ausseiht.

Haltung und Zucht: Haltungsversuche mit Spatelschnabelenten gab es anfangs nur in australischen Zoos und Privatanlagen. Außerhalb des Kontinents erhielt erstmalig der Wildfowl Trust 1967 einen Erpel und später einige ♀, brachte sie jedoch nicht zur Zucht. Im Herbst 1979 transportierte Lubbock 40 bei Perth gesammelte Eier nach Slimbridge, aus denen alle 40 Küken zum Schlupf kamen. Mit diesen Tieren gelang bereits im Folgejahr die Erstzucht außerhalb Australiens. Allein aus diesem einmaligen Import und den nun alljährlich nachgezogenen Jungtieren etablierte sich die Art rasch von England her in Westeuropa und Nordamerika. Die Zucht gelingt z.T. recht ergiebig, allein 1989 sind in England etwa 50 Jungtiere aufgewachsen. In Holland wurden 1996 30–40 Paare gehalten, drei Züchter erzielten Eiablagen (van der Velden, mündl.); Maas, Holland, zog 1995 aus 5 Eiern 2 juv. auf (Erstzucht außerhalb Englands). In Deutschland seit 1989 zu mehreren Paaren gehalten (u. a. ALRAUN und BREMEHR), doch bis 1996 keine Eiablagen. Unter englischem Klima ist die Haltung dieser Art gut möglich, auf dem Kontinent treten hohe Winterverluste auf. Unterbringung auf sonnigen Teichen oder in geräumigen Flugvolieren mit großer Wasserfläche, punktueller Bepflanzung und erhöht angebrachten Nistkästen. Das sehr feine Futter (u. a. aufgeweichte Pellets) wird am oder unter Wasser angeboten. MAKINS, Ostengland, hält Einzelpaare mit Zwergglanz- und Weißrückenenten in nur aus Wasserfläche bestehenden Volieren und bietet den Tieren für den Winter eine Wärmelampe unter einem 1 m² großen Schirm, montiert über einem aus dem Wasser ragenden Baumstamm. Eiablage in ca. 2 m hoch angebrachten Baumhöhlen, die von den ♀ geschickt angeflogen werden.

Nilgans
Alopochen aegyptiacus (Linné, 1766)

Flügel: ♂ 369–459, ⌀ 409; ♀ 330–408, ⌀ 369 mm
Gewicht: ♂ 1685–3011, ⌀ 2348; ♀ 1456–2288, ⌀ 1872 g
Gelege: 8–10 schwach glänzende weiße Eier, 62–74 × 47–54, ⌀ 68,7 × 47,7 mm
Brutdauer: 30 Tage
Schlupfgewicht: 45–59,5, ⌀ 54 g (22 Küken, Wildfowl Trust)
Geschlechtsreife: gegen Ende des 2. Lebensjahres

Ad. Jahreskleid: ♂ und ♀ farbgleich, ♂ meist größer. Mantel-, speziell Rückengefieder variieren von Hellgrau bis Dunkelbraun, der rehbraune Brutfleck kann fehlen. Stimme des Ganters ein leiser, heiserer Kehllaut, die vom ♀ ein lautes, helles Schreien. **Dunenkleid:** Oberseite oliv erdbraun oder dunkel zimtbraun, helle Partien an Flügel und Bürzelseiten strohgelb, Bauchseite weiß. Schnabel, Iris und Füße gelblichgrau. **Jugendkleid:** Gefieder um Schnabelbasis und Kehle grauweiß, übrige Kopfpartien, Hals und Oberseite dunkelbraun; Brust- und Flankenfedern auf grauem Grund braun gesperbert, Bauch hellgrau, Brustfleckt fehlt. Kleine und mittlere Flügeldecken weiß, die großen hellgrau; Schnabel und Füße dunkelbraun. **1. Jahreskleid:** Wie ad., doch große Flügeldecken grau und oft ohne braunen Brustfleck.
Mauser und Umfärbung: Ad. Vollmauser gegen Ende der Jungenaufzucht, jahreszeitlich in Afrika regional sehr verschieden. Sie wird mit dem Kleingefiederwechsel eingeleitet, es folgen Schwingenabwurf und Wechsel der Steuerfedern. Zweite Teilmauser des Kleingefieders nicht beschrieben, aber möglich. Die Jugendmauser beginnt nach afrikanischen Beobachtungen im Alter von etwa 3 Monaten; anfangs wird der braune Augenfleck und mit ca. 5 Monaten der Brustfleck durchgemausert. Bei den hiesigen Gehegevögeln setzt die Umfärbung erst mit 4–5 Monaten ein, der Brustfleck wird im 7. bis 8. Monat erst wenige Wochen vor Beginn der Vollmauser im Frühjahr sichtbar. Während der Jugendmauser färben sich Schnabel und Füße rot, und die Stimmdifferenzierung setzt ein.
Vorkommen in Mitteleuropa: Im 19. Jh. zahlreiche Nachweise und wiederholter Brutverdacht in Ungarn und Bulgarien. Beobachtungen in neuerer Zeit wohl durchwegs Gehegeflüchtlinge oder deren verwilderte Nachkommen. In SO-England besteht seit Jahrzehnten eine Freilandpopulation von 400 bis 500 Tieren (MADGE & BURN 1989). Weitere Ansiedlungen in den Niederlanden und von dort her Ausbreitung bis NW-Deutschland, GLINKA et al. (1997) geben für Nordrhein-Westfalen mindestens 33, MOOIJ & NAACKE (1997) für ganz Deutschland 1992/93 180 bis 250 Brutpaare an.
Verbreitung: Karte 41, Seite 333.
Status: Die Nilgans gehört in Afrika südlich der Sahara, mit Schwerpunkt in Ostafrika, zu den Charaktervögeln zahlloser Gewässer, sie ist in Westafrika selten, am unteren Nil kaum noch vorkommend. **CITES** Anh. III/C, **Vermarktungsbescheinigung** nicht erforderlich.
Lebensweise: Nilgänse bewohnen eutrophe Gewässer von der Küste bis in 4 000 m Höhe in Äthiopien, bevorzugt jedoch die Savannensümpfe und Flußläufe Ostafrikas und in neuer Zeit die zahlreichen Wasserrückhaltebecken in Südafrika. Außerhalb der Brutzeit

Nilgans-Paar mit 3 Wochen alten Küken.

lebt die Art paarweise, in lockeren Gruppen unter anderen Wasservögeln, seltener in größeren Schwärmen. Entsprechend der Niederschläge werden regional Wanderzüge unternommen. Nahrungssuche gern in der Sumpfregion und auf angrenzenden Wiesen und auf Feldern. Die Brutsaison wird von den regionalen Regenzeiten ausgelöst mit Konzentrationen in den west- und südafrikanischen Ländern zwischen Juli und Dez., in Kenia ganzjährig verteilt. Während dieser Zeit verteidigen die Paare streng abgegrenzte Brutreviere. Nester werden im Röhricht, seltener zwischen Felsgestein, in Baumhöhlen oder auf den großen Nestbauten der Schattenvögel bis in 20 m Höhe errichtet. Nestauspolsterung mit rauchgrauen Dunen. Die Gössel werden von beiden Eltern in der Seichtwasserzone und auf den nahen Grasflächen aufgezogen. Im Alter von 9 bis 10 Wochen sind die Junggänse erwachsen und damit flugfähig, erst daran schließt sich der Schwingenwechsel der Altvögel an.

Nahrung: Überwiegend pflanzlich, in Agrarzonen bevorzugt Weidegräser und Getreide.

Haltung und Zucht: Nilgänse waren bereits den Ägyptern, Griechen und Römern als Parkvögel bekannt. Nach Westeuropa gelangten sie im 17. und 18. Jh., wo sie anfangs in Parks, Menagerien und seit Anbeginn in den Zoos gehalten und gezüchtet wurden. Größe, Aggressivität, lautes Rufen und die Problemlosigkeit ihrer Pflege und Zucht führten bei den Züchter zum Desinteresse für die Art. Heute werden Nilgänse gern flugfähig an Parkteichen gehalten; für die Wintermonate sind eine offene Wasserstelle und regelmäßige Fütterungen erforderlich, anderenfalls kommt es zu Abwanderungen. Eiablage in Hütten oder großen Baumhöhlen in zweitägigen Abständen. Wird das Erstgelege nicht bebrütet, ist ein Nachgelege zu erwarten. Kükenführung durch beide Eltern. Bei den Gösseln entfalten sich ab 17–21 Tagen die Flanken-, Schulter- und Schwanzfedern, ab dem 25. Tag befiedern Kopf und Bauchseite. Schwingen, Bürzel- und zuletzt das Rückengefieder entwickeln sich etwa ab 30. Tag. Im Alter von 8–10 Wochen sind die Junggänse voll befiedert. Ende der 60er Jahre entstanden in Westeuropa weiße bis hell rahmfarbene Mutanten, die rezessiv vererben. Bastardierungen treten relativ häufig innerhalb der *Tadorna*-Gruppe, aber u.a. auch mit der Eiderente (Zoo Hannover) auf.

Orinokogans
Neochen jubata (Spix, 1825)

Flügel: ♂ 315–333; ♀ 300–310 mm
Gewicht: ♂ um 1500, ♀ um 1200 g
Gelege: 6–10, selten bis 12 blaßbraune, rahmfarbene oder grünliche Eier, 58–62 × 40,9–46,5, ⌀ 60,2 × 42,8 mm
Brutdauer: 30 Tage
Geschlechtsreife: gegen Ende des 3. Lebensjahres, seltener ab 2.

Ad. Jahreskleid: ♂ wenig größer, kontrastreicher gefärbt als ♀ und mit mähnenartig verlängertem Halsgefieder. Stimmunterschiede ♂ mit hohen, ♀ mit tiefen Rufen.
Dunenkleid: Kopfplatte, hinterer Halssaum, Flügel, mittlerer Rücken sowie kleiner Augenstreif und je ein Fleck in der Ohrgegend und am Schenkel schwarzbraun, übrige Partien weiß. Schnabel grau, Füße blaß fleischfarben. **Jugendkleid:** Färbungs- und Zeichnungsmuster wie ad., aber stumpf und unrein gefärbt, Flügel mit schwächerem Glanz. Füße hell fleischfarben. **1. Jahreskleid:** Dem Alterskleid sehr ähnlich, doch Halsmähne nur schwach oder gar nicht ausgebildet, Jugendflügel mit geringem Glanz. Füße rot.
Mauser und Umfärbung: Bisher wenig untersucht. Bei ad. offenbar Vollmauser nach beendeter Brut im Herbst und Kleingefiedermauser vor beginnender im Frühjahr. Die juv. wechseln im 1. Herbst das gesamte Kleingefieder (Jugendmauser), danach nehmen Schnabel und Füße die Färbung der ad. an. Erste Vollmauser im nächsten Sommer, dabei wird das endgültige Alterskleid angelegt.
Verbreitung: Karte 41, Seite 333.
Status: Innerhalb des großen Verbreitungs-

Ganter der Orinokogans.

gebietes konzentrieren sich die Vorkommen auf die Regenwaldgebiete des Orinoko- und Amazonassystems, in vielen Großregionen fehlend oder äußerst selten. COMEZ & CRINGAN (1989) (zit. in GREEN 1992) gehen zwar von einem Gesamtbestand von 30 000–250 000, davon in Venezuela 12 500–50 000, Individuen aus, doch werden diese Zahlen für zu hoch angesehen. Waldrodungen und Jagd dezimieren die Bestände. Die Art wird im Red Data Book der IUCN als bestandsgefährdet geführt.
Lebensweise: Orinokogänse bewohnen die Flußsysteme der Regenwald- und Savannenzonen, weniger Sumpfniederungen und Seenlandschaften. Sie verweilen auf Kies- und Geröllbänken, baumen zu den Ruhezeiten auf und äsen auf wassernahen Wiesen. Sie leben einzeln, paarweise, während der Mauser auch in kleinen Verbänden. Zu Beginn der Brutzeit gibt es heftige Revierkämpfe zwischen den Gantern. Die Gelege wurden in Baumhöhlen, seltener im Bodenbewuchs vorwiegend zwischen Dez. und Jan. gefunden; MADGE & BURN (1988) vermuten

ein Brüten während der regionalen Trockenzeit. Nestauspolsterung mit weißen Dunen. Beide Eltern betreuen den Nachwuchs. Nach der Aufzuchtperiode verbleiben die Familienverbände im Brutgebiet oder wechseln zu nahen anderen Gewässern.
Nahrung: Neben Pflanzenteilen ein beträchtlicher Anteil Wasserinsekten, Kleinmollusken und Würmer.
Haltung und Zucht: Die ersten Orinokogänse erwarb der Zoo London 1830, 1844 gelang Lord DERBY, GB, die Welterstzucht. Seither erreichte die Art wiederholt, doch stets in kleiner Zahl Europa. BLAAUW, Amsterdam, züchtete sie um 1900, USA-Erstzucht 1930. Nach dem Kriege leitete der Wildfowl Trust ab 1952 eine erfolgreiche Vermehrungsperiode ein, allein 1954 legten 2 ♀ 34 Eier, aus denen 22 Junggänse flügge wurden. Bis zu den 80er Jahren zählte die Orinokogans zu den Raritäten in der Anatiden-Haltung, doch von den wenigen gehaltenen Paaren wurden fast immer Nachzuchten erzielt, so in der ehem. DDR 1973 im Zoo Leipzig, wenig später in den Tierparks Cottbus und Berlin. Lange galten Hinfälligkeit der Alt- und Jungvögel, ein permanenter Gantermangel sowie Temperatur- und Streßanfälligkeit als Ursachen für eine kurze Lebenserwartung. Auch heute befinden sich nicht alle Orinokogänse in stabiler Kondition und sind wenig winterhart, dazu wie alle Spiegelgänse aggressiv. Haltung in Großvolieren oder Einzelgehegen, in Mitteleuropa mit temperierbarem Schutzraum. Brutinaktive Paare sind friedfertig und können auch in Gemeinschaftanlagen gehalten werden. Für die Eiablage bietet man große, erhöht angebrachte Nistkästen an. Zuchtpaare sind im Winter in guter Kondition zu halten, weil mit Legebeginn ab Feb./März noch im Winterquartier zu rechnen ist. Die Kükenaufzucht verläuft mit Eltern oder unter der Wärmelampe problemlos; Bedingungen sind entsprechende Hygiene und ein sorgfältiges Futterangebot, zu dem neben Pellet- und Körnernahrung Grünfutter und tierische Anteile gehören.

Andengans
Chloephaga melanoptera (Eyton, 1838)
Flügel: ♂ 460–475; ♀ 420–430 mm
Gewicht: ♂ um 3600; ♀ um 2800 g
Gelege: 6–10 glattschalig, cremefarbene Eier, 77–80 × 49,5–53,5, ⌀ 78 × 51 mm
Brutdauer: 30 Tage
Geschlechtsreife: gegen Ende des 3. Lebensjahres, Brutaktivitäten kaum vor dem 4. Jahr

Ad. Jahreskleid: ♂ und ♀ farbgleich; ♂ deutlich größer als ♀ und mit weicher, hoher, ♀ dagegen mit tiefer, lauter Stimme. **Dunenkleid:** Ein etwa gleich breiter Streif von der Schnabelwurzel bis über den Rücken, je 1 Ohr- und Schenkelfleck sowie vordere Flügelränder schwarz, übrige Partien weiß. Gesicht in ersten Tagen gelblich. Schnabel und Füße schwarz. **Jugendkleid:** Großgefieder und Rückenpartien stumpf schwarzgrau; Kleingefieder, besonders an Kopf und Hals, verwaschen grau bis hellbraun. Schnabel und Füße blaser als bei ad. Im **1. Jahreskleid** farblich wie ad., aber immat. weniger stattlich.
Mauser und Umfärbung: Im natürlichen Lebensraum kaum untersucht. Gehegevögel mausern in unserem Jahresrhythmus, Schwingenabwurf während der Befiederung der Gössel im Juli/Aug., darin eingebunden die Kleingefiedermauser. Teilmauser vor Legebeginn im Frühjahr möglich. Nichtbrüter wechseln vom Frühsommer an Partien des Kleingefieders. Schnabel, Iris und Füße bleiben unverändert. Bei den juv. färben Schnabel und Beine während der Befiederung rötlichgrau, dann blaß fleischfarben und im Herbst während der Kleingefiedermauser rot.
Verbreitung: Karte 42, Seite 333.
Status: Die Brutgebiete der Andengans befinden sich in von Menschen nur dünn besiedelten und wirtschaftlich wenig genutzen Höhenregionen, Jagd und Habitatzerstörung sind unbedeutend, der Gesamtbestand nicht bedroht. SUMMERS & CASTRO (1988) studierten eine Überwinterungspopulation rings um den Junin-See und zählten hier knapp 2 000 Andengänse, die paarweise, in

Unterfamilie Tadorninae – Spiegelgänse

Andengans, links der größere Ganter.

Familienverbänden oder Kleingruppen zwischen Tausenden Schafen weideten.
Lebensweise: Andengänse sind Bewohner der niederschlagsarmen Punazone auf den Hochtälern der Anden zwischen 3000 und 5000 m, oft nur wenig unterhalb der Zone des ewigen Eises. In den Hochtälern bilden sich im Frühjahr durch Schmelzwasser ausgedehnte Sumpfniederungen und überflutete Grasflächen. Zu den Hängen hin schließen sich weite trockenere Grasmatten an. Die Andengänse leben hier paarweise, halten eng zusammen und verteidigen weite Gebiete gegen Artgenossen. Äsungsreviere bilden die Sumpfwiesen und Trockenhänge, zu bestimmten Tageszeiten werden die Lagunen zum Baden aufgesucht. Brutzeit in der Tropenzone jahreszeitlich gestreut, in den südlichen Regionen während des dortigen Sommers zwischen Nov. und Jan. Nester stehen weit entfernt vom Wasser zwischen Felsgestein oder kleinem Gesträuch. Die Gössel werden von beiden Eltern in die Sumpflagunen geführt und hier sicher vor dem Fuchs aufgezogen. Mit Beginn der kalten Jahreszeit im März wandern die Familien in tiefere Regionen ab. Nicht gejagt, zeigen Andengänse eine geringe Fluchtdistanz, sie weiden zwischen den Schafherden, brüten z.T. in unmittelbarer Gehöftnähe oder werden gezähmt als Haustiere gehalten.
Nahrung: Wohl ausschließlich Grünteile der Gräser und Kräuter.
Haltung und Zucht: Erstimport 1871 für den Zoo London, seither in großen Zoos, heute in Vogelparks und gelegentlich Privatanlagen gehalten. Gut eingewöhnt sind die Tiere hart und langlebig, zeigen jedoch eine hohe Anfälligkeit für Tuberkulose und Aspergillose. Mit Beginn der Paarung im 2. Lebensjahr werden Andengänse extrem aggressiv anderen Gänsen gegenüber. Züchter halten sie deshalb in großen (300 bis 400 m^2) graswachsenen Einzelgehegen; ein Teich ist nicht erforderlich, lediglich eine ausreichende Bademöglichkeit. Bäume als Schattenspender gegen die Sommerhitze und ein Schutzhaus gegen naßkaltes Wetter

152 Biologie sowie Haltung und Zucht der Entenvögel

Magellangans vorn das dunkelbraune Weibchen.

sollten geboten werden. Welterstzucht 1915 im Zoo London. Bei den allein zu Schauzwecken in Zoos gehaltenen Gänsen blieben Brutaktivitäten stark dem Zufall überlassen und damit recht rar. Erst zielstrebige Zuchtbemühungen u. a. im Wildfowl Trust seit 1963, gefolgt von Privatzüchtern, vermehrten die Gehegebestände und machten Wildfangimporte überflüssig. WIENANDS (briefl.) zog 1974 aus 14 und 12 Eiern des 2. Geleges 21 Junge groß. Eiablage im April, Nachgelege bis Mai/Juni. Die großen Bruthütten werden vorzugsweise im Schutzraum plaziert. Kükenaufzucht gelingt mit Eltern oder in Boxen weitgehend verlustlos. Die Gössel entwickeln sich relativ langsam. Mit 4 Wochen zeigen sich erste Federn an Schultern und Flanken, mit 15 Wochen sind die Junggänse erwachsen und befiedert.

Magellangans
Chloephaga picta (Gmelin, 1789)

Zwei Unterarten: Die **Kleine Magellangans**, *Ch. p. picta* (Gmelin), wird auf den Falkland-Inseln durch die **Große Magellangans**, *Ch. p. leucoptera* (Gmelin), ersetzt. Die auf der Unterseite durchweg gebänderten Ganter sind eine Farbvariante der Nominatform (früher *Ch. p. dispar*), die von Süden (auf Feuerland über 90%) nach Norden stark abnimmt.

Flügel: *picta* ♂ 395–435, ♀ 380–403 mm; *leucoptera* ♂ 430–462, ♀ 400–425 mm
Gewicht: *picta:* ♂ 2834, ♀ 2750 und 3200 g
Gelege: 6–8 glattschalige, hellbraune Eier, 67–86 × 47–56, ⌀ 76,7 × 51,8 mm
Brutdauer: 30–32 Tage
Schlupfgewicht: *leucoptera* 84,7–95, ⌀ 89,8 g (SUMMERS 1983)
Geschlechtsreife: gegen Ende des 2. oder 3. Lebensjahres

Ad. Jahreskleid: Bei ♂ der gebänderten Morphe erstreckt sich die grobe schwarze Bänderung vom Hals und Oberrücken über die gesamte Bauchseite, bei der weißbäuchigen Form ist sie auf Rücken und Flanken beschränkt. **Dunenkleid:** Kopfplatte, Zü-

gel- und Augengegend, Rückenpartien und Bauchseiten verwaschen graubraun; Gesicht, Brust, Bauch und ein breiter Streif vom Flügel entlang der Bürzelseiten bis zum Schwanz perlgrau. Schnabel und Füße dunkelgrau. Küken der gebänderten Form dunkler. **Jugendkleid:** ♂ Kopf und Bauchseiten grauweiß, schwarzgraue Wellung feiner und unregelmäßiger als bei ad., sie überzieht auch bei den später weißbäuchigen Gantern fast die gesamte Brust- und Bauchseite. Große Flügeldecken annähernd glanzlos schwarz, kleine und mittlere weiß, von grauen Federn durchsetzt. Juv. ♀ wie ad., doch Kopf und Hals zimtbraun statt kräftig rotbraun und die Bauchwellung feiner und verwaschener. **1. Jahreskleid:** Kleingefieder wie ad., Jugendflügel unverändert.
Mauser und Umfärbung: Nach SUMMERS (1983) für Falkland-Inseln: Im Dez. bei ♂ und ♀ gleichzeitiger Abwurf der Hand- und Armschwingen, Flugunfähigkeit 36 Tage. Wechsel der Steuerfedern im Jan., der Flügeldecken zwischen Jan. bis März. Kleingefiedermauser im Nov. beginnend, Schwerpunkt Jan./Feb., auslaufend bis Mai. Nichtbrüter beginnen etwa einen Monat früher mit dem Gefiederwechsel. Unsere Gehegevögel mausern entsprechend dem hiesigen Jahresrhythmus. Bei den Jungtieren hellen sich die Füße während der Befiederung gelblich auf. Jugendmauser, in der das Kleingefieder und ein Teil der kleinen und mittleren Flügeldecken gewechselt werden, setzt bei uns im Aug. ein und wird im Nov. weitgehend abgeschlossen.
Verbreitung: Karte 42, Seite 333.
Status: Häufigster Gänsevogel Südamerikas. CASARES (1933) fand sie in einem unvorstellbaren Überfluß; auf den Grasssteppen Feuerlands sei sie nirgends außer Hör- oder Sichtweite. Auch heute ist die Art in geeigneten Biotopen annähernd flächendeckend, wenn auch nicht in jenen Mengen ansässig. Ursprünglich als Futterkonkurrent der Schafe angesehen und intensiven Nachstellungen ausgesetzt, sind heute die Schafe die Nahrungskonkurrenten der Gänse und begrenzen deren Siedlungsmöglichkeiten. Gesamtbestand auf den Falkland-Inseln um 200 000, auf dem Kontinent etwa 1 Mill.

Lebensweise: Die Brutgebiete der Magellangänse sind die weiten Grasebenen des südlichen Südamerikas und die niederschlagsarmen Steppenplateaus Patagoniens, in deren Senken Flachseen und Fließgewässer einen üppigen Graswuchs ermöglichen. Obwohl in Wassernähe lebend, suchen die Gänse offene Wasserflächen nur bei drohender Gefahr während der Jungenführung und der Flügelmauser auf. Die in Mehrjahresehe lebenden Paare beziehen enge, aber streng abgegrenzte Brutreviere in Wassernähe, an Hängen oder im freien Grasland. Legebeginn auf den Falkland-Inseln ab Okt., auf Feuerland im Nov. und in Patagonien und Süd-Chile zwischen Okt. und Dez. Die Nester werden bevorzugt auf Inseln angelegt und stehen in der Deckung von Horstgräsern, an Sträuchern, Felsbrocken oder deckungsfrei im Flußgeröll, haben zumeist eine Grasunterlage und werden reichlich mit schwarzgrauen Dunen ausgepolstert. Bei Verlust des ersten sind Nachgelege die Regel. Die Gössel werden von beiden Eltern betreut, während dieser Zeit wechseln die ad. die Schwingen; Nichtbrüter bilden gesonderte Mausertrupps. Ab Feb. vergesellschaften sich riesige Winterschwärme, die im März in die nördlicheren Regionen abwandern und hier auf Äckern und Weiden der Agrarzonen Argentiniens (Pampa) und Chiles überwintern. Falkland-Population ganzjährig seßhaft.
Nahrung: Im Brutgebiet fast ausschließlich Weidegräser und Kräuter, im Winterquartier auf den Feldern zusätzlich Getreide, Saaten und Ernteeste.
Haltung und Zucht: Von den Falkland-Inseln gelangte die Große Magellangans lange vor der Nominatform vom Festland nach Europa. Erstzucht im Zoo London 1852. Die Kleine Magellangans wird hier 1871 erstmals gehalten und 1901 gezüchtet. Im Zoo Berlin wird die Art auch 1871 erwähnt, und BLAAUW züchtete die gebänderte Form vor 1904. USA-Erstzucht der kleinen 1925, der großen 1961 (COLES 1986, DELACOUR 1954, SCHLAWE 1969, STURGEON 1988). Seither ist die Art in angemessener Häufigkeit vertreten, heute vorwiegend die ungebänderte Morphe der Nominatform. Wegen ihrer Ag-

gressivität erfolgen Haltung und Zucht in Einzelgehegen oder als Beibesatz in Huftieranlagen mit guter Grasnarbe. Da Wasser nur als Badebecken geboten wird, muß ein Schutzhaus oder Elektrozaun für nächtlichen Raubtierschutz sorgen. Gegenüber Aspergillose und Tuberkulose sind sie und ihre Küken relativ anfällig. Eiablage bevorzugt in Hütten oder Körben im Schutzhaus, Nester werden auch frei auf der Wiese oder unter Gebüsch errichtet. Legebeginn März bis Mai, meist um Mitte April, in 48stündigen Intervallen; Nachgelege sind die Regel. Ist das Gelege gegen Prädatoren gesichert, sollten den Gänsen Brut und Kükenaufzucht überlassen bleiben. Die Entwicklung der Junggänse dauert etwa 10 Wochen, danach beginnt die Umfärbung in das 1. Alterskleid.

Tanggans
Chloephaga hybrida (Molina, 1782)

Dt. Syn. **Kelpgans** nach dem engl. „Kelp" für Seetange, der früher vermuteten Hauptnahrung der Gänse.

Zwei Unterarten: Kleine Tanggans, *Ch. h. hybrida* (MOLINA) vom Kontinent und **Große Tanggans**, *Ch.h. malvinarum* PHILLIPS, Jahresvogel auf den Falkland-Inseln. Größenunterschiede zwischen den Subspezies gering; ♀ der Falkland-Form mit besonders breiter und farbintensiver Brust- und Bauchzeichnung.

Flügel: *hybrida* ♂ 363–385, ♀ 334–360 mm; *malvinarum* ♂ 390–396, ♀ 360–380 mm;
Gewicht: ♂ 2607, ♀ 2041 g
Gelege: 4–6 cremeweiße Eier, 75–92 × 52–58; ⌀ 84 × 54,5 mm
Brutdauer: 30 Tage

Ad. Jahreskleid: ♂ als einziger Entenvogel Gefieder durchweg weiß; ♀ im Farbmuster wie das der Magellangans. Stimmunterschiede analog anderer Spiegelgänse. **Dunenkleid:** Durchweg silberweiß, braun übertönt. Schnabel und Füße schwarz. **Jugendkleid:** Etwa wie ♀ ad., insgesamt weniger farbklar und helle Bänderung der Bauchseite schmaler und verwaschener. Flügel bei juv. ♂ und ♀ mit grünem Spiegel

Tanggans an der Küste der Falkland-Inseln.

und schwarzen Handschwingen. **1. Jahreskleid:** ♂ weißes Kleingefieder von dunklen Federn durchsetzt, immat. ♂ durchweg weiß mit schwarzen Handschwingen; immat. ♀ wohl nicht vom ad. ♀ zu unterscheiden.
Mauser und Umfärbung: Die juv. ♂ beginnen bald nach beendeter Befiederung, an Kopf, Hals und Brust die dunkelbraunen Federn durch weiße zu ersetzen, in dieser Phase entstehen Ähnlichkeiten zu den Magellan-Gantern. Erst im 2. Jahr wird das gesamte Gefieder weiß durchgemausert, als letztes die bis dahin schwarzen Handschwingen. Bei den ♀ dürfte die gleiche Mausersequenz vorliegen. Schwingenwechsel auf den Falkland-Inseln zwischen Ende Nov. und Ende Feb.
Verbreitung: Karte 43, Seite 333.
Status: Tanggänse bewohnen auf Feuerland extrem unwirtliche Küsten und genießen somit einen natürlichen Schutz. Die Bestände gelten als gesichert. Die Große Tanggans ist auf den Falkland-Inseln vielerorts ansässig, ist kein Futterkonkurrent des Weideviehs und wird kaum verfolgt.
Lebensweise: Tanggänse leben während des ganzen Jahres im Bereich der Gezeitenzone entlang felsiger Küsten mit starkem Grünalgen- und Seetangbewuchs und eingesprengten Sandstrandbuchten. Die relativ kurzen Beine mit den starken Krallen sind eine Anpassung an das durch Algen glitschige Geröll, auf denen sich Tanggänse sehr geschickt fortbewegen. Nur ausnahmsweise werden Weideflächen und kleinere Seen in Strandnähe aufgesucht. Tanggänse leben paarweise oder in Familientrupps, Nichtbrüter und Mauservögel bilden auch Schwärme von 20–50 Tieren. Die Fortpflanzungssaison liegt im südlichen Sommer, Eiablage ab Nov., etwas später als bei den übrigen dort lebenden Anatiden, auf den Falkland-Inseln um die Okt.-Nov.-Wende. Die Nester werden direkt am Steilküstensaum, seltener an küstennahen Binnenseen zwischen Felsen oder im Gras errichtet. In den Brutpausen deckt das ♀ die Eier sehr dick mit grauen Dunen ab. Die Küken werden von beiden Eltern in die Gezeitenzone geführt, wo sie sich mit ihren scharfen Krallen geschickt zwischen Geröll und Tangaufwuchs fortbewegen können. Während der Flut ruht die Familie auf wassernahen Felsen, mit einsetzender Ebbe schwimmen sie hinaus und beginnen mit dem Erscheinen der Tang- und Algenbänke sofort und intensiv mit der Nahrungsaufnahme; dafür stehen täglich nur etwa 2 Stunden zur Verfügung. Daraus leiten GLADSTONE & MARTELL (1968) die relativ langsame Entwicklung der Gössel ab; Befiederungsbeginn mit 17–25 Tagen, Erlangung der Flugfähigkeit frühestens mit 12 Wochen. Die Altvögel leben in Dauerehe und halten viele Jahre am gleichen Brutplatz fest. Wintervereisungen der Küsten weichen die Feuerland-Populationen durch einen Zug nach Norden aus.
Nahrung: Sie wird während der etwa zweistündigen Ebbe im Litoral aufgenommen und besteht aus Grünalgen (*Enteromorpha* und *Ulva* spec.), weniger aus Tangarten (*Porphyra* spec.); ferner aus marinen Mollusken, Gräsern und im Herbst aus Früchten der Krähenbeere.
Haltung und Zucht: Tanggänse gelangten nur sporadisch nach Europa und Nordamerika, so um die Jahrhundertwende in die Zoos Berlin und London, um 1910 zu BLAAUW, Holland. Alle Tiere lebten nur wenige Wochen oder Monate. Im April 1939 erreichten 40 Tanggänse aus Chile die Zooparks Clères, Frankreich, und Leckford, England, einige davon lebten mehrere Jahre. Als Zusatzfutter bot man ihnen frischen und getrockneten Seetang. Nach 1950 gelangten wiederholt einzelne Paare von den Falkland-Inseln nach England und Nordamerika, darunter 1,1 am 8. Jan. 1964 in den Zoo San Diego. Trotz guter Verfassung beim Eintreffen starb das ♀ nach knapp einem Monat (DOLAN 1965). GLADSTONE und MARTELL brachten 1968 17 aufgezogene Gössel für den Wildfowl Trust von den Falkland-Inseln mit, auch diese Tiere starben binnen eines Jahres, viele davon an Aspergillose. Die Welterstzucht gelang PARSONSON, Kalifornien, 1960. Von 6 1955 importierten Tieren überlebten 2,1 die Eingewöhnungszeit, 1958 und 1959 kam es zur Ablage unbefruchteter Eier, 1960 wuchs 1 Küken auf (DELACOUR 1964, STURGEON 1988). Im Dez. 1991 fotografierte ALRAUN ein ausgefärbtes

Graukopfgans
Chloephaga poliocephala
Sclater, 1857

Kleiner und schlanker als Magellangans
Flügel: ♂ 355–380; ♀ 335–340 mm
Gewicht: ♂ 2267, ♀ um 2000 g
Gelege: 5–7 glattschalig cremebraune Eier, 67–72,6 × 47,2–49,7; ⌀ 70,4 × 47,8 mm
Brutdauer: 30 Tage
Geschlechtsreife: gegen Ende des 3. Jahres

Ad. Jahreskleid: ♂ und ♀ geringfügig größen- und farbdifferenziert, nicht in jedem Fall unterscheidbar. Stimme vom ♂ ein leises, weiches Wispern, die vom ♀ ein lautes, tiefes Gackern. **Dunenkleid:** Ein etwa gleich breiter Streif von der Stirn bis über den Rücken, ein Augen- und Zügelstreif sowie Flügel und Schenkel sepiabraun, übrige Dunenpartien grauweiß. Schnabel dunkelgrau mit hornfarbenem Nagel, Füße dunkelgraugrün. **Jugendkleid:** Farb- und Zeichnungstypus wie Alterskleid, doch farbflacher; Kopf und Hals braun übertönt, Brust und Rücken graubraun, Flanken verwaschen gebändert. Kleine und mittlere Flügeldecken weiß, von grauen Federn durchsetzt, große Decken glanzlos schwarzbraun (bei ad. metallisch grünglänzend). Gelb der Füße blasser als bei ad. **1. Jahreskleid:** Kleingefieder wie ad., große Flügeldecken noch glanzlos schwarz.
Mauser und Umfärbung: Im Freiland offenbar nicht untersucht. Gehegetiere mausern in unserem Jahresrhythmus, haben aber relativ häufig Mauserprobleme und werden dadurch azyklisch. Die Junggänse wechseln im Herbst mit der Kleingefiedermauser in das 1. Jahreskleid und tragen nach der Vollmauser im nächsten Sommer das endgültige Alterskleid.
Verbreitung: Karte 44, Seite 333.

Graukopfgans.

Status: Graukopfgänse sind innerhalb ihres relativ kleinen Brutareals recht lückenhaft verbreitet, im Gesamtbestand jedoch nicht bedroht, ROSE & SCOTT (1994) gehen von über 100 000 Individuen aus. Allgemein ansässig sind sie nur im Süden Chiles, auf den Falkland-Inseln brüten weniger als 100 Paare (WOODS 1997). Die Weizenanbaugebiete der Provinz Buenos Aires stellen die Hauptüberwinterungsplätze dar, gerade hier sind die Gänse einem besonders hohen Jagddruck ausgesetzt. Eine Winterzählung erbrachte in dieser Region 1983 nur annähernd 2 000 Graukopfgänse sowie einen Anteil unerkannter Tiere unter den großen Scharen der Magellangänse (MARTIN et al. 1986).
Lebensweise: Graukopfgänse unterscheiden sich in ihrer allgemeinen Biologie nur unwesentlich von Magellan- und Rotkopfgänsen, doch ihre Bruthabitate sind Waldsümpfe, bewaldete Moore, Fluß- und Bachtäler, die von Magellan- und Rotkopfgänsen gemieden werden. Als Einzelbrüter beanspruchen die Paare relativ große Territorien. In großer Dichte, etwa 30 Paare auf 5 km, fand ich sie im Nov. auf Feuerland in einem vom Kanadabiber aufgestauten Bachtal innerhalb eines Südbuchenwaldes. Nester werden auf Inselchen entlang der Fließgewässer, auf sumpfigen Waldlichtungen oder am Rande kleiner Seen im hohen Bodenbewuchs, unter Geäst und in Baumhöhlungen errichtet. Brutzeit ab Nov. Während der Befiederung der Junggänse wechseln die ad. die Schwingen. Anfang März traf ich in der chilenischen Region Valdivia auf erste Winterschwärme und in Brutbiotopen auf Familien mit erwachsenen Jung- und wieder flugfähigen Altvögeln. Ab Mitte März erscheinen die Graukopfgänse an den Winterplätzen in der Provinz Buenos Aires.
Nahrung: Gräser, Kräuter und Sumpfpflanzen, im Winterquartier ferner Saaten und Feldfrüchte.
Haltung und Zucht: Die ersten Graukopfgänse gelangten 1833, lange vor der häufigeren Magellangans, in den Zoo London und 1874 in den Zoo Berlin. Seither wird die Art in vielen zoologischen Gärten, nach 1960 verstärkt in Vogelparks und Privatanlagen gehalten, unübersehbar jedoch seit den 80er Jahren zugunsten der nordischen Gänse vernachlässigt. Erstzuchten: 1852 Zoo London, 1900 BLAAUW, Holland, 1931 PARSONSON, Kalifornien, 1963 MÜLLER, St. Egidien ehem. DDR. Die farblich sehr schönen Graukopfgänse stehen in Größe und Anspruchsniveau zwischen Magellan- und Rotkopfgänsen. Sie sind aggressiv und sollten zu Zuchtzwecken paarweise in Einzelgehegen mit guter Grasnarbe Unterbringung finden; bei ausreichender Grasäsung ist ihre Ernährung mit Weizen und Pelletfutter ausreichend, anderenfalls ist frisches Grün zuzufüttern. Eiablage ab 1. Aprilhälfte, bevorzugt in Hütten im Schutzraum. Nachgelege sind zu erwarten, dennoch empfehlen sich Brut und Aufzucht durch die Eltern.

Rotkopfgans
Chloephaga rubidiceps Sclater, 1861

Kleinste Spiegelgans-Art
Flügel: ♂ 330–350; ♀ 310–340 mm
Gewicht: um 2000 g
Gelege: 5–8 glänzend rahmbraune Eier, 65–74,5 × 46–51,5, ⌀ 69,6 × 48,4 mm
Brutdauer: 30 Tage
Schlupfgewicht: 46–52, ⌀ 48,4 g (9 Küken eig. Wäg.)
Geschlechtsreife: Ende des 3. Jahres

Ad. Jahreskleid: ♂ und ♀ in Größe und Farbe annähernd gleich, jedoch mit deutlichen Stimmunterschieden analog Magellan- oder Graukopfgans. Bauch zimtfarben; kleine Flügeldecken weiß, mittlere grau, große grünglänzend (vergl. Jugendkleid). **Dunenkleid:** Nicht mit Sicherheit von dem der Graukopfgans zu unterscheiden. **Jugendkleid:** Kleingefieder wenig farbunreiner als Alterskleid, doch Bauch lehmgelb, kleine Flügeldecken weiß, mittlere und große Decken glanzlos dunkelgrau. Beinfärbung wenig blasser als bei ad. **1. Jahreskleid:** Wie ad., Jugendflügel unverändert.
Mauser und Umfärbung: SUMMERS (1982) untersuchte 14 Altvögel als Museumsstücke, zwei Mauserperioden konnten belegt werden, eine Herbstmauser im März und eine Frühjahrsmauser im Sept. Er läßt offen, ob

Rotkopfgans Altvogel mit knapp 3 Wochen altem Küken.

die Gänse je Saison nur die inneren bzw. die äußeren Schwingen erneuern oder ob der Wechsel über einen Zweijahresrhythmus erfolgt. Juv. Rotkopfgänse beginnen bald nach beendeter Befiederung den Kleingefiederwechsel (bei uns zwischen Sept. und Nov./Dez.), grauweiß/schwarz gebänderte Federn werden durch zimtbraun/schwarz gebänderte ersetzt. Nach der Vollmauser im nächsten Sommer wird das endgültige Alterskleid getragen.

Verbreitung: Karte 45, Seite 333.

Status: Während CASARES (1934) noch die Häufigkeit der Rotkopfgans auf Feuerland betont und von Masseninvasionen überwinternder Tiere 1909 in der Provinz Buenos Aires berichtet, zeichnet sich seit 1950 ein gravierender und heute bedrohlicher Rückgang der Bestände ab. Anfängliche Ursachen waren das Absammeln der Eier, der hohe Jagddruck und die zur Kaninchen-Bekämpfung um 1950 auf Feuerland eingebürgerten Patagonienfüchse *(Dusicyon griseus)*, in jüngerer Zeit die totale Überweidung der Ebenen durch Schafe und Rinder. Die Feuerland-Population umfaßte 1990 unter 500 Tiere und ist weiter rückläufig, in den Gebieten südlich von Buenos Aires trat die Art 1983/84 noch mit 0,1 bzw. 0,3 % unter den dort überwinternden Spiegelgänsen auf (GREEN 1992). Die der Falkland-Inseln schätzt WOODS (1997) bis 1993 auf maximal 27 000 Tiere. Hier ist die Art seit 1985 geschützt und aus der Liste der schädlichen Vögel gestrichen. Das Red Data Book der IUCN führt die Art als „vulnerable" (in naher Zukunft bedroht).

Lebensweise: Rotkopfgänse bewohnen mit der Magellangans weite, offene Graslandschaften, bevorzugt Weidegebiete in Küstennähe. Sie haben dem Menschen gegenüber wenig Scheu und brüten selbst in Siedlungsnähe. Kennzeichnend ist eine hohe Aggressivität, Ganter verteidigen große Brutreviere und vertreiben daraus selbst Nichtgänse. Wassernähe wird nur während der Kükenführung aufgesucht. Brutzeit auf den Falkland-Inseln zwischen Ende Sept. und Nov., auf Feuerland beginnt sie Okt./Nov. Die Nester befinden sich weit verteilt in der Deckung kräftiger Horstgräser und Zwergsträucher, seltener in Pinguin-Höhlen. Dunen zimtbraun. Aufzucht der Küken in den feuchteren Geländebereichen, wo ein besonders zartes Grün wächst und die Familie bei Gefahr das Wasser aufsuchen kann. Zum März hin Abflug in die Wintergebiete, die wenigen Tiere vergesellschaften sich heute mit Graukopf- und Magellangänsen.

Nahrung: Gräser, Kräuter, Samenstände sowie ausgerissene Rhizome und Wurzelstöcke.

Haltung und Zucht: Die ersten Rotkopfgänse gelangten um 1860 in den Zoo London, wo sie bereits zwischen 1862 und 1887 erfolgreich züchteten; 1872 erstmals im Zoo Berin. In den 30er Jahren belieferte BLAAUW, Amsterdam, mit seinen Nachzuchttieren viele europäische Zoos und Privatanlagen. USA-Erstzucht 1931 durch PARSONSON, Kalifornien. Nach 1950 gelangten erneut Rotkopfgänse von den Falkland-Inseln nach Westeuropa, u.a. in den Wildfowl Trust, wo sie seit 1957 regelmäßig – wenn auch weniger ergiebig als die Graukopfgans – vermehrt werden. Die stark geschrumpften Freilandbestände verlangen sorgfältigsten Umgang mit den vorhandenen Gehegetieren und sehr gezielte Zuchtbemühungen. Die Unterbringung zuchtfähiger Rotkopfgänse sollte grundsätzlich in geräumigen und gegen Prädatoren gesicherten Einzelgehegen mit guter Grasnarbe erfolgen. Eiablage zwischen Ende März und Anfang Mai, gern in Hütten oder in vorbereiteten Erdmulden. Nachgelege sind zu erwarten, dennoch sollte den Eltern Brut und Kükenführung überlassen bleiben. Die heranwachsenden Gössel benötigen eine gute Weidemöglichkeit, ergänzend sind Pelletfutter und Körner zu bieten. Die Küken laufen in den ersten 3 Tagen recht unbeholfen (hohe Unfallgefahr), wachsen aber dann schnell heran. Ab 16. Tag hellen sich die Füße (Tarsus) gelblichgrau auf, ab 22. setzt die Befiederung an Schultern und Flanken ein. Bereits ab 30. Lebenstag sind Brust und Flanken, beim Schwimmen die Wasserlinie bildend, geschlossen befiedert. In kurzen Zeitabständen brechen nun die Kiele der Arm- und Handschwingen und der Steuerfedern auf. Volle Befiederung mit etwa 50 Tagen.

Blauflügelgans
Cyanochen cyanopterus (Rüppell, 1845)

Flügel: ♂ 368–374, ♀ 314–334 mm
Gewicht: Gehegevögel ♂ 2000 und 2360 g, ♀ 1305–1500, ⌀ 1420 g
Gelege: 7–8 glattschalig hellbraune Eier, 65.8–73,7 × 48–50,5, ⌀ 69,3 × 49,4 mm (eig. Mess.)
Brutdauer: 30–32 Tage
Schlupfgewicht: 52–66,5, ⌀ 59,3 g (17 Küken, eig. Wäg.)
Geschlechtsreife: gegen Ende des 2. Lebensjahres

Ad. Jahreskleid: Geschlechter farbgleich, ♂ deutlich größer als ♀, ferner ♂ mit leiser, hoher Wispelstimme und häufig in Imponierhaltung, bei der der Hals eingezogen und der Kopf auf den Rücken gedrückt wird.
Dunenkleid: Oberseite, ein nach hinten breiter werdender Augenstreif und Teile der Körperseiten dunkel grauschwarz; Gesicht in den ersten Tagen strohgelb oder grauweiß, später graugrün. Unterseite und helle Fleckchen an Körperseiten grauweiß. Schnabel und Füße schwarz. **Jugendkleid:** Im Farbtypus der ad., insgesamt dunkler und brauner. Flügel ohne grünen Spiegelglanz und mit grauen (statt taubenblauen) Dekken.
Mauser und Umfärbung: Ad. erneuern im Feb./März Teile des Klein- und Rücken- und nach der Brut zwischen Juli und Sept. das Gesamtgefieder. Nichtbrüter mausern während des gesamten Frühjahrs, bis im Juni mit dem Schwingenabwurf die Vollmauser eingeleitet wird. HOLOVSKY (briefl.) beobachtete bei den Gantern auch Kleingefiederwechsel nach Brutbeginn durch das ♀. Juv. ersetzen ab Herbst das Kleingefieder und tragen ab nächstem Sommer nach der 1. Vollmauser das Alterskleid.
Verbreitung: Hochland von Äthiopien ab 1800 m ü. d. M.
Status: Trotz des kleinen Verbreitungsgebietes mit regionalem Vorkommen in den

Blauflügelgans.

Hochregionen ist die Blauflügelgans nicht bestandsbedroht, lokal sogar recht häufig. Im Tal des Web, einem bevorzugten Bruthabitat, wurden 1966 200 bis 300 Paare geschätzt, Gesamtbestand um 20 000. Aus religiösen Gründen wird die Art in Äthiopien wenig verfolgt (BROWN et al. 1982).

Lebensweise: Das Vorkommen der Blauflügelgans ist auf die Hochplateaus zwischen 1 800 und 4 000 m beschränkt. In dieser tropischen Gebirgsregion mit Ganzjahrestemperaturen zwischen 10 und 20 °C bestimmen Grassavannen mit extensiver Viehwirtschaft das Landschaftsbild (Kultur- und Ackerbauzone 1800 bis 2500 m ü. d. M.). Bachläufe, kurze Flußniederungen, Seen und feuchte Senken inmitten von kurzem Grasland bilden die Brutbiotope. Die Paare besetzen große Reviere, äsen nach Gänseart auf den Wiesen oder gründeln nach Entenart im Seichtwasser. Gefahren versuchen sie durch Weglaufen auszuweichen. Aufgeflogen, streichen die Gänse in ruhigem Flug niedrig über das Gelände hin, nicht selten dem Lauf des Baches oder Flüßchens folgend. Tiefe Gewässer und Gebüschnähe werden gemieden. Außerhalb der Brutzeit werden tiefere Regionen aufgesucht, wo es zu lockeren Schwarmbildungen kommen kann. Hauptbrutzeit in Abhängigkeit von den Niederschlägen zwischen März und Mai, andererorts zwischen Juli und Dez. Nester mit 4–5 Eiern fand man in Bachufernähe nahe kleiner Sträucher. Kükenbetreuung durch beide Eltern.

Nahrung: Gräser, Kräuter und Samen, lediglich REICHENOW (1905) fand in den Mägen geschossener Tiere vorwiegend Würmer, Schnecken und Insektenlarven.

Haltung und Zucht: Blauflügelgänse etablierten sich bemerkenswert spät in Zoos und Zuchtanlagen. Der Tierpark Schönbrunn bei Wien erhielt 1913 wohl überhaupt das erste Paar für Europa. Mit 1923 importierten Tieren gelang dem Holländer BLAAUW ein Jahr später die Welterstzucht; Erstzuchten ferner: 1943 in Leckford, England, 1965 in Salt Lake City, USA, um diese Zeit auch Zoo Prag, ab 1990 in eigener Anlage. Die Art blieb wenig beachtet, wohl die Ursache für die stets spärliche Verbreitung in Zoos und Zuchtanlagen. Blauflügelgänse sind ruhige, vertraute Tiere, die jedoch ihr Brutrevier extrem aggressiv verteidigen. Haltung der Zuchtpaare in grasbewachsenen Einzelgehegen möglichst mit Schutzhaus. Gänse zeigen bei naßkaltem Wetter, Frostgraden und Sommerhitze Unbehagen und ruhen dann in der Schutzhütte. Gelegentlich wird auf Nachtaktivität während der Fortpflanzungszeit hingewiesen. In einer Kleinanlage, in der aus Bruchsteinen ein ca. 2 m hoher Felsberg imitiert wurde, ruhte der Erpel gern ganz oben, das ♀ einen Steinabsatz tiefer. Die Zucht gelingt heute regelmäßig, wenn auch nicht alltäglich. Legebeginn ab Ende März, im Zoo Prag Juni/Juli; ein oder zwei Nachgelege sind die Regel. Nestanlage in Hütten, großen Nistkästen oder im Gras. Brut allein durch ♀. Küken sind ruhig und zeigen überwiegend langsame Bewegungen, sind mit neuen Situationen schnell vertraut und gegenüber anderen Jungtieren friedfertig. Ihre Befiederung verläuft langsamer als bei nordischen Gänsen.

Saumschnabelente
Hymenolaimus malacorhynchos
(Gmelin, 1789)

Flügel: ♂ und ♀ 235–249 mm (DELACOUR 1956)
Gewicht: ♂ 755–1075, ⌀ 890; ♀ 680–850, ⌀ 750 g (KEAR 1972)
Gelege: 4–8, meist 5 sandfarbene Eier, 58,5–72,5 × 43–50; ⌀ 65,1 × 45,1 mm
Brutdauer: 31–32 Tage
Schlupfgewicht: ♂ ⌀ 48, ♀ ⌀ 49 g
Geschlechtsreife: vermutlich ab 2. Lebensjahr

Ad. Jahreskleid: ♂ und ♀ weitgehend farbgleich; Tiere der Südinsel mit grauen, der Nordinsel mit bräunlichen Rücken. Das ♂ läßt laute, schrille Pfiffe, das etwas kleinere ♀ ein leiseres, tiefes Grollen als Tonfolge hören. Oberschnabel und Iris stechend gelb.
Dunenkleid: Oberkopf, Augenstreif, Rücken, Flügel, Schenkel und Bauchseiten schwarzgrau; Gesicht, Vorderhals, Brust und Unterseite sowie Überaugenstreif und

hinterer Flügelrand grauweiß. Bürzel- und Schulterseiten mit hellem Fleckchen. Schnabel graublau, lappenartig verbreitert. **Jugendkleid:** Insgesamt stumpf bräunlich (ad. mehr grau), braune Brustfleckung und schwarze Säume der Scapularen fehlen. Schnabel hell blaugrau, Auslappungen schwarz, Iris dunkelbraun.

Mauser und Umfärbung: Von einem nichtbrütenden Paar in NS warf das ♂ seine Schwingen Ende Nov. ab und war Mitte Dez. wieder flugfähig; das ♀ mauserte etwas früher. Kleingefiedermauser bei diesen Tieren vermutlich im April. Man glaubt, daß das Gefieder nur einmal im Jahr gewechselt wird, also keine weitere Teilmauser erfolgt. Im Freiland erfolgt nach der Brutzeit zwischen Dez. und Mai die Vollmauser, in der die ad. 6 Wochen flugunfähig sind. Die juv. beginnen unmittelbar nach der Befiederung mit der Jugendmauser, etwa mit 6 Monaten ist das 1. Alterskleid angelegt, und mit 9 Monaten sind Schnabel und Iris stechend hellgelb.

Verbreitung: Karte 46, Seite 334.

Status: Saumschnabelenten sind Bewohner klarer Gebirgsgewässer und somit neben der kleinflächigen Verbreitung auch ökologisch stark eingeengt. Während früher Bejagung und Waldrodungen zu Abnahmen führten, werden heute die eingeführten Regenbogenforellen als Nahrungskonkurrenten und die Störungen durch Sportangler genannt. GOUDSWAARD (mündl.) sieht darin keine Konkurrenz, weil die Forellen die Flußunterläufe und Seen, die Enten die Mittel- und Oberläufe bewohnen. Vielmehr sind es die Waldrodungen, die die Einzelvorkommen voneinander isolieren. Während früher Wanderungen bis zum Meer erfolgten, bleiben heute Reviere nach Verlusten von Altvögeln unbesetzt. Gesetzlich ist die Art voll geschützt. Gesamtbestand um 1995 zwischen 2000 und 4000 Individuen und damit im Fortbestand gefährdet.

Lebensweise: Obgleich Saumschnabelenten von der alpinen Baumgrenze bis zur Küste hin angetroffen werden, bilden die oberen Abschnitte der Gebirgsflüsse innerhalb der endemischen Laubwald-Baumfarn-Region die bevorzugten Lebensräume. Die

Saumschnabelente in einer englischen Anlage.

Tiere leben ganzjährig extrem territorial an ihrem Bachabschnitt. Die Paare verteidigen diese Reviere, besonders die Erpel haben eine das Getose der Bergströme übertönende Stimme, die der Reviermarkierung dient. Nahrungssuche fast ausschließlich im Bachbett. Brutsaison Okt. bis Dez., zwischen Nov. und April werden Familienverbände beobachtet. Die Nester befinden sich in Höhlungen unter Baumstümpfen, zwischen Felsgestein oder unter Seggen und Grasbüscheln. Nestbau und Brut allein durch ♀, Nestdunen dunkel blaugrau. Der Erpel verweilt in Nestnähe und beteiligt sich später an der Kükenführung. Die Jungenten sind mit etwa 8 Wochen befiedert und erlangen mit 10–11 Wochen ihre Flugfähigkeit. Erst zu Beginn der neuen Brutsaison lösen sich die Familienverbände auf, dann werden die juv. als Rivalen aus dem Revier vertrieben.

Nahrung: Larven der Köcher-, Stein- und Eintagsfliegen, die von den Steinen abgelesen, und Vollinsekten, die aus der Luft erhascht werden. Im Herbst unterschiedlichste Beerenfrüchte.

Haltung und Zucht: Jene 5 Tiere, die der Wildfowl Trust 1957 erhielt, dürften die ersten Saumschnabelenten außerhalb Neuseelands gewesen sein. Als Nahrung nahmen sie auf den Teichrand gestrichenes Schabefleisch, später zusätzlich geweichtes Brot, etwas Weizen und Würmer. Im Nov. 1968 kamen 4 aus Wildvogeleiern erbrütete Saumschnabelenten nach Slimbridge, auch diese lebten nur wenige Jahre. Erfolgreicher die Haltungs- und Zuchtbemühungen in Neuseeland. So hielt der National Wildlife Centre am Mount Bruce, Masterton, 1984 15 Erpel und 10 ♀ ohne größere Probleme; die Tiere wurden u. a. mit Pelletfutter ernährt (BRYANT 1985). Im Wildfowl Trust in Arundel baute man 3 Volieren zu je etwa 50 m² und stattete sie mit Felsgestein, Wasserfällen und Teichflächen, aber völlig ohne Erdboden aus. Direkt unter den Waserfällen sind Nistnischen im Gestein eingebaut. Das Wasser wird durch Umlaufpumpen ständig bewegt und gereinigt. Zwei 1985 importierte Paare gewöhnten sich hier problemlos ein, sie wurden mit einem eiweißreichen Pelletfutter, etwas Getreide und Mehlwürmern ernährt. Eine relativ hohe Anfälligkeit an Endoparasiten war zu verzeichnen. Wegen der Territorial-Aggressivität bewohnt jedes Paar eine Voliere. Hauptaktivitäten in der Dämmerung oder bei bedecktem Himmel.

In Arundel gelang 1988 die Welterstzucht außerhalb Neuseelands; 1990 begann die Eiablage im März, von einem 2. Paar im April. Die Kükenaufzucht gelang verlustlos. Nach DAWNAY (mündl.) lebten in England 1990 insgesamt 8 ad. und 12–16 Jungtiere.

Sturzbachente
Merganetta armata Gould, 1842

Die taxonomische Stellung der Sturzbachente blieb lange Zeit umstritten. Unter der Isoliertheit und den extremen Bedingungen im Lebensraum hat sie sich hoch spezialisiert, ihre Evolution ist nur vage zurückverfolgbar. NIETHAMMER (1952), KEAR (1975) und JOHNSGARD (1966, 1968, 1978) weisen Beziehungen zur Salvadori- und Saumschnabelente – beide aus dem indoaustralischen Raum – nach. Uneinheitlich werden

Erpel der Chile-Sturzbachente.

auch Art- und Unterart-Bildung gesehen; während u. a. DELACOUR (1956) und DEL HOYO et al. (1992) 6 Unterarten anerkennen, fassen JOHNSGARD (1978) und andere Autoren *berlepschi*, *garleppi* und *turneri* als Farbvarianten von *M. a. leucogenis* auf. Die nachfolgenden 3 Unterarten werden heute auch als getrennte Arten angesehen.
Chile-Sturzbachente, *M. a. armata* Gould
Peru-Sturzbachente, *M. a. leucogenis* (Tschudi)
Kolumbianische Sturzbachente, *M. a. colombiana* Des Murs.

Sturzbachenten sind wenig größer als Knäkenten mit schlankem, gestrecktem Körper, sägerartig schmalem weichem Schnabel und verlängerten Schwanzfedern mit kräftigen Kielen und schmalen borstigen Fahnen.
Flügel: *colombiana:*
♂ 142–155,
♀ 132–140 mm
Gewicht: ♂ um 450, ♀ 315–340 g
Gelege: 3–5 gelbbraune Eier, 61 × 41 mm

Unterfamilie Tadorninae – Sturzbachenten **163**

Chile-Sturzbachenten, das einzige Paar das über längere Zeit in Europa gehalten wurde.

Brutdauer: vermutlich 43–44 Tage (MOFFETT 1979)
Geschlechtsreife: nicht bekannt

Ad. Jahreskleid: ♂ aller Unterarten mit arttypischer Kopf-Hals-Färbung und dunklem Rückengefieder, das unterschiedlich breit weiß gesäumt ist. Brust- und Bauchgefieder fast schwarz, hellbraun oder silberweiß mit dunkler Strichelung. ♀ aller Unterarten annähernd gleich, jeweil etwas kleiner als ♂. **Dunenkleid:** Kopfplatte, Augenstreif, Ohrfleckchen, Rückenpartien und Schenkel schwarzbraun; Kopfseiten, Hals, Brust, Bauch sowie ein Längsstreif über dem Rücken und hinterer Flügelrand grauweiß. **Jugendkleid:** ♂ und ♀ Oberseite von Stirn bis Schwanz dunkelgrau, die Federn jeweils mit schwärzlichen Schaftstrichen. Unterseite einschließlich Kehle und Brust hell lehmgrau, die Flanken breit grau und weiß gebändert. Schnabel dunkelrot, Flügelsporen im Ansatz vorhanden.
Mauser und Umfärbung: WELLER (1968) untersuchte etwa 200 Präparate und kam zu folgenden Ergebnissen: In den nördlichen Arealen liegen Brut- und Mauserzyklen ganzjährig gestreut. Vollmauser der Chile-Sturzbachente im Spätsommer und Herbst (Feb. bis Apr.), Flügel- und Kleingefiedermauser verlaufen gleichzeitig. Steuerfeder-Wechsel liegt über das ganze Jahr verteilt.

Offenbar werden diese Federn wegen ihrer großen Beanspuchung zweimal jährlich erneuert. Juv., die zwischen Jan. und März befiedern, färben etwa zwischen Mai und Sept. in das Alterskleid um und sind dann am kleinen Flügelsporen kenntlich. Die Sporen wachsen auch bei den ad. offenbar mehrere Jahre. WELLER ermittelte: immat. ♂ 3,2–3,8, immat. ♀ 3,0 und 3,4 mm; ad. ♂ 4.1–16,5, ⌀ 10,5, ad. ♀ 2,7–12,8, ⌀ 6,1 mm.
Verbreitung: Karte 48, Seite 334.
Status: Über Populationsgrößen der Unterarten ist wenig bekannt. Insgesamt werden die Vorkommen im Nordteil als sehr dünn, in Chile und Argentinien dagegen als relativ häufig angesehen. Gefahren gehen von Schmutzwassereinleitungen, dem Bau von Staudämmen sowie von Waldrodungen aus, die die Wasserführung der Gebirgsflüsse stören.
Lebensweise: Sturzbachenten bewohnen während des ganzen Jahres reißende Gebirgsflüsse in Höhen zwischen 1 200 und 4 500 m, nur im Süden Chiles fand man sie in tieferen Lagen. Die einzelnen Unterarten bewohnen verschiedene Vegetationszonen: im tropischen Norden die Region der Regen- und Nebelwälder und die Gebirgsflüsse der trockenen Puna-Zone Perus, die subtropischen und gemäßigten Südbuchenwälder Chiles und die subarktische Region im Süden Südamerikas. Sturzbachenten leben

paarweise in einem streng abgegrenzten Flußabschnitt. Sie sind geschickte Schwimmer und Taucher, die mühelos Stromschnellen überwinden oder 10 m hohe Wasserfälle durchtauchen. Sie erklettern im Bachbett liegende Felsbrocken, fliegen kurze Strecken über dem Wasser und sind überaus aktive Tiere. Mit Pfiffen in hoher Stimmlage übertönen sie das laut tosende Wasser. Brutsaison im tropischen Kolumbien und Bolivien verstärkt in den niederschlagsarmen Wintermonaten Juli/Aug., in Chile im südlichen Frühling Okt./Nov.. Die Nester befinden sich in Nischen der Felswände direkt über dem Wasser oder im Bereich eines Wasserfalles. MOFFETT (1979) glaubt, daß die Eier in wöchentlichem Abstand gelegt und in 43–44 Tagen erbrütet werden. Nach gleichem Autor verlassen die Küken erst zwei Tage nach dem Schlupf das Nest und werden dann von beiden Eltern, die sich die Küken teilen, betreut.

Nahrung: Larven der Köcher-, Stein- und Maifliegen, weniger aus Mollusken und kleinen Fischchen. Die Insektenlarven werden mit dem gummiweichen Schnabel aus den Steinritzen herausgelesen.

Haltung und Zucht: Der Wildfowl Trust in Slimbridge erhielt 1969 2 Erpel und 1 ♀ der Peru-Sturzbachente, konnte sie jedoch nur kurzzeitig am Leben erhalten. Mehrere Versuche sind danach unternommen worden, Eier aus Argentinien und Chile in den USA und England erbrüten zu lassen. Erste Erfolge hatte damit der englische Züchter MAKINS in der Pensthorpe Waterfowl Farm bei Fakenham.; im Mai 1990 lebten dort 3 Tiere, 7 bzw. 5 Jahre alt. Nach MAKINS (mündl.) liegt die Problematik der Haltung nicht in Ernährung oder Nahrungsaufnahme, sondern in der Anfälligkeit gegenüber Endoparasiten, Infektions- und Pilzkrankheiten, in der allgemeinen Hinfälligkeit bis nach der Umfärbung, bei naßkaltem Wetter und letztlich in der Aggressivität der Tiere untereinander. MAKINS errichtete mehrere 8 × 5 m große Volieren, die auschließlich Felsgestein, Wasserfälle und Wasserbecken, aber kein Erdreich aufweisen. Die Altvögel sind zahm, balzen in ihren hektisch ruckartigen Bewegungen und werden mit Pellets, Mehlwürmern und Garnelen ernährt. Wiederholt kam es im Apr./Mai zur Eiablage, jedoch nicht zum Kükenschlupf. Während der Fortpflanzungszeit kann der Erpel wegen seiner Aggressivität nur stundenweise zum ♀ gelassen werden und bewohnt danach wieder das Nebenabteil.

Dampfschiffenten

Auf Grund einer langen, eigenständigen Evolution ist *Tachyeres* heute als ein selbständiger Zweig mit 4 Arten einer Gattung im Aussehen und Verhalten gegen alle anderen Anatiden stark abgegrenzt, innerhalb der Gruppe aber nur minimal nuanciert. Die geringfügige Differenziertheit zwischen den Arten und die relativ hohe Variabilität der Individuen erschweren die Artbestimmung und führten noch 1981 zur Abtrennung von *T. leucocephalus* als 4. Art.

Wegen der weitgehenden Übereinstimmungen werden die Abschnitte „Lebensweise" und „Haltung und Zucht" zusammengefaßt bei der Patagonischen Dampfschiffente abgehandelt. Importiert sind *T. pteneres brachypterus* und *patachonicus,* sie werden vereinzelt in Zoos und Privatanlagen gehalten.

Gelege: (alle Arten) 4–7, zuweilen bis 11 lehmbraune Eier
pteneres: 78–88 × 52–61; ⌀ 82,7 × 56,6 mm
brachypterus: 79–86 × 56–57; ⌀ 81,8 × 56,6 mm
leucocephalus: 72,3–85,6 × 51,2–56,1; ⌀ 81,2 × 54,2 mm
patachonicus: 73–84 × 51–55; ⌀ 77,1 × 52,2 mm
Brutdauer: (alle Arten) um 30 Tage
Schlupfgewicht: *pteneres:* 87 und 99 g
leucocephalus: 83–97,5, ⌀ 90 g
Geschlechtsreife: offenbar ab 3. Jahr, Stimmunterschiede zwischen den Geschlechtern bereits bei einjährigen Tieren

Artenübersicht Dampfschiffenten

Relation: Körpergröße/Flügellänge	Flügel[1] mm	Gewicht[2] (g)	Schnabel[2]	Kopffärbung[2]
Magellan-Dampfschiffente, *T. pteneres*				
sehr groß, Schwingen reichen bis zum Bürzel	♂ 260–288	5897–6180 ⌀ 6039	durchweg orange, zuweilen mit dunkler Basis	durchweg grau, ad. mit weißer Kopfplatte
	♀ 255–271	3629–4763 ⌀ 4111	einfarbig orange	grau, zuweilen mit weißem Augenstreif
Falkland-Dampfschiffente, *T. brachypterus*				
groß, Schwingen reichen bis Bürzelmitte	♂ 272–282	4200–4650 ⌀ 4334	orange, zur Spitze hin hell fleischfarben	ad. weiß; jüngere Gesicht grau oder braun mit weißem Augenstreif
	♀ 251–272	3100–3580 ⌀ 3383	olivgrau, Basis und First gelb	graue Kappe, rotbraunes Gesicht, weißer Augenstreif
Weißkopf-Dampfschiffente, *T. leucocephalus*[3]				
groß, mit verkürzten Schwingen	♂ 262–295 ⌀ 279	2700–4400 ⌀ 3790	überwiegend orange, Nagel schwarz	bis zum Hals weiß, Kopfplatte hellgrau
	♀ 255–288 ⌀ 271	2550–3350 ⌀ 2950	olivgrau	rötlichbraun, vom Auge zum Hals breiter werdend weiß
Patagonische Dampfschiffente, *T. patachonicus*				
wesentlich kleiner, Schwingen reichen bis Schwanzwurzel	♂ 287–317	2891–3190 ⌀ 3078	Basis orange, Seiten ab Nasenlöcher olivgrau	Gesicht ad. fast weiß, immat. grau oder braun mit weißem Augenstreif
	♀ 276–301	1665–2835 ⌀ 2441	olivgrau, Basis und Schnabeldach blaß gelb	Kopfplatte grau, Gesicht rotbraun, weißer Augenstreif abwärts bogenförmig

[1] DELACOUR (1954), [2] WELLER (1976), [3] HUMPHREY & THOMPSON (1981)

Magellan-Dampfschiffente
Tachyeres pteneres (Forster, 1844)
Syn.: Riesendampfschiffente

Sehr große, massige Ente mit klobigem Schnabel, stämmigen Beinen und leicht nach oben eingebogenen Schwanzfedern. Flugfähigkeit stark eingeschränkt bis flugunfähig.

Ad. Brutkleid: ♂ und ♀ sehr ähnlich, Mantelgefieder vorherrschend grau (Ruhekleid und bei anderen Arten rotbräunlich gesäumt). ♂ etwas größer und massiger als ♀, Kopf einfarbig grau, beim ♀ wenig dunkler, Gesicht bräunlich übertönt und von einer weißen Augenlinie durchzogen. **Ruhekleid:** ♂ Kopf und Hals mittelgrau, Vorderkopf und Kopfplatte etwas heller; Körpergefieder bräunlich übertönt. Einzelne ♂ mit weißem Augenring. **Dunenkleid:** Die auffällig langen Dunen dunkel graubraun, lediglich ein Fleckchen über dem Auge, die Ohrgegend und Halsseiten sowie hinterer Flügelsaum

Erpel der Magellan-Dampfschiffente.

und Bauchseite schmutzigweiß. Schnabel und Füße schwarz. **Jugendkleid:** Kopf und Hals einfarbig dunkel graubraun, schmale helle Augenringe. Schnabel dunkel olivgrau, Füße verwaschen gelbbraun und relativ dunkel.
Mauser und Umfärbung: Nur ungenau bekannt. Die ad. mausern nach Madge & Burn (1988) zwei- oder dreimal jährlich. Während der längsten Zeit wird das Ruhe- und nur während des südlichen Frühlings das Brutkleid getragen.
Verbreitung: Karte 47, Seite 334.
Status: Die Magellan-Dampfschiffente ist in den Küstengewässern des südlichsten Südamerikas allgemein verbreitet und unterliegt offenbar keiner Bestandsbedrohung. Unklar sind jedoch die Anteile der Patagonischen Dampfschiffente in diesem Lebensraum; beide Arten sind feldornithologisch nur begrenzt unterscheidbar.

Weißkopf-Dampfschiffente
Tachyeres leucocephalus Humphrey & Thompson, 1981

Kennzeichnend für beide Geschlechter und für jüngere Tiere sind die stark aufgehellten Kopf- und Halspartien.

Weißkopf-Dampfschiffente, Erpel im Küstensaum der Halbinsel Valdes, Argentinien.

Unterfamilie Tadorninae – Dampfschiffenten

Ad. Brutkleid: ♂ während der längsten Zeit des Jahres mit fast weißem, zimtbraun übertöntem Kopfgefieder; ♀ mit braunem Kopf und einem breiten, sichelförmig von den Augen zum Vorderhals verlaufenden hellen Streif. ♂ größer als ♀. **Ruhekleid:** Nach beendeter Brutzeit mausern die Erpel an Kopf und Hals dunkle Federn durch und sehen dann für kurze Zeit dem ♀ ähnlich. **Dunenkleid:** Als artspezifisch werden weiße bis perlgraue Augenlider, ein besonders ausgedehntes weißes Feld oberhalb der Augen- und Ohrgegend sowie ein sehr dunkler Oberkörper bezeichnet. **Jugendkleid:** Kopf und Hals dunkelbraun, Gesicht rötlichbraun; Kopfseiten mit angedeutetem hellem Augen- und Halsstreif. Schnabel dunkel olivgrün, Füße verwaschen gelbbraun.
Mauser und Umfärbung: Nach MADGE & BURN (1988) sind bei den ad. dieser Art nur zwei Gefiederwechsel bekannt, eine Vollmauser am Ende der Fortpflanzungszeit und eine Teilmauser vor deren Beginn. Die Umfärbung der immat. ist nicht untersucht.
Verbreitung: Karte 47, Seite 334.
Status: Der Lebensraum der Weißkopf-Dampfschiffente beschränkt sich auf einen Küstenstreifen in der Chubut-Region Argentiniens und limitiert damit den Gesamtbestand. Innerhalb des kleinen Areals kommt sie in normaler Häufigkeit vor, bestandsbedrohende Gefahren sind nicht bekannt. LIVEZEY et al. (1985) haben an diesen Küsten

Brütende Weißkopf-Dampfschiffente auf Valdes.

Patagonische Dampfschiffenten als Frühlings- und Sommergäste nachgewiesen und vermuten ein regelmäßiges Brüten. Damit werden die Brutvogel-Anteile der Weißkopf-Dampfschiffente in dem eng begrenzten Gebiet erneut infrage gestellt, ortsansässige Fachleute gehen von einer Gesamtpopulation von nur wenigen hundert Tieren aus (LÜCKER, mündl.).

Falkland-Dampfschiffente
Tachyeres brachypterus (Gmelin, 1789)

Wenig kleiner als Magellan-Dampfschiffente, Flügel zur Körpermasse etwas länger, dennoch deutlich verkürzt.

Paar der Falkland-Dampfschiffente, immaturer Erpel noch ohne Weiß auf den Kopfseiten.

Ad. Brutkleid: ♂ größer als ♀, Kopf-Hals-Partien auffällig hell, fast weiß, lediglich Gesicht grau schattiert; ♀ überwiegend braun mit schmalem weißem Augenstreif. Körpergefieder bei ♂ und ♀ mit breiten braunen Federsäumen. ♀ mit tiefer, ♂ mit deutlich höherer Stimme (Schürer, briefl.). **Ad. Ruhekleid:** ♂ helle Kopf- und Halsregion unterschiedlich dicht von dunkelgrauen Federgruppen durchsetzt; dadurch wird ein heller, abwärts gerichteter Streif über Augen- und Ohrgegend sichtbar. **Dunenkleid:** Heller und brauner als *pteneres*-Küken, durchgehend weißes Band von der Schnabelbasis über Augen- und Ohrgegend bis zu den Halsseiten. **Jugendkleid:** Kopf durchweg dunkelbraun, Körperfedern breiter braun gesäumt als bei ad.; Schnabel dunkel olivgrün, Füße lehmbraun.
Mauser und Umfärbung: Nach Madge & Burn (1988) drei Mauserperioden pro Jahr, deren Verlauf jedoch nur lückenhaft bekannt ist. Außer dem Ruhe- und Brutkleid bekommen die ♂ offenbar für kurze Zeit ein noch dunkleres, fast ♀-farbenes Sommerkleid.
Verbreitung: Karte 47, Seite 334.
Status: Die Falkland-Dampfschiffente ist in den Küstenregionen der Inselgruppe ein allgemein verbreiteter Brutvogel; Gesamtpopulation nach Rose & Scott (1994) um 100 000, nach Woods (1997) nur zwischen 9 000 und 16 000. Die Art ist nicht bestandsbedroht, Gefährdungen können von Ölförderungen, -transporten und -havarien ausgehen, zunehmend höhere Kükenverluste treten ferner durch Möwen auf.

Patagonische Dampfschiffente
Tachyeres patachonicus (King, 1828)

Deutlich kleiner als Vorgängerarten, aber ohne Direktvergleich im Freiland wie bei Gehegetieren zur Artbestimmung nicht zu nutzen. Flügelspitzen reichen bis zur Schwanzwurzel, bei den anderen Arten nur bis zum Bürzel.

Zweijähriger Erpel der Patagonischen Dampfschiffente, Kopfseiten noch nicht aufgehellt.

Drei farblich differenzierte Kleider im Jahreszyklus, starke Variabilität individuell und mit zunehmendem Alter im Kopf-Hals-Bereich. Rumpfgefieder in allen Kleidern und bei beiden Geschlechtern gleich. Farbliche Übereinstimmungen bestehen mit der Falkland-Dampfschiffente, doch ist *patachonicus* kleiner und mit unverkürzten Schwingen voll flugfähig. HUMPHREY & LIVEZEY (1982) typisieren die 3 Kleider wie folgt: **Frühjahrskleid:** ♂ Kopf und Hals fast weiß, Halsseiten schwach hellgrau, zimtfarben übertönt. ♀ Kopf dunkelbraun, Zügelbereich rotbraun, der helle Augenstreif wenig klar gezeichnet. **Sommerkleid:** Kopf- und Halsfärbung bei beiden Geschlechtern variabel: beim ♂ von Dunkelbraun mit zimtfarbener Kehle, weißem Augenring und breitem hellem Kopfseitenstreif bis zu einer grauen Kopfplatte und einem stark aufgehellten Gesicht. Beim ♀ differenzieren die Kleider nur wenig, im Sommerkleid variieren vor allem Breite und Klarheit des hellen Kopfseitenstreifs. **Ruhekleid:** ♂ Kopf und Hals graubraun, Kopfplatte dunkelgrau, heller Augenstreif kurz und klar gezeichnet. ♀ mit grauer Kopfplatte, rötlichbraunem Gesicht und breitem hellem Seitenstreif, der letztlich den gesamten Hals umschließt. Schnabel und Beinfärbungen bleiben unverändert. **Dunenkleid:** Gesamte Oberseite erdbraun, die Bauchseite leicht aufgehellt. Kopf und Hals auf dunkel olivgrauem Grund mit schmalen hellen Linien über und unter dem Auge und ausgedehnten hellen Flecken hinter dem Auge und auf den Halsseiten. Schnabel dunkel bleigrau. **Jugendkleid:** Kopf und Hals dunkel graubraun, die Seiten rötlichbraun übertönt und mit schmalem hellem Augenring. Schnabel grünlichgrau, an der Basis angedeutet lehmfarben. Füße lehmgrau mit schwarzen Schwimmhäuten (bei ad.gelb bis orange, die Schwimmhäute schwarz oder lehmgrau). ♂ etwas größer als ♀.
Mauser und Umfärbung: Nach HUMPHREY & LIVEZEY (1982) ist diese Dampfschiffente bisher der einzige südamerikanische Wasservogel mit nachweislich 3 Mauserperioden im Jahreszyklus. Hauptmauserzeit mit Schwingenwechsel während des südlichen Sommers zwischen Jan. und März. Hiesige Gehegetiere ersetzen in der Jugendmauser bis zum 1. Winter das Kleingefieder, danach ist das Rumpfgefieder dem der ad. gleich, die Kopfseiten beim ♂ bläulichgrau, beim ♀ bräunlich. Die Umfärbung des bei ♂ und ♀ grünlichen Schnabels setzt bei den jungen Erpeln erst ab 2. Jahr ein. Ab dieser Zeit werden auch die Kopfseiten mit jeder Mauser heller, die bei alten Tieren dann fast weiß sind.
Verbreitung: Karte 47, Seite 334.
Status: Die Patagonische Dampfschiffente verfügt über das größte Verbreitungsgebiet und über die größte Gesamtpopulation der Artengruppe. Obgleich weder Zählungen noch Bestandsschätzungen vorliegen, wird von stabilen Beständen ausgegangen. Ihre Flugfähigkeit ermöglicht über die Küstenlinien hinaus die Besiedlung der anthropogen wenig beanspruchten Binnenseen.
Lebensweise: Die Lebensräume der drei nicht fliegenden Arten beschränken sich auf Küstenabschnitte mit gutem Nahrungsangebot und Fjorde sowie auf deren vorgelagerte Inseln. Die Patagonische Dampfschiffente bewohnt ferner Seen und Flußstrecken bis in größere Höhen der Anden. LÜCKER (mündl.) fand die Weißkopf-Dampfschiffente als Brutvogel an Kelsenküsten mit ausgedehnten Brauntang-Feldern. Der Kelp selbst und deren Aufwüchse an Muscheln und Krebstieren bilden die Hauptnahrung dieser Dampfschiffenten und gleichzeitig der Magellan-Pinguine. Während sich Nichtbrüter in Gruppen entlang der Sandstrandküsten aufhalten, beanspruchen die Paare während der Brutzeit streng abgegrenzte und durch die Erpel heftig verteidigte Brutreviere. Ruhezeiten verbringen die Dampfschiffenten auf aus dem Wasser ragenden Steinen. Gefahren werden schwimmend oder tauchend ausgewichen. In der Bedrängnis paddeln sie unter Zuhilfenahme der Flügel mit den kräftigen Beinen, so wirken sie wie ein Heckraddampfer, eine beachtliche Welle hinterlassend. Das Gros aller Dampfschiffenten lebt offenbar in Dauerehe und ist sehr brutortstreu. Die Nestreviere befinden sich auf kleinen Felsinseln, an Geröll- und Sandstrand-Uferzonen, gern innerhalb großer

Pinguinkolonien. Nestanlage selbst unter Gestrüpp und Büschelgräsern, im Treibgut oder in Felsnischen. Eiablage auf den Falkland-Inseln ab Mitte Sept., in allen übrigen Gebieten hauptsächlich Nov./Dez. Nestauspolsterung mit dunkelgrauen Dunen. Die ♀ brüten sehr fest, bei nahender Gefahr drücken sie sich tief auf den Boden und erreichen damit einen optimalen Tarneffekt. Die ♂ verteidigen als Nahrungsbasis einen bis 2 km langen Küstenabschnitt, nicht das eigentliche Nestrevier, später beteiligen sie sich an der Kükenführung. Die Familien halten sich dann im Kelpsaum nahe der Küsten bei bevorzugten Wassertiefen von weniger als einem Meter auf. Mit 12 Wochen sind die Jungenten befiedert. Danach bilden Dampfschiffenten an nahrungsreichen Küstenabschnitten und in Flußmündungsgebieten lockere Schwärme bis zu 200 Tieren. Besonders die Patagonischen Dampfschiffenten weichen Eisbildungen nordwärts zur Küste hin aus. Die flugunfähigen Arten folgen der Küstenlinie oder bleiben ganzjährig ortstreu. Auch von der Patagonischen Dampfschiffente nutzen die küstenbewohnenden Populationen z. B. des Baegle-Kanals ihre Flugfähigkeit nicht mehr und verweilen zeitlebens am gleichen Küstenabschnitt.

Nahrung: Fast ausschließlich Krustentiere wie Schnecken, Muscheln und Krebse, weniger der Tang selbst, an dem die Nahrungstiere angehaftet leben. Küken nehmen zusätzlich Wasserinsekten und im geringen Maße Wasserpflanzen auf.

Haltung und Zucht: Dampfschiffenten wurden nur in geringer Zahl, oftmals als Einzeltiere importiert und somit auch nur gelegentlich in großen Zoos und einigen Vogelparks gehalten (KOLBE 1972). Ihre Unterbringung erfolgte ursprünglich an Wassergräben der Huftier- oder in Pinguinanlagen. Die Tiere waren meist zahm, boten für eine bestimmte Zeit keine Haltungsprobleme, waren jedoch wenig fortpflanzungsbereit. Erstzuchten gelangen mit der Magellan-Dampfschiffente 1966 im Zoo Philadelphia und mit der Falkland-Dampfschiffente 1966 und 1967 in den Zoos Duisburg und Zürich (GRISWOLD 1968, GEWALT 1968, SCHMIDT 1969). Die Patagonische Dampfschiffente wurde relativ spät importiert und 1982 in Slimbridge nachgezogen; deutsche Erstzucht durch HIEKEL 1997. Die Weißkopf-Dampfschiffente ist offenbar nicht importiert. Zu ersten ergiebigen Nachzuchten, auch in 2. und 3. Generation, kam es nach 1972 im Zoo Wuppertal (SCHÜRER, briefl.) mit der Falkland-Dampfschiffente, wo über 100, und im Wildfowl Trust mit der Patagonischen Dampfschiffente, wo zwischen 1982 und 1989 über 50 Jungtiere aufwuchsen. Auch HIEKEL erzielte mit dieser Art allein 1998 aus zwei Gelegen eines Paares 11 Junge. In den letzten Jahren wird die Artengruppe zunehmend in Zuchtanlagen gehalten. Die Paare werden in etwa 100 m² großen Einzelgehegen untergebracht, sind untereinander voll verträglich und offenbar recht robust. Ernährt werden sie mit einem groben, eiweißreichen Pelletfutter wie es für Eiderenten Verwendung findet. Bisherige Zuchten zeigen, daß Dampfschiffenten bei uns ab Feb., meist März/Apr. (Nachgelege bis Mai) ihre 4 bis 7 Eier in großen Hütten oder unter Büschen ablegen. Die ♀ brüten ruhig und fest, als Inkubationsdauer wurden 28–30 (SCHÜRER, briefl.) und 31–35 Tage (SCHMIDT 1969) ermittelt. Kükenaufzucht verläuft unproblematisch, sie ist in Boxen ebenso möglich wie bei den Eltern, doch stets ist wegen der Aspergillose-Anfälligkeit für optimal saubere Bedingungen zu sorgen.

Unterfamilie Anatinae: Enten

Glanzenten

Hartlaubente
Pteronetta hartlaubii (Cassin, 1859), vormals *Cairina hartlaubi*

Kleinste Art der *Cairina*-Gruppe etwa in der Größe einer Stockente
Flügel: ♂ 270–281, ♀ 248–266 mm
Gewicht: ♂ 925–1140, ⌀ 976; ♀ 770 und 805 g (Wildfowl Trust)

Unterfamilie Anatinae – Glanzenten

Hartlaubente, hinten das Weibchen mit rötlicher Iris, im Vordergrund der Erpel mit dunkler Iris.

Gelege: 7–11 glattschalige cremeweiße Eier, ⌀ 53 × 40 mm
Brutdauer: um 32 Tage
Schlupfgewicht: 33,8–38,6; ⌀ 35,8 g
(11 Küken, BREMEHR, mündl.)
Geschlechtsreife: gegen Ende des 2. oder 3. Lebensjahres

Ad. Jahreskleid: ♂ etwas größer als ♀, Mantelgefieder rotbraun, beim ♀ dunkelbraun. Das weiße Stirnfeld variabel, bei Erpeln aus dem Kongo-Gebiet kann der gesamte Oberkopf weiß sein (früher subspec. *albifrons*). Schnabelfärbung und Zeichnung bei ♂ und ♀ gleich, Basisteil beim Erpel zur Fortpflanzungszeit leicht angeschwollen. ♀ Stirn nur wenig oder ohne Weiß. Stimme (ähnlich Moschusente) ♂ ein leises Wispern, ♀ ein lautes Quaken und Schnarren. **Dunenkleid:** Oberseite und Brust dunkelbraun; Gesicht, Flügelränder und je ein Fleck auf den Bürzelseiten kräftig gelb, Bauch rahmfarben. Schnabel und Füße schwarz. **Jugendkleid:** Mantelgefieder stumpf dunkelbraun, Kopf und Hals schwarzbraun, Federn an Brust und Bauch mit hellen Endsäumen; Flügeldecken graubraun, Kopfgefieder ohne Weiß.
Mauser und Umfärbung: Im Detail nicht beschrieben; juv. färben innerhalb des 1. Lebensjahres in das Alterskleid um.
Verbreitung: Karte 49, Seite 334.
Status: In angemessener Dichte bewohnt die Hartlaubente die Regenwälder Westafrikas, in geringer Zahl die trockneren Randzonen zum Sudan; regionale Bestandsgefährdungen durch Waldrodungen. **CITES** Anh. III/C, **Vermarktungsbescheinigung** nicht erforderlich.
Lebensweise: Als Bewohner tropischer Regenwälder und feuchter Waldsavannen besiedeln die Hartlaubenten Mangroven, Waldteiche und von Altbäumen gesäumte Bach- und Flußläufe. Sie leben paarweise, in Familiengruppen und bilden offenbar auch kleine Mauserschwärme. Hauptaktivität in den Abendstunden. Mit anderen Entenvögeln vergesellschaften sie sich nicht. Hart-

laubenten ruhen gern im Kronenbereich alter Bäume und ziehen sich auch bei Gefahren dorthin zurück. Hartlaubenten sind weder scheu noch sonderlich selten, dennoch ist ihre natürliche Lebensweise weitgehend unbekannt geblieben, Nestfunde sind bis Anfang der 90er Jahre nicht beschrieben. Fortpflanzungsperiode offenbar Aug. bis Nov. Eiablage in Baumhöhlen (Gehegebruten ausschließlich), auch weisen die scharfen Krallen der geschickt kletternden Küken darauf hin. Zug- oder Wanderbewegungen sind nicht bekannt.

Nahrung: Analysen liegen nicht vor; offenbar wird ein relativ hoher Anteil Wasserinsekten und Schnecken in der Seichtwasserzone aufgenommen.

Haltung und Zucht: In früheren Jahrzehnten gelangten nur wenige Hartlaubenten nach Europa und Nordamerika. DELACOUR (1959 und 1964) nennt bis 1949 nur 3 kleine Importe. In den 50er Jahren erhielt der Wildfowl Trust mehrmals Hartlaubenten und brachte sie ab 1959 recht erfolgreich zur Zucht, allein bis 1968 wuchsen über 60 Jungtiere auf. Danach nahm die Anzahl der in Westeuropa und den USA gehaltenen Paare merklich zu, Erstzucht hier 1977. Der Zoo Berlin hielt die Art ab 1960, der Tierpark Berlin um 1974. Heute werden Hartlaubenten in großen Zuchtanlagen und vereinzelt in Zoos gehalten. Die anfängliche Empfindlichkeit der Wildfangtiere ist überwunden, BREMEHR, Verl, überwinterte selbst Jungtiere im Freien, anderorts suchen die Tiere nachts Nistkästen oder Schutzhütten auf. Die Aggressivität der Zuchtpaare hält sich in Grenzen, allgemein empfiehlt sich die Unterbringung in Einzelgehegen mit angrenzendem Schutzraum. Die Zucht gelingt heute mit der Mehrzahl der Paare. Während im Wildfowl Trust die Eiablagen relativ gleichmäßig zwischen März und Aug. verteilt liegen, heben deutsche Züchter den späten Legebeginn (selten vor Aug.) und die daraus entstehenden Probleme bei der Kükenaufzucht in den Herbstmonaten hervor. Die Nester werden in Nistkästen oder in flachen Hütten errichtet. Die ♀ brüten fest und zuverlässig. Die Kükenbetreuung kann durch den Eltern erfolgen (beide Partner führen), doch empfiehlt sich bei fortgeschrittener Jahreszeit die Aufzucht unter einer technischen Wärmequelle. Die Jungenten sind mit 8 Wochen befiedert und mit 9 Wochen flugfähig.

Moschusente
Cairina moschata (Linné, 1758)

Flügel: ♂ 350–400, ♀ 300–315 mm
Gewicht: ♂ um 3000–5000, ♀ 1600–2800 g
Gelege: 10–15, auch bis 20 hellgraue oder hellgrüne Eier, 56,6–67,5 × 42,7–48, ⌀ 64 × 46 mm
Brutdauer: 35 Tage

Erpel der Moschusente.

Geschlechtsreife: vermutlich ab 2. Lebensjahr

Ad. Jahreskleid: ♂ auffällig langgestreckt und beträchtlich größer als ♀, Zügel- und Augengegend warzig aufgewülstet, karminrot. Zügel beim ♀ weniger aufgewülstet und überwiegend schwarz. Eine sichere Unterscheidung von gleich aussehenden Domestikationstieren ist nicht möglich. **Dunenkleid:** Gesamte Oberseite einschließlich Oberkopf, Augenstreif, Hals und Schenkel dunkelbraun; Gesicht, Bauchseite bis in Achselhöhe sowie kleine Felder an Flügel und Bürzelseiten kräftig gelb. Schnabel und Füße schwarz; stark entwickelte Krallen. Küken domestizierter Tiere überwiegend gelb. **Jugendkleid:** Schwarzbraun mit nur schwachem Gefiederglanz; Zügelgegend befiedert, alle Flügeldecken dunkel (bei ad. weiß). ♂ größer als ♀.

Mauser und Umfärbung: Bei Wildvögeln nicht untersucht. Bei Domestikationstieren Vollmauser nach beendeter Brutperiode während der Sommer- und Herbstmonate und eine langsam verlaufende Kleingefiedermauser während der Wintermonate. Die juv. beginnen im Herbst mit dem Kleingefiederwechsel und erneuern bis zum Frühsommer einen Teil der dann weiß nachwachsenden Flügeldecken. Das reinweiße Flügelfeld entsteht nach der 1. Vollmauser zu Beginn des 2. Lebensjahres. In dieser Zeit bilden sich auch das mähnige Kopfgefieder und die roten Zügelwülste.

Verbreitung: Karte 50, Seite 334.

Status: Innerhalb ihres großen Verbreitungsgebietes ist die Moschusente heute nur noch in wenigen Gebieten wirklich häufig; übertriebene Verfolgung und das Absammeln der Gelege dezimierten zahlreiche Regionalpopulationen. Auch Vermischungen mit Hausmoschusenten wurden bekannt (DEL HOYO et al. 1992). In Mexiko erfolgten durch das Anbringen von Nistkästen gewisse Bestandsstabilisierungen. **CITES** Anh. III/C. **Vermarktungsbescheinigung** nicht erforderlich.

Lebensweise: Moschusenten bewohnen ruhig strömende Flußsysteme, Seen, Sumpfniederungen und Brackwasserlagunen, sofern diese von Hochwald umgeben oder durchsetzt sind. Hier halten sich die Tiere einzeln oder im Familienverband, seltener in lockeren Gruppen auf und werden nur in Trockenzeiten zu Kurzstreckenwanderungen in Richtung Küste veranlaßt. Moschusenten gehen keine feste Paarung ein (leben folglich auch nicht polygam, wie angenommen). Die Erpel führen eine einfache (primitive) Balz aus und begatten die im Territorium brütenden ♀. Nistplatzwahl, Brut und Jungenaufzucht allein durch die Ente. Die Brutzeit wird von der lokal einsetzenden Regenzeit bestimmt und liegt in Peru im März, in Guayana zwischen Feb. und Mai, in Bolivien im Nov. und in Mittelamerika im Mai/Juni. Eiablage in Baumhöhlen, Nistkästen an den Restbäumen gerodeter Tropenwälder, in Palmenkronen, seltener in der Bodenvegetation. Kükenaufzucht im Seichtwasser, die Nahrung wird sehend, gründelnd und auf Uferwiesen äsend aufgenommen. Die Ruhezeiten verbringen Moschusenten gern im Geäst alter Bäume. Wegen der starken Bedrängung durch den Menschen sind viele Bruthabitate nur dünn besiedelt und das Wissen über diese Art entsprechend lückenhaft.

Nahrung: Von Wildvögeln ist bekannt, daß sie neben pflanzlicher Kost gern Kleinkrebse, Wasserinsekten, Fischchen, Termiten und sogar kleine Reptilien aufnehmen.

Haltung und Zucht: Als Hausform wurde die Moschusente von den Indianern seit Jahrhunderten gehalten und 1514 von den Spaniern nach Europa gebracht. Von hier erfolgte eine rasche Verbreitung nach Afrika, Madagaskar und dem tropischen Asien. Selbst LINNÉ erfuhr 1758 von dieser Art aus Indien, und *Cairina* deutet auf die Stadt Kairo hin. Der Wildvogel wurde der Wissenschaft erst 1902 bekannt. Entsprechend spät und selten gelangte die Art lebend in Zoos und noch seltener in Privatanlagen. HEINROTH (1910) erwarb seinerzeit für den Zoo Berlin Moschusenten-Nachzucht, deren Vater ein Wildvogel und deren Mutter ein Halb-Wildvogel war. Wenige Importe erreichten Westeuropa und die USA bis zum 2. Weltkrieg (USA-Erstzucht 1936 im San Diego Zoo). Der Wildfowl Trust ver-

Die annähernd ausgestorbene Malaienente wird in Gehegen erfolgreich nachgezüchtet.

mehrt die Art ergiebig seit 1963, der Berliner Zoo besaß sie um 1960, ohne Zuchterfolge zu erzielen. Im Prager Zoo unternahm man nach 1960 Rückkreuzungen in Ermangelung an echten Wildvögeln. In neuerer Zeit sind nachgezüchtete Wildvögel im Angebot. Im Zoo Moskau lebte Mitte der 80er Jahre 1 Erpel mit 5 Enten in einer ca. 40 m^2 großen Voliere, allein 1987 wuchsen 37 Jungtiere heran. Besondere Ansprüche an Haltung und Fütterung stellt auch die Wildform der Moschusente nicht. Werden Nachzuchten erwartet, sind dem Erpel mehrere ♀ anzubieten. Die von DELACOUR (1959) beschriebenen Bösartigkeiten der Erpel konnten in den Tierparks Berlin (hier Erstzucht 1986) und Cottbus nicht bestätigt werden.

Malaienente
Cairina scutulata (S. Müller, 1842)
Deut. Syn.: Weißflügelente

Annähernd in der Größe der Moschusente, Körper durch kräftige Steuerfedern und kurze Beine gestreckt wirkend.
Flügel: ♂ 366–410, ⌀ 385; ♀ 334–381, ⌀ 354 mm
Gewicht: ♂ 2500–3000, ⌀ 2700; ♀ 1800–1900, ⌀ 1860 g
Gelege: 7–13 glattschalig grünliche, rahmfarbene oder grauweiße Eier, 59,7–70 × 42,9–50, ⌀ 62,5 × 45,5 mm
Brutdauer: 30–35, ⌀ 33 Tage
Nestdunen: Zentrum hellgrau, außen hell sepiabraun; Konturfedern stumpf graubraun, einige hellbraun
Schlupfgewicht: 40,3–54,5; ⌀ 47,1 g (7 Küken, eig. Wäg.)
Geschlechtsreife: gegen Ende des 2. Lebensjahres

Ad. Jahreskleid: ♂ und ♀ weitgehend gleich, das wenig kleinere ♀ kann an Kopf und Hals gröber und dichter gefleckt und der Rücken schwächer grünglänzend sein als beim ♂. Dichte der Kopf- und Halsfleckung individuell variabel, ebenso die Weißausdehnung. Bei den indo-malaischen Erpeln, besonders auf Sumatra, kann der gesamte Vorderkörper weiß sein, Populationen gelegentlich als *C. s. leucopterus* separiert.
Dunenkleid: Gesicht goldgelb, durchzogen von kurzen, V-förmig verlaufenden Ziliar- und Ohrstreifen. Kopfplatte, Hinterhals, Rückenpartien und Schwanzteil olivbraun; hintere Flügelränder, ein kleines Fleckchen im Achselbereich und ein größeres auf den Bürzelseiten sowie Kehle, Brust und Bauchseite strohgelb. Schnabel dunkelgrau, vom Nagel her hornfarben, Iris dunkelgrau, Beine blaß hellgrau, Schwimmhäute und Gelenke dunkler abgesetzt. **Jugendkleid:** Mantelgefieder stumpf braun. Kopf leicht aufgehellt graubraun mit grauweißen Flek-

ken im Überaugen- und Ohrbereich. Hals ebenfalls aufgehellt, den Abschluß zum braunen Brutgefieder bildet ein breiter weißer Latz. Flügel wie ad. mit weißen Decken. Schnabel einfarbig blaß rötlich, Iris blaß gelb.
Mauser und Umfärbung: Bei Gehegetieren Schwingenmauser der Erpel zur Zeit des Kükenschlupfes, Flugunfähigkeit 45 Tage. In diesen Wochen Wechsel des Kleingefieders, gegen Ende der Steuerfedern. Schwingenabwurf beim ♀ 6 Wochen später, wenn Küken befiedern. Im Sommer geschlüpfte Jungtiere färbten ab Herbst in das 1. Alterskleid, juv. aus Nachgelegen beginnen gegen Ende des Winters.
Verbreitung: Karte 51, Seite 335.
Status: Noch Anfang des 20. Jh. war die Malaiente innerhalb ihres Verbreitungsareales in den tropischen Regenwäldern allgemein verbreitet, heute ist sie Opfer von Waldvernichtungen und Trockenlegungen ihrer Lebensräume. Um 1990 verblieben noch 42 isolierte Kleinvorkommen mit 336 erfaßten und einer vermutlich unter 1 000 Tieren umfassenden Gesamtpopulation. Nur wenige Vorkommen befinden sich in Schutzgebieten, zwei davon in Nationalparks, doch selbst hieraus verhindern die großräumig zerstörten Lebensräume im Umfeld die natürliche Wiederausbreitung (RUDYANTO 1994). Ab 1971 begann eine ergiebige Vermehrung der Malaiente im Wildfowl Trust, der 1984 erstmals Tiere zur Auswilderung nach Thailand sandte. Heute laufen in Zoos (u. a. Hongkong, Berlin), Assam und Bangladesch erfolgversprechende Zuchtprogramme. **CITES** Anh. I/A, **Vermarktungsbescheinigung** erforderlich.
Lebensweise: Malaienenten bewohnen ganzjährig und streng ortstreu versumpfte Flußniederungen im Bereich der Regenwälder. Tagsüber ruhen sie im Geäst alter Urwaldbäume oder auf kleinen Waldseen. Sie leben paarweise oder im Familienverband, nur während der Trockenzeiten kann es zu lockeren Schwarmbildungen kommen. Mit der Abenddämmerung beginnt ihre Aktivität, zur Nahrungsaufnahme werden seichte Tümpel und überschwemmte Waldabschnitte aufgesucht, im Flug hält das Paar mit Stimmfühlungsrufen Kontakt. Die Fortpflanzung beginnt mit dem Einsetzen der Monsunregen in Assam von Apr. bis Sept., auf Sumatra von Dez. bis Apr. Nester bis in 8 m Höhe in Höhlen im Sumpf stehender Bäume, auf alten Vogelhorsten und in der Bodenvegetation. Fortpflanzungsbiologie der Wildvögel weitgehend unbekannt.
Nahrung: Ad. ernähren sich während der Regenzeit bevorzugt von Insekten, Weichtieren, kleinen Fischchen, Fröschen und Kriechtieren, während der Trockenzeit auch von Sumpfpflanzen und deren Samen. Küken nehmen fast ausschließlich tierische Kost (MACKENZIE & KEAR 1976).
Haltung und Zucht: Obgleich 1851 erstmals im Zoo London gehalten, gelangte die Malaiente bis vor wenigen Jahren nur selten in Zoos und in den Tierhandel. Vor dem 2. Weltkrieg lebten einige in England, Frankreich (in Clerès) und im Zoo Frankfurt/Main. Welterstzucht 1936 durch den Holländer SCHULY, 1939 Eiablage im Zoo in Tokio. In den 60er Jahren lebten maximal 10 Tiere in 5 Zoos der Welt. Der Wildfowl Trust importierte die Art 1955 und 1969 aus Thailand und Assam, letztere als Küken von Wildvögeln. Ab 1971 begann damit eine ergiebige Nachzuchtserie, bis 1992 wuchsen etwa 400 Jungtiere auf. USA-Erstzucht 1978. Deutsche Erstzucht 1995 mit Tieren aus dem Zoo Hongkong im Zoo Berlin (REINHARD, mündl.), wo ein Paar 20 juv. aufzog. Über Gehegezuchten berichten MACKENZIE & KEAR (1976) und de KLOET (1984): Die Paare lassen sich flugfähig in Volieren oder kupiert auf bewachsenen Teichanlagen halten. Bei Sonne ruhen die Enten im Deckungsbereich der Büsche oder suchen Hütten auf. Die ♂ unterhalten echte Bindungen zum ♀. Eiablage zwischen 20. März und 5. Juni, meist um Mitte Apr. in Nistkästen. Die Kükenaufzucht gelingt relativ verlustarm. Nach de KLOET (1987) wachsen sie langsam, mit 10 Wochen sind ihre Schwingen noch nicht voll entwickelt. Der Wildfowl Trust veräußerte ab 1978 als Leihgaben Nachzuchtpaare, u. a. an den Tierpark Berlin, doch hier wie bei ALRAUN, Neustadt, der 1984 ein Paar erwarb, starben alle an Tuberkulose. Für die eigene Anlage erhielt ich

1995 ein Paar aus dem Zoo Berlin. Ernährung neben Körnern und Pellets mit Garnelen und Fischchen (Stinte). Art ist wenig kälteempfindlich. Zwischen 7. und 20. Mai 1998 legte das ♀ 9 befruchtete Eier, 7 Küken kamen zum Schlupf, 4 wuchsen auf. Der Erpel zeigte sich vor und bis Mitte der Legezeit recht aggressiv. Kükenentwicklung: ab 3. Woche deutliches Streckungswachstum des Körpers, wenig später beginnen Schnabel und Iris aufzuhellen, ab 40. Tag Entwicklung der Steuerfedern, ab 45. Tag Befiederung an Schultern, Flanken und Bauchseite, zwischen 50. und 55. Tag Wachstum der Schwingenkiele, danach Entfaltung der Schwingen und Flügeldecken. Schnabel zu der Zeit hell fleischfarben, die Iris gelbgrün. Nach relativ langsamem Wachstum ist mit 11 Wochen der Gesamtkörper befiedert, und mit 13 Wochen könnte die Flugfähigkeit erreicht sein. Dann beginnt im Kopfbereich die Umfärbung in das Alterskleid.

Brautente
Aix sponsa (Linné, 1758)

Flügel: ♂ 218–240, ⌀ 228, ♀ 211–231, 221 mm (Palmer 1976)
Gewicht: ♂ 540–880, ⌀ 680; ♀ 480–880, ⌀ 540 g (Johnsgard 1978)
Gelege: 10–13 blaß rahmfarbene Eier, 48–55,5 × 36–42, ⌀ 51,2 × 38,8 mm
Brutdauer: 28–32, meist 30 Tage
Schlupfgewicht: 27 Küken 19–29,5 ⌀ 23 g, 8 Küken von ad. ♀ ⌀ 27,2, 9 Küken eines einjähr. ♀ 20,5 g (eig. Wäg.)
Geschlechtsreife: knapp einjährig

Ad. Brutkleid: ♂ und ♀ individuelle Variabilität unbedeutend; durch Züchtung entstanden weiße und gelblichrahmfarbene Mutanten. ♀ gegenüber dem der Mandarinenten etwas größer, dunkler, Rückenpartien leicht purpurgrün glänzend, Oberkopf dunkelgrün, Augenregion weiß, Schnabel fleckig. **Ad. Ruhekleid:** ♂ insgesamt ♀-farben, unverändert bleiben die helle Kinn- und Kehlzeichnung, Schnabel, Iris, Augenring und die Füße. ♀ unwesentlich verändert, u. a. Hollfedern nicht verlängert und weniger Weiß um das Auge. **Dunenkleid:** Kopfplatte, Augen- und Backenstreif sowie die Oberseite dunkel olivbraun; Gesicht, Kehle und Bauchseite grauweiß. Übergänge zur dunkleren Rückenfärbung sowie kleine Fleckchen an Flügel und Bürzel blaß gelblichbraun. Küken deutlich größer, matter und blasser gefärbt als die der Mandarinente.

Jugendkleid: Im wesentlichen wie ad. ♀; bei juv. ♂ Kehlzeichnung des Alterskleides hellgrau angedeutet, gegen Ende der Befiederung färben sich die Schnäbel rötlich. Juv. ♀ sind an breit gesäumten Flankenfedern

Erpel der Brautente.

und dem grauen Schnabel vom ad. zu unterscheiden.

Mauser und Umfärbung: ♂ beginnen Anfang Juni mit dem Kleingefiederwechsel in das Ruhekleid, 2–3 Wochen später, hauptsächlich im Juli, erfolgt der Schwingenabwurf; ab Mitte Sept. trägt das Gros der Erpel wieder das Prachtkleid. Mauserperioden des ♀ etwa 1 Monat zeitverschoben. Die juv. sind mit 7–9 Wochen voll befiedert und beginnen nach weiteren 3 Wochen mit der Umfärbung in das 1. Alterskleid, zeitgleich erhalten Schnabel, Iris, Augenring und Füße die Altersfärbung. Einzelne ♂ tragen bereits Ende Sept. das fertige Prachtkleid, nach BELLROSE (1976) sollen in Illionois (USA) bereits Anfang Aug. im Alter von nur 4 Wochen einzelne Erpel ausgefärbt sein.

Vorkommen in Mitteleuropa: Bereits im 19. Jh. wurden wiederholt Brautenten in Europa geschossen; es dürfte sich um entflogene Gehegetiere gehandelt haben. Eine unbeabsichtigte Verwilderung von Zootieren erfolgte um 1880 im Großen Garten zu Dresden, 1888 zählte man dort 75 freifliegende Brautenten. Einen gezielten Einbürgerungsversuch unternahm HEINROTH nach 1900 im Berliner Tiergarten mit Nachzuchten des angrenzenden Berliner Zoos, 1909 bestand die Gruppe aus 120 Altvögeln. Bis 1930 erlosch diese Population wegen ausbleibender Zufütterung und rückgehender Vermehrungsraten. Heute werden an westeuropäischen Parkteichen und vereinzelt in Zuchtanlagen Brautenten im Freiflug gehalten. Verwilderte Paaren brüten dann in der freien Landschaft. Zu sich selbst reproduzierenden Populationsbildungen kam es nicht oder nur kurzzeitig.

Verbreitung: Karte 52, Seite 335.

Status: Brautenten waren einst in Nordamerika weit verbreitet, wurden jedoch durch übertriebene Jagd, durch Waldrodungen und Trockenlegung der Brutgewässer um die Jahrhundertwende stark dezimiert. Bereits zwischen 1922 und 1939 wilderte man in New England 3000 in Gehegen erbrütete Tiere aus und brachte zahllose Nistkästen als Bruthöhlenersatz und zur Senkung der Gelegeverluste an. Auch wurden wenige Tage vor dem Schlupf der Küken Nistkästen mit der brütenden Ente verfrachtet; die daraus aufgewachsenen Jungenten blieben weitgehend ortstreu (CAPEN et al. 1974). Der Gesamtbestand betrug zwischen 1964 und 1971 im Mittel 1,36 Mill. (BELLROSE 1976).

Lebensweise: Zur Brutzeit bewohnen Brautenten bewaldete Abschnitte langsamströmender Flüsse und von alten Bäumen gesäumte Altwässer und Sumpfniederungen, weniger die kalten Gewässer der borealen Nadelwaldregion, auf den Küstengewässern fehlen sie völlig. Überwinterung in den ausgedehnten Niederungssümpfen und Marschen der USA-Südstaaten, wobei ein günstiges Nahrungsangebot, wie Eicheln oder Hickorynüsse zu größeren Schwarmbildungen führen können. Brautenten leben in reinen Saisonehen. Balz und Paarung beginnen während des Herbstzuges ab Ende Okt., bis Ende Feb. ist das Gros der ♀ verpaart. Im März Rückkehr der Paare auf die Brutgewässer. Nestanlage in Baumhöhlen und Nistkästen, gern zwischen 6 und 15 m hoch. Brautenten sind stark ortstreu, die ♀ benutzen viele Jahre die gleiche Bruthöhle. Eiablage in der 1. Aprilhälfte, auslaufend bis Juni. Gelegt wird täglich in den Morgenstunden, Nestdunen einheitlich grauweiß. Die Küken springen 24–36 Stunden alt aus der Höhle herab und werden vom ♀, seltener unter Beteiligung des Erpels, betreut. Jungenten sind mit 70 Tagen flugfähig. Die Familientrupps begeben sich zwischen Juli und Sept. auf den Herbstzug und lösen sich dabei auf.

Nahrung: Im Herbst und Winter bevorzugt Eicheln, Bucheckern oder Samen der Sumpfzypressen, vor und während der Legeperiode kann der tierische Anteil beim ♀ bis zu 80%, beim Erpel 35% betragen, in der übrigen Zeit Grünteile und Samen der Sumpfvegetation.

Haltung und Zucht: Brautenten wurden bereits wenige Jahre nach ihrer Entdeckung nach Europa gebracht. Im 17. Jh. pflegte man sie auf den Parkgewässern von Chantilly und Versailles, wenig später in Holland und England (DELACOUR 1959). Heute gehört sie zu den leicht züchtbaren Wasservögeln, kann in Kleingehegen wie auf großen

Parkteichen gehalten werden, ist winterhart und hat ein ruhigeres Temperament als die oft nervös wirkenden Mandarinenten. Problemhaft jedoch die starke Kreuzungsbereitschaft besonders der ♀. Eiablage ab März, z. T. schon im Feb. in geräumigen Nistkästen, Nachgelege sind zu erwarten. Die Eier sind blasser und stumpfpoliger als die der Mandarinente. Brautenten brüten ruhig und fest, sie werden gern als Brut- und Aufzuchtammen genutzt. Auch die Küken sind ruhiger als die der Mandarinente, sie springen weniger und lassen sich besonders leicht aufziehen. In den 50er Jahren entstand in den USA eine Mutante, bei der die sonst schwarzen Partien hell rahmfarben sind. Heute werden neben den rahmfarbenen (als gelb bezeichnet) und weißen Brautenten mit hellroten Augenringen auch unterschiedliche Aufhellungstypen gezüchtet. Diese Fehlfarben tragen durch den zumeist intermediären Erbfaktor zur Farbverflachung der „normalfarbigen" Gehegevögel bei und sind abzulehnen.

Mandarinente
Aix galericulata (Linné, 1758)

Flügel: ♂ 226–242, ⌀ 235, ♀ 215–234, ⌀ 226 mm
Gewicht: ♂ 571–696, ⌀ 628; ♀ 428–606, ⌀ 512 g
Gelege: 9–12 rahmbraune Eier, 46–55 × 34–41, ⌀ 51,2 × 37,4 mm
Brutdauer: 30–31 Tage
Schlupfgewicht: 22–32,5, ⌀ 26,3 g (39 Küken, eig. Wäg.)
Geschlechtsreife: ab 9. bis 10. Monat

Ad. Brutkleid: ♂ ohne Farbvariabilitäten, doch mit unterschiedlich stark ausgebildeten Kopfschmuck- und Segelfedern. ♀ gegenüber dem der Brautente kleiner, im Schwanzteil kürzer und insgesamt heller, Kopf grau, nicht grünlich; Schnabel grau, seltener rotbraun oder orange. In den 80er Jahren entstand eine weiße Zuchtform. **Ad. Ruhekleid:** ♂ gegenüber ♀ Brust und Flanken klarer gelbbraun gezeichnet, Rücken etwas dunkler, Schnabel matt karminrot. ♀ nur unwesentlich verändert. **Dunenkleid:** Kopfplatte und Körperoberseite olivbraun; Gesicht mit dunklem kräftigem Augen- und angedeutetem Backenstreif, Brust und spärliche Fleckung im Flügelbreich rahmgelb, Bauch strohgelb; auffälliger gelbbraun und im Schwanzteil kürzer als Brautenten-Küken. **Jugendkleid:** Beide Geschlechter ♀-farben. Juv. ♂ Brust rotbraun geschuppt, Schnabel rötlich, Füße gelblich grau; ♀ Brustfedern graubraun, senkrecht gestrichelt, Schnabel dunkel graugrün, seltener dunkel rotbraun, Füße grau.
Mauser und Umfärbung: ♂ beginnen ab

Die Mandarinente ist die populärste aller Zierenten.

Mitte Mai an Kopf und Hals mit der Umfärbung in das Ruhekleid, gegen Ende der Kleingefiedermauser folgen der gestufte Wechsel der Steuerfedern und im Juli der Schwingenabwurf; Flugunfähigkeit ca. 1 Monat. Das ♀ mausert in Abhängigkeit vom Brutende, meist 1 Monat nach dem Erpel. Der erneute Kleingefiederwechsel in das Prachtkleid erfolgt beim ♂ zwischen Ende Aug. und Sept./Okt., beim ♀ etwas später. Nach CRAMP et al. (1977) legen die juv. im Aug. durch eine Teilmauser an Kopf, Körper und Schwanz kurzzeitig ein Ruhekleid an und mausern danach ab Sept. in das 1. Alterskleid. Die immat. Erpel sind ab Okt. durchgefärbt, die ♀ verändern sich nur geringfügig im etwa gleichen Zeitraum.

Vorkommen in Europa: Eine Einbürgerung der Mandarinente erfolgte in SO-England und Schottland, der Bestand wird mit etwa 1 000 Paaren angegeben und besteht aus einer Reihe sich selbständig reproduzierender Einzelpopulationen. In West- und Mitteleuropa kommt es zunehmend zu Bruten entflogener Paare und zu kurzzeitigen Ansiedlungen. Bei den Einbürgerungsversuchen durch HEINROTH in Berlin nach 1900 vermehrten sich um 1920 die Mandarinenten noch, als die Brautenten bereits stark abnahmen. Ähnlich verlief der Ansiedlungsversuch durch NIENDORF (mündl.) im Planetal bei Brück (Brandenburg) nach 1975. Während sich anfangs beide Arten gut etablierten, verschwanden die Brautenten nach wenigen Jahren, von der Mandarinente wurden allein 1979 18 juv. flügge, und einzelne Erpel kamen bis um 1990 zur Beobachtung. Hauptursache für das Scheitern der Ansiedlung war der zu hohe Feinddruck durch Marder.

Verbreitung: Karte 53, Seite 335.

Status: Im Gegensatz zur leichten Züchtbarkeit in Gehegen nimmt die Zahl der ostasiatischen Wildpopulationen ständig ab. Als Ursachen werden großräumige Waldrodungen mit Flößerei auf den Brutflüssen und für China bis 1975 der Lebendtier-Export angegeben. GREEN (1992), MADGE & BURN (1988) und ROSE & SCOTT (1994) nennen folgende Bestände: Rußland früher 8 000, heute um 1 500 Paare; China 15 000, Japan 50 000 und Korea 5 000 Tiere. Damit umfaßt der Gesamtbestand nur um 55 000 Individuen. Die Mandarinente wird in den Rotbüchern der IUCN als „gefährdet" und in der UdSSR mit Kategorie II unter „bedroht" geführt.

Lebensweise: Mandarinenten brüten an oligotrophen Seen und Teichen sowie entlang der Mittel- und Unterläufe zahlreicher Flüsse in der Laubwaldtaiga. Bevorzugte Brutbiotope bilden bewaldete Inseln und ruhige Flußabschnitte, wo der Hochwald bis an die Ufer tritt. Sumpfniederungen und Küstenregionen werden gemieden. Mit dem Eisfreiwerden der Gewässer kehren die Mandarinenten ab Ende März, meist im April, an die Brutplätze zurück. Aus den anfänglichen Gruppen lösen sich gegen Ende April die einzelnen Paare und verteilen sich entlang der Flüsse und den langsam frei werdenden Seen. Als Nistplätze dienen hohle Bäume bis in 20 m Höhe, seltener Felsspalten und nur in Ausnahmen Höhlungen am Boden. Gelege wurden zwischen 27. April und 22. Juni gefunden. Bereits während der Brut verlassen die Erpel das Revier und bilden kleine Mausergruppen, die sich nach dem Schwingenwechsel Mitte Aug. den ♀ und Jungen wieder anschließen. Die Küken haben in den ersten Lebenstagen scharfe Zehennägel, mit deren Hilfe sie das Flugloch erklettern und dann, vom ♀ gelockt, herabspringen. Kükenführung allein durch die Ente. Brutvögel des Sichote-Alin und des Ussurigebietes wandern Anfang Sept. nach Korea, China und Japan ab, die dort heimischen Populationen sind ganzjährig ansässig.

Nahrung: Im Frühjahr und Sommer neben Wasserpflanzen Mollusken (auch Landformen), Wasserinsekten, Würmer und kleine Fische. Im Herbst zusätzlich Eicheln und Samen. Der Anteil an tierischer Nahrung ist ganzjährig relativ hoch.

Haltung und Zucht: Die Mandarinente ist die populärste Zierente überhaupt. Durch Farbenpracht, Unkompliziertheit in Haltung und Fütterung sowie leichter Züchtbarkeit fand die Art eine große Verbreitung in Zoos, auf Parkgewässern und in Privatanlagen. Für die Haltung in Kleingehegen

Erpel der Patagonischen Schopfente.

eignet sie sich gut, doch bedrängen sich mehrere Erpel untereinander oder die Erpel die eigene Ente während der Hochbalz im Frühjahr u. U. lebensgefährdend. Flugfähig in Volieren gehaltene Paare erhalten den Nistkasten erhöht angebracht. Eiablage ab Ende März, Vollgelege von juv. ♀ 6–8, von ad. bis 15 Eier, Nachgelege sind die Regel. Mandarinenten erweisen sich bei Brut und Kükenbetreuung als nervös und störanfällig und mit der Altente aufgewachsene Tiere als sehr scheu. Auch ohne Muttertier sind die Küken anfangs scheu und versuchen, die Boxe durch Springen zu verlassen. Dabei besteht die Gefahr, daß keine Nahrung aufgenommen wird. Nach wenigen Tagen legt sich dieser Drang, und die Küken wachsen problemlos heran. Ihre Befiederung beginnt am 14.–15. Tag mit der Entfaltung der Schwanzfedern, gefolgt am 16.–18. Tag an Flanken und Schultern. Mit 27 Tagen ist die Unterseite und nach weiteren 8 Tagen sind Kopf, Rücken und Flügel befiedert. Mit etwa 6 Wochen ist das Federkleid voll geschlossen. Nach wie vor gibt es keine Hybriden der Mandarinenten mit irgendeinem anderen Entenvogel. Als Mutationen sind eine rein weiße und eine annähernd weiße Form (mit farbigem Schnabel und Auge sowie angedeuteten Farbkontrasten) bekannt, die nach DESSEIN (1987) geschlechtsgebunden rezessiv vererben sollen.

Schopfente
Lophonetta specularioides (King, 1828)

JOHNSGARD (1978), DEL HOYO et al. (1992) und MONROE & SIBLEY (1993) ordnen die Schopfente der Gattung *Anas* zu, dann *A. specularioides* KING, 1828.

Zwei Unterarten: Die **Patagonische Schopfente**, *L. s. specularioides* (King), wird auf den Andengewässern von der größeren **Anden-Schopfente**, *L. s. alticola* (Menegaux), vertreten. Beide Formen sind importiert.

Flügel: *specularioides* ♂ 268–277, ♀ 250–257; *alticola* ♂ 290–310, ♀ 278–290 mm
Gewicht: *alticola* ♂ 1074–1180, ♀ um 900 g
Gelege: 5–8 rahmweiße Eier, *specularioides* 59–71 × 34,9–48,4; ⌀ 64,6 × 44 mm
Brutdauer: 30 Tage

Ad. Jahreskleid: ♂ und ♀ weitgehend farbgleich, ♂ etwas klarer gezeichnet, mit langem Schopf und sichtbar größer als ♀; bei ihr sind die Schopffedern gar nicht oder nur wenig verlängert. Die erheblich größere Anden-Schopfente ist auf der Bauchseite fast einfarbig hellbraun, der Spiegel glänzt noch intensiver, Iris gelb (bei Nominatform orange).
Dunenkleid: Oberseite hell erdbraun, Kopfplatte, Augenstreif und Flügel etwas dunk-

Anden-Schopfente.

ler; hinterer Flügelsaum, ein großer Fleck an den Bürzelseiten sowie Brust und Bauch schmutzig weiß. Iris braun, der lange, schmale Schnabel und die Füße grau. **Jugendkleid:** Rumpfgefieder farbflacher als bei ad., Schopffedern nicht verlängert, Flügelspiegel nur im Zentrum glänzend.
Mauser und Umfärbung sind nicht beschrieben.
Verbreitung: Karte 54, Seite 335.
Status: Beide Unterarten nicht bestandsbedroht, Verbreitungsgebiet wird großflächig bewohnt. Die Anden-Schopfente ist häufigster Entenvogel in der Punazone der Hochanden. Die Flachlandform bildet nach der Brutzeit große Schwärme auf den patagonischen Salzseen mit reichem Nahrungsangebot (Zooplankton), auf den Falkland-Inseln brüten im Mittel um 10 000 Paare, im Gebiet der Magellan-Straße und auf Feuerland fand ich sie als häufigsten Entenbrutvogel selbst auf kleinsten Steppentümpeln.
Lebensweise: Die Patagonischen Schopfenten bewohnen Senken und Flußniederungen im trockenen Umfeld von den Vorbergen der Anden, der Pampas Argentiniens und subarktischen Grassteppen im Süden bis hin zur Küste. Dabei deutliche Bevorzugung planktonreicher Brackgewässer ohne Riedzone. Schwarmbildungen und Konzentrationen auf großen Seen nach der Brutzeit deuten auf Wanderbewegungen hin. Die Anden-Schopfente brütet auf den Plateau-Seen der Punazone zwischen 3 000 und 5 000 m. Auch sie bevorzugen wegen des guten Nahrungsangebotes Salzgewässer, sind jedoch ganzjährig ansässig oder weichen ungünstigen Jahreszeiten in Tallagen aus. Brutzeit im Süden zwischen Sept. und Nov., auf den Falkland-Inseln Dez./Feb., in der Punazone etwas gehäuft zwischen Jan. und Juni. Die einzelnen Paare verteidigen streng abgegrenzte Brutreviere oder brüten als einziges Entenpaar an sehr kleinen Tümpeln. Nestanlage in der Steppenvegetation, seltener in Brutröhren der Pinguine. Das ♀ brütet allein, die Kükenführung übernehmen beide Eltern, dadurch geringe Verluste unter den Jungenten. Nach eigenen Südchile-Beobachtungen werden 5 bis 7 Kücken pro Gelege flügge. Jungenten sind mit 10–11 Wochen flugfähig, danach wandern die Familien zu Küsten- oder größeren Salinegewässern ab.
Nahrung: Fast ausschließlich Wasserasseln, Salinekrebse und Wasserinsekten, in unbedeutender Menge aus Pflanzenteilen und Algen (WELLER 1972).
Haltung und Zucht: Nur sporadisch und zufällig gelangten in früheren Jahrzehnten einzelne Schopfenten in die europäischen Tiergärten. Der Zoo London besaß ein Tier von den Falkland-Inseln zwischen 1887 und 1896, der Berliner Zoo hielt die Art um 1932. Erstmals 1938 gelangten drei immat. An-

den-Schopfenten nach Clères, Frankreich, ein Paar lebte dort bis Kriegsende, 1940 kam es zur Eiablage. Mit der Ente und einem Erpel aus dem Zoo London gelang 1948 die Erstzucht im englischen Leckford (DELACOUR 1954). Nach dem Kriege erreichten weitere Importe beider Unterarten Westeuropa und die USA. Während sich die Nominatform in Zoos und großen Zuchtanlagen etablieren konnte, blieb die Anden-Schopfente stets selten. Ein 1990 vom Wildfowl Trust gehaltenes Paar soll damals das einzige in England gewesen sein. Als Erstzuchten wurden bekannt: Nominatform: 1964 Slimbridge, 1969 USA; Anden-Form: 1948 England, 1954 USA. In der Bundesrepublik dürften Schopfenten vor 1989 gezüchtet worden sein, in jenem Jahr gelang dem Zoo Rostock eine erfolgreiche Nachzucht. FISCHER, Varel, erhielt die Art 1987 und zog 1990 erstmals 12 Junge aus 2 Gelegen auf. Die Haltung der Schopfenten bereitet keine Probleme, zumal die heutigen Tiere weitgehend Gehegenachzuchten sein dürften, sie sind hart und offenbar langlebig. Während Jung- und Einzeltiere problemlos in gemischten Kollektionen zu halten sind, sollte die Aggressivität brutaktiver Tiere nicht unbeachtet bleiben. Ihre Unterbringung empfiehlt sich in Einzelgehegen. Eiablage in Nistkästen, unter Büschen und in der Bodenvegetation, Legebeginn im Trust zwischen Anfang Feb. und Ende April, in hiesigen Anlagen im April, Nachgelege im Mai. Die Kükenaufzucht bietet offenbar keine Probleme.

Grüne Zwergglanzente
Nettapus pulchellus Gould, 1842

Flügel: ♂ 160–180, ⌀ 172; ♀ 150–180, ⌀ 169 mm
Gewicht: ♂ 300–340, ⌀ 310; ♀ 245–340, ⌀ 304 g
Gelege: 8–12 cremeweiße Eier, 35–49 × 29–36, ⌀ 44 × 32 mm
Brutdauer: 22–24 Tage
Geschlechtsreife: nicht bekannt

Ad. Jahreskleid: ♂ mit grünlichbrauner Kopfplatte, weißem Kehl- und Backenfleck (Ausdehnung variabel) und dunkelgrünem Hals. ♀ obere Kopfhälfte bis in Augenhöhe und hinterer Halssaum graubraun, ein Überaugenstreif sowie untere Kopfhälfte auf grauweißem Grund zum Hals hin gröber werdend grauschuppig. Außerhalb der Brutzeit Halsgefieder der Erpel lehmfarben, graugeschuppt ähnlich dem ♀, nach MADGE & BURN (1988) ein Ruhekleid. FRITH (1982) kennt den Sachverhalt, sieht darin aber kein Ruhekleid. **Dunenkleid:** Dunkle Partien grau, Bauchseite weiß; Zeichnungsmuster wie andere *Nettapus*-Küken. **Jugendkleid:** Farblich dem ad. ♀ ähnlich, aber untere Kopfhälfte und Hals auf lehmfarbenem Grund stärker dunkelbraun geschuppt, die Rückpartien schwarzbraun, Grünglanz nur angedeutet. Bei juv. ♂ Kehle und Backen weitgehend weiß.
Mauser und Umfärbung nicht beschrieben. Bei den juv. ♂ sollen sich bereits im Alter von 2 Monaten erste grüne Rückenfedern zeigen, ein Zeichen frühen Mauserbeginns.
Verbreitung: Karte 55, Seite 335.
Status: Die Grüne Zwergglanzente ist in

Grüne Zwergglanzente.

Neu Guinea und Nordaustralien in gesicherten Beständen ansässig. Nach BLAKERS et al. (1984) nutzt sie Wasserrückhaltebecken und Viehtränken als neue Lebensräume, wird aber in den natürlichen flachen Lagunen durch Zerstörung der Seerosen- und Wasserpflanzenbestände durch Großviehherden bedrängt. Jagddruck unbedeutend.

Lebensweise: Grüne Zwergglanzenten sind reine Tropenvögel. Sie bewohnen flache Sumpflagunen mit üppigen Schwimmpflanzen-Gesellschaften, geflutete Reisfelder und während der Regenzeit überschwemmtes Weideland. Zu lockeren Ansammlungen etwa bis zu 100 Tieren kommt es in den Trockenzeiten. Während der Tageshitze ruhen diese Enten zwischen den Seerosenblättern und sind hier mit ihrer dunkelgrünen Rückenfärbung gut getarnt, in den Morgen- und Abendstunden wechseln sie zur Nahrungsaufnahme zu flacheren Uferabschnitten über. Die Wasserfläche wird nur selten verlassen. Grüne Zwergglanzenten halten sich ganzjährig, auch innerhalb der Schwärme, paarweise auf, so daß auf Langzeit- oder Dauerehen geschlossen wird. Mit dem Einsetzen der Niederschläge beginnen sie mit der einfachen Balz und als eine der ersten Arten noch während oder unmittelbar nach dem Niederschlagsmaximum mit der Eiablage; in der Region um Darwin (N.T.) zwischen Jan. und März. Die Bodennester stehen relativ weit entfernt vom Wasser und sind damit wenig der Gefahr der Überschwemmung ausgesetzt. Die Mehrzahl der Gelege fand man in Baumhöhlen nahe dem Wasser. Unmittelbar nach beendeter Brut führen beide Eltern die Küken in die Seerosenbestände der tieferen Wasserabschnitte, wo sie sich bis zum Flüggewerden aufhalten. Die Familien besetzen Nahrungsterritorien, die ähnlich wie Nestreviere verteidigt werden. Mit einsetzender Trockenzeit wechseln die Tiere zu ganzjährig wasserführenden Lagunen und Staugewässern über.

Nahrung: Bevorzugt Blütenköpfe und Samen der Seerosen *(Nymphaea giganta* und *N. capensis),* ferner Grünteile und Samen zahlreicher Sumpf- und Wasserpflanzen; tierische Anteile unter 1 % (FRITH 1967).

Haltung und Zucht: Nach DELACOUR (1959) gelangten lediglich 1935 einige Tiere nach England, sie waren in schlechtem Zustand und überlebten die Eingewöhnung nicht. MULLER (1973) führt für April 1972 insgesamt 10 Grüne Zwergglanzenten in den australischen Zoos von Perth, Sidney und Adelaide auf. Auch hier bereitete die Eingewöhnung Probleme, verlief dennoch erfolgreicher als bei der Australischen Zwergglanzente. Von den sich nach 1980 auf Neu Guinea stark etablierenden Tierhändlern gelangte die Art besonders nach 1990 wiederholt nach Europa und N-Amerika. Trotz wesentlich verbesserter Halte- und Ernährungsbedingungen starb auch das Gros dieser Tiere. In Deutschland bemühen sich besonders SCHEITHE, WEGENER und BREHMER um die *Nettapus*-Arten. Ihre eigens dafür konstruierten Volieren bestehen aus einem dicht bepflanzten Freilandteich, der sich im Sommer gut aufwärmt und bis in das heizbare Winterhaus hineingebaut ist. Alle Tiere werden flugfähig gehalten. Fütterung mit Hirse und Pellet im Wasser. Etwa 10 Paare könnten 1997 als eingewöhnt (Haltung länger als 2 Jahre) gelten. Fortpflanzungsaktivitäten sind bisher nicht bekannt.

Indische Zwergglanzente
Nettapus coromandelianus (GMELIN, 1789)

Zwei Untertarten: Die **Indische Zwergglanzente**, *N.c. coromandelianus* (GMELIN), ist etwas kleiner als die farblich weitgehend identische **Australische Zwergglanzente**, *N.c. albipennis* GOULD. Letztere dürfte bisher nicht in Europa importiert sein.

Flügel: *coromandelianus:* ♂ 152–167, ♀ 150–152 mm
albipennis: ♂ 172–188, ⌀ 177; ♀ 161–186, ⌀ 174 mm
Gewicht: *coromandelianus:* ♂ 255–312, ♀ 185–255 g
albipennis: 311–495, ⌀ 403; ♀ 255–439, ⌀ 380 g
Gelege: 8–12 grauweiße Eier, 38–47 × 29,7–35,6; ⌀ 43,3 × 32,9 mm
Brutdauer: 22–24 Tage
Geschlechtsreife: unbekannt

Erpel der Indischen Zwergglanzente.

Ad. Brutkleid: ♂ Kopfseiten und Hals bis zum grünen Brustband weiß, Flanken hellgrau, Unterschwanzdecken schwarz; ♀ (ganzjährig) rahmfarbenes Gesicht mit dunklem Augenstreif, grau druchsetzte Bauchseite und weniger Weiß im Flügel als ♂. **Ruhekleid:** ♂ etwa wie ♀ gefärbt; grünes Brustband fehlt, Bauchseite bis Unterschwanz dicht von rahmgrauen Federn durchsetzt, Rücken fast glanzlos schwarz. **Dunenkleid:** Oberseite graubraun mit großen weißen Flecken an Schultern, Flügeln und Körperseiten. Kopfplatte schwarz, Gesicht auf hellem Grund von einem langen, dunklen Augenstreif durchzogen. Unterseite hellgrau oder hell rahmfarben. **Jugendkleid:** Beide Geschlechter ähnlich dem ♀, Kopf und Hals dichter von braunen Federn durchsetzt, der dunkle Augenstreif breiter, Rücken ohne Grünglanz. Juv. ♂ mit breiteren weißen Flügelpartien als ♀.
Mauser und Umfärbung: Ad. Vollmauser während der Jungenaufzucht, Teilmauser mit Wechsel des gesamten Kleingefieders einschließlich der Schultern vor der Brut. Gehegevögel im australischen Canberra trugen das Ruhekleid zwischen März/Apr. und dem Einsetzen des Frühlings Sept./Okt.
Verbreitung: Karte 56, Seite 335.
Status: Die Nominatform ist allgemein häufig, lediglich in SO-Asien und auf einigen Inseln etwas spärlicher anzutreffen. Das Vorkommen der Australischen Zwergglanzente beschränkt sich auf küstennahe Gebiete von Queensland. Der dortige Bestand betrug Anfang der 60er Jahre etwa 1 500 Individuen und wird heute mit 2 500 angenommen. Bestandsrückgänge u. a. durch die Ausbreitung der eingeschleppten Wasserhyazinthe, die die heimische Vegetation erstickt und damit das Nahrungsangebot verringert. Sie wird im Red Data Book der IUCN als vom „Aussterben bedroht" geführt.
Lebensweise: Beide Unterarten bewohnen flache Niederungsgewässer mit dichten Röhrichtgürteln und weiten Schwimmpflanzenzonen aus Laichkräutern, Seerosen und

Wasserhyazinthen, gern auch Park- und Tempelteiche. Wo die Art nicht gejagt wird, zeigen Zwergglanzenten nur eine geringe Fluchtdistanz. Sie sind tag- und dämmerungsaktiv, aus Indien ist bekannt, daß sie auf Bäumen und Tempeldächern nächtigen. Die australischen Tiere verweilen ausschließlich auf dem Wasser, tagsüber ruhen sie im Blättermeer der Seerosen (der grüne Rücken als Schutzfärbung), morgens und abends gehen sie in den Flachwasserbereichen der Nahrungssuche nach. Sie leben ganzjährig paarweise oder in Familientrupps, lediglich während der Trockenzeit kommt es zu Schwarmbildungen. Der Beginn der Brutzeit wird vielerorts von Monsunregen ausgelöst, dem Anfang der neuen Vegetationsperiode. Hauptbrutmonate in Indien und Burma Juli/Aug., auf Ceylon Jan. bis März und im Aug., in Nord-Queensland Feb./März, in Süd-Queensland Sept. bis Nov. Nester vorzugsweise in Baumhöhlen 2 bis 4 m hoch, auch in Nischen der Tempelbauten. Das ♀ brütet allein, offenbar erfolgt keine Dunenauspolsterung der Nester. Die Küken werden dann von beiden Eltern in die Schwimmpflanzenzone geführt und dort zwischen Seerosenblättern, den Ruheflächen der Küken, aufgezogen. Die Familien bleiben lange zusammen und sind selbst in den Schwärmen während der Trockenzeit noch gut erkennbar.

Nahrung: Samen, Grünteile, Blatt- und Blütenknospen zahlreicher Wasser- und Sumpfpflanzen, die von der Wasseroberfläche her erreichbar sind.

Haltung und Zucht: Indische Zwergglanzenten gelangten vereinzelt nach 1930 und erneut ab 1950 nach Europa, in den 80er Jahren folgten dann umfangreichere Importe nach Westeuropa und Nordamerika. In früheren Jahrzehnten starben fast alle Tiere innerhalb der ersten Monate, lediglich im Zoopark Clères, Frankreich, überlebten Einzeltiere 6 bzw. 9 Jahre (DELACOUR 1959), zu verbesserten Halteerfolgen kam es in den großen Tropenhallen, u.a. der Vogelparks Walsrode und Alpen, Holland, und heute in von einigen Züchtern speziell dazu errichteten Volieren mit sonnigen Teichflächen und angrenzenden, gut heizbaren und geräumigen Winterhäusern sowie durch das Angebot einer vitaminangereicherten Futtermischung aus kleinen Sämereien, u.a. Hirse, feinem Schwimmfutter, Mehlwürmern, Garnelen und möglichst während des ganzen Jahres Wasserlinsen. Die Eingewöhnung gelingt so relativ verlustarm. Als problemhaft erweisen sich dennoch längere Kälteperioden, wenn die Enten im Haus verbleiben müssen; das Gefieder leidet, Aktivitäten und Nahrungsaufnahme werden reduziert. Im Zoo Sydney hielt man 1971 5 in Queensland gefangene Australische Zwergglanzenten (MULLER 1973). Die bisherigen Zuchterfolge sind gering. DELACOUR (1959) berichtet von balzenden Erpeln und einem ♀, das 1932 in Clères 2 Eier legte. Der Zoo New York erhielt 1971 6 Indische Zwergglanzenten und brachte sie in einer gut bepflanzten Voliere mit einem Seerosenteich unter. Anfang 1972 mauserten sie in das Alterskleid. Im Aug. 1977 kam es in einer 2 m hoch angebrachten Höhle zur ersten Eiablage. Aus einem weiteren Gelege schlüpften im Aug. 1978 3 Küken, die vom ♀ erbrütet und aufgezogen wurden. Im Folgejahr bestand das Gelege aus 6 Eiern, alle 6 Jungtiere wuchsen mit dem ♀ heran. Ein junges Paar aus 2. Generation brachte 1981 zwei unbefruchtete Gelege, 1982 wurden aus ebenfalls 2 Gelegen 6 Jungenten groß (BRUNING 1979 und BRUNING et al. 1985). Europäische Erstzucht durch den Engländer MAKINS 1989: in einer Großvoliere wuchsen 2 und 1990 3 Tiere relativ problemlos auf, Eiablage jeweils im Mai.

Afrikanische Zwergglanzente
Nettapus auritus (Boddaert, 1783)

Flügel: ♂ 150–165, ♀ 142–158 mm
Gewicht: ♂ 280–292, ♀ 260 g
Gelege: 6–9, selten bis 12 cremeweiße Eier, 41,6–44,8 × 31,7–35,2; ⌀ 43,3 × 32,9 mm
Brutdauer: 23–26 Tage
Geschlechtsreife: unbekannt

Ad. Jahreskleid: Geschlechtsdimorph, nur geringfügig individuell variierend. Unklar ist, ob die Erpel ein reguläres Ruhekleid anlegen. Nach WEGENER (mündl.) bleiben sie

Afrikanische Zwergglanzente.

ganzjährig unverändert, lediglich gegen Ende des Sommers erscheint der Grünglanz auf der Kopfplatte schwächer. **Dunenkleid:** Augenstreif, je ein Fleckchen unter dem Zügel und in der Ohrgegend sowie gesamte Oberseite schwarz; Gesicht, Unterseite, ein Flügelstreif und ein Fleck auf dem seitlichen Rücken grauweiß bis rahmweiß. Schnabel und Füße schwarzgrau. **Jugendkleid:** Sehr ähnlich dem ad. ♀, Augenstreif breiter oder je ein schwarzes Fleckchen im Zügel- und Ohrbereich (SCHEITHE, mündl.).

Mauser und Umfärbung sind offenbar nicht untersucht, nach WEGENER (mündl.) wechseln die nichtbrütenden Gehegevögel im Apr./Mai das Kleingefieder. Die juv. färben innerhalb eines Jahres durch eine Kleingefiedermauser in das Alterskleid.

Verbreitung: Karte 57, Seite 336.

Status: Die Afrikanische Zwergglanzente ist südlich der Sahara weit verbreitet, tritt in vielen Regionen aber nur sporadisch (u. a. nach Regenfällen) auf. Größere und geschlossene Vorkommen in Ostafrika nordwärts bis zum Tana-See. Zählungen in den Okavango-Sümpfen ergaben 1978 knapp 15 000 Tiere, im Zululand sind während der Trockenzeit Schwärme von 1 000 und mehr Zwergglanzenten nicht selten (BROWN et al. 1982). Wegen der generellen Seltenheit in Südafrika fand sie Aufnahme im dortigen Rotbuch. **CITES** Anh. III/C, **Vermarktungsbescheinigung** nicht erforderlich.

Lebensweise: Afrikanische Zwergglanzenten bewohnen Flachgewässer der offenen Landschaft mit ausgedehnten Seerosenbeständen oder breiten Verlandungszonen mit Schwimm- und Wasserpflanzen vor den Röhrichtgürteln, ferner Reisfelder und deren Bewässerungsgräben; in neuer Zeit auch verlandende Abschnitte der Stauanlagen. Die Art lebt paarweise, in lockeren Gruppen, während der Trockenzeiten auch in ansehnlichen Verbänden. Das Territorialverhalten ist offenbar gering ausgeprägt, worauf auch die einfachen Balzrituale (Kopfnicken und Präsentieren der grünen Kopfseite) hinweisen. Brutsaison in den unterschiedlichen Regionen über alle Monate des Jahres verteilt, vielerorts ausgelöst von der einsetzenden Regenzeit. Eiablage in Baumhöhlen bis in 10 m Höhe, in Steilhängen, in den überdachten Großnestern der Hammerköpfe *(Scopus umbretta)*, am Boden unter umgestürzten Bäumen, auf Grasbülten oder direkt im Röhricht. Solche Nester sind kompakte Grasbauten, die nur manchmal Nestdunen enthalten. Das ♀ brütet allein, die Beteiligung des Erpels an der Kükenführung ist wahrscheinlich, aber wenig bekannt. Jungenten erreichen mit 56–63 Tagen die Flugfähigkeit (BRICKELL & SHIRLEY 1988).

Nahrung: Grünteile und Samen von Wasser- und Schwimmpflanzen, die nach Art der Bleßhühner tauchend und von der Oberfläche pickend aufgenommen werden. Der Literatur zufolge sind tierische Anteile unbedeutend, Gehegetiere nehmen jedoch sehr gern Mehlwürmer, Wasserflöhe oder Gammariden.

Haltung und Zucht: Die ersten größeren Importe gelangten 1935 nach Clères, Frankreich. Dort konnten einige Paare eingewöhnt werden, die mehrere Jahre in guter Konstitution lebten, zur Eiablage kam es nicht (DELACOUR 1959). Seit 1960 erfolgten regelmäßig kleinere Importe nach Europa und Nordamerika, doch selbst unter guten Bedingungen in Zoos blieben erfolgreiche Eingewöhnungen die Ausnahme; ernsthafte Halteversuche durch Züchter sind aus der Zeit nicht bekannt. Umfangreiche Sendungen gelangten ab 1984 speziell nach Holland, darunter auch in Afrika handaufgezogene Jungtiere. Seit dieser Zeit bemühen sich Züchter um die *Nettapus*-Arten. Nach WEGENER, Wingst (mündl.), benötigen Zwergglanzenten mindestens 15 °C, unter 5 °C beginnen sie deutlich zu leiden. Die Flugvoliere soll als Schutz vor kalten Frühjahrs- und Herbstregen teilweise überdacht sein und einen fast die ganze Fläche einnehmenden Teich in sonniger Lage haben. Auch das Winterhaus benötigt eine große Teichfläche, eine ausreichende Heizung und eine Möglichkeit zur Absenkung der Luftfeuchtigkeit. Doch trotz solider Ausstattungen leidet das Gefieder, und es kommt zu Konditionsrückgängen bei den Tieren. Anfang der 90er Jahre wurden in Deutschland insgesamt etwa 10–20 Paare in Zoos und Privatanlagen gehalten, Höchstalter einzelner Tiere derzeit 9 Jahre. Bruterfolge sind bis heute äußerst rar. Erstzucht 1975 auf einer Farm bei New York mit 1973 importierten Tieren, das ♀ erbrütete 3 Küken und zog sie auf. Mit Tieren aus der gleichen Importsendung gelangen im Zoo New York zwischen 1979 und 1982 Eiablagen und Kükenaufzuchten. Zu einer Nachzuchtserie brachte es der Zoo in Hongkong unter subtropischen Klimaverhältnissen, zwischen 1985 und 1990 kam es zu 19 Bruten, aus denen 26 Küken aufwuchsen. Deutsche Erstzucht durch SCHEITHE, Nähe Saarbrücken, 1990 in einer 30 m² großen Voliere. Ein ♀ legte 8 Eier in einer hoch angebrachten Höhle, brütete selbst und zog mit dem Erpel alle 8 Küken auf. Nestauspolsterung nur mit wenigen weißen Nestdunen. Eine weitere Nachzucht gelang hier 1995, aus 6 Eiern schlüpften am 1. Aug. 2 Küken, die ebenfalls von beiden Eltern betreut aufwuchsen. In Holland wuchsen 1996 bei 3 Züchtern und im Tropenhaus des Vogelparks von Alphen juv. heran. Die Zuchtchancen unterliegen stark der Witterung. Bei warmem Frühsommerwetter balzen die Tiere und inspizieren Nisthöhlen, setzt im Juni/Juli eine Kälteperiode ein, brechen alle Aktivitäten ab, die sich in heißen Augustwochen wieder aufbauen können, kalte Septembernächte aber Bruten wiederum ausschließen. Dagegen verläuft nach SCHEITHE die Kükenaufzucht mit den Eltern annähernd problemlos. Gereicht werden Wasserlinsen und darin schwimmendes Aufzuchtfutter. Befiederung der Küken ab 2. Woche an Flanken und Schultern, mit ca. 5 Wochen sind die Jungenten voll befiedert und ab 8. Wochen flugfähig.

Rotschulterente
Callonetta leucophrys (Vieillot, 1816)

Flügel: ♂ 165–170, ♀ 160–175 mm
Gewicht: 330–395, ⌀ 380; ♀ 235–365, ⌀ 350 g (eig. Wäg.)
Gelege: 8–12, Jungenten 5–7 weiße Eier, 43,8–51,3 × 31,8–36,6; ⌀ 47,1 × 33,7 mm (114 Eier, eig. Mess.)
Brutdauer: 24–28, meist 26 Tage
Schlupfgewicht: 16–22, ⌀ 18,7 g (53 Küken, eig. Wäg.)
Geschlechtsreife: knapp einjährig

Ad. Jahreskleid: ♂ annähernd ohne individuelle Farbvariationen, helle Gesichtszeichnung der ♀ dagegen leicht variabel. Farb- und Größenabweichungen treten als Domestikationsfolge auf; bei den Erpeln verlieren sich die feine Gesichtsstrichelung und die dunkle Brustfleckung. Als Mutanten sind silberfarbene und rahmgelbe Aufhellungen des Gesamtgefieders (bereits im Dunen-

Erpel der Rotschulterente.

kleid) sowie weiße und andere Fehlfarben bekannt. **Dunenkleid:** Kopfplatte, hinterer Halssaum, Augenstreif und gesamte Oberseite mit Flügel und Schenkeln dunkelgrau; Gesicht, Unterseite und beiderseitig zwei Fleckchen auf dem Rücken silberweiß. Schnabel und Füße schwarz. **Jugendkleid:** Etwa wie ad. ♀ gefärbt. Gesicht juv. ♂ einfarbig hellgrau, das der ♀ weißfleckig, Brustfedern beim ♂ braunflockig, beim ♀ gleichförmig grau. Schnabel ♂ hornfarben, ♀ bleigrau, Füße blaßrot.
Mauser und Umfärbung: Vollmauser der ad. beginnt mit Abwurf der Schwingen, es folgen der Kleingefieder- und Steuerfederwechsel. Mauser gegen Ende der Fortpflanzungsperiode, bei Gehegetieren Nichtbrüter Mai/Juni und Brutvögel ab Sept./ Okt. Fast unmerklich verläuft gegen Ende des Winters eine Teilmauser, bei der u. a. die Schulterfedern gewechselt werden. Die Umfärbung der juv. beginnt im Alter von 8 Wochen an Brust, Flanken und Schultern mit einer Kleingefieder/Teilmauser, mit 15–18 Wochen ist das Alterskleid durchgefärbt. Damit sind im Sommer geschlüpfte Jungtiere bis zur Jahreswende, z. T. schon ab Nov., umgefärbt; haltungsbedingte Verzögerungen sind möglich.
Verbreitung: Karte 58, Seite 336.
Status: Die Rotschulterente galt stets als selten. Einige Forscher schlossen um 1950 nicht aus, daß sie ausgestorben sei. Dagegen fand sie REICHHOLF (1975) in Paraguay mit 4 117 Individuen als die absolut häufigste Entenart im Gran Chaco vor, doch sei ihr Vorkommen auf verhältnismäßig kleine Gebiete begrenzt. Auch aus einigen Gebieten Argentiniens sind Ansammlungen von 800 bis 1 000 Tieren bekannt. Die Art wird heute nicht mehr als gefährdet angesehen.
Lebensweise: Rotschulterenten bewohnen paarweise oder als Familiengruppen Sumpfniederungen und Kleingewässer in der locker bewaldeten Savannenlandschaft. Sie bevorzugen die nahrungsreichen Überschwemmungsgebiete der Flüsse, meiden dagegen Flußsysteme mit hohen Steilufern ebenso wie Gewässer tropischer Regenwälder. Freilandbeobachter heben die geringe Fluchtdistanz dieser Enten hervor. Ihre Biologie ist nur lückenhaft bekannt. Das paarweise Auftreten auch außerhalb der Brutzeit läßt auf Dauerehen schließen. Eiablage in Baumhöhlen, in Paraguay von Sept. bis Nov.. Das ♀ brütet allein, der Erpel beteiligt sich an der Kükenführung. Nach beendeter Brutzeit kommt es zu lockeren Schwarmbildungen, die südlichsten Populationen sollen dann von Argentinien kommend bis Süd-Brasilien wandern.
Nahrung: Grünteile und Samen der Was-

ser- und Sumpfpflanzen dürften dominieren, sie werden seihend oder durch Eintauchen des Kopfes aufgenommen.
Haltung und Zucht: Rotschulterenten gelangten stets nur in geringer Zahl aus Südamerika nach Europa und Nordamerika. Der Zoo Berlin erhielt erstmals 1908 einige Erpel, 1909 gelang dem Holländer BLAAUW die Welt- und SAMEREIER 1912 mit 32 Jungtieren die deutsche Erstzucht. Diese und weitere drei 1919 importierte Paare bildeten den Grundstock der europäischen Gehegepopulation bis weit nach Kriegsende. In den 20er Jahren gehörte sie mit zu den am häufigsten gehaltenen Zierenten. Nach 1930 wurden die Tiere zunehmend hinfällig, und ihre Zucht gelang nur noch selten – wohl eine Folge fortschreitender Inzucht. Neuimporte erreichten England nach 1950, um 1955 war die Art in Westeuropa wieder allgemein anzutreffen, und um 1965 zeigten sich Inzuchtdepressionen in Form von kleinen Gelegen und fast einfarbiger rosa Brutfärbung der Erpel. Um 1970 erfolgten weitere Importe, deren Nachkommen bis heute existieren. Rotschulterenten können in Kleingehegen, in Volieren (hier flugfähig) wie auf großen Gesellschaftsteichen (auch während der Brutzeit zu mehreren Paaren) gehalten werden. Tiere im Freiflug sind in der Regel ortstreu. Für den Winter wird ihnen ein frostfreier Schutzraum geboten; die Füße sind besonders frostempfindlich. Gute Rotschulterenten-Paare pflanzen sich meist sehr ergiebig fort. In eigener Anlage legte 1977 ein ♀ dreimal je 13 Eier, 38 Junge wuchsen auf. Eiablage bevorzugt in erhöht angebrachte Höhlen, Legebeginn ab letzter Aprildekade, meist in der ersten Maihälfte, Nachgelege bis Sept. möglich. Eiablage täglich. Nestdunen hellgrau, Konturfedern grauweiß oder bräunlich. Kükenbetreuung durch beide Eltern. Der Erpel ist offenbar der aktivere Teil, da dessen Führungstrieb den der Ente überdauert und er bei Schachtelbruten die Küken allein übernimmt. Befiederung: Am 19. Tag entfalten sich Flanken- und Schulter-, am 21. die Schwanzfedern; zwischen 25. und 27. Tag sind Unterseite, Flanken und Schultern befiedert, es setzt verstärkt die Entfaltung der Schwingen ein. Mit 6–7 Wochen sind die Jungenten erwachsen, wenig später setzt die erste Jugendmauser ein. Kükenaufzucht durch die Eltern oder unter technischer Wärmequelle problemlos. Die Ende der 70er Jahre in Westeuropa aufgetretenen hellen und rahmfarbenen Mutanten führten zu einer Farbverflachung bei einem Teil der als „Wildvogeltypus" gewünschten Gehegepopulation.

Mähnengans
Chenonetta jubata (Latham, 1801)

Flügel: ♂ 254–290, ⌀ 272; ♀ 252–284, ⌀ 266 mm
Gewicht: ♂ 700–955, ⌀ 815; ♀ 662–984, ⌀ 800 g
Gelege: 9–11 cremefarbene Eier, 52–62 × 40–45; ⌀ 57 × 42 mm
Brutdauer: 30 Tage
Schlupfgewicht: 29–37, ⌀ 33,4 g (13 Küken, NIENDORF, mündl.)
Geschlechtsreife: gegen Ende des 1. Lebensjahres

Ad. Jahreskleid: ♂ und ♀ farblich differenziert, dagegen keine Größen- und Farbvariabilitäten. **Stimme:** ♂ leises Wispern, ♀ lautes Schnarren. **Dunenkleid:** Oberseite graubraun; Gesicht, Vorderhals, Brust und Bauch hellgrau bis weiß; Augen- und paralleler Backenstreif dunkel graubraun, hintere Flügelränder und Bürzelseiten weiß. Schnabel und Beine grau. **Jugendkleid:** Wie ad. ♀, aber grauer, Brust- und Flankengefieder längsgestrichelt (bei ad. ♀ tropfenförmig rund). Bei juv. ♂ ist der spätere dunkle Rückenstreif bereits sichtbar, Spiegel grünglänzend. Gleich alte ♀ haben graue Rücken und schwarzgraue Armschwingen, nur die inneren angedeutet grünglänzend. Stimmdifferenzierung setzt gegen Ende der Befiederung ein.
Mauser und Umfärbung: Vollmauser der ad. setzt gegen Ende oder nach der Jungenaufzucht ein, bei uns Juli/Aug., vermutlich eine weitere Teilmauser im Winter. Jungvögel beginnen im Alter von 10–11 Wochen, unmittelbar nach vollendeter Befiederung, an den Flanken mit der Umfärbung in das Alterskleid. Tiere jahreszeitlich früher

Mähnengänse auf dem Weidegang.

Bruten beginnen Anfang Aug. und sind im Okt. durchgefärbt, bei später geschlüpften kann sich diese Teilmauser bis zum Frühjahr hinziehen. Danach nicht mehr mit Sicherheit von ad. zu unterscheiden.

Verbreitung: Karte 59, Seite 336.

Status: Mähnengänse verfügen in vielen Gebieten ihrer Verbreitung über stabile Bestände. Durch das Anlegen von Wasserrückhaltebecken und Teichen als Viehtränken erhielt die Art in den wasserarmen Weidegebieten viele neue Lebensräume. Trotz starker Bejagung als Futterkonkurrenten der Schafe tritt die Art nach wie vor in großer Zahl und während der Trockenzeit in starken Schwärmen auf; Gesamtbestand nach 1990 knapp 100 000 Individuen.

Lebensweise: Mähnengänse bewohnen Gewässer, die von Grasland umgeben sind. In lockeren Gruppen, bestehend aus einzelnen Familienverbänden, äsen sie auf Weideflächen, verweilen aber nur wenig am oder auf dem Wasser. Wenn mit dem Einsetzen des Regens ein frischer Graswuchs ausgelöst wird, sondern sich die Paare ab und beziehen als Brutreviere Teiche, Stauanlagen oder Seen in von Altbäumen durchsetzten Weidegebieten. Eiablage in Baumhöhlen, oft weit entfernt vom Wasser. In den südlichen Regionen im dortigen Frühling ab Sept., in den kontinentalen Zonen sporadisch nach Niederschlägen, die einen ausreichenden Graswuchs zulassen. Die Balz der Mähnengänse verläuft einfach, oftmals ist das hetzende und treibende ♀ der aktivere Teil. Das ♀ brütet allein, Nestdunen weiß oder hellgrau. Küken werden anfangs in Wassernähe, später auf den Weideflächen von beiden Eltern betreut. Zur Schwingenmauser der ad. wechseln die Familien zu größeren Seen über, wo es dann zur Bildung umfangreicher Schwärme kommen kann. Bei Austrocknung der Gewässer der Brutregion setzen sporadische Wanderbewegungen ein.

Nahrung: Fast ausschließlich pflanzlich mit Weidesüßgräsern als Hauptanteil, ferner Riedgräser, Kräuterteile und Wasserpflanzen.

Haltung und Zucht: Erstimport nach Europa 1864 durch den Zoo London, 1875 erhielt der Zoo Berlin ein Tier aus dem Zoo Antwerpen. Erstzuchten: 1905 BLAAUW, Holland, 1910 Zoo London, 1942 PARSONSON, USA. Auch heute wird die Art ausreichend gezüchtet und gern gehalten. In Anbetracht der australischen Ausfuhrsperre sollte sehr sorgfältig mit dem Zuchtpotential umgegangen werden. Mähnengänse sind anspruchslos und unproblematisch in der Haltung und anderen Teichmitbewohnern gegenüber friedfertig. Man bietet ihnen ein graswachsenes Gehege oder verfüttert viel frisches Grün. Überwinterung in einem frostfreien Schutzraum. Die Zucht der Mähnengänse gelingt offenbar nur mit einem Teil der Paare, dann jedoch ergiebig. Kurze Eingewöhnungs- und Paarungszeiten sind offenbar arttypisch, ältere Paare leben in Dauerehe. Eiablage in Nistkästen ab März, meist im April und Mai. Mittel der Legeintervalle (29 Eier aus 3 Gelegen) beträgt 1,6 Tage (NIENDORF 1976). Die ♀ brüten fest und ruhig, die Kükenbetreuung sollte den Eltern überlassen bleiben. Brütet die Gans nicht, ist ein Nachgelege zu erwarten. In Boxen aufgezogene Küken erhalten neben dem Grundfuttergemisch in den ersten Tagen reichlich Grünzeug und später Weidemöglichkeiten in einem kleinen Gatter.

Amazonasente
Amazonetta brasiliensis (Gmelin, 1789)

Zwei Unterarten: Kleine Amazonasente, *A. b. brasiliensis* (Gmelin), als helle und dunkle Farbphase und die **Große Amazonasente**, *A. b. ipecutiri* (Vieillot), die fast nur als dunkle Phase bekannt ist. Unter den Gehegetieren ist die helle Form der Kleinen Amazonasente allgemein verbreitet, die Große Amazonasente wird nur gelegentlich gehalten.

Kleine Amazonasente
Flügel: ♂ 170–192, ♀ 168–185 mm
Gewicht: ♂ 380–480, ♀ 350–390 g
Gelege: 8–12 lehmgelbe Eier, 46,3–50 × 32,6–35,5; ⌀ 47,8 × 34,2 mm, nach eig. Mess. (27 Eier) nur 41,5–48,4 × 32–35,7; ⌀ 45,3 × 33,4 mm
Brutdauer: 25–26 Tage
Schlupfgewicht: 19–22,5, ⌀ 21,1 g (14 Küken, eig. Wäg.)
Geschlechtsreife: knapp einjährig, brutaktiv meist ab 2. Jahr

Ad. Jahreskleid: Eindeutig geschlechtsdimorph. *A. b. ipecutiri* läßt sich auf Grund des beträchtlichen Größenunterschiedes, der dunklen Gesamtfärbung des Kleingefieders und des dunkel karminroten statt leuchten-

Paar der Großen Amazonasente.

droten Schnabels von der Nominatform unterscheiden. **Dunenkleid:** Kopfplatte, hinterer Halssaum, Rückenpartien sowie Augenstreif und Ohrfleck schwarzbraun, oliv übertönt. Gesicht goldgelb; Unterseite, hintere Flügelränder sowie je ein Fleckchen auf seitlichem Mittelrücken und den Bürzelseiten blaß strohgelb. Schnabel hornbraun, Iris dunkelbraun, Füße blaß orangerot. **Jugendkleid:** Heller und farbflacher als Alterskleid, farbflacher auch die dunkle Brust- und Flankenfleckung. Gesicht und Kehle beim ♀ heller als beim gleich alten Erpel; Schnabel beim ♂ dunkelrot, beim ♀ dunkelgrau.
Mauser und Umfärbung: Vollmauser nach beendeter Brut. In eigener Anlage brütete 1 ♀ bis 14. Juli, am 31. Juli warf sie (der angepaarte Erpel wenige Tage später) die Schwingen ab, um den 6. Aug. setzte intensive Kleingefiedermauser ein, und am 11. Aug. waren die neuen Schwingen bereits 3–4 cm entfaltet. Nochmalige Teilmauser des Kleingefieders gegen Ende des Winters. Die juv. beginnen direkt nach beendeter Befiederung im Alter von 6–7 Wochen mit der Jugendmauser und tragen ab 11.–12. Woche das Alterskleid. Schnabelumfärbung wird um den 28. Tag sichtbar. Der anfangs hornbraune Oberschnabel wird beim Erpel rot, beim ♀ dunkelgrau. Bereits COIMBRA-FILHO (1964) weist auf die kurze Entwicklungszeit dieser Ente hin und erwog für Brasilien, daraus ein Wirtschaftsgeflügel zu entwickeln.
Status: Größe des Gesamtbestandes unbekannt, beide Unterarten nicht gefährdet. Art ist im großen Gesamtareal allgemein verbreitet. TODD (1979) bezeichnet die Nominatform als den häufigsten Entenvogel Brasiliens, die Große Amazonasente sei seltener. ROSE & SCOTT (1994) gehen bei der Kleinen von mehreren 100 000, bei der Großen Amazonasente von unter 100 000 Tieren aus.
Verbreitung: Karte 60, Seite 336.
Lebensweise: Amazonasenten leben paarweise oder in kleinen Gruppen am Rande von Seen, auf Kleingewässern und in Sumpfniederungen der Regenwälder und Savannen. Zu großen Schwarmbildungen kommt es offenbar nicht. Amazonasenten brüten zu sehr unterschiedlichen Jahreszeiten, ihre Gelege fand man in allen Monaten des Jahres. Die Nester werden nahe dem Wasser in der Bodenvegetation, seltener in Baumhöhlen oder in Baumnestern anderer Vögel errichtet. Das ♀ brütet allein, die Erpel beteiligen sich locker an der Jungenführung. Die Familienverbände bleiben relativ lange beisammen. Außerhalb der Brutzeit erfolgen kurze Wanderungen, auch in die offene Agrarlandschaft (Reisfeldanlagen).
Nahrung: Wird nach Schwimmenten-Art seihend und gründelnd im Flachwasser aufgenommen und besteht vorwiegend aus Pflanzenteilen. Gehegetiere nehmen jedoch sehr gern Mehl- oder Regenwürmer und Garnelen, was auf einen animalischen Bedarf schließen läßt.
Haltung und Zucht: Amazonasenten wurden erstmals 1850 nach Europa gebracht, es dürfte sich hier wie bei den Erstzuchten 1878 im Zoo London und 1884 im Zoo Berlin um die Nominatform gahandelt haben. Wesentlich später und stets nur in geringer Zahl gelangte die Große Amazonasente in die Gegehaltung; Erstzucht Wildfowl Trust 1962, USA 1971, der Tierpark Berlin hielt diese Unterart ab 1976. Amazonasenten eignen sich besonders für Kleingehege, Volieren und für gemischte Kollektionen kleiner Arten. Unkupierte Tiere fliegen nur selten, baumen nicht auf und nutzen auch keine erhöht angebrachten Nisthöhlen. Bei Kältegraden ist ein annähernd frostfreier Raum zu bieten. Ihre Zucht bereitet kaum Probleme. Gelegt wird in Hütten ab Anfang Mai, oft erst im Juni (KÜHNE, briefl.), mehrere Nachgelege sind möglich. Die ♀ brüten fest und ruhig, Nestdunen dunkelbraun mit hellen Spitzen und Schäften, Konturfedern matt braun. Die Kükenaufzucht verläuft problemlos und verlustarm. Befiederung: Ab 15. Tag entfalten sich die ersten Steuer-, ab 18. die Flanken-, am 20. die Schulterfedern, und ab 22. Tag befiedert die Bauchseite. Ab 4. Woche wachsen die Schwingen, volle Befiederung mit 44 Tagen.

Salvadoriente
Salvadorina waigiuensis Rothschild & Hartert, 1894
Syn.: *Anas waigiuensis* (Rothschild & Hartert, 1894)

Flügel: ♂ 185–207, ⌀ 194; ♀ 179–196, ⌀ 185 mm (KEAR 1975)
Gewicht: 429–525, ⌀ 462; ♀ 430–520, ⌀ 469 g (ebenda)
Gelege: 3–4 cremefarbene oder grünliche Eier, ⌀ 57,6 × 42,5 mm
Brutdauer: um 28 Tage

Ad. Jahreskleid: ♂ und ♀ etwa gleich gefärbt, ♂ wenig größer als ♀. Schnabel leuchtend gelb, bei Gehegetieren auch fleischrot, dunkel schattiert. Iris beim ♂ rot, beim ♀ braun. Stimme des Erpels ist ein hoher Pfeifton, die der Ente ein dumpfes zweisilbiges Quaken, Art wenig ruffreudig. **Dunenkleid:** Oberseite und Flanken bis zu den Schenkeln schwarzbraun; Gesicht, Brust, Bauchseite sowie hinterer Flügelrand und zwei Fleckchen auf Rücken- und Bürzelseiten weiß; Hinteraugenstreif und Ohrfleck wiederum dunkelbraun. Schnabel grau. **Jugendkleid:** Dunkler und weniger farbklar gezeichnet als ad., Kopf und Hals schwarzgrau (bei ad. schwarzbraun). Schnabel grau oder olivgrün, Iris dunkelbraun, Füße rötlichgrau.
Mauser und Umfärbung: Nach KEAR (1975) wurden mausernde ♂ auf Neuguinea zwischen März und Nov. angetroffen (Brutzeit etwa Mai bis Feb.). Ein kükenführendes ♀ war im Sept. in Schwingenmauser. Ein im Wildfowl Trust gehaltener Erpel wechselte im Okt. die Schwingen.
Verbreitung: Hochlandregionen von Neuguinea, Vorkommen auf Waigeo-Insel unsicher.
Status: Wegen des kleinen Gesamtareals und einem unzureichenden Schutz wird die Salvadoriente heute als gefährdet eingestuft, obgleich sie in bestimmten Gebirgslagen noch in relativ hoher Dichte auftritt. Zur neuen Gefahr können in Flußläufen angesiedelte Forellen als Nahrungskonkurrenz und die Störungen durch Sportangler werden (KEAR 1975). ROSE & SCOTT (1994) schätzen den Gesamtbestand auf 5000 Individuen.

Lebensweise: In ihren schwer zugänglichen Lebensräumen im Bergland von Neuguinea blieben die Salvadorienten lange Zeit unbekannt und lassen bis heute viele taxonomische und biologische Fragen offen. Erst 1894 wurde sie auf der Insel Waigeo entdeckt und beschrieben. Ihre Lebensräume bilden langsam strömende Flußabschnitte, alpine Seen und Waldtümpel in Höhen zwischen 500 und 4000 m, größte Siedlungsdichte bei 3700 m. In den Tälern bis etwa 900 m beherrschen tropische Regenwälder die Landschaft. Bis in 3300 m erstreckt sich der tropische Nebelwald, hier werden die Seen und Flüsse von schmalen Ried- und Grasgürteln umgeben. Über 3300 m dominieren alpine Grasfluren; die Seen und Fließgewässer dieser Region sind die Hauptlebensräume der Salvadoriente. Die Art lebt paarweise oder in kleinen Gruppen auf Geröll- und Schlammufern. Dem Menschen gegenüber sind sie wenig scheu und weichen Gefahren durch Wegschwimmen, seltener durch Auffliegen aus. Brutzeit hauptsächlich zwischen Juni und Mitte Okt., doch sind auch aus den übrigen Monaten Gelege oder kükenführende Enten bekannt. Die Paare leben vermutlich in Dauerehe und verteidigen streng abgegrenzte Reviere. Über einen Gelegefund wurde erstmals 1959 berichtet. Die wenigen seitdem bekanntgewordenen Nester befanden sich unter Grasbülten und Gebüsch. Eine Dunenauspolsterung wird vermutet. Von den Küken wird berichtet, daß sie auf dem Rücken des ♀ getragen werden, eine Verhaltensweise, die unter den Enten nur noch bei der Lappenente vorkommt, die ebenfalls im Mittel nur 3 Eier legt.
Nahrung: Wasserinsekten, Libellenlarven, Wasserkäfer und Kaulquappen, die tauchend ergriffen werden; Tauchdauer im ⌀ 12 Sekunden.
Haltung und Zucht: Die Salvadoriente gehörte noch Ende der 90er Jahre zu den wenigen Arten der Gänse- und Entenvögel, die für die Gehegehaltung nicht etabliert werden konnten. DELACOUR (1956) berichtet über die Bemühungen von E. HALSTROM auf seiner Farm im Hochland von Neuguinea in den 50er Jahren: Mehrere Salvadorienten

wurden mit Netzen eingefangen und auf zwei etwa 500 m² großen Teichen ausgesetzt. Die Tiere blieben lange Zeit scheu. Sie wurden anfangs mit Fischchen und Kaulquappen ernährt, später nahmen sie zusätzlich Körner, Mischfutter, Brot und Grünzeug. Im Jahre 1956 gelang die Aufzucht von 3 Küken, die die Altente selbst führte. Die Salvadorienten waren untereinander stets aggressiv, und es war schwierig, mehr als ein Paar auf einem Teich zu halten. Im Jahre 1959 sandte HALSTROM 15 Salvadorienten nach England in den Wildfowl Trust, damit gelangte die Art erstmals nach Europa. Die Haltung der Tiere erwies sich als sehr schwierig, ein Jahr später lebten davon nur noch drei, die ebenfalls bald starben.

Schwimmenten

Kupferspiegelente
Anas specularis King, 1828

Stockentengroß, robuster Gesamthabitus
Flügel: ♂ 260–280, ♀ 252–277 mm
Gewicht: ♂ 1130, ♀ 960 g
Gelege: 4–6 hellbraune Eier, 54–62 × 39,2–41,7; ⌀ 58,5 × 40 mm (Schönwetter 1960); 60,6–76,2 × 40,7–49,4; ⌀ 64,5 × 47,2 mm (23 Eier, eig. Mess.)
Brutdauer: 30–31 Tage
Schlupfgewicht: 40,5–55, ⌀ 47,1 g (16 Küken, eig. Mess.)
Geschlechtsreife: gegen Ende des 2. Lebensjahres, Brutaktivitäten selten vor dem 3. Jahr

Ad. Jahreskleid: ♂ etwas größer als ♀, der weiße Zügelfleck kann doppelt so hoch wie breit sein, beim ♀ mehr rundlich. Stimme: ♂ leise wispernd, ♀ laute, harte Einzelrufe, die an das Bellen eines kleinen Hundes erinnern. **Dunenkleid:** Kopfplatte und Rücken dunkel sepiabraun, Gesicht in Augenhöhe rotbraun, zu den Wangen hin gelblich; Kehle, Brust und Bauch sowie je ein Fleckchen auf der Rücken- und Bürzelseite grauweiß. Schnabel und Beine dunkel bleigrau, Iris dunkelbraun. **Jugendkleid:** Farbflacher als ad.; weißer Zügelfleck kleiner und von dunklen Federn durchsetzt; Brust und Bauch fein gesprenkelt, Flankenzeichnung weniger kontrastiert. Flügel annähernd so intensiv glänzend wie bei ad., Spiegel beim juv. ♀ weniger ausgedehnt als beim gleich alten ♂, dafür breiter schwarz eingefaßt. Beine matt lehngelb. Knapp 3 Monate alte juv. haben von der nichtdifferenzierten Jugendstimme zur Altersstimme gewechselt, die Geschlechter sind damit gut unterscheidbar.
Mauser und Umfärbung: Die Vollmauser setzt mit dem Schwingenabwurf (in Europa im Juni) ein, wenn die juv. weitgehend selbständig und flugfähig sind. Kleingefieder und Steuerfedern werden bis Aug. gewechselt. Die Teilmauser der juv. vollzieht sich kaum merklich im 1. Herbst; ab Dez. tragen sie das 1. Alterskleid und sind nur noch bedingt an Jugendsteuerfedern zu erkennen. Die Beine hellen während der Befiederung auf, sind zeitweilig graugrün, danach blaß gelb und ab Winter gelb wie bei ad. Signalfunktion hat offenbar die Zügel-Kehl-Region. Bei den Küken werden die anfänglich bräunlichen Dunen noch vor der Befiederung im Zeichnungsmuster der ad. durch weiße ersetzt, ehe die endgültigen weißen Federn heranwachsen.
Verbreitung: Karte 61, Seite 336.
Status: Kupferspiegelenten sind im südlichen Chile und Argentinien mit Bevorzugung der Andenseen etwa gleichmäßig verbreitet. Sie gesellen sich zwar im Winter zu Gruppen zusammen, beanspruchen aber sehr große Brutreviere, treten damit dünn verteilt auf und sind durch Jagd wenig verletzlich. Gesamtbestand (unter 100 000) offenbar nicht bedroht.
Lebensweise: Bevorzugte Lebensräume der Kupferspiegelente bilden größere Flußläufe in den mittleren und unteren Höhenzügen der Anden mit ihren Altwässern, Niederungen und Randseen innerhalb der Waldzone bis hin zur ariden Pampas. Selbst sah ich die Art auf oligotrophen Andenseen mit annähernd vegetationslosem Umland. Im Fluge bricht das Licht den Purpurglanz der Spiegel zu einem leuchtenden Neongrün, ein Signal für Artgenossen, das bewohnte, oft nahrungsarme Territorium zu meiden.

Unterfamilie Anatinae – Schwimmenten **195**

Erpel der Kupferspiegelente.

Brutzeit während des kurzen südlichen Sommers, Eiablage meist im Nov. JOHNSON (1965) fand die Nester auf grasbewachsenen Inselchen der Flüsse, damit gesichert vor dem Graufuchs, und in sehr weiten Abständen; auffällig wiederum die sehr großen Brutreviere. Das ♀ brütet allein, der Erpel beteiligt sich aktiv an der Kükenführung; die geringe Gelegestärke wird durch geringe Kükenverluste kompensiert. Die Paare gehen offenbar Langzeitehen ein.
Nahrung: Neben Pflanzenkost wird ein relativ hoher tierischer Nahrungsanteil aufgenommen. Die Kupferspiegelenten durchwaten die flache Uferzone nach Schnecken und Wasserinsekten, Gehegetiere suchen Grasflächen gezielt nach Regenwürmern ab.
Haltung und Zucht: Kupferspiegelenten wurden in großen Abständen (DELACOUR [1956] nennt nur 3 Importdaten) und in geringer Zahl nach Europa und Nordamerika gebracht. Welterstzucht 1964 im Wildfowl Trust, USA-Erstzucht 1967. Heute ist die Art verbreitet in Privatanlagen, seltener in Zoos anzutreffen. Kupferspiegelenten sind robust und winterhart, zeigen sich vertraut und untereinander ganzjährig eng verpaart, doch aggressiv gegenüber jedem Teichmitbewohner. Dagegen sind Jung- und Einzeltiere weitgehend verträglich und können in Großanlagen mit anderen Arten gehalten werden. Viele Tiere sind bemerkenswert zahm, einzelne Erpel greifen selbst den Pfleger an, wenn er sich dem brütenden ♀ nähert. Die Zucht gelingt heute mit der Mehrzahl der Paare. Legebeginn zwischen Feb. und Anfang April, Nachgelege um Anfang Mai. In eigener Anlage wuchsen in den 80er Jahren 22 Jungtiere auf. Das Paar bewohnte mit Gänsen und Meeresenten ein 80 m langes Gehege. Ab Jan. wurden die Tiere zunehmend aktiv, an warmen Abendstunden hörte man die Bellrufe des ♀. Sobald ab Feb./ März ein zweiter Teich eisfrei wurde, bezog das Paar diesen Gehegeteil. Eine mit Rispenseggen bewachsene Insel war das alljährliche Nestrevier. Den übrigen Gehegetieren wurde nun der Zugang verwehrt, ein-

Kupferspiegelente, ihre Gelege sind stets dick mit dunkelbraunen Dunen umhüllt.

fliegende Stockenten vertrieb der Erpel noch im Landeanflug, selbst die brütende Ente verließ dazu das Nest. Eiablage jeden 2. Tag, alle Gelege enthielten 5 oder 6 Eier. Nach 2–4 Bruttagen kamen diese in den Inkubator, das Paar in ein Kleingehege, und die übrigen Tiere konnten das Gesamtgelände wieder nutzen. Die Küken wurden etwa 10 Tage in einer Box betreut, dann erfolgte die Rückgewöhnung an die Eltern. Der aktivere Erpel bemühte sich sofort, das ♀ nach wenigen Tagen um den Nachwuchs. Jugendentwicklung: Mit 19–21 Tagen entfalteten sich die Schwanzfedern aus den Kielen, mit 22 Tagen die Schulter- und mit 24–25 Tagen die Flankenfedern. Etwa 7 Wochen alte juv. sind voll befiedert, die Flugfähigkeit dürfte in der 10. bis 11. Woche erlangt werden.

Kapente
Anas capensis Gmelin, 1789

Flügel: ♂ und ♀ 168–206, ⌀ 193,8 mm
Gewicht: ♂ 352–502, ⌀ 419; ♀ 316–451, ⌀ 380 g
Gelege: 6–11 hell bräunliche oder cremefarbene Eier, 46,2–54,8 × 33–39; ⌀ 49,7 × 35,6 mm
Brutdauer: 26–29 Tage
Geschlechtsreife: gegen Ende des 1. Lebensjahres, Fortpflanzung der Gehegetiere ab 2. oder 3. Jahr

Ad. Jahreskleid: ♂ und ♀ etwa farbgleich, das ♀ wenig kleiner. Bei Paaren (kaum bei Einzeltieren) geschlechtliche Zuordnung durch geringe Unterschiede der Kopf- und Rückenzeichnung möglich. Stimme vom ♂ ein hohes Pfeifen, vom ♀ ein nasales Quaken. Iris kann zwischen hellbraun, gelblich, rot und dunkel orange variieren. **Dunenkleid:** Oberkopf, ein Unteraugenstreif, Nacken, Rücken sowie Flügel, Schenkel und Schwanzteil fahl graubraun; Gesicht, Unterseite, hinterer Flügelrand und eine breite Linie von den Flügeln über die dunklen Schenkelfeldern bis zu den Bürzelseiten weiß, rahmfarben übertönt. Dunenkleid insgesamt fahlfarben, doch dunkler als das der Marmelente. Schnabel schwarzgrau, Seiten rötlich, Iris dunkelbraun, Füße dunkel rötlichgrau. **Jugendkleid:** Dem Alterskleid sehr ähnlich, insgesamt etwas bräunlich (ad. mehr silbergrau), Schnabel blaßrot, Ränder grau, Iris hell graubraun. Zwischen den Geschlechtern nur feine Nuancen.
Mauser und Umfärbung: Ad. Vollmauser nach beendeter Brutperiode, beginnend mit dem Schwingenabwurf; Flugunfähigkeit 23–24 Tage. Da kein Ruhekleid angelegt wird, erfolgt in der Regel keine weitere Teilmauser. Die juv. beginnen im Alter von 3 Monaten mit der Kleingefieder- und Schwanz-, im 6. Monat mit der Schwingenmauser, so daß sie gegen Ende des 1. Lebensjahres voll durchgefärbt sind (WINTERBOTTOM et al. 1974).
Verbreitung: Karte 62, Seite 336.
Status: Art besiedelt Afrika südlich der Sahara annähernd flächig und spart dabei nur die westafrikanischen Regenwälder aus. Besonders häufig sind Kapenten an den Natronseen Ostafrikas und in großen Teilen Südafrikas anzutreffen. Art global nicht gefährdet; **CITES** Anh. III/C, **Vermarktungsbescheinigung** nicht erforderlich.
Lebensweise: Bevorzugte Lebensräume der Kapente bilden flache, vegetationsarme Brackgewässer der Küsten und Natronseen in der Savanne, Überschwemmungszonen der Flüsse, Wasserrückhalte- und Klärbecken. Nichtbrüter halten sich paarweise in kleinen Trupps auf, immer bereit, nach starken Regenfällen am Ende der regionalen

Erpel der Kapente.

Trockenzeit mit dem Legen zu beginnen oder bei erneut einsetzender Dürre weite innerafrikanische Wanderungen zu unternehmen. Zur Mauserzeit bilden sich große Schwärme. Kapenten tauchen gern zur Nahrungsaufnahme, halten sich jedoch bevorzugt in der schlammigen Uferlinie auf, um mit dem konkav gebogenen Schnabel relativ feine Nahrungsteilchen seihend aus dem Flachwasser zu filtern. Fortpflanzungssaison selbst im kühlen Südafrika über alle Monate des Jahres verteilt. Nester befinden sich in der Riedzone oder unter Gebüsch, gern auf Inselchen. Wenig verdeckte und liederlich erbaute Nester sind neben gut getarnten im hohen Gras und dick mit trockenen Halmen ausgelegten bekannt. Nestdunen graubraun, Konturfedern silberweiß. Das ♀ brütet allein, der Erpel wacht in Nestnähe und führt später die Küken aktiv mit. Eine Betreuung durch beide Eltern ermöglicht mit 5–6 flüggen Jungenten pro Gelege höhere Aufzuchtraten als bei vergleichbaren Arten. Die Paare halten über die Saison hinaus zusammen und sind bei einsetzenden günstigen Bedingungen erneut kurzfristig brutbereit.

Nahrung: Zu über 80% aus Wasserlebewesen, wie Kleinkrebsen, Würmern und Kleinmollusken, die aus dem Flachwasser geseiht werden, ferner Algen, Wasserpflanzen und Samen.

Haltung und Zucht: Erstimport und Erstzucht durch MCLEAN, England, der im März 1938 6 Tiere aus Südafrika erhielt und im gleichen Jahr damit 4 Jungtiere aufzog (DELACOUR 1956); USA-Erstzucht 1959.

Seit den 60er Jahren fand die Kapente in den europäischen Anlagen eine allgemeine Verbreitung. Ihre Haltung ist problemlos, Unterbringung auf sonnigen Anlagen mit nicht zu flachem Teich und guter Bodenvegetation; in Mitteleuropa ist ein Winterschutzhaus anzubieten. Zuchtpaare oft aggressiv. Ähnlich wie in Afrika zeigen auch Gehegetiere zwischen Feb. und Aug. einen uneinheitlichen Legebeginn, der auch bei uns häufig durch Regenperioden ausgelöst wird. Nestanlage in Bruthöhlen oder im Gras. Die ♀ brüten zuverlässig, haben danach aber Probleme, ihre scheuen Küken zusammenzuhalten. Auch wegen der Wärmebedürftigkeit sollte die Kükenaufzucht möglichst in Boxen erfolgen. Entwicklungsdaten nach WINTERBOTTOM (1974): In der 2. Woche entfalten sich die Schwanzfedern, in der 3. die Schwingen und in der 4. werden die meisten Dunen durch Konturfedern ersetzt. Volle Befiederung ab 6., Flugfähigkeit ab 7. Woche.

Schnatterente
Anas strepera Linné, 1758
Syn.: Mittelente

Die 1874 auf den Fanning-Inseln im Süd-Pazifischen Ozean erbeuteten und als *A. s. couesi* (STREETS) beschriebenen Enten, werden heute als verdriftete juv. Schnatterenten angesehen und nicht mehr als Unterart geführt.

Flügel: ♂ 261–282, ⌀ 269; ♀ 243–261, ⌀ 252 mm
Gewicht: ♂ 470–1300, im Mittel 700–920; ♀ 470–1000, im Mittel 630–900 g
Gelege: 8–12 rahmgelbe Eier, 45–59,8 × 34,2–41,8; ⌀ 53,8 × 38,2 mm
Brutdauer: 25–26 Tage
Schlupfgewicht: 19,2–35,5, ⌀ 28,3 g
Geschlechtsreife: knapp einjährig

Ad. Brutkleid: Geschlechtsdimorph, ohne Farbvarianten. ♀ ähnlich denen der Pfeif-, Sichel- und der etwas größeren Stockente, doch kenntlich am hellbraunen Oberschnabel mit schwarzem Firstbereich und schwarzen Punkten auf den braunen Seiten und dem weißen Flügelfeld. **Ad. Ruhekleid**: ♂ und ♀ Kleingefieder annähernd farbgleich, ♂ etwas rotbrauner als ♀, Bauch weiß; Flügel und Füße unverändert. ♂ Schnabeldach dunkelgrau, Seiten ungefleckt gelbbraun, beim ♀ mit deutlicher Fleckung. **Dunenkleid**: Insgesamt dem Stockenten-Küken sehr ähnlich, doch etwas heller und gelber; Oberseite graubaun, nicht oliv übertönt. Schnabel dunkelgrau mit hell fleischfarbenen Rändern, Füße schwarzgrau. **Jugendkleid**: Wie ♀ ad., aber Bauchseite graubraun gefleckt. Flügelfärbung zwischen ♂ und ♀ nur geringfügig differenziert, zur Geschlechtsbestimmung nur bedingt geeignet. Schnabelseiten bei ♂ und ♀ gelbbraun mit feinen schwarzen Punkten.
Mauser und Umfärbung: Ad. ♂ wechselt zwischen Mai und Aug. in das Schlichtkleid; Schwingenabwurf im Juni, dazu werden Mauserzüge (u. a. zum Neusiedler See) unternommen. Die ♀ mausern auf den Brutgewässern, Schwingenabwurf ab Mitte Juli. Das Prachtkleid wird von ad. Erpeln bis Nov., von immat. bis zum März angelegt. Ruhemauser bei ad. und immat. ♀ etwa zeitgleich, aber wegen geringfügigem Farbwechsel kaum erfaßbar.
Verbreitung: Karte 63, Seite 337.
Status: Die Schnatterente gehört zu den weit südwärts beheimateten nordischen Entenarten; als Folge der Klimaerwärmung kommt es heute zu Arealerweiterungen und offenbar zu Populationsvergrößerungen. Winterbestände werden in Nordamerika mit

Erpel der Schnatterente.

knapp 2 Mill., in West- und Südeuropa sowie für Rußland mit weit über 100 000 Tieren angegeben.
Lebensweise: Die Schnatterente ist ein Charaktervogel ausgedehnter Seengebiete der niederschlagsarmen kontinentalen Steppen Asiens und der Prärien Nordamerikas. Auch in Mitteleuropa beschränken sich die Brutvorkommen auf große und von weiten Riedflächen umgebene Flachseen und Boddengewässer. Im Apr. kehren die Paare aus den Winterquartieren zurück. Die Balz ist weitgehend abgeschlossen, so daß die Art in ihrer Unauffälligkeit leicht übersehen wird. Nester auf trockenem Grund, bevorzugt auf Grasinseln, Eiablage Ende Apr., meist im Mai. Die Enten werden um die Mitte der Brutdauer von den Erpeln verlassen. Die Jungenten sind mit 7 Wochen flugfähig.
Nahrung: Überwiegend pflanzlich, bestehend aus Laichkräutern und anderen Wasserpflanzen, Samen und Rhizomen der Riedgräser und Grünteile von Wiesengräsern.
Haltung und Zucht: Schnatterenten werden in Vogelparks und Zoos, weniger dagegen von Züchtern gehalten. Ursache dürften die schlichte Färbung, die ausdrucksschwachen Verhaltensweisen und die absoluten Problemlosigkeiten in Haltung und Zucht sein. Werden Zuchterfolge angestrebt, sollte das Gehege dennoch nicht zu klein sein und einen guten Bodenbewuchs aufweisen. Nestanlage möglichst weit vom Teich entfernt im Gras oder unter Büschen, weniger in Nistkästen. Nicht selten ist die Brutente auf dem Nest gar nicht auffindbar, und sie überrascht den Züchter, wenn sie mit ihren geschlüpften Küken auf dem Teich schwimmt. Kükenaufzucht gelingt mit ♀ oder in Boxen problemlos.

Sichelente
Anas falcata Georgi, 1775

Flügel: ♂ 253–264, ⌀ 259; ♀ 237–249, ⌀ 242 mm
Gewicht: ♂ 590–815, ⌀ 722; ♀ 422–710, ⌀ 585 g
Gelege: 8–10 lehmbraune Eier, 52–58,5 × 38–42; ⌀ 56 × 39,4 mm
Brutdauer: 24–26 Tage

Schlupfgewicht: 23–33,5, 27,9 g (73 Küken, eig. Wäg.)
Geschlechtsreife: gegen Ende des 1. oder 2. Lebensjahres

Ad. Brutkleid: Geschlechtsdimorph, ohne Farbvarianten. ♂ Armdecken einfarbig hellgrau, Endbinde der großen fast weiß, Armschwingen intensiv grünglänzend, Tertiärschwingen zu Sichelfedern verlängert. Beim ♀ kleine und mittlere Decken dunkelgrau, hell gesäumt, die großen mit rahmweißer Endbinde, Armschwingen schwarzgrün, Tertiären schwach verlängert, nicht abwärts gebogen. **Ad. Ruhekleid:** ♂ etwas dunkler und Flanken rotbrauner als ♀, Tertiären relativ breit, angedeutet abwärts gebogen. **Dunenkleid:** Stirn gelbbraun, Kopfplatte und Rückenseite dunkel graubraun, von olivgelben Grannen überzogen. Gelbliches Gesicht mit hellbraunem Augen- und Backenstreif. Fleckchen auf Bürzelseiten und Bauch fahl gelb. Schnabel und Füße dunkelgrau, Iris dunkelbraun. **Jugendkleid:** Im wesentlichen ♀-farben; ♂ mit einfarbig grauen bis graubraunen Armdecken und deutlich abwärts gebogenen schmalen Sichelfedern; beim ♀ alle Armdecken dunkel graubraun, hell gesäumt, Tertiären nicht verlängert.
Mauser und Umfärbung: Ad. ♂ beginnen im Juni mit der Vollmauser an Brust und Flanken, es folgen Rückenpartien einschließlich der Sichelfedern, der Schwingenabwurf und der Steuerfederwechsel; dieser Gefiederwechsel ist etwa Mitte Aug. abgeschlossen. Beginn der Kleingefiedermauser des Erpels etwa zeitgleich mit Brutbeginn des Partners, Paarbindung und Vertilität enden mit dem Schwingenabwurf. Vollmauser des ♀ etwas später und in Abhängigkeit von Brut und Kükenführung. Zwischen Anfang Okt. und Mitte Nov. mausern die ad. Erpel in das Prachtkleid. Jugendmauser Nov./Dez.
Verbreitung: Karte 64, Seite 337.
Status: Art mit Sicherheit nicht gefährdet, obgleich die Größe des Gesamtbestandes nicht bekannt ist, ROSE & SCOTT (1994) schätzen unter 100 000. An einigen Überwinterungsplätzen in Japan, China und Südkorea sehr zahlreich. Große Brutdichte

Erpel der Sichelente.

im Amur-Ussuri-Gebiet, auf dem Chanka-See nimmt die Sichelente 22% der dort mausernden Enten ein (KNYSTAUTAS & SIBNEV 1987).

Lebensweise: Die Biologie der Sichelente ist nur lückenhaft bekannt. Zur Brutzeit werden Sumpf- und Seengebiete mit breiten Riedgürteln in der offenen Niederungslandschaft bewohnt. Im Nov./Dez., noch vor beendeter Umfärbung, setzen Balz und Paarung ein, in den Winterquartieren halten die Paare eng zusammen und treffen nach dem im März/Apr. verlaufenden Frühjahrszug zwischen Ende April und (im Norden) Ende Mai an den Brutplätzen ein. Paarweise oder in kleinen Gruppen halten sie sich dann seeseits entlang der Röhrichtkante auf, suchen gründelnd und seihend nach Nahrung; Balz und Verfolgungsflüge dienen nun der Abgrenzung der Reviere. Brutbiotope bilden ruhige Buchten von Seen und Flußläufen, deren Ufer von Schilf und Laubwald gesäumt sind. Nestanlage im wassernahen Ried, Eiablage im Juni, später als bei anderen Entenarten. Nestdunen dunkel-, im Zentrum hellbraun, Spitzen weiß. Die Erpel führen anfangs die Küken gemeinsam mit der Ente, wandern dann aber zu den Mauserplätzen ab. Im Sept. ziehen die sibirischen Brutvögel zu den Seen der Agrarzonen Südchinas, Koreas und Japans ab. Hier rasten sie mit anderen Entenarten auf der freien Wasserfläche und unternehmen in der Dämmerung Nahrungsflüge zu den umliegenden Feldern. Zahlreiche Sichelenten übersommern südlich der Brutgebiete, so daß eine zweijährige Immaturzeit bei Wildvögeln nicht ausgeschlossen wird.

Nahrung: Überwiegend pflanzlich, hauptsächlich aus Grünteilen der Sumpfvegetation, weniger aus Gräsern bestehend.

Haltung und Zucht: Sichelenten gelangten bereits 1785 lebend nach England und wurden hier 1916 erstmals gezüchtet. Aus den 20er und 30er Jahren gibt es einige Angaben über ihre Haltung bei deutschen Züchtern und in Zoos. Etwa ab 1960 fand die Art in Europa eine stärkere Verbreitung und wird

Unterfamilie Anatinae – Schwimmenten

Erpel der Pfeifente.

seither reichlich gezüchtet. USA-Erstzucht 1948 (STURGEON 1988). Sichelenten sind von ruhigem Temperament, friedfertig anderen Arten gegenüber, winterhart und anspruchslos in der Ernährung. Zuchttiere sollten im Gehege einen wiesenartigen Bodenbewuchs vorfinden. Während im Freiland die Umfärbung in das Prachtkleid nicht vor Ende Dez. beendet ist und die vielen Nichtbrüter auf eine zweijährige Geschlechtsreife schließen lassen, sind Gehegetiere im Okt./Nov. durchgefärbt und mit knapp einem Jahr geschlechtsreif. Die ♀ errichten das Nest in einiger Entfernung vom Teich in hohen Staudenbeständen oder unter Büschen, seltener in Nistkästen. Für das 1. Ei wird nur eine Nestmulde geschart, die Grasauspolsterung entsteht während der täglichen Eiablage am Vormittag, die wenigen Dunen kommen in den ersten Bruttagen hinzu. Erstgelege 9–11, Nach- und Erstgelege juv. Enten 6–7 Eier. Da die Enten in der Bodenvegetation oft durch Raubsäuger und die Gelege durch Igel gefährdet sind, erfolgen Brut und Kükenaufzucht unter technischer Wärmequelle.

Pfeifente
Anas penelope Linné, 1758

Flügel: ♂ 252–281, ⌀ 267; ♀ 242–262, ⌀ 250 mm
Gewicht: ♂ 400–1090, Mittelgewicht 647–872; ♀ 400–910, Mittelgewicht 465–777 g
Gelege: 7–10 hell rotbraune Eier, 49–59,7 × 35–42, ⌀ 54,5 × 38,7 mm
Brutdauer: 23–25 Tage
Schlupfgewicht: 24–32, ⌀ 27,7 g (30 Küken, eig. Wäg.)
Geschlechtsreife: knapp einjährig, Brutaktivitäten meist ab 2. Jahr

Ad. Brutkleid: ♂ und ♀ geschlechtsdimorph, unter ♀ gibt es graue und braune Typen. Axillarfedern bei ♂ und ♀ auf hellem Grund fein grau meliert (vergl. *A. americana*). **Ad. Ruhekleid:** ♂ Kopf, und Mantelgefieder rotbraun, von schwarzen Federn durchsetzt, Bauch ausgedehnt weiß, rein weißes Flügelfeld. ♀ unmerklich verändert, Mantelgefieder und Armdecken graubraun, letztere hell gesäumt. **Dunenkleid:** Kopfplatte und Rückenpartien dunkelbraun, Gesicht rostrot; Unterseite hellbraun, schwach gelblich. Schnabel und Füße dunkelgrau. **Jugendkleid:** wie ♀, doch Bauch nur im Mittelteil weiß; juv. ♂ mit hellgrauen (nicht weißen) Flügeldecken, grauer (statt weißer) Tertiärschwinge, Spiegel schwach glänzend. Beim ♀ Armteil graubraun, Decken hell gesäumt, Schwingen grau, einige matt schwarz. Stimmunterschiede (wie ad.) ab 6. Woche.
Mauser und Umfärbung: Ad. Vollmauser im Frühsommer, Teilmauser im Herbst.

Schwingenabwurf beim ♂ bereits während ♀ brütet, ♀ mausert während der Kükenaufzucht. Ein Erpel, der am 20. Juni die Schwingen abwarf, hatte am 30. Juni das Kleingefieder weitgehend erneuert, zeigte am 10. Sept. erste Schmuckfedern auf Schultern und Flanken und trug Anfang Okt. das fertige Prachtkleid. Bei immat. ist die Jugendmauser 2–4 Wochen später beendet, danach sind sie nur noch am Jugendflügel von ad. zu unterscheiden.
Verbreitung: Karte 65, Seite 337.
Status: Pfeifenten verfügen in ihrem weiten Verbreitungsgebiet über umfangreiche, nicht gefährdete Bestände; ihr Schutz wird weitgehend durch Jagdgesetze geregelt. CITES Anh. III/C, **Vermarktungsbescheinigung** nicht erforderlich.
Lebensweise: Die Brutvorkommen der Pfeifente liegen hauptsächlich an den Gewässern der borealen Nadelwaldzone, nordwärts bis in die Strauchtundra. Große flache Seen, Altwässer und Moore in der Taiga sowie die Bodden- und Schäreninseln der Ostsee bilden die hauptsächlichen Brutbiotope. Auf dem Zuge und im Winterquartier verweilen sie bevorzugt entlang der Meeresküsten. Die Nester befinden sich gut verborgen im Ried, unter Büschen oder in trockener Heide, sie werden allein vom ♀ errichtet. Eiablage selten vor Anfang Mai, meist im Juni bei 24stündigen Legeintervallen, Nestdunen sepiabraun, im Zentrum weiß. Die Erpel zeigen starke Bindung zum Brut-♀, einzelne führen zeitweilig die Küken mit, wandern jedoch dann zu den Mauserplätzen ab. Die Jungenten sind mit 6–7 Wochen befiedert und flugfähig.
Nahrung: Fast ausschließlich pflanzlich; im Frühjahr vor allem Gräser, im Sommer Sumpf- und Wasserpflanzen, im Winter u. a. Tang, Seegras, Algen. Pfeifenten äsen mehr als andere *Anas*-Arten auf kurzgrasigen Wiesen, im Winter gern innerhalb der Gänseschwärme.
Haltung und Zucht: Nach DELACOUR (1956) wurden Pfeifenten bereits im alten Ägypten gehalten, erfolgreiche Zuchten sind aus dem 18. und 19. Jh. bekannt (Zoo Berlin 1881). Belieferung der Tiermärkte bis in die jüngste Zeit mit Tieren aus holländischen Entenkojen. Diese Wildfänge waren robust (Höchstalter 24 Jahre), blieben jedoch scheu und fortpflanzungsinaktiv. Die seit Generationen gezüchteten Pfeifenten sind ruhig und vertraut, ihre Zucht bereitet keine Probleme mehr. Pfeifenten sollten in nicht zu engen und möglichst in grasbewachsenen Anlagen Unterbringung finden, dennoch bleiben Zuchterfolge auch in Kleingehegen nicht aus. Die Paare sind friedfertig gegenüber anderen Arten und neigen relativ wenig zu Hybridbildungen. Verpaarungen mit der Amerikanischen Pfeifente sind jedoch zu vermeiden. Nestanlage gern entfernt vom Teich im Gras, unter Gebüsch, auch in Hütten. Eiablage ab Mitte April, meist im Mai; Nachgelege sind zu erwarten. Brut und Kükenaufzucht, ob mit Ente oder unter technischer Wärmequelle, verlaufen problemlos. Die Küken sind robust und nehmen ohne Anleitung das angebotene Futter gut auf.

Amerikanische Pfeifente
Anas americana GMELIN, 1789

Flügel: ♂ 256–275, ⌀ 264; ♀ 236–256, ⌀ 246 mm
Gewicht: 630–1135, ⌀ 765; ♀ 510–825, ⌀ 710 g
Gelege: 9–10 cremeweiße oder hellbräunliche Eier, 51–60 × 36–40; ⌀ 54,3 × 38,5 mm
Brutdauer: 24–25 Tage
Schlupfgewicht: 24–28,5, ⌀ 25,3 g (12 Küken, eig. Wäg.)
Geschlechtsreife: gegen Ende des 1. Jahres

Ad. Brutkleid: ♂ und ♀ geschlechtsdimorph, Unterflügel (Axillaren, mittlere Decken) in allen Kleidern weiß, bei Hybriden mit *penelope* speziell Axillaren von dunklen Kielen aus begrenzt graubraun meliert. ♂ mit weißer oder gelblichbrauner Stirn. ♀ Kleingefieder grau, fliederfarben übertönt (*penelope* insgesamt bräunlicher). Flügelfärbungen analog eurasischer Pfeifenten. **Ad. Ruhekleid:** Erpel jetzt ♀-farben, Flügel unverändert. Gegenüber *penelope*-Erpel deutlich grauer und heller, von diesem ferner durch weiße Axillaren zu unterscheiden. **Dunenkleid:** Kopfplatte und Rückenpar-

Erpel der Amerikanischen Pfeifente.

tien dunkelgrau, lehmbraun übertönt. Gesicht hell rahmbraun, Ohrfleck dunkelbraun. Ein Band an Bürzelseiten sowie Bauch hell rahmfarben bis blaß strohgelb. Schnabel schwarzgrau, Iris dunkelbraun. Küken heller und stärker gezeichnet als die der *penelope*. **Jugendkleid:** Kleidgefieder wie ad. ♀; ♂ kleine Armdecken grau mit breiten weißen Säumen, mittlere überwiegend einfarbig grauweiß, dunkle Endbinde der großen Decken hell durchsetzt; beim ♀ alle Decken grau und hell gerandet, Spiegel grau mit hellen Flecken.
Mauser und Umfärbung: ♂ unternehmen mit Brutbeginn der ♀ weite Mauserzüge zu großen Seen. Hier Anfang Juni Schwingen- und Kleingefiederwechsel. Die ♀ mausern am Brutgewässer. Erneute Kleingefiedermauser der Erpel ab Ende Aug., ab Okt./Nov. wird das neue Prachtkleid getragen. Die juv. mausern ca. 2 Wochen später; Ende Sept. beginnend ist Ende Nov. das Prachtkleid angelegt, das sich nur noch am Jugendflügel vom Alterskleid unterscheidet.
Verbreitung: Karte 66, Seite 337.
Status: Eine der häufigsten Entenarten Nordamerikas; ihre Brutbestände gibt JOHNSGARD (1978) mit 1,5 Mill. Paaren an; Winterbestand 1993 über 2 Mill. Tiere (ROSE & SCOTT 1994).
Lebensweise: Wie unsere Pfeifenten sind auch sie Bewohner der borealen Binnengewässer, der Seen und Flußniederungen; ihr Zug verläuft jedoch stärker im Binnenland, auch die Überwinterungen erfolgen auf den Flußunterläufen, weniger im Küstenbereich. Nach dem Frühjahrszug treffen die Pfeifenten Mitte April in Südkanada und gegen Ende Mai an den Brutplätzen Alaskas ein. Auf den Brutgewässern erfolgt eine unscheinbare Balz und wenig später der Bezug der Nistreviere. Die Nester befinden sich auf trockenem Grund entlang der Ufer, gern auf Inselchen und in Nachbarschaft anderer Arten. Sie sind in tief gescharrten Mulden errichtet und mit Gras, später mit hellgrauen Dunen ausgelegt. Eiablage zwischen Anfang Mai in den südlichsten und Anfang Juli in den subarktischen Regionen. Die Küken werden allein vom ♀ betreut und sind recht schnellwüchsig. Ab Ende Aug. beginnt im Norden der Herbstzug, die mittleren USA-Staaten werden im Okt./Nov. durchwandert, die Winterquartiere Mittelamerikas im Nov./Dez. erreicht.
Nahrung: Überwiegend pflanzlich, etwa 7 % bilden Mollusken und Wasserinsekten.
Haltung und Zucht: Bemerkenswert spät gelangten einige nordamerikanische Entenvögel in die Gehegehaltung, so auch diese Pfeifenten-Art, die erst nach 1970 in Westeuropa eine allgemeine Verbreitung fand und in den USA 1915, 6 Jahre nach der eurasischen Pfeifente erstmals gezüchtet

wurde. Heute wird sie in begrenzter Zahl bei uns gehalten und problemlos gezüchtet. Hybriden zwischen beiden Arten werden gelegentlich angeboten, sind aber an der Färbung der Axillaren in jedem Alter zu erkennen. Verhalten, Gehege- und Futteransprüche, Robustheit und Verträglichkeit gleichen weitgehend denen unserer Pfeifente. BIEHL (briefl.) zog von einem Paar zwischen 1973 und 1977 93 Junge auf. Erstgelege 11–12, Nachgelege 9–11 Eier, Legebeginn zwischen 10. und 20. Mai sowie zwischen 5. und 15. Juni, die meisten Nester wurden unter kleinen Fichten errichtet. Die von ihm gehaltenen ♀ waren extrem störanfällig am Nest, die Kükenaufzucht gelang annähernd verlustlos.

Chilepfeifente
Anas sibilatrix Poeppig, 1829

Flügel: ♂ 255–275, ♀ 237–245 mm
Gewicht: ♂ und ♀ 600–850 g
Gelege: 8–10 weiße oder hell cremefarbene Eier, 54–63 × 40–43,3; ⌀ 58,4 × 41 mm
Brutdauer: 24–25 Tage
Schlupfgewicht: 26–33, ⌀ 29,8 g
(23 Küken, eig. Wäg.)
Geschlechtsreife: gegen Ende des
1. Lebensjahres

Ad. Jahreskleid: ♂ und ♀ ähnlich, aber gut unterscheidbar; Erpel Kopfseiten stärker grün glänzend und von Schnabelbasis her weiter und klarer aufgehellt als ♀, dieses zusätzlich mit aufgehellter Ohrgegend. Flanken beim ♂ rostrot, die Federzentren weiß, beim ♀ flockig gelbbraun. Mittlere und große Armdecken weiß, beim ♀ graubraun durchsetzt. Eine dunklere Farbphase ist beschrieben, tritt jedoch unter Gehegevögeln kaum auf, als Folge von Inzucht neigen diese eher zu Farbverflachungen und Aufhellungen. **Dunenkleid:** Kopfplatte und Körperoberseite dunkel sepiabraun, unterbrochen von hellen Fleckchen an Flügel, Schenkel und Bürzelseiten. Gesicht rotbraun, Bauchseite hell rahmfarben. Schnabel und Füße schwarz, Iris dunkelbraun. **Jugendkleid:** Farblich dunkler und matter als ad.; Kopf glanzlos schwarzgrau, Rückengefieder nur schmal gesäumt, Flanken dunkel. Juv. ♂ Armdecken weiß, die großen mit schwarzer Endbinde; Armschwingen samtschwarz. Juv. ♀ Armdecken fleckig grauweiß, ohne schwarze Endbinde; Außenfahnen der Armschwingen aufgehellt und graufleckig.
Mauser und Umfärbung: Ad. Vollmauser nach abgeschlossener Legeperiode, bei uns zwischen Juli und Sept. vermutlich eine weitere Kleingefiedermauser im Frühjahr. Juv.

Erpel der Chilepfeifente.

beginnen etwa im Alter von 15 Wochen (entsprechend dem Schlupf im Aug. oder Sept.) an Flanken, Kopfseiten und Brust mit der Umfärbung in das Alterskleid. Die Jugendmauser umfaßt alle Kleingefiederpartien und ist im Okt./Nov. abgeschlossen. Der Schnabel beginnt sich während der Befiederung zu verfärben und ist gegen Ende dieser Teilmauser wie der der ad. Jugendflügel bis zur 1. Vollmauser unverändert.
Verbreitung: Karte 67, Seite 337.
Status: Obgleich Chilepfeifenten ihrer Größe wegen in ganz Südamerika zum bevorzugten Jagdwild gehören, sind sie bis heute weit verbreitet, angemessen häufig (besonders in den südlichen Teilen ihrer Verbreitung) und im Bestand nicht gefährdet.
Lebensweise: Chilepfeifenten bewohnen eutrophe Binnengewässer der offenen Landschaft, wie flache Lagunen, Pampaseen, Flußniederungen, und heute die zahlreichen Wasserrückhaltebecken am Fuße der Gebirge. Die südlichsten Populationen ziehen im Winter nordwärts bis Süd-Brasilien, die übrigen sind ganzjährig seßhaft oder unternehmen kürzere Mauserzüge nach Süden bis Feuerland. Außerhalb der Brutzeit bilden sich kleine Schwärme bis zu 100 Tieren, nur von Mauserplätzen sind große Ansammlungen bekannt. Die Brutzeit liegt im südlichen Frühling zwischen Sept. und Dez., in den Nordregionen auch niederschlagsabhängig. Die einzelnen Paare beanspruchen nur relativ kleine Brutreviere. Nestanlage im Gras und unter Gebüsch, zumeist auf trockenem Grund. Nestdunen sepiabraun mit weißem Zentrum, Konturfedern weiß. Der Erpel beteiligt sich an der Kükenführung, verläßt die Familie zur Mauser und nimmt danach die Paarbindung zum ♀ wieder auf.
Nahrung: Weitgehend pflanzlich und vorwiegend aus Wasserpflanzen bestehend.
Haltung und Zucht: Die ersten Chilepfeifenten gelangten um 1870 in den Zoo London und 1871 in den Zoo Berlin, Zuchterfolge wurden bereits 1873 aus Frankreich und 1875 aus dem Zoo Berlin bekannt (DELACOUR 1956, SCHLAWE 1969), USA-Erstzucht 1930 (STURGEON 1988). Heute gehört diese ganzjährig farbenfrohe und robuste Ente zu den leicht züchtbaren und in Vogelparks und Zoos weit verbreiteten Arten. In Zuchtanlagen sind sie wegen ihrer Einfachheit weniger anzutreffen. Für ihre Unterbringung eignen sich Teiche unterschiedlichster Größe, die Gehege sollten einen Graswuchs aufweisen. Chilepfeifenten sind winterhart und anderen Arten gegenüber friedfertig, neigen in gemischten Kollektionen jedoch zu Mischpaarungen. Eiablage ab Anfang April, meist im Mai. Gelegt wird in Hütten, Kästen oder in der Vegetation; Erst- und Zweitgelege im ⌀ 11, Drittgelege 6–8 Eier, Intervalle zwischen zwei Vollgelegen im Mittel 14, Minimum 7 Tage. Die Enten brüten sicher und führen auch die Küken zuverlässig. In eigener Anlage betreute ein ♀ in mehreren Jahren den gesamten Entennachwuchs, zeitweilig über 30 Küken. Ebensoleicht ist die Aufzucht der Pfeifenten-Küken in Boxen. Etwa in der 5. Woche, wenn die Flügeldecken entfaltet sind, beginnen die jungen Erpel ihr arttypisches Pfeifen zu üben. Trotz Geschlechtsreife mit einem Jahr werden Chilepfeifenten selten vor dem 2. Jahr fortpflanzungsaktiv.

Schwarzente
Anas sparsa Eyton, 1838

Zwei Unterarten: Die **Südafrikanische Schwarzente**, *A. s. sparsa* Eyton, und die deutlich kleinere und hellere **Abessinische Schwarzente**, *A. s. leucostigma* Rüppell. Die **Westafrikanische Schwarzente**, *A. s. maclatchyi* Berlioz, wird heute als isolierte Regenwaldvariante von *leucostigma* gesehen. Gehegetiere gehören weitgehend der Nominatform an.
Flügel: *sparsa* ♂ 245–272, ♀ 232–248 mm
Gewicht: *sparsa* ♂ 1000–1270, ♀ 730–1030; Jahresmittel ♂ 1086, ♀ 914 g
Gelege: 5–7 lehmbraune Eier, 57–66 × 43,6–46,5; ⌀ 59,3 × 44,9 mm
Brutdauer: 28–29 Tage
Schlupfgewicht: 35–42,5, ⌀ 36,7 g (17 Küken, eig. Wäg.)
Geschlechtsreife: Brutaktivitäten sind ab 2. Jahr zu erwarten

Ad. Jahreskleid: *A. s. sparsa* Gesamtgefieder schwarzbraun mit breiter hellbrauner

Paar der Südafrikanischen Schwarzente.

bis weißer Querbänderung über Rücken und Schwanz. Schnabeldach schwarz. ♂ größer und schwärzer als ♀. *A. s. leucostigma* heller, mehr graubraun, schmaler und spärlicher gebändert, Schnabel entlang der Ränder blaß rötlich. **Dunenkleid:** Gesicht gelbbraun, von einem schwarzen Augen- und Backenstreif durchzogen; übrige Kopfpartien, Hals, Rücken und Körperseiten schwarzbraun, eine schmale Linie über Brust und Bauch, Achseln, hinterer Flügelrand, kleine Flecke am Schenkelansatz und Bürzel dunkel lehmgelb, Schnabel und Füße schwarz. **Jugendkleid:** Oberseits schwarzgrau, braun übertönt, Einzelfedern gelbbraun gesäumt, arttypische Querbänderung nur angedeutet. Bauchseite bis hoch zum Vorderhals rahmgrau (ad. schwarz). Schwanzdecken und Steuerfedern einfarbig schwarzgrau. Flügelbug befiedert, bei ad. als Sporn hervortretend. Stimmunterschiede der Geschlechter: ♂ leises Wispeln, ♀ kräftiges, knarrendes Quaken.
Mauser und Umfärbung: Vollmauser der Schwarzenten in Südafrika zwischen Okt. und Dez.; nach dem Schwingenabwurf folgen Schwanz- und Kleingefiedermauser. Periode der Flugunfähigkeit 25–26 Tage, Erpel werfen Schwingen etwa 1 Monat vor dem ♀ ab. Eine weitere Kleingefieder-Teilmauser zwischen Feb. und Mai. Vollmauser unserer Gehegevögel setzt bei Nichtbrütern ab Apr., bei brutaktiven Paaren zwischen Mai und Juli ein, ferner spärliche Teilmauser gegen Ende des Winters. Jungtiere sind mit knapp 3 Monaten ausgewachsen und wechseln nun in rascher Folge in das 1. Alterskleid, dabei werden die Steuerfedern stufenweise und das gesamte Kleingefieder erneuert; der grauweiße Bauch wird schwarz vermausert, danach erhalten Rücken- und Oberschwanzdecken die weiße Altersfleckung. Immat. danach von ad. nur noch an relativ unreiner Flügelfärbung bedingt unterscheidbar.
Verbreitung: Karte 69, Seite 338.
Status: Die Schwarzente ist in Afrika mit größter Häufigkeit im Südteil weit verbreitet, doch Habitatansprüche (Flußläufe der Montanregionen) und die Inbesitznahme großer Reviere durch Einzelpaare begrenzen die Populationsstärken. Heute vereinzelt durch Waldrodungen gefährdet. Die beiden nördlichen Populationen sind ohnehin relativ klein, aber vermutlich nicht gefährdet.
Lebensweise: Schwanzenten leben paarweise entlang von Flüssen und Bächen in bewaldeten Bergregionen und den Savannen, in Abessinien bis in 4 000 m Höhe, in Westafrika an ruhig fließenden, schattigen Waldgewässern der Niederungen. BALL et al. (1978) fand die meisten Paare in Südafrika an 3–14 m breiten und um 1 m tiefen und von Galeriewäldern gesäumten Bächen mit landwirtschaftlichen Stauanlagen. SIEG-

FRIED (1977) beobachtete bis zu 200 Alt- und eben flügge Jungvögel an gemeinsamen Übernachtungsplätzen, die sich tagsüber wieder auf die Reviere entlang der Flüsse verteilten. Ihr Flug ist kraftvoll, sie besitzen ein gutes Tauchvermögen. Da Schwarzenten vornehmlich permanente Gewässer bewohnen, ist ihre Fortpflanzungszeit wenig niederschlagsabhängig. Bruten in Südafrika vorwiegend Aug./Sept., im dortigen Frühling, in übrigen Regionen sehr unterschiedlich. Die Nester befinden sich in der dichten Ufervegetation, gern auf Inselchen, seltener in hohlen Bäumen. Legeintervalle 24stündig, Brut und Kükenführung allein durch ♀. Jungenten sind mit 9–10 Wochen befiedert. Außerhalb der Brutzeit werden regional Wanderungen in wärmere Gebiete unternommen, wo es dann zu Schwarmbildungen kommt.

Nahrung: Hoher Anteil Kleinlebewesen, wie Wasserschnecken und -insekten, aber auch Fischchen, Landwirbellose und Pflanzenteile.

Haltung und Zucht: Erstmalig gelangte 1914 ein Paar Schwarzenten aus Natal nach Holland, mit dem BLAAUW zwei Jahre später Junge aufzog. Danach folgten in großen Abständen Importe, u. a. in den 20er und 30er Jahren für Clères, Frankreich, und nach 1950 für den Wildfowl Trust in Slimbridge. Seit den 60er Jahren wird die Art in großen Zoos und in neuerer Zeit auch von Züchtern gehalten. Schwarzenten-Paare sind untereinander ganzjährig friedfertig und zuweilen recht zahm, zu allen Teichmitbewohnern jedoch hoch aggressiv. Unterbringung vorzugsweise in Einzelgehegen mit Teich und Bodenbepflanzung. Da diese Enten nicht voll winterhart sind und mit dem Legen ab Feb. zu rechnen ist, empfiehlt sich ein angrenzender Schutzraum. Als Nahrung erhalten sie neben Weizen und Pelletfutter vor allem in der Fortpflanzungszeit Garnelen, Mehl- und Regenwürmer oder Fischchen (Stinte). Erstzuchten nach BLAAUW: 1953 (oder 1955) Wildfowl Trust, 1963 Nominatform und 1965 Abessinische Schwarzente in den USA (STURGEON 1988), 1986 Tierpark Berlin, 1995 erstmalig in eigener Anlage. Frühe Gelege bestehen oft nur aus 3–5, Nachgelege im Apr./Mai aus bis zu 7 Eiern. Die ♀ brüten fest und ruhig, vermutlich würden auch die Küken unter Führung der Eltern verlustarm aufwachsen. Aufzucht in eigener Anlage in Boxen, das Aufzuchtfutter wird durch tierische Anteile ergänzt. Küken zeigen folgende Entwicklung: ab 18. Tag Entfaltung der Steuerfedern aus den Kielen, mit 21 Tagen Befiederungsbeginn an Schultern und Flanken, eine Woche später der Unterseite. Mit 2 Monaten sind Jungenten rundum befiedert, mit knapp 3 Monaten ausgewachsen, nach weiteren 25 Tagen ist der Schnabel hell bleigrau mit schwarzem Sattel wie ad. Über die Gewichtsentwicklung südafrikanischer Gehegetiere schreiben FROST et al. (1979): Juv. wiegen nach dem Schlupf knapp 40 g, 20 Tage alt 190 g, mit 40 Tagen 500 g und Erpel mit 60 Tagen 730, die ♀ um 680 g und nach weiteren 60 Tagen die Erpel 950, die Enten um 800 g. Mit 63 Tagen erhalten sie die Flugfähigkeit. Junge Schwarzenten sind voll verträglich und können in Gemeinschaft anderer Jungtiere heranwachsen.

Dunkelente
Anas rubripes Brewster, 1902

Flügel: ♂ 259–296, ⌀ 284,7; ♀ 259–274, ⌀ 265,7 mm
Gewicht: ♂ 905–1730, ⌀ 1245; ♀ 850–1330, ⌀ 1135 g
Gelege: 9–12 grünliche oder lehmgelbliche Eier, 55–64 × 41–46,5; ⌀ 59,6 × 43,3 mm
Brutdauer: 26–28 Tage
Schlupfgewicht: 27,3–37,2, ⌀ 31,3 g (SMART 1965)
Geschlechtsreife: gegen Ende des 1. Lebensjahres

Ad. Brutkleid: Ähnlich dem Stockenten-♀, doch ♂ Gesamtgefieder einschließlich Steuer- und Scapularfedern schwarzbraun, nur schmal lehmfarben gesäumt, Kopfseiten und Hals aufgehellt. ♀ durch breite Federsäume noch stockentenähnlicher. Flügelspiegel bei ♂ und ♀ dunkelviolett und von breiten samtschwarzen Binden eingefaßt, das Weiß der Stockente fehlt. Schnabel ♂ gelboliv, beim ♀ grünlichgelb, zur Wurzel hin

Paar der Dunkelente.

schwarzfleckig orange. **Ad. Ruhekleid:** Gegenüber Brutkleid nur wenig verändert; Kopfseiten und Hals etwas grauer, Schnabel beim ♂ grauoliv. **Dunenkleid:** Ähnlich wie Stockenten-Küken, insgesamt dunkler, Augen- und Ohrfleck ausgedehnter und fast schwarz. Schnabel und Füße dunkelgrau. **Jugendkleid:** Etwa wie ad. ♀ mit relativ breiten hellen Federsäumen.
Mauser und Umfärbung: Sie verlaufen in gleicher Abfolge und im gleichen Jahreszyklus wie bei der Stockente.
Verbreitung: Karte 71, Seite 338.
Status: Die Dunkelente verfügte nach groben Schätzungen in den 50er und 60er Jahren über ca. 4 Mill. Individuen. Seither ist ihr Bestand stark rückgängig, Winterzählungen 1993 ergaben 278 000 Individuen. Die Ursachen sind unklar, doch haben die sich stärker durchsetzenden Stockenten und der überhöhte Jagddruck in den USA großen Einfluß. Trotz scheinbar naher Verwandtschaft zur Stockente ergaben Untersuchungen an 58 000 geschossenen Tieren beider Arten nur 318 intermediäre Bastarde und regionale Maxima von 0,2 bis 1,7% Hybriden (JOHNSGARD 1961). Heute dringt die Stockente zunehmend in die traditionellen Habitate der Dunkelente ein und erhöht damit den Hybridanteil.
Lebensweise: Dunkelenten sind wie die Stockenten Bewohner der Niederungsgebiete, besiedeln aber stärker reine Waldgewässer und brackige Küstensümpfe, die von der Stockente bisher gemieden wurden. Überwinterung in großen Schwärmen entlang der Küste, in Flußmündungen und auf Brackwasserseen, dabei offenbar kälteverträglicher als Stockente. Gegen Ende des Winters haben sich die Paare gebildet, ziehen gemeinsam in die Brutgebiete zurück und beginnen zwischen März und Ende April mit der Eiablage. Die Nester werden in der Bodenvegetation, oft unter Sträuchern und Büschen, seltener in Höhlungen errichtet. Die Erpel verlassen das ♀ nach den ersten Bruttagen, kehren aber für eine gewisse Zeit der Kükenführung nochmals zu-

Floridaente, vorn der Erpel.

rück. Schwarmbildung ab Juli, Abzug in die Wintergebiete Sept./Okt.
Nahrung: Grünteile und Samen der Sumpf- und Wasserpflanzen sowie Wasserschnekken, -insekten und Würmer. Der tierische Anteil ist offenbar zu jeder Jahreszeit relativ hoch und kann im Frühjahr zwischen 55 und 75 % betragen.
Haltung und Zucht: Dunkelenten wurden vom Zoo Berlin erstmals ab 1874 (SCHLAWE 1969) und derzeit auch vom Zoo London gehalten. Als Erstzuchten wurden bekannt: 1909 USA (STURGEON 1988), Zoo London und BLAAUW, Holland, 1911, Zoopark Clères, Frankreich, nach 1930, nach 1950 Wildfowl Trust in England. Wegen der wenig attraktiven, stockentenähnlichen Gesamterscheinung wurde die Art nicht in Privatanlagen gehalten und kaum über sie berichtet. Die erzielten Fortpflanzungsraten waren offenbar kleiner als von verwandten Arten der Stockenten-Gruppe.

Artengruppe: Stockenten

Stockente, *Anas platyrhynchos* Linné, 1758
Floridaente, *Anas fulvigula* Ridgway, 1874
Hawaiiente, *Anas wyvilliana* Sclater, 1878
Laysanente, *Anas laysanensis* Rothschild, 1892 [Seite 212]

Art- und Unterartstatus der Stockenten-Gruppe sind nicht endgültig geklärt. Die weitverbreitete **Stockente,** *A. p. platyrhynchos* Linné, die etwas größere **Grönland-Stockente,** *A. p. conboschas* C.L. Brehm, und die **Mexiko-Stockente,** *A. p. diazi* Ridgway, bilden heute die eigentliche Art **Stockente.** Die bisherigen Unterarten **Laysan-Stockente,** *A. p. laysanensis* Rothschild, und **Hawaii-Stockente,** *A. p. wyvilliana* Sclater, sowie die stockentenähnliche **Florida-Stockente,** *A. p. fulvigula* Ridgway, zusammen mit der *A. p. maculosa* Sennett erhalten jeweils Artstatus. Alle Formen sind in Europa nachgezüchtet, Verbreitung fand die Laysanente, weniger die Hawaiiente.

Die **Marianenente,** *Anas oustaleti* SALVADORI, wird heute als eine kleine Bastardpopulation von Stockente und Palau-Augenbrauenente angesehen, die auf den Binnenseen der Marianen-Inseln lebt und bestandsgefährdet ist. **CITES** Anh. I/A, **Vermarktungsbescheinigung** erforderlich.

Fortpflanzungsdaten Stockente, *A.p. platyrhynchos*
Gelege: 7–13 meist hellgrüne Eier, 50–64,3 × 36,4–45,5; ⌀ 57,8 × 40,7 mm
Brutdauer: 24–28 Tage

Artengruppe: Stockenten
Kennzeichen und Meßwerte

	Flügel (mm)	Gewicht (g)
Stockente A. p. platyrhynchos	♂ und ♀ geschlechtsdimorph, ♂ Pracht- und Schlichtkleid ♂ 272–285, ⌀ 279 ♀ 257–273, ⌀ 265	 850–1572, ⌀ 1100 750–1320, ⌀ 970
Grönland-Stockente A. p. conboschas	geschlechtsdimorph, groß und kurzschnäblig, relativ hell, ♂ Pracht- und Schlichtkleid ♂ 275–306, ⌀ 292 ♀ 261–285, ⌀ 272	
Mexiko-Stockente A. p. diazi	♂ und ♀ ♀-farben, groß, Körpergefieder dunkel, Spiegel von weißen Binden eingefaßt, Schnabel ♂ gelbgrün, ♀ matt orange ♂ 285–295, ⌀ 289 ♀ 258–270, ⌀ 266	 960–1060 815– 990
Floridaente A. fulvigula	♂ und ♀ ♀-farben, wenig kleiner als *diazi*, Kopf- und Halsseiten hell lehmbraun, Spiegel grün, nicht weiß eingefaßt, Schnabel gelb mit schwarzem Nagel ♂ 237–264, ⌀ 252 ♀ 222–245, ⌀ 234	 bis 1280, ⌀ 1030 bis 1131, ⌀ 968
Hawaiiente A. wyvilliana	♂ und ♀ ♀-farben, klein, Deckgefieder ♂ hellgrau, ♀ hellbraun, ♂ mit angedeutet grünem Kopf und Hals, Schnabel dunkel olivgrün ♂ 212–228 ♀ 210–220	 ⌀ 670 ⌀ 573
Laysanente A. laysanensis	♂ und ♀ ♀-farben, Deckgefieder rehbraun, Kopf und Hals ♂ schwarzbraun, ♀ braun; Gesicht ♂ wenig, ♀ ausgedehnt weiß, Schnabel blaugrün mit schwarzem Firststreif ♂ 192–210 ♀ 190–196	 ⌀ 447 ⌀ 451

Schlupfgewicht: 28–40, ⌀ 38 g
Geschlechtsreife: gegen Ende des 1. Lebensjahres

Ad. Brutkleid: Stockente: unter Wildvögeln kaum Farb- oder Größenvariitäten. Abweichungen in Urbanpopulationen durch Einkreuzung von Hausenten; typisch sind Eindunklungen und weiße Halsschilde. **Ruhekleid:** ♂ weitgehend ♀-farben, Oberkopf und Rückenpartien dunkel graubraun, schwach grünglänzend, Federn nur schmal hell gesäumt; Brust rötlichbraun. ♀ nur unbedeutend verändert. **Dunenkleid:** Oberseits olivbraun, grünlich übertönt; Kopfseiten, Brust, Bauch, Flügelränder und Fleckchen auf seitlichem Rücken gelb. Schnabel und Füße hornfarben. **Jugendkleid:** Farblich weitgehend wie ad. ♀. Steuerfedern der juv. schmal, an den Spitzen abgenutzte oder ausgebrochene Stellen, an denen die Nestlingsdunen saßen. Schnabel bei ♂ und ♀ rötlich hornfarben.
Mexikoente: ♂ und ♀ stockentengroß, schlichtfarben, Steuerfedern nicht aufgehellt, Kleingefieder relativ dunkel, Flügelspiegel nur von schmalen weißen Kanten eingefaßt. ♂ Kopf- und Halsseiten deutlich heller als Rumpfgefieder, Schnabel gelbgrün. ♀ Schnabel graugrün, Seiten orange.
Floridaente: ♂ und ♀ wenig dunkler als ♀ der Stockente, weiße Spiegeleinfassung fehlt

Erpel der Hawaiiente.

weitgehend. Schnabel ♂ gelb, Nagel, Nasenloch und Schnabelwinkel schwarz, ♀ olivgelb, First und Seiten schwärzlich.

Hawaiiente: Kleiner als Stockente, beide Geschlechter ♀-farben. ♂ Kleingefieder variabel, im Brutkleid durchweg dunkelbraun oder mit schwarzgrünem, schwach glänzendem Kopf und Hals, schmalen hellen Augenringen und purpurbrauner, dunkel gesprenkelter Brut. Bürzel und Oberschwanzdecken schärzlich, die mittleren Steuerfedern leicht nach oben eingerollt.

Ausführliche Beschreibungen in MADGE & BURN (1988).

Mauser und Umfärbung: Beim ad. ♂ der Stockente setzt Umfärbung in das Ruhekleid Mai/Juni mit dem Abwurf der mittleren Steuerfedern ein, es folgen Kleingefieder- und Schwingenmauser. Sind mittlere Steuerfedern nachgewachsen, fallen die äußeren Paare aus. Während Schwingenwechsel 3–5 Wochen flugunfähig. Schwingenmauser der ♀ im Sept., Kleingefiederwechsel Okt./Nov., beim Erpel ab Sept. Die Jugendmauser (Kleingefieder, Scapular- und Schwanzfedern) setzt bei Frühbruten im Aug. ein und kann sich bei spät geschlüpften bis Dez. oder Feb. hinziehen.

Verbreitung: Karte 68, Seite 338.

Status: Stockenten besiedeln vielfältige Lebensräume und verfügen damit über riesige Populationen in der Paläarktis und Nearktis. Gesamtbestand der Grönland-Stockente mit knapp 100 000 Tieren stabil. Winterzählungen der Mexikoente ergaben Ende der 80er Jahre 55 000 Individuen, darunter Hybriden mit der Stockente (KEAR & WILLIAMS 1978, CALLAGHAN & GREEN 1993). Von der Floridaente existieren bis heute stabile Populationen, Zählungen ergaben über 100 000 Tiere. Über Hawaii- und Laysanente, die zwischen 1920 und 1950 der Ausrottung nahe standen, berichtet u. a. KOLBE (1984). Heute verfügen beide über relativ gesicherte Bestände, letzlich auch das Ergebnis der Auswilderung gezüchteter Tiere. CALLAGHAN & GREEN (1993) geben den Bestand der Hawaiiente mit 2 500 Individuen an, dagegen sei die Freilandpopulation der Laysanente bis Mai 1994 erneut auf 38 Tiere zusammengebrochen.

Lebensweise: Stockenten zeigen große Toleranz an Lebensraum und Brutplatz. Bevorzugt werden eutrophe Binnengewässer, doch fehlt die Art nicht an den Küsten, auf Bergseen, an Gräben und Tümpeln wie auf Stadt- und Dorfteichen. Die Mexikoente bewohnt Gewässer der Agrarlandschaft, die Floridaente Niederungen, Steppenseen und Brackwasserlagunen entlang der USA-Golfküste, die Hawaiiente alle sich bietenden Gewässertypen der Inseln, wie Gräben, Stauanlagen, Sumpfniederungen oder überflutete Felder. Stockenten beginnen im

Herbst mit Balz und Paarung, der sog. Verlobung und kurz nach dem Eisfreiwerden der Brutgewässer mit Nestbau und Eiablage (Märzente). Die Erpel zeigen dann starke polygame Neigungen, sie begatten, oftmals gewaltsam, fremde (in Gehegen auch artfremde) ♀. Neststand sowohl im Ried als auch erhöht auf Kopfweiden oder an Häusern. Legeintervalle etwa 24stündig. Bei Verlust des ersten erfolgt ein Nachgelege. Brut und Kükenaufzucht allein durch ♀, Erpel bilden in der Zeit kleine Mausergruppen. Ab Juli/Aug. erste Schwarmbildungen, mit Frosteinbruch im Okt./Nov. ziehen Brutvögel westwärts und werden durch Zuzug aus Nordost ersetzt.

Nahrung: Weit überwiegend pflanzlich, sie wird durch Seihen und Gründeln aufgenommen. Nutzung lukrativer Futterquellen, wie Eicheln, Getreide, Fütterung auf Parkteichen.

Haltung und Zucht: Die frühe Domestikation der Stockente beweisen Anpassungsfähigkeit und leichte Züchtbarkeit. Von Züchtern wird die Art kaum gehalten, viele Anlagen haben unter dem Einflug wildlebender Stockenten durch Parasiteneintrag, Futterverluste und unerwünschten Bastardierungen zu leiden. Von den weiteren Formen gelangte die Grönland-Stockente 1959 in den Wildfowl Trust und wurde hier 1977, in den USA 1960 erstmals gezüchtet, verschwand aber aus dem Trust um 1985 wieder. Floridaenten erreichten um 1930 Clères, Frankreich, und 1949 den Wildfowl Trust, erfolgreiche Zuchtperioden schlossen sich an. Erste Mexikoenten wuchsen im Wildfowl Trust 1969 heran. Von der Hawaiiente wurden im Zoo von Honolulu um 1950 Tiere aus Wildvogeleiern aufgezogen, mit denen bereits 1951 die Erstzuchten in den USA und in Slimbridge gelangen. Die kleine Gehegegruppe fand danach eine relativ weite Verbreitung (Zucht u. a. ab 1968 im Tierpark Berlin und in Privatanlagen der ehem. DDR). Das Intern. Zoo Yearbook (1992) nennt für 1990 weltweit 25 Zoo-Kollektionen, in denen etwa 200 Hawaiienten gehalten werden. In europäischen Zuchtanlagen stehen neben achtlosem Umgang seit den 70er Jahren auch gezieltes Bemühen um den Erhalt dieser kleinen Ente. SPRENGER, Zöschen/Sa. (mündl.) zog 1998 mit mehreren Paaren Jungtiere auf, die zumindest phänotypisch noch als reine Hawaiienten anzusprechen sind.

Laysanente
Anas laysanensis Rothschild, 1892

Gelege: 5–7, Nachgelege 3–5 große grünliche Eier, 53,1–62,6 × 35,9–41,2; ⌀ 57,1 × 38,7 mm (eig. Mess.)
Brutdauer: 26 Tage
Schlupfgewicht: um 30 g
Geschlechtsreife: knapp einjährig

Ad. Jahreskleid: ♂ und ♀ dunkel kastanienbraun. Kopf und Hals schwarzbraun, beim ♂ Augenregion, beim ♀ Gesicht, Kehle und Hals mehr oder weniger weiß durchsetzt. Flügelspiegel grün, von einer schwarzen und weißen Endbinde auf den Armschwingen und einer schwarzen auf den großen Decken begrenzt. Ein Teil der Erpel mit schwarzgrünem Kopfgefieder und zurückgekrümmten Erpelfedern. Schnabel ♂ blaugrün mit breitem schwarzem Firststreif, beim ♀ bräunlich mit schwarzen Flecken. Iris ♂ dunkelbraun, ♀ hellbraun; Füße ♂ leuchtend orangerot, ♀ rotbraun. **Dunenkleid:** Oberseite dunkel olivbraun, Gesicht leicht aufgehellt und von einem braunen Augen-Ohr-Streif durchzogen, Bauch hellbraun, eine helle Rückenfleckung fehlt fast völlig. Schnabel grünlich-hornfarben, Iris dunkelgrau, Füße blaß grünlichbraun. **Jugendkleid:** Kleingefieder dunkler und stumpfer als bei ad., Spiegelglanz, Endbinden auf Armschwingen und großen Decken nur angedeutet. Kein oder nur wenig Weiß im Gesicht. Zwischen den Geschlechtern bestehen sichtbare, aber kaum allgemeingültige Farbnuancen.
Mauser und Umfärbung: Analog der Stockente, weiße Gefiederanteile an Kopf und Hals nehmen im Alter zu.
Verbreitung: Karte 68, Seite 338.
Status: MOULTON & WELLER (1984) haben die Populationsgeschichte der Laysanente aufgearbeitet, die für viele Inselformen klassisch ist, für sie jedoch mit „happy end". Von

Laysanente.

1891 bis 1904 wurde die Ente durch Guano-Arbeiter so stark verfolgt, daß der Bestand 1902 auf unter 100 sank. Im Jahre 1909 wurde die Insel zum Vogelschutzgebiet erklärt, danach dezimierten japanische Federjäger die Enten weiter, 1912 waren es noch 7 Tiere. Gleichzeitig begannen ausgesetzte Kaninchen die Bodenvegetation der Insel aufzufressen und vernichteten sich später damit selbst. Um 1923 erholte sich die Vegetation wieder. Im Sommer 1930 war nur noch ein ♀ am Leben, dessen Gelege von einem Brachvogel zerstört wurde. Aus einem Nachgelege wuchsen dann Jungtiere heran. Bis 1950 vergrößerte sich die Population auf 33, heute pendelt der Bestand auf Laysan zwischen 500 und 700 Tiere. Die Gehegepopulationen der Laysanente sind heute durch Mutationen (rahmfarben und weiß bis fast schwarz), vermutlich auch durch Einkreuzung von Zwergenten weitgehend entstellt. **CITES** Anh. I/A, **Vermarktungsbescheinigung** nicht erforderlich.

Lebensweise: Den Lebensraum der Laysanente bildet die 3 × 1,5 km (370 ha) große Laysan-Insel, in deren Zentrum sich eine große Brackwasserlagune befindet und deren höchster Punkt sich nur 12 m über dem Meeresspiegel des Ozeans erhebt. Paarweise, in kleinen Gruppen und zur Mauserzeit zu einem Schwarm vereint besiedeln diese Enten das Eiland. Sie laufen auf der ganzen Insel umher, fliegen nur selten, obgleich sie dazu gut in der Lage sind, und suchen in den Abend- und Morgenstunden ihre Nahrung. Brutzeit Mai bis Juli, Nester werden nahe der Lagune unter Büschen und Grasbülten angelegt. Brutdaten sind vernehmlich von Gehegetieren bekannt.

Nahrung: Neben Land- und Wasserpflanzen zu einem beträchtlichen Teil Raupen von Nachtschmetterlingen.

Haltung und Zucht: Aus der Gruppe der Stockente fand in Europa allein die Laysanente in der Gehegehaltung eine allgemeine Verbreitung. Eine Periode erfolgreicher Nachzuchten setzte, nach den Anfangsbemühungen im Zoo Honolulu, 1959 im britischen Wildfowl Trust und 1960 in 4 Zoos der USA ein. Trotz des bemerkenswert kleinen Ausgangsmaterials (im Trust 1 Paar), hielt die ergiebige Züchtbarkeit vielerorts bis heute an; allein im Wildfowl Trust wuchsen weit über 500 Jungtiere auf. Erstzucht in der ehem. DDR 1967 mit 3 ♀ und einem Erpel durch FRANKE, Leipzig. Laysanenten eignen sich durch ihr ruhiges und vertrautes Wesen besonders für die Haltung in Kleinanlagen, die nicht von Stockenten beflogen werden (Vermeidung von Hybriden) und einen guten Raubsäuger-Schutz aufweisen. Während der nächtlichen Suche nach Würmern und Insekten entfernen sich die Enten vom Wasser und werden dabei schnell zur

Beute von Mardern und Katzen. Die Art ist wenig kälteempfindlich, sollte jedoch in den Wintermonaten einen Schutzraum aufsuchen können. Brutpaare können untereinander und gegenüber Gehegemitbewohnern aggressiv werden, empfehlenswert ist die Haltung in Einzelgehegen. ♀ beginnen ab 2. Aprilhälfte, meist im Mai, mit der Eiablage, bevorzugt in Nistkästen. Die Kükenaufzucht verläuft in Boxen wie bei den Eltern problemlos.

Fleckschnabelente
Anas poecilorhyncha Forster, 1781

Die bisherigen **drei Unterarten**, die **Indische Fleckschnabelente**, *A. p. poecilorhyncha* Forster, mit der farblich sehr ähnlichen **Burmesischen Fleckschnabelente**, *A. p. haringtoni* (Oates) und abgetrennt die **Östliche Fleckschnabelente**, *A. p. zonorhyncha* Swinhoe, werden heute auch als zwei selbständige Arten angesehen. Die Östliche Fleckschnabelente zeigt ihrerseits weitgehende Übereinstimmungen mit den Augenbrauenenten.

Indische Fleckschnabelente

Flügel: ♂ 260–280, ♀ 250–268 mm
Gewicht: ♂ 1230–1500, ♀ 970–1350 g
Gelege: 8–14 blaß grüne, graue oder fast weiße Eier, 50–60 × 37–46, ⌀ 56 × 42,3 mm
Brutdauer: 26–28 Tage
Schlupfgewicht: 27–35,7, ⌀ 32,3 g
Geschlechtsreife: knapp einjährig

Ad. Jahreskleid: Indische Fleckschnabelente: Gesamtgefieder dunkelgrau, besonders Brust und Bauch breit hell silbergrau (nicht braun) gesäumt; Gesicht aufgehellt und von einem kräftigen Augenstreif durchzogen; Spiegel grün, innere Armschwingen weiß. Schnabel Mittelteil schwarz, Nageldrittel gelb oder orange, Basisbereich beiderseits mit leuchtend rotem Fleck.
Östliche Fleckschnabelente: Dunkel graubraun, Federn nur schmal hell gesäumt. Gesicht auf hellbraunem Grund von einem kräftigen schwarzbraunen Augen- und einem kurzen Backenstreif durchzogen. Spiegel veilchenblau, innerste Armschwingen dunkel, schmal weiß gerandet. Schnabel schwarzgrau, im Nageldrittel gelb, rote Flecke fehlen. **Dunenkleid:** Vom Stockenten-Küken nicht mit Sicherheit zu unterscheiden, lediglich Augenstreif etwas stärker ausgeprägt. **Jugendkleid:** Ähnlich ad., etwas dunkler und mit brauner Federsäumung, rote Schnabelflecke fehlen. Feine Geschlechtsunterschiede u.a. in Flügelzeichnung analog verwandter Arten. Unter Gehe-

Paar der Indischen Fleckschnabelente.

Paar der Östlichen Fleckschnabelente.

gevögeln neben farbtypischen Individuen zahlreiche Abweichungen von hellgrau bis braun sowie leuzistische Tiere. Allein die Schnabelfärbung erweist sich als ein stabiles Merkmal und bleibt relativ lange arttypisch erhalten. Selbst Küken eines phänotypisch „reinen" Paares können einfarbig gelb, gelbbraun gezeichnet oder ganz dunkel sein.

Mauser und Umfärbung: Untersuchungen an Wildvögeln sind bisher nicht publiziert, jene der europäischen Gehegevögel nur bedingt aussagekräftig. Bei den hiesigen Jungenten ist der Schnabel bis zur Körperbefiederung hornbraun, danach werden der Mittelteil dunkelgrau, Spitze und Wurzeldrittel gelblich und ab Sept. die Wurzel rot.

Verbreitung: Karte 70, Seite 338.

Status: Insgesamt nicht bestandsbedrängt. Östliche Fleckschnabelente in Transbaikalien mit Ausbreitungstendenzen nach Nordwest; Winterbestand in den 80er Jahren allein in Japan über 130 000 Tiere.

Lebensweise: Die Artengruppe ist Brutvogel zweier Faunenregionen. Während Indische und Burmesische Fleckschnabelenten auf tropische und subtropische Regen- und Trockenzeiten eingestellt sind, ist die östliche Verwandte in den gemäßigten Klimazyklus eingebunden. Brutbiotope bilden von Röhricht gesäumte Flachseen, Sumpfniederungen und Überschwemmungsgebiete, in Japan und Korea werden zunehmende Verstädterung sichtbar. Während die Südformen mit der neuen Regenzeit, in Indien zwischen Juli und Dez., die Nistplätze beziehen, kehren die Östlichen Fleckschnabelenten erst mit dem Eisfreiwerden ihrer Brutgewässer, am Baikalsee um die Apr.–Mai-Wende, zurück. Paarung und Balz erfolgten bereits im Winterquartier und auf dem Frühjahrszug. Die Nester werden in der Riedzone errichtet. Kükenaufzucht wohl allein durch ♀. Später gesellen sich die Erpel wieder der Ente zu, und beide ziehen gemeinsam in die Winterquartiere ab. Analoges Verhalten ist von den Südformen bekannt, die mit dem Einsetzen der Trocken-

zeit größere Gewässer aufsuchen, hier Schwärme bilden und sich mit anderen Arten vergesellschaften.
Nahrung: Überwiegend pflanzlich; Nahrungserwerb durch Gründeln und Äsen, während der Reis- und Getreideernten werden verstärkt Felder beflogen.
Haltung und Zucht: Indische Fleckschnabelenten gelangten 1870 in den Zoo London und 1875 in den Berliner Zoo und wurden 1874 bzw. 1881 dort erstmals gezüchtet. Die burmesische und östliche Form erreichten in den 20er und 30er Jahren den Zoopark Clères, Frankreich, und wurden hier mit Erfolg vermehrt. Nach dem Kriege importierte der Wildfowl Trust alle drei Unterarten, östliche und indische etablierten sich bis in die Gegenwart. STURGEON (1988) führt als USA-Erstzuchten an: Indische 1909, Östliche 1930, Burmesische 1960. Der Zoo Moskau erhielt 1987 und 1988 Wildtiere aus Korea und China und züchtete ebenfalls erfolgreich mit ihnen. Bastardierungsneigung zur Stockenten-Gruppe offenbar nur gering ausgeprägt. Fleckschnabelenten sind problemlos zu halten und leicht züchtbar. Paarbildung in den Wintermonaten, doch werden auch kurzfristig zusammengebrachte Tiere brutaktiv. Eiablage ab Mitte April, bevorzugt in Hütten, Nachgelege sind zu erwarten. Das Gros der Indischen Fleckschnabelenten entspricht heute bestenfalls phänotypisch dem Wildvogel, unvermischte Tiere sollten unbedingt vor Hybridbildungen geschützt werden; dazu eignen sich Kleingehege und Volieren ohne Einflugmöglichkeiten von Stockenten. Gemäß dem Bird Inventory 1995 of Great Britain and Ireland wurden dort gehalten bzw. gezüchtet: Indische 30 ad., 3 juv., Burmesische 11 ad., 9 juv., Östliche 41 ad., 16 juv.

Augenbrauenente
Anas superciliosa Gmelin, 1789

Drei Unterarten: Neuseeländische Augenbrauenente, *A. s. superciliosa* Gmelin, als größte Form, nur wenig kleiner die **Australische Augenbrauenente**, *A. s. rogersi* Mathews, und deutlich kleiner und dunkler die **Palau-Augenbrauenente**, *A. s. pelewensis* Hartlaub & Finsch. Sie vertreten die Stockenten-Gruppe im indoaustralischen Raum und hybridisieren nach regionaler Ansiedlung der Stockente mit dieser. Unterscheidung bei Gehegetieren zwischen *rogersi* und Nominatform nur bedingt möglich.

Wenig kleiner und schlanker als Stockente
Flügel: *superciliosa* ♂ 250–283, ⌀ 263,2; ♀ 230–265, ⌀ 251,3 mm
rogersi ♂ 230–284, ⌀ 262; ♀ 226–271, ⌀ 247 mm
Gewicht: *superciliosa* ♂ 920–1340, ⌀ 1064; ♀ 700–1138, ⌀ 958 g
rogersi ♂ 870–1400, ⌀ 1114; ♀ 805–1280, ⌀ 1025 g
Gelege: 8–12 blaßgrüne Eier, *rogersi* 51–63 × 37–45; ⌀ 58 × 41 mm
Brutdauer: 26–28 Tage
Schlupfgewicht: 33–35 g
Geschlechtsreife: knapp einjährig

Ad. Jahreskleid: ♂ und ♀ annähernd gleich gefärbt, ♀ etwas kleiner. Artmerkmale: kräftiger Augen- und etwas kürzerer Bartstreif schwarzbraun, Schnabel einfarbig dunkelgrau oder graugrün mit schwarzem Nagel, Iris rotbraun, Füße gelbgrün (bei Fleckschnabel- und Stockente orangerot). **Dunenkleid:** Kopfplatte und Rückenpartien dunkelbraun, Gesicht gelb, von je einem Augen- und Bartstreif durchzogen. Bauchseite gelblich, Rückenfleckung wie Stockenten-Küken.
Jugendkleid: Gesamtfärbung, speziell Gesichtszeichnung, unreiner und dunkler als bei ad.
Mauser und Umfärbung: Vollmauser nach der Fortpflanzungszeit; ♀ mausern während der Jungenaufzucht, ♂ bilden auf Neuseeland ab Sommermitte umfangreiche Mausergesellschaften. Flugunfähigkeit nach Schwingenabwurf 3–4 Wochen. Bei juv. setzt ab 6. Monat die Jugendmauser ein, in der Kleingefieder und Steuerfedern erneuert werden, Mauserdauer 15–20 Wochen, danach 1. Alterskleid.
Verbreitung: Karte 72, Seite 338.
Status: Die Australische Augenbrauenente war nach FRITH (1982) die individuenreichste Entenart des Kontinents, Gesamtbestand bis 1980 ca. 1,2 Mill., um 1990 noch

Australische Augenbrauenente.

80 000 bis 150 000 Individuen, ferner ein sichtbarer Hybridationsprozeß mit der eingeführten Stockente. Neuseeland-Augenbrauenente waren um 1992 bereits zu etwa 40 % mit der Stockente vermischt, die 1867 auf Neuseeland eingebürgert wurde und heute auf über 5 Mill. geschätzt wird. Gesamtpopulation der Palau-Augenbrauenente zwischen 10 000 und 100 000 Individuen.

Lebensweise: Augenbrauenenten bewohnen Binnen- und Küstengewässer, sind auf Parkteichen, Flußläufen, Bergseen, in Sumpfniederungen wie auf überschwemmtem Grasland anzutreffen. Einsetzende Niederschläge lösen den Beginn der Brutzeit aus, so im Norden Australiens zwischen März und Mai, im Süden Juli bis Okt., auf Neuseeland liegt er im dortigen Frühling zwischen Sept. und Dez. Nestanlage in der Bodenvegetation, in Überschwemmungsgebieten bevorzugt in Baumhöhlen oder verlassenen Vogelnestern. Kükenbetreuung durch das ♀. Nach Erlangen der Flugfähigkeit bilden sich kleine, umherwandernde Schwärme, die sich gern größeren Wasservogelansammlungen zugesellen.

Nahrung: Sie wird gründelnd im Flachwasser aufgenommen und besteht bis zu einem Drittel aus Kleinlebewesen, zu etwa 50 % aus Sumpf- und Wasserpflanzen und nur zu einem geringen Anteil aus Getreide oder Landpflanzen.

Haltung und Zucht: Augenbrauenenten werden seit über 100 Jahren in europäischen Zoos (in Berlin seit 1874) gehalten und gezüchtet. Anfangs wurde vorwiegend die australische, nach 1950 verstärkt die neuseeländische Unterart und gelegentlich (so um 1965) auch die Palau-Augenbrauenente importiert; der Tierpark Berlin erwarb diese 1967. Ende der 80er Jahre erhielt der Zoo Budapest aus dem Ursprungsland mehrere Australische Augenbrauenenten und zog damit in einer Großvoliere 1989 10 Jungtiere auf. Als Erstzuchten sind bekannt: *superciliosa* Wildfowl Trust, Zoo Berlin, Franke, Leipzig, 1959/60, USA 1971; *rogersi* Zoo London 1867, Zoo Berlin 1881, USA 1909; *pelewensis* USA 1967, Wildfowl Trust und Tierpark Berlin 1968. Heute existieren nur noch wenige Zuchtgruppen, deren Unterartzuordnung bekannt ist. Augenbrauenenten sind ruhige, problemlos zu haltende Enten, die fast ausschließlich im Besitz von Zoos und Tierparks blieben und heute nur noch selten anzutreffen sind. Im Interesse der Vermeidung von Stockenten-Hybriden empfiehlt sich die Unterbringung der Augenbrauenenten in Kleingehegen oder Volieren. Ein in eigener Anlage seit 1997 gehaltenes Paar blieb 1998 fortpflanzungsinaktiv.

Philippinenente
Anas luzonica Fraser, 1839

Flügel: ♂ 240–250, ♀ 234–240 mm (Delacour 1956), ♂ 265, ♀ 261 mm (eig. Mess.)
Gewicht: ♂ 920, ♀ 780 g (eig. Wäg.)
Gelege: 8–12 glanzlos weiße Eier, 47,4–52,4 × 37,2–39,2; ⌀ 50,7 × 38,5 mm (Temme 1976); im ⌀ 55,3 × 40,2 mm (eig. Mess.)
Brutdauer: 26 Tage
Geschlechtsreife: vermutlich knapp einjährig; Brutaktivitäten erst ab 2. oder 3. Jahr

Ad. Jahreskleid: Geringfügig geschlechtsdimorph. ♂ größer und etwas heller als ♀; große Armdecken mit breiter samtschwarzer Endbinde, beim ♂ mit schmaler weißer Zwischenbinde, ♀ dort mit aufgehellter Linie. Stimme vom ♀ ein kräftiges, tiefes Quaken, vom ♂ ein leises, hohes Wispern. **Dunenkleid:** Gesamtfärbung wie andere Küken der Stockenten-Gruppe mit leuchtend gelbem Gesicht und schwarzbraunem Augenstreif, dunkler Ohrfleck fehlend. Fleckung der Körperseiten und der Flügelränder relativ klein und verwaschen. **Jugendkleid:** Gegenüber dem Alterskleid Kopfseiten mehr lehmgelb (statt zimtbraun), Rückenfedern breiter und verwaschen graubraun (statt fein gelbbraun) gesäumt, Armteil des Flügels ähnlich ad. ♀ nur schwach glänzend und mit aufgehellter Linie oberhalb der schwarzen Endbinde. Schnabel dunkler als bei ad.

Erpel der Philippinenente.

Mauser und Umfärbung: Bei ad. nicht untersucht. Juv. wechseln ab Spätherbst in das Alterskleid; nach dieser Teilmauser, in der das Kleingefieder (und die Steuerfedern?) erneuert werden, ist eine Unterscheidung zu ad. nur bedingt am Jugendflügel möglich.
Verbreitung: Philippinen-Inseln
Status: Nach Temme (1976) war die Philippinenente um 1970 nicht bestandsgefährdet, bis zu 2000 Tiere sah er auf einem einzigen Salzgewinnungsbecken der Insel Mindoro. Die Art ist jedoch sehr lückenhaft verbreitet und unterliegt einem starken Jagddruck. Zwischen Aug. bis Okt. und Jan. bis März werden Tausende geschossen und auf Märkten angeboten. Callaghan & Green (1993) schätzen den Gesamtbestand zwischen 10000 und 100000 Individuen mit abnehmender Tendenz und baldiger Gefährdung.
Lebensweise: Die Philippinenente wird zu Recht als typische Inselform und Abkömmling der Stockenten-Gruppe angesehen. Über ihre Brutbiologie berichtete erstmals Temme (1976): Bevorzugte Brutbiotope bilden Gewässer der Agrarzone, speziell in den Reisanbaugebieten, Waldteiche, seltener Mangrovensümpfe. Beliebte Nistplätze sind zeitweilig nicht bearbeitete und damit stark verunkrautete Reisfelder. Brutzeit zwischen April und Nov., hauptsächlich Juli/Aug. Die Nester werden wie die der Stockente in der hohen Bodenvegetation angelegt. Freilandbeobachtungen über Brutdauer, Jungenbetreuung und -entwicklung liegen offenbar nicht vor. Nach der Fortpflanzungszeit bilden die Philippinenenten ansehnliche Scharen, rasten auf flachgründigen Salineseen, wo sie auch hauptsächlich geschossen werden, und befliegen nachts die umliegenden Reisfelder.
Nahrung: Freilandanalysen nicht vorhanden, doch die Tatsache des Rastens auf Salzgewinnungsbecken läßt einen verstärkten tierischen Nahrungsanteil vermuten.
Haltung und Zucht: Ein Züchter in Kalifornien erhielt 1935 den Erstimport, zog jedoch nur einige Bastarde mit der Augenbrauenente auf. Erneut gelangten zwischen 1948 und 1950 einige Tiere in den Besitz von Ripley, USA, und wenig später in den Wild-

fowl Trust. Die Erstzuchten gelangen RIPLEY 1950 und JONES, Leckford GB, 1952 mit einem aus dem Trust entliehenen Paar. Während im ersten Jahr 15 Jungtiere heranwuchsen, waren es im Folgejahr mit gleichem Paar und ihrem einjährigen Nachwuchs annähernd 100. Bereits 1956 waren einige Züchter in der ehem. DDR im Besitz nachgezüchteter Tiere und erhielten diesen Stamm, bis er in den 70er Jahren der Inzucht erlag. Während der 90er Jahre war die Philippinenente in europäischen Zuchtanlagen spärlich, aber in relativ gesunden Beständen vertreten. In Haltung und Fütterung bereiten Philippinenenten kaum Probleme, sie sind recht hart, verträglich und neigen außerhalb der Stockenten-Gruppe nur unbedeutend zur Bastardbildung. Eiablage in flachen Hütten und Nistkästen, zumeist ab Mitte Mai. Die Gelege enthalten 6–8, selten bis 10 Eier. Kükenaufzucht verläuft verlustarm.

Gelbschnabelente
Anas undulata Dubois, 1839

Zwei Unterarten: Helle Gelbschnabelente, *A. u. undulata* Dubois, mit relativ breit hellgrau und **Dunkle Gelbschnabelente**, *A. u. rueppelli* Blyth, mit auffällig schmal bräunlich gesäumtem Mantelgefieder. Importiert ist fast ausschließlich die Nominatform aus Südafrika.

Stockentengroß, etwas schlanker
Flügel: *undulata* ♂ und ♀ 192–284, ⌀ 253 mm
Gewicht: ♂ 533–1310, ⌀ 965; ♀ 600–1123, ⌀ 823 g
Gelege: 10–12 cremefarbene Eier, 51–59,3 × 37–46, ⌀ 53,7 × 41,5 mm
Brutdauer: 27–29 Tage
Schlupfgewicht: 28–40, ⌀ 32 g
Geschlechtsreife: knapp einjährig

Ad. Jahreskleid: ♂ und ♀ annähernd farbgleich; ♂ wenig größer und langhalsiger, Kopf feiner gestrichelt und deshalb schwärzer wirkend. **Dunenkleid:** Kopfplatte und Rückenpartien dunkel olivgrün, Gesicht lehmgelb, Augenstreif und kleiner Ohrfleck dunkel. Bauchseite sowie relativ kleine helle Fleckchen auf dem Rücken strohgelb, grün übertönt. Schnabel dunkelgrau, Iris dunkelbraun, Beine schwarzbraun. Unterscheidung vom Stockenten-Küken nur bedingt möglich. **Jugendkleid:** Gegenüber ad. Mantelgefieder heller, grauer und breiter rahmfarben gesäumt. Flügelspiegel beim ♂ intensiv blaugrün glänzend und samtschwarz eingefaßt, beim ♀ grünlich, schwarzgrau eingefaßt. Schnabel blaß gelb, Sattel dunkelgrau.
Mauser und Umfärbung: Beginn der Vollmauser nach der Brutsaison mit Schwingenabwurf, es folgen Wechsel des Schwanz- und Kleingefieders; in Afrika regional unterschiedlich, bei hiesigen Gehegevögeln Juni bis Aug. Da kein Ruhekleid angelegt wird, ist eine weitere Teilmauser fraglich. Die Jugendmauser wird im 1. Herbst durchlaufen. Schnabelumfärbung ab 2. Lebenswoche, die Seiten hellen sich von der Wurzel her auf, sind mit Beginn der Befiederung graugelb (bei gleich alten Stockenten-Küken grau) und deuten noch während der Befiederung den schwarzen Sattel an. Der blaßfarbige Jugendschnabel wird über Winter farbintensiv wie bei den ad.
Verbreitung: Karte 74, Seite 339.
Status: Die Gelbschnabelente ist einer der häufigsten Entenvögel der offenen Savannenlandschaft mit größter Dichte im östlichen Südafrika, wo um 60 000 überwintern. Die Dunkle Gelbschnabelente bewohnt entsprechend der Gebirgsstruktur inselartig

Helle Gelbschnabelente.

und in kleinen Populationen das äthiopische Hochland bis in 3890 m Höhe und die ostafrikanischen Gewässer, nicht bestandsbedroht.
Nahrung: Unterschiedlichste Wildgräser und Wasserpflanzen. In den Ackerbaugebieten werden gegen Abend bevorzugt Getreidefelder beflogen. Juv. nehmen einen sehr hohen Anteil tierischer Kost (Insektenlarven) auf.
Haltung und Zucht: Gelbschnabelenten gelangten vor über 100 Jahren nach Europa. Der Zoo Berlin erwarb sie 1873 und zog 1881 und 1882 Junge auf. Weitere Erstzuchten mit der Hellen Gelbschnabelente: 1853 Zoo London, 1930 USA und mit der Dunklen: 1925 Zoopark Clères, Frankreich, 1961 Wildfowl Trust und 1970 USA. Mit frisch importieren Tieren gelangen jeweils sehr ergiebige Nachzuchtraten, bei den Folgegenerationen gingen sie merklich zurück; etabliert hat sich in Europa ohnehin nur die Nominatform. Durch die Züchter ist die Gelbschnabelente nur wenig beachtet worden, denn sie ist relativ groß, stockentenähnlich und wurde aus Wildvogelimporten bis in die 80er Jahre stets reichlich angeboten. Nach Mitte der 90er Jahre, existierten in Europa nur verstreute, häufig inzuchtbelastete Kleingruppen, die für eine Langzeitweiterzucht nur begrenzte Chancen bieten. Ein in eigener Anlage gehaltenes Paar erwies sich trotz schlichter Färbung besonders in den Sommermonaten, wenn nordische Arten das Schlichtkleid tragen, als unerwartet attraktiv. Gelbschnabelenten sind robust, winterhart und verträglich. Ab Feb. kam es zu ersten Begattungen, Legebeginn ab Ende April, ein oder zwei Nachgelege folgten nach Ruheintervallen von 12–15 Tagen, so daß die Legeperiode Anfang Juni beendet war. Alle Nester waren auf trockenem Grund unter Sträuchern angelegt. Auch die Kükenaufzucht erwies sich bei folgender Entwicklung als problemlos: Befiederungsbeginn ab 22. Tag, verstärkt ab 5. Woche, in der 8–9. Woche Entfaltung der Armschwingen, ab 10. Woche erste Flugübungen. Gelbschnabelenten neigen relativ stark zu Bastardierungen, bevorzugt innerhalb der Stockenten-Gruppe.

Madagaskarente
Anas melleri Sclater, 1865

Flügel: ♀ 245–260, ♀ 241–253 mm
Gelege: 7–10 hellbraune Eier, 50–58,8 × 37,2–41; ⌀ 52,7 × 38,9 mm,
Brutdauer: 28–30 Tage, richtiger wohl 24–26 Tage (Pagel, Zoo Köln)
Geschlechtsreife: gegen Ende des 1. Lebensjahres

Ad. Jahreskleid: Vom sehr ähnlichen Stockenten-♀ wie folgt zu unterscheiden: Die feinen Kopf- und Halsfedern sowie das gröbere Körpergefieder ergeben durch schmale dunkle Zentren und breite braune Säume durchweg eine dünne Strichelzeichnung (bei Stockente Gesicht und Vorderhals fast einfarbig und deutlich zum Rumpf abgesetzt); Flügelspiegel grün, Schnabel auffällig lang, bleigrau mit schwarzem Nagel. ♀ etwas dunkler als ♂. **Dunenkleid:** Etwa wie Stokkenten-Küken, doch zieht sich von der Ohrgegend ein sichelförmiger Streif über die Halsseiten abwärts (bei *platyrhynchos* nur runder Ohrfleck). Schnabel dunkelgrau, Füße rötlichbraun, nach Brickell & Shirley (1988) schwarz. **Jugendkleid:** Im wesentlichen wie ad., insgesamt etwas dunkler.
Mauser und Umfärbung: Vollmauser nach der Brutzeit mit 4wöchiger Flugunfähigkeit in Madagaskar zwischen Feb. und Mitte April.
Verbreitung: Karte 74, Seite 339.
Status: Nach Dee (1986) war die Madagaskarente in den 60er Jahren in geeigneten Biotopen noch häufig anzutreffen (in Schwärmen bis zu 200 Ex.). Bestände heute durch starken Jagddruck und fehlende Schutzbestimmungen rückläufig. Gesamtbestand 1993 ca. 2000 bis 5000 Individuen, damit als kleine Gesamtpopulation gefährdet. Auf Mauritius um 1800 eingeführt, vermutlich gelangten weitere, durch Taifunstürme verdriftete Tiere dorthin; um 1970 brüteten ca. 20 Paare auf der Insel.
Lebensweise: Madagaskarenten bewohnen den niederschlagsreichen östlichen Teil der Insel von der Küste bis in 1800 m Höhe des Zentralgebirges. Paarweise oder in kleinen

Erpel der Madagaskarente.

Gruppen werden sie auf Seen, entlang der Flüsse, auf Waldbächen und Tümpeln, in Reisanbaugebieten und heute auch auf Wasserrückhaltebecken und Stauseen angetroffen. Brutzeit Juli und Sept., auf Mauritius Sept./Nov. Die Nester werden in der Röhrichtzone nahe dem Wasser errichtet; ♀ brütet allein, der Erpel bewacht das Nestterritorium und beteiligt sich locker an der Kükenführung. Jungenten erreichen mit 50–60 Tagen die Flugfähigkeit.

Nahrung: Futtersuche seihend, gründelnd und auf Grasland äsend; weit überwiegend pflanzlich, während der Erntezeiten verstärkt Getreide und Reis; ferner kleine Fischchen und Wasserinsekten.

Haltung und Zucht: Von den farblich wenig attraktiven Madagaskarenten gelangten 1894 ein ♂ in den Zoo London, hier Nachwuchs mit einer Stockente, und 1929 durch DELACOUR mehrere Paare nach Clères, Frankreich. Bereits im Folgejahr wuchsen dort, 1931 in England und Holland Jungtiere heran. Der Berliner Zoo erwähnt die Art erstmals 1930 und züchtete sie zwischen 1935 und 1939. Nach dem Kriege erreichte die Art 1977 den Wildfowl Trust und den Jersey Zoo, an beiden Orten begann 1978 eine erfolgreiche Zuchtserie. USA-Erstzucht 1985 durch WORTH (1987); er erhielt ein Paar Madagaskarenten als Leihgabe aus Slimbridge und erzielte damit reichlich Nachwuchs. Eiablage in Nistkästen direkt über dem Wasser, Erstgelege 10, Nachgelege 8 Eier mit einem Ruheintervall von nur 12 Tagen. Eier sichtbar kleiner als die der Stockente, die Kükenaufzucht verlief problemlos. Der Jersey Wildlife Preservation Trust, der sich speziell um bedrohte Madagaskar-Tiere bemüht, koordiniert seit 1993 ein Zuchtprogramm für Madagaskarenten mit dem Ziel, außerhalb Madagaskars eine Reservepopulation aufzubauen. Als erste Einrichtung in Deutschland erhielt der Zoo Köln 2 Paare und brachte eines davon 1998 in einer Sichlervoliere zur Fortpflanzung; Eiablage 6 Eier ab 25. Apr. und 8 Eier ab 6. Juni, insgesamt wuchsen 8 Jungtiere heran (PAGEL, briefl.). Eine Volierenhaltung ist für diese Art zweckmäßig, um unerwünschte Stockenten-Hybridisierungen auszuschalten.

Blauflügelente
Anas discors Linné, 1766

Flügel: ♂ 177–196, ⌀ 185; ♀ 168–187, ⌀ 177 mm
Gewicht: 290–500, ⌀ 384; ♀ 280–492, ⌀ 365,8 g
Gelege: 9–10 hell rahmfarbene Eier, 43,2–49,5 × 31,3–36,2; ⌀ 46,6 × 33,4 mm

Paar der Blauflügelente.

Brutdauer: 23–24 Tage
Schlupfgewicht: 10,5–20,4, ∅ 15,7 g (SMART 1965)
Geschlechtsreife: gegen Ende des 1. Lebensjahres

Ad. Brutkleid: Flügel ♂ Armdecken hellblau, die großen im Enddrittel weiß, Armschwingen dunkelgrün, bronzefarben glänzend mit Übergang zu einem schwarzen Endsaum. ♀ Armdecken blau, die großen dunkelbraun mit schmalem weißem Endsaum, keine weiße Endbinde wie Knäkente; gegenüber dieser Gesamtkörper etwas dunkler, Gesicht ohne angedeuteten Augenstreif.
Ruhekleid: Beide Geschlechter ♀-farben, Flügel unverändert. ♂ auf Kopf und Rücken dunkler als ♀, auch bleibt der weiße Gesichtsfleck in seinen Konturen noch eine lange Zeit während der Umfärbung sichtbar.
Dunenkleid: Oberkopf und Nacken sowie ein Augen- und ein kurzer Ohrstreif olivbraun, Rücken, Flügel, Schenkel und Schwanz etwas heller. Gesicht leuchtend gelb, Unterseite, hinterer Flügelrand und Bürzelseiten gelbbraun. Schnabel und Füße schwarzgrau. Etwas heller als Küken der Knäkente aber nur schwer von dem der Zimtente zu unterscheiden. **Jugendkleid:** Kleingefieder gegenüber ad. ♀ etwas brauner, dunkler und schmaler gesäumt. Jugendflügel beim ♂ etwa wie ♀ ad., doch die weiße Binde auf den großen Decken mit unregelmäßigen Zeichnungsübergängen zum verdeckten dunkelbraunen Teil. ♀ Flügeldecken dumpf blaugrau, große Decken mit schmalen und unregelmäßigen rahmfarbenen Endsäumen und angedeudeter Zwischenbinde. Spiegelfedern dunkelgrau, schwach bronzefarben glänzend.
Mauser und Umfärbung: Ad. ♂ mausern selten vor Ende Juli in das Ruhekleid und legen bereits ab Okt./Nov. erneut das Prachtkleid an. Auch die juv. Erpel färben in der Regel das 1. Prachtkleid bis zum Jahreswechsel durch.
Verbreitung: Karte 73, Seite 339.
Status: Umfangreiche und stabile Populationen besiedeln weite Gebiete des Kontinents; BELLROSE (1976) schätzt für die 70er Jahre über 5 Mill. Individuen; DEL HOYO et al. (1992) umfaßt die Brutpopulation 5 Mill. und der Herbstbestand 9 Mill. Tiere. Der frühe Abzug aus den Brutgebieten nach Mittelamerika schützt die Blauflügelente weitgehend vor den wilden Schießereien während der USA-Jagdsaison.
Lebensweise: Brutheimat der Blauflügelente sind die sommerwarmen Flachseen der kontinentalen Prärielandschaften Nordamerikas. Eutrophe und reich strukturierte Gewässer, eingebettet in Wiesen und Weideland, bilden die Brutbiotope. Hierher kehren die Paare zwischen April (USA) und Mitte

Mai (Kanada) zurück. Nach einer kurzen Balzzeit, in der die Revieraufteilungen erfolgen, beginnen Nestbau und Eiablage. Die Mehrzahl der Nester steht auf Wiesen, im Weideland, auf Kleeäckern, wenige im Riedbereich oder auf Inseln. Die Erpel lösen zu Brutbeginn die Paarbindung auf und beginnen gesondert zu mausern. Die Ente zieht die Küken im Deckungsbereich der Flachwasserzone auf, letztere sind mit 40 Tagen flugfähig. Im Aug. beginnen die Abwanderungen bis Mittelamerika, wo die Schwärme auf großen Süßwasserseen rasten und zum Nahrungserwerb auch Reisfelder aufsuchen.

Nahrung: Pflanzliche und tierische Anteile stark schwankend, nach SWANSON et al. (1974) betrugen bei den ♀ Animalien im April 45 %, zu Beginn der Legezeit bis 95 % und während des Legens fast 100 %; es dominierten Wasserinsekten und Schnecken, die seihend und im Flachwasser gründelnd aufgenommen werden.

Haltung und Zucht: Blauflügelenten gelangten erst um 1900 in die Anlagen einiger Zoos und Züchter, als Erstzuchten werden für England 1914 und die USA 1909 genannt. Heutige Blauflügelenten, seit Generationen gezüchtet, sind problemlos zu halten und durch genetische Stabilität auch leicht zu vermehren. Die Tiere sind recht winterhart, sollten bei Frostgraden jedoch einen Schutzraum erhalten. Für ihre Unterbringung und Zucht eignen sich vorzugsweise sonnige Kleingehege. Anlage der Nester gern entfernt vom Teich im Bodenbewuchs, der von der sich aufrichtenden Ente noch zu überschauen ist und aus der auch ein leichtes Auffliegen möglich wäre, seltener in Nisthöhlen. Eiablage ab Anfang Mai, kleinere Nachgelege bis Juni, danach Einsetzen der Mauser. Brut und Aufzucht sollten unter technischen Wärmequellen erfolgen, um die Ente während Brut und Kükenaufzucht nicht durch Raubwild zu gefährden.

Zimtente
Anas cyanoptera Vieillot, 1816

Fünf Unterarten:
Argentinische (Südliche) Zimtente, *A.c. cyanoptera* Vieillot
Anden-Zimtente, *A.c. orinomus* (Oberholser)
Kolumbianische Zimtente, *A.c. borreroi* Snyder & Lumsden
Gefleckte Zimtente, *A.c. tropica* Snyder & Lumsden
Nördliche Zimtente, *A.c. septentrionalium* Snyder & Lumsden
Obige Vielzahl der Unterarten wird von der modernen Taxonomie nicht mehr anerkannt. Farb- und Größenunterschiede sind relativ

Paar der Argentinischen Zimtente.

Erpel der Nördlichen Zimtente.

gering, alle Erpel, auch die der tropischen Regionen, mausern in ein Ruhekleid, breite Mischzonen werden vermutet. Nördliche und Argentinische Zimtente, selten die Anden-Zimtente, sind importiert. Gehegetiere sind heute reine Nördliche, ein schwer erkennbarer Anteil vermischter und kaum noch reine Südliche Zimtenten.

Nördliche Zimtente

Flügel: ♂ 184–197, ⌀191; ♀ 170–187, ⌀ 181 mm
Gewicht: ♂ 280–500, ⌀ 340; ♀ 280–500, ⌀ 353 g
Gelege: 8–10 rötlichbraune längliche Eier, 44–53 × 30–37; ⌀ 47,5 × 34,5 mm
Brutdauer: 24–25 Tage
Geschlechtsreife: gegen Ende des 1. Lebensjahres

Ad. Brutkleid: ♀ sehr ähnlich dem der Blauflügelente. Der lange schmale Schnabel bei ♂ und ♀ dunkelgrau, die Füße des ♂ leuchtend orangegelb, beim ♀ gelblich grau; Iris beim ♂ dunkel rotbraun, beim ♀ graubraun. Die Argentinische Zimtente ist etwas kleiner, kräftig rotbraun (die Nördliche deutlich heller), hat einen dunkelbraunen Bauch und oftmals dunkle Flecke auf den Brustseiten. **Ruhekleid:** Beide Geschlechter ♀-farben; ♂ auf Kopf und Flanken rötlichbraun, ♀ mehr graubraun. Schnabel, Iris und Flügel unverändert. **Dunenkleid:** Leuchtender gelb und langschnäbliger als Küken von Blauflügel- und Knäkenten. **Jugendkleid:** Wie ♀ ad., jedoch mit den typischen Merkmalen des Jugendgefieders. Armteil des Flügels weniger farbintensiv.
Mauser und Umfärbung: Der Wechsel zwischen den Kleidern entspricht dem der Blauflügelenten. Zimterpel tragen das Schlichtkleid etwa von Juni bis Okt./Nov. Die juv. sind mit 7 Wochen flugfähig, mit 8 Wochen wird die Irisverfärbung erkennbar; die Füße sind in dem Alter blaß gelb-

orange und erhalten während der Jugendmauser im Winter, in der das 1. Alterskleid angelegt wird, die endgültige Färbung.
Verbreitung: Karte 75, Seite 339.
Status: Von der Nominatform zeigen zahlreiche lokale Häufigkeitsangaben, daß sie global nicht bedroht ist. Ebenso verfügt die Nördliche Zimtente über umfangreiche und stabile Populationen. Von den 3 Andenformen war die Kolumbianische bis in die 50er Jahre häufig, heute gibt es keine Nachweise mehr. Die ebenfalls in Kolumbien heimische Gefleckte Zimtente ist mit Sicherheit bedroht, CALLAGHAN & GREEN (1993) geben den Bestand mit unter 10 000 Individuen an. Von der Anden-Zimtente fehlen Bestandsangaben.
Lebensweise: Von den Zimtenten bewohnt die nördliche Unterart, oft gemeinsam mit der Blauflügelente, vegetationsreiche Flachgewässer in den sommerheißen Prärieregionen. Die Argentinische Zimtente ist an den eutrophen Flachseen in den Weide- und Pampas-Regionen Argentiniens bis hin zu den Andenbergen heimisch und bevorzugt offenbar brackige Küstengewässer. Die übrigen drei Formen sind Bewohner der Gewässer in den Hochsteppen, u. a. der Puna-Zone. Brutbiologie und Jahreszyklus sind auf die Regionen abgestimmt. Legebeginn im Norden hauptsächlich im Mai, im Süden Nov./Dez. und in den Andenregionen ganzjährig verteilt. Nestanlage auf trockenem Grund, gern auf bültendurchsetzten Viehkoppeln. Brut und Kükenbetreuung allein durch ♀. Nach beendeter Vollmauser erfolgen sehr bald die Abwanderungen in die Wintergebiete des tropischen und subtropischen Südamerikas.
Nahrung: Pflanzliche und tierische Anteile ähnlich der der Blauflügelente.
Haltung und Zucht: Die Nördliche Zimtente gelangte im letzten Viertel des 19. Jh. nach Europa und wird hier annähernd solange auch gezüchtet. Auch die Argentinische Zimtente ist seit langem importiert, wurde jedoch stark mit der nördlichen vermischt. Besonders durch das Bemühen des Wildfowl Trusts existieren seit den 60er Jahren reine Gruppen beider Formen. Die heutigen Gehegetiere sind im wesentlichen Nördliche Zimtenten und Mischtiere. Reine Argentinische Zimtenten werden selten, Anden-Zimtenten nur zeitweilig als Einzelpaare und die übrigen Unterarten gar nicht gehalten. Als Erstzuchten gelten für die Argentinische Wildfowl Trust 1952 und USA 1971, für die Nördliche die 20er Jahre in Europa, 1930 USA, für die Anden-Zimtente USA 1971 (COLES 1986, STURGEON 1988). Als Gehegetiere zeigen sich Zimtenten ruhig und vertraut, bieten kaum Halteprobleme und eignen sich besonders für die Zucht in Kleingehegen. Zur Überwinterung ist ein frostfreier Schutzraum erforderlich. Mit der Mehrzahl der Paare gelingt eine ergiebige Zucht. Eiablage in Nistkästen oder im Gras, Nachgelege sind die Regel. Die Erpel befruchten auch bei stark fortgeschrittener Kleingefiedermauser, dagegen nicht mehr mit Beginn des Schwingenabwurfs.

Südafrikanische Löffelente
Anas smithii (Hartert, 1891)
Syn.: Kap-Löffelente

Größte Löffelenten-Art
Flügel: ♂ 222–253, ⌀ 238; ♀ 208–238, ⌀ 226,4 mm
Gewicht: ♂ 548–830, ⌀ 688; ♀ 476–691, ⌀ 597 g
Gelege: 6–12 cremefarbene, selten grünliche Eier, 48,4–59,5 × 36,6–41,1; ⌀ 53,4 × 38,7 mm
Brutdauer: 27–28 Tage
Schlupfgewicht: 23–34, ⌀ 25,7 g
Geschlechtsreife: vermutlich gegen Ende des 1. Lebensjahres

Ad. Jahreskleid: ♂ weitgehend schlichtfarben; Kopf- und Halsseiten rahmfarben aufgehellt, Schulter- und Scapulargefieder besonders dunkel mit schwachem Grünglanz, Flankenfedern rotbraun gesäumt. Flügel im Armteil mit hell blaugrauen Decken, weißer Binde und grünem Spiegel. ♀ etwas dunkelgrauer als andere Löffelenten, Flügel mit grauen, schmal weiß gesäumten Armdecken. Iris ♂ leuchtend gelb, ♀ dunkelbraun. Füße gelblichgrau (bei *clypeata* orangefarben). Eine Unterscheidung schlichtfarbener afrikanischer und eurasischer Löffelenten ist

Erpel der Südafrikanischen Löffelente.

gut möglich, dagegen sind Hybriden schwer erkennbar und einzuordnen. **Dunenkleid:** Ähnlich dem Küken der nördlichen Löffelente, doch weniger Gelb, damit insgesamt dunkler. **Jugendkleid:** Etwa wie ad. ♀, ein wenig heller und farbflacher; bei den juv. ♂ Schulterpartien bereits schwärzlich, die großen Armdecken weiß, die Iris fahl gelb, Füße gelboliv. ♀ Rücken heller, große Decken grau, Iris schwarzgrau, Füße brauneliv.
Mauser und Umfärbung: Kleingefieder- und Schwingenmauser der Wildvögel erfolgen abhängig vom regionalen Klimazyklus nach der lokalen Brutsaison, vielerorts im Okt./Nov.. Die juv. sind mit 8 Wochen voll befiedert, gegen Ende dieser Zeit verfärben sich Iris und Füße; an 9 Wochen alten Jungtieren sind die Geschlechter gut unterscheidbar, etwa mit 10 Wochen setzt der Kleingefiederwechsel der Jugendmauser ein. Hiesige Gehegevögel mausern in unserem Jahreszyklus.
Verbreitung: Karte 76, Seite 339.
Status: Löffelenten sind in den südafrikanischen Regionen weit verbreitet, zumeist recht häufig und finden auf den zahllosen Bewässerungsbecken in der sonst trockenen Savanne neue Lebensräume. Spärlicher sind ihre Vorkommen in Namibia, Angola und Simbabwe. Die Gesamtpopulation wird als stabil, jedoch mit weit unter 100 000 Individuen angesehen.

Lebensweise: Als bevorzugte Biotope dieser Löffelente gelten flache, nahrungsreiche Seen, Brackwasserlagunen, Sumpfniederungen und Überschwemmungsgebiete. Entscheidend für die Besiedlung ist das Nahrungsangebot (u. a. Kleinkrebse), weniger die Beschaffenheit der Vegetationsgürtel. Paarung bald nach beendeter Vollmauser, Bezug der Brutplätze bei ökologisch günstigem Wasserstand. Die Brutsaison erstreckt sich regional abgestimmt, insgesamt über alle Monate des Jahres, in Südafrika vor allem vom Aug. bis Okt. Die Nester stehen in einer relativ niederen Bodenvegetation und ermöglichen dem Brutvogel ein frühes Erkennen von Gefahren. Wiederholt wurde kolonieartiges Brüten bekannt. Aus einer vom ♀ gescharrten Mulde entsteht während der Legeperiode eine Gras- und mit dem vorletzten Ei die Dunenauspolsterung. Während der Brut verweilen die Erpel in Nestnähe und führen anfangs die Küken mit, bis sie zum Schwingenwechsel abwandern. Nach SIEGFRIED (1965) liegen die Aufzuchterfolge mit 6,6 Jungtieren pro Paar relativ hoch.
Nahrung: Etwa 30 % Samen und Grünteile von Wasserpflanzen, vor allem der Laichkräuter, und 70 % Zooplankton (Wasserflöhe), Wasserinsekten und Mollusken.
Haltung und Zucht: Wegen des unscheinbaren Gefieders blieb die Südafrikanische

Löffelente in der Gehegehaltung wenig beachtet. DELACOUR (1956) berichtet von Tieren, die in den 30er Jahren in England gehalten, aber offenbar nicht gezüchtet wurden. Der Wildfowl Trust importierte die Art erneut 1950, bereits 1952 gelang damit die Erstzucht. In der Folgezeit wuchsen dort wie in anderen Zuchtgehegen alljährlich Jungtiere heran. Eiablage März bis Juni, zumeist im April. Haltung, Fütterung und Zucht sind wie die anderer Löffelenten-Arten problemlos möglich. Heute wird die Art vereinzelt angeboten, sie wird überwiegend in großen zoologischen Gärten, kaum von Züchtern gehalten.

Argentinische Löffelente
Anas platalea Vieillot, 1816

Flügel: ♂ 213–222, ♀ 202–210 mm
Gewicht: ♂ 608, ♀ 523 g
Gelege: 6–8, selten über 10 cremefarbene oder grünliche Eier, 49–58,3 × 33,3–44,3; ⌀ 54 × 39 mm
Brutdauer: 25 Tage
Schlupfgewicht: 16–19, ⌀ 17,8 g (7 Küken, eig. Wäg.)
Geschlechtsreife: gegen Ende des 1. Lebensjahres

Ad. Jahreskleid: ♂ gegenüber anderen Erpeln der Löffelenten-Gruppe unverkennbar, ♀ relativ hell und grau, das Mantelgefieder besonders breit hellgrau gesäumt. **Dunenkleid:** Im wesentlichen wie andere Löffelenten-Küken gezeichnet, die dunkle Oberseite sepiabraun, Bauchseite satt gelb, Übergänge bräunlich. Schnabel (anfangs noch nicht verbreitert) schwarz, Füße bleigrau. **Jugendkleid:** Mantelgefieder insgesamt hell sandfarben, juv. anderer Löffelenten-Arten dunkler graubraun. Scapulargefieder ♂ schwarzgrün, ♀ grau. Beim ♂ kleine und mittlere Armdecken hellblau, die großen weiß, Spiegel grün glänzend, beim ♀ kleine und mittlere Decken grau, große unregelmäßig weiß gesäumt, im Zentrum stets dunkelgrau, Spiegel annähernd glanzlos. Iris ♂ hellgrau, ♀ dunkelbraun.

Mauser und Umfärbung: Vollmauser der ad. nach beendeter Brutzeit, bei Gehegetieren Juli bis Sept. und Kleingefieder-Teilmauser in den Wintermonaten. Die juv. beginnen unmittelbar nach der Befiederung mit der Jugendmauser, in der das 1. Alterskleid mit erneuertem Kleingefieder und unverändertem Flügel entsteht. Am 25. Mai geschlüpfte Erpel bekamen am 10. Aug. erste rotbraune Flankenfedern und waren im Okt. voll umgefärbt. Die Iris verfärbt sich während der Befiederung, die Beine während der Jugendmauser.

Verbreitung: Karte 76, Seite 339.
Status: Die Argentinische Löffelente ist auf

Erpel der Argentinischen Löffelente.

dem Kontinent weit verbreitet und findet im küstennahen Argentinien ihre größte Häufigkeit; allein auf den Seen der Region Santa Cruz wurden 1984 20 000 Löffelenten gezählt, der Gesamtbestand wird nach 1990 mit weit über 100 000 Individuen angenommen.
Lebensweise: Art stellt aus der Sicht der Evolution eine Brücke zu den Zimtenten dar, beide weisen auffällige Übereinstimmungen in Ökologie, Färbung und Verhalten auf. Paarweise, nach der Brut in kleinen Gruppen und während der Wintermonate zu ansehnlichen Scharen vereint, bewohnt diese Löffelente Flachgewässer der offenen Niederungen, bevorzugt dabei Flußmündungsgebiete und brackige Küstenlagunen. Paarung innerhalb der Winterschwärme. Nestanlage auf trockenem Grund entlang der Gewässer. Brutzeit während des Südfrühlings Sept. bis Nov. Eine lockere Beteiligung des Erpels an der Kükenführung wird vermutet. Nach beendeter Jungenaufzucht und Vollmauser ziehen die Südpopulationen nordwärts, ein Teil bis weit über die gemäßigten Breiten hinaus, und vergesellschaften sich hier mit anderen *Anas*-Arten.
Nahrung: Teile der Wasserpflanzen, vor allem aber Kleinlebewesen und Algen, die als eiweißreiches Plankton seihend oder im Flachwasser watend aufgenommen werden.
Haltung und Zucht: Argentinische Löffelenten gelangten 1932 erstmals nach Europa, bereits 1934 wuchsen in Cères, Frankreich, etwa 30 Jungtiere auf (DELACOUR 1956). Nach dem Kriege brachte sie der Wildfowl Trust in Slimbridge ab 1951 zur Fortpflanzung. Eine allgemeine Gehegeverbreitung setzte in Europa und den USA nach ergiebigen Zuchten in England und Holland ab 1965 ein. Erstzuchten USA 1965, ehem. DDR 1973 im Tierpark Berlin. In Empfindlichkeit Haltung, Zuchtablauf und Ernährung zeigen alle Löffelenten-Arten weitgehende Übereinstimmungen. Sonnige, flache Teiche sollten ihnen geboten werden, auch in Kleingehegen ist mit regelmäßigen Nachzuchten zu rechnen. Brutpaare können in Nestnähe bei der Revierverteidigung streitsüchtig sein. Um Bastardierungen zu vermeiden und die kleinen ökologischen Nischen nicht doppelt zu besetzen, empfiehlt sich pro Gehege die Haltung nur einer Löffelenten-Art. Das ♀ errichtet das Nest im Gras relativ weit entfernt vom Teich (bevorzugt direkt an der Einzäunung) und ist somit stark raubwildgefährdet. Brut und Kükenaufzucht verlaufen problemlos.

Australische Löffelente
Anas rhynchotis Latham, 1801

2 Unterarten: Australische Löffelente, *A. r. rhynchotis* LATHAM, und die lebhafter gefärbte **Neuseeland-Löffelente**, *A. r. variegata* (GOULD). Beide Formen werden in Europa und Nordamerika gezüchtet.

Flügel: *rhynchotis* ♂ 210–261, ⌀ 239; ♀ 210–297, ⌀ 239 mm
variegata ♂ 215–254, ⌀ 235,3; ♀ 209–233, ⌀ 221,5 mm
Gewicht: *rhynchotis* ♂ 570–852, ⌀ 667; ♀ 545–745, ⌀ 665 g
variegata ♂ 540–750, ⌀ 637; ♀ 530–708, ⌀ 614 g
Gelege: 9–11 cremefarbene oder grünliche Eier, *rhynchotis* 49,5–58,5 × 36–40,6; ⌀ 54,8 × 37,3 mm
Brutdauer: 24–26 Tage
Schlupfgewicht: *variegata* 18–31, ⌀ 24,3 g (47 Küken, eig. Wäg.)
Geschlechtsreife: gegen Ende des 1. Lebensjahres

Australische Löffelente: Ad. Brutkleid: ♂ Kopf- und Halsseiten dunkel graublau, schwach grünglänzend, heller Zügelstreif nur angedeutet; Flanken gelbbraun mit breiter, grober schwarzer Schuppung. ♀ nur bedingt von anderen Löffelenten zu unterscheiden. Iris ♂ gelb, ♀ braun, Füße ♂ leuchtend gelb, ♀ grünlichgrau. **Ad. Ruhekleid:** ♂ schlichtfarben, insgesamt stärker rotbraun als ♀; Flügel-, Iris- und Beinfarbe unverändert. **Dunenkleid:** Siehe Küken der Neuseeland-Löffelente, von diesen wohl nicht zu unterscheiden. **Jugendkleid:** Beide Geschlechter dem ad. ♀ und damit anderen schlichtfarbenen Löffelenten sehr ähnlich, exakt vergleichende Gefiederstudien fehlen.

Unterfamilie Anatinae – Schwimmenten **229**

Erpel der Australischen Löffelente.

Neuseeland-Löffelente: Ad. Brutkleid: ♂ Kopf und Halsseiten dunkel taubenblau, weißer halbmondförmiger Zügelstreif klar gezeichnet. Federn auf Brust und Vorderrücken bei einzelnen Erpeln und in manchen Jahren breit weiß, in anderen Jahren nur schmal hell rahmfarben gesäumt. Kastanienbraune Flanken schwach schwarzbraun geschuppt. ♀ deutlich heller als das der Nominatform. **Ruhekleid:** Kleingefieder beim ♂ ♀-farben, Flanken rotbraun, Rückenfedern schwarzgrün mit schmalen Säumen, beim ♀ breit gesäumt dunkelbraun. Flügel und Irisfärbung unverändert. **Dunenkleid:** Dunkler als das anderer Löffelenten-Küken; Rücken kräftig olivbraun, die hellen Partien graugrün. Füße schwarzgrün, hell olivgrau abgesetzt (bei *clypeata*-Küken gelb abgesetzt, bei *platalea* einfarbig hellgrau). **Jugendkleid:** ♂ auf Brust und Flanken rotbraun, ♀ graubraun; Flügel ♂ hellblaue, ♀ graublaue kleine Decken, große Decken ♂ ausgedehnter weiß als ♀, Spiegelglanz ♂ dunkelgrün, beim ♀ fehlend. Iris ♂ hellgrau, ♀ dunkelgraubraun.
Mauser und Umfärbung: Offenbar werden

Erpel der Neuseeland-Löffelente.

Pracht- und Schlichtkleider bei beiden Unterarten unregelmäßig gewechselt, *rhynchotis* mausert regelmäßiger als *variegata* in ein Ruhekleid. Unterschiedlich auch der Grad der Aufhellung im Gesicht, auf Brust, Vorderrücken und Bürzelseiten, starke Variabilität oder die Ausbildung von Hemmungskleidern sind möglich. Jugendmauser setzt im Alter von 4–5 Monaten ein; im Juni in eigener Anlage geschlüpfte Erpel mauserten zwischen Anfang Okt. und Dez. das 1. Prachtkleid durch, zeitparallel färbten Iris (gelbgrün) und Beine (gelborange).
Verbreitung: Karte 77, Seite 339.
Status: Die Australische Löffelente bewohnt zwei relativ kleine Brutareale in SW- und SO-Australien sowie Tasmanien, ist nur in den Flußsystemen des Darling und Murray wirklich häufig, insgeamt aber nicht gefährdet. Auch die Neuseeland-Löffelente verfügt über stabile Bestände, ihre Gesamtpopulation beziffert ROBERTSON (1985) mit 150 000 Individuen, von denen 30 000 in einer Jagdsaison getötet werden.
Lebensweise: Beide Unterarten bewohnen flache, vegetations- und nahrungsreiche Binnen- und Küstengewässer, die australische ferner Überschwemmungsgebiete und in neuer Zeit die Wasserrückhaltebecken in der Agrar- und Weidelandschaft. Während der Trockenzeiten vergesellschaften sich die Australischen Löffelenten zu großen Schwärmen und mit anderen *Anas*-Arten auf den verbleibenden Gewässern. Mit Einsetzen der Niederschläge verteilen sich die Paare, beziehen die Brutreviere und beginnen, unabhängig von der Jahreszeit, mit der Eiablage. Die Neuseeland-Löffelenten wandern außerhalb der Brutzeit im Land umher, bilden weniger große Konzentrationen und brüten meist zwischen Okt. und Dez. Die Nester stehen verborgen im Gras und unter Gebüsch, in Überwemmungszonen auch in Baumhöhlen. Die Erpel verlassen mit Brutbeginn und einsetzender Mauser das ♀, Kükenführung allein durch die Ente.
Nahrung: Etwa 75% Kleinlebewesen, wie Wasserflöhe, Wasserinsekten und Kleinmollusken, ferner feine Pflanzenteile der Sumpf- und Wasservegetation; Nahrung wird seihend aufgenommen.

Haltung und Zucht: Beide Unterarten etablierten sich relativ spät in europäischen und nordamerikanischen Zuchtanlagen. Vor dem Kriege waren die Australische gar nicht, von der Neuseeland-Löffelente lediglich 1 ♂ und 2 ♀ 1934 nach Clères, Frankreich, gekommen, von denen man bereits 1935 dort 18 Junge aufzog (DELACOUR 1956). Der Wildfowl Trust importierte 1960 Neuseeland- und 1967 Australische Löffelenten und züchtete mit ihnen 1961 bzw. 1975 (jeweils britische Erstzucht); USA-Erstzuchten 1964 mit der Neuseeland- und 1970 mit der Australischen Löffelente (STURGEON 1988). In jenen Jahren blieben beide Unterarten zwar selten, fanden jedoch eine rasche Verbreitung bei den westeuropäischen Züchtern (u.a. WIENANDS, Viersen, 1965 Zucht der Neuseeland-Löffelente). Zu Anfang der 90er Jahre hatte sich die Neuseeland-Löffelente durchgesetzt, die Australische war durch Vermischung und Inzuchtdepressionen weitgehend verschwunden. Verträglichkeit, Gehege- und Futteransprüche sind bei allen Löffelenten etwa gleich, die Neuseeland-Löffelente kann im Freien überwintert werden, die Australische ist etwas kälteanfälliger. Die Zucht gelingt mit der Mehrzahl der Paare. Eiablage ab Ende April, meist Mai/Juni in der Bodenvegetation. Löffelenten können ihr Nest und sich selbst ausgezeichnet tarnen, brüten fest, sind aber kaum in der Lage, ihre Küken auf Gesellschaftsteichen aufzuziehen, während dies problemlos in Boxen unter der Wärmelampe gelingt. Wegen der geringfügigen Merkmalsunterschiede der ♀ ist stets mit Löffelenten-Hybriden zu rechnen, die Verantwortung liegt beim Züchter, der Arten und Unterarten konsequent getrennt halten muß, und bei Händlern, die bewußt oder aus Unkenntnis Mischpaare verkaufen.

Löffelente
Anas clypeata Linné, 1758

Flügel: ♂ 239–249, ⌀ 244; ♀ 222–237, ⌀ 230 mm
Gewicht: ♂ 410–1100, ⌀ um 650; ♀ 420–763, ⌀ 570 g
Gelege: 8–12, Nachgelege bis 7 graugrüne

Unterfamilie Anatinae – Schwimmenten **231**

Erpel der Löffelente.

oder rahmfarbene Eier, 48–57 × 34,5–40; ⌀ 52,3 × 37 mm
Brutdauer: 22–25 Tage
Schlupfgewicht: 18,5–25,3, ⌀ 21,7 g (SMART 1965, eig. Wäg.)
Geschlechtsreife: knapp einjährig

Ad. Brutkleid: ♂ mit dem ausgeprägtesten Prachtkleid aller Löffelenten, geringe Variabilität. Die ♀ sind nur mit Mühe von anderen Löffelenten-♀ zu unterscheiden, Schnabelseite am stärksten orange aufgehellt (bei anderen Arten dunkelgrau) und Füße besonders leuchtend orangerot. **Ad. Ruhekleid:** Beide ♀-farben, Flügel und Iris farblich unverändert, Füße ♂ gelbbraun, ♀ graugrün. **Dunenkleid:** Oberkopf und Rumpf graubraun, Brust und Bauch etwas aufgehellt. Gesicht gelbbraun, ein kräftiger Augenstreif sowie je ein Zügel- und Ohrfleck dunkelbraun. Helle Fleckchen der Oberseite verwaschen zimtbraun (nicht gelb). Schnabel hornfarben, anfangs nicht löffelartig verbreitert. **Jugendkleid:** Etwa wie ♀ ad., ♂ Brust rotbraun, Kopf und Rücken relativ dunkel, Bürzelseitenfleck hellbraun angedeutet. Armdecken blau, Iris hellgrau, Schnabel olivgrün, Füße blaß gelbbraun. ♀ Kleingefieder durchgehend gelbbraun, Armdecken dunkelgrau, Spiegel fast glanzlos, Iris, Schnabel und Füße braun.
Mauser und Umfärbung: Brutmauser beim ♂ ab Juni, beim ♀ im Juli; die Kleingefiedermauser verläuft sehr zügig. Mitte Juli werfen die Erpel, wenig später die ♀ die Schwingen ab. Ab Okt. erneuter Kleingefiederwechsel, in dessen Verlauf Pracht- und Brutkleid angelegt werden, dauert beim ♂ bis Dez., beim ♀ bis April; einzelne Erpel unterbrechen im Winter die Mauser und tragen dann aufgehellte Brust- und Zügelpartien. Die juv. beginnen nach der Befiederung die Verfärbung von Iris, Schnabel und Füßen und durchlaufen in mehreren Wellen während des Winters einen kompletten Kleingefieder- und Steuerfederwechsel.
Verbreitung: Karte 78, Seite 340.
Status: Innerhalb ihres riesigen Verbreitungsgebietes verfügt die Löffelente in allen Großregionen über umfangreiche und stabile Populationen. Dort, wo Schutzmaßnahmen wirksam sind, werden Bestandserweiterungen registriert. **CITES** Anh. III/C, **Vermarktungsbescheinigung** nicht erforderlich.
Lebensweise: Zur Brutzeit bewohnen die Löffelenten eutrophe Flachgewässer mit schlammigem Grund und seichten Uferzonen, ferner die von Prielen durchzogenen Bodden-, Haff- und Salzwiesen, Brüche, Flußniederungen und in Asien die weiten, flachen, z. T. brackigen Steppenseen. Die Tiere treffen gepaart in kleinen Gruppen an den Brutgewässern ein, teilen die Reviere

auf und beginnen ab Mitte Mai mit der Eiablage. Die Nester stehen auf trockenem Grund in Wiesen oder an Grabenrändern. Nestdunen hell graubraun mit hellem Mittelfleck und weißen Spitzen. Zu Anfang der Brutzeit verweilen die Erpel in Nestnähe, später bilden sie Mausergesellschaften, und die ♀ ziehen den Nachwuchs allein im Röhricht heran. Ab Aug. zeigen sich die vermauserten ad. und die flüggen juv. wieder auf der freien Wasserfläche.

Nahrung: Vorzugsweise Großplankton mit hohem animalischen Anteil, das seihend von der Wasseroberfläche aufgenommen wird.

Haltung und Zucht: Die farblich schönen Löffelenten sind beliebte Gehegevögel, die sich problemlos auf Zucht- und Zooteichen halten lassen. Fütterungsprobleme gibt es für diesen Nahrungsspezialisten nicht, lediglich im Winter ist die Art vor starken Frösten zu schützen, um Gefieder- oder Schnabelvereisungen zu vermeiden. Die Mehrzahl der Paare wird brutaktiv, möglichst weit vom Teich entfernt errichtet das ♀ – kaum auffindbar – im nicht zu hohen Gras das Nest. Eiablage wie in der Natur selten vor Mitte Mai, Nachgelege sind die Regel. Brut und Kükenaufzucht verlaufen problemlos. Nachzuchtraten übersteigen um ein Wesentliches die Mortalitätsraten.

Bernierente
Anas bernieri (Hartlaub, 1860)

Die als rötliche Form der Weißkehlente bezeichnete Bernierente hat sich infolge langer Isolation von der *gibberifrons*-Gruppe abgespalten und erhält einen eigenen Artstatus. Eine starke Ähnlichkeit besteht zur Andamanen-Weißkehlente.

Flügel: ♂ 203–213, ♀ 192–198 mm (DELACOUR 1956)

Gelege: um 6 Eier (BRICKEL & SHIRLEY 1988)

Ad. Jahreskleid: ♂ und ♀ ähnlich; typisch ist der rotbraune Grundton des gesamten Kleingefieders mit breiten lehmgelben Säumen auf Brust und Flanken. ♂ etwas größer und dunkler als ♀. Schnabel und Füße beim ♂ rötlich, beim ♀ braun. **Dunenkleid:** Oberseits schwarzbraun, Bauchseite goldgelb, Schnabel und Beine wiederum schwarzbraun (BRICKEL & SHIRLEY 1988). **Jugendkleid:** Nicht beschrieben, auch fehlen Details über Mauser, Umfärbung und Geschlechtsmerkmale.

Verbreitung: Westteil Madagaskars

Status: Die Bernierente gehört heute mit zu den seltensten Wasservögeln der Welt. Ihr Vorkommen beschränkt sich weitgehend auf den Bemamba- und bis in die 70er Jahre auf den Masama-See nahe der Westküste Madagaskars. Der Bemamba-See ist 8 km lang, führt schwach salzhaltiges Wasser und liegt in einem Reisanbaugebiet. Hier wurden 1970 60 Tiere beobachtet, von denen allein ein Jäger 13 abschoß; 1993 wurden knapp 100 gesehen und der Gesamtbestand auf max. 500 geschätzt (COLLAR et al. 1994). Auf Madagaskar wird die Jagd sehr intensiv und kommerziell betrieben. Tiere besitzen keinerlei Schutz, eine in den 80er Jahren dort angelegte Rollbahn ermöglicht den Jägern eine besonders günstige Anfahrt. Heute sind große Teile des ehemaligen Sees für den Reisanbau umgestaltet, lediglich ein zu salzhaltiger Restsumpf ist noch erhalten. Eine nach 1950 zu Speisezwecken ausgesetzte Fischart vernichtete die Wasserpflanzen, die Riedzonen werden von der Bevölkerung niedergebrannt. Die Bernierente gilt als stark gefährdet. **CITES** Anh. II/B, **Vermarktungsbescheinigung** nicht erforderlich.

Lebensweise: Die Bernierente wurde Wissenschaftlern erst nach 1850 bekannt, derzeit war sie in Sumpfniederungen und an Waldflüssen in kleinen Gruppen ansässig. In der 1. Hälfte dieses Jahrhunderts zeichnete sich ein zunehmender Rückgang ab (DELACOUR 1956), bis sie in den 60er Jahren erneut auf den oben genannten Seen nahe der Westküste wiederentdeckt wurde. SCOTT & LUBBOCK (1974) suchten im Aug. 1973 speziell nach diesen Enten und trafen sie gepaart und balzend an, so daß Mitte Sept. als Legeperiode angenommen wird. Da auch für den April Brutverdacht vorliegt, wird ein Nisten vor und nach der Regenzeit angenommen. Die Nester sollen im Riedgras nahe dem Wasser angelegt werden (BRICKELL & SHIRLEY 1988).

Haltung und Zucht: Ein einzelnes ♀ der Bernierente gelangte 1927 nach Frankreich und wurde ein Jahr später für den Zoopark Clères erworben. Hier lebte das Tier 7 Jahre und verpaarte sich mit einem Kastanien-Erpel, zur Eiablage kam es nicht (DELACOUR 1956). Zum Aufbau einer Gehegepopulation wurden 1993 4 Tiere eingefangen, 3 ♂ überlebten im Zoo von Jersy, 1995 erhielt man nochmals 4 Tiere, darunter 2 ♀. KOOY, Holland, besaß im Herbst 1996 seinen Angaben nach 3 Bernierenten, die bereits in Europa gezüchtet worden seien.

Artengruppe: Weißkehlenten

Andamanen-Weißkehlente,
Anas albogularis (Hume, 1873)
Indonesische Weißkehlente,
Anas gibberifrons Müller, 1842
Australische Weißkehlente,
Anas gracilis Buller, 1869

Die 3 Arten trugen bisher den Status von **Unterarten:** Die **Indonesische Weißkehlente**, *A.g. gibberifrons*, wird südöstlich von der etwas größeren und helleren **Australischen Weißkehlente**, *A.g. gracilis*, vertreten. Die **Renell-Weißkehlente**, *A.g. remissa* Ripley, war als Inselform besonders klein, kurzschnäblig und dunkel und ist ausgestorben. Die **Andamanen-Weißkehlente**, *A.g. albogularis* hat sich als isoliertes Endglied dieser Gruppe mit einem rötlichbraunen (nicht grauen) Gesamtgefieder eigenständig entwickelt und wird als Brückenart zur Bernierente gesehen. Indonesische, Australische und Andamanen-Weißkehlente sind importiert, haben sich aber kaum etabliert.
Flügel: *albogularis* ♂ 119–205, ♀ 197–205 mm
gibberifrons ♂ 181–200, ♀ 178–187 mm
gracilis ♂ 175–220, ⌀ 205; ♀ 164–243, ⌀ 198 mm
Gewicht: *gracilis* ♂ 395–670, ⌀ 507; ♀ 350–602, ⌀ 474 g
Gelege: *gracilis* 6–10, selten bis 14 cremeweiße Eier, 46,8–58 × 34–42; ⌀ 49,7 × 35,9 mm
Brutdauer: 24–26 Tage
Geschlechtsreife: knapp einjährig

Ad. Jahreskleid: *A. gracilis:* ♂ und ♀ farblich annähernd gleich, doch mit unterschiedlicher Stimme: ♀ äußert ein lautes Quaken, der Erpel ein dumpfes „Pijp". Bei der etwas kleineren *gibberifrons* sind die Brust-, Flanken- und Schulterfedern fast schwarz, schmal hell gesäumt; Stirngefieder buschig aufgewölbt. Gesamtgefieder der Andamanen-Weißkehlente rotbraun mit breiten hell rostroten Säumen; alle Tiere haben weiße Augenringe, viele tendieren zu weiteren Aufhellungen, Gesicht und Hals können völlig weiß sein. **Dunenkleid:** Kopfplatte, je ein kräftiger Augen- und Backenstreif sowie Rückenpartien graubraun; Unterseite und spärliche Fleckchen an Flügel und Bürzelseiten hellgrau. Insgesamt heller als Küken der Kastanienente. **Jugendkleid:** Durch breite und verwaschene Federsäume insgesamt heller und fahler als ad., Kehle und Vorderhals bräunlichgrau, bei ad. grauweiß.
Mauser und Umfärbung: Brut- und Mauserzyklen alternieren jahreszeitlich ungebunden. Nach regional beendeter Fortpflanzung setzt die Vollmauser ein, in der die Tiere 23–27 Tage flugunfähig sind und ein ruhekleidähnliches Gefieder angelegt wird, das während der Brutmauser (Kleingefieder-Teilmauser) durch ein farbkräftigeres Kleid ersetzt wird. Juv. erneuern zwischen 10. und 24. Lebenswoche das Klein- und zwischen 24. und 52. Woche in der ersten Vollmauser das Gesamtgefieder (FRITH 1982).
Verbreitung: Karte 79, Seite 340.
Status: Die Australische Weißkehlente bewohnt als sporadischer oder regelmäßiger Brutvogel weite Gebiete des Kontinents und kommt in angemessener Häufigkeit vor. Auch der indonesische Raum mit der Nominatform wird, wenn auch in geringerer Anzahl, großflächig bewohnt. Wegen der schweren Unterscheidbarkeit beider Unterarten und der Annahme, daß ein nichterfaßbarer Anteil Australischer Weißkehlenten als Nichtbrüter Indonesien erreicht, schließen CALLAGHAN & GREEN (1993) eine möglicher-

Paar der Australischen Weißkehlente.

weise kleine Population der Indonesier nicht aus, die damit als gefährdet anzusehen wäre. Die Renell-Weißkehlente wurde 1959 letztmalig beobachtet, sie könnte durch die Ansiedlung einer großen Barsch-Art (*Tilapa* spec.) in der von der Ente bewohnten Hauptlagune ausgerottet worden sein. Auch der Gesamtbestand der Andamanen-Weißkehlente ist stark rückläufig. Zählungen im Winter 1995/96 ergaben 400 Tiere, Totalpopulation maximal 500 Individuen. Hauptbedrohungen sind neben der Jagd Trockenlegungen von Feuchtzonen für Straßenbau und Landwirtschaft (VIJAYAN 1996).

Lebensweise: Weißkehlenten bewohnen eutrophe Niederungsgewässer, von angelegten Viehtränken im australischen Binnenland bis zu Mangrovensümpfen und offenen Salzlagunen an den Küsten. Während im indonesischen Raum ganzjährig wasserreiche Niederungen zur Verfügung stehen, führt das Gros der australischen Populationen regellose Wanderungen über den gesamten Kontinent aus und wird vorübergehend seßhaft, wo sich durch Niederschläge temporäre Bruthabitate gebildet haben. So bilden überschwemmtes Gras- und Buschland die bevorzugten Brutplätze, in denen unabhängig von der Jahreszeit nach einer kurzen Balz- und Paarungsphase mit Nestbau und Eiablage begonnen wird. Auf den Andamanen brüten die Tiere an kleinen Waldtümpeln im Landesinneren, Brutzeit hier Juli/Aug. (VIJAYAN, mündl.). Nester werden im Ried und in Baumhöhlen, in Überschwemmungsgebieten weit entfernt vom Wasser, errichtet. Das ♀ brütet allein, der Erpel beteiligt sich an der Kükenführung, dennoch sind die Küken- und Jungtierverluste sehr hoch. Neuseeländische Untersuchungen ergaben, daß 68% das 1. Lebensjahr nicht überleben (ROBERTSON 1985).

Nahrung: Sie wird seihend und gründelnd im Flachwasser aufgenommen und besteht bis über 30%, bei Küken fast ausschließlich, aus Kleinlebewesen.

Haltung und Zucht: Wohl wegen ihrer unscheinbaren Färbung wurden zu jeder Zeit

Indonesische Weißkehlente, typisch für die Erpel ist die hohe Stirn.

nur wenige Weißkehlenten importiert und fast nur von Zoos gehalten, damit auch nur zufällig gezüchtet. In den 80er Jahren gelangten kleine Importe aus Indonesien und besonders aus dem Süden Neuguineas nach Europa, von denen heute Nachzuchttiere existieren. Andamanen-Weißkehlenten erwarb der Zoo London 1903 und hielt sie bis 1923, in den letzten Jahren waren die weißen Flecke an Kopf und Hals besonders ausgedehnt. Der Wildfowl Trust in Slimbridge erhielt 1973 drei Paare und erneut 1981 ein Paar, welches im Tropenhaus untergebracht wurde. Über die Haltung der Weißkehlente ist kaum berichtet worden, kann aber der der Kastanienente weitgehend gleichgesetzt werden. Die Paare sind friedfertig und zumindest die nachgezüchteten Tiere bedingt winterhart. Die Zucht der Andamanen-Weißkehlente gelang dem Zoo London erstmals 1909, anfangs sehr erfolgreich, später wuchsen weniger juv. auf, als ad. starben. Der Wildfowl Trust erzielte lediglich 1982 zwei Jungtiere, 1983 und 1984 verstarb die gesamte Gruppe. Die Nominatform gelangte wiederholt als unbeabsichtigte Importbeigaben nach Europa, blieb unbeachtet und verschwand bald wieder. Voss hielt im Herbst 1994 8 erwachsene Jungtiere, die in Holland aufgewachsen sein könnten. Von der Australischen Weißkehlente gelangen Zuchten 1882 im Zoo London, nach 1960 im Wildfowl Trust und erstmals 1970 in den USA (STURGEON 1988). Diese Unterart bringt es zu ansehnlichen Reproduktionsraten. ALRAUN (briefl.) erwarb 1986 zwei Paare aus Slimbrigde und züchtete mit ihnen zwischen 1987 und 1993. Eiablage in erhöht angebrachten Nisthöhlen, jährlich bis zu drei Gelegen. Die Kükenaufzuchten verliefen problemlos.

Kastanienente
Anas castanea (Eyton, 1838)

Flügel: ♂ 204–231, ♀ 197–210 mm
Gewicht: ♂ 340–708, ⌀ 595; ♀ 368–737, ⌀ 539 g

Erpel der Kastanienente.

Gelege: 7–12 cremebraune Eier, 45–57 × 35–41; ⌀ 52 × 37 mm
Brutdauer: 28 Tage
Geschlechtsreife: knapp einjährig, Zucht ab 2. bis 3. Jahr

Ad. Brutkleid: Geschlechtsdimorph. Erpel relativ alter Gehegepopulationen neigen zur Aufhellung der Füße und zur Verbreiterung der rotbraunen Federsäume an Brust und Flanken, die dunklen Federzentren können bis zur Ungeflecktheit zurückgehen. **Ad. Ruhekleid:** (wird nur von einem Teil der ♂ angelegt) Kopf schwarzbraun, kaum oder gar nicht grünglänzend, Brust, Bauch und Flanken dunkel. **Dunenkleid:** Oberseite schwarzbraun, Bauchseite verwaschen gelbbraun; das relativ dunkle Gesicht wird von je einem schwarzbraunen Augen- und Backenstreif durchzogen. Fleckchen an Bürzelseiten und Flügelsäumen blaß strohgelb. Schnabel und Füße schwarzgrau. **Jugendkleid:** Kleingefieder ♀-farben, Rücken grau; bei ad. ♀ schwarzgrau, grünglänzend. Armschwingen ♂ samtschwarz, grünglänzend und mit schmaler weißer Endbinde, große Decken weiß; ♀ Armschwingen weniger farbintensiv, Endsaum der großen Decken hellbraun (nicht weiß). Iris ♂ dunkel rotbraun, ♀ dunkelbraun.
Mauser und Umfärbung: Mauserverhältnisse, speziell zu Fragen des Ruhekleides, sind nicht untersucht. Im Juni/Juli geschlüpfte juv. beginnen Ende Aug. an Brust und Flanken mit der Jugendmauser und sind ab Mitte Nov. ausgefärbt.
Verbreitung: Karte 80, Seite 340.
Status: Die Brutvorkommen der Kastanienente konzentrieren sich auf die Küstengewässer SO-Australiens, auf die Region der Bass-Straße und auf Tasmanien. Außerhalb der Fortpflanzungszeit sind Verbände von 200–500, seltener bis zu 2000 Tieren bekannt (BLAKERS et al. 1984). Gesamtpopulation nicht gefährdet, aber vergleichsweise klein und anfällig.
Lebensweise: Kastanienenten leben vorzugsweise an brackigen Küstenlagunen und in Flußmündungsgebieten, nur auf Tasmanien auch an Binnenseen und in Sumpfniederungen, sind in günstigen Brutarealen zwar allgemein ansässig, treten aber nur in geringer Dichte auf. Beginn der Brutzeit begrenzt auf die Frühlingsmonate. Im Gebiet um Camberra balzen die Kastanienerpel während des ganzen Winters, Aug./Sept. lösen sich die Paare aus den Winterschwärmen und beziehen die traditionellen Brutplätze. Nester am Boden im hohen Riedgras, auf Fels- oder Grasinseln und in vielen Gebieten in Baumhöhlen oder Nistkästen. Eiablage zwischen Mitte Sept. und Ende Okt. Bei einem Teil der Enten sind Zweit- und Drittgelege nachgewiesen. Die Erpel halten

lange zum Brut-♀ und beteiligen sich auch an der Kükenführung. Jungtiere entwickeln sich wie folgt: Mit 20 bis 29 Tagen zeigen sich die Körperfedern, zwischen 43. und 57. Tag die Schwingen, die mit 60–70 Tagen weitgehend ausgewachsen sind. Mit etwa 56 Tagen erlangen sie ihre Flugfähigkeit und beginnen im 4. Monat mit der Jugendmauser.

Nahrung: Weitgehend wie die anderer *Anas*-Arten, jedoch mit relativ hohem tierischem Anteil; sie wird gründelnd, seltener seihend oder tauchend aufgenommen.

Haltung und Zucht: Kastanienten gelangten 1870 in den Zoo London und wurden hier 1909 erstmals gezüchtet. Danach setzte eine recht zögerliche, aber kontinuierliche Verbreitung in europäischen Zoos und Privatanlagen ein. Erstzucht durch BLAAUW, Holland, 1916, in den USA 1930 in einem Privatgehege in Kalifornien. In der ehem. DDR wurde bis 1960 mit Nachkommen von Vorkriegsimporten gezüchtet, dann erlag diese Gruppe der Inzucht. Kastanienenten sind meist friedfertig, langlebig und unproblematisch in der Ernährung. Somit eignen sie sich, auch von ihrer mittleren Größe her, sowohl für gemischte Kollektionen in kleineren Zier- und Zuchtanlagen wie für Zooteiche. Leichte Frostperioden überstehen sie schadlos, doch sollte bei zu erwartendem Winterwetter ein Schutzraum angeboten werden. Eiablage gern in Nistkästen, oft schon im März, häufiger ab 2. Aprilhälfte oder im Mai. Ein bis zwei Nachgelege sind zu erwarten. Die Kükenaufzucht ist problemlos möglich.

Artengruppe: Aucklandenten

Grünohrente
Anas chlorotis Gray, 1845
Aucklandente
Anas aucklandica (Gray, 1844)

Bisher **drei Unterarten: Aucklandente**, *A. a. aucklandica* (Gray) und **Campbell-**

Grünohrente bei der Begattung.

Aucklandente, Paar im Gehege einer neuseeländischen Zuchtstation

Aucklandente, *A. a. nesiotis* (Fleming), als klassische Inselformen: flugunfähig, schlichtfarbig, relativ klein und vom Aussterben bedroht, sowie die etwas größere flugfähige **Neuseeland-Aucklandente**, *A. a. chlorotis* Gray, mit der umfangreichsten Gesamtpopulation. Für alle drei ist wohl ein gesonderter Artstatus gerechtfertigt, Sibley (1996) faßt jedoch *aucklandica* und *nesiotis* zusammen und trennt nur *chlorotis* als eigenständige Art ab. Kennzeichnend für die Artengruppe (♂ und ♀, ad. und juv.) und damit auch abgrenzend zur Kastanienente sind schmale weiße Augenringe. Allein die Grünohrente wird in europäischen und amerikanischen Anlagen gehalten und gezüchtet.

Flügel: *aucklandica* ♂ ⌀ 137,5; ♀ 126,5 mm
chlorotis ♂ 201–207, ⌀ 202,6; ♀ 186–202, ⌀ 194 mm
Gewicht: *aucklandica* ♂ 425–620, ♀ 375–435 g
chlorotis ♂ 615–730, ⌀ 665; ♀ 530–700, ⌀ 600 g

Gelege: 5–7 (Inselformen 3–4) dunkel lehmfarbene, relativ groß;
aucklandica 61–65,7 × 43–46,8; ⌀ 64,2 × 44,5 mm
chlorotis 58,5–62 × 41,2–43,2; ⌀ 60 × 42,6 mm
Brutdauer: 28 Tage
Schlupfgewicht: *chlorotis* 31–44, ⌀ 38,2 g (8 Küken, eig. Wäg.)
Geschlechtsreife: knapp einjährig

Grünohrente: Ad. Brutkleid: ♂ ähnlich Kastanien-Erpel, doch farbflacher; Kopf nur in Ohrgegend grün. Weiße Bürzelseiten werden unterschiedlich stark durchgemausert. Endsaum der großen Flügeldecken gelbbraun, bei *castanea* weiß. ♀ gegenüber der Kastanienente mit weißem Augenring und gelbbraunem, statt weißem Endsaum auf großen Flügeldecken. **Ruhekleid:** ♂ Kopfseiten nur mit angedeutetem Grünglanz, Brust-, Bauch- und Flankengefieder dunkel rotbraun mit hellen Säumen, Bürzelseiten dunkel. Augenring und Flügelzeichnung unverändert. ♀ nur unmerklich verändert, Augenring rahmfarben.

Aucklandente: Kleiner als *chlorotis* und mit stark verkürzten Schwingen. ♂ im Brutkleid fast durchweg dunkelbraun gewellt, Kopf und Flügelspiegel nur mit partiell angedeutetem Grünglanz, schwach angedeutet auch der helle Bürzelseitenfleck. **A. a. nesiotis** ist als kleinste Unterart (Flügel 133 mm) im wesentlichen sepiabraun gefärbt und hat nur einen angedeuteten Flügelspiegel. **Dunenkleid:** Auffällig dicht und weitgehend einfarbig schwarzbraun mit schmalem rahmfarbenem Augenring. Schnabel und Füße dunkel bleigrau. **Jugendkleid:** Wenig dunkler und grauer als ad. ♀, die immat. ♂ etwas mehr Rotbraun als gleichalte ♀.

Aucklandente, Weibchen mit Küken im Naturbiotop der Auckland-Insel.

Mauser und Umfärbung: Im Freiland offenbar wenig untersucht. In den Gruppen nicht brütender Grünohrenten behalten einzelne Erpel offenbar ein Teilprachtkleid. In eigener Anlage färbten ♂ der Grünohrente zwischen Sept. und Ende Okt. unterschiedlich weit in das Prachtkleid, doch wurde bei allen der bis dahin rahmfarbene Augenring weiß. Danach setzten Paarungen und Aggressivitäten zwischen den Partnern ein. Ab Mitte Mai trugen Erpel erneut das Schlichtkleid. Schwingenabwurf bei ♂ und ♀ Juli/Aug., daran anschließend der Kleingefiederwechsel in das Prachtkleid. Wenig verzögert nach den ad. färbten die immat. im 1. Herbst in das Alterskleid.

Verbreitung: Aucklandente: Auckland-Inseln 600 km südl. Neuseelands; **Campbell-Aucklandente:** Campbell-Inseln 900 km südl. Neuseelands; **Grünohrente:** Karte 81, Seite 340.

Status: Alle 3 Arten bewohnen nur noch eng begrenzte Gebiete innerhalb der ohnehin kleinen neuseeländischen Faunen-Region. Die Aucklandente wurde auf ihren Inseln seit 1943 durch Schweine, Ratten, Katzen und Jagd bis 1990 auf 260–300 Tiere dezimiert (GREEN et al. 1993), WILLIAMS (1996) geht aktuell von maximal 2000 Tieren aus. Die Grünohrente erlitt starke Bestandseinbußen durch Habitatverluste und überzogene Jagdausübung. Schutzmaßnahmen und Auswilderungen gezüchteter Tiere ab 1968 führten zu Bestandserweiterungen und Lebensraumrückbesiedlungen, Freilandbestand 1994 ca. 3000 Tiere (WILLIAMS, mündl.). Zwischen 1984 und 1989 kamen über 600 Enten im Nordterritorium zur Auswilderung und stabilisierten die dort fast erloschene Population (GREEN 1993 u.a.). Von der Campbell-Aucklandente waren bis 1944 nur 12 Tiere bekannt, danach galt sie als ausgestorben, heute leben auf dieser Insel ca. 1 Mill. Wanderratten. Auf der nur 3 km entfernten Dent-Insel wurde die Unterart 1975 wiederentdeckt, GOUDSWAARD (mündl.) schätzt den Bestand 1990 auf 60 Individuen, 14 davon wurden zu Zuchtzwecken eingefangen. Im Red Data Book der IUCN gelten *aucklandica* und *chlorotis* als „gefährdet", *nesiotis* als „akut bedroht". **CITES** alle Taxa Anh. I/A, **Vermarktungsbescheinigung** erforderlich.

Lebensweise: Die Aucklandente bewohnt paarweise und in kleinen Familienverbänden Eilande und Inselchen der Auckland-Inselgruppe. Die Küstenvegetation besteht hier aus Horstgräsern, Seggen und flachem Gesträuch. Den eigentlichen Lebensraum bilden die großblättrigen Seetang-Bestände in den Meeresbuchten, die während der Ebbe für Nahrungssuche und Ruhezeiten genutzt werden, seltener suchen sie angrenzende Brack- und Süßwassertümpel auf. Dämmerungsaktiv, zu Fuß werden dann auch die Felsklippen nach Nahrung abgesucht. Die Cambell-Aucklandenten leben auf der etwa 1,5 km² großen Dent-Insel bei Temperaturen zwischen 5 und 10 °C. Die Enten

Campbell-Aucklandente, Paar auf Seetang-Blättern nach Nahrung suchend.

durchlaufen die zahllosen Gänge unter dem fast geschlossenen Halmdach der Horstgräser, sind hier gegen Witterung und Feinde geschützt, sind Einzelgänger und können sich bei der arttypischen Aggressivität auch gegenseitig gut verbergen (GOUDSWAARD, mündl.). Grünohrenten bewohnten ursprünglich ausgedehnte Waldsümpfe, ein Lebensraum, der durch Rodungen und anschließende Entwässerungen fast völlig zerstört ist. Restpopulationen überlebten in Flußmündungsgebieten und entlang ruhiger Küstenabschnitte. Heute werden auch Staugewässer und Wiesenteiche besiedelt. Tiere sind stark dämmerungs- und nachtaktiv mit verborgener Lebensweise während der Brutzeit, Mausertrupps rasten auf kleinen Sandbänken entlang hoch bewachsener Ufer. Paarbindung offenbar ganzjährig. Brutperiode während des Südfrühlings auf Neuseeland zwischen Juli und Dez., auf den Auckland-Inseln zwischen Okt. und Dez. Die Nester befinden sich in der Bodenvegetation. Kükenführung durch beide Eltern. Trotz Flugvermögens wurden auch Grünohrenten nur selten fliegend beobachtet.

Nahrung: Pflanzenteile und Samen, dazu ein hoher Anteil von Kleinlebewesen (Mollusken, Würmer), die auf ufernahen Wiesen, unter den Horstgräsern und während der Ebbe in der Gezeitenzone gesucht werden.

Haltung und Zucht: Von der Aucklandente erwarb der Zoo London 1895 ein Tier und der Wildfowl Trust 1955 drei, letztere starben noch während der Eingewöhnung. Die Grünohrente gelangte 1934 nach England und zwei Paare 1957 nach Slimbridge. Hier begann 1960 eine erfolgreiche Zuchtperiode, die zu einer begrenzten Etablierung in europäischen Zoos und Zuchtanlagen führte; US-Erstzucht 1965. HAYES & WILLIAMS (1982) u. a. berichten über das Zuchtprogramm für diese Unterart in Neuseeland: Mit anfänglich 12 Tieren gelang 1968 die Erstzucht. Wegen der starken Partneraggressivität waren sie paarweise in geräumigen Volieren mit dichter Bodenbepflanzung untergebracht. Erstgelege enthielten bis 7, meist

4–6, zahlreiche Nachgelege 2 oder 3 Eier. Bis 1985 wuchsen hier 670 Jungtiere heran, die Mehrzahl kam im Nordterritorium zur Auswilderung, viele davon wurden später mit Nachwuchs angetroffen. Mit der Aucklandente liefen ab 1984 Zuchtprogramme, die man nach WILLIAMS (mündl., 1994) bald einstellte, weil der Freilandbestand als ausreichend angesehen wurde. Nach gleichem Wissenschaftler begann man 1992/93 mit der Zucht der Campbell-Aucklandente auf Neuseeland in einer 25×10 m großen Voliere, dicht mit Gras bewachsen, dazwischen 5 kleine Teiche. Begonnen wurde 1993 mit 3 Hybrid-Paaren aus *nesiotis*-♂ und *aucklandica*-♀. Im gleichen Jahr kamen 3 *nesiotis*-♀ von der Dent-Insel hinzu, bereits 1994 gelang damit die Erstzucht, ein ♀ legte im Okt. 4 Eier, 2 Küken und 2 weitere aus einem Nachgelege wuchsen auf, damit umfaßte der Gesamtgehegebestand 13 Tiere (PREDDEY 1995). Die Nachzucht ist zur Auswilderung auf den Antipodes-Inseln vorgesehen. Nach WILLIAMS (mündl.) beträgt das Eigewicht bei *chlorotis* 9 %, bei *aucklandica* 12–14 % und bei *nesiotis* 16 % vom ♀-Gewicht (beim Kiwi 18–20 %).

ALRAUN (mündl.) erwarb 1981 zwei Paar Grünohrenten aus Slimbridge und zog seit 1983 (deutsche Erstzucht) annähernd 100 Jungtiere auf. Die Paare bewohnten Einzelgehege, Eiablage zwischen Feb. und Ende Mai; 49 Gelege enthielten 2–8, im Mittel 3,55 Eier, ein hoher Anteil davon unbefruchtet; offenbar sind die Erpel nicht immer begattungsbereit, andererseits werden sie auch vom aggressiveren ♀ abgebissen. Ruheintervalle zwischen großen Gelegen um 4 Wochen, zwischen kleinen knapp 2 Wochen. Kükenaufzucht problemlos und verlustarm möglich. In eigener Anlage bewohnte ein Paar zwischen 1990 und 1994 eine Voliere mit angrenzendem Schutzhaus. Die Tiere waren stets zahm, hielten sich tagsüber im Haus oder in einem der Nistkästen auf und waren völlig winterhart.

Die Aggressivität baut sich mit Fortpflanzungsbeginn auf und kann bei ungleichmäßiger Stimulanz sowohl vom ♀ als auch vom Erpel ausgehen und bis zum Tode des Partners führen.

Bahamaente
Anas bahamensis Linné, 1758

Drei Unterarten: Die **Nördliche Bahamaente**, *A. b. bahamensis*, Linné, aus dem karibischen Raum und NO-Südamerika, die etwas größere **Südliche Bahamaente**, *A. b. rubrirostris* Vieillot, und die deutlich kleinere **Galapagosente**, *A. b. galapagensis* (Ridgway), deren weiße Kehl- und Backenzeichnung kontrastlos in das braune Kopfgefieder übergeht, letztere heute auch mit eigenem Artstatus. Alle drei Formen sind importiert, verbreitet etabliert südliche mit geringen Mischungsanteilen der nördlichen.

Flügel: *rubrirostris* ♂ 225–237, ♀ 192–221 mm
Gewicht: *bahamensis* ♂ 474–533, ♀ 505–633; *rubrirostris* ♂ ⌀ 710, ♀ ⌀ 670 g
Gelege: 8–12 lehmbraune Eier, 51–59 × 34–39; ⌀ 54,6 × 35,8 mm
Brutdauer: 25–26 Tage
Schlupfgewicht: 19,5–30, ⌀ 26,8 g (12 Küken, eig. Wäg.)
Geschlechtsreife: gegen Ende des 1. Lebensjahres

Ad. Jahreskleid: ♂ etwas größer, langschwänziger und leuchtender rehbraun als ♀. Federn am Oberkopf bei Erregung eine kleine Holle bildend. ♀ blaßbraun, Hollfedern nicht, mittlere Steuerfedern wenig verlängert. Flügelspiegel nur auf inneren Armschwingen glänzend, auf äußeren stumpf schwarzbraun, angedeutete Zwischenbinde mattschwarz (♂ samtschwarz, Spiegel mit intensivem Bronceglanz). Stimme: ♂ ein leises, hohes Surren, ♀ in Erregung quakend.
Dunenkleid: Kopfplatte, hinterer Halssaum und Rücken sowie langer Augenstreif und kleiner Ohrfleck olivsepiabraun; Gesicht goldgelb, Unterseite strohgelb. Über Rücken von Schultern bis seitlicher Schwanzwurzel ein gelblicher Streif. Schnabel graublau, Iris dunkel graubraun, Füße olivgrau mit schwarzen Schwimmhäuten. **Jugendkleid:** ♀-ähnlich, Gefieder und Schnabel blasser, Spiegel fast glanzlos. Zwischen den Geschlechtern bestehen feine Farbnuancen und deutliche Stimmunterschiede.

Erpel der Bahamaente.

Mauser und Umfärbung: Die ad. beginnen bei uns im Spätsommer mit einer kaum merklichen Kleingefiedermauser, wenig später erfolgt der Schwingenabwurf; die Steuerfedern werden stufenweise gewechselt. Erneute Kleingefieder-Teilmauser zu Jahresbeginn. Bei juv. setzt mit 3 Monaten (Sept./Okt.) die Jugendmauser ein, die nach weiteren 2 Monaten (etwa ab Dez.) abgeschlossen wird. Danach Kleingefieder wie ad., Flügel unverändert, mittlere Steuerfedern nicht verlängert. Der Schnabel färbt sich bei den heranwachsenden Küken mit 12 Tagen an der Basis hornbraun, nach einem Monat blaß rötlich und wenig später an den Seiten blaugrau. Die anfangs relativ matte Schnabelfärbung wird ab Feb. leuchtender. Ab 2. Monat erste Stimmunterschiede zwischen den Geschlechtern.

Verbreitung: Karte 82, Seite 341.

Status: Die Bahamaente, speziell die Südliche, besiedelt ihr großes Verbreitungsgebiet reliktartig in isolierten Einzelarealen, in denen sie dann in angemessener Häufigkeit vorkommt. Beide Formen nicht akut bedroht. Die Galapagosente verfügt über mehrere tausend Individuen und kommt besonders auf Narborougt vor, eine Insel, die nicht durch vom Menschen eingeführte Haustiere, Nager und Prädatoren erreicht wurde. Doch vermutlich sollen hier im Juni 1968 bei einem plötzlichen 300 m tiefen Einbruch eines 3 × 4 km großen Kratersees etwa 2 000 Tiere umgekommen sein (KEAR & WILLIAMS 1978).

Lebensweise: Bahamaenten bevorzugen zwar brackige und salzige Flachgewässer und die Mangrovenzone, besiedeln aber auch eutrophe Süßwassersenken. In kleinen Gruppen fand man sie unter Spitzschwanzenten auf vegetationsarmen Lagunen. Die Brutzeit beginnt lokal unterschiedlich: in der Karibik während des nördlichen Sommers, auf den kleinen Antillen Aug./Nov., in Südamerika Mai bis Okt. und auf Galapagos Okt. bis Juli. Die Nester werden zwischen Binsen, im Ried gern in der Nähe kleiner Büsche nahe dem Wasser errichtet. MAR-

CHANT (1960) beobachtete in SW-Ekuador Altvögel mit 15–20 Küken als Familienzusammenschlüsse.
Nahrung: Pflanzenteile, die gründelnd und seihend im Flachwasser aufgenommen werden, sowie Kleinlebewesen.
Haltung und Zucht: Die ersten Bahamaenten züchteten Lord DERBY, GB, 1850 und der Zoo London 1853; 1873 wurde die Art vom Zoo Berlin erworben und 1881 gezüchtet. Unter den ursprünglich importierten Tieren war die Nominatform vertreten, später gelangte vorwiegend die Südliche Bahamaente nach Europa, dieser Unterart dürften die heutigen Gegehetiere des Kontinents zuzuordnen sein. Der Wildfowl Trust verfügte zeitweilig über eine Zuchtgruppe der Nördlichen Bahamaente, so daß unter den englischen Tieren beide Formen zu erwarten sind. Von der Galapagosente erhielt der Trust 1965 einige Tiere, züchtete jedoch nicht damit. Bahamaenten sind anspruchslos, verträglich, leicht züchtbar und trotz tropischer Herkunft wenig kälteanfällig. Eiablage in Nistkästen oder in der Bodenvegetation ab April, meist im Mai. Die ♀ brüten fest und führen die Küken zuverlässig; brütet die Ente nicht, sind Nachgelege zu erwarten. Bei den Küken zeigen sich um den 16. Tag die Schwanzfederkiele, ab 20. Tag entfalten sich Flanken-, Schulter- und Schwanzfedern. Vier Wochen alte Jungenten sind mit Ausnahme des Mittelrückens befiedert und mit 7–8 Wochen flugfähig. Um 1930 und erneut nach 1950 entstanden die Silberbahamaenten, eine Mutation, bei der die leuchtende Schnabelfärbung erhalten blieb, das Gesamtgefieder aber hell sandfarben und breit weiß gesäumt ist.

Rotschnabelente
Anas erythrorhyncha Gmelin, 1789

Flügel: ♂ 214–238, ⌀ 226; ♀ 211–228, ⌀ 219 mm
Gewicht: ♂ 445–795, ⌀ 590; ♀ 400–735, ⌀ 535 g
Gelege: 5–12, meist 10 hellbraune Eier, 44,2–54,6 × 32–41,7; ⌀ 49,8 × 37,5 mm
Brutdauer: 25–27 Tage
Schlupfgewicht: 23–25,5, ⌀ 24,3 g (7 Küken, eig. wäg.)
Geschlechtsreife: vermutlich mit einem, Brutaktivitäten ab 2. bis 3. Jahr

Ad. Jahreskleid: ♂ wenig größer als ♀, farblich einschließlich Flügelzeichnung annähernd gleich, dagegen deutliche Stimmunterschiede (♂ leises Surren, ♀ knarrendes Quaken). Schulter- und Scapularfedern dunkel schokoladenbraun, grauviolett glänzend; Schnabelseiten karminrot, Firststreif dunkelbraun. Mantelgefieder kann mehr grau und bräunlich sein, es sind Farbmorphen

Erpel der Rotschnabelente.

ohne Bedeutung für Reinheit oder Herkunft.
Dunenkleid: Oberkopf, ein scharf abgegrenzter Augenstreif, ein kleiner Ohrfleck und Oberseite dunkel graubraun; Gesicht, Brust, Bauch, hinterer Flügelrand und je ein Fleckchen an den Ansatzstellen der Flügel und Schenkel schmutzig gelbbraun. Küken der Bahamaente sind fahler und blaßgelb auf der Unterseite. **Jugendkleid:** Stumpfer und matter als bei ad.; Scapularfedern glanzlos graubraun, Bauchseite durchweg fleckig lehmbraun (ad. aufgehellt). Schnabelseiten dunkel rotbraun. Juv. ♂ und ♀ farbgleich, doch mit unterschiedlicher Stimme.
Mauser und Umfärbung: Vollmauser nach beendeter Brut liegt in den einzelnen Regionen Afrikas über das ganze Jahr verteilt, Flugunfähigkeit 24–28 Tage. Wann und ob eine weitere Teilmauser am Ende der Ruhezeit erfolgt, ist nicht beschrieben. Details fehlen auch über Zeit und Umfang der Jugendmauser. Gehegetiere sind bis Spätherbst umgefärbt (einschließlich Schnabel, Iris, Füße) und nicht mehr mit Sicherheit von den ad. zu unterscheiden.
Verbreitung: Karte 82, Seite 341.
Status: Eine der häufigsten *Anas*-Arten im östlichen und südlichen Afrika. Brown et al. (1982) nennen für 1970 Konzentrationen von 29 000 in Sambia und 500 000 auf einem See in Botswana. Die Rotschnabelente dürfte die individuenstärkste Entenart Afrikas sein.
Lebensweise: Rotschnabelenten bewohnen eutrophe Flachgewässer des Binnenlandes, heute einschließlich Wasserrückhaltebecken und Viehtränken. Viele Populationen gelten als innerafrikanische Zugvögel, andere werden in der Trockenzeit zu lokalen Wanderungen veranlaßt. Die Brutstimulanz ist abhängig von lokal einsetzenden Regenperioden und baut sich offenbar sehr schnell auf. Mit Einsetzen des Regens lösen sich die Trupps auf, und die Paare beziehen die einzelnen Reviere. Nester werden auf trockenem Grund, doch nahe der Uferzone im Gras oder im Riedgürtel angelegt. Nistplatzwahl und Nestbau allein durch ♀, der Erpel ist passiver Begleiter. Gelegt wird in 24stündigen Intervallen meist am frühen Morgen, mit dem vorletzten Ei beginnt die spärliche Dunenauspolsterung. Kükenführung allein durch ♀. Die Erpel bilden in dieser Zeit kleine Mausergesellschaften, Ente wechselt während der Jungenaufzucht die Schwingen.
Nahrung: Grünteile und Samen von Sumpf- und Wasserpflanzen, die hauptsächlich gründelnd aufgenommen werden. Während der Samenreife werden nachts Reisfelder beflogen.
Haltung und Zucht: An Popularität stehen die in ihrem Wesen ruhigen und schlicht gefärbten Rotschnabelenten den temperamentvolleren und farblich schöneren Bahamaenten weit nach. Erstimporte für die Zoos London 1850 und Berlin 1882. Seither fehlte die Art kaum in großen Schau- und Zuchtanlagen, blieb jedoch relativ spärlich vertreten und wurde wenig gezüchtet (USA ab 1961). Heute lebt eine stabile, aber nicht sonderlich umfangreiche Gehegepopulation in Europa; der Anteil von Hybriden mit der Bahamaente ist unbedeutend. Rotschnabelenten lassen sich als mittelgroße Schwimmenten-Art gut in kleineren Anlagen halten, sie sind verträglich, ausdauernd, aber nicht voll winterhart. Ihre Zucht steht der der Bahamaente noch weit nach, Probleme sind die Legebereitschaft und offenbar eine gewisse Störanfälligkeit, nicht die Kükenaufzucht. Eiablage im Gras oder in Nistkästen ab letzter Aprildekade, häufiger nach Regenperioden im Juni/Juli. Kükenentwicklung: Zwischen 11. und 17. Lebenstag Bildung der Kiele an Flanken, Schultern und Schwanz, ab 20. dort Entfaltung der Federn. Im Alter von 3 Wochen befiedern Kopf und Unterseite, danach Entfaltung der Schwingen. Mit 3 Monaten sind die Jungenten voll ausgewachsen und beginnen wenig später mit der Jugendmauser.

Chile-Krickente
Anas flavirostris Vieillot, 1816

Vier Unterarten mit deutlichen morphologischen Unterschieden:
Chile-Krickente, *A. f. flavirostris* Vieillot und die größere und hellere **Spitzschwingenente**, *A. f. oxyptera* Meyen, sowie die kaum erforschten, düsterfarbenen **Anden-**

Krickenten, *A. f. andium* (Sclater & Salvin) und **Merida-Krickenten**, *A.f. altipetens* (Conover) der tropischen Hochgebirge. Richtiger ist darin eine Gruppe zweier nah verwandter Arten zu sehen: Chile-Krickente mit Spitzschwingenente als eine und Andenmit Merida-Krickente, dann als *A. andium*, als zweite eigenständige Art. Chile-Krick- und Spitzschwingenenten sind in europäischen Zuchtanlagen etabliert, die Andenformen nicht importiert.

Flügel: *flavirostris* ♂ 190–202,
♀ 185–197 mm;
oxyptera ♂ 204–240, ♀ 192–215 mm
(DELACOUR 1956)
Gewicht: *flavirostris* ♂ ⌀ 430, ♀ ⌀ 349 g
(eig. Wäg.);
oxyptera ♂ und ♀ 410–436 g
Gelege: *flavirostris* 5–8, auch bis 11 rötlichbraune oder cremefarbene Eier, 48,5–57 × 34–41; ⌀ 52 × 36,6 mm
Brutdauer: 24–26 Tage
Geschlechtsreife: knapp einjährig

Erpel der Chile-Krickente.

Ad. Jahreskleid: Nominatform: ♂ wenig größer, heller und klarer gezeichnet als ♀, Kopfgefieder auf graubraunem Grund fein schwarzbraun gewellt, bei ♀ und juv. gepunktet. Deutliche Stimmunterschiede, ♂ mit Krickenten-Pfiff, ♀ nasal quakend. Spitzschwingenente größer und heller als Chile-Krickente, dunkelbraune Schulterfedern breit hell gesäumt, Körper fast einfarbig hellgrau, nur die Brust spärlich gefleckt. Schnabel wenig länger und leuchtender als bei Nominatform. **Dunenkleid:** Küken der Chile-Krickente insgesamt recht dunkel; Oberseite, Augen- und Backenstreif schwarzbraun, oliv übertönt, Gesicht und Brust satt gelbbraun, Bauchseite und schmales Band entlang des Rückens gelblich olivbraun. Schnabel und Füße dunkelgrau. Küken der Spitzschwingenente deutlich heller. **Jugendkleid:** weniger klar gezeichnet und damit dunkler als ad., nur innerste Armschwingen schwarz, die äußeren, besonders beim ♀, braunfleckig. Schnabelseiten lehmgelb.
Mauser und Umfärbung: Mauser bei Wildvögeln kaum untersucht. Gehegetiere beenden ihre Fortpflanzungsperiode mit Kleingefiederwechsel und Schwingenabwurf, bei Nichtbrütern bereits im Juni, nach Spätbruten im Sept. Vermutlich eine weitere Kleingefiedermauser gegen Ende des Winters. Die juv. erneuern ihr Kleingefieder fast unmerklich im 1. Herbst und den Jugendflügel nach der 1. Fortpflanzungsperiode im nächsten Sommer. Der graue Küken-Schnabel färbt sich während der Befiederung an den Seiten gelbgrün, danach lehmgelb und ab Herbst strohgelb wie bei ad.
Verbreitung: Karte 83, Seite 341.
Status: Die Chile-Krickente ist im südlichen Südamerika häufig und dort weit verbreitet. Kleiner das Areal der Spitzschwingenente in der Punazone der Anden, auch sie ist nicht gefährdet. Die beiden nördlichen Formen verfügen über inselsartige Vorkommen auf versumpften Grasplateaus in 3 000 bis 4 000 m Höhe, Regionen, die relativ dünn vom Menschen besiedelt sind. Trotz begrenzt wirksamer Schutzmaßnahmen in einigen Reservaten werden heute beide als gefährdet mit Populationen unter 10 000 bei der

246 Biologie sowie Haltung und Zucht der Entenvögel

Erpel der Spitzschwingenente.

Anden- und um 5500 bei der Merida-Krickente angegeben (CALLAGHAN & GREEN 1993).
Lebensweise: Chile-Krickenten bewohnen die Seen, Staugewässer, selbst kleinere Tümpel und Naßstellen der Ebenen und Vorberge der Anden. Außerhalb der Brutzeit treten sie in Familienverbänden oder schwarmweise auf und unternehmen lokale sowie winterbedingte Wanderungen. Die drei Gebirgsformen sind an den flachen Binsenseen, in versumpften Senken und entlang der Fluß- und Bachläufe auf den Hochplateaus weitgehend ganzjährig seßhaft. Die südlichsten Populationen der Chile-Krickenten beziehen im Sept. die Brutgebiete, Eiablage und Jungenaufzucht hier zwischen Okt. und Jan., im mittleren Chile zwei reguläre Bruten zwischen Aug. und Feb. Die Spitzschwingenente brütet hauptschächlich Nov./Dez. Das Gros der Nester befindet sich in der Ufervegetation, andere in Uferböschungen und in Argentinien oft in den Reisignestern der Mönchssittiche. Die Küken wachsen, von beiden Eltern betreut, in der Riedzone heran, nach WELLER (1972) erreichen sie mit 6–7 Wochen ihre Flugfähigkeit. In dieser Zeit mausern die Eltern. Danach erfolgen die bereits erwähnten Vergesellschaftungen. Die Süd-Populationen wandern im Winter bis Paraguay, Uruguay und Südbrasilien.

Nahrung: Nach WELLER (1972) im Sommer bevorzugt Kleinlebewesen, wie Wasserinsekten und Kleinkrebse, später Grünteile und Samen der Sumpf- und Wasserpflanzen.
Haltung und Zucht: Die Chile-Krickente wurde nach DELACOUR (1956) 1871 erstmals für den Zoo London importiert und 1909 dort gezüchtet. Von der Spitzschwingenente gelang 1940 die Erstzucht in Clères, Frankreich, 1954 in Slimbridge und 1959 in den USA. Wohl wegen ihrer Problemlosigkeit in Haltung, Fütterung und Zucht fand die Chile-Krickente in den 60er und 70er Jahren unter den Züchtern eine schnelle und weite Verbreitung, seit den 70er Jahren von der Spitzschwingenente gefolgt. Heute sind beide Formen durch andere Artengruppen (u. a. Meeresenten und Säger) etwas verdrängt. Farbveränderte Mutanten sind nicht bekannt, offenbar ist auch der Vermischungsgrad beider Unterarten gering. Über die Haltung der beiden nördlichen Formen wurde bis Ende der 90er Jahre aus Europa oder Nordamerika nichts bekannt. Chile-Krick- und Spitzschwingenenten eignen sich besonders für die Pflege in Kleinanlagen und in gemischten Kollektionen kleinerer Arten. Sie sind wenig kälteempfindlich und ganzjährig verträglich. Eiablage in Höhlen am Wasser, Spitzschwingenenten errichten ihr Nest gern im Gras und Uferried. Legebeginn in England ab Ende März, in Mittel-

Unterfamilie Anatinae – Schwimmenten

Erpel der Spießente.

europa selten vor Apr./Mai., Nachgelege sind die Regel. In sicheren Gehegen kann beiden Eltern die Kükenbetreuung überlassen werden, problemlos verläuft auch die Aufzucht unter technischer Wärmequelle.

Artengruppe: Spießenten

Spießente
Anas acuta Linné, 1758
Kerguelenente
Anas eatoni (Sharpe, 1875)

Bisher **drei Unterarten:** Der **Spießente**, *A. a. acuta* Linné, wurden aus dem südlichen Indischen Ozean zwei kleine Inselformen zugeordnet, von den Kerguelen-Inseln die **Kerguelenente**, *A. a. eatoni* (Sharpe), und von der Crozet-Insel die **Crozetente**, *A. a. drygalskii* Reichenow. Heute sind die zwei Südformen zur eigenständigen Art, als *Anas eatoni* (Sharpe, 1875), mit der Unterart *drygalskii* zusammengefaßt. Kerguelenenten kamen gelegentlich nach Europa und den USA, die Crozetente dürfte nicht importiert worden sein.

Flügel: *acuta* ♂ 267–282, ⌀ 275; ♀ 254–267, ⌀ 260 mm
eatoni ♂ 215–235, ⌀ 228; ♀ 200–219, ⌀ 208 mm
drygalskii ♂ 214–235, ⌀ 221; ♀ 200–209, ⌀ 205 mm
Gewicht: *acuta* ♂ 680–1150, ⌀ 851; ♀ 550–900, ⌀ 735 g
eatoni ♂ und ♀ 455–695, ⌀ 571 g
drygalskii ♂ 430–455, ⌀ 497; ♀ 400–500, ⌀ 441 g
Gelege: *acuta* 8–12 längliche hellgrüne Eier, 50–61 × 34–41; ⌀ 54,5 × 38,2 mm
eatoni 3–7 (⌀ 4,2) olivgrüne Eier, 49,1–60,5 × 32,2–39; ⌀ 52,3 × 36,8 mm
drygalskii 2–7 (⌀ 3,9) Eier, ⌀ 54,4 × 37,7 mm
Brutdauer: *acuta* 22–23 Tage

Schlupfgewicht: *acuta* 19,5–37,5, ⌀ 26,2 g
Geschlechtsreife: gegen Ende des 1. Lebensjahres, Brutaktivitäten oft erst ab 2. Jahr

Spießente: Brutkleid: ♂ unverkennbar, ♀ Deckgefieder breit grau gesäumt, am Gesamtgrauton von allen anderen *Anas*-♀ zu unterscheiden. Unter Zuchttieren weiße und rahmfarbene Mutanten. **Ruhekleid:** Beide Geschlechter ♀-farben, mittlere Steuerfedern des Erpels nur wenig verlängert.
Kerguelenente Jahreskleid: Etwas kleiner als Spießente, beide Geschlechter ♀-farben im grauen Gesamtton; einzelne Erpel sollen ein *acuta*-ähnliches Teilprachtkleid anlegen. Crozetente ist kleiner und bräunlicher als Kerguelenente. Farbverteilung auf Flügeln bei allen gleich. **Dunenkleid:** Spießente: Oberkopf und Rücken olivbraun, unterbrochen von einem hellen Längsstreif beiderseits des Mittelrückens von den Flügeln bis zu den Schenkelseiten. Gesicht rahmbraun und von einem dunklen Augen- und Backenstreif durchzogen. Unterseite blaßbraun bis rahmweiß. Schnabel und Füße hellgrau. Küken der südlichen Unterarten nicht beschrieben. **Jugendkleid:** Spießente: ♀-farben, aber Bauchseite gefleckt (bei ad. fast einfarbig) und Rückenpartien durch schmalere Säumung dunkler. Federn des Vorderrückens beim ♂ ungesäumt mit rahmweißer Querwellung, beim ♀ mit heller Säumung (ebenso bei Bahama-Rotschnabel- und Versicolorente). Kleider der Südformen nicht beschrieben.
Mauser und Umfärbung: Kleingefiederwechsel in das Ruhekleid beim ♂ ab Juni, beim ♀ ab Juli, wenig später erfolgt Schwingenabwurf; Flugunfähigkeit 20–28 Tage, ab 2. Augusthälfte ist das Gros erneut flugfähig. Umfärbung in das Prachtkleid im Winterquartier etwa ab Dez., Ende dieser Teilmauser ♂ Jan./Feb., beim ♀ oft erst im Mai. Die juv. Erpel färben zwischen Dez. und Feb. in das 1. Prachtkleid, wobei einzelne Partien des Rückens und die äußeren Steuerfedern unvermausert bleiben können, die Mittelsteuerfedern erreichen nicht die volle Länge wie bei ad.
Verbreitung: Karte 84, Seite 341.

Kerguelen- und **Crozetente:** endemisch auf gleichnamigen subantarktischen Inseln im Indischen Ozean.
Status: Die Spießente ist weltweit häufig, allein in Nordamerika über 120 Mill. Indiv. Die Südformen sind wegen der geringen Populationsgrößen gefährdet, aber nicht akut bestandsbedroht; Gesamtpopulation von der Crozetente Anfang der 90er Jahre um 1 350, von der Kerguelenente um 1985 5 000 bis 10 000 Tiere (Rose & Scott 1994, Marchant & Higgins 1990). Eingeführt und ansässig ist *eatoni* auf der Amsterdam- und Saint Paul-Insel; Gefährdung durch Raubmöwen (Süd-Skua), lokal durch eingeschleppte Wanderratten und verwilderte Hauskatzen.
Lebensweise: Spießenten sind die am weitesten nordwärts brütenden Gründelenten, bis in die arktischen Tundren bewohnen sie ausgedehnte Moore, Sümpfe und Seengebiete, im Südteil weite Niederungen kontinentaler Waldsteppen. Ankunft in den Brutgebieten bei Frostaufbruch zwischen Apr. und Juni. Die Nester werden in der Riedzone, aber auch weit entfernt vom Wasser im Grasland errichtet. Brut und Kükenaufzucht allein durch das ♀, die Erpel wandern nach Brutbeginn zu Mauserplätzen ab.

Die Crozet- und Kerguelenenten bewohnen moorige Senken, kleine Binnenseen, Bach- und Flußniederungen sowie ruhige Meeresbuchten. Die Vegetation bilden subarktische Büschelgräser, niederes Gestrüpp und heidebildende Zwergsträucher. Die schlicht graue Färbung beider Unterarten dient der Tarnung. Brutzeit auf den Kerguelen-Inseln Okt. bis Dez., im Jan./Feb. fand man ♀ mit heranwachsenden Jungvögeln, ab März kleine Gruppen von 10–15 Tieren.
Nahrung: Spießenten ernähren sich weitgehend von Wasserpflanzen, die sie gründelnd aufnehmen. Allein bei den ♀ beträgt der tierische Anteil vor dem Legen 56%, während der Legeperiode 77% und danach 29%. Von Kerguelenenten ist bekannt, daß sie die Strände der Tümpel und Meeresbuchten nach Nahrung absuchen.
Haltung und Zucht: Spießerpel sind in Färbung, Gesamterscheinung und im Balzverhalten attraktive Tiere, die gern in gemischten Kollektionen großer Zoos und Tier-

gärten gehalten und dort auch gezüchtet werden. Bastardierungsneigungen sind relativ hoch. Eiablage in der Bodenvegetation oder in Hütten, Nachgelege sind zu erwarten. Nach Gehegebeobachtungen zeigen sich bei den Jungenten mit 18–20 Tagen Schulter- und Flankenfedern, mit 40 Tagen ist das Kleingefieder ausgebildet und die Geschlechtsunterscheidung an der Rückenzeichnung möglich. Während die Crozetente bis in die 90er Jahre offenbar nicht nach Europa und Nordamerika gebracht wurde, gelangten 10 ♂ der Kerguelenenten 1951 (TODD 1996) und weitere um 1960 in die Zuchtanlagen (ausführlich KOLBE 1984). Besonders ergiebig verliefen die Zuchten mit 11 1965 in die damalige DDR importierten Tieren bis 1975, danach ging die Reproduktionsrate infolge Inzucht rapide zurück. Im Sommer 1980 wuchsen letztmalig Jungtiere heran, 1984 verstarb der letzte Altvogel; keiner der Erpel färbte in ein Teilprachtkleid (KÜHNE, briefl.). Ähnlich im Wildfowl Trust, hier wuchsen 1976 nochmals 3 Jungtiere auf, der letzte Altvogel verstarb 1986. Die englische Erstzucht wird auf 1962 datiert (seinerzeit über Rückkreuzung mit Spießente), USA-Erstzucht 1969 durch RIPLEY, über den dortigen aktuellen Altvogelbestand ist nichts bekannt.

Spitzschwanzente
Anas georgica Gmelin, 1789

Drei Unterarten: Die **Südgeorgien-Spitzschwanzente**, *A. g. georgica* Gmelin, ist als Inselform relativ klein und dunkel, **Chile-Spitzschwanzente**, *A. g. spinicauda*, Vieillot, vom Kontinent groß und hellbraun. Die ihr sehr ähnliche **Nördliche Spitzschwanzente**, *A. g. niceforoi* Wetmore & Borrero, gilt seit 1956 als ausgestorben. Die Chile-Spitzschwanzente ist als Gehegeart etabliert, die Nominatform gelangte sporadisch nach Europa.

Flügel: *georgica* ♂ 211–222, ⌀ 217; ♀ 195–207, ⌀ 201 mm
spinicauda ♂ ⌀ 235; ♀ ⌀ 223 mm
längste Steuerfeder: *georgica* ♂ ⌀ 103,7; ♀ ⌀ 89,8 mm
spinicauda ♂ ⌀ 116,6, ♀ ⌀ 91 mm
Gewicht: georgica ♂ 610–660, ⌀ 630; ♀ 460–610, ⌀ 535 g
spinicauda ♂ 740–827, ⌀ 776; ♀ 663–769, ⌀ 705 g
Gelege: *georgica* 4–5 rahmfarbene Eier, 46–53,2 × 31,2–37,3; 49,4 × 34,3 mm (36 Eier, eig. Mess.)
spinicauda 7–12 rahmfarbene Eier, 49–56 × 35–40; ⌀ 52,4 × 37,5 mm

Südgeorgien-Spitzschwanzente, Erpel am Überwinterungsplatz auf den Südgeorgien-Inseln.

Erpel der Chile-Spitzschwanzente.

Brutdauer: 25–26 Tage
Geschlechtsreife: knapp einjährig

Spitzschwanzente: Ad. Jahreskleid: ♀-farben, ♂ Kopf und Hals hell rotbraun, fein dunkel überstrichelt, mittlere Steuerfedern deutlich verlängert; Schnabelseiten gelb, ein breiter Firststreif dunkelgrau. ♀ etwas kleiner, Kopf und Hals mehr graubraun, Steuerfedern zugespitzt, nur wenig verlängert. Schnabelseiten gelblichgrün. **Dunenkleid:** Oberkopf und Nacken, ein breiter Augen- und ein noch breiterer, zum Hals hin auslaufender Bartstreif schwarzbraun, dazwischen ein schmaler Überaugen- und Backenstreif rahmweiß. Rückenpartien und Schenkel oliv-schwarzbraun; Brust, Unterseite und je zwei schmale Längsstreifen auf dem seitlichen Rücken blaß gelb bis grauweiß. Schnabel und Füße dunkel. **Jugendkleid:** Ähnlich ad., Kleingefieder dunkler, geringerer Spiegelglanz, Schnabelseiten hell graugrün.
Südgeorgien-Spitzschwanzente: Ad. Jahreskleid: Sichtbar kleiner, kürzer und dunkler als *spinicauda*, durch kürzeren Schnabel und hohe Stirn rundköpfig wirkend. Steuerfedern zugespitzt, beim ♂ mittlere etwa 1 cm verlängert. Angaben DELACOUR'S (1956), wonach *georgica* 16 und *spinicauda* 14 Steuerfedern haben, ließen sich an Präparaten des Naturkundemuseums Berlin nicht bestätigen (*georgica* 7x 16, *spinicauda* 1x 14, 5x 15, 2x 16, 1x 17, 1x 18); weitere 3 *georgica* jeweils mit 14 Schwanzfedern (KÜHNE, briefl.). **Dunenkleid:** Kopfplatte und Oberseite dunkel graubraun, Gesicht auf rahmfarbenem Grund von einem bis zum Nacken reichenden dunklen Augen- und einem kürzeren Ohrstreif durchzogen. Bauchseite und spärliche Rückenfleckung hellgrau, gelblich-rahmfarben übertönt. Schnabel und Füße grau. **Jugendkleid:** Nur geringfügige Unterschiede zum Alterskleid.
Mauser und Umfärbung: Von beiden Unterarten kaum erfaßt, vermutlich nur unbedeutend von verwandten Arten abweichend.
Verbreitung: Karte 85, Seite 341.
Status: Die Chile-Spitzschwanzente ist in Südamerika eine weit verbreitete Art und regional der einzige Entenvogel überhaupt, allein die argentinische Population wird auf 300 000 geschätzt. Von der Nominatform existiert noch ein relativ stabiler Bestand von etwa 2 000 Tieren, der heute durch eingeschleppte Ratten, weniger durch Jagd bedroht ist.
Lebensweise: Die Chile-Spitzschwanzente bewohnt die Feuchtgebiete der Agrar- und Pampasregionen, ferner Küstenlagunen, Andenseen, Wasserrückhaltebecken und Vieh-

tränken. Nach der Fortpflanzungszeit bildet die Art große Schwärme und vergesellschaftet sich mit anderen Wasservögeln. Die Nominatform lebt entlang der kleinen Flußniederungen, auf Fjorden und Küstenseen; in den Meeresbuchten oft in Gemeinschaft mit Robben und Pinguinen. Die Landvegetation bilden Tussock-Gräser im Wuchs unserer Seggenkaupen. Die Enten leben ganzjährig paarweise oder in Familientrupps, Brutzeit Okt./Dez. Die Chile-Spitzschwanzente brütet in den Südbereichen ebenfalls zwischen Okt. und Dez., weiter nordwärts regional differenziert, lokal in zwei regulären Jahresbruten. Die Nester werden auf Wiesen und in der Riedzone errichtet. Nestauspolsterung mit graubraunen Dunen. Erpel beteiligen sich locker an der Kükenführung.
Nahrung: Teile von Sumpf- und Wasserpflanzen, die vorwiegend gründelnd aufgenommen werden; wenige Kleinlebewesen.
Haltung und Zucht: Die Chile-Spitzschwanzente ist seit über 100 Jahren in Europa importiert und wird seither in Zoos, weniger in Privatanlagen gehalten; Erstzuchten 1872 Zoo London, 1881 Zoo Berlin, 1909 USA. Spitzschwanzenten sind anspruchslos, hart und langlebig, die es bei gezielten Zuchtbemühungen zu zahlreichen Nachkommen bringen. Die Erpel neigen stark zur Bastardierung. Von der Südgeorgien-Spitzschwanzente gelangten nur wenige Tiere nach Europa, u. a. 1958, 1967 und 1982/83 in den Wildfowl Trust.

Sturm, Sebnitz, importierte 1960 in die ehem. DDR Wasservögel, darunter 7 Kerguelenenten und 1,1 Südgeorgien-Spitzschwanzenten. Von diesem Paar wuchsen 1963 erstmals 6, 1965 dann 26 Jungtiere heran. Aus dieser Zuchtgruppe lebten 1975 ca. 50 Tiere, um 1980 deuteten sich inzuchtbedingte Rezessionen an, im Sommer 1988 lebten noch 2 ♂ und 1 ♀, die Ente erbrachte letztmalig 24 unbefruchtete Eier. Eiablage zwischen Anfang Mai und Juni im Gras oder in Nistkästen, 31 Gelege enthielten 4–11, meist 6–7, im ⌀ 7,84 Eier (Kühne, briefl.). Im Wildfowl Trust wuchsen zwischen 1958 und 1966 Hybriden mit der *spinicauda* auf, mit 1982 und 1983 neu importierten Tieren gelangen ab 1984 ergiebige Nachzuchten, die bis in die 90er Jahre anhielten, jedoch einen hohen Erpel-Überschuß erbrachten.

Knäkente
Anas querquedula Linné, 1758

Flügel: ♂ 190–221, ⌀ 198; ♀ 184–196, ⌀ 189 mm
Gewicht: ♂ 250–600, ⌀ etwa 400; ♀ 250–510, ⌀ 380 g
Gelege: 7–11 rahmfarbene, spitzpolige Eier, 39,3–50 × 29,7–36; ⌀ 45,8 × 33 mm
Brutdauer: 22–23 Tage
Schlupfgewicht: 15,8–20, ⌀ 18,3 g (12 Küken, eig. Wäg.)
Geschlechtsreife: gegen Ende des 1. Lebensjahres, Brutaktivitäten zumeist ab 2. Jahr

Ad. Brutkleid: ♂ nicht verwechselbar; durch Zuchtselektion entstanden blaßgraue Formen. ♀ gegenüber dem der Krickente heller grau, Handschwingenkiele (in allen Kleidern, ad. und juv.) weiß, bei Krickente dunkelbraun. Ähnlichkeiten ferner mit Blauflügel- und Zimtenten-♀. Kleine und mittlere

Erpel der Knäkente.

Armdecken der Knäkenten stets grau mit schwachem blauem Anflug, die großen mit breiter weißer Endbinde. Spiegel grünlich, relativ hell, von schmaler weißer Endbinde eingefaßt. **Ruhekleid:** ♂ gegenüber ♀ insgesamt, speziell Federsäume dunkler, diese beim ♀ hell rahmfarben, im Brutkleid hellgrau. Flügel unverändert. **Dunenkleid:** Kopfplatte, kräftiger Augen- und Backenstreif sowie Oberseite dunkel olivbraun; Kopfseiten satt gelbbraun, Brust und Unterseite strohgelb, Fleckchen an Flügeln und Beinen goldgelb. Schnabel dunkel hornfarben, Füße schwarz mit gelb eingefaßten Schwimmhäuten. **Jugendkleid:** Ähnlich ad. ♀, aber Bauchseite braun gefleckt oder gestrichelt (ad. ♀ einfarbig grauweiß) sowie feine Nuancen in der Säumung der Rückenfedern. Flügel ♂ Armdecken bläulichgrau, die großen mit schmaler weißer Endbinde, Spiegel durchweg schwach grün glänzend. ♀ Armdecken braun, die großen mit weißen Spitzen und Säumen, Spiegel graubraun, kaum grün glänzend, weiße Endbinde nur angedeutet.

Mauser und Umfärbung: Bei ad. ♂ setzt Ende Mai der Kleingefiederwechsel in das Schlichtkleid ein (Brutmauser); die Befruchtungsfähigkeit bleibt davon unbeeinflußt. Schwingenabwurf der Erpel und Nichtbrüter-♀ in der 2. Junihälfte, dazu werden gesonderte Mausergebiete aufgesucht. Die Mauser zur Beendigung der Ruhezeit (Ruhemauser) mit Steuer-, Scapular- und erneutem Kleingefiederwechsel zwischen Okt./Dez., sich hinziehend bis Feb. Brutmauser und Schwingenabwurf der ♀ während der Kükenaufzucht in Juli/Aug., Ruhemauser zeitgleich mit den Erpeln. Jugendmauser zum Wechsel von Kleingefieder und Steuerfedern zwischen Dez. und Feb. Jugendflügel bleibt unverändert.

Verbreitung: Karte 86, Seite 341.

Status: Insgesamt nicht bedrängt; nach DEL HOYO et al. (1992) überwintern in den westafrikanischen Flußmündungsgebieten allein 2 Mill. Knäkenten, ferner 200 000 in Israel und mehrere 100 000 in Südasien. Die Knäkente verlor in Westeuropa viele Brutplätze durch Wiesenentwässerungen und hat als Westzieher zunehmend Probleme bei der Überwindung der Sahel-Zone zur Erreichung der Winterquartiere. CITES Anh. III/A, **Vermarktungsbescheinigung** nicht erforderlich.

Lebensweise: Brutbiotope der Knäkente bilden von Feuchtwiesen umgebene eutrophe Flachseen, Altwässer in den Flußniederungen, von Gräben durchsetzte Boddenwiesen sowie die zentralasiatischen Steppenseen. Insgesamt ist sie eine wärmeliebende Art. Im Frühjahr kehren die Knäkenten gepaart aus den Winterquartieren zurück und rasten dabei gern auf überschwemmten Wiesen. Die Brutreviere werden im April bezogen. Nestanlage auf trockenem Grund entlang der Ufer in Wiesen, Kleeäckern oder an Grabenrändern, stets gut getarnt im hohen Gras. Eiablage zwischen Anfang Mai und Mitte Juni, in den kontinentalen Bereichen entsprechend später. Die Erpel verweilen anfangs nahe dem Nestrevier. Mit Einsetzen der Schwingenmauser ziehen sie sich in den Röhrichtgürtel zurück, wo auch die Kükenbetreuung durch die Ente erfolgt. Erst mit dem Erreichen der Flugfähigkeit der juv. und der ad. erscheinen die Gruppen ab Aug. wieder auf der freien Wasserfläche. Wenig später beginnt der Abzug, der von Mittel- und Westeuropa über Frankreich mit der Camargue als Großrastplatz und Spanien zu den großen Flußmündungsgebieten von Niger und Senegal in West-Afrika führt.

Nahrung: Mit 50 bis 90% vergleichsweise hoher animalischer Anteil. Kleinlebewesen wie Wasserflöhe und andere Kleinkrebse werden seihend und gründelnd aus dem Flachwasser aufgenommen.

Haltung und Zucht: Obgleich Knäkerpel nur zwischen Feb. und Mai das schöne Prachtkleid tragen und ihre melodische Stimme hören lassen, wird die Art gern in Gehegen, speziell in Kleinanlagen gehalten. Die heutige Gehegepopulation besteht aus nachgezüchteten Tieren ohne nennenswerte Probleme in Haltung und Zucht, lediglich eine temperierte Überwinterung ist vorzusehen. Die Sommergehege sollten sich in sonniger Lage leicht aufwärmen und die Gehegemitbewohner nicht übermäßig dominieren. In Gehegen mit Gras- und Staudenwuchs, in dem die Tiere Deckung und Ruhe finden, wird die Mehrzahl der Paare brutaktiv. Nester werden sehr geschickt im Gras verborgen, seltener befinden sie sich in Nisthöhlen. Legebeginn ab Mitte April, meist im Mai, Nachgelege bis Juni. Gelegt wird täglich in den Mittagsstunden. Aufzucht vorzugsweise in Boxen unter technischer Wärmequelle. Gegen Ende der Befiederung sind bereits Geschlechtsunterscheidungen möglich. Die nach 1975 vermutlich in Holland entstandenen Aufhellungs-Mutanten haben u. a. fleischfarbene Beine und Schnäbel, sie vererben intermediär und vermischen übergangslos und letztlich nicht mehr trennbar den Wildvogel-Typus.

Baikalente
Anas formosa Georgi, 1775

Flügel: ♂ 200–210, ♀ 180–210 mm
Gewicht: 360–520, ⌀ 437; ♀ 402–505, ⌀ 431 g
Gelege: 6–10 graugrüne Eier, 45–52,5 × 32–38; ⌀ 48,2 × 34,3 mm
Brutdauer: 23–25, auch 21 Tage wurden ermittelt
Schlupfgewicht: 17,5–21, ⌀ 19,6 g (23 Küken, eig. Wäg.)
Geschlechtsreife: gegen Ende des 1. Lebensjahres

Ad. Brutkleid: Geschlechtsdimorph, ohne Farbvariationen. ♂ tragen über Winter ein relativ schlichtes Teilprachtkleid, in dem die Farben des Kopfgefieders von braunen Säumen überdeckt sind und die letzte Reihe der Flankenfedern unvermausert bleibt; Frühjahrskleid dann farbintensiv. ♀ u. a. am hellem Zügelfleck von anderen *Anas*-Arten zu unterscheiden. **Ad. Ruhekleid:** Kleingefieder bei ♂ und ♀ annähernd farbgleich (einschließlich gelbem Zügelfleck); der Erpel etwas rotbrauner und mit schwach verlängerten, gelb gerandeten Schulterfedern, Zeichnungsmuster des Kopfes kann angedeutet sein. Flügel gegenüber ♀ und juv. mit breiter brauner Endbinde auf den großen Armdecken. **Dunenkleid:** Kopfplatte schwarzbraun, Gesicht gelboliv, Zügelfleck rahmgelb, Augenstreif und Ohrgegend sowie Rückenpartien olivbraun, Fleckchen auf Schen-

Erpel der Baikalente.

kel und Bürzelseiten gelb, Bauchseite blaß gelbgrün. Schnabel und Iris grau, Nagel hornfarben, Füße dunkelgrau, hell oliv abgesetzt. **Jugendkleid:** Kleingefieder und Flügel weniger farbintensiv als bei ad. ♀, Zügelfleck rahmweiß. Große Decken beim ♂ mit breiter, ♀ mit schmaler brauner Binde, Spiegel beim ♂ meist mit deutlichem Bronceglanz; sicherer ist die Zuordnung durch die differenzierte Stimme (♀ äußert typisches Entenquaken).

Mauser und Umfärbung: Mit Abwurf der Schulter-Schmuckfedern setzt beim ♂ im Juni/Juli die Ruhemauser ein, bis Sept. wird das Gesamtgefieder erneuert. Im Okt./Nov. legen die Erpel ein Teilprachtkleid an, das sie bis Feb. tragen. Dann werden binnen weniger Tage die Flankenmauser beendet und am Kopf durch Abbruch der braunen Säume die brillanten Grüntöne sichtbar. Juv. ♂ mausern oft erst ab Dez., beenden die Brutmauser aber mit den ad. im Feb. Bei ad. und juv. ♀ verlaufen die Gefiederwechsel so unmerklich, daß sie bisher nicht erfaßt wurden.

Verbreitung: Karte 88, Seite 342.
Status: STEGMANN (1930) berichtet von unübersehbaren Frühjahrs-Scharen auf dem Amur, 100 000 überwinterten allein nahe Osaka um 1950. Im Winter 1947 töteten nur 3 Fänger in SW-Japan in 20 Tagen ca. 50 000 Baikalenten. Riesige Scharen waren derzeit auch aus Südkorea bekannt. Seit wenigen Jahrzehnten zeichnet sich ein drastischer Rückgang ab. In Südkorea überwinterten im Feb. 1993 noch reichlich 50 000, in Japan nur noch 2 000 Baikalenten; Ursachen sind u. a. übertriebene Jagdausübung, Tötungsfang und der Lebendexport nach Westeuropa und Nordamerika. In den asiatischen Ländern ist die Art heute weitgehend geschützt; das Rotbuch der IUCN und COLLAR et al. (1994) stufen sie als „gefährdet" ein. **CITES** Anh. II/B, **Vermarktungsbesheinigung** nicht erforderlich.
Lebensweise: Als Brutbiotope der Baikalente werden kleinere Teiche und Seen in der sumpfigen Taiga, versumpfte Flußniederungen und Flußmündungsgebiete bis in die Tundraregionen angegeben. Die Enten kehren hier ab Mitte Mai verpaart zurück und beginnen dann sehr schnell mit der Eiablage. Die wenigen Nester wurden zwischen Mitte Mai und Ende Juni auf trockenem Grund im Grase oder unter Büschen gefunden. Nach Brutbeginn verlassen die Erpel die ♀ und unternehmen Mauserzüge bis an das nördliche Eismeer. Der Herbstzug ab Sept. verläuft kaum erfaßbar, auf den großen ostsibirischen Strömen rasten dann nur kleine Gruppen, er verläuft offenbar sehr schnell, während die Tiere im Frühjahr langsam dem Eisfreiwerden der Gewässer folgen.
Nahrung: Überwiegend pflanzlich; im Sommer Teile der Sumpf- und Wasserpflanzen, im Winter zusätzlich Getreide (Reis). Gehegetiere nehmen während der Legeperiode begierig Mehlwürmer auf.
Haltung und Zucht: Baikalenten werden seit ihrem Erstimport vor 1840 regelmäßig in Europa gehalten. Viele Tiere gelangten um 1910 und 1930 nach England, Holland und Deutschland, zeitweilig war sie neben Braut- und Mandarinente die häufigste Zierentenart. Nach 1955 wurden erneut Baikalenten in großer Zahl und zu niederen Preisen als Wildfänge aus den Winterquartieren nach Europa und Nordamerika gebracht. Baikalenten sind langlebig (das letzte Tier aus einem Vorkriegsimport starb bei HARING, Dölzig, 1974), blieben scheu und fortpflanzungsinaktiv. Die heutigen Gehegevögel verhalten sich ruhig; Gefahren versuchen sie stets durch Auffliegen (nicht durch Weglaufen) auszuweichen, wobei sich die kupierten Tiere dann überschlagen, ehe sie das Wasser erreichen. Trotz zahlreicher Gehegevögel galt die Art noch um 1970 als „unzüchtbar". Als Erstzuchten können gelten: Zoo London 1840 bis 1843 (DELACOUR 1956), Wildfowl Trust 1954 und 1959 je 2 Küken, USA 1959, BRD 1964, kaum beachtet wuchsen einige Jungtiere im Rheinland auf (FISCHER, briefl.). Die eigentliche Zucht leiteten WESSJOHANN und HELMERS 1973, BIEHL und ERDMANN 1974 und 1975 in der BRD und FRANKE, Leipzig, 1978 in der ehem. DDR ein. Heute bringen gute Zuchtpaare reichlich Nachwuchs, ein erheblicher Teil bleibt jedoch inaktiv. Die Zucht gelingt in nicht zu stark besetzten großen Anlagen wie in Kleinanlagen oder Einzelgehegen mit gutem Bodenbewuchs. Während vorzugsweise Einzelpaare brutaktiv werden, erzielte HOHLMEYER, Bayern, in einer 50 m^2 großen, dicht bepflanzten Voliere mit einer Gruppe von 2,6 Tieren um 1987 jährlich um die 40 Jungtiere (BÜCHLER, mündl.). Paarung ab Dez./Jan. durch Rufen und erste Kopulationen, Nistplatzwahl durch ♀, Nestanlage in einiger Entfernung vom Teich im Gras oder unter Sträuchern, heute auch in Hütten. Nestdunen sepiabraun mit hellem Zentrum. Legebeginn ab Ende Mai, Nachgelege ab Mitte Juni. Legeintervalle 24stündig. Bei den Küken entfalten sich ab 13.–15. Tag Schulter- und Flankenfedern, wenig später befiedert die Unterseite. Schwingen und Steuerfedern zeigen sich ab 3. Woche, mit weniger als 5 Wochen sind die Jungenten voll befiedert und mit knapp 2 Monaten im wesentlichen ausgewachsen. Damit haben Baikalenten eine deutlich kürzere Brut- und Entwicklungsdauer als verwandte Arten.

Krickente
Anas crecca Linné, 1758

Drei Unterarten, die heute auch in **zwei Arten** getrennt werden: Die **Eurasische Krickente**, *A.c. crecca* Linné, mit der etwas größeren **Aleuten-Krickente**, *A.c. nimia* Friedmann, als eine Art und eigenständig abgetrennt die **Nordamerikanische Krickente**, *A.c. carolinensis* Gmelin, dann als *Anas carolinensis* Gmelin 1879. In Europa wird *crecca* und sehr vereinzelt *carolinensis* gehalten.

Flügel: *crecca* ♂ 181–196, ⌀ 187; ♀ 175–184, ⌀ 180 mm
carolinensis ♂ 180–193, ⌀ 186,3; ♀ 173–187, ⌀ 179 mm
Gewicht: *crecca* (Nov./Dez.) ♂ 250–425, ⌀ 335; ♀ 200–430, ⌀ 294 g
carolinensis (Mai/Juni) ♂ 293–379, ⌀ 332; ♀ 265–334, ⌀ 343 g
Gelege: *crecca* 8–10 grünliche, seltener cremefarbene Eier, 42–46,5 × 31–35,5; ⌀ 44,8 × 32,9 mm
Brutdauer: 21–23 Tage
Schlupfgewicht: *crecca* 12–16,3; ⌀ 13,8 g (15 Küken, eig. Wäg.);
carolinensis 16–16,5 g (SMART 1965)
Geschlechtsreife: knapp einjährig

Ad. Brutkleid: Geschlechtsdimorph, kaum individuell variierend. ♂ der *carolinensis*: grüner Kopfseitenstreif nicht oder nur andeutungsweise von gelbweißen Konturlinien eingefaßt, heller Längsstreif entlang der Schultern fehlt, zwischen Brust und Flanken ein senkrecht verlaufender weißer Streif. ♀ der beiden Formen nicht mit Sicherheit unterscheidbar. **Ad. Ruhekleid:** ♂ und ♀ weitgehend farbgleich; beim ♂ heller Überaugenstreif kaum sichtbar, Federschuppung auf Brut und Flanken feiner als beim ♀; Schnabelseiten bei beiden orange oder grünlich. ♀ unwesentlich verändert.
Dunenkleid: Zeichnungsmuster wie Stockenten-Küken, doch insgesamt dunkler. Oberseite oliv schwarzbraun, Augengegend, ein schmaler Streif im Ohrbereich, Flügelränder und Unterseite grünlichbraun. Schnabel schwarzgrau, sehr kräftig und mit gerader Firstlinie. Füße olivgrün, Schwimmhäute gelb eingefaßt. **Jugendkleid:** Gegenüber Ruhekleidern, u.a. Steuerfedern der juv. abgerundet, Spiegel weniger farbintensiv. Geschlechtsbestimmung durch Kloakentest und Stimmunterschiede möglich; ♀ mit fast glanzlosem Spiegel und Erpel mit schön schuppenartig angeordneter letzter Flankenfederreihe.
Mauser und Umfärbung: Die ♂ legen zwischen Juni und Aug. das Ruhekleid und zwi-

Erpel der Nordamerikanischen Krickente.

schen Sept. und Nov. erneut das Prachtkleid an. Beim ♀ setzt Vollmauser etwas später ein, die Ruhemauser kann sich bis Feb. hinziehen. Die Jugendmauser wird bis zur Jahreswende abgeschlossen.
Verbreitung: Karte 87, Seite 342.
Status: Brutvorkommen der Krickenten sind heute in Mitteleuropa recht rar, dennoch gehört sie mit zu den individuenstärksten und zunehmenden Wasservogelarten. Die westpaläarktische Winterpopulation umfaßt etwa 1,4 Mill., die nordamerikanische 1,7 Mill. Individuen. Populationsgröße der Aleuten-Form nicht bekannt, doch werden diese Inseln auch heute noch reichlich von Krickenten bewohnt. **CITES** Anh. III/C.
Lebensweise: Das Gros der Krickenten brütet in der Nordhälfte der gemäßigten und vor allem in den sich nordwärts anschließenden borealen Nadelwaldzonen und der Strauchtundren. Sie bewohnen hier nahrungsreiche Flachseen, Altwässer, Sumpfniederungen, Waldteiche, Moore und selbst ologitrophe Bergseen. Im März kehren die Krickenten in kleinen Gruppen zu den Brutgewässern zurück, mit Verfolgungsflügen und Balz werden die Reviere abgegrenzt. Zu Beginn der Legezeit ab Ende April werden die Paare sehr heimlich und halten sich bevorzugt in der Ufervegetation auf. Nester stehen gut verborgen im Gras und unter Gebüsch, oft weit entfernt vom Wasser. Nestdunen dunkelgrau bis schwärzlich mit fahlbraunen Wurzelzentren und Spitzen; 24stündige Legeintervalle. Gegen Ende der Brutzeit beginnt für die Erpel die Flügelmauser, dazu verlassen sie die Ente. Diese zieht die Küken im Schutz der Ufervegetation auf, erst mit dem Flüggewerden der Jungenten zeigen sich die Gruppen wieder auf der freien Wasserfläche des Brutteiches. Im Juli/Aug. scharen sich die Erpel, ab Aug./Sept. die hinzukommenden Familien auf großen Flachseen zusammen, im Nov./Dez. werden die Winterquartiere aufgesucht.
Nahrung: Pflanzlich mit erheblichen tierischen Anteilen, u. a. kleinen Schnecken.
Haltung und Zucht: Krickenten werden vor allem von Züchtern seit langem gehalten. Als eine der kleinsten Arten eignet sie sich für geräumige Volieren und Kleingehege, während in Zoos und Großanlagen die Verluste relativ hoch sind. Auf größeren Zuchtteichen stellen sich nicht selten Wildvögel ein, verweilen einige Zeit oder brüten hier sogar. In früheren Jahrzehnten wurde der Tierhandel mit den scheuen Wildfängen aus den Entenkojen NW-Deutschlands und Hollands beliefert. Heutige Gehegepopulationen bestehen aus seit Generationen nachgezüchteten Tieren, diese sind vertraut, problemlos in der Haltung und reproduktionsfreudig. In grasbewachsenen Anlagen errichten die ♀ das Nest im Bodenbewuchs, andere nutzen Nistkästen. Erstgelege Anfang Mai, Nachgelege im Juni. Die Kükenaufzucht verläuft in Kleingehegen mit dem ♀ wie unter technischer Wärmequelle in Boxen problemlos.

Die Amerikanische Krickente ist ebenso leicht zu halten und zu züchten wie die Eurasische, ist in europapäischen Anlagen wegen der schwierigen Erkennung der ♀ und der nicht auszuschließenden Mischlinge aber nur selten anzutreffen. Eine offenbar unvermischte Zuchtgruppe hielt u.a. SPITTHÖFER, Enniger, um 1995.

Punaente
Anas puna Tschudi, 1844
Flügel: ♂ 214–231, ♀ 205–215 mm
Gewicht: ♂ 546–560 g
Gelege: 5–6 rahmfarbene bsi hellbraune Eier, 52–63 × 37–42; ⌀ 56,8 × 39 mm
Brutdauer: 24–25 Tage
Schlupfgewicht: 16–28, ⌀ 23,3 g
(34 Küken, eig. Wäg.)
Geschlechtsreife: gegen Ende des 1., Brutaktivitäten häufig ab 2. Jahr

Ad. Jahreskleid: Farblich wie Versicolorente, doch wesentlich größer und langschnäbliger. ♂ Flanken sauber schwarz und weiß quergebändert, Schwanzteil fein quergewellt. ♀ dunkler und bräunlicher, die Flanken auf lehmgelbem Grund schuppenartig braun gezeichnet, Schwanzteil grob gewellt.
Dunenkleid: Küken größer und heller als das der Versicolorente, der Schnabel bereits auffällig lang und geradlinig. **Jugendkleid:** Braun übertönt und dunkler als ad. ♀, Ge-

Unterfamilie Anatinae – Schwimmenten **257**

Paar der Punaente, im Vordergrund der Erpel.

schlechter mit feinen Unterschieden wie Versicolorente.
Mauser und Umfärbung: Wie Versicolorente.
Verbreitung: Karte 89, Seite 342.
Status: Die Punaente verfügt nur über ein eng begrenztes Vorkommen auf den Hochplateaus der Anden (Punazone), ist an diesen Gewässern allgemein verbreitet und z. T. recht häufig. Die Tiere unterliegen zwar einem gewissen Jagddruck, doch ist die Punazone relativ dünn durch den Menschen besiedelt.
Lebensweise: Das Vorkommen der Punaente ist auf die Flachgewässer in den Hochsteppen der Zentral-Anden beschränkt, in deren Zentren der Junin- und Titicaca-See liegen. Auf den bis 5000 m hohen Plateaus in Äquatornähe treten Temperaturschwankungen zwischen Tag und Nacht, aber kaum jahreszeitlich auf. Das Gebiet der Grasmatten ist niederschlagsarm, die Senken und Seen werden vom Schmelzwasser umliegender Gletscher gespeist. Die reiche Ufervegetation bilden Binsen und Sauergräser. Die Brutsaison erstreckt sich über das ganze Jahr, regional mit Konzentrationen in bestimmten Monaten. Die Nester werden auf trockenem Grund im Gras und Riedstreifen angelegt. Brut allein durch ♀, Kükenbetreuung durch beide Eltern. Nach Brutzeit und Mauser bilden die Punaenten kleine Trupps und halten sich bevorzugt auf freien Wasserflächen der großen Seen auf.
Nahrung: Grünteile und Samen von Wasser- und Sumpfpflanzen sowie Kleinlebewesen.
Haltung und Zucht: Nach DELACOUR gelangten die ersten Punaenten aus den peruanischen Anden 1938 nach Clères, Frankreich, und Leckford, England. Die Kriegswirren überlebte nur 1 Paar in Leckford, mit dem 1943 die Erstzucht gelang, 4 Küken wuchsen auf. Nach 1950 kamen erneut kleine Importe nach Westeuropa, u. a. in den Wildfowl Trust, doch blieb der Gehegebestand infolger geringer Reproduktionsraten lange Zeit klein. Erstzucht USA 1967, in ehem. DDR durch HARING, Dölzig, 1977. Heute ist die Punaente spärlich, aber doch

allgemein in Privatanlagen und Zoos anzutreffen. Die Tiere sind hart, verträglich und unproblematisch in der Haltung. Doch nur mit wenigen Paaren gelingen bestandserweiternde Zuchten, denn beim Gros der ♀ bestehen die Gelege nur aus 2–3 Eiern. In eigener Anlage wuchsen allein 1997 und 1998 42 Jungtiere von einem Erpel mit 2 Enten auf. Nester werden unter überhängenden Halmen großer Rispenseggen errichtet, u. U. in weniger als 1 m Abstand voneinander. Ein ♀ legte stets 5, das andere 6–7 Eier, sie bebrüteten in beiden Jahren zwischen Ende März und Anfang Aug. jeweils 3 Gelege bis kurz vor dem Schlupf der Küken, die dann in Boxen heranwuchsen. Punaenten zeigen folgende Entwicklung: Ab 20. Lebenstag Beginn der Schulter- und Flankenbefiederung, zeitgleich entfalten sich die Steuerfedern aus den Kielen, wenig später befiedern Bauchseite und Kopf, ab 34. Tag entfalten sich die Schwingen. Mit 45 Tagen sind Jungenten voll befiedert und mit 55–60 weitgehend ausgewachsen. Schnabelumfärbung verläuft parallel zur Befiederung.

Erpel der Versicolorente.

Versicolorente
Anas versicolor Vieillot, 1816

Bisher **drei Unterarten: Nördliche Versicolorente,** *A. v. versicolor*, VIEILLOT, und **Südliche Versicolorente,** *A. v. fretensis* KING, mit geringfügigen Differenzierungen. Beträchtlich abweichend die **Punaente,** *A. v. puna* TSCHUDI, die heute als eigenständige Art gesehen wird. Versicolorenten sind in Zuchtanlagen weit verbreitet.

Flügel: *versicolor* ♂ 180–197, ♀ 175–188 mm; *fretensis* ♂ 211–219, ♀ 204–208 mm
Gewicht: ♂ ⌀ 442, ♀ ⌀ 373 g
Gelege: 7–10 lehmgelbe Eier, 34,4–51,8 × 30,2–38,8; ⌀ 47,8 × 33,5 mm
Brutdauer: 24–26 Tage
Schlupfgewicht: 15–23,5, ⌀ 19,3 g (19 Küken, eig. Wäg.)
Geschlechtsreife: knapp einjährig

Ad. Jahreskleid: ♂ wenig größer als ♀, die Kopfplatte ist dunkel schokoladenbraun, Schwanzteil auf silberweißem Grund fein schwarzbraun quergewellt, hintere Flankenfedern breit schwarz und weiß quergebändert. ♀ weniger farbklare Kopffärbung, Schwanzteil grob gewellt, Flanken nicht so klar gebändert. Schnabel weniger leuchtend als beim ♂, gelber Basisfleck kann fehlen.
Dunenkleid: Kopfplatte, Körperoberseite sowie ein kurzer Augenstreif und ein länglicher Ohrfleck schwarzbraun; Gesicht, Unterseite, hintere Flügelränder und ein Fleckchen an den Bürzelseiten silberweiß. Schnabel und Füße dunkelgrau. **Jugendkleid:** Kleingefieder matter als bei ad.; Kopfoberhälfte verwaschen braun, Brustfleckung, Flankenwellung und Schnabelfärbung diffuser, Flügelspiegel weniger glänzend. Die Geschlechter lassen sich mit einiger Mühe an der unterschiedlich groben Wellung auf dem Schwanzteil, sicherer an Stimmunterschieden oder durch Kloakentest bestimmen.
Mauser und Umfärbung: Hiesige Gehegevögel wechseln am Ende der Fortpflanzungszeit (je nach Anzahl der Gelege) zwischen Mai und Sept. das Gesamtgefieder und in einer Teilmauser zwischen Dez. und Feb. nochmals das Kleingefieder einschließ-

lich der Schulterfedern. Im Mai/Juni geschlüpfte juv. beginnen Ende Aug. an Brust, Flanken und Rücken mit der Jugendmauser, die im Okt. weitgehend abgeschlossen ist. Der einfarbig dunkelgraue Kükenschnabel färbt sich zu Beginn der Befiederung erst bläulich, dann an der Basis lehmgelb und erhält während der Jugendmauser seine Altersfärbung.

Verbreitung: Karte 89, Seite 342.
Status: Den Gesamtbestand der Versicolorente schätzen ROSE & SCOTT (1994) auf über 1 Mill. Sie ist im Südteil des Kontinents weit verbreitet, wird nach MADGE & BURN (1988) jedoch aufgrund ihrer Lebensweise abseits der großen Anatiden-Schwärme leicht übersehen.
Lebensweise: Während der Brutzeit bewohnen die Versicolorenten Teiche, kleine Flachseen und Niederungen mit reichen Röhrichtbeständen oder Sumpfwiesen in der offenen Graslandschaft. Relativ hohe Siedlungsdichten werden in den Weidezonen der Falkland-Inseln wie in der Pampasregion und in der Agrarzone der Provinz Buenos Aires erreicht. Brutperioden beschränken sich auf den Falkland-Inseln auf den kurzen, kühlen Sommer zwischen Mitte Okt. und Ende Nov., im nördlichen Argentinien und Paraguay von Sept. bis März. Die Nester befinden sich auf trockenem Grund im hohen Gras. Die Küken werden vom ♀ in der Uferzone aufgezogen, eine gewisse Beteiligung des Erpels sowie Paarbindung auch nach der Brutzeit werden nicht ausgeschlossen. Die südlichen Populationen wandern nach der Schwingenmauser nordwärts, viele überwintern um Buenos Aires, andere ziehen bis Brasilien.
Nahrung: Samen und Grünteile von Wasser- und Sumpfpflanzen, ferner alle erreichbaren Kleinlebewesen; Nahrungsaufnahme gründelnd und seihend.
Haltung und Zucht: Versicolorenten gelangten nur in großen Abständen und in jeweils geringer Anzahl nach Europa. Ersterwerb durch den Zoo Berlin 1845 und Zoo London 1902. Zuchterfolge blieben nicht aus, doch galt die Art stets als hinfällig und kälteempfindlich. Auch die nach 1950 eingeführten Versicolorenten erlagen etwa ab 1970 starken Inzuchtdepressionen (kleine Gelege, hoher Anteil unbefruchteter Eier, hohe Kükensterblichkeit). Die Tiere waren kleiner und dunkler als jene, die Europa um 1975 aus Argentinien erreichten. Vermutlich war anfangs verstärkt die Nominatform aus den Tropen importiert worden; als Erstzuchten gelten für *versicolor* England 1908, USA 1915, für *fretensis* USA 1971, England 1976. Die heutige Gegehepopulation ist robust, kann im Freien überwintert werden und pflanzt sich ergiebig fort. Versicolorenten sind angenehme und farblich schöne Tiere, die vorzugsweise auf sonnigen Warmteichen und in Gesellschaft kleiner Entenarten zu halten sind, ihre Bastardierungsneigung ist gering; Gehegepaare leben während des ganzen Jahres eng zusammen. Eiablage in Nistkästen oder im Gras ab Mitte April. Nachgelege sind zu erwarten. Kükenaufzucht ist in Boxen verlustarm möglich.

Hottentottenente
Anas hottentota (Eyton, 1838)

Flügel: ♂ und ♀ 149–157, ⌀ 152,2 mm
Gewicht: ♂ 216–283, ⌀ 243 g
Gelege: 6–8 cremefarbene Eier, 41–48 × 31–34; 44,1 × 32,5 mm
Brutdauer: 24–25 Tage
Schlupfgewicht: 14–20,5, ⌀ 16,4 g (39 Küken, eig. Wäg.)
Geschlechtsreife: gegen Ende des 1. Lebensjahres

Ad. Jahreskleid: ♂ Kleingefieder ein wenig dunkler und klarer gezeichnet als beim ♀; innerste Armschwingen und Scapularen glänzend schwarzgrün, letztere mit hellem Längsstreif, die über dem Rücken zwei parallel verlaufende breite helle Linien ergeben. Beim ♀ sind diese Partien stumpf schwarzbraun, Scapularen mit schmalen hellen Endsäumen, Flügelspiegel fast glanzlos. **Dunenkleid:** Oberseite sepiabraun mit kleiner heller Fleckung entlang der Rückenseiten. Gesicht lehmgelb, von einem dunklen Überaugenstreif und Ohrfleck unterbrochen; Kehle, Brust und Bauchseite hell lehmgelb; Schnabel und Füße grau. Dunenkleid insgesamt dunkler als das der Versicolorente. **Ju-**

Hottentottenenten, vorn der Erpel.

gendkleid: Insgesamt matter und farbflacher als ad. Gesichtszeichnung beim ♂ lebhaft lehmbraun, beim ♀ lehmgrau, Flügelspiegel beim ♂ bis zur innersten Armschwinge dunkelgrün, beim ♀ dunkelbraun, Grün nur angedeutet. Scapular- und Rückenfedern analog ♂ und ♀ ad.
Mauser und Umfärbung: Vollmauser der ad. nach beendeter Brutzeit, in Afrika entsprechend dem jeweiligen Brutzyklus, bei uns im Spätsommer; eine erneute Kleingefiedermauser, in der auch die Scapularfedern gewechselt werden, im Spätherbst und Winter. Die Jugendmauser beginnt bald nach dem Flüggewerden der Jungenten, bei Gehegetieren Aug./Sept. und verläuft wegen der geringen Farbunterschiede zum Alterskleid fast unmerklich. Neben dem Kleingefieder werden Scapular- und Steuerfedern gewechselt. Ab Dez. sind die immat. Tiere einschließlich Schnabel und Füße ausgefärbt und nicht mehr mit Sicherheit von ad. zu unterscheiden.
Verbreitung: Karte 89, Seite 342.

Status: Hottentottenenten bewohnen in unterschiedlicher Dichte die afrikanischen Savannen mit größter Häufigkeit in Ostafrika. In Nord-Nigeria und der Tschad-Senke existieren, durch den Regenwald getrennt, isolierte Brutvorkommen. Madagaskar-Population heute auf unter 10 000 Tiere reduziert (ROSE & SCOTT 1994).
Lebensweise: Hottentottenenten bewohnen Flachseen und Niederungen der offenen Savannen- und Agrarlandschaft, heute auch flache Bereiche der Wasserrückhaltebecken. Bevorzugt werden Papyrussümpfe und Buchten mit ausgedehnten Schwimmpflanzen-Gesellschaften. Sie leben hier paarweise oder in kleinen Gruppen und verbergen sich bei nahender Gefahr im Pflanzenwuchs, so daß sie nur schwer zu beobachten sind. Die Paarbildung erfolgt erst unmittelbar vor der Brutzeit, die niederschlagsbedingt regional abgestimmt oder irregulär verläuft. Die Nester werden im Flachwasserbereich auf Seggen- und Papyrusbülten, im Röhricht oder zwischen Gesträuch errichtet. Kükenbetreu-

ung durch ♀ im Bereich der Schwimmpflanzen-Region, eine lockere Beteiligung des Erpels wird vermutet. Mit fortschreitender Tockenperiode kommt es nach der Brutzeit zu lockeren Schwarmbildungen, seltener zu großen Ansammlungen oder zu Wanderbewegungen.

Nahrung: Wasser- und Sumpfpflanzen, weniger Kleinlebewesen, die gründelnd, aber auch mit eingetauchtem Kopf durch das Flachwasser watend, erfaßt werden.

Haltung und Zucht: Nach DELACOUR (1956) gelangten die ersten Hottentottenenten 1929 und 1935 jeweils nach Frankreich und England. Erstzucht 1938 in der Walcot Collection in England. In den 50er und 60er Jahren wurden ständig Wildfangtiere auf den Westeuropäischen Tiermärkten angeboten. Diese Enten waren seinerzeit hinfällig und kälteempfindlich. HARING, Dölzig, besaß ein solches Paar 18 Jahre, im 15. kam es einmal zu einem Brutversuch. Erst nachdem KOOY in Holland und JOHNES in England die Art um 1960 ergiebig zu züchten begannen, etablierte sich die Hottentottenente zunehmend. Regelmäßige Zuchten gelangen in Deutschland seit den 70er Jahren (u.a. BIEHL, Tostedt, FRANKE, Leipzig). Die heutige Gehegepopulation besteht aus Generationen nachgezüchteter Tiere und ist stabil, relativ winterhart und fortpflanzungsbereit. Eiablage in Nistkästen, gern auch in Seggenbülten, seltener im Gras. Legebeginn meist ab Mai, seltener im April, Nachgelege sind zu erwarten, gelegt wird täglich. Die Küken benötigen anfangs viel Wärme und lassen sich vorzugsweise unter einer Wärmelampe aufziehen. Hybriden sind kaum bekannt.

Marmelente
Marmaronetta angustirostris
(Ménétries, 1832)

Flügel: ♂ 195–215, ⌀ 207; ♀ 186–206, ⌀ 198 mm

Gewicht: Sommermonate (Kasachstan) ♂

Marmelente.

320–450, ⌀ 357; ♀ 300–420, ⌀ 356 g; Wintermonate (Indien) ♂ 535–590, ♀ 450–535 g
Gelege: 7–11 rötlichbraune Eier, 42,4–50,6 × 31,5–36; ⌀ 46,3 × 34,4 mm
Brutdauer: 25–27 Tage
Schlupfgewicht: 13,5–22, ⌀ 17,6 g (u. a. 20 Küken, eig. Wäg.)
Geschlechtsreife: vermutlich knapp einjährig, fortpflanzungsaktiv ab 2. oder 3. Jahr

Ad. Jahreskleid: ♂ und ♀ farbgleich, eine leichte Hell-Dunkel-Variation tritt geschlechtsunabhängig auf. Erpel können sich durch verlängerte Schopffedern, kräftigen Augenstreif und kantig wirkenden Kopf auszeichnen. Einem Teil der Tiere fehlt jeglicher Geschlechtsdimorphismus, dem ♀ auch das für *Anas*-Arten typische Quaken. **Dunenkleid:** Kopfplatte, hinterer Halssaum und Rücken dunkel sandfarben, Gesicht, Kehle, Brust und Bauchseite hell sandfarben; kurzer Augenstreif, Kopfplatte und Ohrfleck dunkel sepiabraun, auf Mittelrücken und Bürzelseiten je zwei kleine helle Längsstreifen. Schnabel und Füße hellgrau, Iris dunkelbraun. **Jugendkleid:** Dem Alterskleid sehr ähnlich, die hellen Randtropfen gehen verwaschen in den dunkleren Federanteil über.
Mauser und Umfärbung: Ad. Vollmauser nach beendeter Brut, nochmaliger Kleingefiederwechsel in Herbst- und Wintermonaten. Die Umfärbung der juv. verläuft wegen der geringen Farbveränderungen fast unbemerkt im Spätherbst ab.
Verbreitung: Karte 90, Seite 342.
Status: Die Marmelente wurde als Vertreter des sarmatischen Faunentyps mit der Landschaftsveränderung (Austrocknung) in der Nacheiszeit auf Reliktvorkommen zurückgedrängt. Heute existieren mit großen Zwischenentfernungen und nur begrenztem Austausch in den Winterquartieren isolierte Populationen im westlichen Spanien >100 Paare, Marokko, Algerien und östlicher Mittelmeerraum etwa 3000, in Aserbaidschan und SW-Asien etwa 33000 Individuen. Die Gesamtpopulation wird von Callaghan & Green (1993) mit max. 40000 angegeben. Im den Rotbüchern der UdSSR und der IUCN steht die Art unter Kategorie I (ohne speziellen Schutz vom Aussterben bedroht) bzw. als gefährdet. **BArt-SchV** Anl. 1, **Ausnahmegenehmigung** vom Vermarktungsverbot erforderlich.
Lebensweise: Die Brutgebiete der Marmelente liegen im wesentlichen in der mediterranen Subregion, also im wärmsten und trockensten Teil der Paläarktis. Sie bewohnen hier seichte Süß- und Brackwasserseen sowie soda- und natronhaltige Senken im Bereich der Halbwüsten, die neben offenen Wasserstellen ausgedehnte Riedflächen aus Binsen, flachwüchsigen Salzpflanzengesellschaften und Tamariskengebüsch aufweisen. Ab Ende März treffen die Marmelenten an den Brutgewässern ein, beginnen aber selten vor Ende Mai mit der Eiablage. Die Nester werden oft weit entfernt vom Wasser in guter Deckung angelegt. Nestdunen mittelgrau mit fast weißen Zentren und Spitzen; Konturfedern rahmweiß oder braunfleckig. Küken werden nach dem Schlüpfen vom ♀ in die riednahe Flachwasserzone geführt und dort unter Beteiligung des Erpels aufgezogen. Nach Madge & Burn (1988) lebt die Art ganzjährig gesellig, sie neigt zum lockeren Koloniebrüten und schart sich mit dem Flüggewerden der Jungvögel zu Gruppen, im Winterquartier zu ansehnlichen Scharen zusammen.
Nahrung: Kleinlebewesen, speziell Wasserinsekten und Mollusken, sowie ein geringerer Anteil Vegetabilien. Nahrungserwerb durch Gründeln und Tauchen.
Haltung und Zucht: Um die Jahrhundertwende gelang im Lilford Park, GB, die Erstzucht. Bis in die 30er Jahre wurden wenige Marmelenten in englischen Privatparks und zeitweilig im Zoo Berlin gehalten, aber nicht wieder gezüchtet. Der Wildfowl Trust importierte 1948 mehrere Tiere aus dem südlichen Irak und erzielte mit ihnen, ebenso wie Jones, Leckford, ab 1950 ergiebige Nachzuchten. Danach erfolgte eine rasche Verbreitung der Tiere über Europa (u. a. ehem. DDR seit 1960, Erstzucht 1963) und Nordamerika (USA-Erstzucht 1956). Seit den 80er Jahren zeichnet sich ein Rückgang der europäischen Gehegebestände ab, der wohl auf Vernachlässigungen durch die

Erpel der Kolbenente.

Züchter zugunsten anderer Arten zurückzuführen ist. Marmelenten sollten vorzugsweise in Kleingehegen mit sonnigen, warmen Teichen gehalten werden. Sie sind in der Regel friedfertig, wenig hybridfreudig und robust. Nester werden in Nistkästen und in der Bodenvegetation errichtet. Legebeginn ab Mitte, in Westeuropa ab Anfang April, bis zu 3 Nachgelege wurden bekannt. Kükenaufzucht vorzugsweise in Boxen, doch versuchen die Küken in den ersten Tagen durch Klettern und Springen zu entweichen. Danach verläuft die Aufzucht problemlos. Bei gelinder Witterung können Marmelenten im Freien überwintert werden. Als Futterergänzung nehmen Alt- und Jungvögel gern Mehlwürmer oder Garnelen.

Tauchenten

Kolbenente
Netta rufina (Pallas, 1773)

Flügel: ♂ 255–273, ⌀ 264; ♀ 251–275, ⌀ 260 mm
Gewicht: ♂ 721–1195, ♀ 694–1205 g
Gelege: 8–12 grünliche oder rahmfarbene Eier, 53–62,3 × 39–45,1; ⌀ 57,8 × 41,5 mm
Brutdauer: 27–28 Tage

Schlupfgewicht: 24–37,5, ⌀ 30,7 g (u. a. eig. Wäg.)
Geschlechtsreife: gegen Ende des 1. Lebensjahres

Ad. Brutkleid: ♂ und ♀ ohne bedeutsame Variabilitäten; als Zuchtformen traten weiße und sandfarbene Mutanten auf. ♂ Schnabel leuchtend karminrot, Iris scharlachrot. ♀ Schnabel grau, an den Rändern wie die Iris rotbraun. **Ad. Ruhekleid:** ♂ ähnlich dem ♀, doch mit dickerem Kopf, grauweißem Wangenfeld und dunkel karminrotem Schnabel. ♀ farblich unverändert. **Dunenkleid:** Oberkopf, Nacken, Rücken, Körperseiten und Flügel olivbraun, von langen gelben Dunen durchsetzt. Gesicht, Brust und Bauchseiten sowie Rückenzeichnung lebhaft gelb. Schnabel hornbraun mit hellem Nagel, Iris braun, Füße dunkelgrau mit gelbbraunen Randungen. **Jugendkleid:** Typische Schlichtkleidfärbung; Flanken und Brustseiten während der Befiederung rotbraun, später dem übrigen Gefieder graubraun angeglichen. ♂ mit reinweißem Flügelbug und meist dunkelrotem Schnabel, Iris Übergang zur roten Altersfärbung, ♀ Flügelbug hellgrau, Schnabel dunkelgrau, Iris braun.
Mauser und Umfärbung: Umfärbung in das Ruhekleid (Brutmauser) setzt bei Erpeln und nichtbrütenden ♀ ab Ende Mai am Kopf-

gefieder ein. Für die eigentliche Vollmauser mit Schwingenabwurf, ab Juli bei den ♂, ab Aug. bei den ♀, werden große Mauserschwärme (z. B. auf dem Bodensee) gebildet. Anlage der Pracht- bzw. Brutkleider zwischen Okt. und Dez. Bei einem Teil der juv. ♂ färbt sich während der Befiederung der Schnabel und noch vor dem Einsetzen der Jugendmauser die Iris rötlich, bei anderen Schnabelverfärbung ab 12./13. Lebenswoche über schwarzfleckig und fleischfarben in karminrot (Platz, briefl.). Mauser in das 1. Prachtkleid etwa zeitgleich mit den ad. zwischen Okt. und Dez., kann sich aber auch bis Feb. hinziehen.

Verbreitung: Karte 91, Seite 342.

Status: Die Hauptvorkommen der Kolbenente befinden sich in den sommerwarmen Teilen Innerasiens, die Gesamtbestände werden dort auf mehrere 100 000 Individuen geschätzt. Die relativ kleine Population Westeuropas mit Schwerpunkt in Spanien wird durch strenge Schutzmaßnahmen (ganzjährig Schonzeit durch Jäger) stabil gehalten.

Lebensweise: Bevorzugte Brutbiotope bilden große, flache Binnenseen mit breiten Röhrichtkanten, Großseggen-Gesellschaften, eingesprengten Schilfinseln und einer üppigen Unterwasserflora. In Zentralasien bewohnen die Kolbenenten weite, flache brackige und salzige Steppengewässer. Die Enten treffen gepaart im März/Apr. in den Brutgebieten ein und verweilen bis zur Besetzung der Nestreviere in Gruppen auf der freien Wasserfläche. Hier wird intensiv gebalzt, und die Erpel versuchen gewaltsam, fremde ♀ zu begatten. Nester, allein vom ♀ im Röhricht oder auf Seggenbülten errichtet, entstehen als kompakte Turmbauten aus trockenem Pflanzenmaterial. Eiablage ab Mitte Mai. In den ersten Bruttagen wandert der Erpel zum zentralen Mauserplatz ab, das ♀ führt die Küken in seichte, wasserpflanzenreiche Buchten, später erscheint die Familie auf der freien Wasserfläche, die Buchten dienen nur noch als Nahrungsgründe.

Nahrung: Fast ausschließlich Grünteile, Knospen und Samen von Wasserpflanzen, die gründelnd oder tauchend erfaßt und an der Oberfläche verzehrt werden; ferner Armleuchteralgen und Gräser wassernaher Wiesen und vereinzelt Kleinlebewesen.

Haltung und Zucht: Kolbenenten werden seit dem letzten Jahrhundert in zoologischen Gärten gepflegt und gezüchtet. Flugfähige Tiere zeichneten sich im Zoo Berlin der 20er Jahre durch Ortstreue und hohe Fortpflanzungsraten aus. Einzelne ♀ brüteten bis 15 m hoch in dort angebrachten Körben (Heinroth 1926). Heute werden Kolbenenten in gleicher Häufigkeit in Zuchtanlagen, Zoos und Vogelparks gehalten. Die Art ist robust und kälteunempfindlich, sie stellt nur geringe Ansprüche an Wasserqualität und Teichgröße, doch werden von ihnen Teichufer stark abgetragen und dort wachsende Pflanzen bis zu den Wurzeln herausgerissen und verzehrt. In großen Anlagen äsen sie gern nach Gänseart auf Grasflächen. Anderen Arten gegenüber verhalten sich Kolbenenten friedfertig, nur die Erpel bedrängen und begatten oft fremde ♀, was bereits zu zahllosen Hybriden führte. Die Zuchtaussichten sind hoch. Neben alten Zuchtpaaren kommen auch neu zusammengestellte und einjährige Tiere zur Fortpflanzung. Eiablage ab März in geräumigen Kästen, Nischen und Hütten, Nachgelege sind die Regel. Kolbenenten brüten zuverlässig und führen auch die Küken mit großer Sorgfalt, sie werden gern als Brut- und Aufzuchtammen genutzt. Der Bedarf an frischem Grün ist bei ad. und Küken gleichermaßen hoch, Altvögel können u. a. mit gemähtem Wiesengras versorgt werden. Farblich aufgehellte Zuchtformen, die vermutlich intermediär vererben, sind abzulehnen. Durch Gendrift besteht die Gefahr einer allgemeinen Farbverblassung der Gehegetiere.

Peposakaente
Netta peposaca (Vieillot, 1816)

Flügel: ♂ 228–245, ♀ 220–240 mm
Gewicht: ♂ ⌀ 1181, ♀ ⌀ 1004 g (Weller 1968)
Gelege: 10–12 graugrüne Eier, 52–64 × 39–44,5; ⌀ 58 × 42,8 mm
Brutdauer: 27–29 Tage
Schlupfgewicht: 29–32,5, ⌀ 31,2 g

Erpel der Peposakaente.

(7 Küken, eig. Wäg.)
Geschlechtsreife: gegen Ende des 1. Lebensjahres

Ad. Jahreskleid: ♂ keine Farbvariabilitäten, einzelne ♀ im Gesicht weißfleckig. Flügelfeld der ♂ fast weiß, der ♀ sandfarben. **Dunenkleid:** Oberseite hell olivbraun, Gesicht (ohne dunkle Zeichnung), Brust und Bauchseite strohgelb; Flügelrand olivbraun, sonst gelb, an den Bürzelseiten je ein gelber Fleck. Küken insgesamt sehr hell. Schnabel blaugrau, Füße graugrün. **Jugendkleid:** Weitgehend wie ♀ ad.
Mauser und Umfärbung: Vollmauser einschließlich Schwingenabwurf und Wechsel der Steuerfedern nach beendeter Brutsaison. Wintermauser nicht belegt. Bei Mitte Juni geschlüpften juv. wölbte sich bei den Erpeln ab Anfang Aug. (7. Woche) die Schnabelbasis auf und nahm eine hornbraune Färbung an. Ende Aug. war der Schnabel blaßrot (bei gleich alten ♀ dunkelgrau) und ab Okt./Nov. karminrot, die Aufwölbung aber schwächer als bei ad. Kleingefiedermauser zwischen Anfang Sept. (11.–12. Woche) und Okt./Nov.; damit ist das 1. Alterskleid angelegt.
Verbreitung: Karte 92, Seite 343.
Status: Die Peposakaente gehört mit zu den individuenreichsten Entenvogelarten Südamerikas. Besonders zahlreich sind sie in den Ebenen der Pampas- und Agrarzonen Argentiniens anzutreffen, wo sie auf den Wasserrückhaltebecken neue Lebens-, vor allem Rastplätze fanden. Lokal hoher Jagddruck und Habitatverluste durch Entwässerungen werden kompensiert.
Lebensweise: Peposakaenten bewohnen ganzjährig Süßwasserseen mit Röhrichtzonen im Flachbereich sowie Altarme und Staubereiche der Flußniederungen innerhalb der offenen Landschaft und der waldarmen Vorregionen der Anden. REICHHOLF (1975) fand sie auf flachen subtropischen Lagunen im Schwarm eifrig nach Nahrung tauchen. Fortpflanzungszeit in den Südregionen auf den dortigen Frühsommer Okt./Dez. beschränkt, in Paraguay traf man im Feb./März Brutvögel an. Die Paare beziehen kleinere Gewässer oder ruhige Buchten. Nester werden im Röhricht angelegt. Lange Zeit wurde statt der Kuckucksente der Peposakaente der Legeparasitismus zugeschrieben. Kükenaufzucht allein durch ♀ in der Schwimmpflanzenzone des Brutgewässers. Die Südpopulationen sind reguläre Zugvögel, die während der Wintermonate nordwärts bis in den Mato Grosso (Südbrasilien) wandern.
Nahrung: Wasserpflanzen und nur zu einem geringen Teil aus Kleinlebewesen.

Peposakaente
Alters- und Geschlechtsmerkmale

	Schulterpartien	Schnabel	Iris	Füße
ad. ♂	dunklgrau, schwarz gewellt	stark aufgewölbt, rot, Nagel schwarz	leuchtend karminrot	bräunlich-orange
ad. ♀	dunkelbraun, schwarzgrün übertönt	schwach aufgewölbt, dunkel bleigrau	olivbraun	dunkelgrau
juv. ♂	schwarzbraun, hellgrau meliert, angedeutet hell gesäumt	schwach aufgewölbt, blaß rötlich	hell orangerot	graugrün, angedeutet orange
juv. ♀	braun, Federn hell gesäumt	Aufwölbung nur angedeutet, grau	olivbraun	dunkelgrau

Haltung und Zucht: Peposakaenten werden etwa in gleicher Häufigkeit wie Kolbenenten in Zuchtanlagen, Zoos und Tiergärten gehalten. Sie sind ebenso anspruchslos, robust und winterhart, dazu tragen die Erpel noch ganzjährig ein ansprechendes Prachtkleid. Gehege und Teich sollten nicht zu eng bemessen sein, in Kleinanlagen bleibt ein starker Verbiß der Teichbepflanzung nicht aus. In neuerer Zeit werden bevorzugt Peposakaenten für die legeparasitäre Kuckucksente gehalten. Peposakaenten sind seit weit über 100 Jahren in Europa importiert und werden fast ebensolange hier auch gezüchtet, u. a. Zoo London 1873, Zoo Berlin 1882, USA 1915. Eiablage fast ausschließlich in großen Kästen und Hütten; in der Vegetation erbaute Nester sind turmartig erhöht wie die der Kolbenenten. Sie enthalten nur wenige hellgraue Dunen und silbergraue und dunkelbraune Konturfedern. Mit Nachgelegen ist zu rechnen. Brut und Kükenaufzucht verlaufen problem- und verlustarm. Küken können mit Eltern oder in Boxen heranwachsen. Im Alter von 16–17 Tagen entfalten sich die Steuer-, 2 bis 3 Tage später die Schulter- und dann die größten Flankenfedern; am Ende der 7. Woche ist das Mantelgefieder ringsum geschlossen, 1 Monat später beginnt die Jugendmauser.

Rotaugenente
Netta erythrophthalma (Wied, 1832)

Zwei Unterarten: Südamerikanische Rotaugenente, *N. e. erythrophthalma* (Wied) und **Afrikanische Rotaugenente,** *N. e. brunnea* (Eyton), mit nur geringfügigen Unterschieden, dennoch vermutlich zwei getrennte Arten. Zuordnung der wenigen Gehegetiere nicht in jedem Falle möglich; importiert sind beide Formen.

Kleiner und schlanker als Kolbenente
Flügel: *brunnea* ♂ 202–228, ⌀ 217,5; ♀ 201–221, ⌀ 209 mm (Middlemiss 1958)
Gewicht: ♂ 592–1010, ⌀ 800; ♀ 484–1018, ⌀ 763 g (ebenda)
Gelege: 6–9 gelblichbraune Eier, 53,3–62,4 × 41–45,3; ⌀ 56,9 × 43,7 mm (ebenda)
Brutdauer: 25–26 Tage
Schlupfgewicht: 35–37,5 g (3 Küken, eig. Wäg.)
Geschlechtsreife: vermutlich gegen Ende des 1. Lebensjahres

Ad. Jahreskleid: Gesamtgefieder vom ♂ dunkel mahagonifarben, die afrikanischen Erpel etwas heller. Schnabel ganzjährig dunkelgrau, Iris rot. ♀ braun, Gesichtsaufhellung in Ausdehnung und Farbe zwischen rahmweiß und weiß variierend, bei der afrikanischen insgesamt ausgedehnter. Schnabel dunkelgrau, Iris braun. Helles Flügelfeld

Erpel der Rotaugenente; eine Zuordnung der Unterart ist bei den gegenwärtigen Gehegetieren nur noch bedingt möglich.

bei ♀ und juv. gleich. **Dunenkleid:** Kopfplatte, hinterer Halssaum und Rückenseite hell olivbraun; Stirn, Kehle und Gesicht hell goldgelb, schmaler Ohrstreif olivbraun. Vorderer Halsteil, Brust und Bauch sowie äußerer Flügelrand und zwei Flecke in der Schenkelregion blaßgelb. Schnabel rötlichgrau, Iris und Füße schwarzgrau, Zehen aufgehellt. **Jugendkleid:** Ähnlich ♀ ad., insgesamt heller und fahler. ♂ Brust- und Rückenpartien dunkelbraun und mit weißer Kehlzeichnung, beim juv. ♀ verwaschen grau. **1. Jahreskleid:** ♂ dunkel rotbraun aber noch nicht typisch mahagonifarben wie ♂ ad., doch wie diese bereits fein hell meliert. Iris rotbraun, nicht leuchtend rot.
Mauser und Umfärbung: Mauserverlauf der ad. nur unvollständig bekannt, eine vermutliche Teilmauser am Ende der Ruhezeit ist nicht untersucht. Schwingenabwurf mit 30tägiger Flugunfähigkeit, in Südafrika nach beendeter Brutzeit, beim ♂ hauptsächlich Aug./ Sept., beim ♀ Mai bis Dez. Hiesige Gehegevögel mausern im Spätsommer. Juv. färben mit 5–6 Monaten in das 1. Jahreskleid.
Verbreitung: Karte 92, Seite 343.
Status: Die Afrikanische Rotaugenente ist nur lückenhaft verbreitet, bildet in den Trokkenzeiten aber doch Konzentrationen von 5 000 und 7 000 Tieren. Dagegen erfährt die Amerikanische Rotaugenente seit Jahren einen unerklärbaren Rückgang. Regelmäßiges Brüten wird heute nur noch in Kolumbien, Ecuador und Peru vermutet, die Gesamtpopulation Südamerikas wird auf 25 000–50 000 geschätzt CALLAGHAN & GREEN (1993). Art fand Aufnahme in den Rotbüchern der IUCN.
Lebensweise: Die Afrikanische Rotaugenente hat ihre größte Häufigkeit in den ost- und südafrikanischen Seengebieten. Bevorzugte Habitate bilden größere, permanente wie periodische Gewässer mit dichter Vegetation entlang der Uferlinien, weniger die Stauseen der Agrarzonen. Außerhalb der Brutzeit lebt die Rotaugenente gesellig. Sie gehört zu den innerafrikanischen Zugvögeln, die zwischen Südafrika und Äthiopien wechseln. Brutsaison in den Einzelregionen Afrikas unterschiedlich, insgesamt über alle Monate das Jahres verteilt. Da die Erpel kaum balzen und sich die Paare in der äußeren Randzone des Röhrichts aufhalten, verläuft das Brutgeschäft recht unauffällig. Die Nester befinden sich im Gras oder Ried nahe dem Ufer und über der Flachwasserzone. Es sind ähnlich kompakte Bauten wie die der Kolbenente. MIDDLEMISS (1958) glaubt, daß Winternester stärker mit Dunen ausgelegt sind als Sommernester, im heißen SW-Afrika fand man Nester gänzlich ohne Du-

nen. Küken werden hauptsächlich von der Ente geführt, vereinzelt sah man auch Erpel bei den Familien. Mit dem Flüggewerden der juv. bilden sich die Winterschwärme, in denen die Vollmauser der ad. abläuft. Die Südamerikanische Rotaugenente wurde auf Seen mit reichlichen Wasserpflanzenbeständen bis in 3 650 m Höhe gefunden.

Nahrung: Vorwiegend pflanzlich, sie wird seihend, gründelnd und tauchend aufgenommen. Untersuchte Küken hatten 20% bzw. 50% tierische Nahrung aufgenommen.

Haltung und Zucht: Nach DELACOUR (1959) gelangte die Nominatform erstmals 1851 in den Zoo London und erneut 1925 in den Zoopark Clères, Frankreich, wo diese Tiere bis 1940 lebten, jedoch nicht zur Eiablage kamen. Die ersten Afrikanischen Rotaugenenten erreichten 1937 die Walcot Collektion, England und den Zoopark Clères. Der Wildfowl Trust importierte zwischen 1949 und 1953 beide Unterarten, 1951 gelang mit ihnen in Leckford, England, die Welterstzucht der Afrikanischen und 1961 in Slimbridge der Südamerikanischen Rotaugenente. Einzelne westeuropäische Züchter, u. a. BIEHL, Tostedt, und KOOY, Holland, haben die Art in den 60er und 70er Jahren reichlich vermehrt, ihr aber wenig Beachtung geschenkt. USA-Erstzucht mit der Nominatform 1967, afrikanische bis 1988 nicht gezüchtet. Der Tierpark Berlin besaß in den 70er Jahren zeitweilig beide Unterarten und brachte wiederholt Jungtiere groß. Etwa um 1980 verschwand die Nominatform weitgehend aus den europäischen Zuchtanlagen und Zoos. Bei den gegenwärtig gehaltenen Paaren dürfte es sich um (wenig fortpflanzungsbereite) afrikanische Wildfänge, deren Nachkommen oder vermischte Tiere handeln. In Haltung, Unterbringung und Kükenaufzucht sind Rotaugenenten mit Peposaka- und Kolbenenten vergleichbar. Sie sind friedfertig, relativ winterhart und wenig hinfällig. Sie äsen selten auf Grasflächen und zerstören auch die Ufervegetation nur wenig. Zuchterfolge sind im letzten Jahrzehnt allgemein rar geworden, dagegen pflanzen sich einzelne Paare sehr produktiv fort. In eigener Anlage leben seit 1987 Rotaugenenten, die völlig fortpflanzungsinaktiv blieben und 1998 erstmals 3 Junge aufzogen. Von aus Südamerika importierten Rotaugenenten erzielte DEPOTTER (briefl.) mit einem 14jährigen ♀ und einem sehr alten Erpel 1991 erstmals 10 und in den Folgejahren, nach Einkreuzung eines zweiten ad. ♂ zahlreiche weitere Jungtiere. Auch BREMEHR, Verl, zog nach 1990 wiederholt Junge auf, vermutlich solche der afrikanischen Unterart.

Tafelente
Aythya ferina (Linné, 1758)

Flügel: ♂ 212–223, ⌀ 217; ♀ 200–216, ⌀ 206 mm
Gewicht: ♂ 585–1240, ⌀ 849; ♀ 467–1090, ⌀ 807 g
Gelege: 7–9, Nachgelege 3–5 graugrüne Eier, 54,8–67,9 × 39,6–48,9; ⌀ 60,9 × 44,2 mm
Brutdauer: 24–26 Tage
Schlupfgewicht: 31,8–40, ⌀ 37,5 g (23 Küken, eig. Wäg.)
Geschlechtsreife: gegen Ende des 1. Lebensjahres

Ad. Brutkleid: ♂ Mantelgefieder silbergrau, mit feiner dunkler Wellung und Kritzelung. Schnabel: Nagel und Basisdrittel schwarzgrau, Mitte breit hell blaugrau. Iris rot bis orange. ♀ Mantelgefieder dunkelbraun, viele Federn hellgrau gekritzelt. Schnabel dunkelgrau mit schmaler heller Querbinde. **Ad. Ruhekleid:** ♂ farblich dem ♀ stark angeglichen, aber Zeichnungsmuster gut sichtbar, Schnabelbinde und Iris etwas dunkler als im Prachtkleid. ♀ insgesamt brauner und dunkler als zuvor, damit der Rotkopfente ähnelnd, doch graue Schnabelbinde bleibt, wird nur etwas dunkler.
Dunenkleid: Kopfplatte, hinterer Halssaum und Rückenpartien olivbraun, Kopfseiten goldgelb mit nur angedeuteter dunkler Zeichnung; Unterseite und Rückenfleckung gelboliv. Schnabel schwarzgrau, Iris dunkelgrau. **Jugendkleid:** Etwa wie ♀ ad., Schultern und Flügeldecken beim ♂ deutlich, beim ♀ kaum oder gar nicht hellgrau meliert. Iris beim ♂ auf gelbgrünem Grund von orangeroten Tüpfeln bedeckt, wirkt

orangegelb, beim ♀ auf gleichem Grund hellbraun durchsetzt, Iris wirkt olivbraun.
Mauser und Umfärbung: Brutmauser in das Schlichtkleid beginnt mit Kleingefiederwechsel bei Nichtbrütern und Erpeln in Juni, bei der Ente etwas später. Innerhalb der Vollmauser sind die ♂ Juli/Aug., die ♀ Ende Aug. für etwa 4 Wochen flugunfähig, ab Nov. tragen die Erpel erneut das Prachtdie Enten ab Jan./Feb. das Brutkleid. Juv. ♂ beginnen gegen Ende der Befiederung mit der Jugendmauser, darin eingebunden die Ruhemauser (Kleingefieder- und Steuerfedern), und tragen ab Feb. das 1. Prachtkleid. Mauserverlauf der ♀ schwerer erfaßbar, deshalb ungenauer bekannt.
Verbreitung: Karte 93, Seite 343.
Status: In der Westpaläarktis bildet die Tafelente mit über 1,6 Mill. Individuen neben der Stockente die umfangreichsten Bestände; in Japan und auf dem asiatischen Festland überwintern knapp 500 000 Tiere in stabilen Bestandstrends.
Lebensweise: Brutbiotope der Tafelente bilden von Röhricht umgebene eutrophe Binnenseen, bevorzugt Karpfenteiche, flache Stauseen sowie verlandende Altwässer der Flußniederungen, in Innerasien die weiten warmen Steppenseen. Tafelenten treffen nur locker gepaart auf den Gewässern ein; auf der freien Seefläche finden innerhalb der Gruppen Balz und Paarung ihren Höhepunkt. Dann beziehen einzelne oder wenige Paare ruhige Buchten, Ränder von Möwenkolonien und Schilfinseln. Das Nest wird vom ♀ im Röhricht, auf Bülten oder Inselchen im Seitwasserbereich errichtet. Es ist ein kompakter Bau aus Pflanzenmaterial, Dunen werden nur spärlich verwendet. Eiablage in Mitteleuropa zwischen Anfang Mai und Ende Juni. Anfangs ruhen die Erpel auf dem freien Wasser vor dem Nestbereich, wandern dann aber zu einem der Mauserplätze ab. Kükenaufzucht allein durch das ♀, in den ersten Tagen am Rande des Röhrichts, später in Seitwasserzonen und über Pflanzenbänken.
Nahrung: Fast ausschließlich Wasserpflanzen und deren Samen, weniger aus Kleinlebewesen.
Haltung und Zucht: Tafelenten werden gern von Zoos und Vogelparks, weniger in Privatanlagen gehalten. Die Tiere sind robust und anspruchslos, verlassen die Wasserfläche nur wenig, nachts gar nicht und fallen damit kaum Mardern oder Katzen zum Opfer. Der Teich sollte nicht flacher als 70 cm und nicht zu klein sein. Entsprechend dem großen Tauchbedürfnis wird der meist schlammige Teichboden in zu kleinen Becken stark aufgewühlt und das Wasser unansehnlich. Werden Zuchtergebnisse erwartet, sollten die Teichufer natürlich bewachsen sein. Gegenüber Teichmitbewohnern sind Tafelenten stets friedfertig, doch neigen die Erpel stark zur Hybridbildung. Unter geeigneten Haltebedingungen wird heute das Gros der Paare fortpflanzungsaktiv. In eigener Anlage züchtete ein Paar sowohl auf den Gesellschaftsteichen als auch in einem 28 m² großen, natürlich bewachsenen Kleingehege. Die Ente brütete ruhig, hatte aber stets Probleme mit der Kükenbetreuung. In Tauchenten-Familien folgen weniger die Küken der Mutter als die Mutter den Küken; dort, wo sie hinschwimmen oder hinlaufen, werden sie betreut. Unter Gehegebedingungen kann die Ente nicht in jedem Falle folgen, und es entstehen hohe Kükenverluste. Bei den jungen Tafelenten entfalten sich mit 17 Tagen die ersten Federn an Flanken und Schwanz, mit 38 Tagen ist der Körper im wesentlichen befiedert, die Kiele der Handschwingen beginnen aufzubrechen, die Armschwingen sind etwa 2,5 cm entfaltet. Im Alter von 10 Wochen erreichen die Jungenten die untere Gewichts- und Flügelmaßgrenze der ad. und beginnen mit Umfärbung und Steuerfederwechsel.

Riesentafelente
Aythya valisineria (Wilson, 1814)

Größte der 3 rotköpfigen *Aythya*-Arten mit langgestrecktem Schnabel und flacher Stirn
Flügel: ♂ 229–248, ⌀ 235; ♀ 221–234, ⌀ 229 mm (Palmer 1976)
Gewicht: ♂ 850–1600, ⌀ 1252; ♀ 900–1530; ⌀ 1154 g (Ryan 1972)
Gelege: 3–12, meist 6–7 dunkel olivgrüne Eier, 56,5–66,8 × 38,8–46,5; ⌀ 62,4 × 43,8 mm

Erpel der Riesentafelente.

Brutdauer: 25–26 Tage
Schlupfgewicht: 43–48, ⌀ 44,7 g (DZUBIN 1959)
Geschlechtsreife: gegen Ende des 1. Lebensjahres, Brutaktivitäten erst in Folgejahren

Ad. Brutkleid: ♂ fein meliertes Rücken- und Mantelgefieder sehr hell (fast weiß), Schnabel durchweg schwarzgrau, Iris rubinrot. ♀ im Gesamtgefieder heller als das der Tafel- oder Rotkopfente und auf den Flanken deutlich hellgrau gewellt. Schnabel dunkelgrau. **Ad. Ruhekleid:** ♂ Kopf und Hals heller rotbraun als im Prachtkleid, Mantelgefieder dunkler, einzelne Federn mit braunen Spitzen. Schnabel unverändert, Iris rotbraun, weniger leuchtend. ♀ nur unmerklich verändert. **Dunenkleid:** Oberseite sepiabraun; Gesicht, Brust, Bauch sowie Rückenfleckung kräftig goldgelb; Kopfplatte bis zur Schnabelwurzel dunkelbraun (vergl. Rotkopfente). Die für die ad. typische gerade Schnabel-Stirn-Linie wird erst nach 4–5 Wochen sichtbar. **Jugendkleid:** Etwa wie ♀ ad., juv. ♂ mit größerem Anteil graumelierter Federn auf Schultern und Flügeldecken sowie etwas dunklerem Kopf und Hals als gleichaltes ♀. Irisfärbung bei ♂ und ♀ noch gleich.
Mauser und Umfärbung: Prinzipiell wie bei der Tafelente. Infolge der weiten Nord-Süd-Verbreitung mausern die Wildvögel regional gestaffelt. Bei den juv. Erpeln färbt sich die dunkelbraune Iris nach beendeter Befiederung über gelboliv zu rot um. Umfärbung in das Prachtkleid beginnt im 1. Herbst, kann aber unvollständig bleiben und erst im 2. Herbst voll angelegt werden.
Verbreitung: Karte 94, Seite 343.
Status: Die Gesamtbestände der Riesentafelente schwanken über lange Zeiträume stärker als bei vergleichbaren Arten. Deutliche Abnahmen zusätzlich nach großflächigen Entwässerungen der Präriesenken ab 1960; gefährdet ferner durch hohen Jagddruck und Ölpestkatastrophen während des Winteraufenthaltes vor der Küste und durch relativ geringe Reproduktionsraten, die Bestände nur langsam ansteigen lassen. Die Gesamtpopulation wird heute mit knapp 500 000 Tieren dennoch als stabil angesehen.
Lebensweise: Mit anderen Tauchenten verlassen die Riesentafelenten Anfang Feb. die Winterquartiere an den Küsten und wandern, der zurückgehenden Eisgrenze folgend, nordwärts. In den Brutgebieten Südkanadas treffen sie ab 2. Aprilhälfte, in Alaska um den 10. Mai ein. Paarbildung (Saisonehe) ab Dez., während und nach dem Frühjahrszug höchste Balzintensität. Bei ih-

rem Eintreffen in den Brutregionen beziehen die Riesentafelenten zunächst große, tiefe Seen und wechseln später zu flacheren Tümpeln und ruhigen Buchten mit breiten Röhrichtzonen über. Nester werden im Ried des Flachwasserbereiches errichtet. Legezeit in Südkanada ab Anfang Mai, in Alaska bis Juni. Brut und Kükenaufzucht allein durch die Ente. Nur wenige Tage nach Brutbeginn wandern die Erpel zu größeren Seen ab und bilden dort umfangreiche Mauserverbände. Ab Aug. gesellen sich die flüggen juv. und die ♀ hinzu. Nun beginnt eine langsam verlaufende Kleingefiedermauser in das neue Pracht- und Brutkleid, das die ad. Erpel ab Okt. tragen. Ab Sept. wandern die Schwärme, den großen Flüssen folgend, südwärts in die Mündungsgebiete und Meeresbuchten.
Nahrung: Pflanzlich, bevorzugt Sumpfschraube, *Vallisneria spiralis,* diese verleiht dem Fleisch einen pikanten Geschmack (Art ist deshalb in den USA der am stärksten gejagte Entenvogel). Tauchtiefen zum Nahrungserwerb bis 10 m.
Haltung und Zucht: Riesentafelenten – früher Vallisneriaente – gelangten 1922 erstmalig nach Europa und erst nach 1960 in die Zuchtanlagen auf dem Kontinent. Sie etablierten sich, blieben aber durch eine geringe Reproduktionsrate selten. Riesentafelenten sind sehr schöne und interessante Tauchenten, sie lassen sich problemlos halten und ernähren, verlangen jedoch eine relativ große Teichanlage, um fortpflanzungsaktiv zu werden. So züchtete sie der Tierpark Berlin in den 70er und 80er Jahren auf den Absperrgräben der Huftieranlagen. Als Ausnahme ist wohl ein Paar anzusehen, das ALRAUN (mündl.) auf einem kleinen, stark besetzten und unbewachsenen Teich hielt und damit um 1995 aus mehreren Gelegen Junge aufzog. Britische Erstzucht 1924, USA-Erstzucht 1909. In den Stationen des Wildfowl Trusts wird die Art überall gehalten, aber weit weniger gezüchtet als z. B. die Rotkopf- oder Tafelente. HENNING (mündl.) erwarb im Frühjahr 1989 1,2 vorjährige, im Tierpark Berlin gezüchtete Tiere und bot ihnen mit wenigen anderen Enten über 1 000 m² Teichfläche, die Ufer z. T. mit Röhricht und Seggen bewachsen. Auf dem bis 1,5 m tiefen Wasser waren die Enten sehr aktiv, es bildete sich bald ein Paar, und die Ente wählte eine Seggeninsel als Brutrevier. Ab Mitte Mai wurden in 8 Tagen 7 Eier gelegt und in 26 Tagen 5 Küken erbrütet. In dieser Zeit paarte sich der Erpel mit der 2. Ente. Die Jungenten wuchsen problemlos heran und waren mit 52 Tagen voll befiedert. Nach DZUBIN (1959) schieben ab 18. Tag die Steuer-, ab 19. Schulter- und Flankenfedern, um den 30. Tag ist die Bauchseite, nach dem 50. Tag der gesamte Jungvogel befiedert; zwischen 56. und 68. Tag Erlangung der Flugfähigkeit. Neigung zur Hybridbildung offenbar gering.

Rotkopfente
Aythya americana (Eyton, 1838)
Wenig größer als Tafelente
Flügel: ♂ 231–240, ⌀ 235,7; ♀ 221–235, ⌀ 226 mm
Gewicht: ♂ 860–1420, ⌀ um 1200; ♀ 820–1290, ⌀ um 1100 g
Gelege: 8–13, meist 10 grünlichbraune Eier, 54–66,8 × 41,2–45,5; ⌀ 60,6 × 43,4 mm
Brutdauer: 24–28 Tage
Schlupfgewicht: 33–41,3, ⌀ 37,6 g (SMART 1956)
Geschlechtsreife: knapp einjährig

Ad. Brutkleid: ♂ Kopf und Hals hell rotbraun, Rückenpartien und Flanken dicht dunkelgrau gekritzelt. Schnabel im Nagelbereich schwarz, sonst hellgrau, Iris gelb, seltener orange. ♀ mit dunkelstem Kleingefieder der Artengruppe, Rücken- und Flankenfedern nur schmal hell gesäumt und nicht gekritzelt. Schnabel wie ♂, etwas dunkler, Iris dunkelbraun. **Ad. Ruhekleid:** ♂ annähernd wie ♀, Kopf und Hals etwas rotbräunlicher, Brust und Schwanzteil relativ dunkel. Schnabel und Iris weniger leuchtend als im Brutkleid. ♀ von der ähnlichen Tafelente u.a durch rundliche Kopfform und Schnabelzeichnung ohne helle Querbinde zu unterscheiden. **Dunenkleid:** Insgesamt sehr hell; Kopfplatte, Nacken und Rücken hell olivbraun; Stirn, Gesicht und Unterseite sowie Fleckung an Flügel und Körperseiten stroh-

Erpel der Rotkopfente.

gelb. **Jugendkleid:** Im wesentlichen ♀-farben, ♂ mit geringfügig mehr Bekritzelung auf Schultern und Flügeldecken. Iris hellt sich beim Erpel nach Beendigung der Befiederung gut sichtbar auf.
Mauser und Umfärbung: Sie verlaufen weitgehend identisch mit denen der Tafelente. ♀ mausern während der Jungenaufzucht, Nichtbrüter und Erpel unternehmen Ende Juni Mauserzüge nordwärts in große Flußdeltagebiete, wechseln hier die Schwingen und färben anschließend in das Prachtkleid. Bei den juv. verfärben sich ab 8. bis 10. Woche Iris und Oberschnabel, wenig später beginnt die Jugendmauser.
Verbreitung: Karte 95, Seite 343.
Status: Bereits BELLROSE (1976) weist auf einen starken Rückgang der Rotkopfente auf den Prärieseen, den traditionellen Brutplätzen, durch hohen Jagddruck, Entwässerungen und andere Habitatverluste seitens der Landwirtschaft hin. In einzelnen Jahren zusätzlich hohe Verluste durch Botulismus. Gesamtbestand knapp 500 000 Tiere. Die u. a. von JOHNSGARD (1978) befürchtete Gesamtbedrohung ist nicht eingetreten.
Lebensweise: Rotkopfenten bewohnen zur Brutzeit die weiten offenen Senken der Prärien und die nach Norden und Westen angrenzenden Marschen in den Abflußtälern der großen Gebirgsflüsse. Biotope mit größter Brutdichte bilden flache, reich strukturierte Seenkomplexe mit breiten Schilf- und Seggengürteln, eingesprengten Inseln und freien Wasserflächen. Die gern gesellig lebenden Rotkopfenten treffen mit der Eisschmelze in kleinen Schwärmen am Brutplatz ein, verteilen sich im April über die Brutreviere und beginnen zwischen Mitte Mai und Juni mit der Eiablage. Die von der Ente errichteten Nester stehen einzeln oder in lockeren Kleinkolonien im Röhricht der Flachwasserzone. In bis zu 77 % der Nester fand man Eier von mehreren ♀ und in einem Gebiet in Utah etwa 43 % der Küken, die in artfremden Nestern geschlüpft sind, was auf Legeparasitismus hinweist. SMART (1965) ermittelte, daß im Frühsommer geschlüpfte

Tiere langsamer wachsen und 7–10 Tage später die Flugfähigkeit erreichen als Spätbruten, die mit 53–55 Tagen flugfähig sind. Den Winter verbringen die Rotkopfenten in großen Schwärmen auf küstennahen Seen und in Meeresbuchten.
Nahrung: Tierisch und pflanzlich, jahreszeitlich und regional wechselnd, sie wird tauchend erfaßt und an der Wasseroberfläche verzehrt; Hauptanteil bilden Grünteile der Wasser- und Sumpfpflanzen.
Haltung und Zucht: Rotkopfenten werden nur wenige in großen Zoos, kaum von Züchtern gehalten und sind heute in Westeuropa sehr selten. In Robustheit und Haltungsansprüchen unterscheiden sie sich nicht von unseren Tafelenten. Werden Nachzuchtergebnisse erwartet, sollten der Gehegeteich nicht zu klein und seine Ufer bewachsen sein. Der Tierpark Berlin besaß die Art etwa ab 1960 und zog erstmals 1965 über 20 Jungtiere auf. USA-Erstzucht als einige der wenigen Anatiden-Arten vor 1900. Die früheren Zuchtstatistiken des Wildfowl Trusts zeigen, daß die Küken ausgesprochen verlustarm aufwuchsen. Rotkopfenten sind in den 90er Jahren in der deutschen Gehegehaltung zunehmend seltener geworden. Da die Art stark zu Bastardierungen neigt, sind die wenigen verbliebenen Tiere getrennt von den Tafel- oder Halsringenten unterzubringen, zumal ihre Hybriden schwer erkenn- und bestimmbar sind.

Halsringente
Aythya collaris (Donovan, 1809)

Flügel: ♂ 194–205, ⌀ 201; ♀ 188–200, ⌀ 192 mm
Gewicht: ♂ 681–937, ⌀ um 750; ♀ 596–879, ⌀ um 650 g
Gelege: 6–14, meist 9, Nachgelege 5–7 dunkel olivgraue Eier, 53,5–60,5 × 38–42,2; ⌀ 57,5 × 39,8 mm
Brutdauer: 26–27 Tage
Schlupfgewicht: 28–30, ⌀ 29,5 g (9 Küken, eig. Wäg.)
Geschlechtsreife: knapp einjährig

Ad. Brutkleid: ♂ ohne nennenswerte Variabilitäten, beim ♀ kann Weißanteil am Kopf

Erpel der Halsringente.

differenzieren. Brauner Halsring des Erpels ist im schwarzen Kopf-Hals-Umfeld schwer erkennbar. Flügelfärbung bei ♂ und ♀ im wesentlichen gleich. **Ad. Ruhekleid:** ♂ Kopf, Brust und Rücken stumpf schwarz, Zügel, Ohrgegend und Halsring grau aufgehellt; Flanken dunkelgrau (im Prachtkleid hell perlgrau), nur wenig heller als Rücken. Schnabel dunkelgrau, helle Querbinde schmal und unauffällig, Iris unverändert gelb. ♀ gegenüber Brutkleid etwas dunkler braun und die Kopfseiten stärker aufgehellt.
Dunenkleid: Kopfplatte, Nacken, Rückenpartien und Körperseiten dunkel olivbraun; Stirn, Kopfseiten (ohne dunkle Abzeichen), die starke Rückenfleckung sowie Brust und Bauch kräftig gelb. Küken sind kontrastreicher als die der Tafelenten-Gruppe und heller als die von Berg- und Veilchenente. Schnabel und Iris braun, Füße fleckig gelboliv und graubraun. **Jugendkleid:** Im wesentlichen wie ♀ ad., aber Bauch von graubraunen Federn durchsetzt (bei ad. reinweiß), Schnabel durchweg dunkelgrau. Juv. ♂ Kopf, Hals und Rückenpartien dunkler als

Nest und Gelege der Halsringente; typisch für alle Tauchenten-Nester ist die spärliche Dunenauspolsterung.

bei gleich alten ♀, Kopfseiten bei diesen in Zügel-, Augen- und Ohrgegend diffus aufgehellt, aber weniger Weiß als ♀ ad.
Mauser und Umfärbung: Die Erpel beginnen mit dem Verlassen der brütenden Partnerin Anfang Juni die Kleingefiedermauser ins Schlichtkleid; ab Mitte Juli führt ein Mauserzug nach Norden, wo im Aug. der Schwingenwechsel erfolgt, Flugunfähigkeit 3–4 Wochen. Schwingenmauser der ♀ zwischen Mitte Sept. und Ende Okt. Daran schließt sich die Ruhemauser an, in der das Pracht- bzw. Brutkleid angelegt wird. Die juv. sind mit etwa 7 Wochen voll befiedert, danach hellt sich die Iris beim Erpel auf und ist mit 11 Wochen gelbgrün, beim gleich alten ♀ olivbraun. Im Alter von 12–13 Wochen zeigen sich die helle Schnabelbinde und erste erneuerte Federn an Kopf, Schultern und Flanken, gleichzeitig werden die mittleren Steuerfedern abgeworfen. Etwa Nov./Dez. sind die immat. Erpel (und vermutlich auch die ♀) voll durchgemausert. Nach CRAMP et al. (1977) durchlaufen immat. Halsringenten eine Jugend- und eine Vorbrutmauser, das Zwischenkleid zeichnet sich beim ♂ durch dunklere Flanken aus.
Vorkommen in Europa: Während aus alten Zeiten nur 1801 ein Nachweis aus England vorliegt, nehmen die Beobachtungen ab 1950 kontinuierlich zu. BRUUN (1971) nennt über 20 Nachweise zwischen 1955 und 1968, HILL (1980) allein 15 für 1977 und 19 für 1978 in Europa. Mit Gehegeflüchtlingen allein läßt sich die Zunahme nicht erklären. Derzeit war die Art noch selten in Zuchtanlagen und wurde entsprechend sorgfältig behandelt. Atlantiküberquerungen der Halsringente werden heute mit der NO-Ausbreitung in Kanada erklärt.
Verbreitung: Karte 96, Seite 343.
Status: Nach BELLROSE (1976) war die Art bis 1930 nirgends sonderlich häufig, danach begannen Ausbreitungen nach Nordost, Auffüllungen des lückigen Vorkommens und Bestandsverdichtungen. Gesamtpopulation der 70er Jahre ca. 460 000, ROSE & SCOTT (1994) schätzen sie nach 1990 auf knapp 1 Mill. Individuen.
Lebensweise: Die Brutgebiete der Halsringente befinden sich in stark strukturierten, von Schilfwäldern und eingesprengten Wasserflächen gebildeten Moor- und Sumpfniederungen der Prärie- und Agrarlandschaften, ferner an relativ kleinen Tümpeln mit üppiger Ufervegetation und in von Büschen durchsetzten Grassümpfen der Nadelwaldregion. Im April kehren die Tiere gepaart zu den Brutgewässern zurück und besetzen bald danach die kleinen Brutreviere. Nester befinden sich im Schilf- und Seggenried der Flachwasserzone, häufiger auf Grasinseln oder wassernahen Wiesen. Der kompakte Nestbau entsteht erst während der Legeperiode und wird zuletzt spärlich mit Dunen ausgelegt. Das ♀ brütet und führt die Küken allein, mit Brutbeginn löst der Erpel die Paarbindung. Die Küken beginnen nach dem 16. Tag mit der Befiederung und sind mit 49–56 Tagen flugfähig. Herbstzug im Sep., Anfang Okt. werden die Küsten- und Ende des Monats die Wintergebiete erreicht. Das Gros der Halsringenten wandert jedoch die großen Flußsysteme wie dem Mississippi folgend südwärts und überwintert in deren Mündungsgewässern.
Nahrung: Weit überwiegend pflanzlich, bestehend aus Grünteilen, Samen und Rhizomen zahlreicher Wasser- und Sumpfpflanzen und wohl mehr zufällig aus Schnecken oder Wasserinsekten.
Haltung und Zucht: Trotz Problemlosigkeit in der Haltung und des attraktiven Aussehens setzten die Bemühungen der Züchter

um diese Art erst spät ein. USA-Erstzucht 1931, lange nach Rotkopf- oder Riesentafelente. Nach DELACOUR (1959) gelangten 1935 erstmals Tiere nach Frankreich und England, im Foxwarren Park bei London gelang mit ihnen die britische Erstzucht. Amerikanische Züchter zogen um 1955 mehrfach Küken aus Wildvogeleiern auf. Danach erneute Importe in Europa; Erstzucht im Wildfowl Trust 1971 als eine der letzten *Aythya*-Arten, durch BIEHL, Tostedt, 1972 mit 3 Paaren auf einem sehr großen naturnahen Teich, in eigener Anlage ab 1983. Halsringenten gehören auf den Teichen der Züchter zu den farblich schönen, problemlos zu haltenden und völlig friedfertigen Arten. Sie sind winterhart und können weitgehend mit Getreide ernährt werden. Ein in eigener Anlage gehaltenes Paar wurde ab zweitem Jahr brutaktiv. Das ♀ errichtete alle Nester im hohen Gras mitten auf der Wiese; 1. Gelege alljährig ab 16.–18. Mai, Nachgelege Mitte Juni. Als Unterlage wurden große Mengen von ausgerupftem Gras verbaut, einzelne Konturfedern, aber keine Dunen verwendet. Brut und Kükenaufzucht verlaufen weitgehend problemlos, doch scheint zumindest ein Teil des Gehegebestandes heute inzuchtgefährdet zu sein. Halsringenten-Bastarde sind bekannt, die Bastardierungsneigungen jedoch nicht sonderlich hoch.

Moorente
Aythya nyroca (Güldenstädt, 1770)

Kleinste Moorenten-Art
Flügel: ♂ 180–196, ⌀ 188; ♀ 178–185, ⌀ 182 mm
Gewicht: ♂ 440–740, ⌀ 570; ♀ 464–727, ⌀ 543 g
Gelege: 6–10 rahmfarbene Eier, 48–60 × 35–43; ⌀ 52,5 × 38,2 mm
Brutdauer: um 26 Tage
Schlupfgewicht: 18,5–30, ⌀ 24,2 g (u. a. 16 Küken, eig. Wäg.)
Geschlechtsreife: knapp einjährig

Ad. Brutkleid: Keine Farbvarietäten; Kleingefieder oberseits ♂ mahagonibraun, ♀ dunkel graubraun; weißes Band über alle Schwingen bei ♀ und juv. gleich. Schnabel: ♂

Erpel der Moorente.

blaugrau, ♀ dunkelgrau, Iris: ♂ weiß, ♀ braun. **Ad. Ruhekleid:** ♂ und ♀ nur geringfügig verändert; beim ♂ rotbraunes Kleingefieder schmal rötlichweiß gesäumt und durch sichtbare graue Federbasen stumpfer und farbunreiner wirkend. Schnabel dunkelgrau, Iris unverändert. **Dunenkleid:** Oberseite sepiabraun, goldoliv übertönt; goldgelbes Gesicht mit angedeutetem dunklem Augenstreif. Flügelränder und kleine Rückenflecke gelbbraun; Brust und Bauch blaß gelb. Moorenten-Küken sind gelber als andere Tauchenten-Küken. **Jugendkleid:** Sehr ähnlich dem des ad. ♀, jedoch u. a. heller Bauch dicht von dunklen Federn durchsetzt. Bei juv. ♂ gegen Ende der Befiederung Iris hellgrau, beim ♀ dunkelbraun.
Mauser und Umfärbung: Nichtbrüter und ad. ♂ wechseln zwischen Juni und Aug. Kleingefieder und dann die Schwingen. Steuerfedern werden in größeren Abständen, gestaffelt zwischen Juni und Okt., erneuert. Prachtkleid wird in der Ruhemauser Sept./Okt. angelegt. Brutenten mausern mehrere Wochen zeitverschoben und been-

den die Ruhemauser z. T. erst im Frühjahr. Immat. ♂ erneuern zwischen Okt. und Feb. das Kleingefieder, Schulter- und Steuerfedern sowie einen Teil der Flügeldecken; beim ♀ verläuft dieser Federwechsel offenbar unvollständig.
Verbreitung: Karte 97, Seite 343.
Status: Moorenten unterliegen offenbar natürlichen Langzeit-Populationsschwankungen. Sie führten nach 1900 zur Westausbreitung und gegenwärtig zur Aufgabe dieser Gebiete (Rote Liste der Brutvögel Deutschlands 1996), zur Ausdünnung an ost- und südeuropäischen Brutplätzen sowie zu deutlichen Rückgängen an den afrikanischen Winterplätzen. Die Brutpopulationen an den Steppenseen Innerasiens, dem Kerngebiet des Vorkommens, wurden für die 70er Jahre mit 140 000 Paaren angesehen und sind ebenfalls stark rückläufig. CITES Anh. III/A, **Vermarktungsbescheinigung** nicht erforderlich.
Lebensweise: Moorenten führen während des ganzen Jahres ein recht unauffälliges Dasein. Sie leben paarweise, einzeln oder in kleinen Gruppen. Zur Brutzeit werden eutrophe Flachteiche mit üppiger Sumpf- und Wasserflora, reich strukturierten, breiten Riedzonen bewohnt, in Europa bevorzugt Karpfenteichanlagen, in Innerasien die sommerheißen Steppenseen. Moore, wie der Name vermuten läßt, sind untypische Lebensräume. Wenn die Paare im April zu den Brutplätzen zurückkehren, ebbt die ohnehin unscheinbare Balz mit der Inbesitznahme des Nestrevieres vollends ab. Die Nester werden im Seichtwasser der Riedzone, gern zwischen umgebrochenem Altschilf, auf Inselchen oder in Möwenkolonien errichtet. Eiablage zwischen Mitte Mai und Mitte Juni, Nachgelege im Juli. Die Erpel halten relativ lange zur Ente und wandern erst mit dem Schlüpfen der Küken zur Schwingenmauser ab. Kükenbetreuung durch das ♀ anfangs im Seichtwasser der Rohrkante, später auf der freien Wasserfläche.
Nahrung: Sie wird durch Tauchen im Flachwasser aufgenommen und besteht aus Teilen der Wasserpflanzen, weniger aus Kleinlebewesen.
Haltung und Zucht: Moorenten sind verträglich, anspruchslos und robust, sie werden auf Zooteichen wie Privatanlagen gehalten. Der Teich sollte nicht zu klein, etwa 50–70 cm tief und natürlich bewachsen sein, Zucht auch auf Betonbecken gut möglich. Bei eisfreiem Wasser können Moorenten im Freien überwintert werden, spezielle Nahrungsansprüche stellen sie nicht. Sehr leicht und von allen *Aythya*-Arten am ergiebigsten züchtbar. Dies sollte im Interesse der Erhaltung der Gehegepopulation genutzt werden, auch wenn gegenwärtig staatliche Repressalien davon abhalten sollen. Nestanlage gern in der Ufervegetation, doch auch in Kästen und Hütten. Eiablage für 1. Gelege in eigener Anlage ab Mitte April, bei KÜHNE, Sachsen (300 über NN), ab Mitte Mai. Erstgelege meist 8, Nachgelege 5–6 Eier, legefreie Intervalle zwischen zwei Gelegen 11 bis 19, im ⌀ 13,7 Tage. Die robusten Küken lassen sich in Boxen leicht, mit der Mutter fast verlustlos aufziehen. Befiederung beginnt mit etwa 3 Wochen an den Flanken, nach weiteren 2 Wochen entfalten sich die Schwingen. Tiere sind mit 6–7 Wochen befiedert, ihre Schwungfedern aber noch nicht ausgewachsen. In dieser Zeit hellt sich die Iris beim juv. Erpel auf. Nach Umfärbung im Spätherbst setzen Balz und Paarung ein.

Madagaskar-Moorente
Aythya innotata (Salvadori, 1894)

Flügel: ♂ 190–210, ♀ 188–195 mm (Delacour 1959)
Gelege: 6–8 graugelbe Eier, 55 × 44 mm (ebenda)
Brutdauer: 26–28 Tage (ebenda)

Ad. Jahreskleid: WELLER (1980) vergleicht farblich den Erpel mit dem der Schwarzkopfmoorente und das ♀ mit dem der Moorente. ♂ Kopf und Hals schwarzbraun mit schwachem Grün- oder Purpurglanz. Brust dunkel rotbraun; Flanken graubraun, vom Bauch her etwas aufgehellt. Flügel mit hellem Längsstreif über den Schwingen. Schnabel überwiegend schwarzblau, Iris weiß. ♀ Kleingefieder matt braun, grau durchtönt; Iris rötlichbraun. **Ruhekleid:** Nach der Sommermauser erscheint das Gesamtgefie-

der der Erpel dunkler und grauer, doch ist unklar, ob ein farblich verändertes Ruhekleid angelegt wird (WELLER 1980). **Dunenkleid:** Offenbar dunkler als das der *nyroca*-Küken. **Jugendkleid:** Ähnlich dem ♀ ad., farblich durch feine Federsäume insgesamt etwas heller und verwaschener. Iris vom ♂ anfangs grau, nach der Umfärbung weiß.
Mauser und Umfärbung sind nicht untersucht.
Verbreitung: nordöstliches Madagaskar
Status: Während die Art noch um 1930 für einige Seen des nördlichen Zentralplateaus als häufig beschrieben wurde, gelangen hier 1960 die letzten Beobachtungen und am 29. Aug. 1991 der überraschende Lebendfang eines Erpels in einem Fischnetz. Ferner 1970 Sichtung eines Paares in der westlichen Küstenniederung Madagaskars (COLLAR & ANDREW 1988). Die Art steht heute kurz vor dem Aussterben. Bis 1993 wurden noch mehrere Moorenten am Alaotra-See nachgewiesen (COLLAR et al. 1994); Gesamtbestand vermutlich weniger als 10 Tiere. **CITES Anh. A, Vermarktungsbescheinigung** erforderlich.
Lebensweise und Ursachen des Aussterbens: DELACOUR bereiste 1929 den Alaotra-See, fand zahlreiche Moorenten vor und nahm von dort einige Tiere mit nach Frankreich. Das Niederungsgebiet fand er in üppiger subtropischer Vegetation vor; Papyrus- und Schilfbestände säumten die Ufer zahlreicher Tümpel und Kanäle, Seerosen bedeckten die Wasserflächen. Heute hat sich die Bevölkerung vervielfacht, treibt Reisanbau, Weidewirtschaft und Fischzucht. Eingeführte Speisefische haben die Wasservegetation vernichtet, Riedflächen werden für Ackerbau und Viehzucht bis zur Wasserkante niedergebrannt und die verbleibenden Tiere von Jägern erschossen sowie von der unterernährten Bevölkerung gefangen, erschlagen und gegessen. Brutbiologische Freilanddaten existieren nicht.
Haltung und Zucht: DELACOUR (1959) brachte 1929 5 Madagaskar-Moorenten mit nach Clères, Frankreich, und erzielte mit ihnen in den folgenden Jahren reiche Nachzuchten. Im Okt. 1935 erreichte eine zweite und letzte Sendung Clères, auch von diesen Tieren wuchsen viele Jungtiere heran, die in Zoos und Liebhaberanlagen Westeuropas eine gewisse Verbreitung fanden (englische Erstzucht 1935), doch die Kriegsjahre nicht überlebten. Eiablagen erfolgten jeweils Mai/Juni. Der im Aug. 1991 gefangene Erpel starb 1994.

Schwarzkopfmoorente
Aythya baeri (Radde, 1863)

Große Moorente mit kräftigem Schnabel
Flügel: ♂ 206–215, ⌀ 212; ♀ 196–209, ⌀ 201 mm (PALMER 1976)
Gewicht: ♂ um 880, ♀ um 680 g (ebenda)
Gelege: 8–10 hell lehmgelbe Eier, 50,8–55 × 36,5–40,7; ⌀ 51,9 × 39,4 mm (28 Eier, eig. Mess.)
Brutdauer: 26–28 Tage
Schlupfgewicht: 26–32, ⌀ 28,6 g (6 Küken, eig. Wäg.)
Geschlechtsreife: gegen Ende des 1. Lebensjahres

Ad. Brutkleid: ♂ am schwarzgrün glänzenden Kopf-Hals-Gefieder und den von der Bauchseite her aufgehellten Flanken kenntlich. Schnabel blaugrau, vor dem schwarzen Nagel etwas heller werdend, Iris strohgelb bis weiß. ♀ mit gleichem Farbmuster wie verwandte Arten, von ihnen an Größe und klobig wirkendem Schnabel zu unterscheiden. Schnabel dunkelgrau, Iris dunkelbraun. **Ad. Ruhekleid:** ♂ und ♀ mit glanzlos schwarzbraunen Kopf-Hals-Partien und stumpfer graubrauner Übertönung des Rumpfgefieders. Flanken und Schnabelfärbung des Erpels ebenfalls eingedunkelt. Iris unverändert. **Dunenkleid:** Ähnlich dem anderer Moorenten-Küken, Vergleichsbeschreibungen fehlen. **Jugendkleid:** Etwa wie ♀ ad. mit glanzlos dunkelbraunem Kopf- und Rumpfgefieder, doch die helle Bauchseite dicht graubraun durchsetzt und Flanken nur im unteren Teil aufgehellt. Zwischen den Geschlechtern nur unbedeutende Farbunterschiede, gegen Ende der Befiederung hellt sich beim ♂ die Iris auf.
Mauser und Umfärbung: Kleingefiedermauser zum Übergang in das Ruhekleid ab Juli, Schwingen- und gestaffelter Steuerfe-

Paar der Schwarzkopfmoorente.

derwechsel im Aug. Erpel legen das Prachtkleid zwischen Okt./Nov. an; wann das ♀ diese Mauser beendet, ist nicht erfaßt. Die juv. wechseln ebenfalls im Spätherbst in das 1. Alterskleid und sind etwa zur Jahreswende durchgefärbt.

Verbreitung: Karte 97, Seite 343.

Status: Schwarzkopfmoorenten verfügen innerhalb ihres ohnehin kleinen Verbreitungsgebietes nur über inselartige Bruthabitate wie den Niederungen des Chanka-Sees. Während sie Spangenberg (1964) für das Iman-Becken und Worobjew (1954) für weite Teile des Ussuri-Gebietes als häufige Brutvögel bezeichnen, wird sie heute in den Rotbüchern Rußlands und der IUCN als stark rückgängige und gefährdete Art geführt. Gesamtbestand etwa 10 000 Tiere (Rose & Scott 1994).

Lebensweise: Rückkehr der Schwarzkopfmoorenten im Brutgebiet setzt Ende März ein und erfährt Ende April ihren Höhepunkt. Auf dem Zuge folgen die Enten gern den Flußläufen und sind dann selbst auf schnellfließenden Flußabschnitten anzutreffen. Die Brutplätze liegen an Gewässern im Bereich weiter, kontinental-sommerwarmer Regionen. Die flach auslaufenden Seen sind dort von weiten Schilf- und Riedgürteln mit eingesprengten kleinen Wasserflächen und Gebüschgruppen umgeben. Gewässer der Waldregionen werden gemieden. Die wenigen Nester fand man in der hohen Sumpfvegetation etwas entfernt vom Wasser. Es waren kompakte Bauten aus Pflanzen der Nestumgebung, ausgelegt mit mittelgrauen Nestdunen. Hauptbrutzeit um Mitte Juni. Ab dieser Zeit wurden kleine Gruppen mausernder Erpel angetroffen. Abwanderungen in die Wintergebiete nach Japan, Korea, China und südlich der Hymalaja-Kette ab Okt.

Nahrung: Von Freilandpopulationen bisher wenig bekannt, vermutlich pflanzlich und ein geringer Anteil Kleinlebewesen.

Haltung und Zucht: Schwarzkopfmoorenten gelangten nur in großen Abständen in Zoos und Zuchtanlagen. Um 1900 wurden sie im Zoo London gehalten, die Erpel balzten, zur Eiablage kam es nicht. Anfang der 60er Jahre erhielten der Wildfowl Trust und Kooy, NL, Wildfangtiere aus Hongkong, 1965 war der Tierpark Berlin im Besitz eines Paares. Bekannte Erstzuchten: 1964 Wildfowl Trust, 1969 USA, 1975 Haring, Dölzig. In jenen Jahren setzte eine allgemeine Verbreitung der Art in Privatanlagen, Vogelparks und Zoos ein. Haltung und Zucht bargen keine grundsätzlichen Probleme, doch blieb die Reproduktionsrate gering und ging bald (vermutlich durch Inzucht) weiter zurück. Ende der 80er Jahre erreichten nochmals einige Schwarzkopfmoorenten Westeuropa und wurden u.a. durch Biehl, Tostedt, gut vermehrt. In seiner Anlage erbrachte ein ♀ 1989 ab 24. Mai 3 Gelege mit insgesamt 26 Eiern aus denen 18 Jungenten aufwuchsen. In eigener Anlage brütete ein ♀ mehrmals auf einer verschilften Wiese, die Küken nahmen folgende Entwicklung: zwischen 17. und 20. Tag Entfaltung der Steuer-, ab 21. Tag der Flankenfedern, ab 25. Tag Befiederung der Unterseite und zwischen 27.–30. Tag der Schultern. Schwarzkopfmoorenten sind wie andere *Aythya*-Arten auf nicht zu kleinen Anlagen zu halten, sie sind winterhart und langlebig, tendieren aber Mitte der 90er Jahre erneut durch Inzuchtdepressionen zu verschwinden. Mit den wenigen verbliebenen Tieren ist sorgfältigst weiterzuzüchten und sind Hybridbildungen dringend zu vermeiden.

Australische Moorente
Aythya australis (Eyton, 1838)

Die früher als **Banks Moorente**, *A. a. extima* Mayer, von den neuen Hebriden beschriebenen Tiere werden als eigene Unterart heute infrage gestellt.
Flügel: ♂ 183–243, ⌀ 215; ♀ 186–234, ⌀ 217 mm
Gewicht: ♂ 525–1100, ⌀ 902; ♀ 530–1060, ⌀ 838 g
Gelege: 9–12 cremeweiße Eier, 49–65 × 37–45; ⌀ 57 × 42 mm
Brutdauer: 25–26 Tage
Geschlechtsreife: gegen Ende des 1. Lebensjahres, ♀ in einem Fall bei Legebeginn knapp 10 Monate alt

Ad. Jahreskleid: Sehr ähnlich unserer Moorente, aber größer und farbunreiner. ♂ dunkelbraun, Brust dunkel rotbraun; Schnabel schwarz, im Nageldrittel hellblau, Iris weiß. ♀ etwas heller als ♂, von unserer Moorente an der Größe zu unterscheiden. Schnabel schwarz mit schmaler heller Quer-

Paar der Australischen Moorenten.

binde im Nageldrittel, Iris grau. **Dunenkleid:** Im Zeichnungstyp etwa wie *nyroca*-Küken mit brauner Oberseite, aber Gesicht, Bauchseite und die Fleckchen auf Flügel und Rücken weißlich bis strohgelb, statt goldgelb. **Jugendkleid:** Ähnlich ♀ ad.; helles Bauchgefieder von braunen Federn durchsetzt. Iris haselbraun, Schnabel durchweg dunkel bleigrau. Kopf-Hals-Bereich beim ♂ rotbraun, beim ♀ dunkelbraun.
Mauser und Umfärbung: Vollmauser australischer Wildvögel nach beendeter Brut gegen Ende des Sommers Feb./März mit starken regionalen und jährlichen Abweichungen. Eine weitere Teilmauser ist nicht beschrieben. Hiesige Gehegevögel mausern in unserem Jahresrhythmus. Bei juv. setzen Iris-Verfärbung gegen Ende der Befiederung, Ausbildung der hellen Schnabelbinde und die Umfärbung in das 1. Alterskleid mit 5–6 Monaten ein.
Verbreitung: Karte 98, Seite 344.
Status: BLAKERS et al. (1984) zeigen auf Rasterbasis die kontinentale Verbreitung dieser Moorente, die derzeit nur im trockenheißen Landesinneren nicht nachgewiesen wurde und nennen Schwarmbildungen von mehreren tausend Tieren als nicht untypisch. Brutvorkommen konzentrieren sich auf SO-Teil des Kontinents. Die Bestände sind akut nicht gefährdet, doch sind lokale Rückgänge durch Habitatverluste und Überjagung bekannt. Die Population auf der Banks-Insel wird mit knapp 2 000 Tieren als relativ stabil vermutet (ROSE & SCOTT 1994), doch fehlen gesicherte Informationen.
Lebensweise: Wie bei vielen australischen Anatiden wird das Leben auch dieser Art weitgehend durch Unstetigkeit und Spontanität bestimmt. Überschwemmungsgebiete werden von umherwandernden Nichtbrütern kurzfristig besiedelt und bei ihrem Austrocknen ebensoschnell geräumt. Vagabundierende Gruppen fliegen bis weit in den Südseeraum und nach Neuseeland, brüten dort gelegentlich, bilden jedoch keine Lokalpopulationen. Brutbiotope sind die tieferen, ganzjährig wasserführenden Seen- und Niederungsgebiete mit weiten, von Büschen durchsetzten Riedzonen. Während der Mauserperiode auch auf Flüssen und Küstenlagunen anzutreffen. Die Brutzeit wird von den Niederschlägen bestimmt, konzentriert sich jedoch auf die südlichen Frühlings- und Sommermonate Sept. bis Dez. Nester stehen im Flachwasserbereich in Knöterich- und Röhrichtbeständen, gern in unmittelbarer Strauchnähe. Es sind kompakte Bauten mit tiefer Nestmulde und oft einer laubenartigen Überdachung. Bindung des Erpels zur Familie ist nicht beschrieben. Das Heranwachsen der Küken dürfte dem anderer Tauchenten gleichzusetzen sein.
Nahrung: Sie wird durch Tauchen, Gründeln und Seihen aufgenommen und besteht zu 75 % aus pflanzlicher und 25 % aus tierischer Kost.
Haltung und Zucht: Australische Moorenten gelangten erst spät in Zuchtanlagen außerhalb des Kontinents; 3 Paare, die der Wildfowl Trust 1958 erhielt, waren offenbar die ersten in Europa. Mit diesen Tieren gelang bereits 1959 die Erstzucht, es wuchsen 6 und im Folgejahr 24 Küken heran. Legebeginn zwischen 20. März und 25. Mai, in vielen Jahren ab 2. Aprilhälfte. U. a. ausgehend von diesem Nachzuchtpotential fand die Australische Moorente in den 60er Jahren eine rasche Verbreitung in großen zoologischen Gärten, weniger bei Züchtern; u. a. 1964 Erstzucht in den USA, 1965 (oder 1966) im Tierpark Berlin. In den 80er Jahren blieb diese wenig attraktive Art relativ unbeachtet und verschwand vielerorts wieder. Der Wildfowl Trust besaß 1989 noch 34 Altvögel und zog damit 14 juv. heran, darüber hinaus lebte Mitte der 90er Jahre außerhalb Englands nur noch eine begrenzte Anzahl Erpel. Im Spätherbst 1997 erwarb BROKEMPER, Rheda-Wiedenbrück (mündl.), 2 Paare einer Spätbrut aus England und brachte eines der ♀ im Mai 1998 zur Ablage von 7 Eiern, aus denen problemlos 5 Jungtiere heranwuchsen. Australische Moorenten sind trotz ihrer subtropischen Herkunft wenig kälteempfindlich und können wie unsere Moorenten gehalten und überwintert werden.

Paar der Reiherente.

Reiherente
Aythya fuligula (Linné, 1758)

Flügel: ♂ 198–215, ⌀ 206; ♀ 193–205, ⌀ 199 mm
Gewicht: 475–1028, ⌀ 742; ♀ 335–995, ⌀ 680 g
Gelege: 6–12 grünliche Eier, 53–66 × 38–46; ⌀ 59 × 41 mm
Brutdauer: 23–25 Tage
Schlupfgewicht: 31,5–42, ⌀ 37,3 g (Smart 1965, eig. Wäg.)
Geschlechtsreife: knapp einjährig

Ad. Brutkleid: ♂ ohne Farbvariabilität, ♀ in schwarzgrauer Grundfärbung, einzelne mit grauweiß aufgehellter Schnabelbasis (stets schmaler als bei Bergenten-♀). Bauch unterschiedlich stark von weißen und hellbraunen Federn durchsetzt. Iris ♂ und ♀ gelb, Schnabel ♂ hellblau mit schwarzem Nagel, ♀ dunkelgrau. **Ruhekleid:** ♂ Körper stumpf schwarzgrau, Flanken hell grau- braun, Schopf verkürzt; Iris unverändert gelb, Schnabel dunkelgrau. ♀ gegenüber Brutkleid wenig verändert, Federn der Schnabelbasis können breiter und stärker ausgehellt sein, Flanken matt braun. **Dunenkleid:** Oberseite schwarzbraun und ohne helle Fleckung, Zügel und Wangen beige, Brust und Körperseiten bräunlich grau, Bauch hell lehmfarben bis strohgelb. Schnabel und Iris dunkel. **Jugendkleid:** Außer der aufgehellten Bauchseite dunkelbraun, ♂ tendieren mehr zum Schwarzbraun, ♀ insgesamt bräunlicher. Gegen Ende der Befiederung Iris und Schnabel beim ♂ heller und leuchtender als beim gleich alten ♀.

Mauser und Umfärbung: ♂ beginnen im Juni mit der Kleingefiedermauser, wandern im Juli zu großen Mausergewässern ab und werfen dort Anfang Aug. Schwingen und gestaffelt die Steuerfedern ab. In der sich anschließenden Ruhemauser wird bis Dez. das Prachtkleid angelegt. ♀ mausern auf den

Brutgewässern ins Ruhe- und um die Jahreswende ins Brutkleid. Bei den juv. ♂ verfärbt sich der olivbraune Kükenschnabel ab 20. Tag dunkel graublau und während der Jugendmauser hell schiefergrau. Die anfänglich braune Iris wird mit 4 Wochen beim ♂ gelb, beim ♀ bräunlichgelb, später goldgelb. Mit ca. 9 Wochen wird die Flugfähigkeit erreicht, im Sept./Okt. setzt die Jugendmauser ein, in deren Verlauf bis Dez. Rumpf- und Schwanzgefieder erneuert und das 1. Alterskleid angelegt werden.
Verbreitung: Karte 99, Seite 344.
Status: Reiherenten verfügen über riesige, heute ansteigende Bestände, die allein für die Westpaläarktis auf ca. 1,35 Mill. geschätzt werden. Relativ kurzzeitig werden neu entstandene Baggerseen und Speicherbecken als Brutplätze besiedelt.
Lebensweise: Zur Brutzeit bewohnen Reiherenten Binnenseen mittlerer Tiefe mit reich strukturierten Uferlinien und ausgedehnten Röhrichtzonen, ferner Fisch- und Klärteiche, Altwasser der Flüsse, Boddengewässer entlang der Ostsee und in neuer Zeit relativ kleine Stauteiche und Kiesgruben. Trotz früher Ankunft im Brutrevier Eiablage selten vor Anfang Mai, oft als letzte der ansässigen Entenarten. Nester werden im Ried der Flachwasserzone, auf Inselchen oder auf Feuchtwiesen, nicht selten in lockeren Kolonien errichtet oder von mehreren ♀ genutzt. Mit Brutbeginn verlassen die Erpel das Nestterritorium, die Ente betreut die Küken anfangs am äußeren Schilfsaum, später über den Schwimmpflanzengesellschaften auf der freien Wasserfläche. Die Bindung der Küken zur Mutter ist auch bei dieser *Aythya*-Art recht locker, das Gros wird gegen Ende der Befiederung nicht mehr betreut.
Nahrung: Vorzugsweise tierisch (Mies-, Herz- oder Wandermuscheln) sowie Teile der Wasserpflanzen, die am Grund erfaßt und an der Oberfläche verzehrt werden.
Haltung und Zucht: Reiherenten sind durch ihre attraktive Färbung, ihre hohe Bewegungsaktivität und ihre Anspruchslosigkeit eine Zierde zahlreicher gemischter Entenkollektionen. Auf den Parkteichen Versailles und Londons wurden sie bereits im 17. Jh. gepflegt. Ihre Zucht wird im Zoo London erstmals 1848 erwähnt, der Zoo Berlin vermehrte sie ergiebig um 1910. Reiherenten sollten auf etwas größeren, über 50 cm tiefen Teichen gehalten werden. Neben gelegentlichen unerwünschten Hybriden erweist sich die Art als problemlos. Reiherenten sind ganzjährig friedfertig und können mit Weizen oder einfachem Pelletfutter ernährt werden. Nestanlage gern in der Ufervegetation oder im angrenzenden Grünland. Die Ente brütet relativ fest und ist somit stark raubwildgefährdet. Wird das Gelege entfernt, sind Nachgelege die Regel. Kükenaufzucht vorzugsweise in Boxen, auf den Teichen führen die geringe Bindung zwischen Muttertier und Küken zu hohen Verlusten. Die Befiederung der Küken beginnt mit 20 Tagen an Flanken, Schwanz und Schultern und wird um den 60. Tag mit der vollen Ausbildung der Schwingen und Mittelrückenfedern beendet.

Neuseeland-Tauchente
Aythya novaeseelandiae (Gmelin, 1789)

Flügel: ♂ 179–196, ⌀ 187,7; ♀ 178–189, ⌀ 185,2 mm
Gewicht: ♂ 630–760, ⌀ 695, ♀ 545–690, ⌀ 610 g
Gelege: 4–8 große, dunkel cremefarbene Eier, 57–71,3 × 38–45,5; ⌀ 64,4 × 42,2 mm (u. a. eig. Mess.)
Brutdauer: 28–30 Tage
Schlupfgewicht: 39–43, ⌀ 41,6 g (7 Küken, eig. Wäg.)
Geschlechtsreife: offenbar gegen Ende des 2. Lebensjahres (ROBERTSON 1985)

Ad. Jahreskleid: ♂ ohne Färbungsvarianten; Schnabel hellblau mit schwarzem Nagel, Iris gelb. ♀ durchweg schwarzbraun, Zügel oder gesamtes Schnabelbasis-Gefieder schmal hellbraun bis rahmweiß, Bauch leicht aufgehellt. Schnabel und Füße dunkelgrau, Iris olivbraun. Helles Band auf Schwingen bei ♂ und ♀ gleich. **Dunenkleid:** Oberseite sepiabraun mit kleinen hellen Fleckchen im Axillarbereich und an Bürzelseiten. Gesicht und Hals aufgehellt bräunlichgrau; Unterseite von der weißen Bauchmitte zu den Flanken hin graubraun. Schna-

bel, Iris, Füße dunkelgrau, Schwimmhäute schwarz. **Jugendkleid:** Deckgefieder durchweg dunkelbraun, beim Erpel besonders Kopf schwärzlicher und Iris heller als beim gleich alten ♀.
Mauser und Umfärbung: Bei ad. in etwa gleicher Abfolge wie bei anderen *Aythya*-Arten. Mauserzeiten für Wildvögel weitgehend unbekannt (ROBERTSON 1985, MARCHANT & HIGGINS 1990). Vollmauser der Gehegevögel zwischen Juli und Sept., danach kann die Gefiederaufhellung der Schnabelbasis beim ♀ weitgehend fehlen. Erneuter Wechsel des Kleingefieders verläuft unmerklich während der Wintermonate; genauere Untersuchungen fehlen. Juv. ersetzen das Jugendkleid zwischen Okt./Nov. und Dez./Jan. Die Iris hellt während der Befiederung auf, ist bei 3 Wochen alten Erpeln hellgrau und gegen Ende der Jugendmauser gelb, zeitgleich erhalten Schnabel und Füße die Altersfärbung.
Verbreitung: Karte 101, Seite 344.
Status: Die Neuseeland-Tauchente war etwa bis zur Jahrhundertwende allgemein verbreitet und in geeigneten Biotopen recht häufig. Infolge starker Bejagung nahm ihr Bestand ab, 1934 wurde sie von der Liste jagdbarer Vögel gestrichen. Heute ist die Art vielerorts wieder allgemein verbreitet. Auf den Stauseen der Weidegebiete erhielt sie neue Lebensräume, was zur Bestandsanhebung beitrug. Dennoch halten Habitatverluste und andere anthropogene Einwirkungen den Gesamtbestand bedrohlich klein, der heute auf unter 10 000 geschätzt wird. Gezüchtete, ausgewilderte Tiere führten u. a. im SO-Teil der Nordinsel seit 1970 zu sich selbst repoduzierenden Kleinpopulationen (REID & RODERICK 1973).
Lebensweise: Neuseeland-Tauchenten bewohnen klare, offene, tiefe (oligotrophe) Seen und Stauanlagen in den Berg- und Weideregionen bis in über 1 000 m Höhe und bevorzugen jene mit reichem Vorkommen an Kleinlebewesen. Nichtbrüter vereinen sich unabhängig von den Jahreszeiten auf größeren Seen und bilden eng zusammenhaltende Schwärme. Relativ spät in der Jahreszeit, nach ROBERTSON (1985) erst zwischen Okt. und Nov., beginnt die Brutsaison. Die

Erpel der Neuseeland-Tauchente.

Nester werden ähnlich wie von der Reiherente im Ried oder auf Naßwiesen nahe dem Wasser, mancherorts auch in lockeren Kolonien, errichtet. Legeintervalle für die relativ großen Eier 1,5 Tage. Die Erpel verweilen während der gesamten Brutdauer im Nestrevier und beteiligen sich später an der Kükenführung, zu Aggressivitäten gegenüber Nachbarpaaren kommt es offenbar nicht. Neuseeland-Tauchenten leben in Saisonehen.
Nahrung: Wohl wie die anderer Tauchenten-Arten mit deutlicher Bevorzugung von Mollusken.
Haltung und Zucht: Neuseeland-Tauchenten gelangten 1956 und 1957 in den Wildfowl Trust nach Slimbridge, dort wurden sie 1958 erstmalig und in den Folgejahren sehr ergiebig gezüchtet. Der sich zeitlich danach aufbauende europäische Gehegebestand dürfte weitgehend (vielleicht auch ausschließlich) aus diesen Nachzuchten hervorgegangen sein. Weitere Erstzuchten: USA 1962, Tierpark Berlin 1966, in eigener Anlage ab 1978. Nach 1980 deuteten zurück-

gehende Reproduktionsraten erste Inzuchtdepressionen an. Mitte der 90er Jahre existiert die Art nur noch vereinzelt in Westeuropa, Nachzuchten derzeit u.a. im Tierpark Berlin. Neuseeländische Naturschützer nutzten die leichte Züchtbarkeit – von einem ♀ erzielte man durch Nachgelege 26 Eier in einer Saison – zur Jungtierauswilderung und zur Wiederbesiedlung ehemaliger Lebensräume. In Haltung und Zucht unterscheiden sich Neuseeland-Tauchenten nicht von unseren Reiherenten, sie sind verträglich, anspruchslos und winterhart. In eigener Anlage erfolgten Eiablagen ab Mitte bis Ende Mai in Nistkästen, zwischen Wiesenstauden, in der Ufervegetation und unter Wacholder. Nester bestanden aus einer dikken Unterlage von Pflanzenmaterial, wiesen aber kaum Nestdunen auf. Eiablage in zweitägigem Abstand. Die Gelege bestanden jeweils nur aus 4 oder 5 Eiern.

Bergente
Aythya marila (Linné, 1761)

Zwei Unterarten: Die **Eurasische Bergente**, *A. m. marila* (Linné), mit grünlichem Kopfglanz wird östlich der Lena und in der Nearktis durch die **Amerikanische Bergente,** *A. m. mariloides* (Vigorgs), mit kräftigerer Rückenzeichnung und purpurglänzendem Kopf vertreten. Die kleinere **Veilchenente** entspricht ökologisch mehr der Reiherente; der alte Name „Kleine Bergente" ist unzutreffend.

Flügel: ♂ 219–237, ⌀ 227; ♀ 211–225, ⌀ 217 mm
Gewicht: ♂ 744–1372, ⌀ 1105; ♀ 690–1312, ⌀ 1048 g
Gelege: 6–8 graugrüne Eier, 54,5–68,1 × 40,7–48; ⌀ 62,3 × 43,4 mm
Brutdauer: 25–27 Tage
Schlupfgewicht: 42,5–45, ⌀ 43,9 g (Smart 1965)

Erpel der Bergente.

Geschlechtsreife: gegen Ende des 2. Lebensjahres

Ad. Brutkleid: ♂ geringe Variabilität in der Gesamtfärbung. ♀ ähnlich dem der Reiher- und Veilchenente, doch etwas größer, mit breiterem weißem Schnabelbasis-Ring und stärker weiß bekritzeltem Mantelgefieder.
Ad. Ruhekleid: ♂ Zeichnungsmuster des Prachtkleides noch gut kenntlich; Kopf schwarzbraun, angedeutet grünglänzend und Gefieder der Schnabelbasis aufgehellt, Rumpf dunkel überkritzelt. Schnabel etwas dunkler, Iris unverändert. ♀ Gesamtgefieder stärker hellbraun gesäumt und weniger gekritzelt als im Brutkleid, dazu ein großer rahmweißer Fleck in der Ohrgegend. **Dunenkleid:** Oberkopf bis in Augenhöhe und Rücken rötlich olivbraun, Gesicht bräunlichgelb; Brust und Bauchseiten blaß gelbbraun (insgesamt heller als Küken der Reiherente).
Jugendkleid: Im wesentlichen braun, viele Federpartien mit gelblichen Säumen. Braune Flanken gegenüber Brustfärbung nicht abgesetzt (bei ad. Brust dunkler); Schnabelbasis von Zügel und Kopfseiten her, weniger als Ring, aufgehellt. Beim juv. ♂ Mantelgefieder des Vorderrückens deutlich silberweiß meliert, Flanken von hell gekritzelten Federn durchsetzt, Iris gelb. ♀ Mantelgefieder braun und ohne hell gekritzelte Flankenfedern, weniger Weiß im Gesicht als juv. ♂; Iris gelbgrün.
Mauser und Umfärbung: Beginn der Kleingefiedermauser bei ♂ und Nichtbrütern Mitte Juli; bei Brut-♀ im Sept., etwa gleichzeitig mit dem Schwingenabwurf. Erneuter Kleingefiederwechsel ins Prachtkleid bis Nov./Dez. Brutmauser der ♀ vermutlich erst vor der Legeperiode Apr./Mai. Die juv. beginnen im Sept./Okt. mit der Jugendmauser, in deren Verlauf zwischen Okt. und Dez. das erste Alterskleid durchgefärbt wird.
Verbreitung: Karte 100, Seite 344.
Status: Bergenten verfügen in Eurasien und Nordamerika über riesige, stabile Populationen. Nach DEL HOYO et al. (1992) ergaben Winterzählungen 200 000 für die West-, 260 000 für die Ostpaläarktis und 750 000 für Nordamerika.
Lebensweise: Bergenten bewohnen während der Brutzeit weiträumige Binnensee-Gebiete, Moore und Flußniederungen der Tundren, in hohen Brutdichten die Schären Skandinaviens und die Küstentundren entlang des Eismeeres. Eiablage ab Mitte Mai, vielerorts erst im Juni. Die Nester befinden sich im Ried, unter Zwergsträuchern, auf Inselchen, bevorzugt in Möwen- und Seeschwalben-Kolonien. Die Nester sind kompakte Bauten aus Gräsern, ausgekleidet mit dunkelgrauen Nestdunen. Die Erpel bleiben lange beim brütenden ♀, gelegentlich wurden sie auch bei den Küken beobachtet. Die Familien halten sich auf der riednahen freien Wasserfläche auf, Jungtiere sind mit etwa 50 Tagen flugfähig. Danach beginnen Abwanderungen zum Meer, wo sich die Bergenten in dichten Scharen bis zum Frühjahr aufhalten.
Nahrung: Überwiegend tierisch: im Sommer Süßwassermollusken und Wasserinsekten, wenige Wasserpflanzenteile, im Winter bevorzugt Miesmuscheln. Tauchtiefen für Nahrungsaufnahme 2 bis 5 m.
Haltung und Zucht: Von den zahlreich überwinternden und in Fischnetzen gefangenen Bergenten gelangten in früheren Jahrzehnten regelmäßig Tiere in den Handel. Diese „Wildfänge" gewöhnten sich problemlos ein, waren jedoch nur selten fortpflanzungsbereit. Selbst Paarungen blieben aus, so daß die Art als wenig attraktiv fast ausschließlich auf großen Zooteichen anzutreffen war. Bekanntes Höchstalter über 15 Jahre (Zoo Basel). Das Interesse privater Tierhalter entstand erst in den 70er Jahren an den nachgezüchteten Bergenten. Die heutige Gehegepopulation besteht fast ausschließlich aus gezüchteten und damit zahmeren, aktiveren und brutbereiten Tieren. Dennoch sollte ihre Unterbringung nur auf geräumigen Teichen erfolgen. Die Art ist absolut friedfertig (von Nestrevier-Verteidigungen abgesehen), tendiert wenig zur Hybridbildung und kann mit herkömmlichem Pelletfutter und Weizen ernährt werden, lediglich zur Brutzeit empfiehlt sich eine Proteinanreicherung mit Garnelen, Forellen- oder Meeresenten-Preßkorn. Als Jungtiere zusammengestellte Paare werden in der Regel erst ab 3. oder 4. Lebensjahr brutaktiv.

Eiablage bevorzugt in der Ufervegetation. Gern wird das Nest auf Seggenbülten, in Stauden oder unter Gebüsch, seltener in Hütten errichtet. Legebeginn ab Anfang Juni, Nachgelege sind zu erwarten. Typisch für Gehegevögel sind relativ kleine Gelege von 3 bis 5 Eiern. Von den in eigener Anlage brütenden ♀ wurden keine oder nur wenige Nestdunen verwendet. Die robusten Küken lassen sich unter einer Wärmelampe verlustlos aufziehen. Führende ♀ dagegen haben Probleme, ihre Küken zusammenzuhalten, so daß Verluste nicht ausbleiben.

Veilchenente
Aythya affinis (Eyton, 1838)

Deutlich kleiner und zierlicher als Bergente, Oberschnabellinie konkav und als Rundung in die hohe Stirn des rundlichen Kopfes übergehend. Bergente wirkt massiger, ihr Schnabel ist kräftiger (geradliniger), die Stirn flacher.
Flügel: ♂ 194–208, ⌀ 202,4; ♀ 191–202, ⌀ 195,6 mm (Palmer 1976)

Erpel der Veilchenente.

Gelege: 7–9, auch bis 12 olivbraune Eier, 50–63,3 × 35,5–42,5; ⌀ 57,1 × 39,7 mm
Brutdauer: 25–27 Tage
Schlupfgewicht: 22–27, ⌀ 25,7 g (5 Küken, eig. Wäg.)
Geschlechtsreife: knapp einjährig

Ad. Brutkleid: ♂ Kopf mit angedeuteter Holle veilchenblau, bei Bergenten grün glänzend. Rücken und Flanken auf silberweißem Grund grob dunkel überzeichnet. Schnabel hell blaugrau, Iris gelb. ♀ dunkler braun und Mantelgefieder weniger von hellen Federn durchsetzt als beim Bergenten-♀. Im Unterschied zur Reiherente stets mit breitem weißem Ring um Schnabelwurzel. **Ad. Ruhekleid:** ♂ Kopf glanzlos dunkelbraun, an Schnabelbasis etwas aufgehellt; Rumpfgefieder dunkelgrau, angedeutet hell meliert und gekrizelt. Schnabel dunkelgrau, Iris bleibt gelb. ♀ nur unwesentlich verändert. **Dunenkleid:** Kopfplatte und Rückenseite schwarzgrau, oliv übertönt; Kopfseiten und Kehle dunkel gelboliv, Zügelgegend grau schattiert; Unterseite grauweiß, grünlich und rahmfarben übertönt. Als Rückenzeichnung nur am hinteren Flügelansatz ein kleiner gelber Fleck. Schnabel und Iris dunkelgrau, Füße bleigrau, Zehgelenke schwarzgrau. **Jugendkleid:** ♂ und ♀ im wesentlichen dunkelbraun mit rahmfarbenem Zügelfleck. ♂ Vorderrücken und Flügeldecken etwas meliert, Zügelfleck relativ hell, Iris gelb. ♀ Federn weitgehend unmeliert, Zügelfleck nur angedeutet; Iris gelbgrün.
Mauser und Umfärbung: Mauserverlauf der ad. weitgehend mit dem anderer *Aythya*-Arten identisch, bei ♀ vermutlich auch Brutmauser im Apr. vor Legebeginn (vergl. Bergente). Bei den juv. setzt die Jugendmauser im Alter von 10–12 Wochen im Sept. ein, helle Zügelfedern werden schwarzbraun ersetzt, Schultern und Flanken zeigen erste dunkelgraue Melierungen, der Schnabel wird hell graublau, die Iris gelblich. Im Spätherbst bindet sich erneut ein Kleingefiederwechsel (Ruhemauser) ein, bei dem bis Dez. oder erst im Feb. das 1. Alterskleid angelegt wird.
Verbreitung: Karte 102, Seite 344.
Status: Veilchenenten gehören mit zu den

häufigsten Entenarten Nordamerikas. Gemeinsam mit Bergenten, von denen sie in den winterlichen Massenschwärmen entlang der Küsten nur schwer zu unterscheiden sind, werden weit über 4 Mill. Individuen geschätzt, das Gros davon bilden die Veilchenenten.

Lebensweise: Die Brutplätze der Veilchenente befinden sich an den großen Binnenseen und in den wasserreichen Niederungen der borealen Nadelwaldzone im kontinentalen Nordamerika, speziell in den nördlichen Präriegebieten. Auf dem Zuge folgen sie den großen Flußsystemen, Überwinterung dann in deren Mündungsgebieten, in Meeresbuchten und auf küstennahen Seen. Die Paarung beginnt ab Dez. mit einer einfachen Balz der Erpel innerhalb der riesigen Winterschwärme. Mit dem Rückgang der Eisdecke wandern die Enten anfangs in umfangreichen Gesellschaften nordwärts, in kleineren Gruppen erreichen sie die südlichsten Brutplätze im April, die kanadischen in der 2. Maihälfte. Entsprechend gestaffelt beginnen Nestbau und Eiablage, letztere zwischen Mitte Mai und Mitte Juni. Nistplatzwahl durch ♀ im Ried oder auf Feuchtwiesen, doch bevorzugt auf Inselchen und trockenem Grund. Küken werden vom der Ente betreut und sind mit 45–50 Tagen flugfähig. Während der Brut löst sich die Saisonehe, die Erpel wandern zu Mauserplätzen ab.

Nahrung: Die Anteile tierischer und pflanzlicher Kost variieren lokal und jahreszeitlich sehr stark, bevorzugt werden Mollusken und andere Kleinlebewesen vor unterschiedlichen Wasserpflanzen. Tauchtiefen zum Nahrungserwerb etwa bis 3 m.

Haltung und Zucht: Wie die Mehrzahl nordamerikanischer Arten gelangte auch die Veilchenente relativ spät nach Europa; DELACOUR (1959) nennt sie 1923 erstmals für England, wo sie im Folgejahr bereits gezüchtet werden konnte. Seit Anfang der 50er Jahre wird die Art im englischen Wildfowl Trust gehalten und ergiebig reproduziert; USA-Erstzucht 1955 (STURGEON 1988). Allgemeine Verbreitung in Westeuropa seit den 70er Jahren mit deutlichem Rückgang um 1990 zugunsten anderer nordischer Arten. Veilchenenten sind in ihrer Haltung an-

Weibliche Veilchenenten sind am rundlichen Kopf von der ähnlichen Bergente zu unterscheiden.

spruchslos, langlebig und eignen sich insgesamt besser für die Haltung in Zuchtanlagen als Bergenten. Da die gesamte Gehegepopulation aus Nachzuchttieren gebildet ist, erweisen sich die Paare als ruhig und vertraut, aber keineswegs unaktiv. Zuchtchancen und Reproduktionsraten liegen höher als bei den Bergenten. Zu beachten ist jedoch das hohe Bastardrisiko. Hybriden zwischen *Aythya*-Arten sind schwer erkennbar und zudem fruchtbar. Die Erpel der F_1-Generation von Reiher- × Tafelente können ausgefärbt denen der Veilchenente weitgehend gleichen; der Züchter trägt hier eine hohe Verantwortung, wenn er mehrere Paare der *Aythya*-Gruppe auf einem Teich hält. Balz und Paarungsverhalten verlaufen bei den Veilchenenten unauffällig, Nester werden in der Ufervegetation, bevorzugt auf Inseln, seltener in Hütten oder Kästen errichtet. Eiablage Anfang Juni, Nachgelege bis Juli. Kükenaufzucht vorzugsweise in Boxen unter technischer Wärmequelle.

Eiderenten

Eiderente, Somateria mollissima
(Linné, 1758)
Pazifische Eiderente, Somateria v-nigrum Gray, 1856

Die **fünf Unterarten** der Eiderente unterscheiden sich hautsächlich in Schnabelform und -farbe sowie in den Farbtönungen der ♀.
Eiderente, S. m. mollissima (Linné)
Faröer-Eiderente, S. m. faeroeensis
C. L. Brehm
Nördliche Eiderente, S. m. borealis
(C. L. Brehm)
Amerikanische Eiderente, S. m. dresseri
Sharpe
Hudson-Bay-Eiderente, S. m. sedentaria
Snyder
Größer und farblich stärker abweichend davon die Pazifische Eiderente, die heute als eigenständige Art geführt wird. In europäischen Zuchtanlagen werden neben der Nominatform vereinzelt Amerikanische und Pazifische Eiderenten gehalten.

Flügel: *mollissima* ♂ 289–315, ⌀ 304;
♀ 286–312, ⌀ 301 mm
borealis/dresseri ♂ 278–293, ⌀ 286;
♀ 265–286, ⌀ 276 mm
v-nigrum ♂ 290–315, ⌀ 303; ♀ 270–295,
⌀ 288 mm
Gewicht: *mollissima* ♂ 1384–2800, ⌀ 2218;
♀ 1192–2895, ⌀ 1915 g
v-nigrum ♂ 1987–2740; ♀ 1629–2726 g
Gelege: *mollissima* 4–7, Nachgelege 1–3
dunkel graugrüne Eier, 69,5–95 × 47,5–57,7;
⌀ 78,8 × 51,8 mm
Brutdauer: 24–26 Tage
Schlupfgewicht: *mollissima* 60–74,
⌀ 66,4 g (24 Küken, eig. Wäg.)
v-nigrum 62,3–77,2, ⌀ 71,7 g (4 Küken,
BREMEHR)
Geschlechtsreife: ab 3. Lebensjahr

Ad. Brutkleid: Eiderente: ♂ ab 3. Jahr voll ausgefärbt, dann Kopfplatte schwarz; Rückenpartien, verlängerte Ellenbogenfedern und runder Bürzelseitenfleck rein weiß. ♀ variieren im Farbtyp altersunabhängig zwischen rotbraun und graubraun. Schnabel graugrün, Haut zur Stirn spitz auslaufend, Füße graugrün. **Nördliche Eiderente:** Schnabel im Basisteil gelborange, Füße graugrün. **Amerikanische Eiderente:** graugrüner Schnabel leicht aufgewölbt und Haut zur Stirn rund auslaufend, Rückenfedern leicht aufgerichtet. **Pazifische Eiderente:** besonders groß; Schnabel orangerot, Kinn und Kehle mit schwarzer V-Zeichnung, Füße orangerot. **Ad. Ruhekleid:**

Erpel der Eiderente.

♂ überwiegend schwarz und schwarzbraun, ein Teil der Schulter- und Ellenbogenfedern bleibt weiß, runder Bürzelseitenfleck graubraun. ♀ nur unwesentlich verändert. Andere Unterarten an Schnabelform und -farbe kenntlich. **Dunenkleid:** Oberseite dunkel sepiabraun, grünlich übertönt; Gesicht vom Schnabel her blaß bräunlich, Augenstreif schwarzbraun; Unterseite leicht aufgehellt. Schnabel-Stirn-Partie bereits geradlinig wie bei ad. **Jugendkleid:** Insgesamt mehr grau und weniger braun als ad. ♀; sichere Trennung an speziellen Federstrukturen möglich. ♂ mit angedeutet sichelförmig gebogenen Ellenbogenfedern und rahmweiß gesäumten großen Decken. Schnabel und Füße wie ad. **1. Prachtkleid:** ♂ weitgehend ♀-farben, doch Stirn und Scheitelfedern tabakbraun, Brust und Schultern von weißen, Schwanzteil von schwarzen Federn durchsetzt. Das **1. Ruhekleid** führt zu einer weitgehenden Schwarzfärbung. **2. Prachtkleid:** Etwa wie ♂ ad., aber Ellenbogenfedern nur wenig sichelförmig verlängert und teilweise noch schwarzbraun; ein Teil der Flügeldecken und Bürzelseitenfleck von graubraunen Federn durchsetzt. Das **2. Ruhekleid** entspricht dem Altersruhekleid. **3. Prachtkleid:** Wie ♂ ad., Spitzen der Ellenbogenfedern und der Seitenfleck noch nicht rein weiß. Die Umfärbung entspricht dem jährlichen Mauserumfang und kann unter Haltebedingungen beschleunigt oder verzögert ablaufen.

Mauser und Umfärbung: Kleingefiedermauser der ad. setzt in eigener Anlage um den 20. Mai, in Nordeuropa im Juni und im hohen Norden kurz vor dem Schwingenabwurf im Juli ein. Mit dem Erlangen der Flugfähigkeit Aug./Sept. beginnen die Erpel die Umfärbung in das Prachtkleid, das etwa ab Okt. getragen wird. Bei den ♀ setzt der Gefiederwechsel erst während der Zeit der Jungenführung ein, verläuft relativ schnell und ist im Nov. abgeschlossen. Die juv. beginnen ab Sept. mit der Jugendmauser, die direkt in die 1. Ruhemauser übergeht. Ihr Umfang ist variabel, es werden Teile des Körpergefieders und alle oder nur die inneren Steuerfedern gewechselt.

Verbreitung: Karte 103, Seite 345.

Erpel der Amerikanischen Eiderente.

Status: Von lokalen oder durch Ölkatastrophen verringerten Populationen abgesehen, verfügt die Eiderente weltweit über riesige und stabile Bestände und könnte die häufigste nordische Entenvogelart überhaupt sein; 1975 brütete die Art erstmals auf Inseln vor der Schwarzmeerküste der Ukraine weit südlich der eigentlichen Verbreitung. Eiderenten unterliegen regional einer Bewirtschaftung für die Daunengewinnung, daraus ergeben sich zusätzlich Schutz- und Hegemaßnahmen. In zahlreichen Ländern bestehen Jagdverbote.

Lebensweise: Eiderenten leben ganzjährig entlang der Meeresküsten und brüten bevorzugt auf vorgelagerten Fels- oder Sandinseln. Auf den deutschen Inseln nistet das Gros in den Strandhaferbeständen der Dünen, in Kanada und auf Island existieren riesige Brutkolonien auf kurzgrasigen Inseln oder Halbinseln in Küstennähe, entlang des Eismeeres brüten sie zwischen Treibgut oberhalb der Flutlinie. Im zeitigen Frühjahr rasten die Eiderenten in großen Scharen vor der Küste des künftigen Brutplatzes, die Er-

Paar der Pazifischen Eiderente.

pel befinden sich in Hochbalz. Ab Ende April werden auf den Inseln die Brutplätze aufgesucht; die Paare laufen zu Fuß, Territorialstreit gibt es bestenfalls um eine bereits vorhandene alte Nestmulde. Die Nester stehen z. T. in geringem Abstand und viele deckungsfrei. Das ♀ scharrt zunächst eine tiefe Mulde, legt diese mit etwas Nistmaterial aus und beginnt Mitte Mai mit der Eiablage, vor dem Brutbeginn erfolgt dann die dicke Dunenauspolsterung. Die ♀ brüten sehr fest und nehmen in den Brutpausen kaum Nahrung auf. Die Erpel verweilen anfangs in Nestnähe, später in Mauserschwärmen vor der Küste. Sind die Küken geschlüpft, werden sie von der Mutter ins Seichtwasser der Küste geführt, wo sich schnell viele Familien vereinen und die Küken kindergartenartig von Müttern und Tanten betreut werden. Bis zum Sept. sind die Jungenten erwachsen und die ♀ frisch vermausert, dann Schwarmbildung mit Aufenthalt im Schelfmeer.
Nahrung: Marine Mollusken, bevorzugt Miesmuscheln, ferner Krabben, Krebse, Pflanzenteile; Anteil tierischer Nahrung über 95%.
Haltung und Zucht: Eiderenten stellen auf den Teichen von Zoos und in größeren Zuchtanlagen imposante Erscheinungen dar, kommen jedoch erst in einer Kleingruppe von 2–4 Paaren voll zur Geltung. Dann balzen und rufen die Erpel und bemühen sich zwischen Oktober und Mai bei hoher Bewegungsaktivität und ohne jede Aggressivität um die ♀. Während in früheren Jahrzehnten wegen der wenig geeigneten Futtermittel die Lebenserwartung eingefangener Altvögel oft nur 1–2 Jahre betrug, sind heute 10–12 Jahre Normalität. Die Wassertiefe sollte um 1 m betragen. Gefüttert werden grobe, eiweißreiche Meeresenten-, Hunde- oder Katzen-Pellets, heute bevorzugt schwimmfähig; ergänzend nehmen Eiderenten gern Garnelen oder Fischstücke. Die Zucht der Eiderente gelang bereits 1841 im Zoo London, der Zoo Berlin hielt die Art erstmals um 1888. Neben der Nominatform werden in Westeuropa vereinzelt die Amerikanische und die

Pazifische Eiderente gehalten und gezüchtet. USA-Erstzuchten: 1953 die Amerikanische, 1963 die Nördliche, 1970 die Europäische und 1981 die Pazifische Eiderente (STURGEON 1988). In jüngster Zeit zogen englische Züchter Faroer- und amerikanische Hudson-Bay-Eiderenten aus Wildvogeleiern auf, über Nachzuchten wurde bislang nicht berichtet. Ursprünglich gelangten in Fischnetzen gefangene oder ölverschmutzte Altvögel in die Gehege, ihre Eingewöhnung verlief relativ problemlos. Die Mehrzahl der heutigen Gehegevögel sind nachgezüchtete Tiere. Eiablage in vorbereiteten Mulden zwischen Steinen oder in Hütten, bevorzugt auf Inseln, ab Mitte April, häufiger im Mai, Nachgelege bis Juni. Die ♀ brüten sehr fest und nehmen selbst in Schnabelreichweite aufgestelltes Futter kaum an. Wird ihnen die Kükenaufzucht überlassen, muß für eine besonders sorgfältige Fütterung gesorgt werden, mit Verlust des ♀ durch Schwächung ist dennoch zu rechnen. Andererseits gelingt die Aufzucht in Boxen annähernd problemlos. Da die Küken keine direkte Bindung zur Mutter aufbauen, vergesellschaften sie sich mit anderen Küken und finden auch das Futter ohne Anleitung allein. Neben einem eiweißreichen Pelletfutter erhalten sie Mehlwürmer, Garnelen oder Insektenschrot. BREMEHR, Verl, erwarb im Herbst 1992 2 Paare der Pazifischen Eiderente und erzielte 1994 erstmalig Gelege aus 4 bzw. 5 Eiern, 1996 gelang dann die Aufzucht von 4 Jungtieren (dt. Erstzucht). Bisher überlebten die Erpel nur wenige Jahre und starben dann an Pilzerkrankungen.

Prachteiderente
Somateria spectabilis (Linné, 1758)

Flügel: ♂ 266–293, ⌀ 277; ♀ 256–276, ⌀ 270 mm
Gewicht: ♂ 1367–2013, ⌀ 1695; ♀ 1213–1923, ⌀ 1583 g
Gelege: 3–7 olivgraue oder bräunliche Eier, 61–78 × 41–49; ⌀ 67 × 44,5 mm
Brutdauer: 22–24 Tage
Schlupfgewicht: 41–47,5, ⌀ 42,8 g (11 Küken, eig. Wäg.), 42,4–46,6, ⌀ 44,85 g (4 Küken, BREMEHR)
Geschlechtsreife: ab 3. Lebensjahr

Ad. Brutkleid: ♂ (ab 3.Jahr) helle Partien nicht von schwarzen, dunkle nicht von heller gesäumten oder braunen Federn durchsetzt, der orangerote Stirnhöcker ist stark entwickelt, der Schnabel leuchtend rot. ♀ gegenüber dem der Eiderente kleiner, rehbraun, der Kopf rundlich, der Schnabel kürzer und nicht die gerade Stirnlinie bildend, Mittelrückenfedern etwas aufgestellt. Gefieder-

Erpel der Prachteiderente.

bänderung klarer und gröber, Flankenfedern meist mit 1 (*mollissima* bis 3) dunklen Binde, Unterflügeldecken weiß, bei *mollissima* braun. Ad. ♀ mit angedeuteter Nackenholle. **Ad. Ruhekleid:** ♂ schwarzbraun, einzelne Partien bleiben weiß, Bürzelseitenfleck wird grauweiß, Stirnhöcker zurückgebildet und blaß fleischfarben. **Dunenkleid:** Ähnlich dem der Eiderenten, doch ist Küken deutlich kleiner, Kopf rundlich, Dunen hellbraun, Gesicht dunkler. Schnabel grau, im Wurzelbereich in den ersten Tagen ♂ deutlich gelbrot, beim ♀ durchweg grau. **Jugendkleid:** ♀-farben; gegenüber immat. Eiderenten heller und brauner, vor allem an typischer Schnabel-Kopf-Form kenntlich. **1. Prachtkleid:** Färbungsverhältnisse sehr variabel. Körper überwiegend schwarz, Kopf und Nacken dunkelbraun, silbergrau übertönt. Schnabel hellgrau, der Stirnhöcker blaß fleischfarben, Bürzelseitenfleck hell angedeutet; 1. Ruhekleid weitgehend schwarzgrau. **2. Prachtkleid:** Oberkopf und Nacken hellgrau (nicht hellblau), Stirnhöcker orange. Übriges Gefieder wie ad., doch unvollständig durchgefärbt. **3. Prachtkleid:** Wie ad., an einzelnen Federformen und -färbungen noch kenntlich. Bei den ♀ sind die Veränderungern minimal und nur bedingt für eine Alterszuordnung verwertbar.
Mauser und Umfärbung: Die Mauser der ad., stärker noch der immat. in das Alterskleid unterliegt starken Unregelmäßigkeiten, ganze Mauserstadien können ausbleiben. Die Kleingefieder-(Brut-)Mauser setzt beim ♂ im Juli ein und vor deren völliger Beendigung zeigen sich ab Sept. erste Federn des neuen Prachtkleides, das zur Jahreswende voll durchgemausert ist. Für die Großgefiedermauser kommt es zu weiten Mauserzügen und zur Bildung riesiger Mauserschwärme. Die ♀ wechseln im Aug./Sept. große Teile des Kleingefieders, dann Flügel- und Steuerfedern und danach bis zum Einsetzen der Ruhemauser das übrige Kleingefieder. Die juv. beginnen im Nov. mit der Umfärbung durch einander ablösende Teilmausern in das 1. Alterskleid.
Verbreitung: Karte 104, Seite 345.
Status: Die Bestände der Prachteiderente werden in Nordamerika auf 1–2 Mill. und Nordrußland auf 1–1,5 Mill. Tiere geschätzt. Populationen und Brutgebiete sind global nicht gefährdet, regional von Ölförderung und -katastrophen abgesehen. Überraschungen erbrachten die norwegischen Zählungen der letzten Jahre, wonach südwärts bis zu den Lofoten bis 100 000 Prachteiderenten in den Fjorden überwintern.
Lebensweise: In großer Zahl brüten Prachteiderenten in den hochnordischen Tundren Sibiriens, Amerikas und an den Fjordküsten Grönlands, damit weit nördlicher als andere Eiderenten. Einzel- und lokkeres Koloniebrüten sind bekannt. Auf Island überwinternde Erpel bilden gelegentlich mit Eiderenten Mischpaare. Balz und Paarung erreichen auf dem Frühjahrszug ihren Höhepunkt. Mit dem Aufbrechen der Eisdecke treffen die Gruppen an den Brutplätzen ein. Die Nester werden auf Inselchen oder im niederen Wuchs der Moos- und Grastundra an Süßwasserseen und Flußsystemen errichtet. Legebeginn wenige Tage nach der Schneeschmelze um die Juni-Juli-Wende. Mit Brutbeginn verlassen die Erpel ihre ♀ und bilden Mauserschwärme von 100 000 Tieren und mehr. Die Küken werden zu den Binnengewässern geführt und dort von der Mehrzahl der ♀ verlassen. In den späteren Jungvogeltrupps halten sich nur noch wenige Altvögel auf. Mit Erlangen der Flugfähigkeit wechseln die Prachteiderenten ab Anfang Sept. zum Meer, wo sie mit zunehmender Eisbildung in die Überwinterungsgebiete gedrängt werden, die vielerorts nördlich des Polarkreises auf relativ offenem Meer liegen.
Nahrung: Auf dem Meer ausschließlich Mollusken, Crustaceen und Stachelhäuter (Seeigel, Seesterne), die unter den Bedingungen der Polarnacht hochgetaucht werden. Auf den Binnengewässern bilden kleinere Krebstiere und Insektenlarven die Hauptnahrung.
Haltung und Zucht: Prachteider-Erpel gehören zu den attraktivsten Entenvögeln überhaupt und werden in ihrer Farbigkeit nur noch vom Mandarinerpel übertroffen. In früheren Jahrzehnten gelangten nur sehr vereinzelt Gelegenheitsfänge oder verölte Tiere in Zoos, ein solcher Erpel lebte 1966

bis 1978 in bester Kondition im Zoo Berlin. Auch die 1961 im Wildfowl Trust erzielte Welterstzucht gelang mit zwei eingefangenen Altvögeln. Nach 1970 begannen amerikanische Züchter sich intensiver um die Haltung der Prachteiderente zu bemühen; Eier von Wildvögeln aus Alaska bildeten den Grundstock, mit ihnen gelang 1974 die USA-Erstzucht (STURGEON 1988). ALLEN (1984) berichtet aus dem Game Bird Center in Salt Lake City, Utha: 1976 holte man Eier aus Alaska und baute damit eine große Zuchtgruppe auf, die 1983 über 40 Altvögel umfaßte. Eiablage ab 3. Jahr, zumeist 5 Eier, in manchen Jahren in Kolonien von über 20 Paaren. Kükenaufzucht aus hygienischen Gründen (u. a. Aspergillose-Gefahr) in Boxen. Allein 1984 wuchsen 38 Jungtiere heran. In den 80er Jahren kamen Tiere aus Amerika nach Westeuropa, speziell nach England, und wurden dort auch gezüchtet. In Deutschland wird die Art von BIEHL, Tostedt, seit 1986, im Vogelpark Walsrode, von KÖLNER, Schafwedel, und BREMEHR, Verl, seit 1992 sowie in eigener Anlage seit 1993 gehalten.

Haltung und Aufzucht von Prachteiderenten sind im Prinzip relativ gut möglich, auch große Sommerhitze wird überstanden, doch ist eine hohe Krankheitsanfälligkeit bei Küken, besonders aber bei immat. Erpeln unübersehbar. In der Anlage von KÖLNER, legte ein 1991 in den USA gezüchtetes ♀ 1994 erstmals 7 unbefruchtete Eier; 1996 Eiablage in eigener Anlage, Aufzuchten durch BREMEHR 5, BIEHL 2 (dt. Erstzuchten), VAN DER VELDEN, Holland, 2 Jungtiere; Legebeginn jeweils um den 1. Juni. Im Herbst 1996 dürften in Holland ca. 20, in Deutschland um 10, in Österreich etwa 5 Paare Prachteiderenten gehalten werden, diese Zahl hat sich durch die guten Nachzuchterfolge durch BREMEHR bis 1998 wesentlich erhöht.

Plüschkopfente
Somateria fischeri (Brandt, 1847)

Flügel: ♂ 249–265, ⌀ 256; ♀ 244–269, ⌀ 252 mm
Gewicht: ♂ 1445–1850, ⌀ 1647; ♀ 1200–1850, 1472 g
Gelege: 4–9, meist 5 dunkel olivfarbene Eier, 59,5–73 × 40,5–48; ⌀ 67,2 × 44,3 mm
Brutdauer: 24 Tage
Schlupfgewicht: 45–49, ⌀ 46,2 g (SMART 1965); 41,9–47,7, ⌀ 44,85 g (6 Küken, BREMEHR)
Geschlechtsreife: ab 3. Lebensjahr

Ad. Brutkleid: Arttypisch (auch für Küken und juv.) sind die plüschartige Befiederung des Oberschnabels bis vor der Nasenöffnung

Erpel der Plüschkopfente.

und die ringförmige Anordnung der Federn um das Auge. ♂ ab 3. Jahr: plüschartige Kopffedern moosgrün, im Nacken mähnenartig verlängert; Körpergefieder in klarer Schwarz-Weiß-Zeichnung, Flügeldecken und innerste Armschwingen reinweiß. ♀ an Gefiederstruktur der Augenregion kenntlich, Federn dort hell graubraun, die der Schnabelhaut dunkelbraun. Schnabel ♂ orange, ♀ blaugrau. **Ad. Ruhekleid:** Federstrukturen am Kopf bleiben erhalten. ♂ insgesamt dunkelgrau, das Plüschgefieder weiß durchsetzt, Schnabel blaß lehmgelb. ♀ nur unbedeutend verändert. **Dunenkleid:** Oberseits einfarbig sepiabraun, Bauch grauweiß, Schnabel im Basisteil bereits plüschartig struktuiert, vom ♂ offenbar heller als beim ♀ (KÖLNER, mündl.). Brillenstruktur um Auge etwas heller rotbraun abgesetzt.; offenbar starke Variabilitäten möglich. **Jugendkleid:** Wie ♀ ad., durch breiter gesäumte Federn insgesamt grau und farbflach; Brillen etwas heller als Umgebungsfedern. Schnabel olivbraun, Füße gelblich. **1. Prachtkleid:** Kopf- und Halsgefieder tendieren zur Altersfärbung, bleiben aber von braunen und grauen Federn durchsetzt, die schwarze Einfassung des Brillenringes nur unvollständig angelegt. Rückenpartien mit grauen, weißen und unvermausert braunen Federn, Schultern überwiegend weiß; Bauch schmutzig grau, Flügeldecken grau. **2. Prachtkleid:** Weitgehend wie Alterskleid, doch mit grauen Flügeldecken.
Mauser und Umfärbung: Die ad. Erpel verlassen Anfang Juli die Brutplätze, unmittelbar zuvor setzt die Kleingefiedermauser ein. Zum Schwingenwechsel im Aug./Sept. wird das nahe Meer aufgesucht, wo sich kleine Mausergruppen bilden. Erneute Umfärbung in das Prachtkleid ab Okt. Die ♀ mausern ebenfalls auf dem Meer, nachdem sie dieses mit ihrem heranwachsenden Nachwuchs erreicht haben.
Verbreitung: Karte 105, Seite 345.
Status: Der Bestand der Plüschkopfente wird insgesamt mit 200 000 Brutvögeln und ebenso vielen Nichtbrütern angenommen; allein in den weiten Deltagebieten der Indigirka und des Yukon brüten 17 000 bzw. über 50 000 Paare (MADGE & BURN 1988).

Gegenwärtig zeichnet sich jedoch aus nicht bekannten Gründen ein rapider Rückgang ab, so daß die Art heute als „gefährdet" eingestuft ist.
Lebensweise: Die Plüschkopfente ist als hoch nordische Art auf rauhes Meeresklima und einen kurzen arktischen Sommer eingestellt. Paarung und Balz erfolgen im Winterquartier und auf dem kurzen Frühjahrszug. Ende Mai treffen die Gruppen an den Brutplätzen ein, die sich in versumpften Strandwiesen, Tundrasenken und vor allem auf den Deltainseln der großen Flüsse befinden. In ökologisch günstigen Bereichen ist die Brutdichte relativ hoch, lockere Kolonien mit geringen Nestabständen sind arttypisch. Die Nester befinden sich in flacher Vegetation, auf Torfhügeln und gern in Möwen- und Seeschwalbenkolonien. Kükenbetreuung durch ♀ anfangs auf dem Brutteich, später vor der Küste. Mit dem Vereisen der Küsten ab Sept. vom Norden her weichen die Scharen zum Beringmeer aus.
Nahrung: Vorzugsweise grobe Mollusken, speziell Meeresmuscheln, auf den Brutseen Wasserinsekten, Fischlaich oder Schnecken, der pflanzliche Nahrungsanteil ist mit 23–37% höher als bei anderen Eiderenten-Arten.
Haltung und Zucht: Die rein pazifischen Plüschkopfenten gelangten sehr spät aus Kanada und den USA nach Westeuropa; nach 1993 wurden Eier und Jungvögel aus Rußland u. a. nach Belgien, 1995 vermutlich auch nach Deutschland gebracht. Amerikanische Züchter versuchten erstmals um 1960 Jungtiere aus Wildvogeleiern aufzuziehen (u. a. KOLBE 1984). Der Wildfowl Trust erhielt die Art 1965, 1976 gelang dort die Welterstzucht. TODD (1979) schätzte derzeit den Gehegebestand auf unter 50 Tiere. USA-Erstzucht 1980 in Salt Lake City, 1984 wuchsen dort 31 Plüschkopfenten auch aus 2. Generation auf. Heute ist der Gehegebestand in den USA und in Westeuropa wesentlich gestiegen. In Deutschland halten seit 1986 der Vogelpark Walsrode, seit 1992 der Zoo Rostock und wenige Züchter Plüschkopfenten. Die Anfälligkeit durch Infektionen, besonders bei großer Hitze, gleicht denen verwandter Arten und ist bei immat.

Erpeln besonders hoch. Hinzu kommen relativ starke Gefieder- und Mauserprobleme. KÖLNER, Schafwedel, erwarb 1992 3 Jungtiere, das ♀ legte 1994 erstmals 6 Eier in einer Steinnische nahe dem Wasser, brütete und betreute einige Tage die Küken auf dem Brutteich. Die deut. Erstzucht gelang 1995 in der Anlage von SPITTHÖVER, Enniger, wo aus 6 Eiern 5 Jungtiere, und BREMEHR, Verl, wo aus 5 befruchteten Eiern 4 Küken schlüpften und 2 aufwuchsen. Legebeginn stets letzte Maidekade. Neben Krankheitsanfälligkeiten (u. a. Hepatitis) zeigten sich wenig Aufzucht- und Fütterungsprobleme. Es scheint, als würde sich die Plüschkopfente besser als die Prachteiderente in Gehegen etablieren. VAN DER VELDEN, Holland, zog 1995 4 und 1996 11 juv. auf und schätzt den holländischen Gesamtbestand auf 25 Paare.

Scheckente
Polysticta stelleri (PALLAS, 1769)

Kleiner als *Somateria*-Arten und mehr im Habitus der Schwimm- als der Eiderenten
Flügel: ♂ 204–223, ⌀ 212; ♀ 205–226, ⌀ 211,5 mm
Gewicht: ♂ 628–900, ⌀ 772; ♀ 651–1000, ⌀ 840 g
Gelege: 7–8 graugrüne oder bräunliche Eier, 55,5–70,5 × 37–47,1; ⌀ 61,4 × 42 mm
Brutdauer: 23–24 Tage
Schlupfgewicht: 28,4–36,2, ⌀ 32,5 g (3 Küken, BREMEHR)
Geschlechtsreife: zweijährige Tiere haben unbefruchtet gelegt (BREMEHR, mündl.)

Ad. Brutkleid: ♂ Armdecken weiß, Spiegel dunkel stahlblaugrün mit breiter weißer Endbinde. ♀ Mantelgefieder und Flügeldecken dunkel rostbraun, Augenregion aufgehellt, Endsäume der großen Decken und der Armschwingen weiß, den schwarzgrünen

Die ersten in Deutschland gehaltenen Scheckenten.

Spiegel einfassend. **Ad. Ruhekleid:** ♂ dunkel rostbraun wie ♀, verlängerte Schulterfedern deutlich abwärtsgebogen; Flügel unverändert mit weißen Decken. **Dunenkleid:** Dunkel sepiabraun, Augengegend und Augenstreif sowie Kinn und Kehle gelblichbraun, Bauch schmutzigweiß; Kücken ohne helle Fleckung. Habitus schwimmentenartig, jedoch mit sehr dichten und relativ langen Dunen. **Jugendkleid:** Mantelgefieder wie ♀, juv. ♂ mit angedeutet stahlblauem Spiegel (♀ Armschwingen glanzlos) und weißen Spitzen auf den großen Armdecken, die eine schmale helle Binde entstehen lassen. **1. Prachtkleid:** Im dunkelbraunen Jugendgefieder der Erpel zeigen sich im Kehl- und Halsbereich schwarze, auf den Schultern weißgerandete und auf Brust und Flanken rahmgelbe Federn. **2. Prachtkleid:** Kleingefieder weitgehend wie ♂ ad., aber alle Partien weniger klar gezeichnet, kleine und mittlere Armdecken graubraun.
Mauser und Umfärbung: Die Brutmauser der Erpel setzt im Juli mit dem Abwurf der verlängerten Schulterfedern ein und umfaßt binnen 3 Wochen das gesamte Kleingefieder; danach Wechsel von Schwingen und Steuerfedern. Ein Teil der ♂ verbleibt im Brutgebiet, andere suchen Mauserplätze in der Nähe der Wintergebiete auf. Hier folgen Sept. bis Nov. die Umfärbungen in das Prachtkleid. Umfärbungsabläufe sind bisher wenig untersucht, sind jedoch mit denen der Eiderenten in Abfolge und Unregelmäßigkeiten vergleichbar. Jungtiere im 1. Herbst sind im Gefieder gleich, haben jedoch unterschiedliche Stimmen.
Verbreitung: Karte 106, Seite 345.
Status: In stabilen und gegenwärtig zunehmenden Beständen bewohnen Scheckenten Ostsibirien und Alaska, insgesamt ca. 500 000. Während der Brutzeit entfernen sie sich weiter als Eiderenten von der Küste, sind damit großflächiger verbreitet und weniger abhängig von regionalen Witterungen. Neben etwa 6 000, die in neuer Zeit an der baltischen Küste überwintern, kommt es zu Winter-Konzentrationen im Varnger-Fjord Norwegens (bis 15 000 Tiere).
Lebensweise: Außerhalb der Brutzeit leben Scheckenten gern gesellig in auffällig dicht schwimmenden Gruppen in den Schelfmeeren. Während die Nichtbrüter hier ganzjährig verweilen, fliegen die Brutvögel weit landeinwärts und besiedeln Moor- und Süßwassertümpel der arktischen, speziell der Bülten- und Torfhügeltundra. Mit dem Aufbrechen der Eisdecke beziehen die Paare das Brutgewässer, mit der Schneeschmelze erfolgen Nestbau und Eiablage zwischen Ende Mai und Ende Juni. Die Nester werden auf Torfhügeln errichtet und bereits während der Eiablage dick mit Pflanzenmaterial und Dunen ausgekleidet. Die Küken wachsen auf den Moortümpeln heran und verlassen diese bis Mitte Sept., wenn die Gewässer erneut zufrieren. Ab Okt. werden die Überwinterungsplätze bezogen.
Nahrung: Im Winter knapp 90 % tierisch (Krebstiere, Meereswürmer, kleinere Mollusken, Wasserinsekten und Fisch), bei juv. bis zu 40 % Vegetabilien. In der Sommernahrung dominieren Wasserinsekten und Kleinkrebse, dazu ein relativ hoher Pflanzenanteil.
Haltung und Zucht: Die relativ kleine und bewegungsaktive Scheckente ist die heikelste und seltenste Art der Eiderenten-Gruppe in Gehegen. Von Zeit zu Zeit versuchten amerikanische Züchter aus Wildvogeleiern Alaskas und nach 1990 auch belgische Züchter von sibirischen Brutvögeln Küken aufzuziehen, doch blieben vergleichbare Erfolge wie bei Prachteider- oder Plüschkopfente vorerst aus. Von den erbrüteten Küken wuchs nur ein begrenzter Teil auf, weitere hohe Verluste traten dann während der Immatur-Zeit auf. Der Wildfowl Trust erhielt 1960 erstmals 3 Paare, lange Zeit die einzigen in Europa. Durch den Game Bird Center in Salt Lake City, USA, wurde ab Mitte der 70er Jahre eine Zuchtgruppe aufgebaut, die 1981 aus ca. 30 Tieren bestand und in der ein Jahr zuvor die Welterstzucht gelang. Auch in den Folgejahren wuchsen dort Scheckenten heran, u. a. 1984 4 Jungtiere, doch blieb der Gesamterfolg bescheiden (ALLEN & ALLEN 1981, ALLEN 1984). Nach dem US-Amerikaner TARSANE (1985) waren derzeit nur etwa 3 Kollektionen im Besitz von Scheckenten. In Deutschland erwarb BREMEHR, Verl, 1994 zwei Jungpaare, die sich

auf einem ca. 400 m² großen Teich unter anderen Seeenten gut entwickelten. Ab Jan. 1996 begannen Balz und Paarung und ab 3. Juli die Ablage von insgesamt 6 unbefruchteten Eiern durch beide ♀. Am Gehegezaun scharrte eines der Tiere eine ca. 20 cm tiefe Mulde und legte diese sehr dick mit Pflanzenmaterial aus. In den Folgejahren wurden entlang des Gehegezaunes vorbereitete Nester, halb verdeckt unter Gesträuch, bezogen. Eiablagen 1997: ab 6. Juli 8 Eier, 3 Jungenten wuchsen als deutsche Erstzucht auf; 1998: Legebeginn 9. Juni, aus 8 Eiern wuchsen 5 Küken heran. Ihre Aufzucht ist mit der anderer Meeresenten vergleichbar, zumindest nicht schwieriger.

Meeresenten

Kragenente
Histrionicus histrionicus (Linné, 1758)

Paar der Kragenente.

Flügel: ♂ 197–214, ⌀ 205; ♀ 194–201, ⌀ 198 mm
Gewicht: 636–770, ⌀ 688; ♀ 520–594, ⌀ 558 g
Gelege: 5–7 gelblichbraune Eier, 52–62 × 38–44; ⌀ 57,5 × 41,2 mm
Brutdauer: 30 Tage
Schlupfgewicht: 29–36,7, ⌀ 33,8 g (SMART 1965)
Geschlechtsreife: ab 2. Jahr, Fortpflanzungsaktivitäten bei Gehegetieren selten vor dem 4. Jahr

Ad. Brutkleid: ♂ in seiner präzisen Zeichnung und Färbung kaum variabel. Die pazifischen Tiere sind offenbar etwas größer, die Kopfseiten etwas ausgedehnter braun. ♀ mit aufgehelltem Bauch, Ohrfleck rund und leuchtend weiß, Zügelfeld rahmfarben oder weiß, unterschiedlich groß, auch zweigeteilt möglich. **Ad. Ruhekleid:** ♂ dunkel nußbraun mit Gesichtszeichnung wie ♀. Der weiße Brustseitenstreif des Prachtkleides bleibt angedeutet hellgrau sichtbar, Flügelfärbung unverändert, schwarzweiße Ellenbogenfedern nicht verbreitert. ♀ Gesichtsfleckung diffus, dadurch leichte Gesamtaufhellung. **Dunenkleid:** Oberkopf bis unter Augenhöhe und Nacken schwarzbraun, je ein rundes Fleckchen vor Augen, im Zügelbereich und auf Wangen; Kinn und Kehle weiß. Körperoberseite dunkel sepiabraun mit angedeutet heller Zeichnung an Flügelrand und Bürzelseiten. **Jugendkleid:** Sehr ähnlich ♀, Bauch grob hell gefleckt. Typische Gesichtszeichnung vorhanden, Ohrfleck weiß, der Zügelbereich verwaschen rahmfarben. **1. Prachtkleid:** ♂ auf schiefergrauem bis rußschwarzem Grund wird spätere weiße Zeichnung gut sichtbar hell graubraun angelegt; Flanken verwaschen dunkelbraun; Ellenbogenfedern schwarzweiß, aber noch nicht verbreitert. Immaturkleid der ♀ dunkler als das Jugendkleid und nur schwer vom Alterskleid zu unterscheiden.

Mauser und Umfärbung: Kleingefiederwechsel einschließlich der Ellenbogenfedern beim ♂ Juni/Juli, beim ♀ vor Legebeginn März/Apr.; Abwurf der Schwingen und gestaffelt der Steuerfedern beim ♂ Juli/Aug., beim ♀ im Sept., daran schließt die Ruhemauser an. Ab Okt. tragen die Erpel das Pracht- und ab Dez. die ♀ das fertige Brut-

kleid. Nach BIEHL (mündl.) sind die Erpel in seiner Anlage Mitte Sept. ausgefärbt und haben damit die kürzeste Schlichtkleidphase aller nordischer Enten. Bei den immat. vollzieht sich die Jugendmauser zwischen Okt. und Jan., darin bindet sich die 1. Ruhemauser ein; Umfang und Abfolge variieren stark und erfolgen bei Gehegevögeln offenbar früher als bei Wildtieren.
Verbreitung: Karte 107, Seite 345.
Status: Das Gros der Kragenente brütet in den Weiten Nordamerikas, auf zahlreichen Aleuten-Inseln sowie in Ostsibirien und wird vom Menschen bisher nicht bedrängt; ihr Gesamtbestand wird auf knapp 1 Mill. geschätzt. Gefahren gehen von Ölkatastrophen aus, weil Kragenenten direkt im Küstensaum überwintern und hier besonders stark betroffen werden. Die grönländischen und isländischen Populationen umfassen ca. 4000 Paare; die Art ist voll geschützt, die Ausfuhr von Bruteiern verboten.
Lebensweise: Die während der Wintermonate entlang Islands Küsten verteilten Kragenenten konzentrieren sich im zeitigen Frühjahr in den Flußmündungen. Paarung und Balz erreichen ihren Höhepunkt. Ab Ende April ziehen sie überwiegend schwimmend die Gebirgsflüsse aufwärts. Ihre Brutplätze befinden sich an den Ufern der Binnenseen, besonders des Myvatn, und auf kleinen Lavainseln inmitten reißender Gebirgsströme wie der Láxa. Auf Grönland fand man die Art nahe der Küste, in Nordamerika und Ostasien in hohlen Bäumen brütend. Nestanlage allein durch ♀, meist nahe dem Wasser unter Zwergsträuchern, zwischen Lava- und Felsspalten, nicht selten direkt unter einem Wasserfall. Eiablage auf Island um die Mai-Juni-Wende. Nestabdeckung mit relativ hellen, leicht rötlichen Dunen. Im letzten Brutdrittel verlassen die Erpel die Brutreviere und wandern die Flüsse abwärts zum Meer. Die ♀ führen die Küken zu etwas ruhigeren Stellen der Gebirgsflüsse, ihre Hauptnahrung bilden hier die Larven der Kriebelmücken, und erscheinen mit ihnen im Sept. an der Küste, wo sie sich den Erpeln wieder zugesellen.
Nahrung: Im Sommer fast ausschließlich Larven von Wasserinsekten (Kriebel- und Zuckmücken, Eintags- und Köcherfliegen), im Winter während des Meeresaufenthaltes kleinere Muscheln und Krebstiere, die von den Felsen abgelesen werden.
Haltung und Zucht: Kragenenten gehören zu den bewegungs- und farbattraktivsten Entenvögeln überhaupt. Verständlich, daß Bemühungen, diese Art in Gehegen zu halten, weit zurückgehen. Die Engländer QUENTIN und WORMALD haben zwischen 1911 und 1932 wiederholt Küken von isländischen Wildvögeln erbrüten lassen, erzielten jedoch nur geringe Aufzuchterfolge. Einige Tiere davon lebten bis 1938 im Zoopark Clères. Erneute, kaum erfolgreichere Versuche unternahmen englische Züchter nach 1960; der Wildfowl Trust war 1963 erstmals im Besitz von Kragenenten. PILLING, Seattle, USA, erwarb 1972 halbflügge in Alaska eingefangene Kragenenten und erzielte damit 1977 die Welterstzucht, 1979 gelangen WILLIAMS die englische und 1985 WIENANDS, Viersen, auf einem relativ kleinen Betonteich die deutsche Erstzucht. Seit 1987 wird die Art durch BIEHL, Tostedt, MAAS und VAN DER VELDEN, Holland, gezüchtet. VOS, Holland, schätzte den europäischen Gesamtgehegebestand um 1990 auf max. 30 Paare, gegenwärtig könnten es annähernd 100 sein. Die Haltung und Zucht von Kragenenten ist heute prinzipiell möglich, verlangt jedoch eine extreme Gesamthygiene, gute Wasserbedingungen und eine sorgfältige Futterauswahl. Wasserbewegungen erzeugt BIEHL auf seinem großen Teich mit einer Pumpe als flache Fontaine; VAN DER VELDEN und BREMEHR haben Großvolieren mit Wasserfällen, Felswänden, Fließgräben und Teich gestaltet und durchpumpen hier das Wasser als Kreislauf. Doch selbst in solchen Anlagen bleiben Verluste, besonders unter den Erpeln, durch Mauserprobleme, Parasitenbefall oder Aspergillose nicht völlig aus. Kragenenten werden bevorzugt in kleinen Zuchtgruppen von 2–4 Paaren gehalten, die Tiere stimulieren sich gegenseitig, zu Aggressivitäten kommt es nicht. Eiablage ab Mitte Mai in Nischen direkt am Wasserfall oder in der Bodenvegetation, bei BIEHL zumeist unter einer Lebensbaumhecke. Gelege enthalten bis 5 Eier, Nachgelege sind mög-

lich. Die Kükenaufzucht bereitet noch sehr viel Mühe, Methoden extremster Sauberkeit, ständig frischen Wassers und sorgfältigster Futterauswahl muß sich der Züchter selbst erarbeiten. Belastend für die Tiere sind offenbar Gefiederbildung und die Mauser bis zum Alterskleid. Es wird empfohlen, Jungtiere erst nach beendeter Jugendmauser im Spätherbst zu veräußern.

Eisente
Clangula hyemalis (Linné, 1758)

Flügel: ♂ 218–241, ⌀ 228; ♀ 204–220, ⌀ 212 mm
Gewicht: ♂ 616–955, ⌀ um 790; ♀ 510–879, ⌀ um 685 g
Gelege: 5–9 hell graugrüne Eier, 47–58 × 35–41; ⌀ 53,7 × 37,4 mm
Brutdauer: 23–24 Tage
Schlupfgewicht: 24–32,5, ⌀ 27,8 g (12 Küken, eig. Wäg., 6 Küken, BREMEHR)
Geschlechtsreife: in Gehegen ab 3. Jahr

Einziger Entenvogel mit 4 verschiedenen Kleidern im Jahrerszyklus. Kopfzeichnung und Farbgrundton der ♀ zwischen vorherrschend grau oder braun variierend.
Sommerprachtkleid ♂ (Apr./Mai bis Juni): Kopf, Hals und Brust schwarzbraun, Augenregion hellgrau; wenig verlängerte Schulterfedern breit hellbraun gesäumt. **Brutkleid** ♀ (Mai bis Aug.): Kopf, Brust und Rückenseite dunkelbraun, Federn schmal hell gesäumt. **Ruhekleid** ♂ (Juli bis Sept.): Hals- und Brustgefieder schwarzbraun, Federn abgenutzt und verblaßt, dadurch weiß durchsetzt wirkend; Hinterkopf und Nacken weiß, Augenregion hell graubraun, Schulterfedern breit hell gesäumt, nicht verlängert. **Ruhekleid** ♀ (Aug. bis Nov.): Kopf und Hals weiß, Kopfplatte und ausgedehnter Fleck in der Ohrgegend schwarzbraun; Schulterfedern besonders dunkel und schmal grau gesäumt. **Herbstkleid** ♂ (Sept. bis Nov.): Ähnlich wie Winterkleid, aber Kopfplatte orange getönt und Kopfseiten von nußbraunen Federgruppen durchsetzt. **Herbstkleid** ♀ (Nov. bis Feb.): Übergangskleid mit Merkmalen des Ruhe- und des Winterkleides. **Winterprachtkleid** ♂ (Nov. bis Apr.): Kopf und Hals, die stark verlängerten Schulter-

Eisenten im winterlichen Prachtkleid.

Erpel der Eisente zu Beginn der Brutzeit.

schmuckfedern und Flanken hellgrau, Ohrfleck schwarzbraun, Brust und Flügel schwarz. **Winterkleid** ♀ (Dez. bis April): Gesichts- und Kinnpartien weiß, Kopfplatte, Nacken und Hals dunkelbraun, Brust hell graubraun, Mantel- und Schulterfedern breit rotbraun gesäumt. **Dunenkleid:** Kopf, Brust und Rücken dunkel sepiabraun, kleine Fleckchen an Zügel und Augen, Wangen, Kinn und Kehle sowie Bauchseite grauweiß. Schnabel schwarzgrau. **Jugendkleid:** Kopf stumpf graubraun, durchzogen von einem rahmfarbenen Streif über die Zügel-, Augen- und Ohrbereiche, dieser in Breite und Verlauf stark variierend. Mantel und Schulterfedern schwarzbraun, die für ad. typische helle Säumung fehlt oder ist nur schmal angelegt. Brust und Bauch hell lehmgrau. Steuerfedern nicht verlängert. **1. Winterprachtkleid** ♂: Unterschiedlich stark werden schwarze, weiße und graue Partien durchgemausert, ohne daß es zur vollen Umfärbung kommt. Schnabel erhält rote Querbinde, mittlere Steuerfedern wachsen verlängert nach. Das sich anschließende Sommerprachtkleid stellt eine unterschiedlich weit durchgemauserte Eindunkelung analog der ad. dar. Im 2. Jahr vermauserte Erpel sind von Altvögeln nur noch geringfügig oder gar nicht zu unterscheiden. Die ♀ durchlaufen zeitanalog ihre Mauserperioden, die wegen großer Variabilität und geringer Farbveränderungen nur schwer erfaßbar sind.

Mauser und Umfärbung: Eisenten mausern wegen ihrer 4 Kleider fast das ganze Jahr hindurch, die ♀ unterbrechen während der Lege- und Brutperiode, die Erpel zwischen Dez. und März den Federwechsel. Arttypisch sind ferner die starken Schwankungen im Mauserumfang bei ad. und immat und ganz besonders bei Gehegevögeln. Für Wildvögel ausführlich u. a. in BAUER & GLUTZ VON BLOTZHEIM (1969).

Verbreitung: Karte 108, Seite 346.

Status: Eisenten bilden mit ca. 10 Mill. die

individuenreichste Gesamtpopulation nordischer Enten, etwa 2 Mill. davon werden für die Westpaläarktis geschätzt. Hohe Verluste durch Ölkatastrophen und in Fischnetzen (auf den Großen Seen N-Amerikas „tonnenweise") werden in witterungsgünstigen Sommern schnell kompensiert.

Lebensweise: Eisenten sind zirkumpolare Brutvögel, die bis 83° n. Br. bei Juli-Temperaturen von nur 1–2 °C noch erfolgreich nisten und Junge aufziehen. Brutbiotope sind die Binnenseen und Moore arktischer Tundren mit deutlicher Bevorzugung von kleinen Inseln und Seevogelkolonien. Die Nester stehen entlang der Ufer in der oft nur 10 cm hohen Vegetation, im Windschutz von Steinen, unter Zwergsträuchern. Nestmulde wird mit Gras und Halmen ausgelegt und mit Brutbeginn von einem dicken Wall dunkel graubrauner Dunen umgeben, die selbst den Brutvogel nicht auskühlen lassen. Eiablage in den einzelnen Regionen zwischen Ende Mai und Mitte Juli. Ente brütet allein, die Erpel bilden während dieser Zeit Mausergruppen auf Seen oder an der nahen Küste. Kükenführung ebenfalls allein durch ♀. Jungenten sollen nach ALISON (in JOHNSGARD 1978) in 35 Tagen flugfähig sein und hätten damit die kürzeste Befiederungszeit aller Enten.

Nahrung: Kleinlebewesen, im Brutgebiet Larven der Wasserinsekten, Krebstiere und gelegentlich kleine Fische und Fischlaich, auf dem Meer mittelgroße Mollusken, Garnelen, Meereswürmer und ebenfalls Fischlaich. Tauchtiefen bis zu 66 m seien nachgewiesen.

Haltung und Zucht: Vielfältig waren und sind die Bemühungen, Eisenten für Zoo- und Zuchtteiche einzugewöhnen und von Ornithologen um die Rettung verölter Tiere zur Rückführung in die Natur. Gesunde, in Fischnetzen gefangene Enten gewöhnten sich schwer ein und stockten sofort mit der Mauser, zum Spätsommer blieben Gefiedereinfettungen aus. Von insgesamt etwa 100 verölten Tieren, mit denen in den 70er Jahren experimentiert wurde, starben über 90% bis zum Herbst, 3 oder 4 lebten bis zu 4 Jahren (KOLBE 1977, 1983). In England wurden in den 30er Jahren und nach 1960 Eisenten aus Wildvogeleiern aufgezogen, mit solchen Tieren gelang dort 1971 die Erstzucht, aus 5 Eiern wuchsen 2 Küken auf (LAMPSON 1973). BIEHL, Tostedt, erwarb 1979 Jungtiere aus England und zog damit 1983 als erster außerhalb Englands 2 Küken auf. Die aus knapp 10 Tieren bestehende Gruppe bewohnte einen 700 m² großen naturnahen Teich, bisheriges Höchstalter der Zuchttiere 13 und 17 Jahre. Legebeginn 17mal zwischen 1. und 20. Juni, Nester werden unter Koniferen und zwischen Seggen errichtet, über 30 Jungtiere wuchsen auf. Amerikanische Erstzucht 1987 durch HOWE, Ontario, Kanada, mit 2 Jungtieren (ALLEN 1987). In eigener Anlage gelang mit zweijährigen Tieren 1994 die deutsche Zweitzucht (nach BIEHL). In einer frei auf der Wiese stehenden Hütte legte eine Ente zwischen 29. Mai und 6. Juni 4 und später in ein Löffelentennest 3 befruchtete Eier, aus denen 3 Tiere aufwuchsen. Bei den Küken entfalteten sich ab 13. und 14. Tag die Schulter- und Flankenfedern, ab 18. befiederte die Bauchseite, ab 22. brachen die Schwingenkiele auf, und um den 30. Tag waren die Jungvögel rundum befiedert, aber noch nicht flugfähig. Fütterung und Futteraufnahme problemlos, die Küken erweisen sich als vertraut und findig und nehmen anfangs eine gute Entwicklung. Fütterung weitgehend mit Pellets. Probleme setzen mit der Befiederung ein, wenn Bauchfedern durch übertriebenes Putzen abbrechen und die Tiere dann das Wasser meiden; relativ hohe Verluste ferner durch Stoffwechsel- und Mauserprobleme bis zum 3. Lebensjahr.

Trauerente
Melanitta nigra (Linné, 1758)

Zwei Unterarten: Die **Trauerente**, *Melanitta n. nigra* (LINNÉ), der Westpaläarktis wird in Ostsibirien und Amerika durch die **Amerikanische Trauerente**, *M. n. americana* (SWAINSON), vertreten, die künftig wohl als selbständige Art anzusehen ist. Die ad. ♂ differenzieren in Form und Gelbanteil des Oberschnabels, ad. ♀ und immat. sind kaum unterscheidbar.

Erpel der Trauerente.

Flügel: *nigra* ♂ 224–247, ⌀ 234; ♀ 216–239, ⌀ 226 mm
Gewicht: *nigra* ♂ 642–1450, ⌀ 1232; ♀ 600–1268, ⌀ 946 g
Gelege: 6–8, selten über 10 rötlichbraune Eier, 59–72 × 42–47; ⌀ 67,5 × 44,8 mm
Brutdauer: 27–28 Tage
Schlupfgewicht: 43 g (SMART 1965)
Geschlechtsreife: ab 2. Jahr (BELLROSE 1976)

Ad. Brutkleid: ♂ Gesamtgefieder blauschwarz, Flügel ohne Weiß. Oberschnabel mit Basalhöcker, davor ein kleines gelbliches Sattelfeld. Bei der *americana* Schnabeldach im mittleren Teil höckerartig aufgewölbt, von der Wurzel her überwiegend gelb. ♀ schwarzbraun, untere Kopfhälfte und Halsseiten hell graubraun; Schnabel dunkelgrau mit gerader Firstlinie. **Ad. Ruhekleid:** ♂ mattschwarz, partiell von braunen oder braungesäumten Federn durchsetzt. ♀ durch Federabnutzung zeitweilig heller und blasser als im frischen Brutkleid. **Dunenkleid:** Oberseite und Kropfband schwarzbraun, Wangen und Kehle ausgedehnt rahmweiß, Bauch hell graubraun; Schnabel und Iris dunkelgrau, Füße dunkel moosgrün. **Jugendkleid:** Wie ♀, doch Oberseite heller, Bauch fleckig weiß. Schnabel einfarbig dunkelgrau und auch beim juv. ♂ anfangs ohne Aufwölbung. **1. Prachtkleid:** ♂ Gesamtgefieder schwarz, nicht oder nur angedeutet glänzend, Flügel von unvermauserten braunen Federn durchsetzt. Schnabelaufwölbung, doch noch keine Höckerbildung, Nasenbereich gelblich. ♀ im 1. Brutkleid bedingt am Jugendflügel kenntlich.
Mauser und Umfärbung: Bei den 3 *Melanitta*-Arten im wesentlichen gleich. Die Mauserperioden sind zeitlich breit angelegt, ein schwacher Federwechsel kann während des ganzen Jahres auftreten. Bei den ♂ leitet die Brutmauser ab Juli, verstärkt Aug./Sept., einen fast vollständigen Kleingefiederwechsel ein, darin eingebettet die Erneuerung von Schwung- und Steuerfedern. Nach deren Ersatz verlangsamt sich die Ruhemauser, bis im Apr./Mai forciert das neue Prachtkleid anlegt wird. Bei den ad. ♀ liegen die Mausersequenzen im Herbst 4–6 Wochen zeitverschoben. Bei den juv. setzt Okt./Nov. eine vollständige Kleingefiedermauser ein, bis Jan. trägt das Gros der immat. ihr 1. Pracht- bzw. Brutkleid. Innerhalb dieser Zeit wird ein zweimaliger Gefiederwechsel vermutet, ein Teil der Steuerfedern wird erneuert, und der Schnabel des Erpels wölbt sich auf; der Schnabelhöcker bildet sich erst im Folgejahr.
Verbreitung: Karte 109, Seite 346.
Status: Von der Trauerente brüten etwa 500

Paare auf Island, ferner kleine Populationen im Norden Irlands, Schottlands und Skandinaviens. Nach CRAMP et al. (1977) überqueren alljährlich im Frühjahr über 1 Mill. Trauerenten Finnland. DEL HOYO et al. (1992) begrenzt die westpaläarktische Population auf 800 000, die nordamerikanische auf 500 000 und vermutet die größte Anzahl im sibirischen Bereich. Lokale Gefährdungen gehen von Ölkatastrophen aus.

Lebensweise: Die Brutvorkommen der Trauerente liegen nordwärts der Nadelwaldtaiga, vereinzelt bis hin zur arktischen Moostundra, und damit nördlicher als die der Samtente. Bevorzugte Biotope bilden Moore, ruhige Flußabschnitte, Fjordinseln und hauptsächlich von Zwergstrauchgebüsch gesäumte Tundraseen. Hier treffen die Paare ab Mitte Mai ein, Paarbildung und Balz erfolgten im Winterquartier und auf dem Heimzug. Nester werden nahe dem Wasser unter Büschen, im Heidekraut oder Moorried angelegt und bestehen aus einem dicken Unterbau aus Pflanzenmaterial, später werden dunkelbraune, im Zentrum aufgehellte Dunen hinzugefügt. Eiablage um Mitte Juni. Mit Brutbeginn verlassen die Erpel das Gebiet und kehren zur Mauser auf das Meer zurück. Das ♀ betreut die Küken anfangs auf dem Brutgewässer und wandert mit ihnen bis zum Sept. zur Küste ab. Jungenten sind nach BELLROSE (1976) mit 6–7 Wochen flugfähig. Außerhalb der Fortpflanzungszeit verweilen die Trauerenten nur auf dem Meere, bei bevorzugten Wasertiefen um 15 m.

Nahrung: Auf dem Meer ausschließlich grobe, hartschalige Mollusken, die am Meeresgrund erfaßt werden. Auf den Binnenseen ferner Insektenlarven und in kleinerer Menge Pflanzenteile.

Haltung und Zucht: Seit langem bemühte man sich, während der Überwinterung in Menschenhand geratene Trauerenten für Zooteiche einzugewöhnen. Ein kleiner Teil von ihnen war lebend aus Fischnetzen geborgen, das Gros mehr oder weniger stark verölt. Die Gesundung verölter Tiere hat enge Grenzen, verläuft jedoch erfolgreicher als bei Eisenten; sind sie einmal wasserfest, haben Trauerenten anschließend nicht die typischen Mauserprobleme wie die Eisenten. So lebten Trauerenten-Gruppen zwischen 1928 und 1940 im Zoopark Clères, bis zum 1. Weltkrieg im Zoo Berlin und ein Einzeltier 12 Jahre im Zoo Basel. Diese Trauerenten zeigten sich in guter Kondition, balzten und riefen im Frühling, blieben jedoch fortpflanzungsinaktiv. Amerikanische und englische Züchter zogen seit den 60er Jahren wiederholt Küken aus Wildvogeleiern auf. Mit ihnen gelangen in den USA 1963 mit der amerikanischen und 1971 mit der paläarktischen (STURGEON 1988) und im Wildfowl Trust 1978 mit der hiesigen Trauerente die Erstzuchten. Auch die wenigen heute in großen Zuchtanlagen gehaltenen Paare dürften weitgehend aus Wildvogeleiern stammen, mit beiden Unterarten ist zu rechnen, doch auch diese zeigen wenig Fortpflanzungsbereitschaft. Allein BIEHL (mündl.) vermutet, daß ein Ende Mai 1990 entdecktes Nest mit 8 kurz vor dem Schlupf abgestorbenen Eiern von seinen Trauerenten stammte. Die Haltung der Trauerenten erfolgt heute ausschließlich auf großen, unterbesetzten naturnahen Teichen und bei hohem Hygienebemühen seitens des Züchters; Fütterung mit groben trockenen Pellets, zusätzlich mit Garnelen oder Mehlwürmern.

Brillenente
Melanitta perspicillata (Linné, 1758)

Größte der 3 *Melanitta*-Arten
Flügel: ♂ 241–252, ⌀ 245; ♀ 215–240, ⌀ 228 mm
Gewicht: ♂ 652–1134, ⌀ 992; ♀ 680–992, ⌀ 907 g
Gelege: 6–7 blaß bräunliche oder gelblichweiße Eier, 56,4–66,5 × 39,5–45; ⌀ 61,5 × 42,8 mm
Brutdauer: 27–28 Tage
Geschlechtsreife: gegen Ende des 2. Lebensjahres

Ad. Brutkleid: ♂ das scharf abgegrenzte weiße Feld auf Stirn und Nacken kann in Form und Ausdehnung variieren. Kein Weiß im Flügel. Schnabel auffällig bunt, Iris bräunlichweiß, Füße rot. ♀ dunkel graubraun, rahmweiße Flecken im Nacken-, Zü-

gel- und Ohrbereich. Vom Samtenten-♀ durch Schnabelform, hellen Nackenfleck und durchweg dunklen Flügeln zu unterscheiden. **Ad. Ruhekleid:** ♂ frisch vermausert wie Prachtkleid (lediglich das weiße Nackenfeld verliert sich kurzzeitig durch Federausfall), später durch Federverschleiß und Verblassung etwas bräunlicher und weniger glänzend. Farbigkeit des Schnabels bleibt erhalten. **Dunenkleid:** Oberseits dunkel graubraun, Wangen, Kinn und Kehle fast weiß, Brust grauweiß, Bauch silberweiß; keine helle Rückenfleckung. Arttypische Schnabelstruktur andeutungsweise vorhanden und wie Iris und Füße dunkel grau. **Jugendkleid:** ♂ und ♀ dunkelbraun mit diffus aufgehellten Zügel-, Ohr- und Nackenflecken. Schnabel und Iris dunkel. **1. Prachtkleid:** ♂ samtschwarz mit weißem Nacken, aber ohne weiße Stirn; Schnabel und Iris wie ad. Das immat. ♀ ist an zahlreichen unvermauserten Jugendfedern kenntlich.
Mauser und Umfärbung: Ad. siehe Trauerente. Großgefiedermauser auf riesigen Mauserplätzen vor der Küste und auf großen Binnenseen. Bei juv. Mauser und Umfärbungen nur lückenhaft bekannt. Auffällig beim ♂ im 1. Jahr die Aufhellung der Iris und Bildung des weißen Nacken- und im 2. Jahr des weißen Stirnfeldes.
Verbreitung: Karte 111, Seite 346.
Status: Winterzählungen ergaben Mitte der 70er Jahre eine Gesamtpopulation von mindestens 765 000 Tieren. VERMEER (1981) fand die Art an den Küsten British Columbiens als absolut häufigste Meeresente und schätzte ihren Bestand dort auf 80 000 Individuen. MADGE & BURN (1988) weisen auf sehr hohe Ölpestverluste aufgrund der wenigen, sehr großen Winterkonzentrationen hin.
Lebensweise: Die Biologie der Brillenente ist vergleichsweise nur lückenhaft bekannt, zudem basiert dieser Kenntnisstand weitgehend auf älteren Quellen. Im Schelfmeer und auf großen Seen rasten die Tiere weit entfernt vom Ufer und damit außerhalb der Sicht der Beobachter. Ab Mai, zumeist im Juni, treffen die verpaarten Altvögel an den Brutplätzen der Tundren ein, reich strukturierte kleine Seen und Moore im Bereich der offenen Waldtundra sowie weite wasserreiche Flußniederungen sind bevorzugte Habitate. Die wenigen bekannt gewordenen Nester befanden sich auf Inseln und Halbinseln unter arktischen Sträuchern, zwischen Steinen und in Erdhöhlen. Eiablage um die Juni-Juli-Wende. Bald danach bilden die Erpel große Mauserscharen vor der Küste. Die Ente betreut die Küken auf den Tundratümpeln. Mit deren Flüggewerden ab Sept. wandern die Familien ebenfalls zum Meer und gesellen sich den Erpeln wieder zu.
Nahrung: Während des Meeresaufenthaltes zu 70–95 % Miesmuscheln, ferner andere Mollusken und wenige Pflanzenanteile (VERMEER 1981). Andere Untersuchungen ergaben einen sehr hohen Laichanteil.
Haltung und Zucht: Brillenenten gehören in Zoos und Zuchtanlagen zu den sehr selten gehaltenen Arten, über sie wurde bisher nicht ausführlich berichtet. Der Zoo San Diego hielt 1979 6 Tiere, einen Erpel davon seit 10 Jahren; mindestens 1 Paar lebte um 1988 in England. VOS (mündl.) schätzte, daß um 1990/91 etwa 3–4 Paare im Besitz von Züchtern in den USA und Kanada waren, darunter solche aus Wildvogeleiern; 1995 gelang in Kanada die Welterstzucht, 4 oder 5 Jungtiere wuchsen auf (KOOY, mündl.).

Samtente
Melanitta fusca (Linné, 1758)

Bisher **drei Unterarten: Samtente,** *M. f. fusca* (LINNÉ), **Amerikanische Samtente,** *M. f. deglandi* (BONAPARTE) und **Höcker-Samtente**, *M. f. stejnegeri* (RIDGWAY). Nominatform mit gelbem Oberschnabel, die beiden anderen mit rötlichen Oberschnäbeln und unterschiedlich starken Schnabelaufwülstungen im Basalbereich. Einige Autoren sehen in *deglandi* eine eigene Art und ordnen *stejnegeri* als Unterart zu. Gerechtfertigter erscheint eine künftige Trennung in 3 separate Arten. Die Nominatform wird selten, die kleinere Höcker-Samtente nur in eigener Anlage und die Amerikanische Samtente gelegentlich in USA und Westeuropa gehalten.

Paar der Samtente.

Flügel: *fusca* ♂ 269–286, ⌀ 280; ♀ 255–271, ⌀ 263 mm;
deglandi ♂ 274–298, ⌀ 284; ♀ 256–280, ⌀ 268 mm
Gewicht: *fusca* ♂ 1517–1980, ⌀ 1726; ♀ 1360–1895, ⌀ 1658 g
Gelege: *fusca* 8–10 rötlichbraune Eier, 64,3–77,4 × 42,6–51; ⌀ 72 × 48,4 mm; *stejnegeri* blaß bräunlich, 66,6–69 × 47,2–49; ⌀ 67,7 × 48,4 mm (8 Eier, eig. Mess.)
Brutdauer: 27–28 Tage
Schlupfgewicht: *fusca* 56–69, ⌀ 60,4 g (23 Küken, eig. Wäg.);
deglandi 49–59, ⌀ 54,5 g (SMART 1965);
stejnegeri 52–56, ⌀ 54,6 g (7 Küken, eig. Wäg.)
Geschlechtsreife: gegen Ende des 2. Lebensjahres, Fortpflanzung in Gehegen ab 3. oder 4. Jahr

Ad. Brutkleid: ♂ tiefschwarz und samtweich, arttypisch der weiße Unteraugenfleck und das weiße Flügelfeld. Schnabelfärbung variierend, Iris perlweiß. Ein Teil der Gehege-Erpel bildet den weißen Unteraugenfleck nicht aus. ♀ dunkel graubraun, Flügelfeld, Zügel- und Ohrgegend weiß. Schnabel dunkelgrau, Iris dunkelbraun. **Ad. Ruhekleid:** ♂ und ♀ gegenüber Brutkleid nur unwesentlich verändert. **Dunenkleid:** Kopf bis in Augenhöhe, ein schmales Brustband und die fleckenfreie Oberseite schwarzgrau, Wangenfeld, Kehle und Bauchseite silberweiß, Schnabel und Füße dunkel bleigrau, Iris schwarz. Bei Küken der **Höcker-Samtente** hintere Flügelränder hell, Dunen grau und besonders weich, Schnabelwurzel weit nach vorn befiedert, dadurch kürzer als bei *fusca* wirkend. **Jugendkleid:** ♂ und ♀ gleich, etwas heller als ad. ♀, der Zügel- und Ohrfleck verwaschen hell rahmbraun und ausgedehnter als bei ♀ ad. Schnabel und Iris schwarzgrau, Füße dunkelgrau und schwarz. Juv. **Höcker-Samtenten** ♂ und ♀ farbgleich, doch wölbt sich beim ♂ mit der Befiederung der Schnabelfirst im Basisbereich deutlich auf. **1. Prachtkleid:** ♂ Kleingefieder mattschwarz, Schnabel mit angedeutet gelbem Sattel, Iris dunkel, Füße gelblich und schwarz.

Mauser und Umfärbung: Ad. siehe Trauerente, bei juv. nur lückenhaft bekannt. In eigener Anlage zeigten sich bei den immat. ♂ ab Mitte Okt. erste schwarze Federn an Schultern und Schnabelbasis, die helle Kopffleckung verschwand im Nov.; bis Dez./Jan. war der Rumpf schwarz, der Bauch von hellen Federn durchsetzt. Die immat. ♀ wurden in dieser Zeit dunkler (stumpf sepiabraun), der Ohrfleck fast weiß, der Zügelfleck blieb nur angedeutet. Bei ♂ und ♀ bildete sich bis

Höcker-Samtente, die einzigen Individuen in einem Zuchtgehege.

Feb. die fein befiederte Schnabelhaut. Schnabel- und Irisverfärbungen erst ab 2. Herbst. Füße verfärben sich im gleichen Zeitraum von graugrün über gelblich bis rötlich.
Verbreitung: Karte 110, Seite 346.
Status: Die Nominatform verfügt über ausgedehnte Brutareale in der Taigazone der Westpaläarktis mit großer Dichte auf den finnischen und estnischen Schären, Gesamtpopulation um 250 000, etwa 60 000 davon mausern in dänischen Gewässern. Den amerikanischen Bestand geben DEL HOYO et al. (1992) mit 1 Mill. an, der asiatische wird kaum kleiner sein. Verluste durch Ölkatastrophen und in Fischnetzen werden bisher kompensiert.
Lebensweise: Die Brutgebiete der Samtente liegen südlich jener der Trauer- und Brillenente mit Schwerpunkt in der Borealzone. Seen und Moore des Nadelwaldgürtels, südwärts bis zu den Gewässern der Waldsteppe, im botnischen Bereich dicht mit Wacholder und Ried bewachsene Schären stellen die Hauptbiotope. Die Höcker-Samtente nistet auf den kontinentalen Hochplateaus südwärts bis zur Mongolei. Als einer der letzten Wasservögel kehren die Samtenten verpaart, in NO-Europa im Mai, im Altai im Juni, zu den Brutgewässern zurück. Nestanlage zwischen Gestein, im Gras, auf den Schären bevorzugt in den Wacholder-Beständen. Eiablage Juni bis Mitte Juli. Nach dem 1. Brutdrittel wandern die Erpel zur Mauser auf das Meer zurück. Die Jungenten werden vom ♀ geführt, bei ihnen erfolgt eine relativ schnelle Rumpfbefiederung, während die Schwingen langsam nachziehen und die Flugfähigkeit erst mit 2 Monaten erreicht wird. Dann wandern auch sie zum Meer ab.
Nahrung: Auf Binnengewässern neben Wasserpflanzen hauptsächlich Muscheln, Krebse, Wasserinsekten, Fischlaich und Fischbrut. Auf dem Meere fast ausschließlich Muscheln.
Haltung und Zucht: Die schwarzen *Melanitta*-Arten rückten erst im letzten Jahrzehnt in das Interessenfeld der Züchter. Zuvor gelangten wenig beachtete Zufallsfänge in Zoos, gewöhnten sich hier relativ gut ein und zeigten auch keine Mauserprobleme. So lebten je ein Tier im Zoo Basel 13 und in eigener Anlage 11 Jahre. Von verölten und gereinigten Tieren überleben nach ihrer Freilassung etwa 0,2 %, in Gehegen unter 10 %. Aus Wildvogeleiern aufgezogene Samtenten erwiesen sich nach gelungener Aufzucht bei guten Gehegebedingungen und modernen Futtersorten als problemarm. Stoffwechsel- oder Mauserprobleme sind unbedeutend, Verluste treten durch Parasiten, gehäuft durch Unfälle (u. a. Verschlucken

von Gegenständen) auf. Samtenten werden futterzahm, erweisen sich als schnell lernfähig, sind jedoch nicht sonderlich bewegungsaktiv. Englische Erstzucht 1975 im Wildfowl Trust; deut. Erstzucht 1995 BIEHL (2 juv.), mit Tieren, die 1988 und 1989 in meiner Anlage aus Eiern baltischer Wildvögel aufwuchsen. Die im eigenen Gehege verbliebenen 4 Tiere paarten sich während der Winterkälte im Jan. 1996 besonders intensiv. Ab 12.6. begann eines der ♀ mit der Ablage von 6 Eiern unter einem Haselstrauch, das andere ♀ okkupierte das Gelege und begann am 23.6. zu brüten. Alle 6 Küken schlüpften, 3 wuchsen auf (dt. Zweitzucht). DEPOTTER (briefl.) gelang 1995 die belgisch-holländische Erstzucht, 1996 wuchsen bei ihm aus 16 Eiern 15 Jungtiere heran. Unter sehr guten Haltebedingungen verlaufen Nahrungsaufnahme und Entwicklung problemlos. Krankheitsanfälligkeit, Verschmutzung und Abbrechen der sich entwickelnden Bauchfedern (mit anschließender Gefieder-Durchnässung) sowie Entzündungen der Fußhornhaut können aber auch zu hohen Verlustraten führen. Am 30.7.91 schlüpften in eigener Anlage aus einem ostsibirischen Gelege 7 Küken der Höcker-Samtente, die verlustlos heranwuchsen. Am 18. Tag Entfaltung der Steuer-, am 20.–23. Tag der Schulter- und Flankenfedern; mit 30 Tagen war die Unterseite befiedert, und die Schwingenentwicklung setzte ein. Volle Befiederung um den 50. Tag. Als Altvögel sind sie aktiver und nutzen den Ufersaum stärker als die Samtenten, die überwiegend auf der freien Wasserfläche ruhen. Im Apr./Mai suchen die ♀ unter Rispenseggen nach Nistplätzen und drehen Nester, im Juni ebbt die Fortpflanzungsstimmung rasch ab, zur Eiablage kam es bis 1998 nicht.

Schellente
Bucephala clangula (Linné, 1758)

Zwei Unterarten: Die paläarktische **Schellente**, *B.c.clangula* (Linné), und die etwas größere **Amerikanische Schellente**, *B. c. americana* (Bonaparte); es liegt eine stufenlose Größenzunahme von Europa über Sibirien bis Amerika vor, die besonders in den Endpopulationen in Europa und Kanada klare Signifikanz aufweist.

Erpel der Schellente.

Flügel: *clangula* ♂ 209–231, ⌀ 220; ♀ 197–207, ⌀ 203 mm
Gewicht: *clangula* ♂ 750–1245, ⌀ 1040; ♀ 605–860, ⌀ 730 g
Gelege: 8–12, auch bis 15 blaugrüne Eier, 52–67 × 39–45; ⌀ 59,2 × 42,6 mm
Brutdauer: 30 Tage
Schlupfgewicht: 33,2–44,6, ⌀ 36,6 g (64 Küken, eig. Wäg.); Amerikanische Schellente ⌀ 38,9 g
Geschlechtsreife: gegen Ende des 2. Lebensjahres

Ad. Brutkeid: ♂ unverwechselbar; ♀ kleiner als Spatelente und mit großem weißem Feld auf den mittleren Armdecken. Schnabel variiert von durchweg schwarz bis gelb. Iris beim ♂ goldgelb, beim ♀ perlweiß. **Ad. Ruhekleid:** ♂ und ♀ jetzt ♀-farben, Flügelzeichnung unverändert. Am zierlicheren Gesamthabitus und dem ausgedehnteren Weiß im Flügel gut von Spatelenten zu unterscheiden. Schellerpel deutlich größer und dunkler als Schellente. **Dunenkleid:** Kopf bis in Augenhöhe und gesamte Oberseite, ausgenommen weiße Fleckchen vor Flügel, auf Flügelrand und auf Bürzelseiten schwarzgrau; Wangen, Kinn, Kehle sowie Unterseite weiß mit schmalen grauen Übergängen zur dunklen Rückseite. Küken wirken dickköpfig und kurzschnäblig. Schnabel schwarz, Iris dunkelgrau. **Jugendkleid:** Wie ♀ ad., insgesamt bräunlicher (ad. mehr grau), weniger Weiß im Flügel, Iris hellgrau. Immat. Erpel größer als gleichalte ♀ und ohne schwarze Zwischenbinde auf den großen Decken. Weißverteilung auf den Flügeln variabel und nur bedingt zur Geschlechtsbestimmung nutzbar. **1. Prachtkleid:** ♂ Kopf dunkelbraun, von schwarzen Federn durchsetzt, weißer Wangenfleck kann angedeutet sein. Übriges Kleingefieder schwarzgrau, unterschiedlich stark aufgehellt. ♀ im 1. Brutkleid am Jugendflügel kenntlich.

Mauser und Umfärbung: ♂ und ♀ beginnen etwa zeitgleich im Juli mit der Mauser in das Ruhekleid, relativ schnell werden Kopf, Hals und Rückenpartien gewechselt. Daran schließen sich die Vollmauser mit Abwurf der Schwingen, der Steuerfedern (gestaffelt) und ab Sept. ein erneuter Kleingefiederwechsel an, in dessen Verlauf das Pracht- bzw. Brutkleid zwischen Okt. und Dez. angelegt wird. Die juv. durchlaufen ab Aug. ihre Jugendmauser, die nur wenige Partien (u. a. Kopf und mittlere Steuerfedern) erfaßt und nur geringe farbliche Veränderungen bringt. Die sich anschließende Ruhemauser führt dann während des Winters zu den 1. Alterskleidern. Zeitlicher Ablauf und Umfang variieren zumindest bei Gehegevögeln sehr stark, einzelne Erpel zeigen ab Okt., andere ab Feb. typische ♂-Merkmale.

Verbreitung: Karte 112, Seite 347.

Status: Entsprechend dem weiten Verbreitungsgebiet verfügt die Schellente zirkumpolar über riesige Populationen, insgesamt werden 1,5 Mill. Individuen geschätzt. Ihre Brutdichte wird allgemein vom Höhlenangebot bestimmt und durch das Anbringen von Nistkästen wesentlich erhöht (in Holstein brüten etwa 60% in Nistkästen, BERNDT & BUSCHE 1993).

Lebensweise: Als Baumhöhlenbrüter bewohnt die Schellente den breiten Waldgürtel zwischen der Subarktis im Norden und den Steppenregionen im Süden. Bruthabitate bilden kalte, klare Seen und Flußabschnitte in unmittelbarer Nähe von Hochwald oder von Altbaumgruppen. Mit dem Eisfreiwerden der Brutgewässer kehren die Gruppen ab März zurück, Balz und Paarung erreichen jetzt ihren Höhepunkt, Rundflüge zur Revieraufteilung und Bruthöhlensuche folgen. Bevorzugte Nistplätze bilden Höhlen oder Nistkästen in 6–8 m Höhe und direkt am Wasser, doch sind auch Bruten in 1–2 km Entfernung und bis zu 15 m hoch bekannt. Nistplatzwahl durch ♀. Eiablage bei uns im April, anderorts ab Mai. Eiablage in 48stündigen Intervallen. Nicht selten nutzen mehrere ♀ ein Nest, in einem Fall war ein Tier in der Lage, die Küken aus 22 Eiern zum Schlupf zu bringen. Etwa 24 Stunden alt springen sie, gelockt vom ♀, herab, werden zum Wasser geführt und wachsen dort im äußeren Saum der Röhrichtkante heran. Hauptnahrung bilden vorbeifliegende Insekten, die erhascht werden. Die Ente verläßt ihre halbflüggen Jungen und beginnt zu mausern. Mit zunehmendem Alter scharen sich die juv. stärker zusammen, werden mit 8 Wochen flugfähig und gesellen sich dann den Altvögeln zu.

Nahrung: Fast ausschließlich Kleinlebewesen, seltener Fischchen oder Fischlaich, Jagdtiefe bis 4 m; pflanzliche Nahrungsanteile können zum Herbst hin ansteigen.

Haltung und Zucht: Schellenten gehören heute zu den am besten in Gehegen akklimatisierten Meeresenten. Sie werden über Generationen gezüchtet und sind bei einem gehaltvollen Pelletfutter problemlos zu halten. Auf zu engen Teichen mit schlechter Wasserqualität werden Wohlbefinden und Aktivitäten jedoch eingeschränkt, solche Tiere ruhen beispielsweise auf dem Uferrand statt auf dem Wasser. Auch die Überwinterung muß im Freien auf eisfreiem Wasser möglich sein. Als Futter erhalten Schellenten ein grobes Pelletfutter und Weizen, zusätzlich und besonders bei Eingewöhnungen Garnelen, Mehlwürmer oder Wasserlinsen. Die Probleme der Kükenaufzucht früherer Jahrzehnte resultierten aus dem seinerzeitigen Futterangebot und den begrenzten technisch-hygienischen Möglichkeiten. Mit großer Regelmäßigkeit beginnen die ♀ ab 2. Jahr mit dem Legen, Nachgelege sind die Regel. Optimale Aufzuchterfolge sind in Boxen zu erreichen. Da die Küken überaus scheu und sensibel sind, erfordert die Betreuung viel Ruhe, andere oder ältere Küken können beruhigend wirken. Eine reichliche Nahrungsaufnahme ist Bedingung für eine normale Entwicklung, speziell für die Befiederung. Kann den Tieren in jedem Entwicklungsstadium ausreichend Wasser zum Tauchen geboten werden, sind gute Erfolge zu erwarten. Befiederung um den 18. Tag mit der Entfaltung der Steuerfedern, ab 22. bzw. 24. Tag zeigen sich Flanken- und Schulterfedern, und ab 28. Tag befiedert die Unterseite. Mit 7 Wochen sind die Konturfedern weitgehend entwickelt, die Jungenten aber noch nicht flugfähig. Ein Verkauf der Nachzucht setzt eine wesentliche Stabilisierung der Tiere voraus, die alle Meeresenten erst nach der 1. Mauser im Herbst erhalten.

Erpel der Spatelente.

Spatelente
Bucephala islandica (Gmelin, 1789)

Größte der 3 *Bucephala*-Arten
Flügel: ♂ 230–245, ⌀ 239; ♀ 210–223, ⌀ 218 mm
Gewicht: ♂ 914–1300, ⌀ 1100; ♀ 737–909, ⌀ 820 g
Gelege: 10–12 kräftig blaugrüne Eier, 58–68 × 42–47; 62 × 45,1 mm
Brutdauer: 30 Tage
Schlupfgewicht: 36–46,5, ⌀ 42,1 g (32 Küken, eig. Wäg.)
Geschlechtsreife: gegen Ende des 2. Lebensjahres, Brutaktivität in Gehegen selten vor dem 3. Jahr

Ad. Brutkleid: ♂ unverwechselbar; ♀ vom ähnlichen Schellenten-♀ am klobigen Schnabel und mähnigen Kopfgefieder zu unterscheiden. Gelbe oder blaß rötliche Schnabelanteile stark variabel (kein Altersmerkmal). Mittlere Flügeldecken grau, breit weiß gesäumt. Iris weiß. **Ad. Ruhekleid:** Beide Geschlechter ♀-farben, Flügel und Iris unverändert. Von Schellenten an buschigerem Kopf, klobigerem Schnabel und an der Größe zu unterscheiden. **Dunenkleid:** Nicht mit Sicherheit von Schellenten-Küken unterscheidbar, obgleich der Rücken etwas stärker weiß gefleckt und der Oberschnabel höher und damit klobiger ist. **Jugendkleid:** Etwa wie ♀ ad., mittlere Flügeldecken grau, nur beim ♂ angedeutet hell gesäumt. Iris dunkelgrau. Juv. ♂ erheblich massiger und mit klobigerem Schnabel als gleichalte ♀. **1.Prachtkleid:** Kopfgefieder beim ♂ buschig und schwarz, die weiße Zeichnung unterschiedlich stark angedeutet; Rumpf schwarzgrau, von weißen Partien durchsetzt.
Mauser und Umfärbung: Ad. wie Schellente. Bei den juv. Spatelenten sind Jugend- und anschließende Ruhemauser wegen der geringfügigen Farbveränderungen nur schwer zu trennen, der Grad der Aufhellung variiert bei Gehegevögeln besonders stark. Zu Beginn der Jugendmauser im Sept. werden die mittleren Steuerfedern gewechselt, ab Okt. sind beim ♂ Brust und Bauch weiß,

die Rückenpartien schwarz, ab Dez. erste weiße Flankenfedern, ab Jan. zeigen sich der Zügelfleck, wenig später erstes Weiß auf dem Rücken. Im Mai wird dann das schwarzweiße Teilprachtkleid durch ein graues Ruhekleid ersetzt. Mauservorgänge beim ♀ nur schwer erfaßbar.

Verbreitung: Karte 113, Seite 347.

Status: Nach MADGE & BURN (1988) umfaßt die Population im Westen Nordamerikas 150 000 Tiere, die ostkanadische ist wesentlich kleiner und kaum erfaßt. Der Brutbestand Islands umfaßt ca. 800 Paare. Weltpopulation nicht über 200 000. Art ist u. a. auf Island voll geschützt und die Ausfuhr von Bruteiern in den letzten Jahrzehnten verboten.

Lebensweise: Als Brutbiotope bewohnt die Spatelente von Nadelwald umgebene Bergseen (in den Rocky Mountains bis in 3 000 m Höhe), Felsenküsten mit zahlreichen vorgelagerten, kleinen bewaldeten Inseln, im gesamten atlantischen Bereich offene, tundraartige Regionen. Überwinterung in kleinen Gruppen vor der Küste und auf größeren eisfreien Flüssen, nicht selten in Gesellschaft von Schellenten. Hier beginnen im Spätwinter Balz und Paarung, die auf den Brutgewässern ihren Höhepunkt und Abschluß finden. Eiablage ab Mitte Mai; im pazifischen Raum in Baumhöhlen, vorrangig in großen Spechtröhren, in allen übrigen Arealen aus Ermangelung an Wald zwischen Felsgestein, unter dichten Sträuchern, in Uferböschungen, gern in Mauerwerk oder Nistkästen (23 × 30 × 60 cm, Loch 12 cm). Die reichlich verwendeten Nestdunen sind grauweiß. Küken springen, gelockt vom ♀, aus der Höhle herab und werden auf der freien ufernahen Wasserfläche aufgezogen. Während dieser Zeit bilden die Erpel im Brutareal kleine Mausergruppen, zu denen sich später die Familien hinzugesellen. Mit der Vereisung der Seen erfolgt die Abwanderung in Richtung Küste oder Tallagen.

Nahrung: Fast ausschließlich Kleinlebewesen (Wasserinsekten, Mollusken, Crustaceen), weniger Fischchen oder Fischlaich und Pflanzenteile.

Haltung und Zucht: Spatelenten gehörten lange zu den selten gehaltenen und schwierig zu züchtenden Meeresenten. Englische Züchter experimentierten in den 20er und 30er Jahren wiederholt mit isländischen Wildvogeleiern. Die Aufzuchterfolge waren gering, dennoch gelang ihnen 1937 die Welterstzucht. Parallelbemühungen führten 1950 im Zoo Philadelphia zur USA-Erstzucht.

Nach dem Kriege holten englische Züchter erneut Eier isländischer Spatelenten, die seinerzeit gewerblich für Speisezwecke abgesammelt wurden, und bauten damit den heutigen Gehegebestand auf. Spatelenten sind wie Schellenten auf größeren Teichen und unter guten Hygienebedingungen zu halten und auf eisfreiem Wasser im Freien zu überwintern. Die Tiere sind langlebig, haben keine Mauserprobleme, doch sind viele Erpel ausgesprochen aggressiv gegen alle Teichmitbewohner; tauchend schwimmen sie heran, beißen überraschend von unten und verbreiten damit allgemeine Panik. Die Zuchterwartungen stehen heute denen der Schellente nicht nach, die geringeren Legeleistungen werden durch eine leichtere Aufzucht kompensiert. Ein Teil der Spatelenten dürfte seit den 90er Jahren inzuchtgefährdet sein, Züchter müssen sich gezielt um Austausch der Tiere bemühen. Für die eigene Anlage wurde 1979 ein immat. Paar erworben, von dem zwischen 1982 (Erstzucht ehem. DDR) und 1990 über 30 Junge aufwuchsen. Die im Inkubator geschlüpften Küken ließen sich bedingt prägen und waren dadurch weniger scheu als Schellenten-Küken, Aufzucht und speziell Futteraufnahme bereiteten keine Probleme. Im Sommer 1990 wuchs ein Hybrid Gänsesäger × Spatelente auf, der im Alter von 2 Wochen erblindete und im Okt. starb.

Büffelkopfente
Bucephala albeola (Linné, 1758)

Flügel: ♂ 169–175, ⌀ 172,5; ♀ 152–161, ⌀ 156 mm (PALMER 1976)

Gewicht: ♂ 270–600, ⌀ 460; ♀ 230–470, ⌀ 320 g (ERSKINE 1972)

Gelege: 7–10 grünliche Eier, 49,5–55 × 34–38; ⌀ 50,5 × 36 mm

Brutdauer: 29–31 Tage

Schlupfgewicht: 16,3–22, ⌀ 20,2 g (32 Küken, eig. Wäg.)
Geschlechtsreife: gegen Ende des 2. Lebensjahres

Ad. Brutkleid: ♂ und ♀ unbedeutende Größen- und Farbvariationen. ♀ buschiges Kopfgefieder mit klar abgegrenztem weißem Längsstreif. **Ad. Ruhekleid:** ♂ weißer Backenfleck deutlich größer als beim ♀, Flügel mit unverändert hohem Weißanteil. ♀ farblich nur geringfügig verändert, stets kleiner als ♂. **Dunenkleid:** Färbung und Zeichnung wie Küken der Schellente; ferner größen-, färbungs- und zeichnungsidentisch mit Zwergsäger-Küken, von diesen durch breiteren Schnabel zu unterscheiden. **Jugendkleid:** Kopf- und Halsfedern dunkelbraun, nicht verlängert; der Seitenfleck rahmweiß und auf Ohrregion begrenzt. Körpergefieder vorherrschend grau. Flügel nur äußere Armschwingen weiß, innere und Decken dunkelgrau. Juv. ♂ etwas größer und ausgedehnter weiß an Kopfseiten und auf Flügeln als gleichaltes ♀. **1. Prachtkleid:** Kopfgefieder fast schwarz, nur angedeutet schillernd, Rückenpartien stumpf schwarzgrau, Rumpf stark aufgehellt, Kleingefieder im Schwanzteil grau (bei ad. fast weiß). ♀ im **1. Brutkleid:** Kopf wie ♀ ad., kenntlich am Jugendflügel mit grauen Decken.
Mauser und Umfärbung: Nach ERSKINE (1972) setzt bei kanadischen Wilderpeln Anfang Mai die Brutmauser ein, im farbigen Kopfgefieder zeigen sich erste braune Federn, Mitte Juli tragen sie das graue Schlichtkleid und vermausern die Schwingen. Um Mitte Aug. wird die Flugfähigkeit wiedererlangt, und die Ruhemauser setzt ein, die Ende Sept. abgeschlossen wird. Bei den ♀ beginnt die Mauser in das Ruhekleid Juli/Aug., um die Aug.-Sept.-Wende sind sie flugunfähig und erhalten im Herbst das Brutkleid zurück. Die juv. führen nach beendeter Befiederung eine Jugendmauser durch, die zu einem 1. Schlichtkleid führt und nur wenig farbverändert ist, und kommen ab Spätherbst in die 1. Ruhemauser, in deren Verlauf bis Feb./März das 1. Pracht- bzw. Brutkleid angelegt wird.
Verbreitung: Karte 114, Seite 347.

Erpel der Büffelkopfente.

Status: Der Gesamtbestand ist mit über 100 000 Tieren stabil und nicht direkt gefährdet. Waldrodungen reduzieren das Angebot an Nisthöhlen, doch nutzt die Art relativ kleine Höhlen und steht somit nicht in Konkurrenz mit Kappensägern, Schell- oder Spatelenten.
Lebensweise: Zur Brutzeit bewohnen Büffelkopfenten von Hochwald umgebene oder durchsetzte Moore, Fluß- und Sumpfniederungen im Bereich der kanadischen Nadelwaldzone, während sie die Wintermonate auf größeren Flüssen oder in Meeresbuchten verbringen. Innerhalb der kleinen Wintergesellschaften beginnen Balz und Paarung, die sich auf dem Heimzug fortsetzen. Ab April treffen die Erpel, die Enten erst zwei Wochen vor Legebeginn auf den Brutgewässern ein. In dieser Zeit entfaltet sich die intensivste Balz und offenbar auch erst die endgültige Paarung. Eiablage ab Mitte Mai, bevorzugt in 4–8 m Höhe in Höhlen des Goldspechtes und sehr nahe dem Wasser. Als ortstreu erweisen sich die ♀ für die Bruthöhle, die Erpel für die Brutgewässer. Gele-

geabdeckung mit hellgrauen Dunen. Kükenbetreuung allein durch die Ente im relativ flachen Wasser. Büffelkopfenten sind sehr geschickte Taucher und gewandte und schnelle Flieger. Beide Partner mausern offenbar auf dem Brutgewässer; Abzug in die Wintergebiete erst mit der vom Norden her fortschreitenden Eisbildung.
Nahrung: Auf den Binnengewässern zu etwa 40 % aus Wasserinsekten und deren Larven, ferner Kleinkrebse und Schnecken sowie um 20 % Pflanzenteile. Bevorzugte Tauchtiefen 1 bis 5 m.
Haltung und Zucht: Bis nach 1970 gehörten Büffelkopfenten in Europa zu den seltenen und heiklen Arten. DELACOUR besaß sie von 1936 bis 1940 im Zoopark Clères, Frankreich, der Wildfowl Trust erstmals 1963. Entsprechend spät gelangen auch die Erstzuchten: 1964 PILLING, USA, 1970 Sir WILLIAMS, GB, 1978 WIENANDS, Viersen, 1984 Tierpark Berlin, 1990 ARMATI, Schweiz, und 1991 in eigener Anlage. Haltung und Zucht der Büffelkopfente sind heute unter angemessenen hygienischen Bedingungen und mit modernem Pelletfutter annähernd problemlos. Unterbringung bevorzugt auf nicht zu kleinen, um 70 cm tiefen Teichen; Überwinterung auf eisfreiem Wasser. Mehrere Zuchtpaare können gemeinsam einen Teich bewohnen. SPIESS (1985) berichtet aus den USA über Volierenzuchten auf einem Wasserbecken von nur 1,5 m Durchmesser und 60 cm Tiefe mit entsprechend zahmen Tieren. In Gehegen werden Büffelkopfenten selten vor dem 3. Lebensjahr brutaktiv. Eiablage in kleinen, etwas erhöht angebrachten Höhlen ab Anfang Mai. Normalgelege 5–6 Eier; die ♀ brüten sicher, erweisen sich jedoch für die Kükenführung meist zu nervös, so daß mit Verlusten zu rechnen ist. In Boxen verhalten sich die Küken ruhig wie die der Säger und nicht wie die stets scheuen und springenden Schellenten-Küken. Als Lebendfutter erhalten sie kleine Mehl- oder Büffelwürmer. Nach ERSKINE (1972) sind die Jungenten mit 40 Tagen befiedert und mit 50–55 Tagen flugfähig.

Säger

Zwergsäger
Mergellus albellus (Linné, 1758)
Syn.: *Mergus albellus* Linné, 1758

Flügel: ♂ 197–208, ⌀ 202; ♀ 181–189, ⌀ 184 mm
Gewicht: ♂ 540–935, ⌀ um 700; ♀ 515–647, ⌀ 570 g
Gelege: 6–9 hell cremefarbene Eier, 47,7–58 × 34–40; ⌀ 52,7 × 37,5 mm
Brutdauer: bis 30 Tage
Schlupfgewicht: 21–28,3, ⌀ 23,8 g (22 Küken, eig. Wäg.)
Geschlechtsreife: gegen Ende des 2. Lebensjahres

Ad. Brutkleid: ♂ und ♀ nicht nennenswert farb-, zeichnungs- oder größenvariabel. Weißanteil im Flügel bei ♂ und ♀ annähernd gleich. **Ad. Ruhekleid:** ♂ Kleingefieder ♀-farben, Rücken schwarz; deutlich größer, fülliger und mit kräftigerem Schnabel als ♀. Ad. ♀ (ab Aug./Sept.) mit schwarzer Zügelfärbung bis zur Ohrgegend. **Dunenkleid:** Färbung und Zeichnung schwarzweiß wie Schellenten-Küken, von diesem durch geringere Größe und den typischen Säger-Schnabel zu unterscheiden. **Jugendkleid:** Kopf und Hals zimtbraun, Kinn und Kehle weiß, auf Wangen diffuser Übergang zum Zimtbraun; Rumpffedern bräunlichgrau, heller gesäumt; das bei ad. weiße Flügelfeld auf den mittleren Decken ist noch von graubraunen Federspitzen überdeckt. Färbungsunterschiede zwischen den Geschlechtern minimal. **1. Prachtkleid:** Erpel mit schwarzem Zügelfleck wie ad., Brust aufgehellt, Kopf und Flanken von weißen Federn durchsetzt, Rücken schwarz. ♀ vorwiegend grau (juv. mehr bräunlich); weißes Gesichtsfeld scharf abgesetzt; vom ad. ♀ bedingt am Jugendflügel unterscheidbar.
Mauser und Umfärbung: ♂ mausern ab Ende Juni in das Ruhekleid, wechseln Aug./Sept. Schwingen und Steuerfedern und tragen ab Nov./Dez. erneut das Prachtkleid. ♀ beginnen 4–6 Wochen verzögert mit Brut- und Großgefiedermauser. Ihre Ruhemauser verläuft ohne Färbungswechsel und wird da-

Paar des Zwergsägers vor dem Begatten.

durch kaum erfaßt. Die juv. erneuern ab Sept. weitgehend das Kleingefieder und zumindest die mittleren Steuerfedern. Ab Okt. haben ♂ und ♀ die klar gezeichnete Wangenfärbung wie ad. ♀, die gleich alten Erpel können dann deutlich heller sein. In der 2. Winterhälfte, besonders im Frühjahr, legen die immat. Erpel das Teilprachtkleid an, bis sie im Juni erneut in das Ruhekleid mausern.

Verbreitung: Karte 116, Seite 347.

Status: Die Bestände des in der Taiga weit verstreut brütenden und in Kleingruppen überwinternden Zwergsägers sind kaum erfaßbar. Die nordeuropäische Population ist klein, aber nicht gefährdet. Die Winterpopulation Westeuropas wird auf maximal 15 000 geschätzt, die der gesamten Westpaläarktis auf 80 000 und der Ostpaläarktis auf unter 100 000 (DEL HOYO et al. 1992 u.a.).

Lebensweise: Die Brutvorkommen der Zwergsäger beschränken sich auf den borealen Nadelwaldgürtel Nordeurasiens mit den weiten Kiefern- und Lärchenbeständen und den wasserreichen Niederungen der sibirischen Taiga als das Kernstück. Hier bewohnen sie gemeinsam mit Schellenten von Hochwald eingeschlossene Seen und Niederungen und brüten vorzugsweise auf kleinen mit Baumgruppen bestandenen Inseln. Balz und Paarung wie bei all diesen Arten verstärkt auf dem Frühjahrszug und nach Eintreffen auf den Brutgewässern. Eiablage in Spechthöhlen und hohlen Bäumen, gern in angebrachten Nistkästen und möglichst dicht am Wasser. Legebeginn ab Mitte Mai. Nestdunen hell silbergrau. Nachwuchsbetreuung allein durch das ♀; die Küken springen etwa einen Tag alt herab und werden zum Wasser geführt. Die Kükenverluste sind in den ersten Wochen relativ hoch, andererseits haben gesunde Altvögel faktisch keine natürlichen Feinde und damit eine hohe Lebenserwartung. Die Jungsäger sind mit etwa 10 Wochen erwachsen und wandern mit Herannahen der Eisbildung in den

Kontinentalregionen zu den im Winter relativ warmen meeresnahen Gebieten ab.
Nahrung: In den Wintermonaten fast ausschießlich aus 3–8, selten bis 10 cm langen Fischchen (KOLBE 1989), im Sommer ferner aus Wasserinsekten und anderen Kleinlebewesen.
Haltung und Zucht: Die Eingewöhnung eingefangener Zwergsäger gelingt offenbar recht gut. Der Berliner Zoo hielt die Art wiederholt seit 1873, und nach HEINROTH (1931) ist die Haltung einmal eingewöhnter Tiere auf Zooteichen recht gut möglich. Auch die Erstzucht 1935 durch den englischen Züchter STEVENS gelang mit Wildfängen. Auch die gegenwärtig umfangreiche Gehegepopulation dürfte um 1960 aus solchen Tieren, weniger aus Eiern von Wildvögeln hervorgegangen sein. Die heutigen Zwergsäger sind seit mehreren Generationen in Gehegen gezüchtet, damit ist ihre Haltung recht problemlos geworden. BIEHL (mündl.) züchtet mit Tieren, die zwischen 11 und 13 Jahre in seiner Anlage leben. Wegen der Tauchbedürfnisse sind Zwergsäger auf nicht zu engen Teichen mit angemessener Wasserqualität zu halten. Wie alle Säger sind auch sie zu keiner Zeit aggressiv, selbst mehrere Zuchtpaare stören sich nicht. Eiablage in Nistkästen, Legebeginn ab 1. Maihälfte, Nachgelege bis Mitte Juni. Die ♀ brüten ruhig und fest. In der Seevogel-Großvoliere des Zoos Rostock zog ein Tier mehrmals seine Küken verlustlos auf, ihnen standen jedoch (u. a. für Limikolen und Seeschwalben) ständig ein Fleisch-Pellet-Gemisch und reichlich Mehlwürmer zur Verfügung. Auch in Boxen wachsen Küken problemlos heran, als Hauptfutter bekommen sie handelsübliche Mischungen, zusätzlich Mehlwürmer. Zwergsäger-Paare werden ab 2. oder 3. Jahr fortpflanzungsaktiv; 1993 legte in eigener Anlage ein einjähriges ♀ 8 Eier und erbrütete 7 Küken.

Kappensäger
Lophodytes cucullatus (Linné, 1758)
Syn: *Mergus cucullatus* Linné, 1758

Flügel: ♂ 191–207, ⌀ 198,5; ♀ 180–191, ⌀ 185,2 mm
Gewicht: ♂ 559–879, ⌀ 680; ♀ 453–652, ⌀ 554 g
Gelege: 6–12 rundliche, glänzend weiße Eier, 50–58 × 40,5–45,5; ⌀ 53,6 × 44,3 mm
Brutdauer: um 30 Tage
Schlupfgewicht: 25,5–32, ⌀ 28,8 g (32 Küken, eig. Wäg.)
Geschlechtsreife: gegen Ende des 2. Lebensjahres

Ad. Brutkleid: ♂ nur unbedeutende Variabilitäten. ♀ mit sehr großer Holle, 2–3 zu schwarzweißen Schmuckfedern verlängerte

Erpel des Kappensägers.

innere Armschwingen. Schnabel im Basisteil gelblichgrau. Iris ♂ gelb, ♀ braun. **Ad. Ruhekleid:** Erpel ♀-farben mit gelber Iris, schwarzem Schnabel und weißdurchsetzter Brut. ♀ mit brauner Iris, gelblichgrauem Schnabel und kurzer schwarzgrauer Federholle. **Dunenkleid:** Kopf bis in Augenhöhe, hinterer Halssaum und Rücken dunkel sepiabraun; Wangen und Zügel zimtbraun, zur Kehle hin rahmweiß. Bauch sowie spärliche Fleckung an Flügelrand und Bürzelseiten weiß. Iris dunkelbraun, Schnabel und Füße dunkelgrau, Schwimmhäute hellgrau. Kopf durch besonders lange Dunen buschig wirkend. **Jugendkleid:** Ähnlich ♀ ad., aber Holle noch kurz, zum Rand hin dunkelbräunlich. Bis zu 3 der innersten Armschwingen haben angedeutet helle Schaftstriche, die beim juv. ♀ stets von Schulterfedern verdeckt sind, beim juv. ♂ können 1 oder 2 leicht verlängert und damit sichtbar sein (beim ♀ ad. immer 2–3 deutlich verlängert und sichtbar). Weißanteile im Flügel variierend, für Alters- oder Geschlechtsbestimmungen nur begrenzt nutzbar. Iris anfangs dunkelbraun, beim ♂ ab 4. Monat hell sandfarben, beim ♀ unbedeutend verändert. **1. Prachtkleid:** Holle beim ♂ in Länge und Fülle wie ♀ ad., doch dunkelbraun, unterer Teil hell sandfarben. Gesicht unterhalb der Augen hellgrau. Brust überwiegend weiß mit angedeutet schwarzer Seitenzeichnung. Iris gelb. **1. Brutkleid:** Holle annähernd wie ♀ ad., Rumpfgefieder und Iris dunkel; 1–2 Armschwingen werden als Schmuckfedern sichtbar, sind aber kürzer als beim immat. ♂ und ad. ♀.
Mauser und Umfärbung: Ad. ♂ wechseln ab Juni in rascher Folge in das Ruhekleid, vermausern Juli/Aug. das Großgefieder und tragen ab Okt. erneut das Prachtkleid. Brut-♀ vermausern Klein- und Großgefieder im Aug., gemeinsam mit den Erpeln wechseln sie im Sept/Okt. in das Brutkleid zurück. Bei den juv. ♂ hellt sich unmittelbar vor Einsetzen der Jugendmauser im Aug./Sept. die Iris auf. Innerhalb dieser Teilmauser werden u. a. die Kopf- und Steuerfedern (erst die 4 mittleren, dann die äußeren) gewechselt. Mit Ausgang das Winters wird die Umfärbung in das 1. Pracht- bzw. Brutkleid sichtbar, dabei wachsen bei ♂ und ♀ die inneren Armschwingen als verlängerte Schmuckfedern nach, beim Erpel deutet sich außerdem die spätere Brustfärbung an.

Verbreitung: Karte 115, Seite 347.

Status: Das Vorkommen des Kappensägers in den weiten Waldregionen ermöglichte nur eine annähernde Erfassung der Gesamtbestände, die seit BELLROSE (1976) mit etwa 76 000 angenommen werden. Um die Nisthöhlen konkurriert der Kappensäger allein unter den Anatiden mit Braut-, Schell-, Spatel-, Büffelkopfente und Gänsesäger, wohl eine Ursache für die relativ geringe Siedlungsdichte, die sich mit fortschreitenden Waldrodungen weiter ausprägt.

Lebensweise: Die Brutvorkommen des Kappensägers beschränken sich auf die nördliche Borealzone, den Nadelwaldgürtel Nordamerikas. Hier bewohnen sie von Hochwald gesäumte oder durchsetzte Seen, Sumpf- und Auenniederungen sowie ruhige Flußabschnitte. Zur Überwinterung erfolgen Abwanderungen zu den Flußmündungsgebieten und Großbuchten der atlantischen und pazifischen Küste. Gegen Mitte Feb. setzen die Rückwanderungen ein, Balz und Paarung erfahren ihren ersten Höhepunkt. Im April werden die Brutplätze erreicht, der Kampf um Nisthöhle und Jagdrevier intensiviert die Balz ein zweites Mal. Legebeginn von Süd nach Nord gestaffelt zwischen Ende April und Juni, Eiablage in Baumhöhlen 5–8 m hoch. Kükenbetreuung durch das ♀ im Flachwasserbereich des äußeren Vegetationssaumes. Noch vor Erlangung der Flugfähigkeit mit etwa 70 Tagen werden die Jungsäger von den ♀ verlassen, die nun auf größeren Wasserflächen mausern. Im Sept. beginnt flußabwärts der Zug zu den Überwinterungsplätzen.

Nahrung: Außerhalb der Brutzeit vorwiegend Fischchen, im Sommer verstärkt Wasserinsekten, Kleinkrebse sowie ein gewisser Anteil Wasserpflanzen.

Haltung und Zucht: Das Interesse am Kappensäger wurde durch PILLING, USA, eingeleitet, der verletzte Altvögel eingewöhnte und 1956 damit 5 Junge aufzog (DELACOUR 1959, KOLBE 1972). Der Wildfowl Trust erhielt die Art 1959, britische Erstzucht 1962 durch COPLEY (1962, 1964); deutsche Erstzucht 1974 durch WIENANDS (1974). In jener Zeit fand der Kappensäger in Westeuropa eine rasche Verbreitung in Zoos und Privatgehegen. Im Herbst 1978 Erwerb von drei Jungtieren für eigene Anlage, damit gelang 1981 die Erstzucht in der ehem. DDR. Heute gilt der Kappensäger als Einsteigerart für die Säger-Haltung. Unterbringung auf nicht zu engen Teichen mit angemessener Wasserqualität bei mindestens 50 cm Tiefe. Überwinterung auf eisfreiem Wasser, gegebenenfalls auf kleineren Volierenteichen. Fütterung mit Pellets, ergänzend nehmen die Tiere etwas Weizen, Garnelen und sehr gern Mehlwürmer. Die Zucht gelingt heute mit der Mehrzahl der Paare, vereinzelt mit 2-, regelmäßiger mit 3–4jährigen Tieren. Eiablage in Nistkästen, bevorzugt in recht engen und etwas erhöht angebrachten Höhlen (Bodenflächen um 20 cm ⌀, Schlupfloch 8,5 cm ⌀) und solche auf kleinen Teichinseln oder direkt über dem Wasser. Legebeginn in 28 Fällen zwischen 1. und 28. April. Nachgelege sind Ausnahmen. Die ♀ brüten sicher, sind aber kaum in der Lage, ihre Küken auf Gehegeteichen zu betreuen. In Boxen erhalten die Küken unter guten hygienischen Bedingungen eine sorgfältige Futterauswahl (u. a. reich an tierischem Eiweiß). Sie müssen es erlernen, sich nicht bewegende Partikel aufzunehmen. Die erste Nahrung stellen deshalb lebende Mehlwürmer. Die Befiederung verläuft wie folgt: 13.–15. Tag Entfaltung der Steuer-, 23.–25. der Schulter- und Flankenfedern, ab 30.Tag der Armschwingen; volle Befiederung, aber noch nicht flugfähig, um den 50. Tag. Ab 8. Woche deutet sich bei den juv. Erpeln die Aufhellung der Iris an (KOLBE 1981,1983).

Dunkelsäger
Mergus octosetaceus Vieillot, 1817

Flügel: ♂ 183–188, ♀ 180–184 mm
(DELACOUR 1959)
Gelege: 5–6 cremeweiße Eier
Brutdauer: unbekannt

Kleiner und schlanker als Mittelsäger
Ad. Jahreskleid: Geringfügig geschlechtsdimorph; ♂ dunkel flaschengrüner Kopf mit einzelnen, bis zu den Schultern herabhängenden Schopffedern, Rumpfgefieder dunkel aschgrau, an Körperseiten schwarz überwellt. ♀ Kopf schwarzgrün; Schopf kürzer als beim ♂, zuweilen nur aus einzelnen Federn bestehend, die auch bei der Kopulation herausgerissen sein können. Rumpfgefieder dunkelgrau, nicht oder nur angedeutet schwarz gewellt. **Dunenkleid:** Oberkopf bis unter Augenhöhe, hinterer Halssaum, Rück-

Dunkelsäger, Familie an einem ihrer letzten Brutplätze.

ken und Körperseiten schwarz; je ein größeres Fleckchen auf Flügel, Schenkel und Bürzelseiten sowie Wangen, Kinn, Kehle, Vorderhals, Brust und Bauch rahmweiß. Die für Säger-Küken typischen rotbraunen Farbübergänge fehlen. Schnabel, Iris und Füße dunkelgrau.
Jugendkleid: Nicht näher beschrieben, vermutlich ähnlich dem ♀ ad.
Mauser und Umfärbung sind offenbar nicht beschrieben.
Verbreitung: Karte 117, Seite 348.
Status: Die Gesamtpopulation des Dunkelsägers war nie sonderlich groß, zeitweilig glaubte man sogar, die Art sei ausgestorben, bis sie 1947 zufällig wiederentdeckt wurde. Das Museum Buenos Aires unternahm 1948 und 1954 Nachforschungen und fand den Dunkelsäger allgemein verbreitet, aber nirgends häufig an den Mittel- und Oberläufen östlicher Paraná-Zuflüsse. REICHHOLF (1975) sieht im hohen Feinddruck großer Raubfische einen limitierenden Faktor. Nach neueren Untersuchungen durch die IUCN ergibt sich, daß große Teilpopulationen durch Habitatverluste nach dem Bau mehrerer Wasserkraftwerke erlöschen werden und Überlebenschancen lediglich in Nationalparks von Brasilien und Paraguay bestehen werden. Ein Zuchtprogramm wird dringend empfohlen. CALLAGHAN & GREEN (1993) stufen den Dunkelsäger unter „CRITICAL" mit einer Totalpopulation von 250, neuerdings von 25 Tieren ein. BARTMANN (mündl.) sieht in den 12–15 Paaren im Canastra NP die größte Population überhaupt. **CITES** Anh. A, **Vermarktungsbescheinigung** erforderlich.
Lebensweise: PARTRIDGE (1956) berichtete erstmals über die Biologie des Dunkelsägers in NO-Argentinien. BARTMANN (1988) studierte die Art im Serra da Canastra Nationalpark, SO-Brasilien, einer hügeligen Hochebene zwischen 900 und 1400 m, bedeckt mit steppenartigem Grasland und tief eingeschnittenen, von Galeriewäldern gesäumten Bergbächen. Die überaus standorttreuen Dunkelsäger bewohnen die wenige Meter breiten, schnellfließenden Bäche mit Wasserfällen, Staustrecken und ruhigen Kolken. Altvögel fliegen nur kurzstreckig dicht über dem Wasserlauf und sollen bestimmte Bachabschnitte in ihrem Leben nie verlassen. Ihre Aktionsstrecken selbst mit Küken von 4 bis 7 km sind bemerkenswert weit. Im Juni beginnen Balz und Inbesitznahme des Nestrevieres, Eiablage im Juli. Ein Nest befand sich 25 m hoch in einer Baumhöhle direkt über dem Wasser. Das Brut-♀ verließ morgens das Gelege und flog, vom Erpel begleitet, zur Fischjagd in einen Stromschnellenabschnitt. Offenbar werden keine Nestdunen verwendet. Betreuung der Küken durch beide Eltern während der winterlichen Trockenzeit im Aug./Sept.
Nahrung: Altvögel nehmen stark bevorzugt Fische bis 15 cm Länge, Küken jagen anfangs im Flachwasser nach Larven von Wasserinsekten, später ebenfalls Fischchen.
Haltung und Zucht: Über moderne Haltungsversuche des Dunkelsägers wurde bisher nichts bekannt, obgleich Ornithologen Zuchtprogramme zur Arterhaltung fordern. DELACOUR (1959) führt einen Versuch von 1901 durch BERTONI an, eingefangene Altvögel einzugewöhnen, der jedoch mißlang.

Mittelsäger
Mergus serrator Linné, 1758

Flügel: ♂ 235–255, ⌀ 247; ♀ 216–239, ⌀ 228 mm
Gewicht: 947–1350, ⌀ 1197; ♀ 900–1100, ⌀ 984 g
Gelege: 8–12 olivbraune oder grünliche Eier, 57–70 × 40,5–47,5; ⌀ 64,9 × 45 mm. Legeintervalle 36–40 Stunden
Brutdauer: 30–32 Tage
Schlupfgewicht: 37–53,2, ⌀ 43,8 g (32 Küken, eig. Wäg., SMART 1956)
Geschlechtsreife: ab 2., Brutaktivitäten ab 3. Jahr oder später

Ad. Brutkleid: ♂ unverwechselbar; ♀ vom Gänsesäger-♀ durch geringere Größe, auffällig dünnem Schnabel, aufgehellter Kehle (bei *merganser* scharf weiß abgesetzt) und schwarzer Zwischenbinde im weißen Flügelfeld zu unterscheiden. **Ad. Ruhekleid:** ♂ und ♀ schlichtfarben, beim ♂ Schulterpartien grauschwarz, schwarze Endsäume der großen und mittleren weißen Flügeldecken

Erpel des Mittelsägers.

lassen 2 Flügelbinden entstehen, beim ♀ nur ein Endsaum auf großen Decken, mittlere Flügeldecken grau. ♀ ferner mit verkürzten Hollfedern, Augenregion und Kinn können schwarz durchfärben. **Dunenkleid:** Kopfplatte und Rücken dunkelbraun, Gesicht und Hals hell rotbraun, ein Längsfleck unter dem Auge, Kehle, Bauchseiten und kleine Fleckchen an Flügel und Bürzelseiten weiß. Schnabel und Füße bräunlich, Iris anfangs hellblau, nach wenigen Tagen rotbraun. **Jugendkleid:** Sehr ähnlich ♀ ad., Schopffedern kaum verlängert und Kehle wenig aufgehellt; ♂ mit längerem und kräftigerem Schnabel als ♀. **1. Prachtkleid:** Weitgehend schlichtfarben; Schmuckfedern auf den Schulterseiten können graubraun mit rahmgelbem oder schwarz mit weißem Zentrum durchgemausert werden. Kopfgefieder von schwarzen Federn durchsetzt, Holle deutlich verlängert, Schultern schwarz, Flanken und Rücken von silbergrau gekritzelten Federn durchsetzt. Schopffedern von ♀ deutlich verlängert.
Mauser und Umfärbung: Folge und zeitlicher Verlauf von Brut- und Ruhemauser wie bei anderen Säger-Arten; ♂ tragen von Okt./Nov. bis Mai/Juni das Prachtkleid. Ein Teil der Gehegeerpel erreicht über Winter nur ein Teilprachtkleid; der Kopf bleibt von braunen Federn durchsetzt, die kleineren Schulterschmuckfedern können im Zentrum rahmfarben bleiben, der weiße Halsring bildet sich im Dez. und verliert sich ab Jan. wieder. Ab März kann das Ruhekleid angelegt sein, die Befruchtungsfähigkeit wird dadurch nicht beeinträchtigt. Während der Jugendmauser ab Okt. werden in 3 Stufen von innen nach außen die Steuerfedern und ein Teil des Kleingefieders gewechselt, u. a. erscheinen jetzt die vergrößerten Schulterschmuckfedern mit rahmfarbenem Zentrum. Die sich etwa ab Jan. anschließende Ruhemauser führt zum 1. Prachtkleid mit schwarzweißen Schmuckfedern an den Schultern und verbreiterten innersten Armschwingen sowie dem 1. Brutkleid beim ♀.
Verbreitung: Karte 119, Seite 348.
Status: Mittelsäger haben in der nördlichen Hemisphäre sehr zerstreute Brutareale, die sie in unterschiedlicher Dichte, nicht selten als isolierte Kleinpopulationen besiedeln. Auch während des Winters bleibt dieser Streuungscharakter entlang der Küsten erhalten. Die westpaläarktischen Bestände werden auf 150 000, die amerikanischen auf weit über 200 000 geschätzt. In viele Ländern wird der Mittelsäger durch Jagdgesetze geschützt; entlang unserer Ostseeküste brüten um 550 Paare zumeist in Seevogelschutzgebieten.
Lebensweise: Als Bodenbrüter ist der Mit-

telsäger nicht auf waldgesäumte Gewässer angewiesen. Er besiedelt in großer Zahl die Meeresküsten, geht nordwärts bis in die subarktischen Tundren und südwärts bis in die Steppen- und Präriegebiete. Mittelsäger lieben fischreiche brackige und kiesgründige Flußsysteme, Seen sowie küstennahe Inseln und Schären. Zu hohen Brutdichten kommt es in Seevogelkolonien. Im nur 36 ha großen NSG „Fährinsel" westlich Rügens nisten bis zu 80 Paare in einer flachwelligen Wacholder-Heidekraut-Landschaft, andernorts im Bereich der Winterflutlinie, die im Sommer einen geschlossenen Brennesselbestand trägt, auf estnischen Schären inmitten hoher Wacholderwälder. Im zeitigen Frühjahr konzentrieren sich die Mittelsäger im Schelfbereich vor ihren Brutinseln, über viele Wochen wird hier intensiv gebalzt. Legebeginn ab Mitte Mai. Das vom ♀ angelegte Nest befindet sich in guter Deckung unter Gesträuch, im Riedgras, unter Treibgut, auch in Erdhöhlen. Küken werden vom ♀ geführt, sie erklettern dabei nicht deren Rücken (vergl. Gänsesäger). Die Jungengruppen sind wenig auf die Mutter geprägt, sie wechseln das Führungstier oder werden ohne Altvogel angetroffen. Anfang Juli schließen sich mausernde Erpel und Nichtbrüter zu kleinen lockeren Gruppen zusammen, denen sich im Aug. die ♀ und juv. zugesellen.

Nahrung: Ad. überwiegend Fischchen, bevorzugte Größe 12–13,5 cm (KOLBE 1989), ferner Krebstiere (Garnelen) und Wasserinsekten, die durch das Wasserlugen (zur Aufhebung der Lichtbrechung) erspäht und dann erjagt werden. Bei den juv. dominieren anfangs Krebstiere, Wasserinsekten und erst mit zunehmendem Alter Fische.

Haltung und Zucht: Sporadisch gelangten einzelne Mittelsäger in zoologische Gärten, u. a. Zoo Berlin 1874–1888, und wurden hier bei ausschließlicher Fischfütterung gehalten. HEINROTH (1931) zog 6 Männchen aus Wildvogeleiern und bei geringstem Wasserangebot auf, die sich prächtig entwickelten. In eigener Anlage lebt die Art seit 1972, mit einem 1973 aufgezogenen ♀ gelang 1977 die deutsche Erstzucht; englische Erstzucht 1958 in Slimbridge, amerikanische 1981 in Kanada. Die heutige Gehegepopulation wird zunehmend durch angepaßtere Nachzuchttiere erweitert. Dennoch gilt der Mittelsäger als schwierig in Haltung und Zucht. Unterbringung auf geräumigen Teichen mit guter Wasserqualität, eine reine Pelleternährung ist möglich. BÜCHLER, Weiding (mündl.), hält seit 1990 eine Gruppe von 4 ♂ und 5 ♀ auf relativ kleinen Betonteichen und zieht mit ihnen pro Jahr 15 bis 20 Junge auf. Die Verlustrate an Küken liegt unter 25 %, kritischste Zeit ist die 3. Lebenswoche. Relativ hoch sind die Verluste an Gelegen und Brut-♀, weil Mittelsäger stets weit entfernt vom Wasser unter Gesträuch brüten möchten und ihnen damit der Schutz der Höhlenbrüter auf den Inseln fehlt. Die Art ist ganzjährig friedfertig und neigt offenbar wenig zur Hybridbildung. Eiablage um die Mai-Juni-Wende, Nachgelege bis Anfang Juli. Mittelsäger-Küken prägen sich in den ersten Tagen sehr stark, der Züchter minimiert den Kontakt in dieser Zeit. Problemhaft auch die anfängliche Futteraufnahme sich nicht bewegender Nahrung, hier sind Geduld und Findigkeit des Züchters gefordert. Mehlwürmer, später eine Mischung aus Schabefleisch oder Rinderherz und Pellets werden geboten. Küken sind stark aspergilloseanfällig. Juv. entwickeln sich wie folgt: ab 16. Tag Entfaltung der Schwanzfedern, ab 20.–23. Tag befiedern Schultern und Flanken; die Schwingen entfalten sich, am Ellenbogen beginnend, um den 30. Tag. Reichlich 7 Wochen alte Jungsäger sind voll befiedert.

Schuppensäger
Mergus squamatus Gould, 1864

Flügel: ♂ 250–265, ♀ 240–250 mm
Gelege: 8–12 weiße Eier, Maße und Brutdauer unbekannt

Gesamthabitus ähnlich dem Mittelsäger, in Größe und Färbung zwischen Gänse- und Mittelsäger stehend. HUGHES & BOCHARNIKOW (1992) geben detaillierte Gefiederbeschreibungen mehrerer Kleider und feine Unterscheidungen zum Gänsesäger an.
Ad. Brutkleid: ♂ dunkelgrüner Kopf mit sehr stark verlängertem Schopf; Federn be-

Knapp einjähriger Erpel des Schuppensägers; wenige Paare werden seit 1998 in Belgien und Holland gehalten.

sonders auf den Flanken weiß mit breiten schwarzen Endsäumen, die die Schuppung ergeben. Flügelzeichnung ♂ und ♀ wie Mittelsäger. ♀ vom sehr ähnlichen Mittelsäger-♀ an Federschuppung auf Brust, Flanken und Schwanzdecken sowie einem längeren Schopf zu unterscheiden. **Ad. Ruhekleid:** Beide Geschlechter ♀-farben, typische Flankenschuppung fehlt oder ist nur angedeutet, Schopf stark eingekürzt. Rückenpartien beim ♂ dunkler als beim ♀, Flügel unverändert. Sicheres Artmerkmal in Ruhe- und Jugendkleidern ist Nasenloch, das sich bei Mittel- und Gänsesäger im Basalteil, beim Schuppensäger in der Schnabelmitte befindet. **Dunenkleid:** Detaillierte Beschreibungen liegen nicht vor. **Jugendkleid:** Im wesentlichen wie ♀ ad., doch ohne jede Schuppung, Schopffedern nur etwa 25 mm verlängert. **1. Prachtkleid:** Vergleichbar mit immat. Mittel- und Gänsesägern.
Mauser und Umfärbung: Sequenz und zeitlicher Ablauf dürften mit jenen von Mittel- und Gänsesäger identisch sein.
Verbreitung: Karte 118, Seite 348.
Status: Der Schuppensäger gehört mit zu den bemerkenswerten Reliktarten des Ussuri-Gebietes. Angemessen häufig bewohnte er die Mittelläufe jener Flüsse im Sichote-Alin, die zum Japanischen Meer hin entwässern; auf der Kontinentalseite des Gebirgszuges ist er (außer am Bikin) bereits selten geworden. Die Gesamtpopulation wird mit 1 200 Paaren (GREEN 1992), von ROSE & SCOTT (1994) mit ca. 4 000 Individuen angegeben. Weitere Bestandsrückgänge deuten sich an, Ursachen sind Waldrodungen, Holzflößerei, Motorboote, Industrieschmutz und Jagd. Für den Habitatschutz werden besonders am Mittellauf des Bikin, wo etwa 350 Paare brüten, weitere Reservate gefordert. Die Aufnahme des Schuppensägers in das Rotbuch Rußlands als „in naher Zukunft vom Aussterben bedrohte Art" und der World List of Threatened Birds (COLLAR et al. 1994) mit dem Status „gefährdet" reichen kaum aus, die Art über längere Zeit zu erhalten.
Lebensweise: Die Brutvorkommen beschränken sich auf kleinere Gebirgsflüsse mit noch nicht durch Holzeinschlag beeinträchtigten Laub- und Mischwäldern in Höhen um 700–1 000 m. Trotz relativer Küstennähe herrschen hier Wintertemperaturen bis −40 °C, denen die Säger durch einen Zug nach China und Korea ausweichen. Bereits ab März wandern die kleinen Gruppen wieder flußaufwärts, es ist die Zeit der Hochbalz und Paarung. Eiablage in Baumhöhlen, teils in beträchtlicher Höhe und bevorzugt direkt am Wasserlauf. Gleiche Habitate werden vom Gänsesäger und der Mandarinente

bewohnt, mit denen sie sich die Höhlen teilen müssen. Brutbeginn ab Ende April, Schlupf um die Mai-Juni-Wende. KNYSTAUTAS & SIBNEW (1987) beschreiben die Sägerküken als scheue, bei nahender Gefahr geschickt wegtauchende Tiere, während sie von LER et al. (1989) als unvorsichtig dargestellt werden, in deren Folge hohe Verluste durch Wilddieberei, Motorboote oder Siedlungsabfälle auftreten. Die ad. Erpel mausern bereits ab 2. Maihälfte in das Ruhekleid und unternehmen dazu Mauserzüge; mausernde ♀ und noch nicht flugfähige Junge werden bis Mitte Aug. beobachtet. Der Abzug in die Wintergebiete setzt im Okt. ein, wenn die Flußvereisung beginnt.

Nahrung: Überwiegend Fische, berichtet wird von Elritzen und Saiblingen; die Küken jagen bevorzugt im Flachwasser nach Fischbrut.

Haltung und Zucht: Der Schuppensäger ist bisher nur im Zoo von Shanghai in China, u. a. um 1978, gehalten worden. Anfang der 90er Jahre hielten sich am Bikin erstmals europäische und amerikanische Ornithologen, auch aus dem Wildfowl Trust, auf, so daß mit diesem Säger bald in Gehegen zu rechnen ist. Seit 1998 werden wenige Paare in belgischen und holländischen Privatanlagen gehalten.

Gänsesäger
Mergus merganser Linné, 1758

Drei Unterarten, die sich geringfügig in Größe und Färbung unterscheiden: **Gänsesäger,** *M. m. merganser* Linné, **Amerikanischer Gänsesäger,** *M. m. americanus* Cassin, mit etwas dickerem und **Asiatischer Gänsesäger,** *M. m. orientalis* Gould (syn.: *comatus* Salvadori), mit relativ kurzem, dünnem Schnabel und langen Flügeln. In den 70er Jahren gelangten mehrfach Amerikanische Gänsesäger in westeuropäische Anlagen; Zuordnung ist nur beim ad. ♂ möglich.

Flügel: *merganser* ♂ 275–295, ⌀ 285; ♀ 255–270, ⌀ 262 mm; *americanus* ♂ 269–285, ⌀ 278; ♀ 246–259, ⌀ 253 mm
Gewicht: *merganser* ♂ 1703–1870, ⌀ 1792; ♀ 1272–1368, ⌀ 1307 g; *americanus* ♂ 1264–2160, ⌀ um 1650; ♀ 898–1770, ⌀ 1550 g
Gelege: 7–10 glattschalige cremegelbe Eier 62–74 × 42–49; ⌀ 67,5 × 46,5 mm
Brutdauer: 28–35 Tage
Schlupfgewicht: *merganser* 38–52, ⌀ 46 g (27 Küken, eig. Wäg.); *americanus* ⌀ 38,8 g (SMART 1965)

Balzender Erpel des Gänsesägers.

Geschlechtsreife: gegen Ende des 2. oder 3. Lebensjahres

Ad. Brutkleid: ♂ und ♀ unbedeutend variabel. ♀ gegenüber Mittelsäger größer, Kopf und Holle deutlich kräftiger ausgebildet, Kehle scharf weiß abgesetzt, Flügel ohne schwarze Binden im weißen Feld. **Amerikanischer Gänsesäger:** ♂ Schnabel kräftiger und leuchtender rot als bei Nominatform, Spitze mit Nagel stärker gekrümmt. Weißes Flügelfeld von einer schwarzen Binde durchzogen, die beim hiesigen Säger von langen weißen Decken überlagert wird. **Ad. Ruhekleid:** ♂ schlichtfarben, Rückenpartien schwarzgrau, Nackenfedern füllig wirkend, Weißanteil im Fügel unverändert. ♀ nur unbedeutend verändert. **Dunenkleid:** Kopf und Hals rotbraun, Körperoberseite dunkelbraun mit hellen Fleckchen auf Schultern, Bürzelseiten und an Flügeln; Kinn, Kehle, Vorderhals und gesamte Unterseite weiß. Gegenüber Mittelsäger-Küken mit kräftigerem Schnabel, fülligen Kopfdunen und einem weißen Zügelstreif von der Schnabelwurzel bis unter das Auge. **Jugendkleid:** Ähnlich ♀ ad., doch Nackenfedern unbedeutend verlängert, Mantelgefieder bräunlichgrau (bei ad. grau), Weiß der Kehle in braune Halsfärbung übergehend, heller Zügelstreif wie im Dunenkleid. Juv. ♂ deutlich größer und mit kräftigerem Schnabel als gleichalte ♀. **1. Prachtkleid:** ♂ mit schwarzgrauen Rückenpartien, gelblichweißer Brust und Unterseite sowie von weißen Federn durchsetzte graue Flanken. Gehegetiere mausern oftmals bereits im 1. Jahr einen schwarzgrünen Kopf durch.

Mauser und Umfärbung: ♂ beginnen im Juni die Kleingefiedermauser in das Ruhekleid, Schwingenwechsel Juli/Aug., danach setzt langsam, verstärkt ab Okt., die Umfärbung in das Prachtkleid ein, das ab Nov./Dez. getragen wird. ♀ werfen Schwingen ab, wenn Jungsäger 4–6 Wochen alt sind, Ruhemauser bis Jan. oder März. Bei juv. setzt ab 5 Monaten (Sept.) die Jugendmauser ein; ♂ werden kontrastreicher (rahmweiße Brust, schwarzgraue Schultern), ♀ wechseln vom bräunlichen Jugendkleid in ein graues Gefieder. Bei beiden wird die Holle voller und länger, von den Steuerfedern werden erst die mittleren, später dann die äußeren erneuert. Füße verfärben sich von olivgelb in blaß rötlich. Die anschließende Ruhemauser führt im Frühjahr zum 1. Pracht- bzw. Brutkleid.

Verbreitung: Karte 120, Seite 348.

Status: Der Gänsesäger verfügt über die größte Gesamtpopulation aller *Mergus*-Arten, allein in NW-Europa überwintern um 150 000. In mehreren europäischen Ländern ist er jagdbar. Das Anbringen von Nistkästen führte regional zu Bestandserhöhungen. Die Population des Asiatischen Gänsesägers schätzen Rose & Scott (1994) auf 2 500–10 000, die des Amerikanischen auf 165 000 Tiere.

Lebensweise: Zur Brutzeit bewohnt der Gänsesäger von Altbäumen gesäumte klare, fischreiche Binnen- und Strandseen, brakkige Ostseebuchten und im Alpenbereich die Mittel- und Unterläufe der zu Donau und Rhein hin entwässernden Flüsse. Der Asiatische Gänsesäger lebt fast ausschließlich an Gebirgsgewässern. In den Winterschwärmen setzen Balz und Paarung ein, nach der Rückkehr auf die Brutgewässer folgen Auseinandersetzungen um Brutreviere und Nisthöhlen, alte ♀ nutzen viele Jahre die gleiche Bruthöhle. Eiablage im Alpenbereich im April, an der Ostsee zur April-Mai-Wende; bevorzugt werden hohle Bäume und Nistkästen in 5–10 m Höhe und mit freiem Anflug, in Innerasien auch in Steilhängen oder Felsspalten. Nestdunen grauweiß. Brut und Aufzucht allein durch das ♀, Erpel verlassen die Brutreviere zum Mauserbeginn. Die Küken springen einen Tag nach dem Schlupf aus der Höhle und werden von der Mutter zum Wasser geführt. Dort gründeln sie anfangs im flachen Ufersaum nach Wasserinsekten und Kleinkrebsen, mit 8–10 Tagen beherrschen sie das Wasserlugen und Tauchen und jagen nun nach Fischen. Arttypisch ist das Aufreiten der Küken auf dem Rücken der Mutter. Bemerkenswert ist die geringe Fluchtdistanz der Familien an Bade- und Bootsstränden oder im Bereich von Campingplätzen in Holstein, wo die Küken zwischen Booten, Stegen und Badegästen ungestört jagen.

Nahrung: Ad. Gänsesäger ernähren sich

fast ausschließlich von Fischen bei einem Tagesbedarf von 200–400 g (KALBE 1990). Während sensationell vom Verzehr übergroßer Beutefische berichtet wird, ergaben Fütterungsversuche in eigener Anlage als obere bevorzugte Größen für das ♂ 170–195 mm Länge, 45–55 mm Körperhöhe, 50–85 g; für das ♀ 155–175 mm Länge, 40–50 mm Körperhöhe, 40–55 g (KOLBE 1989).

Haltung und Zucht: Gänsesäger werden heute auf großen Zooteichen wie in größeren Zuchtanlagen problemlos gehalten und vielerorts gezüchtet. Der Berliner Zoo besaß die Art bereits 1869 und 1874–1888 (SCHLAWE 1969). Dem Wildfowl Trust gelang die Erstzucht mit der Nominatform 1956 und mit dem Amerikanischen Gänsesäger 1975. BENKE (1974, briefl.) zog 1973 Tiere aus Wildvogeleiern auf und züchtete die Art erstmals 1976. In eigener Anlage wuchsen ab 1985 alljährlich Jungtiere eines Paares heran. Der Amerikanische Gänsesäger gelangte wohl zu einer Zeit nach Westeuropa, als hiesige Jungsäger noch nicht angeboten wurden. Heute könnte diese Form durch Mischpaarungen wieder selten geworden sein. Die Haltung des Gänsesägers erfolgt auf größeren Teichen mit angemessener Wasserqualität und ist problemloser als die des Mittelsägers. Es gibt kaum Mauser- oder Umfärbungsprobleme, ihre Ernährung ist allein mit großen Pellets möglich. Zur Bedrängung anderer Teichmitbewohner neigen in relativ hohem Maße Gruppen eben flügger Jungtiere und junge Erpel (typisches „Halbstarkenverhalten"), dagegen sind ad. Paare friedfertig. Hartnäckig hält sich die alte Aussage, daß Gänsesäger Entenküken verschlingen.

In eigener Anlage wuchsen mehrfach Ruder- und Löffelenten unter Führung der Eltern auf, die nie von den Gänsesägern bedrängt wurden. Gänsesäger-Küken sind robust, wenig scheu und relativ gut lernfähig. Anfangs reagieren sie nur auf sich bewegende Nahrung wie Mehlwürmer, die sie bald, zusammen mit anderem Futter, aus dem Napf nehmen. In der Hauptentwicklungszeit erhalten sie ein Gemisch aus Pellets und Schabefleisch. Entwicklungsfolge: Entfaltung der Steuerfedern am 13., der Schulter- zwischen 22. und 25. und der Flankenfedern vom 25. bis 27. Tag. Befiederung der Unterseite beginnt zwischen 28. und 30., die Schwingenentfaltung im Armteil um den 38. Tag; etwa mit 55–60 Tagen ist die Befiederung im wesentlichen abgeschlossen (KOLBE 1983).

Verbreitung und Verbreitungskarten

Die Evolution führte bei den Entenvögeln zu perfekten klimatischen Anpassungen, die sich in den Verbreitungskarten wiederspiegeln. Von unseren nordischen Arten ist uns ihr Zug nach Süden vertraut, um Winterkälte und Vegetationsarmut auszuweichen. Die Punkt-Strich-Linie zeigt die von der Brutheimat entferntesten Überwinterungsgebiete, nordwärts reichen diese oft bis zu den südlichsten Brutarealen. Aus gleichem Grunde ziehen die südamerikanischen Wasservögel nach Norden. Dagegen werden die Wanderungen auf dem australischen Kontinent aus dem eigentlichen Brutgebiet heraus von unperiodischen Niederschlägen bestimmt. Sie führen zu nomadischen Wanderungen und sporadischem Brüten innerhalb bestimmter Landesteile, ihre Grenzen kennzeichnet wiederum die Punkt-Strich-Linie. Allein die Arten der Tropen und Subtropen sind ganzjährig seßhaft, was als Jahresvorkommen ausgewiesen ist.

Typisch für viele Anatiden-Arten sind auch ihre geographischen Variationen, die sogenannten Unterarten. Über wirkliche Verbreitungsgrenzen und Mischzonen gibt es weltweit noch viele Unklarheiten. Grenzziehungen wurden deshalb vermieden. Der Unterartname verweist lediglich auf den Verbreitungsschwerpunkt.

Verbreitungskarten

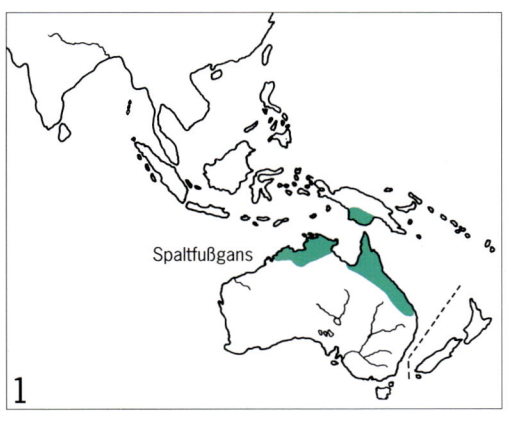
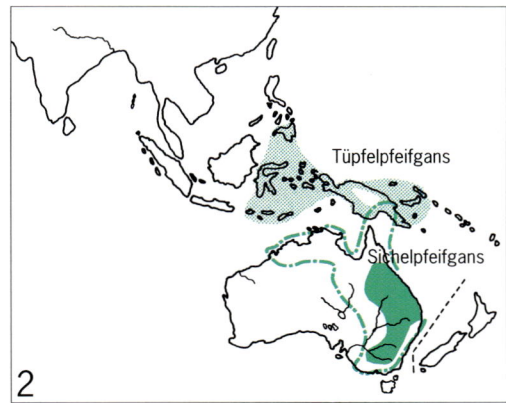
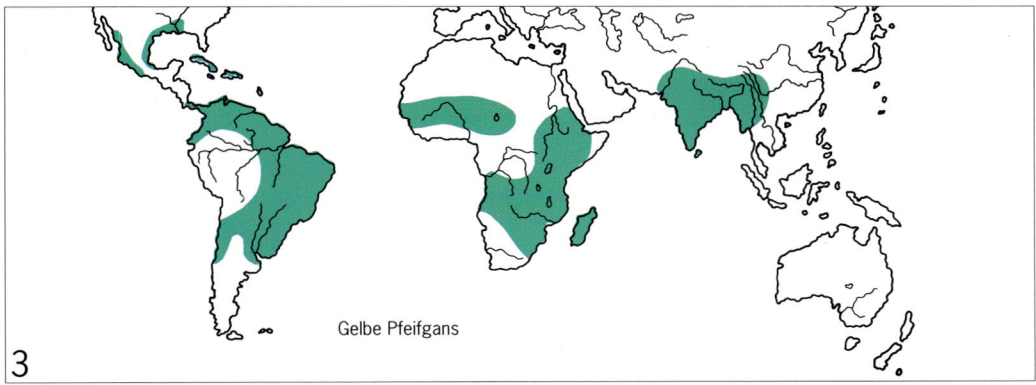
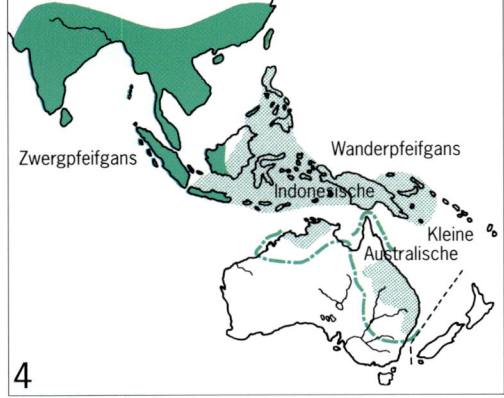
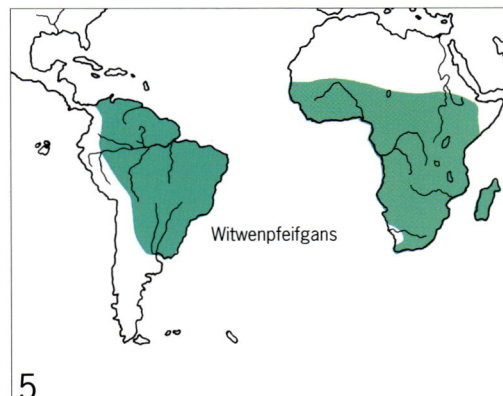

1 Spaltfußgans: Jahresvorkommen, in SO-Australien nur noch sporadisch auftretend.
2 Tüpfelpfeifgans: Jahresvorkommen; **Sichelpfeifgans:** Jahresvorkommen und nomadisches Auftreten. **3 Gelbe Pfeifgans:** Jahresvorkommen. **4 Indonesische** und **Kleine Wanderpfeifgans:** Jahresvorkommen; **Australische Wanderpfeifgans:** Brutvorkommen und sporadisches Auftreten; **Zwergpfeifgans:** Jahresvorkommen. **5 Witwenpfeifgans:** Jahresvorkommen.

326 Verbreitungskarten

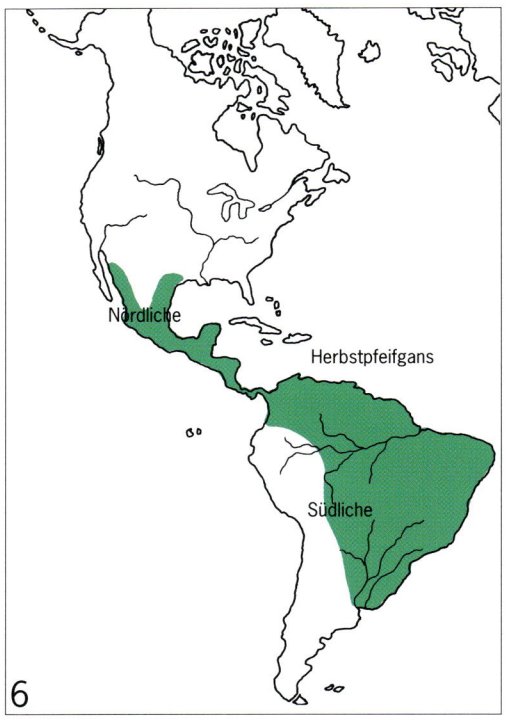

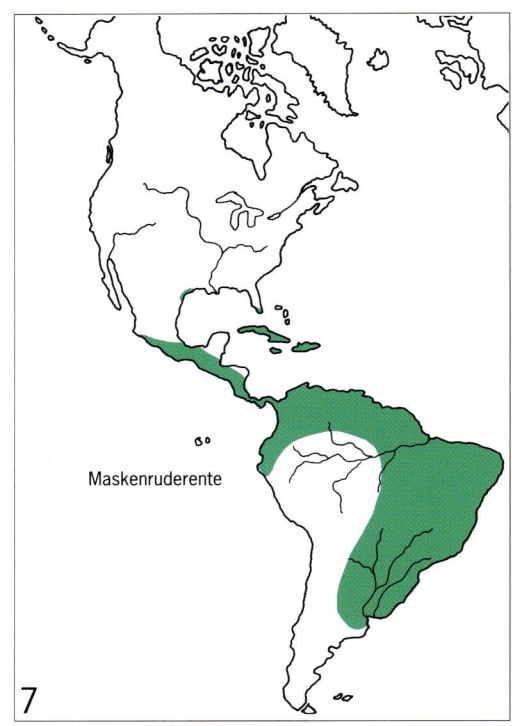

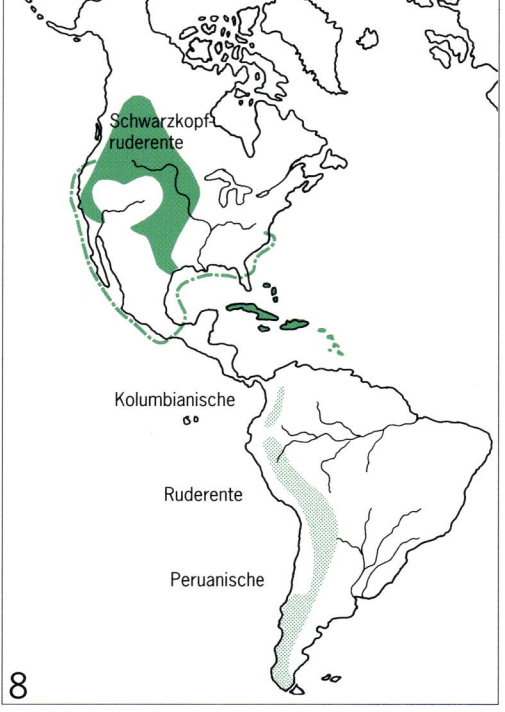

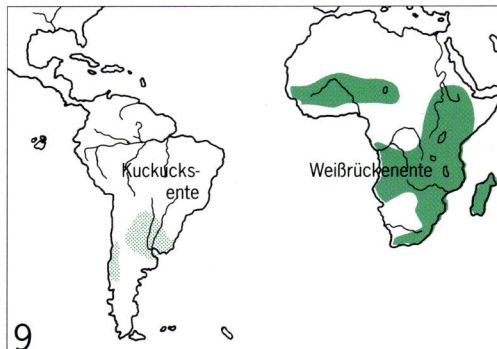

6 Nördliche und **Südliche Herbstpfeifgans:** Jahresvorkommen. **7 Maskenruderente:** Jahresvorkommen. **8 Schwarzkopfruderente:** Brut- und Wintervorkommen; **Kolumbianische** und **Peruanische Ruderente** (Andenruderente): Jahresvorkommen. **9 Weißrückenente:** Jahresvorkommen; **Kuckucksente:** Jahresvorkommen.

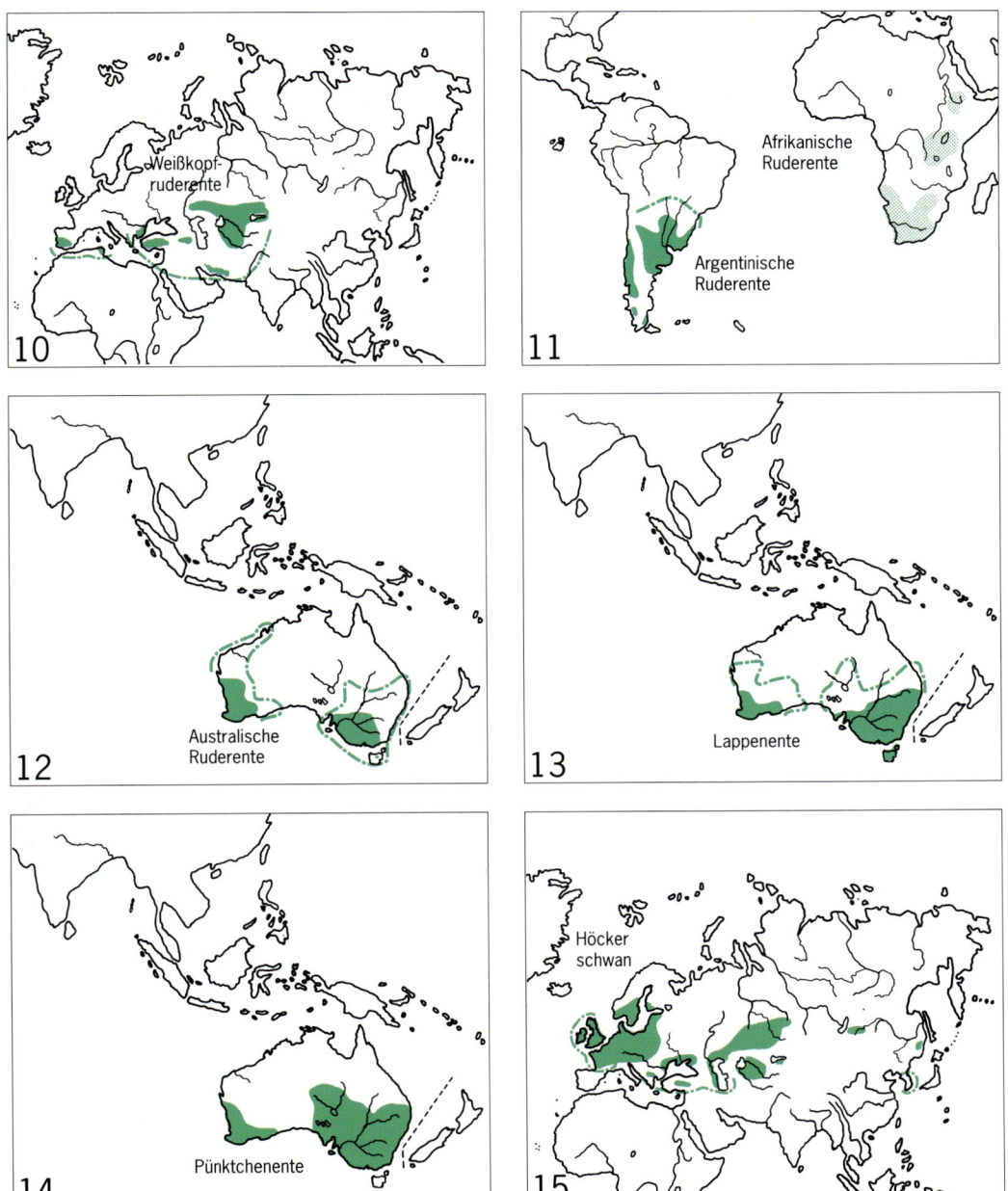

10 Weißkopfruderente: Brut- und Wintervorkommen. **11 Afrikanische Ruderente:** Jahresvorkommen; **Argentinische Ruderente:** Jahresvorkommen. **12 Australische Ruderente:** ständiges und sporadisches Brutvorkommen. **13 Lappenente:** ständiges und sporadisches Brutvorkommen. **14 Pünktchenente:** Jahresvorkommen. **15 Höckerschwan:** Brut- und Wintervorkommen im angestammten Verbreitungsgebiet.

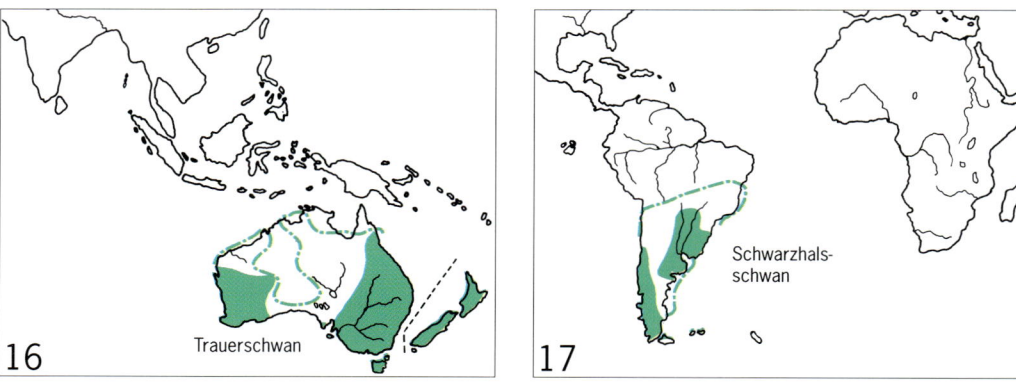

16 Trauerschwan: Brutvorkommen und sporadisches Auftreten. **17 Schwarzhalsschwan:** Vorkommen während und außerhalb der Brutzeit. **18 Singschwan:** Brut- und Wintervorkommen; **Trompeterschwan:** Brut- und Wintervorkommen. **19 Pfeifschwan:** Brutvorkommen und Überwinterungsplätze; **Zwergschwan:** Brut- und Überwinterungsgebiete.

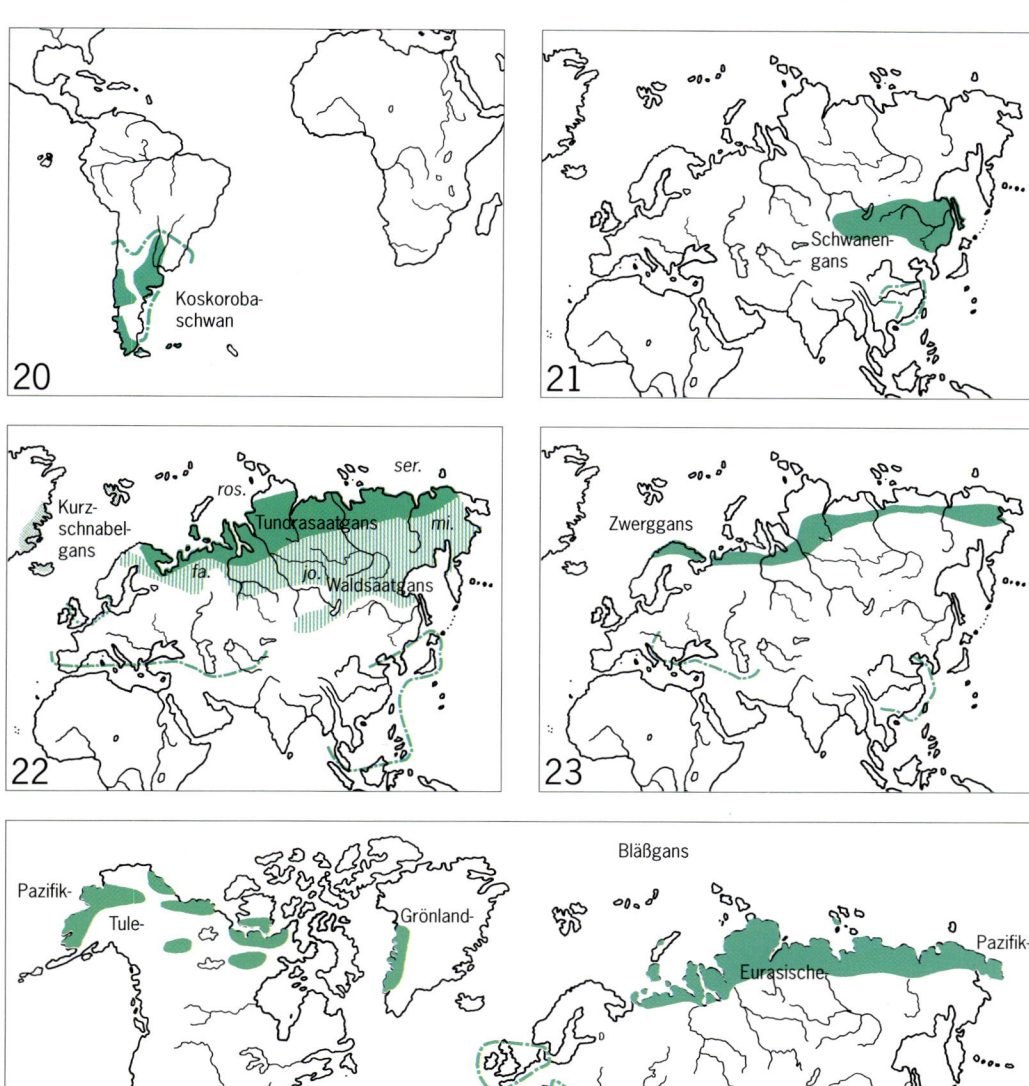

20 Koskorobaschwan: Vorkommen während und außerhalb der Brutzeit. **21 Schwanengans:** Brut- und Überwinterungsgebiete. **22 Kurzschnabelgans:** Brut- und Wintervorkommen; **Waldsaatgans:** Brutgebiete von *A. f. fabalis*, *A. f. johanseni* und *A. f. middendorfii*; **Tundrasaatgans:** Brutgebiete von *A. s. rossicus* und *A. s. serrirostris*; südlich davon die Überwinterungsgebiete beider Arten. **23 Zwerggans:** Brut- und Überwinterungsgebiete. **24 Pazifik-, Tule-, Grönland-** und **Eurasische Bläßgans:** Brut- und Überwinterungsplätze.

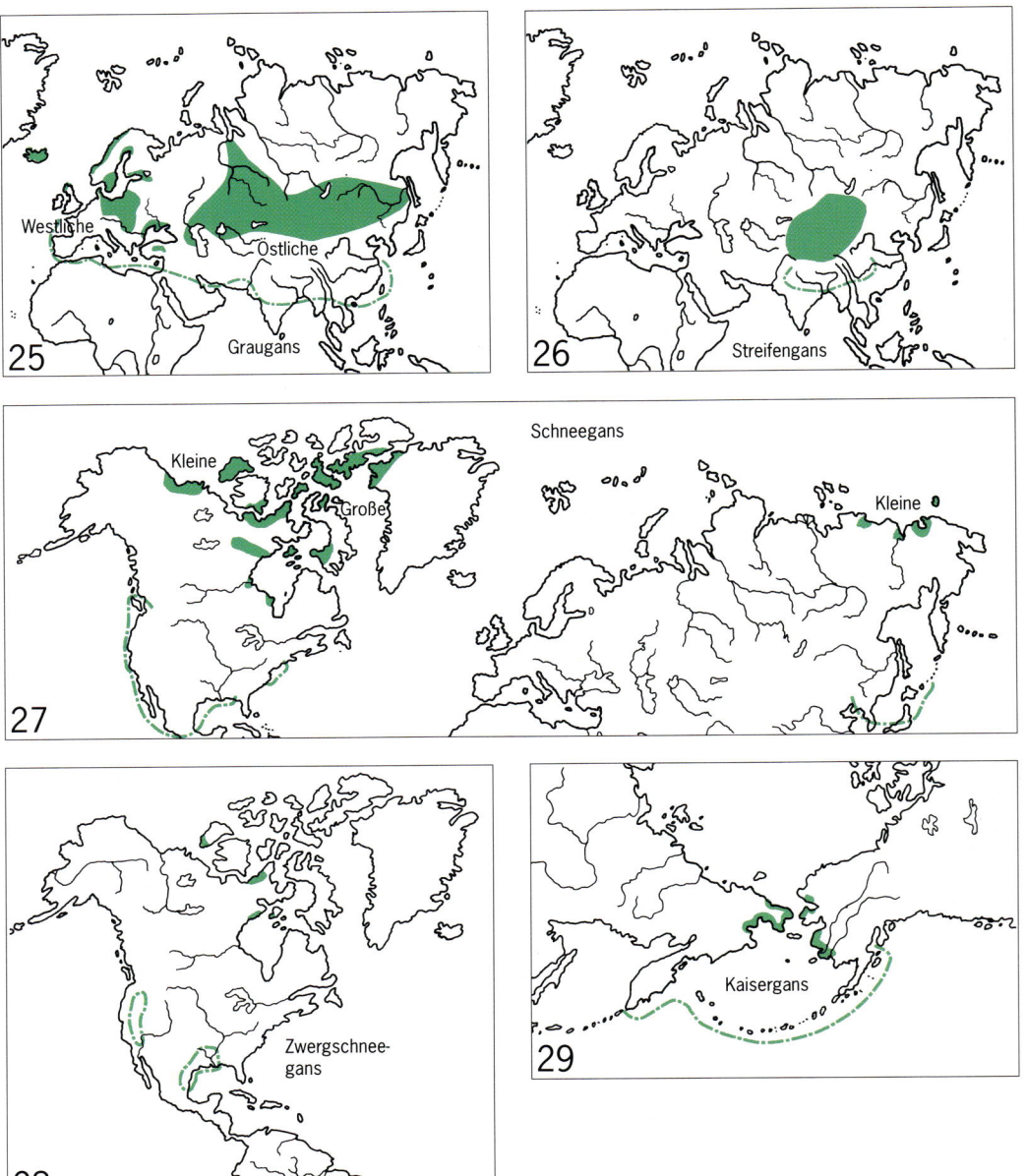

25 Westliche und Östliche Graugans: Brut- und Überwinterungsgebiete. **26 Streifengans:** Brut- und Überwinterungsgebiete. **27 Kleine und große Schneegans:** Brutgebiete und südlichste Wintervorkommen. **28 Zwergschneegans:** Brut- und Überwinterungsplätze. **29 Kaisergans:** Brutgebiete und Südgrenze der Wintervorkommen.

Verbreitungskarten **331**

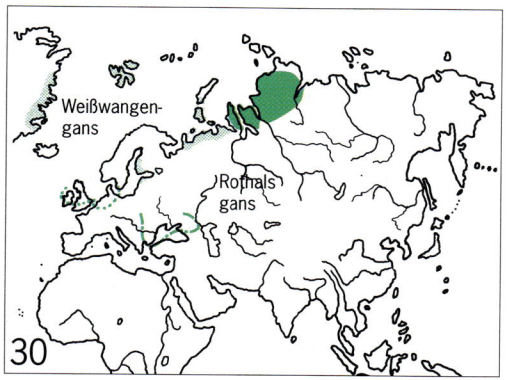

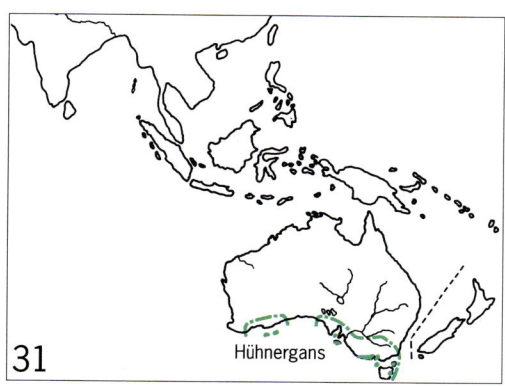

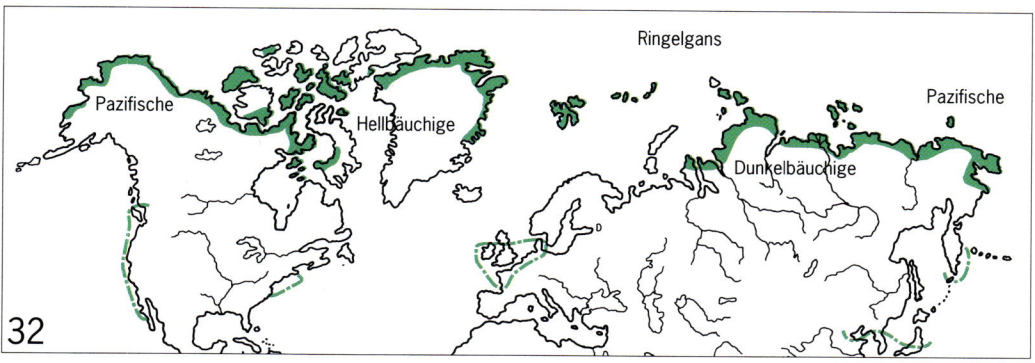

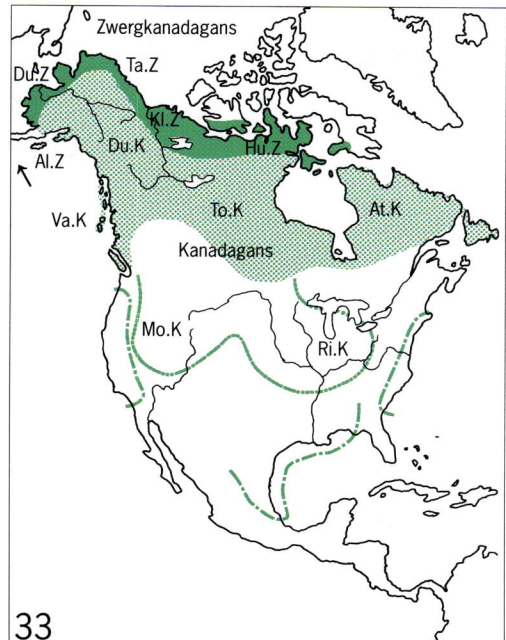

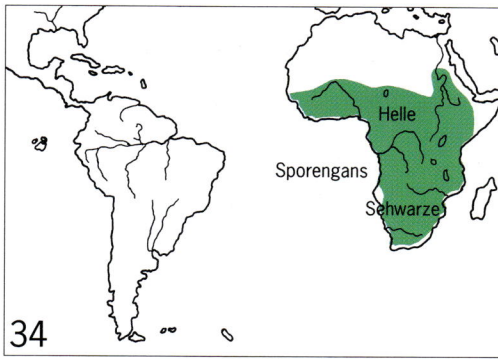

30 Weißwangengans: Brut- und Wintervorkommen; **Rothalsgans:** Brut- und Wintervorkommen. **31 Hühnergans:** Brut- und Sommervorkommen. **32 Pazifische, Hellbäuchige** und **Dunkelbäuchige Ringelgans:** Brut- und Wintervorkommen. **33 Dunkle Zwerg-** (Du.Z), **Taverners-** (Ta.Z), **Aleuten-** (Al.Z), **Kleine** (Kl.Z) und **Hutschins Zwergkanadagans** (Hu.Z): Brutvorkommen (Grün); **Dunkle** (Du.K), **Vancouver** (Va.K), **Todds** (To.K) und **Atlantische Kanadagans** (At.K): Brutvorkommen (Raster); **Moffits** (Mo.K) und **Riesenkanadagans** (Ri.K): Brutvorkommen (nördlich der Punktlinie); Überwinterungsgebiete (markierte Küstenbereiche). **34 Helle** und **Schwarze Sporengans:** Jahresvorkommen.

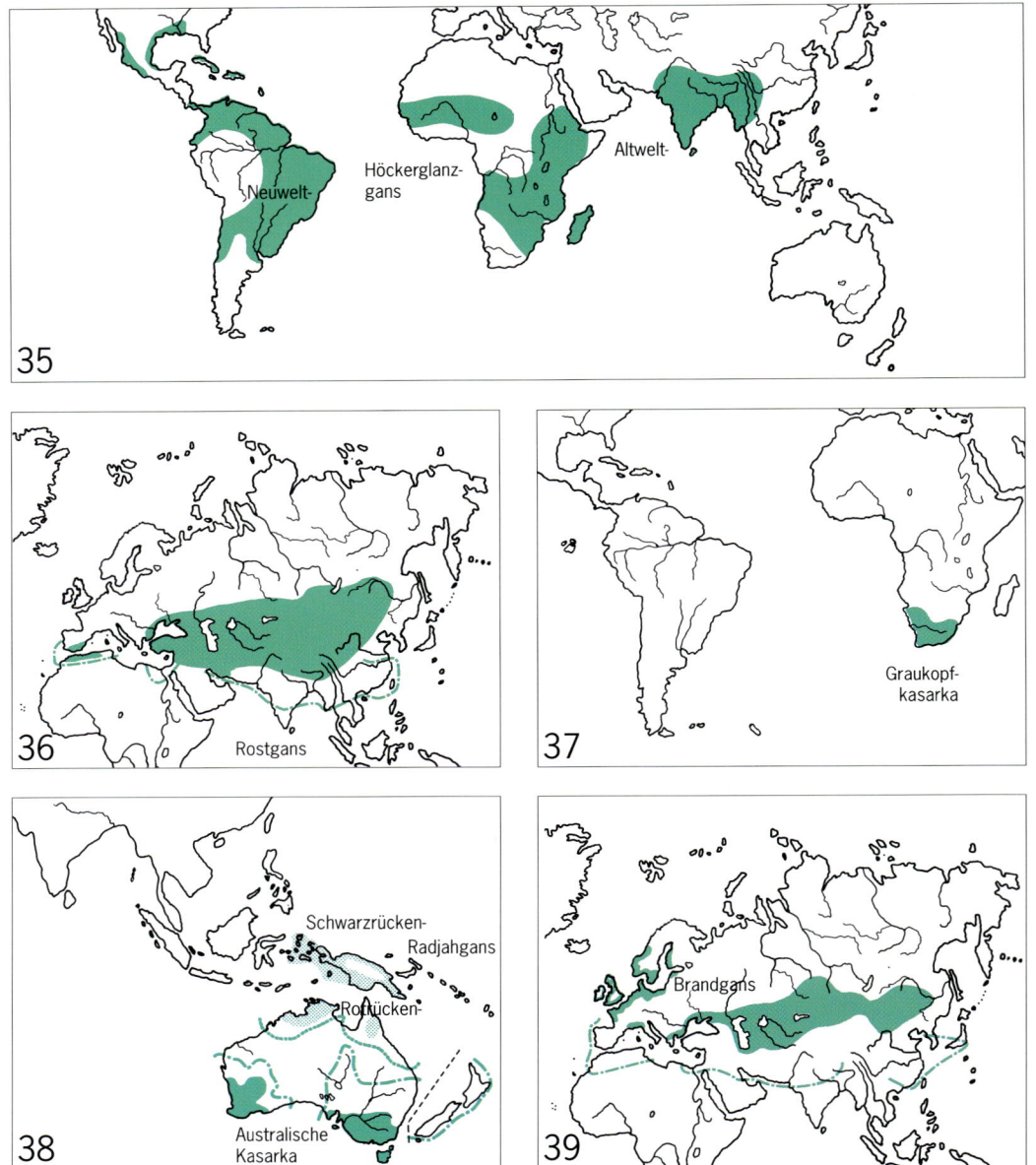

35 Neuwelt- und **Altwelt-Höckerglanzgans:** Jahresvorkommen. **36 Rostgans:** Brut- und südlichste Wintervorkommen. **37 Graukopfkasarka:** Jahresvorkommen. **38 Australische Kasarka:** ständige und sporadische Brutvorkommen; **Schwarzrücken-** und **Rotrücken-Radjahgans:** Brutvorkommen und sporadisches Auftreten. **39 Brandgans:** Brut- und südlichste Wintervorkommen.

Verbreitungskarten **333**

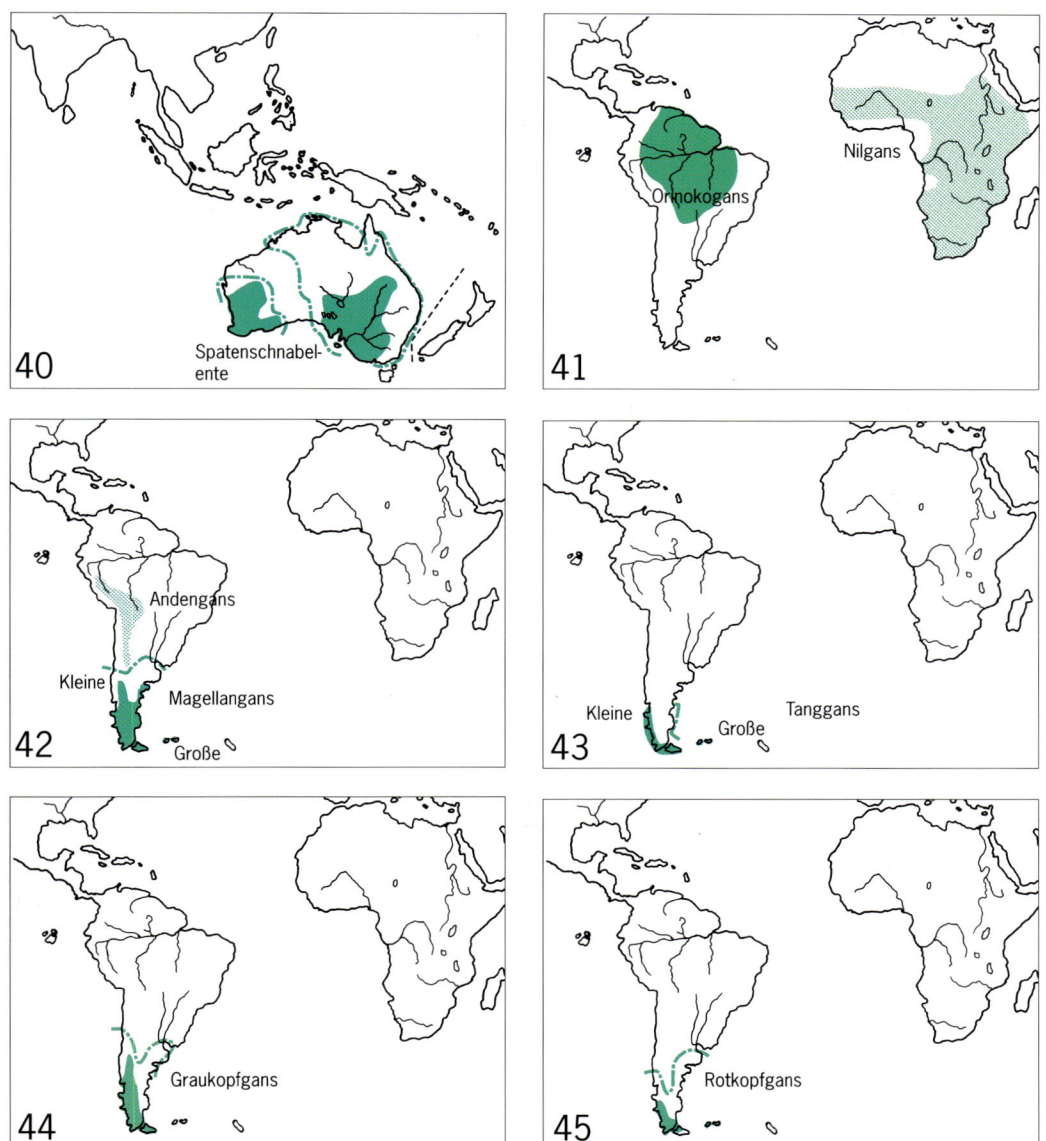

40 Spatelschnabelente: Brutvorkommen und sporadisches Auftreten. **41 Nilgans:** Jahresvorkommen; **Orinokogans:** Jahresvorkommen. **42 Andengans:** Jahresvorkommen; **Große und Kleine Magellangans:** Brut- und nördlichste Wintervorkommen. **43 Kleine** und **Große Tanggans:** Brutgebiete und Vorkommen von Nichtbrütern. **44 Graukopfgans:** Brut- und nördlichste Wintervorkommen. **45 Rotkopfgans:** Brut- und nördlichste Wintervorkommen.

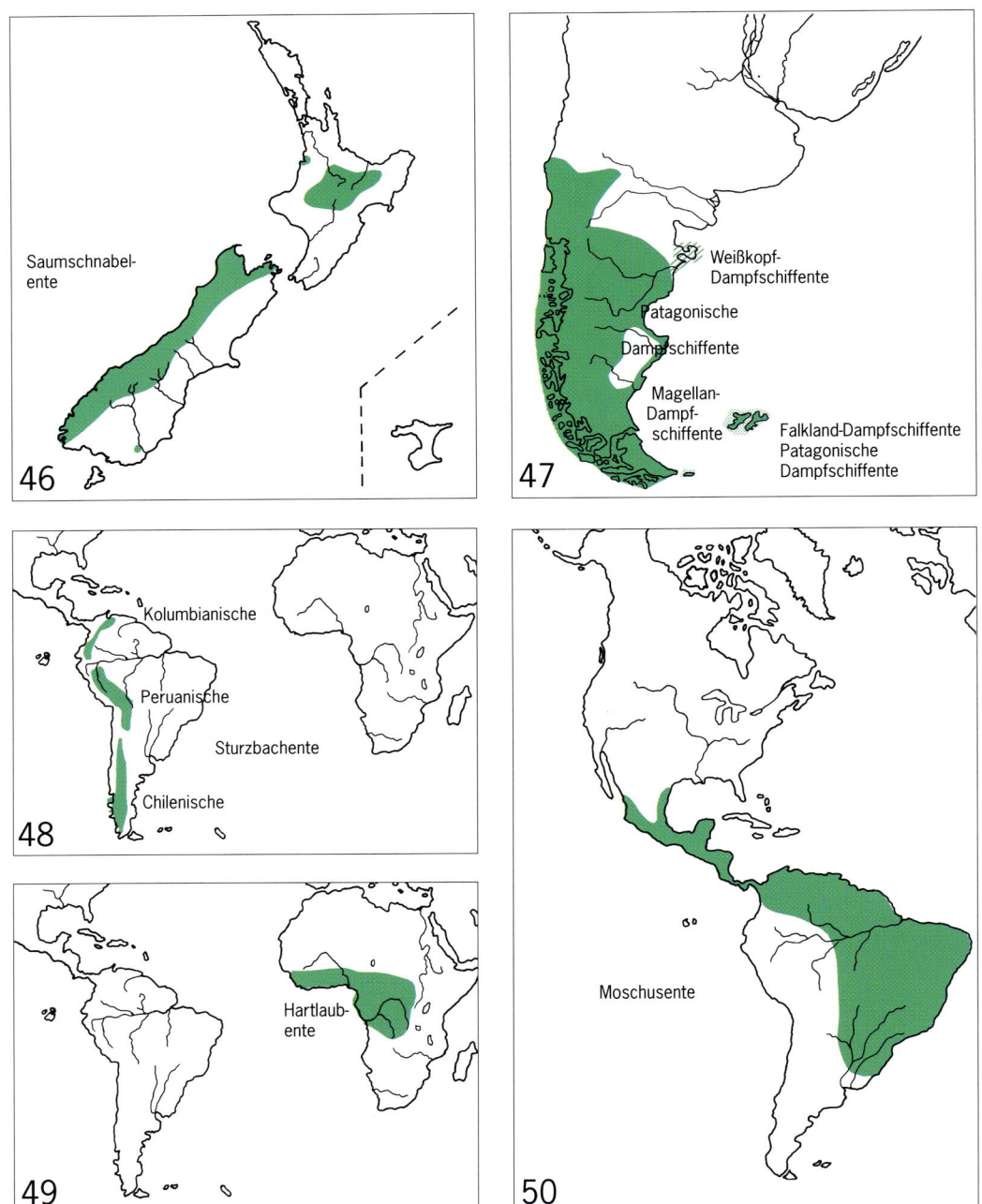

46 Saumschnabelente: Jahresvorkommen. **47 Weißkopf-Dampfschiffente, Patagonische Dampfschiffente, Magellan-Dampfschiffente, Falkland-Dampfschiffente:** Jahresvorkommen. **48 Kolumbianische, Peru-** und **Chile-Sturzbachente:** Jahresvorkommen. **49 Hartlaubente:** Jahresvorkommen. **50 Moschusente:** Jahresvorkommen.

Verbreitungskarten 335

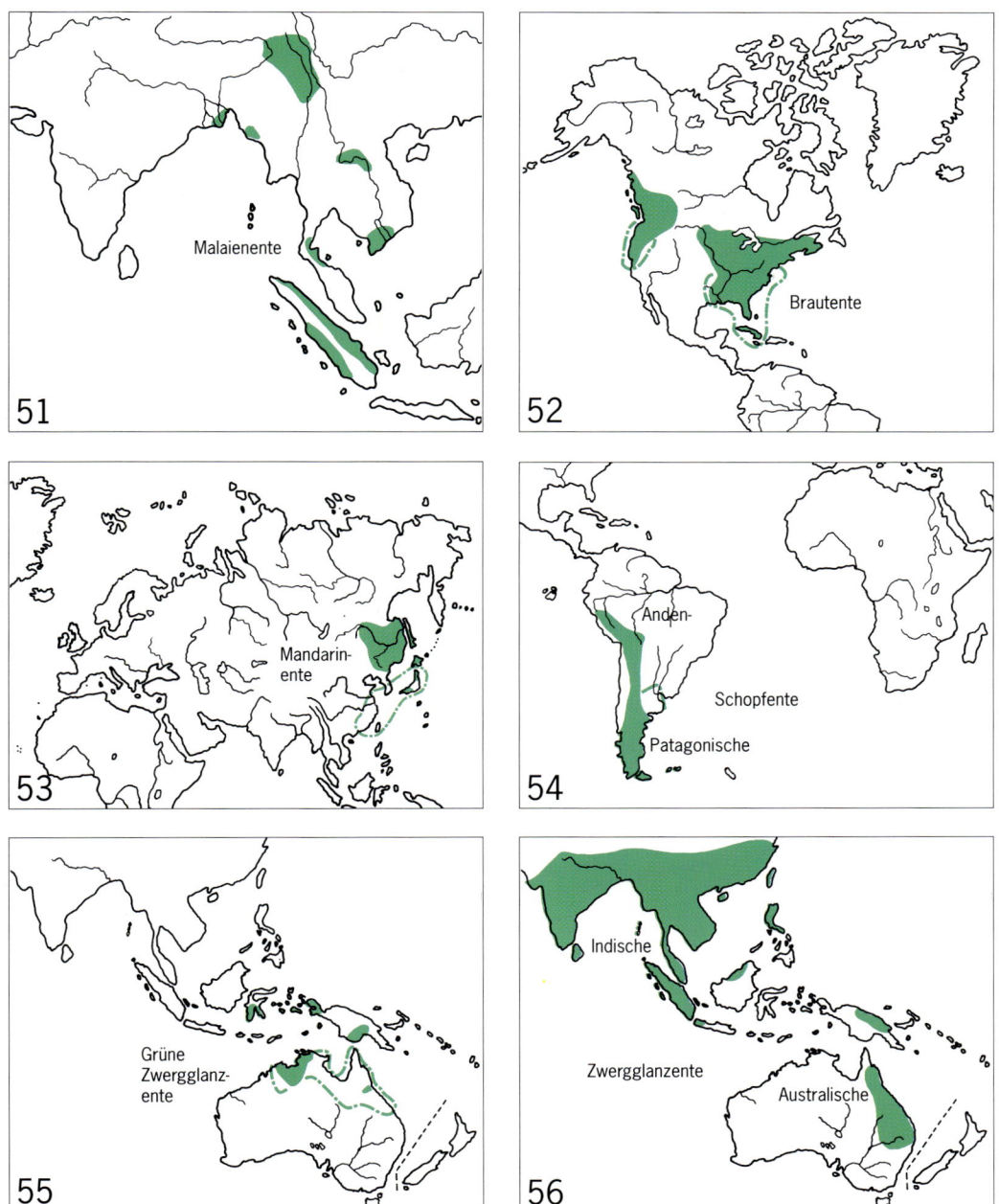

51 Malaienente: Jahresvorkommen. **52 Brautente:** Brut- und Wintervorkommen.
53 Mandarinente: Brut- und Wintervorkommen. **54 Anden- und Patagonische Schopfente:** Jahresvorkommen und Vorkommen von Nichtbrütern. **55 Grüne Zwergglanzente:** Brut- und sporadische Vorkommen. **56 Indische und Australische Zwergglanzente:** Jahresvorkommen.

336 Verbreitungskarten

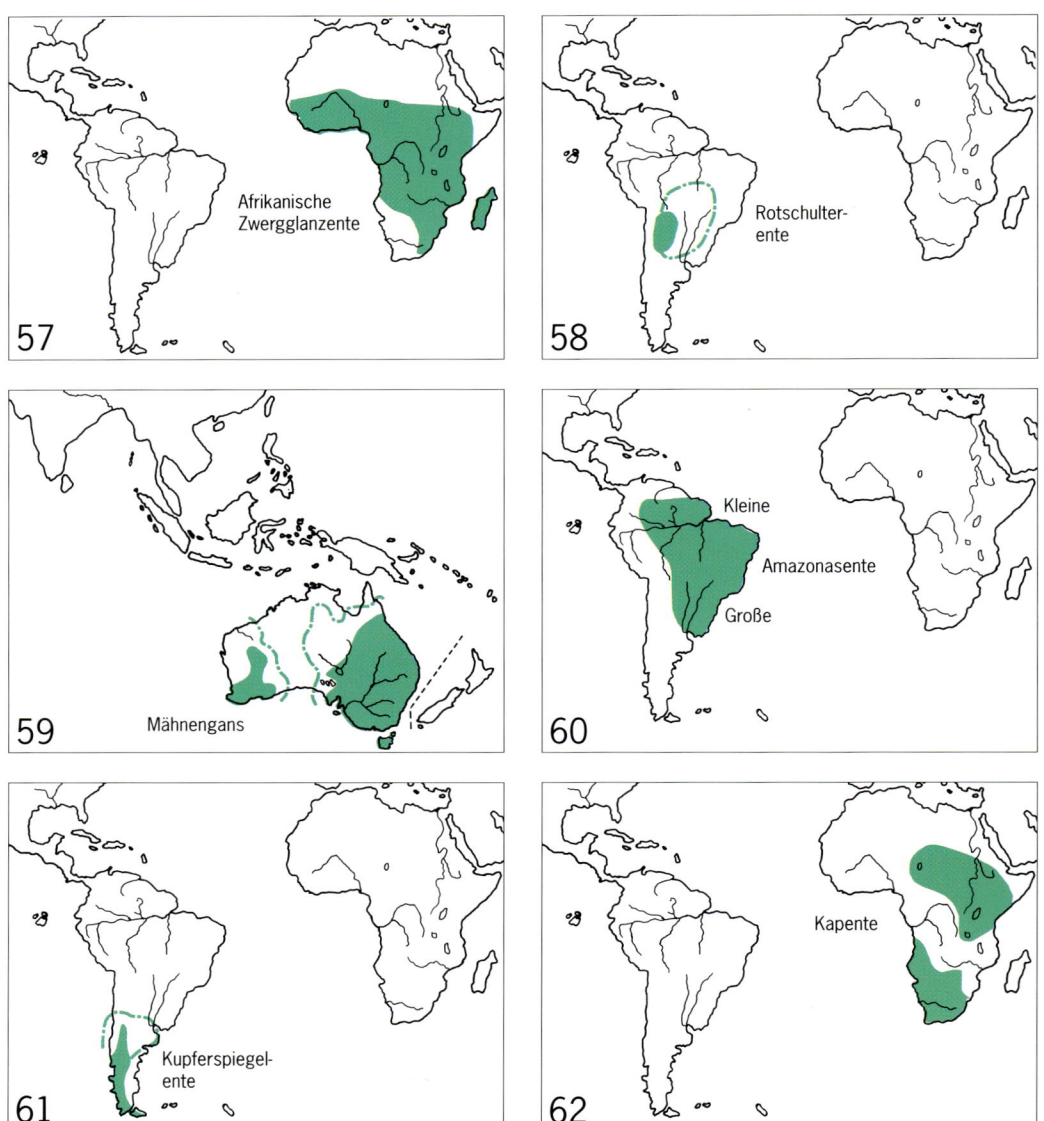

57 Afrikanische Zwergglanzente: Jahresvorkommen. **58 Rotschulterente:** regelmäßige und sporadische Brutvorkommen. **59 Mähnengans:** Brutvorkommen und sporadisches Auftreten. **60 Kleine** und **Große Amazonasente:** Jahresvorkommen. **61 Kupferspiegelente:** Vorkommen während und außerhalb der Brutzeit. **62 Kapente:** Jahresvorkommen.

Verbreitungskarten 337

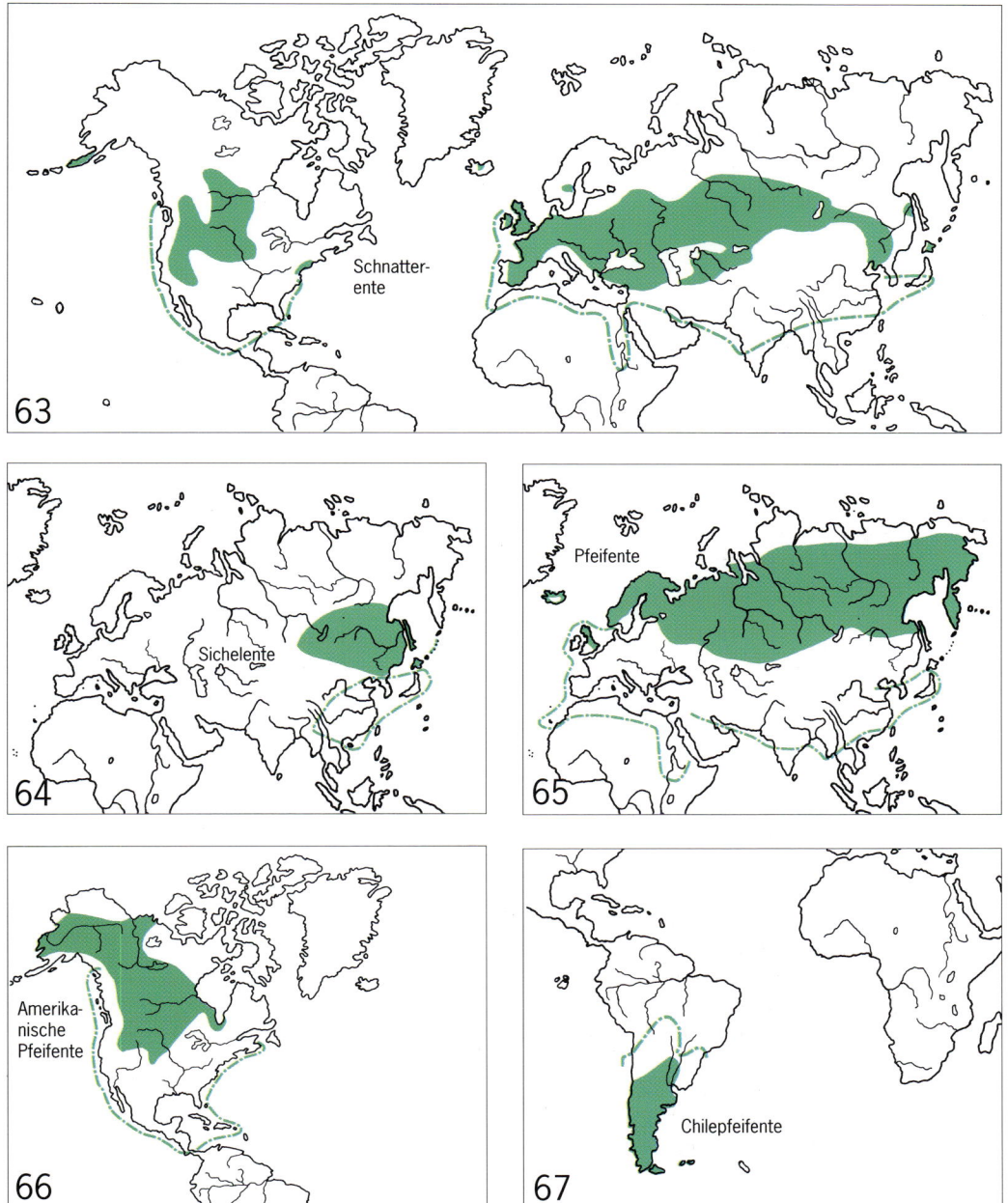

63 Schnatterente: Brut- und südlichste Wintervorkommen. **64 Sichelente:** Brut- und Überwinterungsgebiete. **65 Pfeifente:** Brut- und südlichste Wintervorkommen. **66 Amerikanische Pfeifente:** Brut- und südlichste Wintervorkommen. **67 Chilepfeifente:** Brut- und nördlichste Wintervorkommen.

338 Verbreitungskarten

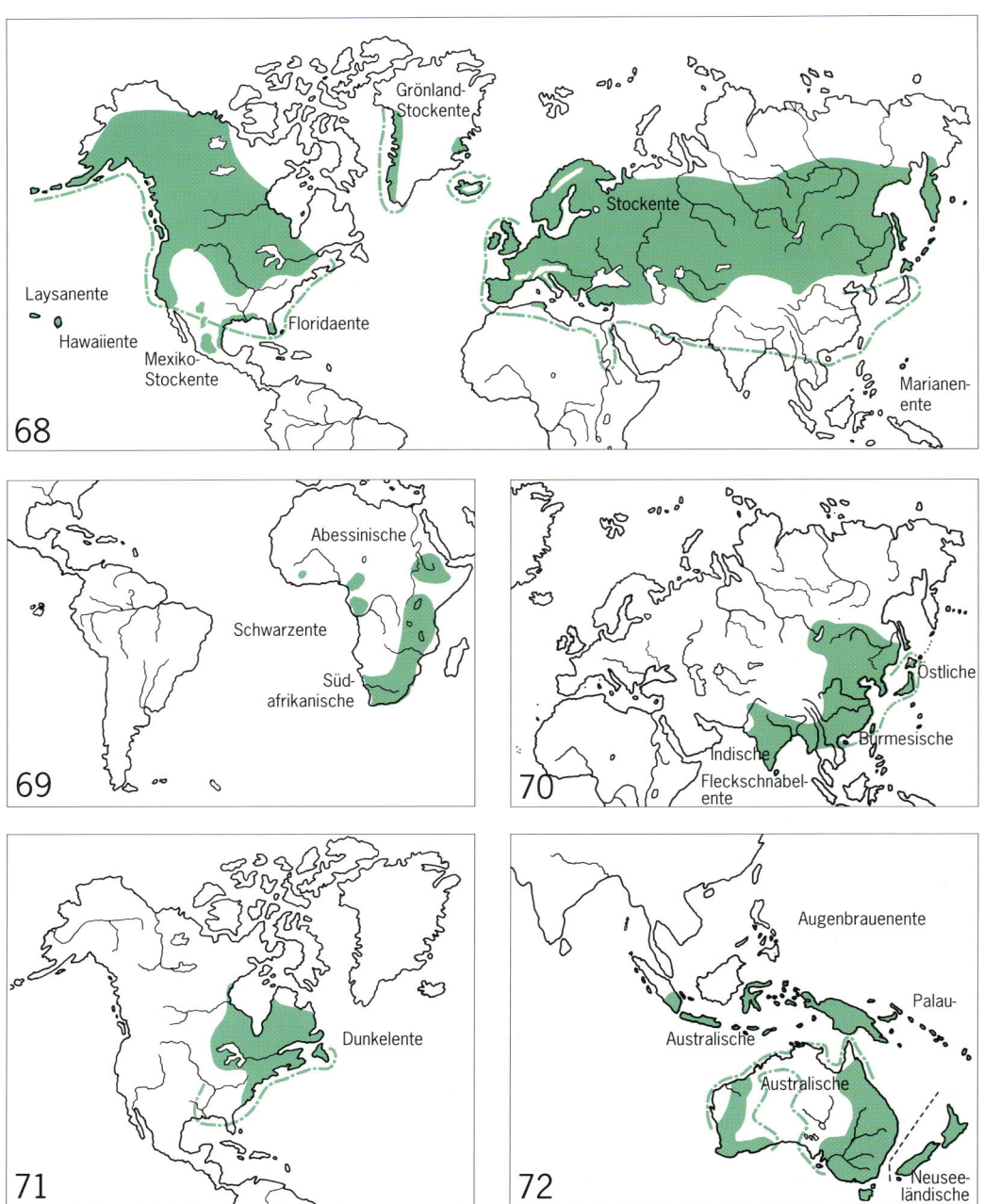

68 Stockente und **Grönland-Stockente**: Brut- und Wintervorkommen; **Mexiko-Stockente, Laysanente, Hawaiiente** und **Marianenente**: Jahresvorkommen. **69 Südafrikanische** und **Abessinische Schwarzente**: Jahresvorkommen. **70 Östliche, Burmesische** und **Indische Fleckschnabelente**: Brut- und Überwinterungsgebiete. **72 Australische Augenbrauenente**: permanente und sporadische Brutvorkommen; **Palau-** und **Neuseeländische Augenbrauenente**: Jahresvorkommen.

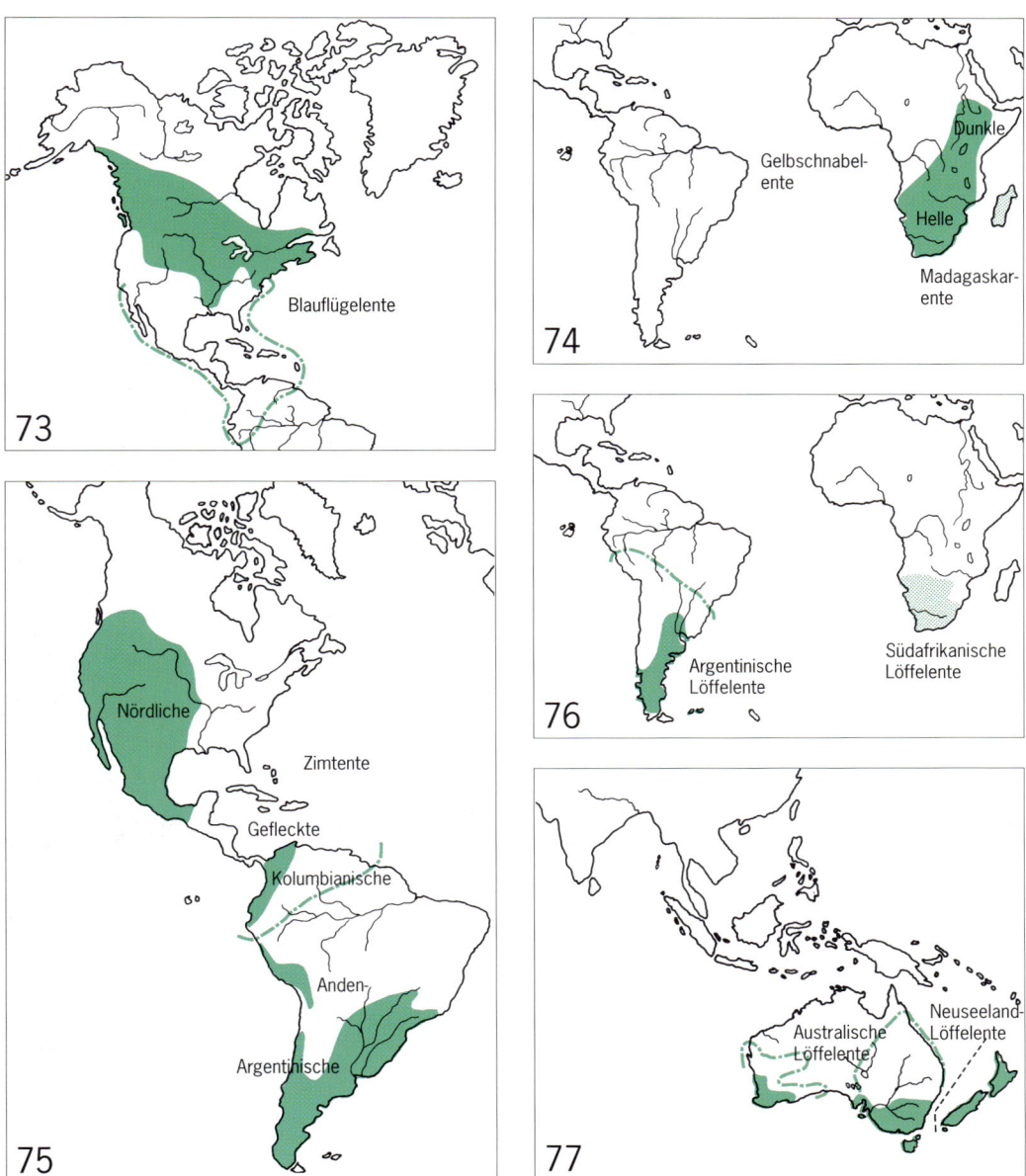

73 Blauflügelente: Brut- und südlichstes Wintervorkommen. **74 Dunkle** und **Helle Gelbschnabelente:** Jahresvorkommen; **Madagaskarente:** Jahresvorkommen. **75 Nördliche Zimtente:** Brutgebiet und südlichstes Wintervorkommen (Punkt-Strich-Linie); **Gefleckte, Kolumbianische, Anden-** und **Argentinische Zimtente:** Jahresvorkommen. **76 Südafrikanische Löffelente:** Brut- und nördlichstes Wintervorkommen. **77 Australische Löffelente:** permanentes und sporadisches Brutvorkommen; **Neuseeland-Löffelente:** Jahresvorkommen.

340 Verbreitungskarten

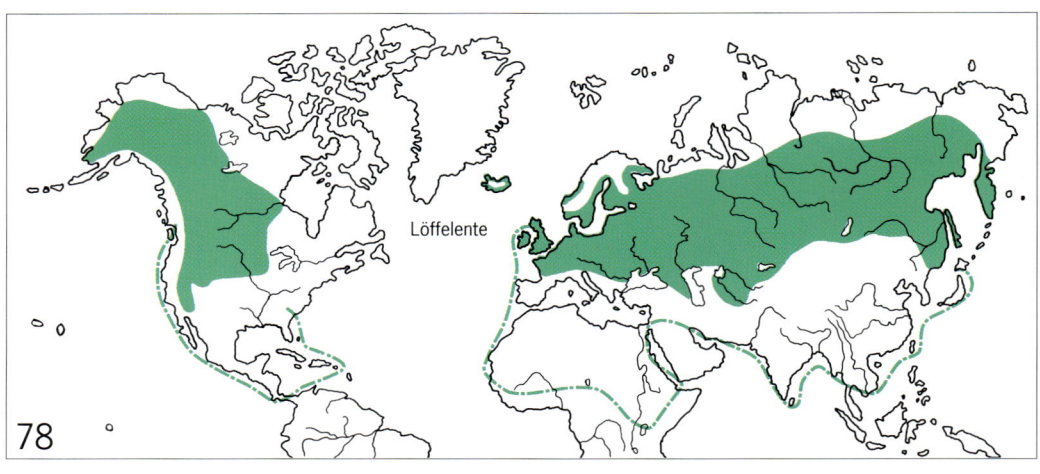

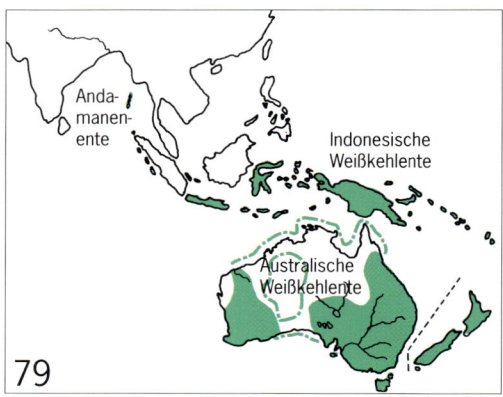

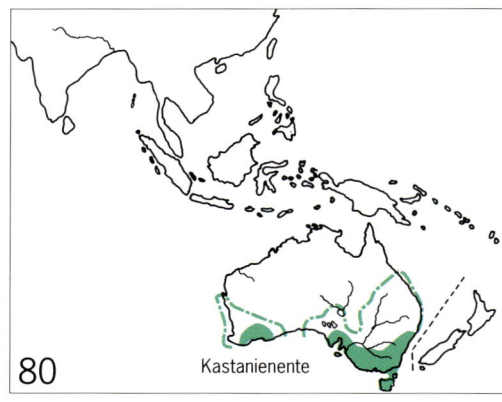

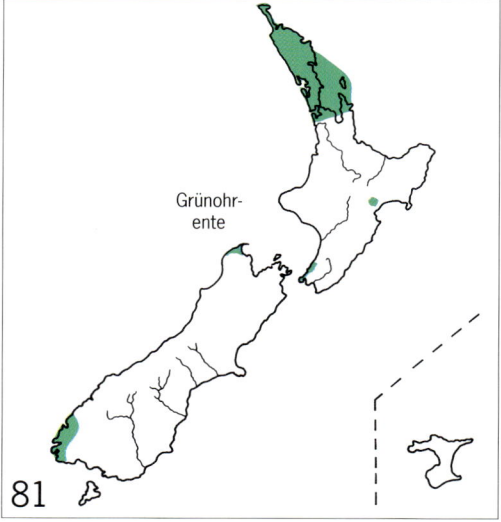

78 Löffelente: Brutgebiet und Südgrenze der Wintervorkommen. **79 Andamanenente:** Jahresvorkommen; **Indonesische Weißkehlente:** Jahresvorkommen; **Australische Weißkehlente:** permanentes und sporadisches Brutvorkommen. **80 Kastanienente:** permanentes und sporadisches Brutvorkommen. **81 Grünohrente:** Jahresvorkommen.

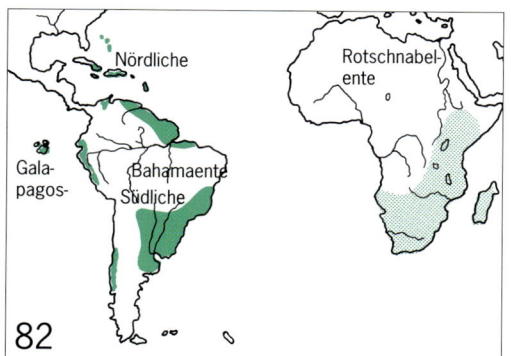

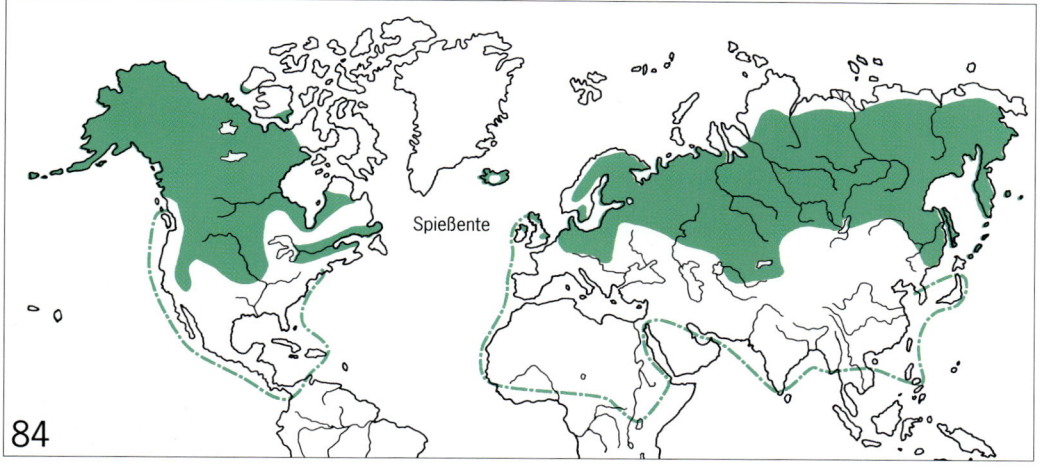

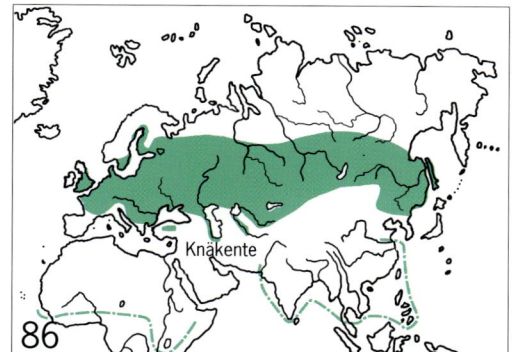

82 Nördliche, Südliche und **Galapagos-Bahamaente:** Jahresvorkommen; **Rotschnabelente:** Jahresvorkommen. **83 Merida-, Anden-** und **Spitzschwingenente:** Jahresvorkommen; **Chile-Krickente:** Brut- und nördlichste Wintervorkommen. **84 Spießente:** Brut- und südlichste Wintervorkommen. **85 Nördliche** und **Südgeorgien-Spitzschwanzente:** Jahresvorkommen; **Chile-Spitzschwanzente:** Vorkommen während und außerhalb der Brutzeit. **86 Knäkente:** Brut- und südlichste Wintervorkommen.

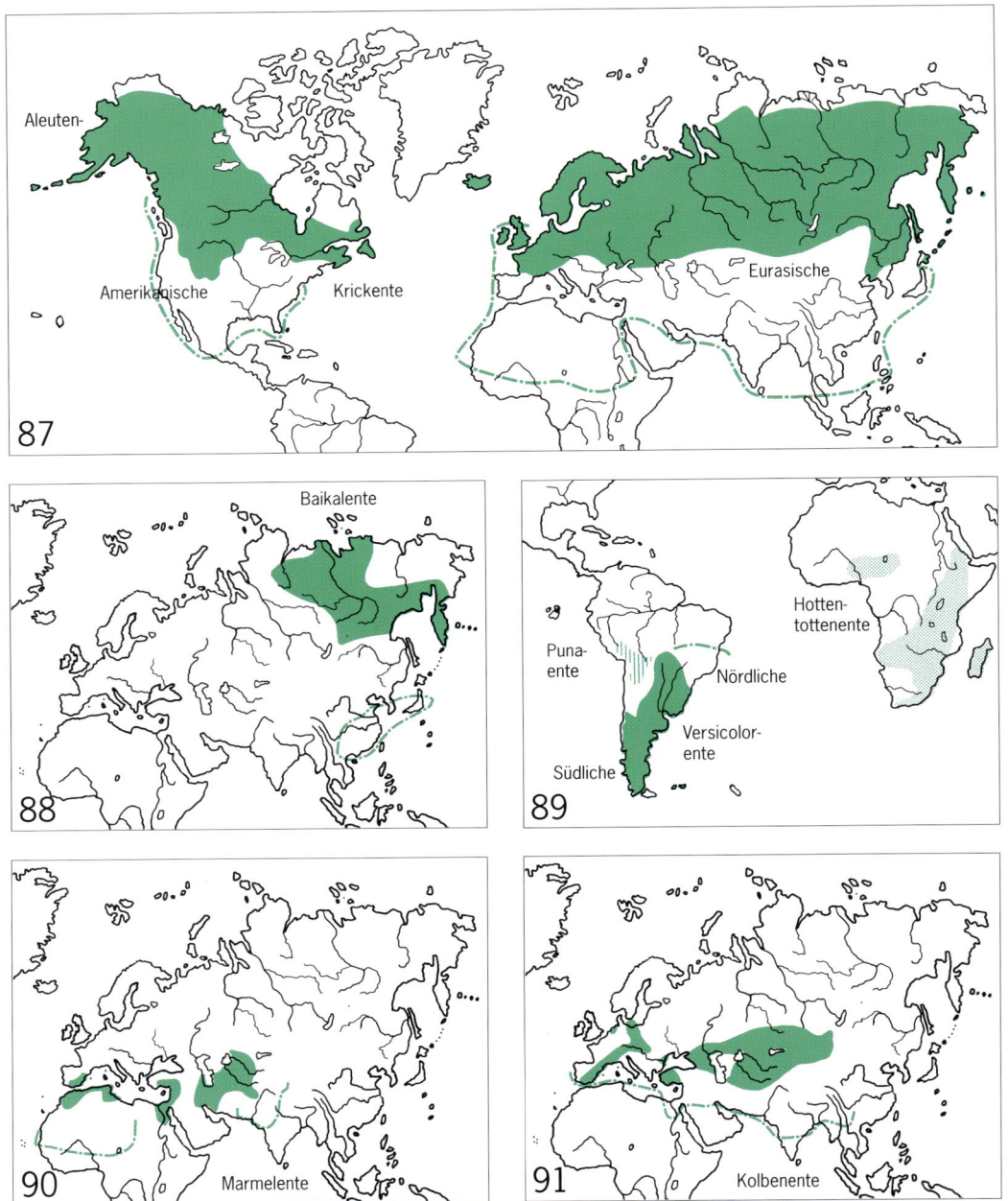

87 Aleuten-, Amerikanische und **Eurasische Krickente:** Brutgebiete und Südgrenze des Wintervorkommens. **88 Baikalente:** Brut- und Überwinterungsgebiete. **89 Punaente:** Jahresvorkommen; **Nördliche** und **Südliche Versicolorente:** Brut- und Wintervorkommen; **Hottentottenente:** Jahresvorkommen. **90 Marmelente:** Brut- und südlichste Überwinterungsgebiete. **91 Kolbenente:** Brut- und Wintervorkommen.

Verbreitungskarten **343**

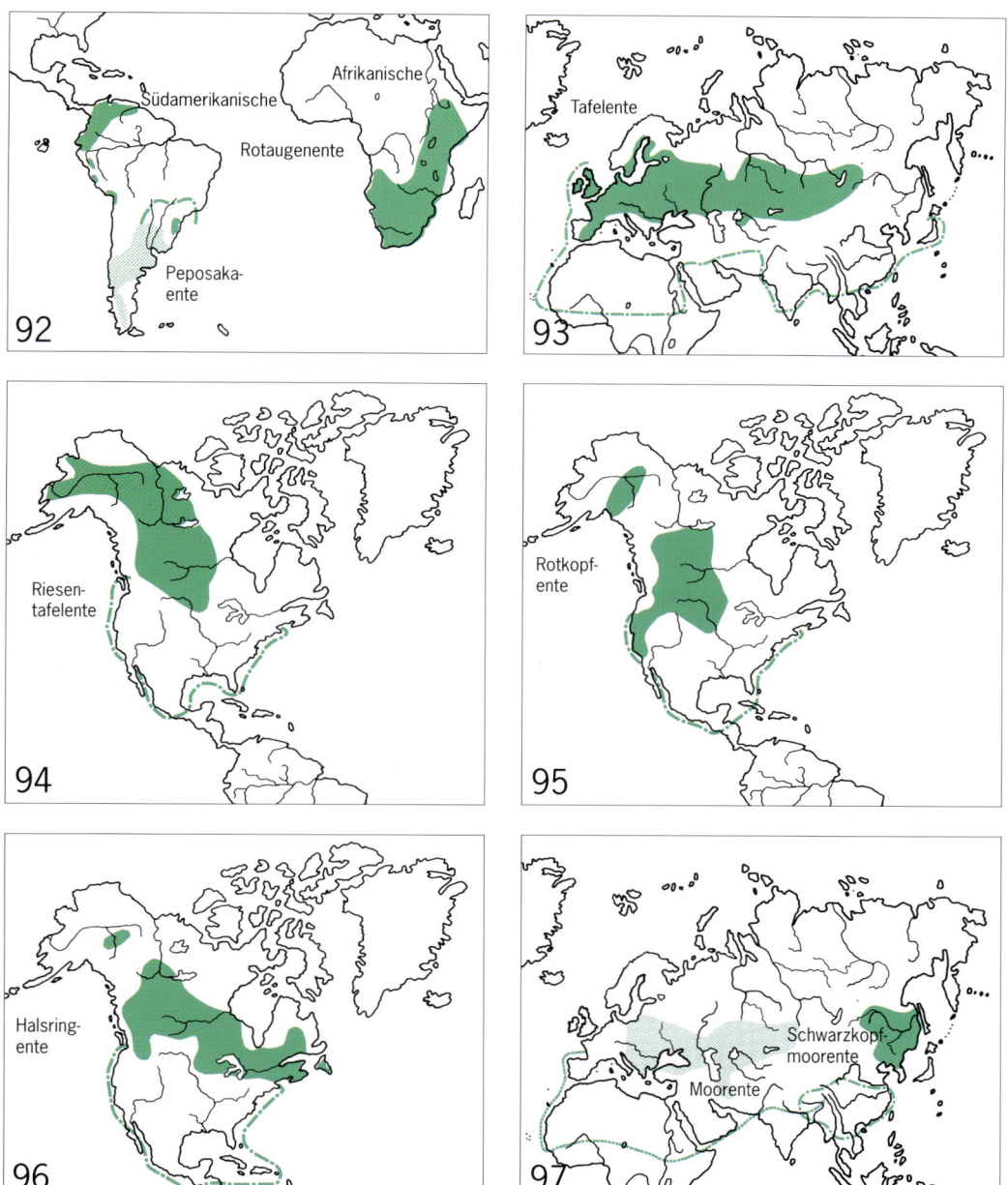

92 Peposakaente: Brutgebiete und Wintervorkommens; **Südamerikanische und Afrikanische Rotaugenente:** Jahresvorkommen. **93 Tafelente:** Brutgebiet und Südgrenze des Wintervorkommens. **94 Riesentafelente:** Brutgebiet und Südgrenze des Wintervorkommens. **95 Rotkopfente:** Brutgebiet und Südgrenze des Wintervorkommens. **96 Halsringente:** Brutgebiet und Südgrenze des Wintervorkommens. **97 Moorente:** Brut- und südlichste Wintervorkommen; **Schwarzkopfmoorente:** Brut- und Überwinterungsgebiete.

344 Verbreitungskarten

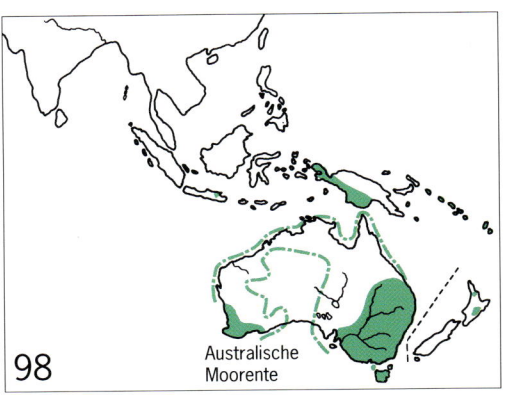
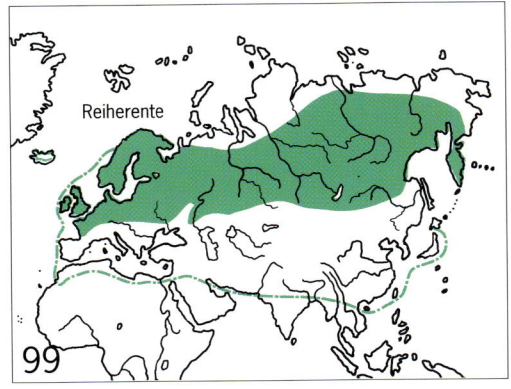
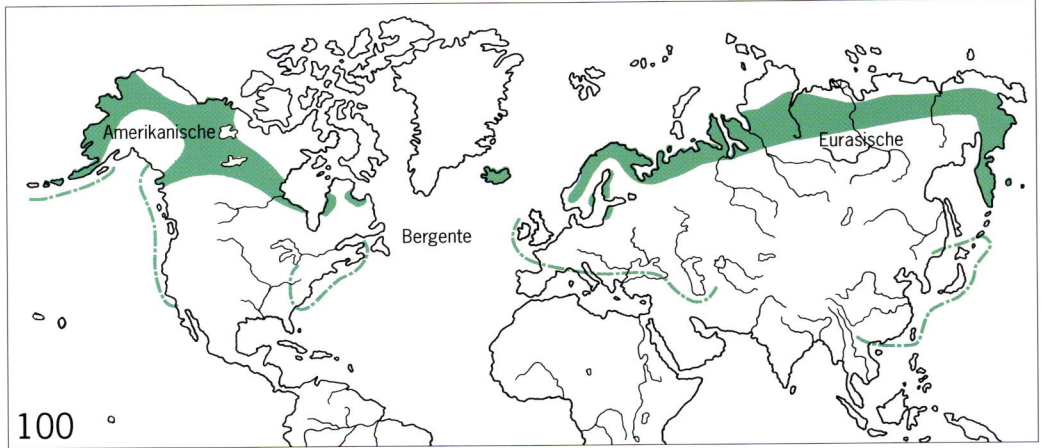
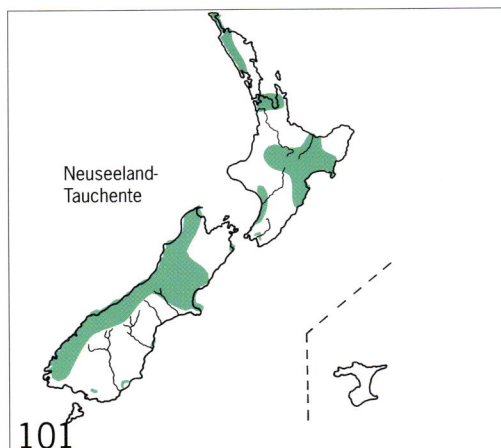
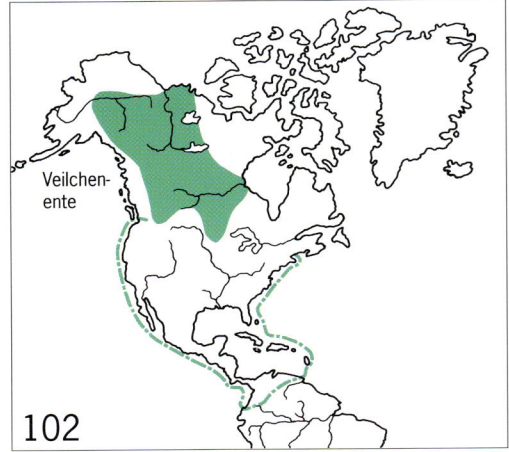

98 Australische Moorente: Brutgebiete und gelegentliches Auftreten nach regionalen Niederschlägen. **99 Reiherente:** Brut- und Überwinterungsgebiete. **100 Amerikanische** und **Eurasische Bergente:** Brut- und Überwinterungsregionen. **101 Neuseeland-Tauchente:** Jahresvorkommen. **102 Veilchenente:** Brut- und Wintervorkommen.

Verbreitungskarten **345**

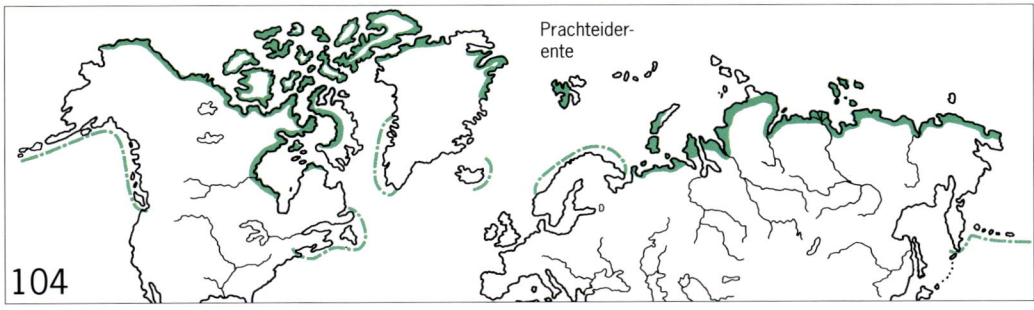

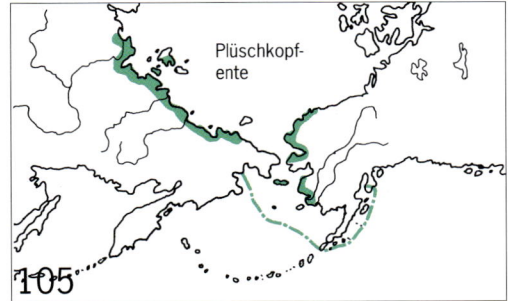

103 Pazifische Eiderente: Brut- und Wintergebiete; **Nördliche, Amerikanische, Hudson-Bay-, Faröer-** und **Europäische Eiderente:** Brut- und Wintergebiete. **104 Prachteiderente:** Brut- und Überwinterungsgebiete. **105 Plüschkopfente:** Brut- und Überwinterungsgebiete. **106 Scheckente:** Brutgebiet und Südgrenze der Wintergebiete. **107 Kragenente:** Brut- und Überwinterungsgebiete.

346 Verbreitungskarten

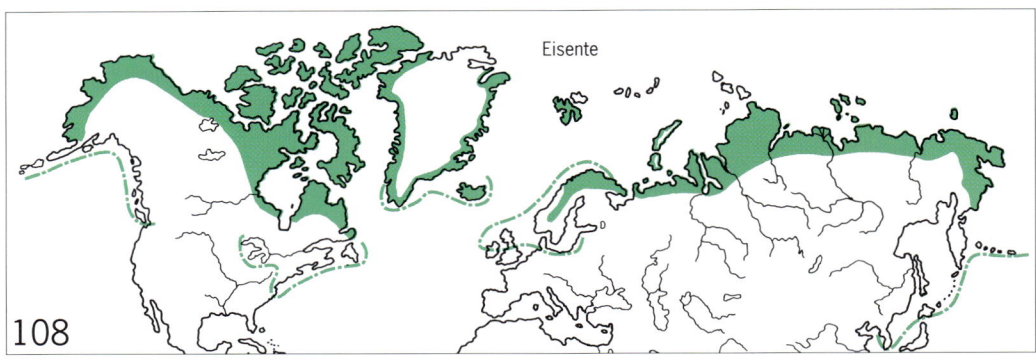

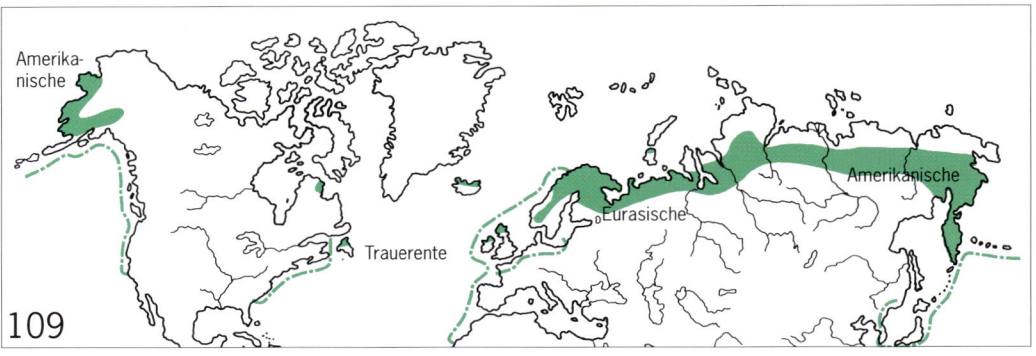

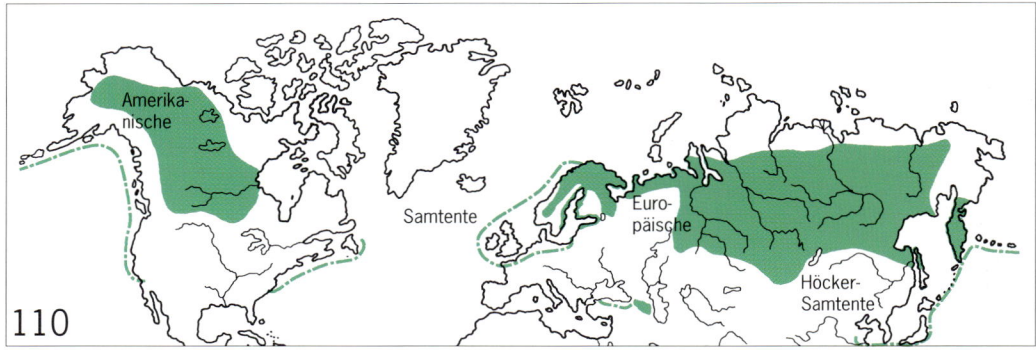

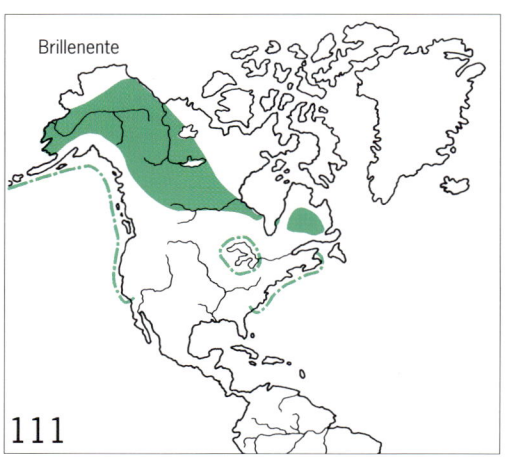

108 Eisente: Brut- und Überwinterungsgebiete. **109 Amerikanische** und **Eurasische Trauerente:** Brut- und Überwinterungsgebiete. **110 Amerikanische, Europäische** und **Höcker-Samtente:** Brut- und Wintervorkommen. **111 Brillenente:** Brut- und Wintergebiete.

Verbreitungskarten **347**

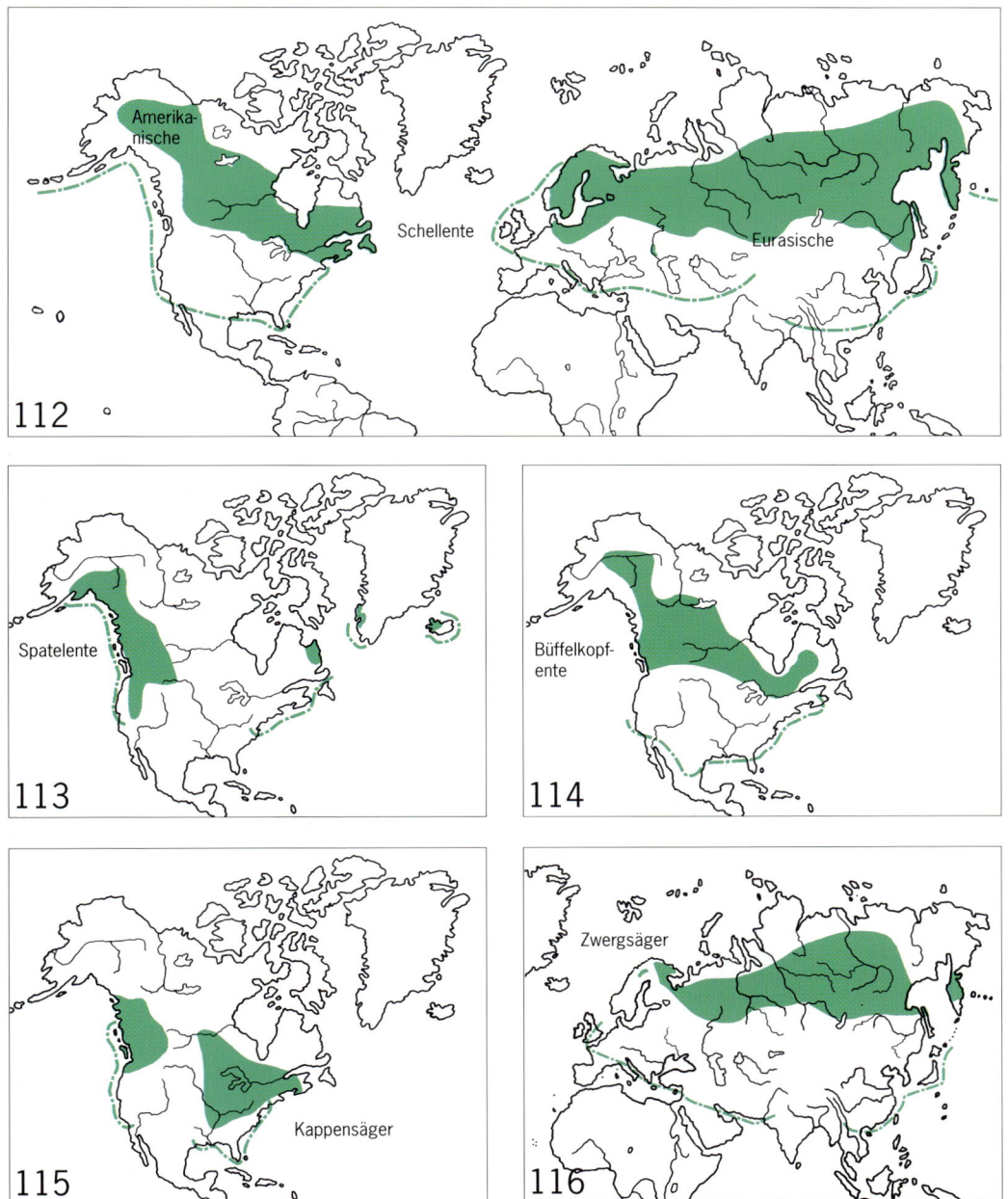

112 Amerikanische und **Eurasische Schellente:** Brut- und Wintervorkommen. **113 Spatelente:** Brut- und Wintervorkommen. **114 Büffelkopfente:** Brut- und südlichste Wintervorkommen. **115 Kappensäger:** Brut- und Wintervorkommen. **116 Zwergsäger:** Brut- und südlichste Wintervorkommen.

348 Verbreitungskarten

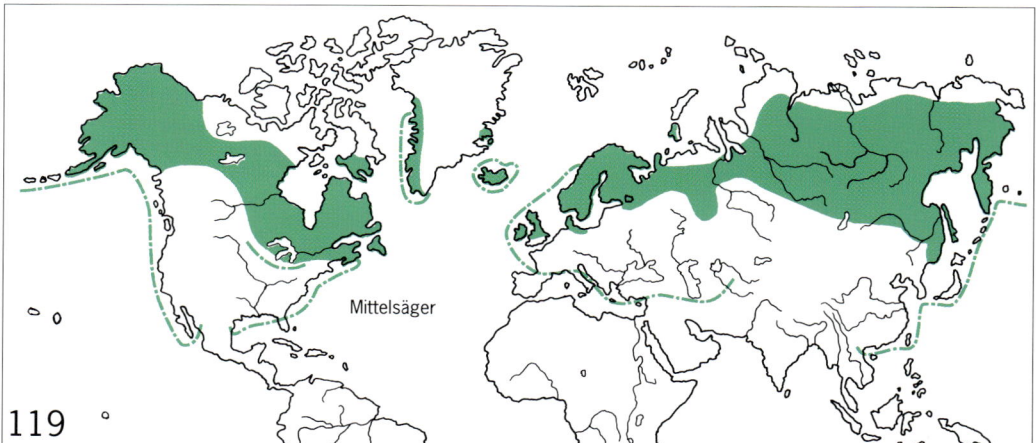
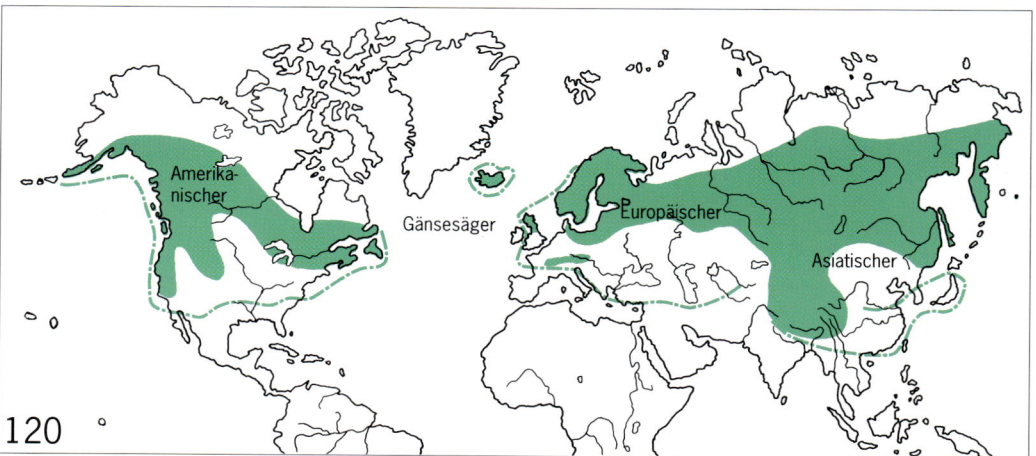

117 Dunkelsäger: Jahresvorkommen. **118 Schuppensäger:** Brut- und Überwinterungsgebiet.
119 Mittelsäger: Brutgebiet und Südgrenze des Wintervorkommens. **120 Amerikanischer, Europäischer** und **Asiatischer Gänsesäger:** Brut- und Wintervorkommen.

Literatur

ALDRICH, J.W. & K.P. BAER (1970): Status and speciation in the Mexican duck *(Anas diazi)*. Wilson Bulletin **88**, 63–73.

ALLEN, G.A.jr (1987): First Breeding of Old Squaw in North America. Gazette **36**, 13–18.

ALLEN, G. & L. ALLEN (1981): Steller's Eider. Its Natural History & Captive Management. Gazette **30**, 20–25.

ALLEN, G. & L. ALLEN (1984): King Eider. Its Natural History & Captive Management. Gazette **33,** 15–25.

ANSTEY, S. (1989): The Status and Conservation of the White-headed Duck *Oxyura leucocephala*. IWRB Spec. Publ. **10**.

BALL, I.J., H. FROST, W.R. SIEGFRIED & F. MCKINNEY (1978): Territories and local movements of African Black Ducks. Wildfowl **29**, 61–79.

BARTMANN, W. (1988): New observations on the Brazilian Merganser. Wildfowl **39**, 7ff.

BAUER, K.M. & U.N. GLUTZ VON BLOTZHEIM (1968/69): Handbuch der Vögel Mitteleuropas. Bd. 2 und 3. Frankfurt am Main.

BAUER, R.V. (1981): Abyssinian Blue-Winged Geese. American Pheasant and Waterfowl Society Mag. **81**, 43–44.

BELLROSE, F.C. (1976): Ducks, Geese and Swans of North America. Harrisburg. (Neubearbeitung des gleichlautenden Titels von F. H. KORTRIGHT [1942]).

BENKE, J. (1974): Etwas von meinen Gänsesägern. Gef. Welt **98**, 49–52.

BERGMANN, H.-H., M. STOCK & B. TEN THOREN (1994): Ringelgänse. Arktische Gäste an unseren Küsten. Wiesbaden.

BERNDT, R.K. & G. BUSCHE (1991–93): Vogelwelt Schleswig-Holsteins. Bd.4, Neumünster.

BLAKERS, M., S.J.J.F. DAVIES & P.N. REILLY (1984): The Atlas of Australian Birds. Melbourne.

BOCK, J. (1973): Dampfschiffenten-Nachzucht im Zoo Wuppertal. Gef. Welt **97**, 208–209.

BOENIGK, G. (1980): Freilandbeobachtungen zur Biologie der Großen Kelpgans *(Chloephaga hybrida malvinarum* Phillips). Bongo 4, 23–30.

BOETTICHER, H.v. & W. GRUMMT (1965): Gänse- und Entenvögel aus aller Welt. 2. Auflage. Neue Brehm-Bücherei **73**. Wittenberg Lutherstadt.

BOLEN, E.G. & B.J. FORSYTH (1967): Foods of the Black-bellied Tree Duck in South Texas. Wilson Bulletin **79**, 43–49.

BOND, J. (1956): Check-List of Birds of the West Indies. Lancaster.

BOWLER, J.M. (1992): The growth and development of the Whooper Swan cygnets *Cygnus cygnus*. Wildfowl **43,** 27–39.

BRICKELL, N. & R.M. SHIRLEY (1988): Ducks, Geese and Swans of Africa. Sandton, South Africa.

BROWN, A.F.A (1988): Kunstbrut: Handbuch für Züchter. Dt. Bearb. H. ASCHENBRENNER, Alfeld-Hannover. Engl. Originalausg. (1979): The incubation book.

BROWN, L.H., E.K. URBAN & K. NEWMAN (1982): The Birds of Africa. Vol. 1. London.

BRUNING, D. (1979): Breeding of the Indian Pygmy Goose *(Nettapus cor. cor.)*. American Pheasant & Waterfowl Soc. Mag. **79**, 2–4.

BRUNING, D. & C. SHEPPARD (1985): Breeding Pygmy Geese of the Genus *Nettapus* at the New York Zoological Park. American Pheasant & Waterfowl Soc. Mag. **85,** 14–17.

BRUUN, B. (1971): North American waterfowl in Europe. British Birds **64**, 385–408.

BRYANT, I.J. (1985): Rare Birds in the National Wildlife Centre Mt Bruce, Masterton, New Zealand. Avic. Mag. **91,** 48–59.

CALLAGHAN, D. A. & A. J. GREEN (1993): Wildfowl at Risk, 1993. Wildfowl **44**, 149–169.

CASARES, J. (1933, 1934, 1938–40): Palmipedos Argentinos. Hornero **5**, 142–156, **5**, 290–303, **7**, 327–357.

CAWKELL, E. M., & HAMILTON (1961): The Birds of the Falkland Island. Ibis **103a**, 1–27.

CHENG, T.-H. (1976): Distributional list of Chinese birds. Peking.

CLARK, A. (1969): The Breeding of the Hottentot Teal. Ostrich **40**, 33–36.

CLARK, A. (1969): The behaviour of the White-backed Duck. Wildfowl **20**, 71–74.

CLARK, A. (1980): Notes on the Breeding Biology of the Spurwinge Goose. Ostrich **51**, 179–182.

COIMBRA-FIHLO, A. F. (1964): Notas Sôbre a Marreca-Ananai, "Amazonetta brasiliensis" (GMELIN, 1782), sua Reproduçao em Cativeiro e Ensaios de Repovoamento. Rev. Brasil. Biol. **24 (4)**, 383–391.

COLES, D. (1983): Records of Waterfowl bred in captivity in the British Isles. Avic. Mag. **89**, 218–227; Compiled by D. COLES to 1986.

COLLAR, N. J. & P. ANDREW (1988): Birds to Watch. The ICBP World Check-list of Threatened Birds. ICBP Techn. Publ. **8**.

COLLAR, N. J., M. J. CROSBY & A. J. STATTERSFIELD (1994): Birds to Watch 2. The World List of Threatened Birds. Birdlife Cons. Series **4**, Cambridge.

COOPER, J. A. (1979): Trumpeter Swan nesting behaviour. Wildfowl **30**, 55–71.

COPLEY, R. A. (1962): Hooded Mergansers. Avic. Mag. **68**, 166–168.

COPLEY, R. A. (1964): Hooded Mergansers – Rearing Problems. Avic. Mag. **70**, 182 bis 184.

CRAMP, S. & K. E. L. SIMMONS (1977): Handbook of the birds of Europe, the Middle East and North Afrika. Vol. 1. Oxford.

DAGUERRE, J. B. (1920): Observaciones sobre los patos Metopiana peposaca y *Heteronetta atricapilla*. Hornero **2**, 61–62.

D'EATH, J. O. (1961): Incubation Period of the North American Ruddy Duck *(Oxyura j. jamaicensis)*. Avic. Mag. **67**, 202.

DEAN, W. R. & D. M. SKEAD (1979): The weights of some southern African Anatidae. Wildfowl **30**, 114–117.

DEE T. J. (1986): The Endemic Birds of Madagascar. ICBP, Cambridge.

DE KLOET, S. R. (1987): Withe-winged Wood Ducks in Captivity. Gazette **36**, 10–12.

DELACOUR, J. (1954–64): The Waterfowl of the World. 4 Bände, London.

DEL HOYO, J., A. ELLIOTT & J. SARGATAL (1992): Handbook of the Birds of the World. Vol. 1. Barcelona.

DEPOTTER, J. (1991): De Zuiderse Bruine Duikeend. Aviornis Intern. **18**, 31–40.

DESSEIN, G. (1987): De witte mandarijneend, een nieuw cultuurras. Aviornis Intern. **14**, 28–32.

DOLAN, J. M. (1965): Notes on *Chloephaga hybrida* (MOLINA, 1782). Zool. Garten N. F. **30**, 272–274.

DUMBELL, G. (1986): The Zealand Brown Teal 1845–1985. Wildfowl **37**, 71–87.

DURÁN, D. A. (1961): Notes on keeping the White-headed Duck *(Oxyura leucocephala)* in Captivity. Avic. Mag. **67**, 160–161.

DZUBIN, A. (1959): Growth and plumage development of wild-trapped juvenile Canvasback *(Aythya valisineria)*. J. Wildlife Manage. **23**, 279–290.

ECKARDT, W. R. (1925): Titel nicht bekannt. Beitr. z. Fortpfl.-Biol. d. Vögel **1**, 45.–47.

ERSKINE, A. J. (1972): Buffleheads. Canad. Wildlife Service, Monogr. Series **4**. Ottawa.

EVANS, M. E. (1975): Breeding behaviour of captive Bewick's Swans. Wildfowl **26**, 117–130.

EVANS, M. E. (1977): Notes on the behaviour of captive Whistling Swans. Wildfowl **28**, 107–112.

EVANS, M. E. & J. KEAR (1978): Weights and measurements of Bewick's Swans during winter. Wildfowl **29**, 118–122.

FJELDSÅ, J. & N. KRABBE (1990): Birds of the High Andes. Svendborg, DK.

FRITH, H. J. (1964): The Downy Young of the Freckled Duck, *Strictonetta naevosa* (GOULD). Emu **64**, 42–47.

FRITH, H. J. (1965): Ecology of the Freckled

Duck, *Stictonetta naevosa* (GOULD). CSIRO Wildl. Res. **10**, 125–139.

FRITH, H. J. (1982): Waterfowl in Australia. Sydney, London, Melbourne. 2. Aufl.

FROST, P. G. H., I. J. BALL, W. R. SIEGFRIED & F. McKINNEY (1979): Sex ratios, morphology and growth of the African Black Duck. Ostrich **50**, 220–233.

GELDENHUYS, J. N. (1981): Moults and moult localities of the South African Shelduck. Ostrich **52,** 129–134.

GEWALT, W. (1968): Ansätze zu einer erfolgreichen Zucht der Dampfschiffente (*Tachyeres brachypterus* LATH.). Gef. Welt **92**, 188–189.

GLADSTONE, P. & Ch. MARTELL (1968): Some field notes on the breeding of the Greater Kelp Goose. Wildfowl **19**, 25–31.

GLINKA, S., E. KRETZSCHMAR & A. MÜLLER (1998): 3. Ornithologischer Sammelbericht für Nordrhein-Westfalen. Charadius **34**, 32–46.

GOUDSWAARD, R. (1991): The search for the Campbell Island Flightless Teal *Anas aucklandica nesiotis*. Wildfowl **42**, 145 bis 148.

GRAY, A. P. (1958): Birds Hybrids. A Check-List with Bibliography. Farnham.

GREEN, A. J. (1992): Wildfowl at Risk 1992. Wildfowl **43,** 160–184.

GRISWOLD, J. A. (1968): First breeding of the Magellanic Flightless Steamer Duck in captivity. Wildfowl **19**, 32.

GRISWOLD, J. A. (1973): The coscoroba, *Coscoroba coscoroba*. Internat. Zoo Yearbook **13**, 38–40.

GUILER, E. R. (1966): The Breeding of Black Swan (*Cygnus atratus* LATHAM) in Tasmania with Special Reference to some Management Problems. Papers & Proceeding of the Royal Society of Tasmania **100**, 31–52.

HALSE, S. A. (1985): Diet and size of the digestive organs of Spurwinged Geese. Wildfowl **36**, 129–134.

HANSEN, H. A. (1973): Trumpeter Swan management. Wildfowl **24**, 27–32.

HAYES. F. N. & M. WILLIAMS (1982): The status, aviculture and reestablishment of Brown Teal in New Zealand. Wildfowl **33**, 73–80.

HEIDER, G. & G. MONREAL (1992): Krankheiten des Wirtschaftsgeflügels. Jena und Stuttgart

HEINROTH, O. (1909): Beobachtungen bei einem Einbürgerungsversuch mit der Brautente. J. Orn. **58**, 101–156.

HEINROTH, O. (1910): Beitr. zur Biologie, namentlich Ethologie und Physiologie der Anatiden. Verh. d. V. Intern. Orn. Kongreß in Berlin 1909. Berlin.

HEINROTH, O. & M. HEINROTH (1928–31): Die Vögel Mitteleuropas. Bd. 3 und 4. Berlin-Lichterfelde.

HENNY, Ch. J., J. L. CARTER & B. J. CARTER (1981): A review of Bufflehead sex an age criteria with notes on weigths. Wildfowl **32**, 117–122.

HILL, A. (1980): 1. Bericht des Bundesdt. Seltenheitsausschusses. Vogelwelt **101,** 76–80.

HITLY, S. L. & W. L. BROWN (1986): Birds of Columbia. New Jersey.

HOBBS, J. N. (1957): Notes on the Pink-eared Duck. Emu **57**, 265–268.

HOWARD, R. & A. MOORE (1984): A Complete Checklist of the Birds of the World. London.

Hoyo et al. (1992) siehe DEL HOYO

HUGHES, B. & V. N. BOCHARNIKOW (1992): Stauts of the Scaly-sided Merganser *Mergus squamatus* in the Far East of Russia. Wildfowl **43**, 193–199.

HUMPHREY, P. S., & M. C. THOMPSON (1981): A new species of Steamer-Duck *(Tachyeres)* from Argentina. Univ. of Kansas, Mus. of Nat. Hist. Occasional papers **95**, 1–12.

HUMPHREY, P. S. & B. C. LIVEZEY (1982): Flightlessness in Flying Steamer-Ducks. Auk **99**, 368–372.

HUMPHREY, P. S. & B. C. LIVEZEY (1982): Molts and plumages of Flying Steamer-Ducks. Univ. of Kansas, Mus. of Nat. History. Occasional papers **103**, 1–30.

HUMPHREY, P. S. & B. C. LIVEZEY (1985): Nest, eggs, and downy young of Whiteheaded Flightless Steamer-Duck. Univ. of Kansas, Mus. of Nat. Hist. Orn. Monogr. **36**, 945–953.

HUNTER, J. M. (1995): A key to ageing goslings of the Hawaiian Goose *Branta sandvicensis*. Wildfowl **45**, 55–58.

Hyde, D. O. (1974): Raising Wild Ducks in Captivity. New York.

Jacob, K. (1976): Haltung und Zucht von Hühnergänsen. Monatsschr. SZG Ziergefl. und Exoten. 181–183.

Jacob, K. (1976): Zur Haltung und Zucht der Schellente, *Bucephala clangula* L., Zool. Garten N. F. **46**, 139–144.

Johnsgard, P. A. (1961): The taxonomy of the Anatidae – A behavioural analysis. Ibis **103a**, 71–85.

Johnsgard, P. A. (1961): Breeding biology of the Magpie Goose. Wildfowl Trust, **12**th Ann. Rep., 92–103.

Johnsgard, P. A. (1965): Observations on some aberrant Australian Anatidae. Wildfowl Trust. **16**th Ann. Rep., 73–83.

Johnsgard, P. A. (1966): The biology and relationships of the Torrent Duck. Wildfowl Trust, **17**th Annual Report, 66–74.

Johnsgard, P. A. (1967): Observations on the behaviour and relationships of the Whitebacked Duck and the Stiff-tailed Ducks. Wildfowl Trust, **18**th Annual Report, 98–107.

Johnsgard, P. A. (1968): Waterfowl – Their biology and natural history. Lincoln.

Johnsgard, P. A. (1975): Waterfowl of North America. Bloomington.

Johnsgard, P. A. (1978): Ducks, Geese, and Swans of the World. Lincoln and London.

Johnson, A. W. (1965): The birds of Chile, and adjacent regions of Argentina, Bolivia and Peru. Vol. 1. Buenos Aires.

Johnestone, S. T. (1961): Breeding of the King Eider 1961. Avic. Mag. **67**, 196–197.

Johnestone, S. T. (1965): Zucht der Bronzeflügelente im Wildfowl Trust Slimbridge gelungen. Freunde des Kölner Zoo **8**, 12.

Kear, J. (1973): The Blue Duck of New Zealand. The Living Bird **11**, 175–192.

Kear, J. (1973): The magpie goose *Anseranas semipalmata* in captivity. Internat. Zoo Yearbook **13**, 28–32.

Kear, J. (1975): Salvadori's Duck of New Guinea. Wildfowl **26**, 104–111.

Kear, J. (1979): Wildfowl at risik, 1979. Wildfowl **30**, 159–161.

Kear, J. & R. J. Scarlett (1970): The Auckland Islands Merganser. Wildfowl **21**, 78–86.

Kear, J. & G. Williams (1978): Waterfowl at risk. Wildfowl **29**, 5–21.

Kear, J. & A. J. Berger (1980): The Hawaiian Goose. An Experiment in Conservation. Calton.

Kitchinski, A. A. (1971): Biological notes on the Emperor Goose in north-east Siberia. Wildfowl **22**, 29–34.

Kitchinski, A. A. (1972): On the biology of the Emperor Goose. In: Kumari, E.: Gänse der UdSSR, Tartu. (Russisch).

Knystautas, A. J. V. & J. Sibnev (1987): Die Vogelwelt Ussuriens. Wittenberg Lutherstadt.

Kolbe, H. (1972): Die Entenvögel der Welt. 1. Aufl., Radebeul.

Kolbe, H. (1977): Wasservögel in Freiland und Gehege. Leipzig.

Kolbe, H. (1977): Erstzucht des Mittelsägers (*Mergus serrator* L.). Monatsschr. SZG Ziergefl. und Exoten, 175–176.

Kolbe, H. (1979): Eingewöhnung verölter Meeresenten (spez. Eisenten) und ihre Möglichkeit der Haltung in Zuchtanlagen. Monatsschr. SZG Ziergefl. und Exoten, 41–44.

Kolbe, H. (1981): Erstzucht des Kappensägers, *Mergus cucullatus* L. Monatsschr. SZG Ziergefl. und Exoten, 175–176.

Kolbe, H. (1983): Zur Ökologie, Haltung und postembryonalen Entwicklung von Gänse-, Mittel- und Kappensägern. Monatsschr. SZG Ziergefl. und Exoten, 19–26.

Kolbe, H. (1984): Die Entenvögel der Welt, 3. Aufl. Radebeul. (4. Aufl. als unveränderter Nachdruck 1990).

Kolbe, H. (1989): Ergebnisse von Fütterungsversuchen an 4 Säger-(*Mergus-*)Arten. Beitr. Vogelkd. **35**, 153–162.

Kortright, F. H. (1942): siehe Bellrose (1976)

Kösters, J. & J. R. Jakoby (1987): Enten und Gänse. In: Gabrisch, K. & P. Zwart (Hrsg.): Krankheiten der Wildtiere. Hannover.

Kühne, A. (1979): Zucht- und Haltungstendenzen bei europäischen Anatidenarten.

Monatsschr. SZG Ziergefl. und Exoten. 131–134.

LIVEZEY, B. C. (1991): A phylogenetic analysis and classification of recent dabbling Ducks (Tribe Anatini) based on comparative morphology. Auk **108**, 471–507.

LIVEZEY, B. C., P. S. HUMPHREY & M. C. THOMPSON (1985): Notes on coastal birds of Puerto Melo, Chubut, Argentina. Bull. Brit. Orn. Cl. **105**, 17–21.

LUBBOCK, M. (1981): Muks Duck (*Biziura lobata*). APWS-Mag. **81**, 81–87.

MACKENZIE, M. J. S. & J. KEAR (1976): White-winged Wood Duck. Wildfowl **27**, 5–17.

MADGE, S. & H. BURN (1988): Wassergeflügel. Hamburg, Berlin.

MARCHANT, S. (1960): The breeding of some SW-Ecuadorian Birds. Ibis **102**, 301–382.

MARCHANT, S. & P. HIGGINS (1990): Handbook of Australian, New Zealand & Antarctic Birds. Vol. 1. Melbourne.

MARLER, Chr. (1973) Breeding the Black spur winged Goose, *Plectropterus gambensis niger*, and the Blackbrand, *Branta bernicla occidentalis* at Flamingo Gardens Olney. Internat. Zoo Yearbook **13**, 58–59.

MARTIN, S. I., N. TRACANNA & R. SUMMERS (1986): Distribution and habitat use by Sheld-Geese populations wintering in Buenos Aires province, Argentina. Wildfowl **37**, 55–62.

MATTHEWS, G. V. T. & M. EVANS (1974): On the behaviour of the Whiteheaded Duck with especial reference to breeding. Wildfowl **25**, 56–66.

MCKENZIE, H. R. (1971): The Brown Teal in the Auckland Province. Notornis **18**, 280 bis 286.

MCKINNEY, F. (1965): The Comfort Movements of Anatidae. Behaviour **25**, 120 bis 220.

MEYER, O. & E. STRESEMANN (1928): Zur Kenntnis der Entwicklung von *Megapodius* und *Oxyura* im Ei. Ornith. Monatsber. **36**, 65–71.

MIDDLEMISS, E. (1958): The Southern Pochard *Netta erythrophthalma brunnea*. Ostrich. Suppl. No. **2**.

MOFFETT, G. M. (1970): A study of nesting torrend ducks in the Andes. Living Bird **9**, 5–28.

MONROE, B. L. & Ch. G. SIBLEY (1993): A world Checklist of Birds. Yale Univ. Press. New Haven and London.

MOOIJ, J. H. & J. NAACKE (1997): Kurze Übersicht über die Ergebnisse der Gänsezählungen in Deutschland 1992/93 und 1993/94. Vogelwelt **118**, DDA-aktuell 2/1997, nach S. 305.

MOULTON, D. W. & M. W. WELLER (1984): Biology and conservation of the Laysan Duck (*Anas laysanensis*). Condor **86**, 105–117.

MULLER, K. A. (1973): Pygmy geese, *Nettapus* spp., Internat. Zoo Yearbook **13**, 60–62.

NEHLS, H. W. (1992): Schachtelbrut einer Weißkopfruderente. Zool. Garten Rostock, Jahresbericht **92**, 27.

NIENDORF, W. (1976): Mähnengänse, ihre Lebensweise im natürlichen Vorkommen und Erfahrungen bei der Haltung in Zuchtanlagen. Monatsschr. Ziergefl. und Exoten. 183–185.

NIETHAMMER, G. (1952): Zur Anatomie und systematischen Stellung der Sturzbach-Ente (*Merganetta armata*). J. Orn. **93**, 357–360.

NIETHAMMER, G. (1953): Zur Vogelwelt Boliviens. Bonn. Zool. Beitr. **4**, 195–303.

NIETHAMMER, G. (1953): Die Einbürgerung von Säugetieren und Vögeln in Europa. Hamburg und Berlin.

PALMER, R. S. (1976): Handbook of North American Birds. Vol. 2. und 3. New Haven.

PARTRIDGE, W. H. (1956): Notes on the Brazilian Merganser in Argentinia. Auk **73**, 473–488.

PITMAN, C. R. S. (1965): The nesting and some other habits of *Alopochen, Nettapus,* and *Sarkidiornis*. Wildfowl Trust, **16**th Ann. Rep., 115–121.

PREDDEY, J. (1995): Campbell Island Teal *Anas aucklandica nesiotis* bred in captivity. Wildfowl **46, 69–71.**

PREUSS, B. (1973): Breeding of the Whooper swan. *Cygnus c. cygnus*, at Rostock Zoo. Internat. Zoo Yearbook **13**.

PROKOSCH, P. & H. HÖTKER, Hrsg. (1995): Faunistik und Naturschutz auf Taimyr – Expeditionen 1989–1991. Corax **16**, Sonderheft.

RACHILIN, W. K. (1972): Zur Biologie der Mandarinente im Sichote-alin. Die Ressourcen der Wasservögel der UdSSR, ihre Reproduktion und Nutzung; Teil II. Moskau. (Russisch).

RAETHEL, H.-S. (1979): Zur Haltung der Prachteiderente *(Somateria spectabilis)* im Zoo Berlin. Bongo **3**, 79–80.

REICHHOLF, J. (1975): Biogeographie und Ökologie der Wasservögel im subtropisch-tropischen Südamerika. Anz. orn. Ges. Bayern **14**, 1–69.

REID, B. & C. RODERICK (1973): New Zealand scaup, *Aythya novaeseelandiae*, and Brown teal, *Anas aucklandica chlorotis*, in captivity. Internat. Zoo Yearbook **13**, 12–15.

RIPLEY, S. D. (1951): Remarks on the Philippine Mallard. Wilson Bulletin **63**, 189–191.

RIPLEY, S. D. (1960): Laysan Teal in Captivity. Wilson Bulletin **72**, 244–247.

ROBERTSON, C. J. R. (1985): Complete Book of New Zealand Birds. Auckland.

ROSE, P. & D. A. SCOTT (1994): IWRB/IUCN-SSC Action Plan for the Anatidae. Kongreßmat. ANATIDAE 2000. Strasbourg 1994.

ROWAN, M. K. (1963): The Yellowbill Duck *Anas undulata* Dubois in Southern Africa. Ostrich, Suppl. **5**.

RÜGER, A., C. PRENTICE & M. OWEN (1987): Erg. der Intern. Wasservogelzählung des IWRB von 1967–1983. Seevögel **8,** Sonderheft.

RUTSCHKE, E. (1987): Die Wildgänse Europas. Berlin.

RUTSCHKE, E. (1989): Die Wildenten Europas. Berlin.

RUTSCHKE, E. (1992): Die Wildschwäne Europas. Berlin.

RYAN, R. A. (1972): Body weight and weight changes of wintering diving ducks. J. of Wildlife Manage. **36**, 759–765.

RYDER, J. P. (1967): The breeding biology of Ross' Goose in the Perry River region, Northwest Territories. Canad. Wildl. Serv. Rep. Series **3**. Ottawa.

RYDER, J. P. (1969): Nesting Colonies of Ross' Goose. Auk **86**, 282–292.

RYDER, J. P. (1970): A possible factor in the evolution of clutch size in Ross' Goose. Wilson Bulletin **82**, 5–13.

SCHAUENSEE, R. M. de (1970): A guide to the birds of South America. Edinburgh.

SCHERER, S. & TH. HILSBERG (1982): Hybridisierung und Verwandschaftsgrade innerhalb der Anatidae – eine systematische und evolutionstheoretische Betrachtung. J. Orn. **123**, 357–380.

SCHLAWE, L. (1969): Die für die Zeit vom 1. August 1844 bis 31. Mai 1888 nachweisbaren Thiere im zoologischen Garten zu Berlin. Berlin.

SCHMIDT, CH. R. (1969): Preliminary notes on breeding the Falkland Island flightless steamer duck, *Tachyeres brachypterus*, at Zurich Zoo. Intern. Zoo Yearb. **9**, 125–127.

SCHMIDT, G. A. I. (1980): Der Gänsesäger. *Mergus merganser*. Monogr. d. Vogelkdl. Arbeitsgr. Schleswig-Holstein.

SCHÖNWETTER, M. (1960/61): Handbuch der Oologie. (2. und 3. Lieferung). Berlin.

SCHÜRER, U. (1980): Beobachtungen an Spiegelgänsen (Gattung *Chloephaga*) des südlichen Argentinien und der Falklandinseln. Zeitschr. d. Kölner Zoo **23**, 65–68.

SCOTT, D. & J. LUBBOCK (1974): Preliminary observations on waterfowl of Western Madagascar. Wildfowl **25**, 117–121.

SECRETT, J. (1972): Breeding of Bewickis' Swans at bentley. Avic. Mag. **72**, 46–47.

SIBLEY, CH. G. (1996): Birds of the world. Version 2.0. Thayer Birding Software. Cincinnati.

SIEGFRIED, W. R. (1970): Double wing-moult in the Moccoa Duck. Wildfowl **21,** 122.

SIEGFRIED, W. R. (1977): Evening gatherings and night roosting of African Black Ducks. Ostrich **48**, 5–16.

SIEGFRIED, W. R. (1985): Socially induced suppression of breeding plumage in the Maccoa Duck. Wildfowl **36,** 135–137.

SIEGMANN, O. (1993): Kompendium der Geflügelkrankheiten. 5. Aufl. Berlin und Hamburg.

Smart, G. (1965): Body weights of new hatcheds Anatidae. Auk **82**, 645–648.
Smart, G. (1965): Development and Maturation of Primary Feathers of Redhead Ducklings. Journ. of Wildl. Management **29**, 533–536.
Spangenberg, E. P. (1964): Die Vögel des Iman-Beckens. Sbornik trud. Zool. Mus. Mosk. **9**, 98–202 (Russisch).
Spiess, R. (1985): Breeding Buffleheads in a Small Place. Gazette **34**, 14–17.
Standen, P. J. (1980): The social display of the Chilean teal *Anas f. flavirostris*. J. Zool. London **191**, 293–313.
Stegmann, B. (1930): Die Vögel des Amurlandes. J. Orn. **78**, 78–117.
Stewart, R. & J. W. Aldrich (1958): Distinction of Maritime an Prairie Populations of Bluewinged Teal. Proc. Biol. Soc. **69**, 29–36.
Summers, R. W. (1982): The absence of flightless moult in the Ruddy-headed Goose in Argentina and Chile. Wildfowl **33**, 5–6.
Summers, R. W. (1983): Moult-skipping by Upland Geese *Chloephaga picta* in the Falkland Islands. Ibis **125,** 262–266**.**
Summers, R. W. & G. Castro (1988): Population size and feeding behaviour of Anden Geese at Lake Junin, Peru. Wildfowl **39**, 22–28.
Sturgeon, W. B. (1988): First breeding of Wild Waterfowl in North America. Intern. Wild Waterfowl Ass. Inc.

Tarsnane, S. (1982): Manual of Ornamental Waterfowl Management. Publ. by the Brit. Waterfowl Assoc. Halstead GB.
Tarsnane, S. (1985): Waterfowl. A Guide to Maintenance an Propagation. Billings, MT.
Teichmann, B. (1995): Gänse- und Hühnervögel, Tauben. In: Göltenboth, R. & H.-G. Klös (Hrsg.): Krankheiten der Zoo- und Wildtiere. Berlin.
Temme, M. (1976): Beitrag zur Kenntnis der Philippinenente (*Anas luzonica* Frazer). Orn. Mitt. **28**, 184–189.
Todd, F. S. (1979): Waterfowl: Ducks, Geese, and Swans of the World. New York, London.
Todd, F. S. (1996): Natural History of the Waterfowl. Vista/San Diego.

Tucker, G. M. & M. F. Heath (1994): Birds in Europe, Their Conservation Status. Birdlife Conservation **3**. Cambridge.

Urdiales, C. & P. Pereira (1993): Identification key of *O. jamaicensis, O. leucocephala* and their Hybrids. ICONA. Madrid.

Vermeer, K. (1981): Food and populations of Surf Scoters in British Columbia. Wildfowl **32**, 107–116.
Veselovsky, Z. (1973): The breeding biology of the Cape Barren geese, *Cereopsis novaehollandiae*. Internat. Zoo Yearbook **13**, 48–55.
Veselovsky, Z. (1989): Beitrag zur Kenntnis der Blauflügelgans, *Cyanochen cyanopterus*. Zool. Garten N. F. **59,** 129–142.
Vijayan, L. (1996): Status and Conservation of the Andaman Teal *(Anas gibberifrons albogularis)*. Gibier Faune Sauvage, Game Wildl. Vol. **13**, 831–842.

Warner, R. E. (1963): Recent history and ecology of the Laysan Duck. Condor **65**, 3–23.
Weller, M. W. (1959): Parasitic egg laying in the redhead *Aythya americana* and other North American Anatidae. Ecol. Monographs **29,** 333–365.
Weller, M. W. (1967): Notes on Plumages and Weights of the Black-headed Duck, *Heteronetta atricapilla*. Condor **69**, 133 bis 145.
Weller, M. W. (1968): The Breeding Biology of the Parasitic Black-headed Duck. The Living Bird **7**, 169–207.
Weller, M. W. (1968): Plumages and wing spurs of Torrent Ducks. Wildfowl **19**, 33–40.
Weller, M. W. (1972): Ecological studies of Falkland Island's waterfowl. Wildfowl **23**, 25–44.
Weller, M. W. (1972): Ecological studies of the South Georgia pintail *(Anas g. georgica)*. Antarctica Journal **7**, 77–78.
Weller, M. W. (1973): Waterfowl in the Auckland Islands. Antarctica Journal **7**, 188–190.
Weller, M. W. (1973): Ecology and behaviour of the South Georgia pintail, *Anas g. georgica*. Ibis **117**, 217–231.

WELLER, M. W. (1974): Habitat selection and feeding patterns of brown teal *(Anas castanea chlorotis)* on Great Barrier Island. Notornis **21**, 25–35.

WELLER, M. W. (1976): Ecology and behaviour of steamer ducks. Wildfowl **27**, 45–54.

WELLER, M. W. (1980): The Island Waterfowl. Ames.

WEND, G. (1982): Erstzucht der Halsringente, *Aythya collaris* (DONOVAN). Monatsschr. SZG Ziergefl. und Exoten, S. 42.

WIENANDS, J. (1966/67): Wasserziergeflügel. Gef. Welt **90** u. **91**, 135–137, 146–147, 168–171, 197–198, 212–213, 239–241 und 7–8.

WIENANDS, J. (1974): Gelungene Zucht des Kappensägers *(Mergus cucullatus* L.). Gef. Welt **98**, 81–82.

WILLIAMS, M. (1969): Courtship and copulatory behaviour of the New Zealand Grey duck. Notornis **16**, 23–32.

WILLIAMS, M. (1971): The distribution and abundance of the Paradise Shelduck *(Tadorna variegata,* Gmelin) in New Zealand from pre-europan times to the present day. Notornis **18**, 71–86.

WILLIAMS, M. (1979): The social structure, breeding and population dynamics of Paradise Shelduck in the Gisborne-East Coast district. Notornis **26**, 213–272.

WILLIAMS, M. (1995): Social structure, dispersion and breeding of the Auckland Island Teal. Notornis **42**, 219–262.

WILLIAMS, M. (1996): Conservation Dilemmas with Island Wildfowl (ANATIDEA). Gibier Faune Sauvage, Game Wildl. **13**, 849–865.

WINTERBOTTOM, J. M. (1974): The Cape teal. Ostrich **45,** 110–132.

WITT, K., H.-G. BAUER, P. BERTHOLD, P. BOYE, O. HÜPPOP & W. KNIEF (1996): Rote Liste der Brutvögel Deutschlands, 2. Fassung. Ber. z. Vogelschutz **34**, 11–35.

WOERNLE, H. (1994): Geflügelkrankheiten. Stuttgart.

WOLTERS, H. E. (1977): Die Vogelarten der Erde. 2. Lieferung. Hamburg und Berlin.

WOODS, R. W. & A.(1997): Atlas of Breeding Birds of the Falkland Islands. Oswestry, Shropshire GB.

WOROBJEW, K. A. (1954): Die Vögel des Ussuri-Gebietes. Moskau. (Russisch).

WORTH, N. (1987): New Zealand Brown Duck and Meller's Duck. Gazette **36**, 8–11.

WÜRDINGER, J. (1975): Vergleichende morphologische Untersuchungen zur Jugendentwicklung von *Anser-* und *Branta-*Arten. J. Orn. **116,** 65–86.

Bildquellen

Die Mehrzahl der Fotos und die Vorlagen für die Verbreitungskarten fertigte der Autor selbst an. Ergänzend wurden nachfolgende Fotos freundlicherweise für dieses Buch zur Verfügung gestellt:
Dr. Wolf Bartmann, Dortmund: Seite 136.
Dietmar Götze, Delbrück: Seite 94, 108, 123, 190, 209, 302.
Mark Hulme, Slimbridge, England: Seite 81, 90.
Dr. Martin Kaiser, Berlin: Seite 249.
Klaus Kussmann, Berlin: Seite 85, 124, 151, 213.
Dr. Hubert Lücker, Dresden: Seite 166, 167.
G. Norman, Wellington, Neuseeland: Seite 238.
Rudi Plaquet, Stekene, Belgien: Seite 86, 99, 137, 208, 215, 226, 260
Heidrun Roy, Meriel, Frankreich: Seite 35, 110, 118, 152, 156, 178, 218, 314.
Dr. Ulrich Schürer, Wuppertal: Seite 154.
Murray Williams, Wellington, Neuseeland: Seite 10, 12, 239, 240.
Die Zeichnungen auf den Seiten 13, 14, 22, 24, 36, 43 fertigte Kerstin Heß, Stuttgart, nach Vorlagen von Rüdiger Wegener, Wingst.
Die Zeichnung auf Seite 324 ist von Wolfgang Lenk, Leipzig.

Verzeichnis deutscher, englischer, französischer und holländischer Namen

Das Verzeichnis enthält die Namen aller Entenvogelarten sowie von Unterarten, die für Züchter von Bedeutung sind. Englische Namen wurden der Literatur entnommen, die französischen stellte Frau H. Roy, Mèriel, Frankreich, die holländischen Herr S. Roebroek, Klimmen, und Herr G. van Dijk, Westerbroek, Niederlande, zusammen. In Belgien sind neben den englischen im wallonischen Sprachbereich die französischen und im flämischen die holländischen Namen gebräuchlich. E = Englisch, F = Französisch, NL = Holländisch.

Afrikanische Ruderente: E Maccoa Duck; F Erismature d'Afrique, E. maccoa; NL Maccoa-stekelstaarteend
Afrikanische Zwergglanzente: E African Pygmy Goose; F Anserelle d'Afrique; NL Afrikaanse pygmeegans
Amazonasente: E Brazilian Teal oder Duck; F Sarcelle du Brésil; NL Braziliaanse taling
    Große Amazonasente: E Greater Brazilian Teal; F Grande sarcelle du Brésil; NL Grote Braziliaanse taling
    Kleine Amazonasente: E Lesser Brazilian Teal; F Petite sarcelle du Brésil; NL Kleine Braziliaanse taling
Amerikanische Pfeifente: E Baldpate; F Siffleur d'Amérique; NL Amerikaanse smient
Andengans: E Andean Goose; F Bernache des Andes; NL Andesgans
Andenruderente: E Andean Ruddy Duck; Erismature des Andes; NL Andes stekelstaarteend
Argentinische Ruderente: E Argentine Blue-billed oder Ruddy Duck; F Erismature d'Argentine; NL Argentijnse stekelstaarteend
Aucklandente: E Auckland Island Teal; F Sarcelle brune des îles Aucklande; NL Aucklandeend

Augenbrauenente: E Pacific Black Duck, Grey Duck; F Canard à sourcils; NL Grijze eend, Wenkbrauweend
    Australische Augenbrauenente: E Black Duck, Grey Duck; F Canard à sourcils d'Australie; NL Australische grijze eend
    Neuseeländische Augenbrauenente: E New Zealand Grey Duck; F Canard à sourcils de Nouvelle-Zélande; NL Nieuwzeelandse grijze eend
    Palau-Augenbrauenente: E Palau Grey Duck; F Canard à sourcils d'Océanie ou de Palau; NL Kleine grijze eend
Australische Kasarka: E Australian Shelduck; F Tadorne oder Casarca d'Australie; NL Australische casarca
Australische Löffelente: E Australian Shoveler; F Souchet d'Australie; NL Australische slobeend
    Neuseeland-Löffelente: E New Zealand Shoveler; F Souchet de Nouvelle-Zélande; NL Nieuwzeelandse slobeend
Australische Moorente: E Australian White-eye; F Fuligule nyroca d'Australie; NL Australische witoogeend
Australische Ruderente: E Australian Blue-billed oder Ruddy Duck; F Erismature australe; NL Australische stekelstaarteend
Australische Zwergglanzente siehe Indische Zwergglanzente
Bahamaente: E Bahama Pintail; F Pilet des Bahamas; NL Bahamapijlstaart
    Galapagosente: E Galapagos Pintail; F Pilet de Galapagos; NL Galapagospijlstaart
Baikalente: E Baikal Teal; F Sarcelle Baikal; NL Baikaltaling
Bergente: E Scaup, Greater Scaup; F Fuligule milouinan; NL Toppereend
Bernierente: E Bernier's Teal; F Sarcelle malgache; NL Madagaskartaling
Bläßgans: E White-fronted Goose; F Oie rieuse; NL Kolgans

Grönland-Bläßgans: E Greenland White-fronted Goose; F Oie rieuse du Groenland; NL Groenlandse kolgans
Tule-Bläßgans: E Interior White-fronted Goose; F Oie rieuse de Gambell; NL Thulekolgans
Blauflügelente: E Blue-winged Teal; F Sarcelle soucrourou; NL Blauwvleugeltaling
Blauflügelgans: E Blue-winged Goose; F Bernache oder Oie à ailes bleues d'Ethiopie; NL Blauwvleugelgans
Brandgans: E Shelduck; F Tadorne de Belon; NL Bergeend
Brautente: E Carolina Wood Duck; F Canard branchv; NL Carolinaeend
Brillenente: E Surf Scoter; F Macreuse à Lunettes; NL Brilzee-eend
Büffelkopfente: E Bufflehead; F Garrot albéole; NL Buffelkopeend

Chilepfeifente: E Chiloe Wigeon; F Siffleur du Chili; NL Chilismient
Chile-Krickente: E Chilean Teal, Speckled Teal; F Sarcelle du Chili; NL Chileense wintertaling
   Spitzschwingenente: E Sharp-winged Teal; F Sarcelle à ailes pointues; NL Scherpvleugeltaling

Dampfschiffente: E Steamer Duck; F Canard vapeur, Brassemer; NL Booteend
Dunkelente: E American Black Duck; F Canard noirâtre américain; NL Zwarte eend
Dunkelsäger: E Brazilian Merganser; F Harle du Brésil; NL Braziliaanse zaagbek

Eiderente: E Eider; F Eider; NL Eidereend
   Amerikanische Eiderente: E American Eider; F Eider à duvet amércain; NL Amerikaanse eidereend
   Europäische Eiderente: E Common Eider; F Eider à duvet d'Europe; NL Europese eidereend
Eisente: E Long-tailed Duck, Oldsquaw; F Canard kakiwi; NL IJseend

Falkland-Dampfschiffente: E Falkland Flightless Steamer Duck; F Canard vapeur des îles Falkland; NL Falklandbooteend

Fleckschnabelente: E Spotbill; F Canard à bec tacheté; NL Vlekbekeend
   Indische Fleckschnabelente: E Indian Spotbill; F Canard à bec tacheté de l'Inde; NL Indische vlekbekeend
   Östliche Fleckschnabelente: E Chinese Spotbill; F Canard à bec zoné; NL Chinese vlekbekeend
Floridaente: E Florida Duck; F Canard brun de Floride; NL Floridaeend

Gänsesäger: E Common Merganser, Goosander; F Harle bièvre; NL Grote zaagbek
   Amerikanischer Gänsesäger: E American Merganser; F Harle bièvre d'Amérique; NL Amerikaanse grote zaagbek
   Europäischer Gänsesäger: E Eurasian Merganser; F Harle bièvre d'Europe; NL Europese grote zaagbek
Gelbe Pfeifgans: E Fulvous Whistling Duck; F Dendrocygne fauve, D. bicolor; NL Gele boomeend
Gelbschnabelente: E Yellow-billed Duck; F Canard à bec jaune; NL Geelsnaveleend
   Helle Gelbschnabelente: E South Yellow-billed Duck; F Canard à bec jaune du Cap; NL Zuidafrikaanse geelsnaveleend
Graugans: E Greylag; F Oie cendreé; NL Grauwe gans
Graukopfgans: E Ashy-headed Goose; F Bernache à tête grise; NL Grijskopgans
Graukopfkasarka: E Cape Shelduck; F Tadorne oder Casarca du Cap; NL Grijskopcasarca
Grüne Zwergglanzente: E Green Pygmy Goose; F Anserelle verte; NL Groene pygmeegans
Grünohrente: E New Zealand Teal, Brown Teal; F Sarcelle brune de Nouvelle-Zélande; NL Nieuwzeelandse bruine taling

Halsringente: E Ring-necked Duck; F Fuligule morillon à bec cerclé; NL Amerikaanse kuifeend
Hartlaubente: E Hartlaub's Duck; F Canard de Hartlaub; NL Hartlaubeend
Hawaiiente: E Hawaiian Duck; F Canard d'Hawaii, Koloa; NL Hawaiieend
Hawaiigans: E Hawaiian Goose, Néné; F Bernache néné, d'Hawaii; NL Hawaiigans, Néné

Herbstpfeifgans: E Black-bellied Whistling Duck, Red-billed Tree Duck; **F** Dendrocygne à ventre noir oder à bec rouge; **NL** Roodsnavelfluiteend, Roodbekboomeend
    Nördliche Herbstpfeifgans: E North Black-bellied Whistling Duck; **F** Dendrocygne à bec rouge du nord; **NL** Noordelijke roodbekboomeend
    Südliche Herbstpfeifgans: E South Black-bellied Whistling Duck; **F** Dendroygne à bec rouge du sud; **NL** Zuidelijke roodbekboomeend
Höckerglanzgans: E Comb Duck, Knobbilled Goose; **F** Sarcidiorne; **NL** Blauwe knobbel-pronkeend
    Altwelt-Höckerglanzgans: E African Comb Duck; **F** Sarcidiorne d'Afrique; **NL** Blauwe knobbelpronkeend
    Neuwelt-Höckerglanzgans: E South American Comb Duck; **F** Sarcidiorne d'Amérique; **NL** Amerikaanse knobbelpronkeend
Höckerschwan: E Mute Swan; **F** Cygne tuberculé; **NL** Knobbelzwaan
Hottentottenente: E Hottentot Teal; **F** Sarcelle hottentote; **NL** Hottentottaling
Hühnergans: E Cape Barren Goose, Cereopsis; **F** Oie céréopse; **NL** Hoendergans
Indische Zwergglanzente: E Cotton Pygmy Goose; **F** Anserelle de Coromandel; **NL** Indische coromadeleend
    Australische Zwergglanzente: E White Pygmy Goose; **F** Anserelle d'Australie; **NL** Australische coromandeleend
Kaisergans: E Emperor Goose; **F** Oie empereur; **NL** Keizergans
Kanadagans: E Canada Goose; **F** Bernache du Canada; **NL** Canadagans
    Aleuten-Zwergkanadagans: E Aleutian Canada Goose; **F** Bernache du Canada aléoute; **NL** Aleoeten Canadagans
    Atlantische Kanadagans: E Atlantic Canada Goose; **F** Bernache du Canada atlantique; **NL** Atlantische Canadagans
    Dunkle Kanadagans: E Dusky Canada Goose; **F** Bernache du Canada obscure; **NL** Dusky-Canadagans
    Dunkle Zwergkanadagans: E Cackling Canada Goos; **F** Bernache du Canada naine; **NL** Cackling Canadagans
    Hutchins Zwergkanadagans: E Richardson-Canada Goose; **F** Bernache du Canada Richardson; **NL** Richardson-Canadagans
    Kleine Kanadagans: E Lesser Canada Goose; **F** Petite Bernache du Canada; **NL** Kleine Canadagans
    Moffitts Kanadagans: E Moffit's Canada Goose; **F** Bernache du Canada de Moffitt; **NL** Moffitt-Canadagans
    Riesenkanadagans: E Gigant Canada Goose; **F** Grande Bernache du Canada; **NL** Grote Canadagans
    Taverners Kanadagans: E Taverner's Canada Goose; **F** Bernache du Canada de Terverner; **NL** Taverner-Canadagans
    Todds Kanadagans: E Todd's Canada Goose; **F** Bernache du Canada de Todd; **NL** Todd-Canadagans
    Vancouver Kanadagans: E Vancouver Canada Goose; **F** Bernache du Canada fauve; **NL** Vancouver Canadagans
Kapente: E Cape Teal; **F** Sarcelle du Cap; **NL** Kaapse taling
Kappensäger: E Hooded Merganser; **F** Harle couronné; **NL** Kuifzaagbek
Kastanienente: E Chestnut Teal; **F** Sarcelle châtaine; **NL** Bruinborsttaling, Kastanje-eend
Kerguelenente: E Kerguelen Pintail; **F** Pilet des îles Kerguelen; **NL** Kerguelenpijlstaart
Knäkente: E Garganey; **F** Sarcelle d'été; **NL** Zomertaling
Kolbenente: E Red-crested Pochard; **F** Nette rousse; **NL** Krooneend
Koskorobaschwan: E Coscoroba Swan; **F** Cygne Coscoroba; **NL** Coscorobazwaan
Kragenente: E Harlequin Duck; **F** Garrot Arlequin; **NL** Harlekijneend
Krickente: E Green-winged Teal; **F** Sarcelle d'hiver; **NL** Wintertaling
    Nordamerikanische Krickente: E American Green-winged Teal; **F** Sarcelle de la Caroline; **NL** Groenvleugeltaling
Kubapfeifgans: E Cuban Whistling Duck; **F** Dendrocygne des Antilles; **NL** Cubaboomeend
Kuckucksente: E Black-headed Duck; **F** Hétéronette à tête noire; **NL** Koekoekseend
Kupferspiegelente: E Bronze-winged

Duck; **F** Canard à ailes bronzées; **NL** Bronsvleugeleend
Kurzschnabelgans: **E** Pink-footed Goose; **F** Oie à bec court; **NL** Kleine rietgans

Lappenente: **E** Muks Duck; **F** Erismature à barbillons; **NL** Australische lobeend
Laysanente: **E** Laysan Duck; **F** Sarcelle de Laysan; **NL** Laysantaling
Löffelente: **E** Shoveler; **F** Souchet d'Europe; **NL** Slobeend

Madagaskarente: **E** Meller's Duck; **F** Canard de Meller; **NL** Mellereend
Madagaskar-Moorente: **E** Madagascan White-eye; **F** Fuligule nyroca de Madagascar; **NL** Madagaskarwitoogeend
Magellan-Dampfschiffente: **E** Magellanic Flightless Stremer Duck; **F** Canard vapeur magellanique; **NL** Grote nietvliegende booteend
Magellangans: **E** Magellan Gosse; **F** Bernache de Magellan; **NL** Magelhaengans, Chileensegans
Mähnengans: **E** Maned Duck; **F** Bernache à crinière; **NL** Manengans
Malaienente: **E** White-winged Wood Duck; **F** Canard musqué à ailes blanches; **NL** Witvleugelboseend
Mandarinente: **E** Mandarin Duck; **F** Canard Mandarin; **NL** Mandarijneend
Marmelente: **E** Marbled Duck; **F** Sarcelle marbrée; **NL** Marmertaling
Maskenruderente: **E** Masked Duck; **F** Erismature masquée; **NL** Maskerstekelstaarteend
Mittelsäger: **E** Red-breasted Merganser; **F** Harle huppé; **NL** Middelste zaagbek
Moorente: **E** White-eye Pochard, Ferruginous Duck; **F** Fuligule nyroca; **NL** Witoogeend
Moschusente: **E** Muscovy Duck; **F** Canard musqué d'Amérique; **NL** Muskuseend

Neuseeland-Löffelente siehe Australische Löffelente
Neuseeland-Tauchente: **E** New Zealand Scaup; **F** Fuligule nyroca de Nouvelle-Zélande; **NL** Nieuwzeelandse toppereend
Nilgans: **E** Egyptian Goose; **F** Oie d' Egypte; **NL** Nijlgans

Orinokogans: **E** Orinoco Goose; **F** Oie d' Orénoque; **NL** Orinocogans

Paradieskasarka: **E** Paradise Shelduck; **F** Tadorne de paradis, Casarca de Nouvelle-Zélande; **NL** Paradijscasarca
Peposakaente: **E** Rosybill; **F** Canard peposaca; **NL** Peposacaeend
Pfeifente: **E** Wigeon; **F** Siffleur d'Europe; **NL** Smient
Pfeifschwan: **E** Whistling Swan; **F** Cygne siffleur américain; **NL** Fluitzwaan
Philippinenente: **E** Philippine Duck; **F** Canard des Philippines; **NL** Filippijneend
Plüschkopfente: **E** Fischer's Eider; **F** Eider à lunettes; **NL** Brileidereend
Prachteiderente: **E** King Eider; **F** Eider à tête grise, E. royale; **NL** Koningseidereend
Punaente: **E** Puna Teal; **F** Sarcelle de la Puña; **NL** Punataling
Pünktchenente: **E** Freckled Duck; **F** Stictonette oder Canard moucheté d'Australie; **NL** Gespikkelde eend oder Viekkeneend

Radjahgans: **E** Radjah Shelduck; **F** Tadorne radjah; **NL** Radjaheend
   Rotrücken-Radjahgans: **E** Australian Radjah Shelduck; **F** Tadorne radjah à dos châtain; **NL** Australische Radjah-eend
   Schwarzrücken-Radjahgans: **E** Moluccan Radjah Shelduck; **F** Tadorne radjah à dos noir oder des Moluques; **NL** Moluske Radjaheend
Reiherente: **E** Tufted Duck; **F** Fuligule Morillon; **NL** Kuifeend
Riesentafelente: **E** Canvasback; **F** Milouin à dos blanc; **NL** Grote tafeleend
Ringelgans: **E** Brent Goose; **F** Bernache cravant; **NL** Rotgans
   Dunkelbäuchige Ringelgans: **E** Dark-bellied Brent Goose; **F** Bernache cravant à ventre sombre; **NL** Russische rotgans
   Hellbäuchige (Atlantische) Ringelgans: **E** Pale-bellied Brent Goose; **F** Bernache cravant à ventre pâle; **NL** Witbuikrotgans
   Pazifische Ringelgans: **E** Black Brant; **F** Bernache cravant du Pacifique; **NL** Pacificrotgans
Rostgans: **E** Ruddy Shelduck; **F** Casarca roux; **NL** Rode casarca

Rotaugenente: E Red-eyed pochard; **F** Nette d'Afrique; **NL** Bruine duikeend
Rothalsgans: E Red-breasted Goose; **F** Bernache à cou roux; **NL** Roodhalsgans
Rotkopfente: E Redhead; **F** Milouin d'Amérique; **NL** Amerikaanse tafeleend
Rotkopfgans: E Ruddy-headed Goose; **F** Bernache à tête rousse; **NL** Roodkopgans
Rotschnabelente: E Red-billed Duck; **F** Pilet à bec rouge; **NL** Roodsnavelpijlstaart
Rotschulterente: E Ringed Teal; **F** Sarcelle à collier; **NL** Roodschoudertaling

Saatgans: E Bean Goose; **F** Oie des moissons; **NL** Rietgans
   Tundrasaatgans: E Russian Bean Goose; **F** Oie des moissons de Russie; **NL** Oostelijke rietgans
   Waldsaatgans: E Western Bean Goose; **F** Oie des moissons occidentale; **NL** Westelijke rietgans
Salvadoriente: E Salvadori's Duck; **F** Canard de Salvadori; **NL** Salvadoreend
Samtente: E Velvet oder White-wingend Scoter; **F** Macreuse brune; **NL** Grote zeeeend
Saumschnabelente: E Blue Duck; **F** Canard bleu de Nouvelle-Zélande; **NL** Nieuwzeelandse blauwe eend
Scheckente: E Steller's Eider; **F** Eider de Steller; **NL** Steller-eidereend
Schellente: E Goldeneye; **F** Garrot à oeil d'or; **NL** Brilduiker
Schnatterente: E Gadwall; **F** Canard chipeau; **NL** Krakeend
Schneegans: E Snow Goose; **F** Oie des neiges; **NL** Sneeuwgans
   Blaue Schneegans: E Blue Goose; **F** Oie des neiges (phase bleue); **NL** Blauwe Sneeuwgans
Schopfente: E Crested Duck; **F** Canard huppé; **NL** Gekuifde eend
   Anden-Schopfente: E Andean Crested Duck; **F** Canard huppé des Andes; **NL** Gekuifde Andeseend
   Patagonische Schopfente: E Patagonian Crested Duck; **F** Canard huppé de Patagoni; **NL** Gekuifde Patagonische eend
Schuppensäger: E Chinese Merganser; **F** Harle écaillé, H. de Chine; **NL** Chinese zaagbek
Schwanengans: E Swan Goose; **F** Oie cygnoïde; **NL** Zwaangans
Schwarzente: E African Black Duck; **F** Canard tacheté; **NL** Vlekkeneend, Afrikaanse zwarte eend
Schwarzhalsschwan: E Black-necked Swan; **F** Cygne à cou noir; **NL** Zwarthalszwaan
Schwarzkopfmoorente: E Baer's Pochard; **F** Fuligule nyroca de Baer; **NL** Baer-witoogeend
Schwarzkopfruderente: E North American Ruddy Duck; **F** Erismature rousse d'Amerique du Nord; **NL** Rosse stekelstaarteend
Sichelente: E Falcated Duck; **F** Sarcelle à faucilles; **NL** Sikkeleend
Sichelpfeifgans: E Eyton's oder Plumed Whistling Duck; **F** Dendrocygne d'Eyton; **NL** Eytonboomeend
Singschwan: E Whooper Swan; **F** Cygne sauvage; **NL** Wilde zwaan
Spaltfußgans: E Magpie Goose; **F** Oie semipalmée; **NL** Ekstergans
Spatelente: E Barrow's Goldeneye; **F** Garrot d'Islande; **NL** IJslandse brilduiker
Spatelschnabelente: E Pink-eared Duck; **F** Canard à oreillons roses; **NL** Roodooreend
Spießente: E Pintail, Northern Pintail; **F** Canard Pilet, Pilet d' Europe; **NL** Pijlstaart
Spitzschwanzente: E Brown oder Chilean Pintail; **F** Pilet du Chili; **NL** Bruine pijlstaart
   Chile-Spitzschwanzente: E Chilean Pintail; **F** Pilet du Chili; **NL** Chileense bruine pijlstaart
   Südgeorgien-Spitzschwanzente: E South Géorgian Pintail; **F** Pilet de Géorgie du Sud; **NL** Georgische bruine pijlstaart
Spitzschwingenente siehe Chile-Krickente
Sporengans: E Spur-winged Goose; **F** Oie de Gambie; **NL** Spoorwiekgans
   Schwarze Sporengans: E Black Spur-winged Goose; **F** Oie de Gambie à poitrine noire; **NL** Zwarte spoorwiekgans
Stockente: E Mallard; **F** Canard colvert; **NL** Wilde eend

Mexiko-Stockente: **E** Mexican Duck; **F** Canard fauve de Mexique; **NL** Mexicaanse eend
Streifengans: **E** Bar-headed Goose; **F** Oie à tête barrée; **NL** Strepengans, Streepkopgans
Sturzbachente: **E** Torrent Duck; **F** Merganette oder Canard des torrents; **NL** Bergbeekeend
Südafrikanische Löffelente: **E** Cape Shoveler; **F** Souchet du Cap; **NL** Kaapse slobeend
Südamerikanische Löffelente: **E** Red oder Argentine Shoveler; **F** Souchet d'Argentine; **NL** Zuidamerikaanse slobeend

Tafelente: **E** Pochard; **F** Fuligule milouin; **NL** Tafeleend
Tanggans: **E** Kelp Goose; **F** Bernache antarctique; **NL** Kelpgans
Trauerente: **E** Black Scoter; **F** Macreuse noire; **NL** Zwarte zee-eend
Trauerschwan: **E** Black Swan; **F** Cygne noir; **NL** Zwarte zwaan
Trompeterschwan: **E** Trumpeter Swan; **F** Cygne trompette; **NL** Trompetzwaan
Tüpfelpfeifgans: **E** Spotted Whistling Duck; **F** Dendrocygne tacheté; **NL** Gevlekte boomeend

Veilchenente: **E** Lesser Scaup; **F** Fuligule à tête noir; **NL** Kleine toppereend
Versicolorente: **E** Silver oder Versicolor Teal; **F** Sarcelle versicolor; **NL** Versicolortaling
Wanderpfeifgans: **E** Wandering Whistling Duck; **F** Dendrocygne à lunules; **NL** Wandering boomeend
Weißkehlente: **E** Grey Teal; **F** Sarcelle grise; **NL** Grijze witkeeltaling
    Andamanen-Weißkehlente: **E** Andaman Teal; **F** Sarcelle grise andamane; **NL** Andamanentaling
Weißkopf-Dampfschiffente: **E** White-headed Steamer Duck; **F** Canard vapeur à tête blanche; **NL** Witkopbooteend
Weißkopfruderente: **E** White-headed Duck; **F** Erismature à tête blanche; **NL** Witkop-stekelstaarteend
Weißrückenente: **E** White-backed Duck; **F** Canard à dos blanc; **NL** Witrugeend
Weißwangengans: **E** Barnacle Goose; **F** Bernache nonnette; **NL** Brandgans

Zimtente: **E** Cinnamon Teal; **F** Sarcelle Cannelle; **NL** Kaneeltaling
Zwerggans: **E** Lesser White-fronted Goose; **F** Oie naine; **NL** Dwerggans
Zwergpfeifgans: **E** Javan Whistling Duck; **F** Dendrocygne d'Inde; **NL** Indische oder Javaboomeend
Zwergsäger: **E** Smew; **F** Harle piette; **NL** Nonnetje
Zwergschneegans: **E** Ross's Goose; **F** Oie de Ross; **NL** Ross-sneeuwgans
Zwergschwan: **E** Bewick's Swan; **F** Cygne de Bewick; **NL** Kleine zwaan

Namensverzeichnis englisch-deutsch

African Black Duck – Schwarzente
– Pochard – Afrikanische Rotaugenente
– Pygmy Goose – Afrikanische Zwergglanzente
Amerikan Black Duck – Dunkelente
– Merganser – Amerikanischer Gänsesäger
Andaman Teal – Andamanen-Weißkehlente
Andean Goose – Andengans
Argentine Blue-billed Duck – Argentinische Ruderente
– Ruddy Duck – Argentinische Ruderente
– Shoveler – Argentinische Löffelente
Ashy-headed Goose – Graukopfgans
Auckland Teal – Aucklandente
Australian Black Duck – Australische Augenbrauenente
– Blue-billed Duck – Australische Ruderente
– Ruddy Duck – Australische Ruderente
– Shelduck – Australische Kasarka
– Shoveler – Australische Löffelente
– White-eye – Australische Moorente
– Wood Duck – Mähnengans

Baer's Pochard oder White-eye – Schwarzkopfmoorente
Bahama Pintail – Bahamaente
Baikal Teal – Baikalente
Baldpate – Amerikanische Pfeifente
Bar-headed Goose – Streifengans
Barnacle Goose – Weißwangengans
Barrow's Goldeneye – Spatelente
Bean Goose – Saatgans
Bernier's Teal – Bernierente
Bewick's Swan – Zwergschwan
Black-bellied Whistling oder Black-bellied Tree Duck – Herbstpfeifgans
Black-billed Whistling oder Black-billed Tree Duck – Kubapfeifgans
Black Brant – Pazifische Ringelgans
Black-headed Duck – Kuckucksente
Black-necked Swan – Schwarzhalsschwan
Black Scoter – Trauerente
– Swan – Trauerschwan

Blue Duck – Saumschnabelente
– Goose – Blaue Schneegans
Blue-wingend Goose – Blauflügelgans
– – Teal – Blauflügelente
Brasilian Teal oder Duck – Amazonasente
– Merganser – Dunkelsäger
Brent Goose – Ringelgans
Bronze-winged Duck – Kupferspiegelente
Brown Pintail – Spitzschwanzente
– Teal – Neuseeland-Aucklandente
Bufflehead – Büffelkopfente
Burdekin Duck – Radjahgans

Canada Goose – Kanadagans
Canvasback – Riesentafelente
Cape Barren Goose – Hühnergans
– Shelduck – Graukopfkasarka
– Shoveler – Südafrikanische Löffelente
– Teal – Kapente
Carolina Duck – Brautente
Cereopsis – Hühnergans
Chestnut Duck – Kastanienente
Chilean Pintail – Spitzschwanzente
– Teal – Chile-Krickente
Chiloe Wigeon – Chilepfeifente
Chinese Goose – Schwanengans
– Merganser – Schuppensäger
– Spotbill – Östliche Fleckschnabelente
Cinnamon Teal – Zimtente
Comb Duck – Höckerglanzgans
Common Eider – Eiderente
– Merganser – Gänsesäger
– Shelduck – Brandgans
Coscoroba Swan – Koskorobaschwan
Cotton Teal, Cotton Pygmy Goose – Indische Zwergglanzente
Crested Duck – Schopfente
Cuban Whistling Duck – Kubapfeifgans

Eider – Eiderente
Egyptian Goose – Nilgans
Emperor Goose – Kaisergans
Eyton's Whistling oder Eyton's Tree Duck – Sichelpfeifgans

Falcated Duck – Sichelente
Falkland Flightless Steamer Duck – Falkland-Dampfschiffente
Ferruginous Duck – Moorente
Fischer's Eider – Plüschkopfente
Florida Duck – Florida-Stockente
Flying Steamer Duck – Patagonische Dampfschiffente
Freckled Duck – Pünktchenente
Fulvous Whistling oder Fulvous Tree Duck – Gelbe Pfeifgans

Gadwall – Schnatterente
Galapagos Pintail – Galapagosente
Garganey – Knäkente
Goldeneye – Schellente
Goosander – Gänsesäger
Greater Scaup – Bergente
Green Pygmy Goose – Grüne Zwergglanzente
Green-winged Teal – Krickente
Grey Duck – Neuseeland-Augenbrauenente
Greylag Goose – Graugans
Grey Teal – Weißkehlente

Hardhead – Australische Moorente
Harlequin Duck – Kragenente
Hartlaub's Duck – Hartlaubente
Hawaiian Duck – Hawaiiente
– Goose – Hawaiigans
Hooded Merganser – Kappensäger
Hottentot Teal – Hottentottenente

Indian Spotbill – Indische Fleckschnabelente
– Whistling Duck – Wanderpfeifgans

Javan Whistling Duck – Zwergpfeifgans

Kelp Goose – Tanggans
Kerguelen Pintail – Kerguelenente
King Eider – Prachteiderente
Knob-billed Goose – Höckerglanzgans
Koloa – Hawaiiente

Laysan Duck – Laysanente
Lesser Scaup – Veilchenente
– White-fronted Goose – Zwerggans
Long-tailed Duck – Eisente

Maccoa Duck, Maccoa Ruddy Duck – Afrikanische Ruderente

Madagascan White-eye – Madagaskarmoorente
– Teal – Bernierente
Magellan Goose – Magellangans
Magellanic Flightless Steamer Duck – Magellan-Dampfschiffente
Magpie Goose – Spaltfußgans
Mallard – Stockente
Mandarin Duck – Mandarinente
Maned Goose – Mähnengans
Marbled Duck – Marmelente
Mariana Mallard – Marianenente
Masked Duck – Maskenruderente
Meller's Duck – Madagaskarente
Mexican Duck – Mexiko-Stockente
Mottled Duck – Floridaente
Mountain Duck – Australische Kasarka und Paradieskasarka
Muscovy Duck – Moschusente
Musk Duck – Lappenente
Mute Swan – Höckerschwan

Néné – Hawaiigans
New Zealand Grey Duck – Neuseeland-Augenbrauenente
– – Scaup – Neuseeland-Tauchente
– – Shelduck – Paradieskasarka
– – Shoveler – Neuseeland-Löffelente
– – Teal – Grünohrente
North American Ruddy Duck – Schwarzkopfruderente
Northern Pintail – Spießente
– Shoveler – Löffelente

Oldsquaw – Eisente
Orinoco Goose – Orinokogans

Pacific Black Duck – Augenbrauenente
Paradise Shelduck – Paradieskasarka
Philippine Duck – Philippinenente
Pink-eared Duck – Spatelschnabelente
Pink-footed Goose – Kurzschnabelgans
Pintail – Spießente
Plumed Whistling Duck, Plumed Tree Duck – Sichelpfeifgans
Pochard – Tafelente
Puna Teal – Punaente

Radjah Shelduck – Radjahgans
Red-billed Duck – Rotschnabelente

– – Whistling Duck, Red-billed Tree Duck – Herbstpfeifgans
Red-breasted Goose – Rothalsgans
– – Merganser – Mittelsäger
Red-crested Pochard – Kolbenente
Red-eyed Pochard – Rotaugenente
Redhead – Rotkopfente
Red Shoveler – Argentinische Löffelente
Ringed Teal – Rotschulterente
Ring-necked Duck – Halsringente
Ross's Goose – Zwergschneegans
Rosybill – Peposakaente
Ruddy-headed Goose – Rotkopfgans
Ruddy Shelduck – Rostgans

Salvadori's Duck – Salvadoriente
Scaup – Bergente
Sharp-winged Teal – Spitzschwingenente
Shelduck – Brandgans
Shoveler – Löffelente
Silver Teal – Versicolorente
Smew – Zwergsäger
Snow Goose – Schneegans
South African Shelduck – Graukopfkasarka
South American Pochard – Südamerikanische Rotaugenente
South Georgia Pintail – Südgeorgien-Spitzschwanzente
Speckled Teal – Chile-Krickente
Spectacled Eider – Plüschkopfente
Spotbill – Fleckschnabelente
Spotted Whistling Duck, Spotted Tree Duck – Tüpfelpfeifgans
Spur-winged Goose – Sporengans
Steamer Duck – Dampfschiffente
Steller's Eider – Scheckente

Stiff-tail – Ruderente
Surf Scoter – Brillenente
Swan Goose – Schwanengans

Torrent Duck – Sturzbachente
Tree Ducks – Pfeifgänse
Trumpeter Swan – Trompeterschwan
Tufted Duck – Reiherente
Tundra Swan – Zwergschwan

Upland Goose – Magellangans

Velvet Scoter – Samtente
Versicolor Teal – Versicolorente

Wandering Whistling Duck, Wandering Tree Duck – Wanderpfeifgans
Whistling Ducks – Pfeifgänse
– Swan – Pfeifschwan
White-backed Duck – Weißrückenente
White-eye Pochard – Moorente
White-faced Whistling Duck, White-faced Tree Duck – Witwenpfeifgans
White-fronted Goose – Bläßgans
White-headed Duck – Weißkopfruderente
– – Steamer Duck – Weißkopf-Dampfschiffente
White Pygmy Goose – Australische Zwergglanzente
White-winged Scoter – Samtente
– – Wood Duck – Malaienente
Whooper Swan – Singschwan
Wigeon – Pfeifente
Wood Duck – Mähnengans und Brautente

Yellow-billed Duck – Gelbschnabelente

Namensverzeichnis französisch-deutsch

Anserelle d'Afrique – Afrikanische Zwergglanzente
– d'Australie – Australische Zwergglanzente
– de Coromandel – Indische Zwergglanzente
– verte – Grüne Zwergglanzente

Bernache antarctique – Tanggans
– à ailes bleues d'Etiopie – Blauflügelgans
– à cou roux – Rothalsgans
– à crinière – Mähnengans
– à tête rousse – Rotkopfgans
– cravant – Ringelgans
– – à ventre pâle – Hellbäuchige Ringelgans
– – à ventre sombre – Dunkelbäuchige Ringelgans
– – du Pacifique – Pazifische Ringelgans
– d'Hawaii – Hawaiigans
– de Magellan – Magellangans
– de Patagonie – Tanggans
– des Andes – Andengans
– du Canada – Kanadagans
– – – aléoute – Aleuten Zwergkanadagans
– – – atlantique – Atlantische Kanadagans
– – – de Moffitt – Moffitts Kanadagans
– – – de Taverner – Taverners Kanadagans
– – – de Todd – Todds Kanadagans
– – – fauve – Vancouver Kanadagans
– – – naine – Dunkle Zwergkanadagans
– – – obscure – Dunkle Kanadagans
– – – Richardson – Hutchins Zwergkanadagans
– néné – Hawaiigans
– nonnette – Weißwangengans

Canard à ailes blanches – Malaienente
– à ailes bronzées – Kupferspiegelente
– à bec jaune – Gelbschnabelente
– – – du Cap – Helle Gelbschnabelente
– à bec tacheté – Fleckschnabelente
– – – de l'Inde – Indische Fleckschnabelente
– – – zoné – Östliche Fleckschnabelente
– à dos blanc d'Afrique – Weißrückenente
– à oreillons roses – Spatelschnabelente
– à sourcils – Augenbrauenente
– – d'Australie – Australische Augenbrauenente
– – d'Océanie – Palau-Augenbrauenente
– – de Nouvelle-Zélande – Neuseeländische Augenbrauenente
– bleu de Nouvelle-Zélande – Saumschnabelente
– brun de Floride – Floridaente
– carolin – Brautente
– chipeau – Schnatterente
– colvert – Stockente
– d'Hawaii – Hawaiiente
– de Hartlaub – Hartlaubente
– de Meller – Madagaskarente
– de Salvadori – Salvadoriente
– des Philippines – Philippinenente
– des torrents – Sturzbachente
– fauve du Mexique – Mexiko-Stockente
– huppé – Schopfente
– – de Patagonie – Patagonische Schopfente
– – des Andes – Anden-Schopfente
– Koloa – Hawaiiente
– mandarin – Mandarinente
– moucheté d'Australie – Pünktchenente
– musqué à ailes blanches – Malaienente
– – d'Amérique – Moschusente
– noirâtre américain – Dunkelente
– peposaca – Peposakaente
– tacheté – Schwarzente
– vapeur à tête blanche – Weißkopf-Dampfschiffente
– – de Patagonie – Patagonische Dampfschiffente
– – des îles Falkland – Falkland-Dampfschiffente
– – magellanique – Magellan-Dampfschiffente

Casarca d'Australie – Australische Kasarka
– de Nouvelle-Zélande – Paradieskasarka
– du Cap – Graukopfkasarka
– roux – Rostgans

Cygne à cou noir – Schwarzhalsschwan
– Coscoroba – Koskorobaschwan
– de Bewick – Zwergschwan
– noir – Trauerschwan
– sauvage – Singschwan
– siffleur américain – Pfeifschwan
– trompette – Trompeterschwan
– tuberculé – Höckerschwan

Dendrocygne à lunules – Wanderpfeifgans
– à ventre noir oder à bec rouge – Herbstpfeifgans
– – – du nord – Nördliche Herbstpfeifgans
– – – du sud – Südliche Herbstpfeifgans
– bicolore – Gelbe Pfeifgans
– d'Eyton – Sichelpfeifgans
– de l'Inde – Zwergpfeifgans
– des Antilles – Kubapfeifgans
– fauve – Gelbe Pfeifgans
– tacheté – Tüpfelpfeifgans
– veuf – Witwenpfeifgans

Eider à duvet – Eiderente
– – américain – Amerikanische Eiderente
– – boréal – Nördliche Eiderente
– – d'Europe – Europäische Eiderente
– à lunettes – Plüschkopfente
– à tête grise – Prachteiderente
– de Steller – Scheckente
– royale – Prachteiderente

Erismature à tête blanche – Weißkopfruderente
– australe – Australische Ruderente
– à barbillons – Lappenente
– d'Afrique – Afrikanische Ruderente
– d'Argentine – Argentinische Ruderente
– maccoa – Afrikanische Ruderente
– masquée – Maskenruderente
– rousse d'Amérique – Schwarzkopfruderente

Fuligule à tête noire – Veilchenente
– milouin – Tafelente
– milouinan – Bergente
– morillon – Reiherente
– – à bec cerclé – Halsringente
– nyroca – Moorente
– – d'Australie – Australische Moorente
– – de Baer – Schwarzkopfmoorente
– – de Madagascar – Madagaskar-Moorente
– – de Nouvelle-Zélande – Neuseeland-Tauchente

Garrot albéole – Büffelkopfente
– à oeil d'or – Schellente
– Arlequin – Kragenente
– d'Islande – Spatelente
Grande Bernache du Canada – Riesenkanadagans
– sarcelle du Brésil – Große Amazonasente

Harelde de Miquelon – Eisente
Harle bièvre – Gänsesäger
– – d'Amérique – Amerikanischer Gänsesäger
– – d'Europe – Europäischer Gänsesäger
– couronné – Kappensäger
– du Brésil – Dunkelsäger
– écaillé – Schuppensäger
– huppé – Mittelsäger
– piette – Zwergsäger
Hétéronette à tête noire – Kuckucksente

Macreuse à lunettes – Brillenente
– brune – Samtente
– noire – Trauerente
Merganette – Sturzbachente
Milouin à dos blanc – Riesentafelente
– d'Amérique – Rotkopfente
Nette d'Afrique – Afrikanische Rotaugenente
– d'Amérique du Sud – Südamerikanische Rotaugenente
– rousse – Kolbenente

Oie à ailes bleues d'Etiopie – Blauflügelgans
– à bec court – Kurzschnabelgans
– à tête barrée – Streifengans
– cendrée – Graugans
– céréopse – Hühnergans
– cygnoïde – Schwanengans
– d'Egypte – Nilgans
– d'Orénoque – Orinokogans
– de Gambie – Sporengans
– de Ross – Zwergschneegans
– des moissons – Saatgans
– – de Russie – Tundrasaatgans
– – occidentale – Waldsaatgans
– des neiges – Schneegans
– – (phase bleue) – Blaue Schneegans
– empereur – Kaisergans
– naine – Zwerggans
– rieuse – Bläßgans

– – de Gambell – Tule-Bläßgans
– – du Groënland – Grönland-Bläßgans
– semi-palmée – Spaltfußgans

Petite Bernache du Canada – Kleine Kanadagans
– sarcelle du Brésil – Kleine Amazonasente

Pilet à bec rouge – Rotschnabelente
– d'Europe – Spießente
– de Galapagos – Galapagosente
– de Géorgie du Sud – Südgeorgien-Spitzschwanzente
– des Bahamas – Bahamaente
– des îles Kerguelen – Kerguelenente
– du Chili – Chile-Spitzschwanzente

Sarcelle pointues – Spitzschwingenente
– à collier – Rotschulterente
– à faucilles – Sichelente
– Baïkal – Baikalente
– brune de Nouvelle-Zélande – Grünohrente
– – des îles Aucklande – Aucklandente
– cannelle – Zimtente
– châtaine – Kastanienente
– d'été – Knäkente
– d'hiver – Krickente
– – d'hiver d'Amerique – Nordamerikanische Krickente
– – d'Eurasie – Eurasische Krickente
– de Laysan – Laysanente
– du Brésil – Amazonasente
– du Cap – Kapente
– du Chili – Chile-Krickente
– grise – Weißkehlente

– – andamane – Andamanen-Weißkehlente
– hottentote – Hottentottenente
– malgache – Bernierente
– marbrée – Marmelente
– soucrourou – Blauflügelente
– versicolore – Versicolorente
– de la Puña – Punaente
– de la Caroline – Nordamerikanische Krickente

Sarcidiorne – Höckerglanzgans
– d'Afrique – Altwelt-Höckerglanzgans
– d'Amérique – Neuwelt-Höckerglanzgans

Siffleur d'Amérique – Amerikanische Pfeifente
– d'Europe – Pfeifente
– du Chili – Chilepfeifente

Souchet d'Argentine – Argentinische Löffelente
– d'Australie – Australische Löffelente
– d'Europe – Löffelente
– de Nouvelle-Zélande – Neuseeland-Löffelente
– du Cap – Südafrikanische Löffelente
– roux – Argentinische Löffelente

Stictonette – Pünktchengans

Tadorne d'Australie – Australische Kasarka
– de Belon – Brandgans
– de paradis – Paradieskasarka
– du Cap – Graukopfkasarka
– radjah – Radjahgans
– – à dos châtain – Rotrücken-Radjahgans
– – à dos noir – Schwarzrücken-Radjahgans
– roux – Rostgans

Namensverzeichnis holländisch-deutsch

Afrikaanse pygmeegans – Afrikanische Zwergglanzente – zwarte eend – Schwarzente
– zwarte eend – Schwarzente
Aleoeten Canadagans – Aleuten Zwergkanadagans
Amerikaanse eidereend – Amerikanische Eiderente
– grote zaagbek – Amerikanischer Gänsesäger
– knobbelpronkeend – Neuwelt-Höckerglanzgans
– kuifeend – Halsringente
– smient – Amerikanische Pfeifente
– tafeleend – Rotkopfente
Andamanentaling – Andamanenente
Andesgans – Andengans
Argentijnse kaneeltaling – Argentinische Zimtente
– stekelstaarteend – Argentinische Ruderente
Atlantische Canadagans – Atlantische Kanadagans
Aucklandeend – Aucklandente
Australische casarca – Australische Kasarka
– coromandeleend – Australische Zwergglanzente
– lobeend – Lappenente
– stekelstaarteend – Australische Ruderente
– wenkbrauweend – Australische Augenbrauenente
– witoogeend – Australische Moorente

Baer-witoogeend – Schwanzkopfmoorente
Bahamapijlstaart – Bahamaente
Baikaltaling – Baikalente
Bergbeekeend – Sturzbachente
Bergeend – Brandgans
Blauwe knobbelpronkeend – Altwelt-Höckerglanzgans
Blauwvleugelgans – Blauflügelgans
Blauwvleugeltaling – Blauflügelente
Booteend – Dampfschiffente

Brandgans – Weißwangengans
Braziliaanse taling – Amazonasente
– zaagbek – Dunkelsäger
Brileidereend – Plüschkopfente
Brilduiker – Schellente
Brilzee-eend – Brillenente
Bronsvleugeleend – Kupferspiegelente
Bruinborsttaling – Kastanienente
Bruine pijlstaart – Spitzschwanzente
Buffelkopeend – Büffelkopfente

Cackling Canadagans – Dunkle Zwergkanadagans
Canadagans – Kanadagans
Carolina-eend – Brautente
Chileense bruine pijlstaart – Chile-Spitzschwanzente
– gans – Magellangans
– wintertaling – Chile-Krickente
Chilismient – Chilepfeifente
Chinese vlekbekeend – Östliche Fleckschnabelente
– zaagbek – Schuppensäger
Coscorobazwaan – Koskorobaschwan
Cubafluiteend – Kubapfeifgans

Dusky Canadagans – Dunkle Kanadagans
Dwerggans – Zwerggans

Eidereend – Eiderente
Ekstergans – Spaltfußgans
Europese eidereend – Eiderente (Nominatform)
– grote zaagbek – Gänsesäger (Nominatform)
– kolgans – Bleßgans (Nominatform)
Eyton-boomeend – Sichelpfeifgans

Falklandbooteend – Falkland-Dampfschiffente
Filippijnse eend – Philippinenente
Florida-eend – Floridaente
Fluitzwaan – Pfeifschwan
Gespikkelde eend – Pünktchenente

Galapagospijlstaart – Galapagosente
Geelsnaveleend – Gelbschnabelente
Gekuifde Andeseend – Andenschopfente
– Patagonische eend – Patagonische Schopfente
Gele boomeend – Gelbe Pfeifgans
Georgische bruine pijlstaart – Südgeorgien-Spitzschwanzente
Gevlekte boomeend – Tüpfelpfeifgans
Grauwe gans – Graugans
Grijze witkeeltaling – Weißkehlente
Grijskopcasarca – Graukopfkasarka
Grijskopgans – Graukopfgans
Groene pygmeegans – Grüne Zwergglanzente
Groenlandse kolgans – Grönland-Bleßgans
Groenvleugeltaling – Nordamerikanische Krickente
Grote booteend – Magellan-Dampfschiffente
– Braziliaanse taling – Große Amazonasente
– Canadagans – Riesenkanadagans
– niet-vliegende booteend – Magellandampfschiffente
– tafeleend – Riesentafelente
– zaagbek – Gänsesäger
– zeeëend – Samtente

Harlekijneend – Kragenente
Hartlaub-eend – Hartlaubente
Hawaiieend – Hawaiiente
Hawaiigans – Hawaiigans
Hoendergans – Hühnergans
Hottentottaling – Hottentottenente

Indische coromandeleend – Indische Zwergglanzente
– boom- of fluiteend – Zwergpfeifgans
– vlekbekeend – Indische Fleckschnabelente
IJseend – Eisente
IJslandse brilduiker – Spatelente

Javaboomeend – Zwergpfeifgans

Kaapse slobeend – Südafrikanische Löffelente
– taling – Kapente
Kaneeltaling – Zimtente
Kastanjeëend – Kastanienente
Keizergans – Kaisergans

Kelpgans – Tanggans
Kerguelenpijlstaart – Kerguelenente
Kleine Braziliaanse taling – Kleine Amazonasente
– Canadagans – Kleine Kanadagans
– grijze eend – Palau-Augenbrauenente
– rietgans – Kurzschnabelgans
– topperreend – Veilchenente
– zwaan – Zwergschwan
Knobbelzwaan – Höckerschwan
Koekoekseend – Kuckucksente
Kolgans – Bleßgans
Koningseidereend – Prachteiderente
Krakeend – Schnatterente
Krooneend – Kolbenente
Kuifeend – Reiherente
Kuifzaagbek – Kappensäger

Laysantaling – Laysanente

Maccoa-stekelstaarteend – Afrikanische Ruderente
Madagaskartaling – Bernierente
Madagaskarwitoogeend – Madagaskar-Moorente
Magelhaengans – Magellangans
Magelhaenbooteend – Magellan-Dampfschiffente
Mandarijneend – Mandarinente
Manengans – Mähnengans
Marmertaling – Marmelente
Maskerstekelstaarteend – Maskenruderente
Meller-eend – Madagaskarente
Mexicaanse eend – Mexiko-Stockente
Middelste zaagbek – Mittelsäger
Moffitt-Canadagans – Moffitts Kanadagans
Muskuseend – Moschusente

Nénégans – Hawaiigans
Nieuwzeelandse blauwe eend – Saumschnabelente
– bruine taling – Grünohrente
– grijze eend – Neuseeländische Augenbrauenente
– slobeend – Neuseeland-Löffelente
– topperreend – Neuseeland-Tauchente
Nijlgans – Nilgans
Nonnetje – Zwergsäger
Noordelijke eidereend – Nördliche Eiderente
– kaneeltaling – Nördliche Zimtente

– roodnavelboomeend – Nördliche Herbstpfeifgans

Oostelijke rietgans – Tundra-Saatgans
Orinocogans – Orinokogans

Pacificrotgans – Pazifische Ringelgans
Paradijscasarca – Paradieskasarka
Peposaca-eend – Peposakaente
Pijlstaart – Spießente
Punataling – Punaente

Radjah-eend – Radjahgans
Richardson-Canadagans – Hutchins Zwergkanadagans
Rietgans – Saatgans
Ringtaling – Rotschulterente
Rode casarca
Roodbekboomeend – Herbstpfeifgans
Roodhalsgans – Rothalsgans
Roodkopgans – Rotkopfgans
Roodooreend – Spatelschnabelente
Roodschoudertaling – Rotschulterente
Roodsnavelpijlstaart – Rotschnabelente
Ross-sneeuwgans – Zwergschneegans
Rosse stekelstaarteend – Schwarzkopfruderente
Rotgans – Ringelgans
Russische rotgans – Dunkelbäuchige Ringelgans

Salvadoreend – Salvadoriente
Scherpvleugeltaling – Spitzschwingenente
Sikkeleend – Sichelente
Slobeend – Löffelente
Smient – Pfeifente
Sneeuwgans – Schneegans
Spoorwiekgans – Sporengans
Steller-eidereend – Scheckente
Strepen- oder Streepkopgans – Streifengans

Tafeleend – Tafelente
Taverner-Canadagans – Taverners Kanadagans
Thulekolgans – Tule-Bleßgans

Todd-Canadagans – Todds Kanadagans
Toppereend – Bergente
Trompetzwaan – Trompeterschwan

Vancouver Canadagans – Vancouver Kanadagans
Versicolortaling – Versicolorente
Viekkeneend – Pünktchenente
Vlekbekeend – Fleckschnabelente
Vlekkeneend – Schwarzente
Vliegende booteend – Patagonische Dampfschiffente

Wandering boomeend
Wenkbrauweend – Augenbrauenente
Westelijke rietgans – Waldsaatgans
Wilde eend – Stockente
– zwaan – Singschwan
Wintertaling – Krickente
Witbuikrotgans – Hellbäuchige (Atlantische) Ringelgans
Witkopbooteend – Weißkopf-Dampfschiffente
Witrugeend – Weißrückenente
Witkopstekelstaarteend – Weißkopfruderente
Witoogeend – Moorente
Witvleugelboseend – Malaienente
Witwangfluiteend – Witwenpfeifgans

Zomertaling – Knäkente
Zuidafrikaanse geelsnaveleend – Helle Gelbschnabelente
Zuidamerikaanse bruine duikeend – Südamerikanische Rotaugenente
– slobeend – Argentinische Löffelente
Zuidelijke roodbekboomeend – Südliche Herbstpfeifgans
Zwaangans – Schwanengans
Zwarte eend – Dunkelente
– spoorwiekgans – Schwarze Sporengans
– zee-eend – Trauerente
– zwaan – Trauerschwan
Zwarthalszwaan – Schwarzhalsschwan

Register

Seitenzahlen im Fettdruck verweisen auf Text, im Normaldruck auf Abbildungen und kursiv auf die Verbreitungskarten.

Afrikanische Ruderente **81–83**, 81, 82, *327*
Afrikanische Zwergglanzente **185–187**, 186, *336*
Aggressionsverhalten 28
Aix galericulata **178–180**, 35, 178, *335*
– *sponsa* **176–178**, 176, *335*
Alopochen aegyptiacus **147–149**, 148, *333*
Amazonasente **191–192**, *336*
– Große **191–192**, 191, *336*
– Kleine **191–192**, *336*
Amazonetta brasiliensis **191–192**, *336*
– – *brasiliensis* **191–192**, *336*
– – *ipecutiri* **191–192**, 191, *336*
Amerikanische Pfeifente **202–204**, 203, *337*
Ammenbrut 38
Amyloidose 55
Anas acuta acuta **247–249**, 247, *341*
– – *drygalskii* 247
– – *eatoni* **247–249**
– *albogularis* **233–235**, *340*
– *americana* **202–204**, 203, *337*
– *aucklandica aucklandica* **237–241**, 238, *239*
– – *nesiotis* **237–241**, 10, 12, 240
– *bahamensis* **241–243**, 242, *341*
– – *bahamensis* **241–243**, *341*
– – *galapagensis* **241–243**, *341*
– – *rubrirostris* **241–243**, *341*
– *bernieri* **232–233**
– *capensis* **196–197**, 197, *336*
– *castanea* **235–237**, 236, *340*
– *chlorotis* **237–241**, 237, *340*
– *clypeata* **230–232**, 231, *340*
– *crecca* **255–256**, *342*
– – *carolinensis* **255–256**, 255, *342*
– – *crecca* **255–256**, *342*
– – *nimia* **255**, *342*
– *cyanoptera* **223–225**, *339*
– – *borreroi* **223–225**, *339*
– – *cyanoptera* **223–225**, 223, *339*
– – *orinomus* **223–225**, *339*
– – *septentrionalium* **223–225**, 224, *339*
– – *tropica* **223**, *339*
– *discors* **221–223**, 222, *339*
– *eatoni* **247–249**
– *erythrorhyncha* **243–244**, 243, *341*
– *falcata* **199–201**, 200, *337*
– *flavirostris* **244–247**, *341*
– – *altipetens* **244–245**, *341*
– – *andium* **244–245**, *341*
– – *flavirostris* **244–247**, 245, *341*
– – *oxyptera* **244–247**, 246, *341*
– *formosa* **253–254**, 253, *342*
– *fulvigula* **209**, 210, 209, *338*
– *georgica* **249–251**, *341*
– – *georgica* **249–251**, 249, *341*
– – *niceforoi* **249**, *341*
– – *spinicauda* **249–251**, 250, *341*
– *gibberifrons* **233–235**, *340*
– – *gibberifrons* **233–235**, 235, *340*
– – *remissa* **233**, *340*
– *gracilis* **233–235**, 234, *340*
– *hottentota* **259–261**, 260, *342*
– *laysanensis* **209**, 210, **212–214**, 213, *338*
– *luzonica* **218–219**, 218
– *melleri* **220–221**, 221
– *penelope* **201–202**, 201, *337*
– *platalea* **227–228**, 227, *339*
– *platyrhynchos* **209–212**, *338*
– – *conboschas* **209**, 210, *338*
– – *diazi* **209**, 210, *338*
– – *platyrhynchos* **209**, 210, *338*
– *poecilorhyncha* **214–216**, *338*
– – *haringtoni* **214**, *338*
– – *poecilorhyncha* **214–216**, 214, *338*
– – *zonorhyncha* **214–216**, 215, *338*
– *puna* **256–258**, 257, *342*
– *querquedula* **251–253**, 251, *341*
– *rhynchotis* **228–230**, *339*
– – *rhynchotis* **228–230**, 229, *339*
– – *variegata* **228–230**, 229, *339*
– *rubripes* **207–209**, 208, *338*
– *sibilatrix* **204–205**, 204, *337*
– *smithii* **225–227**, 226, **339**
– *sparsa* **205.207**, *338*
– – *leucostigma* **205**, *338*
– – *maclatchyi* **205**, *338*
– – *sparsa* **205–207**, 206, *338*
– *specularis* **194–196**, 195, 196, *336*
– *strepera* **198–199**, 198, *337*
– *superciliosa* **216–217**, *338*
– – *pelewensis* **216–217**, *338*
– – *rogersi* **216–217**, 217, *338*
– – *superciliosa* **216–217**, *338*
– *undulata* **219–220**, *339*
– *rueppelli* **219–220**, *339*
– – *undulata* **219–220**, 219, *339*
– *wyvilliana* **209–212**, 211, *338*
Anatomie 13
Anden-Krickente **244–245**, *341*
Andengans **150–152**, 151, *333*
Andenruderente **76–79**, 78, *326*
Anlagen für Kragen-, Sturzbach-, Saumschnabelenten **25**, 26
Anlagen für Meeresenten und Säger 24, **25**
Anlagen für Ruderenten **26**
Anlagen für tropische Arten **27**
Anlagen für wärmeliebende Arten **24**
Anlagengestaltung **21**
Anpassungen 13
Anser albifrons **107–109**, *329*
– – *albifrons* **107–109**, 107, *329*
– – *elgasi* **107–109**, 108, *329*
– – *flavirostris* **107–109**, *329*
– – *frontalis* **107–109**, *329*
– *anser* **110–111**, *330*
– – *anser* **110–111**, *330*
– – *rubirostris* **110–111**, 111, *330*
– *brachyrhynchus* **104–105**, 104, *329*
– *caerulescens* **113–115**, *330*
– – *atlanticus* **113–115**, *330*
– – *caerulescens* **113–115**, *330*
– *canagica* **116–118**, 117, *330*

Register **373**

– *cygnoides* **102–104**, 103, *329*
– *erythropus* **109–110**, 110, *329*
– *fabalis* **105–107**, *329*
– – *fabalis* **105–107**, 106, *329*
– – *johanseni* **106**, *329*
– – *middendorffii* **106**, *329*
– *indicus* **112–113**, 112, *330*
– *rossii* **115–116**, 115, *330*
– *serrirostris* **105–107**, *329*
– – *rossicus* **105–107**, 106, *329*
– – *serrirostris* **105–107**, *329*
Anseranas semipalmata **58–59**, 58, *325*
Argentinische Löffelente **227–228**, 227, *339*
Argentinische Ruderente **83–85**, 83, *327*
Artenschutz, Gesetze und Verordnungen **56**
Artenschutzbestimmungen in Deutschland **57**
Aspergillose **53**
Aucklandente **237–241**, 238, 239
– Campbell- **10**, **12**, **237–241**, 240
Aufzucht durch Ammen **40**
Aufzucht in Boxen **41**
Aufzucht mit Eltern **40**
Augenbrauenente **216–217**, *338*
– Australische **216–217**, 217, *338*
– Neuseeländische **216–217**, *338*
– Palau- **216–217**, *338*
Australische Kasarka **138–140**, 139, *332*
Australische Löffelente **228–230**, 229, *339*
Australische Moorente **279–280**, 279, *344*
Australische Ruderente **85–86**, 85, *327*
Australische Zwergglanzente **183–185**, *335*
Aythya affinis **284**, **286–287**, 286, 287, *334*
– *americana* **271–273**, 272, *343*
– *australis* **279–280**, *344*
– – *australis* **279–280**, 279, *344*
– – *extima* **279**
– *baeri* **277–279**, 278, *343*
– *collaris* **273–275**, 273, 274, *343*
– *ferina* **268–269**, *343*
– *fuligula* **281–282**, 281, *344*
– *innotata* **276–277**
– *marila* **284–286**, 284, *334*
– – *marila* **284–286**, *334*
– – *mariloides* **284–286**, *334*
– *novaeseelandiae* **282–284**, 283, *344*
– *nyroca* **275–276**, 275, *343*
– *valisineria* **269–271**, 270, *343*

Bahamaente **241–243**, 242, *341*
– Nördliche **241–243**, *341*
– Südliche **241–243**, *341*
Baikalente **253–254**, 253, *342*
Balz **16**
Bandwurmbefall **54**
Banks Moorente **279**
Bergente **284–286**, 284, *344*
– Amerikanische **284–286**, *344*
– Eurasische **284–286**, *344*
Beringung **42**
Bernierente **232–233**
Bestandteile moderner Futtermittel **32**
Betonbecken **23**
Bildnachweis **371**
Biziura lobata **86–87**, 86, *327*
Blauflügelente **221–223**, 222, *339*
Blauflügelgans **159–160**, 159, *333*
Bläßgans **107–109**, *329*
– Europäische **107–109**, 107, *329*
– Grönland- **107–109**, *329*
– Pazifik- **107–109**, *329*
– Tule- **107–109**, 108, *329*
Botulismus **52**
Brandgans **142–143**, *332*
Branta bernicla **126–128**, *331*
– – *bernicla* **126–128**, 126, *331*
– – *hrota* **126–128**, 127, *331*
– – *nigricans* **126–128**, 127, *331*
– – *canadensis* **120–124**, *331*
– – *asiatica* **120**
– – *canadensis* **120–124**, *331*
– – *fulva* **121**, *331*
– – *interior* **120**, 121, *331*
– – *maxima* **120**, 120, **121**, *331*
– – *moffitti* **120**, **121**, *331*
– – *occidentalis* **121–124**, 122, *331*
– *hutchinsii* **121–124**, 122, *331*
– – *hutchinsii* **121–124**, 122, *331*
– – *leucopareia* **121–124**, 123, *331*
– – *minima* **121–124**, 123, *331*
– – *parvipes* **121**, *331*
– – *taverneri* **121**, *331*
– *leucopsis* **124–126**, 124, *331*
– *ruficollis* **128–130**, 128, 129, *331*
– *sandvicensis* **118–120**, 118
Brautente **176–178**, 176, *335*
Brillenente **303–304**, *346*
Bruteier **37**
Bruteier wenden **40**
Bruteierlüftung **39**
Brutkästen **36**
Brutluftfeuchte **39**
Brutparameter **39**
Brutplätze **37**

Bruttemperatur **38**
Bucephala albeola **310–312**, 311, *347*
– *clangula* **307–309**, *347*
– – *americana* **307–309**, *347*
– – *clangula* **307–309**, 307, *347*
– *islandica* **309–310**, 309, *347*
Bundesartenschutzverordnung **57**
Bundesnaturschutzgesetz **57**
Bundeswildschutzverordnung **57**
Büffelkopfente **310–312**, 311, *347*

Cairina moschata **172–174**, 172, *334*
– *scutulata* **174–176**, 174, *335*
Callonetta leucophrys **187–189**, 188, *336*
Cereopsis novaehollandiae **130–132**, 131, *331*
Chauna torquata **12**
Chenonetta jubata **189–191**, 190, *336*
Chile-Krickente **244–247**, 245, *341*
Chilepfeifente **204–205**, 204, *337*
Chloephaga hybrida **154–156**, *333*
– *hybrida* **154**, *333*
– – *malvinarum* **154–156**, 154, *333*
– *melanoptera* **150–152**, 151, *333*
– *picta* **152–154**, 152, *333*
– – *leucoptera* **152**, *333*
– – *picta* **152**, *333*
– *poliocephala* **156–157**, 156, *333*
– *rubidiceps* **157–159**, 158, *333*
Clangula hyemalis **299–301**, 299, 300, *346*
Coscoroba coscoroba **101–102**, 101, *329*
Crozetente **247**
Cyanochen cyanopterus **159–160**, 159
Cygnus atratus **93–94**, 93, *328*
– *bewickii* **98–101**, 99, *328*
– *buccinator* **97–98**, 97, *328*
– *columbianus* **98–101**, 99, *328*
– – *jankowskii* **98**
– *cygnus* **96–97**, *328*
– *melanocorypha* **94–96**, 94, *328*
– *olor* **91–93**, *328*

Dampfschiffenten **164**
Dendrocygna arborea **69–71**, 70
– *arcuata* **64–66**, 65, *325*
– – *arcuata* **64–66**, *325*

Register

– – *australis* **64–66**, *325*
– – *pygmaea* **64**, *325*
– – *autumnalis* **71–73**, *326*
– – *autumnalis* **71–73**, *72, 326*
– – *discolor* **71–73**, *71, 326*
– bicolor **62–64**, *63, 325*
– *eytoni* **61–62**, *61, 325*
– *guttata* **59–61**, *60, 325*
– *javanica* **66–67**, *66, 325*
– *viduata* **68–69**, *68, 325*
Derzsysche Krankheit **53**
Desinfektion **51**
Dunkelente **207–209**, *208, 338*
Dunkelsäger **316–317**, *316, 348*

Eiderente **288–291**, *288, 345*
– Amerikanische **288–291**, *289, 345*
– Färöer- **288**, *345*
– Hudson-Bay- **288**, *345*
– Nördliche **288–291**, *345*
– Pazifische **288–291**, *290, 345*
Einzelgehege **26**
Eisente **299–301**, *299, 300, 346*
Elektro-Weidezaunsicherungen **24**
Entenpest **53**
Evolution **10**

Fadenwürmer **54**
Falkland-Dampfschiffente **165**, *167–168, 168, 334*
Fleckschnabelente **214–216**, *338*
– Burmesische **214**, *338*
– Indische **214–216**, *214, 338*
– Östliche **214–216**, *215, 338*
Floridaente **209–212**, *209, 338*
Flügelpartien **14**
Folienteiche **22**, **23**
Fortpflanzung **16**
Freiflug **29**
Futtersorten **33**
Fütterung **32**
Fütterung der Jungtiere **41**
Fütterung der Küken **41**

Galapagosente **241–243**, *341*
Gänse auf Weideflächen **26**
Gänsepest **53**
Gänsesäger **321–323**, *321, 348*
– Amerikanischer **321–323**, *348*
– Asiatischer **321–323**, *348*
Gefiederpartien **13**
Geflügelcholera **52**
Gelbe Pfeifgans **62–64**, *63, 325*
Gelbschnabelente **219–220**, *339*
– Dunkle **219–220**, *339*
– Helle **219–220**, *219, 339*
Geschlechtsbestimmung **43**
Gicht **54**
Graugans **110–111**, *330*
– Östliche **110–111**, *111, 330*
– Westliche **110–111**, *330*

Graukopfgans **156–157**, *156, 333*
Graukopfkasarka **137–138**, *137, 332*
Gruppenhaltung **28**
Grüne Zwergglanzente **182–183**, *182, 335*
Grünohrente **237–241**, *237, 340*

Halsringente **273–275**, *273, 274, 343*
Hartlaubente **170–172**, *171, 334*
Hawaiiente **209–212**, *211, 338*
Hawaiigans **118–120**, *118*
Herbstpfeifgans **71–73**, *326*
– Nördliche **71–73**, *72, 326*
– Südliche **71–73**, *71, 326*
Heteronetta atricapilla **88–89**, *88, 326*
Histrionicus histrionicus **297–299**, *297, 345*
Hornwehrvogel **12**
Hottentottenente **259–261**, *260, 342*
Höckerglanzgans **133–135**, *134, 332*
– Altwelt **133–135**, *332*
– Neuwelt **133–135**, *134, 332*
Höckerschwan **91–93**, *327*
Hühnergans **130–132**, *131, 331*
Hybriden **18**
Hygiene **44**
Hymenolaimus malacorhynchos **160–162**, *161, 334*

Impfstoffe **51**
Indische Zwergglanzente **183–185**, *184, 335*
Individuelle Variation **18**
Infektionskrankheiten **52**
Influenza-A-Infektionen **53**
Inkubator-Brut **38**, **39**
Innerartliche Kreuzungen **19**

Jahreszyklus **15**
Jankowski-Schwan **98**

Kaisergans **116–118**, *117, 330*
Kanadagans **120–124**, *331*
– Atlantische **121–124**, *331*
– Dunkle **121–124**, *122, 331*
– Moffitts **121–124**, *331*
– Riesen- **120–124**, *331*
– Todds **121**, *331*
– Vancouver **121**, *331*
Kapente **196–197**, *197, 336*
Kappensäger **314–316**, *314, 347*
Kasarkas **135**
Kastanienente **235–237**, *236, 340*
Kelpgans **154**
Kerguelenente **247–249**
Kloakentest **43**

Knäkente **251–253**, *251, 341*
Kohlenhydrate **32**
Kokosfaschinen **22**
Kokzidiose **54**
Kolbenente **263–264**, *263, 342*
Kolumbuanische Ruderente **76**, *326*
Kopfpartien **14**
Koskorobaschwan **101–102**, *101, 329*
Körnerfutter **33**
Kragenente **297–299**, *297, 345*
Krankheiten behandeln **48**, **50**
Krankheiten erkennen **46**
Krankheitserreger **45**
Krankheitsursachen **45**
Krickente **255–256**, *342*
– Aleuten- **255**, *342*
– Nordamerikanische **255–256**, *255, 342*
Kubapfeifgans **69–71**, *70*
Kuckucksente **88–89**, *88, 326*
Kupferspiegelente **194–196**, *195, 196, 336*
Kupieren **31**
Kurzschnabelgans **104–105**, *104, 329*
Kükenaufzucht **40**

Landteil **23**
Lappenente **86–87**, *86, 327*
Laysanente **209**, *210, 212–214, 213, 338*
Legenot **55**
Lophodytes cucullatus **314–316**, *314, 347*
Lophonetta specularioides **180–182**, *335*
– – *alticola* **180–182**, *181, 335*
– – *specularioides* **180–182**, *180, 335*
Löffelente **230–232**, *231, 340*

Madagaskar-Moorente **276–277**
Madagaskarente **220–221**, *221, 339*
Magellan-Dampfschiffente **165–166**, *166, 334*
Magellangans **152–154**, *152, 333*
– Große **152**, *333*
– Kleine **152**, *333*
Magenwurmbefall **54**
Malacorhynchus membranaceus **145–147**, *146, 333*
Malaienente **174–176**, *174, 335*
Mandarinente **178–180**, *35, 178, 335*
Marmaronetta angustirostris **261–263**, *261, 342*
Marmelente **261–263**, *261, 342*
Maskenruderente **75–76**, *326*
Mauser **17**

Register

Mähnengans **189–191**, 190, *336*
Medikamente **49**
Melanitta fusca **304–307**, *346*
– – *deglandi* **304–307**, *346*
– – *fusca* **304–307**, 305, *346*
– – *stejnegeri* **304–307**, 306, *346*
Melanitta nigra **301–303**, *346*
– – *americana* **301–303**, *346*
– – *nigra* **301–303**, 302, *346*
– *perspicillata* **303–304**, *346*
Merganetta armata **162–164**, *334*
– – *armata* **162–164**, 162, 163, *334*
– – *colombiana* **162**, *334*
– – *leucogenis* **162**, *334*
Mergellus albellus **312–314**, 313, *347*
Mergus albellus **312**
Mergus cucullatus **314**
Mergus merganser **321**–323, *348*
– – *americanus* **321–323**, *348*
– – *merganser* **321–323**, 321, *348*
– – *orientalis* **321–323**, *348*
Mergus octosetaceus **316–317**, 316, *348*
Mergus serrator **317–319**, 318, *348*
Mergus squamatus **319–321**, 320, *348*
Merida-Krickente **244–245**, *341*
Mittelsäger **317–319**, 318, *348*
Moorente **275–276**, 275, *343*
Morphologie **13**
Moschusente **172–174**, 172, *334*
Mutationszüchtungen **18**

Naturbrut **38**
Neochen jubata **149–150**, 149, *333*
Netta erythrophthalma **266–268**, 267, *343*
– – *brunnea* **266–268**, *343*
– – *erythrophthalma* **266–268**, *343*
Netta peposaca **264–266**, 265, *343*
– *rufina* **263–264**, 263, *342*
Nettapus auritus **185–187**, 186, *336*
– – *coromandelianus* **183–185**, *335*
– – *albipennis* **183–185**, *335*
– – *coromandelianus* **183–185**, 184, *335*
– – *pulchellus* **182–183**, 182, *335*
Netzanlagen **27**
Neuseeland-Löffelente **228–230**, 229, *339*
Neuseeland-Tauchente **282–284**, 283, *344*

Newcastle Disease **53**
Nilgans **147–149**, 148, *333*
Nisthöhlen **37**

Organkrankheiten **54**
Orinokogans **149–150**, 149, *333*
Ornithose **53**
Oxyura australis **85–86**, 85, *327*
– *dominica* **75–76**, *326*
– *ferruginea* **76–79**, 78, *326*
– *jamaicensis* **76–79**, *326*
– – *andina* **76**, *326*
– – *ferruginea* **76**, 78*, *326*
– – *jamaicensis* **76–79**, 77, *326*
– *leucocephala* **79–81**, 79, *327*
– *maccoa* **81–83**, 81, 82, *327*
– *vittata* **83–85**, 83, *327*
Ökologische Aspekte der Artenauswahl **28**

Paarhaltung **28**
Paarung **15**
Paradieskasarka **140–142**, 141
Parasitosen **54**
Parkanlagen **29**
Parvovirose **53**
Patagonische Dampfschiffente **165**, **168–170**, 168, *334*
Pazifische Eiderente **288–291**, 290, *345*
Pelletfutter **34**
Peposakaente **264–266**, 265, *343*
Peruanische Ruderente **76**, *326*
Pfeifente **201–202**, 201, *337*
Pfeifferellose **53**
Pfeifschwan **98–101**, 99, *328*
Philippinente **218–219**, 218
Plectropterus gambensis **132–133**, *331*
– – *gambensis* **132**, 132, *331*
– – *niger* **132**, *331*
Plüschkopfente **293–295**, 293, *345*
Polysticta stelleri **295–297**, 295, *345*
Prachteiderente **291–293**, 38, 291, *345*
Prägung **40**
Pteronetta hartlaubii **170–172**, 171, *334*
Punaente **256–258**, 257, *342*
Pünktchenente **90–91**, 90, *327*

Quarantäne **44**

Radjahgans **143–145**, 144, *332*
– Rotrücken- **143**, *332*
– Schwarzrücken- **143**, *332*
Regelungen innerhalb der EU **56**
Reiherente **281–282**, 281, *344*

Riesentafelente **269–271**, 270, *343*
Ringelgans **126–128**, *331*
– Dunkelbäuchige **126–128**, 126, *331*
– Hellbäuchige **126–128**, 127, *331*
– Pazifische **126–128**, 127, *331*
Ringweitenverzeichnis **42**
Rohasche **33**
Rohfaser **33**
Rohfette **32**
Rohproteine **32**
Rostgans **135–137**, *332*
Rotaugenente **266–268**, 267, *343*
– Afrikanische **266–268**, *343*
– Südamerikanische **266–268**, *343*
Rote Listen **56**
Rothalsgans **128–130**, 128, 129, *331*
Rotkopfente **271–273**, 272, *343*
Rotkopfgans **157–159**, 158, *333*
Rotschnabelente **243–244**, 243, *341*
Rotschulterente **187–189**, 188, *336*
Ruderentenartige **75**
Rundwürmer **54**

Saatgänse **105**
Salmonellose **52**
Salvadoriente **193–194**
Salvadorina waigiuensis **193–194**
Samtente **304–307**, 305, *346*
– Amerikanische **304–307**, *346*
– Höcker- **304–307**, 306, *346*
Sarkidiornis melanotos **133–135**, *332*
– – *melanotos* **133–135**, *332*
– – *sylvicola* **133–135**, 134, *332*
Saumschnabelente **160–162**, 161, *334*
Scheckente **295–297**, 295, *345*
Schellente **307–309**, 307, *347*
– Amerikanische **307–309**, *347*
Schnatterente **198–199**, 198, *337*
Schneegans **113–115**, 113, *330*
– Blaue **113–115**, 113
– Große **113–115**, *330*
– Kleine **113–115**, *330*
Schopfente **180–182**, *335*
– Anden- **180–182**, 181, *335*
– Patagonische **180–182**, 180, *335*
Schuppensäger **319–321**, 320, *348*
Schwanengans **102–104**, 103, *329*
Schwarzente **205–207**, *338*

– Abessinische **205**, *338*
– Südafrikanische **205–207**, 206, *338*
– Westafrikanische **205**, *338*
Schwarzhalsschwan **94–96**, 94, *328*
Schwarzkopfmoorente **277–279**, 278, *343*
Schwarzkopfruderente **76–79**, *326*
– Kolumbianische **76**, *326*
– Nordamerikanische **76–79**, 77, *326*
– Peruanische **76**, *326*
Serositis **53**
Sichelente **199–201**, 200, *337*
Sichelpfeifgans **61–62**, 61, *325*
Singschwan **96–97**, *328*
Somateria fischeri **293–295**, 293, *345*
– *mollissima* **288–291**, *345*
– – *borealis* **288–291**, *345*
– – *dresseri* **288–291**, 289, *345*
– – *faeroeensis* **288**, *345*
– – *mollissima* **288–291**, 288, *345*
– *spectabilis* **291–293**, 38, 291, *345*
– *v-nigrum* **288–291**, 290, *345*
Spaltfußgans **58–59**, 58, *325*
Spatelente **309–310**, 309, *347*
Spatelschnabelente **145–147**, 146, *333*
Spießente **247–249**, 247, *341*
Spitzschwanzente **249–251**, *341*
– Chile- **249–251**, 250, *341*
– Nördliche **249**, *341*
– Südgeorgien- **249–251**, 249, *341*
Spitzschwingenente **244–247**, 246, *341*
Sporengans **132–133**, *331*
– Helle **132–133**, 132, *331*
Sporengans, Schwarze **132–133**, *331*
Stictonetta naevosa **90–91**, 90, *327*
Stockente **209–212**, *338*
– Grönland- **209**, 210, *338*
– Mexiko- **209**, 210, *338*
Stoffwechselkrankheiten **54**
Streifengans **112–113**, 112, *330*
Sturzbachente **162–164**, *334*
– Chile- **162–164**, 162, 163, *334*
– Kolumbianische **162**, *334*
– Peru- **162**, *334*
Südafrikanische Löffelente **225–227**, 226, *339*
Systemübersicht **11**

Tachyeres brachypterus **164**, 167–168, 168, *334*
– *leucocephalus* **164**, **166–167**, 166, 167, *334*
– *patachonicus* **164**, **168–170**, 168, *334*
– *pteneres* **164**, **165–166**, 166, *334*
Tadorna cana **137–138**, 137, *332*
– *ferruginea* **135–137**, *332*
– *radjah* **143–145**, 144, *332*
– – *radjah* **143**, *332*
– – *rufitergum* **143**, *332*
– *tadorna* **142–143**, *332*
– *tadornoides* **138–140**, 139, *332*
– *variegata* **140–142**, 141
Tafelente **268–269**, *343*
Tanggans **154–156**, *333*
– Große **154–156**, 154, *333*
– Kleine **154–156**, *333*
Taxonomie **10**
Teichabläufe **24**
Teichbau **21**
Thalassornis leuconotus **73–75**, 74, *326*
– – *insularis* **73**, *326*
– – *leuconotus* **73–75**, *326*
Trauerente **301–303**, 302, *346*
– Amerikanische **301–303**, *346*
Trauerschwan **93–94**, 93, *328*
Trompeterschwan **97–98**, 97, *328*
Tundrasaatgans **105–107**, 106, *329*
Tundraschwäne **98**
Tüpfelpfeifgans **59–61**, 60, *325*

Umzäunung **23**, 24
Untersuchungen **44**, 47
Überwinterung **30**
Überwinterung im Freiland **30**
Überwinterungshäuser **30**

Variabilität **14**
Veilchenente **284**, **286–287**, 286, 287, *344*
Vergiftungen **54**, 55
Vermeidung von Kreuzungen **28**
Versicolorente **258–259**, 258, *342*
– Nördliche **258–259**, *342*
– Südliche **258–259**, *342*
Virusenteritis der Enten **53**
Virushepatitis der Gänse **53**
Vitamine **33**
Vogelmalaria **54**
Volieren **27**

Waldsaatgans **105–107**, 106, *329*
Wanderpfeifgans **64–66**, 65, *325*
– Australische **64–66**, *325*
– Indonesische **64–66**, *325*
– Kleine **64**, *325*
Washingtoner Artenschutzkonvention **56**
Wärmebedarf **30**
Wehrvögel **13**
Weißkehlente **233–235**, *340*
– Andamanen- **233–235**, *340*
– Australische **233–235**, 234, *340*
– Indonesische **233–235**, 235, *340*
– Renell- **233**, *340*
Weißkopf-Dampfschiffente **165**, **166–167**, 166, 167, *334*
Weißkopfruderente **79–81**, 79, *327*
Weißrückenente **73–75**, 74, *326*
– Afrikanische **73–75**, *326*
– Madagaskar- **73–75**, *326*
Weißwangengans **124–126**, 124, *331*
Witwenpfeifgans **68–69**, 68, *325*

Zimtente **223–225**, *339*
– Anden- **223–225**, *339*
– Argentinische **223–225**, 223, *339*
– Gefleckte **223**, *339*
– Kolumbianische **223**, *339*
– Nördliche **223–225**, 224, *339*
Zucht **35**
Zuchtpaare **36**
Zugverhalten **17**
Zusatznahrung, pflanzlich **34**
Zusatznahrung, tierisch **34**
Zwerggans **109–110**, 110, *329*
Zwergkanadagans **120–124**, *331*
– Aleuten- **121–124**, 123, *331*
– Bering- **120**
– Dunkle **121–124**, 123, *331*
– Hutchins **120–124**, 122, *331*
– Kleine **121**, *331*
– Taverners **121**, *331*
Zwergpfeifgans **66–67**, 66, *325*
Zwergsäger **312–314**, 313, *347*
Zwergschneegans **115–116**, 115, *330*
Zwergschwan **98–101**, 99, *328*
Zwischenartliche Kreuzungen **18**